JN429229

# Service Management

서비스경영 구성체계에 관한 알찬 내용과 사례

# 서비스경영

차석빈 저

(주)백산출판사

# 머리말

**"우리는 파티의 호스트이고 고객은 파티에 초대된 손님이다.
고객경험의 모든 중요한 부분을 조금씩 개선하는 것이 우리의 일이다."**

– 제프 베이조스(Jeff Bezos), 아마존(amazon) 창업자

숙련된 직원에게 우아하게 서비스를 받던 시대에서 이제는 로봇에게 서비스를 받는 것이 낯설지 않은 시대가 되고 있다. 이러한 시대의 변화에도 불구하고 기업의 서비스경영은 우리 사회에서 과거 그 어느 때보다 중요성이 클 뿐만 아니라 다양한 사회변화에 따른 빠른 대처 능력을 요구받고 있다. 지속적으로 변화하고 업그레이드된 서비스를 희망하는 고객의 니즈, 기대 및 행동, 4차 산업혁명에 따른 혁신적인 스마트 기술의 서비스에의 활용, 코로나19로 인한 비대면문화의 확대, 새로운 비즈니스모델의 등장으로 인한 기존 산업과 기업의 사라짐 등 다양한 서비스 환경들이 기업의 생존 본능을 자극하고 있는 것이다. 하지만 고객은 과거 자신들의 서비스 경험으로 축적된 서비스 기대치가 지속적으로 상승하여 현재 제공되는 서비스를 여전히 탐탁지 않게 여기고 있으며, 보다 향상된 만족감을 줄 수 있는 개선된 서비스나 진정한 서비스 경험을 꾸준히 갈구하고 있다. 한국인의 서비스에 대한 욕구와 평가는 가히 세계적이다. "한국에서 성공하면 세계에서 성공한다"는 말은 전 세계가 인정하는 사실이며, 기업에게는 매우 부담스런 경영환경이다. 기업은 성장이 아닌 생존을 위해 나날이 고객경험의 중요한 부분을 개선하기 위한 서비스경영 노력에 절치부심하고 있다.

이러한 우리 사회에서의 서비스경영의 중요성을 인식하여 그동안 서비스 관련한 훌륭한 책들이 시중에 많이 나와 독자들에게 서비스경영에 대한 직간접적인 내용들을 제공해왔다. 그러나 기존 책들이 대부분 서비스마케팅, 생산관리 중심의 서비스운영, 관

광 등 특정 분야의 서비스경영, 서비스 매너 중심이어서 저자는 독자들이 서비스경영의 전반적인 체계를 이해하는 데 다소 어려움이 있었다는 점을 늘 아쉬워했다. 이 책은 서비스경영에 관심이 있는 학부생, 대학원생 및 일반인들이 서비스경영체계를 보다 쉽게 이해하는 데 도움을 주고자 집필하였다.

이 책은 독자들의 눈높이에서 흥미를 유발하고 서비스경영의 이해도를 높이기 위해 다음과 같은 면에서 기존 책들과 차별화를 시도하였다. 첫째, 서비스경영체계를 서비스경영의 기초단계, 준비단계, 실행단계 및 평가단계로 나눠 독자들이 쉽게 이해할 수 있게 제시하였으며, 각 단계 별도의 장에서는 독자들이 기본적으로 꼭 이해했으면 하는 이론적인 내용을 가급적 다양한 분야의 서비스 사례와 같이 제시하였다. 둘째, 기존 책들에서 간략히 다루거나 전혀 다루지 않았던 내용들을 새로이 추가하였다. 여기에는 서비스 리더십과 감정노동(4장), 키오스크, 드라이브 스루 시스템, 스마트 오더 시스템, 서비스 로봇, 챗봇 등의 서비스 기술활용과 사례를 담은 서비스 구매 전과 구매 중 프로세스인 서비스 대기관리(10장)와 서비스 접점관리(11장), 4차 산업혁명의 핵심기술인 인공지능, 빅데이터, 사물인터넷, 가상현실/증강현실/혼합현실/확장현실 등의 서비스에 응용된 스마트 기술(12장)이 포함된다. 셋째, 각 장의 마지막 '주요 용어' 부분에는 매 장에서 나오는 서비스경영 관련 용어들을 뽑아 내용을 정리 · 제시하였다. 독자들은 용어 정리 부분을 통해 언제든지 새로 나온 용어를 편하게 이해할 수 있다.

서비스경영의 기초단계, 준비단계, 실행단계 및 평가단계 등 4개 PART, 14개 장으로 구성된 이 책의 서비스경영체계에 대한 세부적인 내용은 다음과 같다.

PART 1은 서비스와 고객의 이해 부분으로 서비스경영의 기초단계 내용이다. 이 부분은 서비스 개념, 특성, 분류, 서비스 경제 등의 서비스의 전반적인 내용(1장)과 서비스경영의 가장 중심에 있는 고객의 욕구, 가치, 기대 등(2장)으로 구성되었다.

PART 2는 서비스 전략과 자원관리 부분으로 서비스경영의 준비단계 내용이다. 이 부분은 기업이 서비스 제공을 위해 준비하는 경쟁전략, 전략 분석 모형, 전략적 서비스 비전 등 서비스 전략(3장), 서비스경영을 실행하는 경영진과 직원에 관한 서비스 리더십, 직원만족을 위한 내부마케팅 및 감정노동관리 등의 서비스 사람관리(4장), 전통적인 마케팅과 서비스마케팅과의 비교, 서비스마케팅 믹스의 구성요소 및 고객과의 관계마케팅 등의 서비스마케팅(5장)으로 구성되었다.

PART 3은 서비스 운영 부분으로 서비스 실행단계 내용이며, 서비스경영의 가장 핵심부분이라 할 수 있다. 이 부분은 고객이 진정으로 구매하는 서비스 경험을 이해하고자 고객경험 설계, 고객경험관리 실행 프로세스, 고객 참여행동 등의 고객경험관리(6장), 변동성이 심한 서비스 수요관리와 이에 따른 서비스 공급관리, 기업의 수익극대화를 위한 수율관리 등의 서비스 수요 & 공급 관리(7장), 물리적 환경의 유형과 역할, 온·오프라인에서의 서비스스케이프 모형 및 서비스스케이프 개발 전략 등의 서비스의 물리적 증거관리(8장), 고객 중심의 서비스 프로세스를 제공하기 위한 서비스 프로세스 모형, 서비스 프로세스 설계 및 재설계 방안, 다양한 서비스 프로세스 개선 기법 등의 서비스 프로세스 설계(9장), 고객의 구매 전 서비스 프로세스 부분으로 고객 기다림의 심리와 온·오프라인에서의 대기행렬, 대기를 줄이기 위한 서비스 기술 활용 내용 등의 서비스 대기관리(10장), 고객의 구매 중 서비스 프로세스 부분으로 서비스 접점 유형, 접점 만족도를 높이기 위한 서비스 기술 활용, 서비스 접점 모형 및 서비스 접점 품질 평가 등의 서비스 접점관리(11장), 서비스에서 기술의 역할 및 기술활용의 문제점, 4차 산업혁명 및 이에 따른 서비스에서 활용되는 스마트 서비스 기술 등의 서비스와 기술(12장)로 구성되었다.

PART 4는 서비스 성과 및 평가 부분으로 서비스 평가단계 내용이다. 이 부분은 서비스품질 측정 모형, 서비스품질 갭 모형 및 국내외 서비스품질 평가제도 등의 서비스 품질 관리(13장)와 고객의 소리, 서비스 실패, 서비스 회복, 서비스 보증 등의 서비스 실패와 회복 관리(14장)로 구성되었다.

저자는 부족하지만 이러한 서비스경영 구성체계로서 독자들에게 알찬 내용과 사례를 전달하고자 최선을 다했음을 밝힌다. 하지만 서비스경영의 범위가 너무 넓어 다루지 못한 부분들도 있고, 새로운 서비스경영 이슈들이 계속해서 나타날 것이므로 저자는 독자들의 충고와 지도편달을 바탕으로 향후 이 책을 수정 및 보완할 것임을 약속드린다.

이 책이 출판되기까지 많은 관심과 조언을 해주신 주변의 많은 분들에게 감사드린다. 또한 한평생 관광분야에 각별한 관심과 애정을 가지고 이 책의 출판을 흔쾌히 수락해주신 백산출판사 진욱상 사장님을 비롯한 편집부 직원분들에게 감사를 표한다.

끝으로 서비스사회를 살아가는 모든 독자들이 이 책이 제공하는 '서비스경영 파티'에 참여해 우리 삶에서 조금씩 개선되는 진정성 있는 서비스경험을 만끽해 보실 것을 기대해본다.

2023년 2월

차 석 빈

# 차례

## PART 04 서비스 성과 및 평가

01
PART

# 서비스와 고객의 이해

# CHAPTER 01

Chapter

# 01 서비스

## 학습목표

이번 장에서는 다음 내용의 이해를 목표로 한다.

① 서비스의 개념과 서비스의 유형성 스펙트럼
② 서비스의 특성과 관리적 시사점
③ 서비스의 분류 방식
④ 서비스 경제의 성장 배경과 새로운 서비스 형태

## 도 입 사 례

### "달라도 뭔가 다르다"… 구독경제 뉴 트렌드5

요즘 구독경제는 달라도 뭔가 다르다. 시장 규모가 커지고 너 나 할 것 없이 구독경제에 뛰어들면서 '차별화'는 선택 아닌 필수로 자리 잡았다. 상품은 다양해지고 서비스는 빠르게 고도화되는 모습이다. 과거와 달라진 최신 구독경제 트렌드를 '5가지 키워드'로 정리해본다.

● **트렌드1. 알아서 척척 '큐레이션'**

▷ AI가 추천하는 식단 · 영양제 · 화장품

소비자가 선택한 상품만 정기 배송해주는 시대는 지났다. 요즘에는 구독경제 업체에서 알아서 상품을 골라 보내준다. 고객 데이터를 기반으로 맞춤형 상품과 콘텐츠를 추천해주는 이른바 '큐레이팅 구독'이다. 매번 구입해야 하는 번거로움뿐 아니라, 선택 장애에 따른 스트레스도 해결할 수 있다.

큐레이팅 구독은 건강관리를 돕는 '헬스케어' 영역에서 특히 활발하다. 환자에게 부족한 의학 전문성을 업체가 대신 채워주는 식이다. '닥터키친'이 대표적이다. 당뇨나 암 등 식이요법이 필요한 환자에게 맞춤형 식단을 정기 배송한다. 식단은 서울대병원, 삼성서울병원, 고대안암병원 등 전문기관과 함께 연구한다. 예를 들어 일반 당뇨 · 임신성 당뇨 · 당뇨 전단계 중 하나를 선택하면 몸 상태에 맞는 재료와 성분이 들어간 요리를 특정 기간 동안 정기 구독하는 형태다.

영양제도 큐레이팅 시대다. 헬스케어 스타트업 '모노랩스'가 운영하는 건강기능식품 구독 서비스 '아이엠'은 인공지능(AI)이 고객에게 필요한 영양제를 분석, 시간대별로 나눠 담아 개별 배송해준다. 모노랩스 홈페이지에서 알고리즘 기반 질문에 답변하면 이를 기반으로 맞춤형 영양제를 골라준다. 스타트업 케이위드가 제공하는 정기 구독 서비스 '필리'도 비슷하다. 이용자의 생활 습관이나 건강 상태를 분석해 맞춤형 영양제를 배달한다.

다양한 샐러드 식단을 구성해 정기 배송해주는 기업도 있다. '스윗밸런스'는 1~3개월 단위로 자체 큐레이팅한 샐러드 식단을 배송한다. '비슷비슷한 메뉴 탓에 빨리 질린다'는 샐러드 구독의 한계를 다양한 메뉴 개발로 극복했다. 현재 스윗밸런스는 130종이 넘는 샐러드 식단을 갖췄다. 예를 들어 첫날에는 멕시코 비프타코 샐러드를, 둘째 날에는 닭가슴살과 오징어 포케 샐러드를, 셋째 날에는 소불고기 고구마 샐러드랩을 배송하는 식이다.

화장품도 맞춤형 구독 서비스가 있다. '톤28'은 고객 피부를 직접 측정한 뒤 현재 기후와 생활 습관 등을 반영해 매월 바르는 화장품을 배송한다. 2016년부터 쌓아온 고객 피부 데이터에 날씨 · 기후 빅데이터를 접목해 서비스를 고도화했다.

본인 취향을 잘 모르는 '취알못'을 위한 정기 배송 서비스도 눈길을 끈다. '퍼플독'은 AI 기술을 활용해 알코올 도수, 타닌, 산도, 당도 등 구독자 취향에 맞는 와인을 선별해 정기 배송하는 서비스다. 최근에는 와인을 넘어 전통주 시장에도 구독경제가 도입됐다. '술담화'는 매월 큐레이션한 전통주를 랜덤박스로 구성해 고객에게 보내주는 전통주 구독 서비스를 제공한다.

▲ 왼쪽(모노랩스 '아이엠'), 오른쪽('술담화') (각 사 제공)

책도 구독경제 기업에서 추천해준다. '플라이북'이 운영 중인 도서 정기 구독 멤버십 '플라이북 플러스'는 고객 취향을 분석해 저마다 다른 책을 매달 추천해준다. 추천 책과 함께 추천 이유를 담은 손글씨 엽서를 전달해 만족도를 높였다. 해당 책을 읽을 때 함께하면 좋은 음악이나 영화도 추천해준다.

## 트렌드2. 틈새시장 공략

### ▷ 친환경 · 펫푸드 등 이색 상품 '차별화'

구독경제 규모가 커지면서 기업들이 다루는 상품과 콘텐츠도 더욱 세분화되는 중이다. 기업들은 '니치마켓(틈새시장)'을 겨냥해 저마다 이색 제품으로 차별화를 꾀하는 모습이다.

'친환경'은 구독경제에서도 가장 뜨거운 화두 중 하나다. '닥터노아'는 기존 플라스틱 칫솔이 아닌 대나무 친환경 소재의 칫솔 구독 서비스를 한다. 치과 의사인 박근우 대표가 국내에서 직접 대나무 칫솔을 제조한다. 매번 칫솔을 바꿔야 하는 번거로움을 피할 수 있는 것은 물론 환경까지 챙길 수 있는 셈이다.

'해피문데이'는 유기농 생리대 정기 구독 서비스를 시작했다. 자체 개발한 유기농 순면 생리대를 일반 생리대와 비슷한 가격에 판다. 소비자 수요를 예측하고 안정적인 매출을 올릴 수 있다는 구독경제 장점 덕분에 가격 경쟁력을 갖출 수 있었다. 월경 관리 앱 '헤이문'에 본인 월경 주기를 기록하면 그때마다 생리대를 정기 배송해준다.

'먹거리 구독'도 세분화되는 추세다. 제철 나물을 간편하게 요리해 먹을 수 있게끔 당일 데친 나물을 배송해주는 '나물투데이', 친환경 우렁이 농법으로 키운 쌀과 잡곡을 정기 배송해주는 '매일의 아침', 쌀눈유 · 두유 · 콩 단백질 등 대체재를 사용해 만든 비건빵을 구독할 수 있는 '더브레드블루'가 대표적이다. 최근에는 '이유식 구독 서비스'도 나왔다. '베이비본죽'은 고형식을 처음 시작할 때부터 아이 월령에 따라 이유식을 6단계로 나눠 정기 배송해준다. 이유식 후 유아식에서도 세분화한 식단을 제공한다.

반려인구가 늘어나면서 반려동물을 위한 구독 서비스도 주목받는다. '리치즈박스'는 화학첨가물이 없는 펫푸드를 정기 배송한다. GS리테일의 반려동물 버티컬 커머스 자회사 '어바웃펫'은 반려동물을 위한 간식과 장난감 구독 서비스를 운영한다.

'가사노동' 시장에도 색다른 구독 서비스가 잇달아 나오는 중이다. 월 정액제로 세탁물을 수거 · 배송하는 '런드리고', 집과 사무실을 청소해주는 '청소연구소'는 이제 회원이 수십만 명이 넘는 대중적인 구독경제 기업으로 자리 잡았다. 최근에는 '쓰레기 처리 대행'을 구독하는 서비스도 나왔다. '미고'는 고객이 쓰레기를 문 앞에 모아두면 매니저가 분리수거부터 배출까지 모두 해결해주는 서비스다. 일반 쓰레기와 재활용 쓰레기, 음식물 쓰레기 등 일상생활에서 나오는 모든 쓰레기가 포함된다.

## 트렌드3. 늘어나는 멤버십 혜택

### ▷ 네이버 · 쿠팡 · 신세계, 유통 공룡 '격전'

구독경제는 크게 '정기 배송'과 '멤버십'으로 구분할 수 있다. '멤버십'은 매달 일정 금액을 내면 그에 맞는 여러 할인 혜택을 제공하는 모델이다. 최근에는 네이버 · 쿠팡 · 신세계 등 여러 유통 공룡이 멤버십 시장에 모두 뛰어들 정도로 관심이 크다. 경쟁이 치열해지면서 저마다 멤버십 혜택을 공격적으로 추가하는 트렌드가 포착된다.

'네이버플러스 멤버십'은 현재 누적 사용자 800만 명을 돌파했다. 네이버쇼핑 · 예약 · 웹툰 등에서 네이버페이로 결제하면 결제 금액의 최대 5%를 적립할 수 있다. 효과도 뚜렷하다. 멤버십 가입 고객의 네이버쇼핑 결제액은 미가입 고객 대비 135% 많다. 최근 네이버 스마트스토어 거래액의 40%는 멤버십 사용자를 통해 발생하고 있을 정도다. 최근에는 온 · 오프라인을 연계한 혜택도 추가했다. SPC그룹과 협업을 통해 멤버십 이용자가 파리바게뜨 · 배스킨라빈스 · 던킨 등에서 네이버페이로 현장 결제를 하면 네이버페이 포인트 적립(최대 5%), 브랜드별 할인(최대 5%), 해피포인트 적립(최대 3%)의 혜택을 모두 받을 수 있도록 했다. 또 멤버십 가입 시 OTT인 '티빙'과 '스포티비 나우', 음원 서비스 '바이브', 클라우드 서비스 '마이박스'에서 추가 혜택을 누릴 수 있도록 했다.

2018년 시작한 쿠팡 로켓배송 유료 멤버십 '로켓와우'는 지난해 OTT '쿠팡플레이' 이용 혜택을 추가로 승부수를 띄웠다. 기존 로켓와우 멤버라면 무료로 OTT 서비스를 즐길 수 있도록 한 뒤 회원 수가 급증했다. 최근에는 손흥민 선수가 소속된 영국 프리미어리그 '토트넘 홋스퍼' 내한 경기 단독 중계와 경기 티켓 판매를 멤버십 회원에게만 제공하는 등 차별성을 극대화했다. 덕분에 지난 6월 로켓와우 멤버십 회원비를 기존 2900원에서 4900원으로 올렸음에도 불구하고 회원 이탈이 크지 않았다.

지난해 G마켓을 인수한 신세계그룹이 새롭게 선보인 '스마일클럽'도 혜택 늘리기에 여념이 없다. G마켓 · 옥션 기반으로 운영해온 기존 스마일클럽을 쓱닷컴 멤버십과 통합했다. 덕분에 쓱배송 주문 때도 포인트를 최대 5% 적립할 수 있게 됐다. 향후에는 신세계백화점, 이마트, 스타벅스 등 그룹 오프라인 매장과 연계해 멤버십 혜택을 더욱 확장할 계획이다.

### ● 트렌드4. 구독 사업 추가 확장

#### ▷ 면도날 팔던 와이즐리, '샴푸'까지

기존 구독 서비스를 선보였던 업체들은 고객이 구독할 수 있는 상품과 콘텐츠를 하나둘 늘리는 추세다.

▲ 와이즐리

국내 구독경제 선구 기업 중 하나로 꼽히는 '와이즐리'도 구독 아이템을 계속 늘려나가고 있다. 2017년 면도날 정기 배송 서비스를 시작으로 이제는 스킨케어 · 두피케어 · 바디케어 · 덴탈케어 · 영양제 · 생리대 등 총 7개 브랜드로 사업 영역을 넓혔다. 면도날과 함께 받아보면 좋은 샴푸나 로션, 치약 · 칫솔로 상품군을 넓혀 시너지 효과를 노린다는 계획이다.

'퍼블리'는 커리어 개발에 도움을 주는 콘텐츠 구독 멤버십인 '퍼블리 멤버십'으로 시작해 IT 업계 커리어 SNS '커리어리', 스타트업 채용 SaaS '위하이어'까지 구독경제 영역을 확장했다. '커리어리'는 최근 회원 수 20만 명을 넘어설 정도로 그 규모가 빠르게 커졌다. 고객은 자신의 이력을 손쉽게 관리할 수 있을 뿐 아니라 관심 분야나 유사 직무에 재직 중인 이들의 소식을 받아볼 수 있다. 나아가 이직 기회도 제안받을 수 있다. 최근에는 지원자와 채용 공고, 채용 사이트 제작까지 돕는 B2B 구독형 SaaS인 '위하이어'도 선보였다.

독서 플랫폼도 영역을 넓히고 있다. '밀리의서재'는 전자책 구독에서 종이책 정기 구독까지 나섰다. 월 1만 5900원을 내면 전자책 무제한 이용에 더해 두 달에 한 번 종이책 배송까지 받을 수 있는 형태다. '리디'는 도서를 넘어 애니메이션 구독으로 사업을 확장했다. 각종 베스트셀러와 신간을 무제한으로 즐길 수 있는 멤버십 '리디셀렉트'에 이어 2019년 애니메이션 스트리밍 구독 서비스 '라프텔'을 인수합병하며 콘텐츠를 다변화하는 중이다.

### ● 트렌드5. 슬기로운 구독생활

▷ 구독 관리 플랫폼에서 '한눈에'

구독 중인 서비스가 너무 많다 보니 '혼란'을 겪는 이용자도 많다. 본인이 어떤 구독 서비스를 몇 개나 이용 중인지, 또 매달 얼마를 내야 하는지 계산이 쉽지 않다. 상황이 이렇다 보니 구독 서비스를 통합 관리하는 '구독 플랫폼'도 등장했다. 현재 이용 중인 구독 서비스를 알기 쉽게 한눈에 정리해주고 가입 · 해지까지 돕는다.

2020년 선보인 '왓섭'이 대표적이다. 이용자가 신용 · 체크카드나 공인인증서를 등록하면 매달 결제되는 구독 서비스를 한눈에 모아 보여준다. 구독하고 있는 서비스 목록은 물론 결제 금액, 결제 예정일도 알려준다. '간편 해지' 기능도 있다. 이용 중인 구독 서비스 웹사이트를 일일이 찾아다닐 필요가 없어 소비자 반응이 좋다.

최근에는 LG유플러스도 구독 플랫폼 시장에 뛰어들었다. 올해 7월 이용자가 입맛에 맞게 서비스를 고를 수 있는 구독 서비스 '유독'을 선보였다. OTT · 배달 · 식품 · 교육 · 쇼핑 · 청소 등 LG유플러스와 협업을 맺은 구독 서비스 31종 중에서 본인에게 필요한 서비스만 골라 구독할 수 있도록 설계했다. 월 이용료 부담도 줄였다. 하나의 구독 서비스만 선택해도 매월 최소 5% 할인을 받을 수 있다. 2개 이상을 선택할 경우 할인율이 최대 50%까지 뛴다. 가입 · 해지도 편하다. LG유플러스 관계자는 "연내 유독 고객이 구독할 수 있는 서비스를 100종 이상으로 확대할 방침이다. 쓱닷컴, 리디, 밀리의서재 등 기업은 물론 지역 특산물 구독 상품도 추가할 예정"이라고 설명했다.

출처 : 매일경제(2022.7.27), "달라도 뭔가 다르다"… 구독경제 뉴 트렌드5.

# 제 1 절 서비스 개요

## 1. 서비스의 정의

서비스를 일상적인 의미, 경제학적 의미, 경영학적 의미로 나눠 살펴보면 다음과 같다.

### 1) 서비스의 일상적 정의

일상에서 서비스를 사용할 때의 의미는 지극히 제한적이다. 즉 서비스는 다른 사람에 대한 봉사("그 사람은 남을 위한 서비스 정신이 투철하다."), 무상 제공("커피는 서비스입니다."), 구매 후 애프터 서비스("본 제품을 구입하신 고객은 1년간 무상 서비스를 받을 수 있습니다."), 직원의 고객응대 자세나 태도와 같은 인적 행위("저 직원은 서비스가 최고야!") 등에서 사용된다. 이러한 일상에서의 서비스라는 용어는 대가가 중심적 가치가 아닌 지불하지 않고도 주어지는 부수적인 것으로 사용되는 경향이 있다.

### 2) 서비스의 경제학적 정의

경제학에서의 서비스는 유형재인 '재화'와 구분해서 '용역'으로 간주한다. Adam Smith(1776)는 서비스 노동이 부를 창출할 수 없기 때문에 '비생산적인 노동'으로 간주하였으며, 비물질적인 것은 보존이 쉽지 않아 부가 아니라고 생각했다. Say(1803) 역시 효용이라는 개념을 사용해 소비자에게 효용을 주는 모든 활동이 생산적이라는 논리로 서비스를 '비물질적 부'라고 정의했다. 즉 경제학에서는 서비스를 '비생산적 노동'이나 '비물질적 재화'로 정의하고 있다고 볼 수 있다.

### 3) 서비스의 경영학적 정의

경영학에서의 서비스 정의는 서비스의 어떤 특성에 초점을 맞추었냐에 따라 활동론적 정의, 속성론적 정의, 봉사론적 정의, 인간 상호관계론적 정의로 나눠볼 수 있다.

첫째, 서비스의 활동론적 정의는 서비스를 활동으로 보는 관점이다. 미국 마케팅학회(American Marketing Association)는 서비스를 '판매 목적으로 제공되거나 상품 판매와 연계해 제공되는 모든 활동, 편익, 만족'으로, Blois(1974)는 서비스를 '제품의 형태를 물리적으로 바꾸지 않고 판매에 제공되는 활동'으로 각각 정의하고 있다.

둘째, 서비스의 속성론적 정의는 서비스가 제품과 다른 속성을 지닌다는 의미로 보는 관점이다. Rathmell(1966)은 서비스를 '시장에서 판매되는 무형의 제품'으로 서비스의 무형성을, Judd(1964)는 서비스를 '교환의 대상이 유형의 재화 이외의 거래로서 소유권 이전이 불가능한 것'으로 서비스의 소유권 이전 불가능성을 강조하고 있다.

셋째, 서비스의 봉사론적 정의는 서비스를 봉사관점에서 보는 정의로 서비스를 '인간의 인간에 대한 봉사'로 보는 관점이다. Levitt(1972)은 이러한 봉사론적 정의가 현대적 서비스에서는 탈피해야 하며, 그렇게 하기 위해서는 인간 노동이 기계로 대치되어 서비스의 공업화(industrialization)를 통해 효율성을 향상시킬 수 있다고 주장하였다.

넷째, 서비스의 인간 상호관계론적 정의는 서비스를 고객과 서비스 제공자의 상호관계에서 파악하는 관점이다. 이러한 관점은 서비스를 '고객과 직원의 상호관계에서 발생하며, 고객의 문제를 해결해주는 것'으로 보고 있다. 이유재(2019)는 서비스를 '고객과의 상호작용을 통해 고객의 문제를 해결해주는 활동'으로 정의하며, 서비스가 솔루션(solution)이 되어야 한다고 보고 있다. 솔루션은 제품과 서비스의 묶음이 아니라 서비스 제공 시 고객이 접하는 일련의 과정으로 고객 요구 표준, 제품이나 서비스의 고객화 또는 통합, 통합된 솔루션의 제공, 서비스 제공 후의 지원으로 구성된다(Tuli, Kohli, & Bharadwaj, 2007). 따라서 현재 제품을 직접 만들어 파는 것보다 아이디어와 솔루션이 더 중요해서 진정한 솔루션 지향형 기업만이 경쟁우위를 확보할 수 있으며, 기업의 직원과 고객 간의 상호작용에 영향을 미치는 일련의 태도와 행위인 서비스 지향성(service orientation)이 중요하게 된다.

이상의 논의들을 바탕으로 서비스를 넓게 정의해보면 '하나의 기업이나 개인이 다른 기업이나 개인을 위해 제공하거나 공동 생산하여 창출하는 행위(deeds), 과정(process) 및 성과(performances)'라고 할 수 있다(Zeithaml, Bitner, & Gremler, 2018).

## 2. 서비스 관련 용어의 이해

서비스의 이해에 있어 서비스산업과 기업(service industries and companies), 제품으로서의 서비스(services as products), 고객서비스(customer service), 파생적 서비스(derived service)를 구분하는 것이 중요하다.

서비스산업과 기업은 핵심 제품이 서비스인 산업 또는 기업을 의미한다. 예를 들면, 서비스산업으로는 호텔산업, 외식산업, 항공산업, 금융서비스업 등이 대표적이며, 서비스 기업으로는 롯데호텔, 맥도날드, 대한항공, 신한은행 등이 있다.

제품으로서의 서비스는 부가가치 서비스라고 할 수 있는데, 고객이 가치 있다고 생각해서 시장에서 대가를 지불하고 구매하는 광범위한 종류의 무형적인 제품제공물이다. 제품으로서의 서비스는 서비스 기업, 제조업자나 기술회사가 모두 판매할 수 있다. 예를 들면, 전략, 컨설팅, 디지털, 기술 및 운영 분야에서 광범위한 서비스와 솔루션을 제공하는 순수 서비스 회사인 Accenture와 경쟁하기 위해 IBM과 HP는 정보기술 컨설팅서비스를 제공하며, 백화점을 포함한 유통업의 경우 Macy's는 선물포장과 운송서비스를, 애견소매점인 PetSmart는 애견미용과 훈련서비스를 판매한다.

고객서비스는 기업의 핵심 상품을 지원하는 데 사용되는 서비스로 고객 접점, 콜센터, 온라인 등을 통해 제공된다. 소매상 직원이 고객이 원하는 물건을 찾아주거나 질문에 답변해주는 것과 같은 우수한 고객서비스는 고객 관계 구축에 필수적이지만, 순수한 고객서비스는 기업이 판매를 위해 제공하는 서비스와 혼동해서는 안 된다.

파생적 서비스는 Vargo & Lusch(2004)가 제안한 모든 상품과 유형재의 가치는 제품 그 자체가 아니라 그들이 제공한 서비스에 의해 가치가 평가되어야 한다는 사고와 맥을 같이한다. 물리적 제품으로부터 나온 가치는 제품 그 자체가 아니라 제품에 의해 제공된 서비스라고 보는 것이다. 예를 들면, 약품은 의료서비스를 제공하고, 면도기는 이발서비스를 제공하며, 컴퓨터는 정보서비스를 제공할 수 있을 때 비로소 가치가 창출된다.

## 3. 서비스의 유형성 스펙트럼

서비스를 제품과 구별 짓는 중요한 요소 중의 하나는 서비스의 무형성(intangibility)이다. 서비스가 무형성의 속성을 가지고 있지만 극소수의 제품만이 완전히 무형적이거나 유형적인 것도 사실이다. 다시 말해 서비스는 제품에 비해 보다 무형적이고, 제품은 서비스에 비해 보다 유형적인 경향이 있다. 예를 들면, 패스트푸드업은 서비스업으로 분류되지만 음식이나 포장 등과 유형적인 요소도 제공한다.

Shostack(1977)은 서비스의 유형성 스펙트럼(tangibility spectrum)이라는 연속성 개념을 제시하였다[그림 1-1]. 즉 제품의 유형성과 무형성 구조(scale of market of entities)는 제품은 유형 지배적(tangible dominant)이고, 서비스는 무형 지배적(intangible dominant)이라는 유형성을 근거로 해서 제품의 연속체를 나타낸다는 것이다. 유형성 스펙트럼에 따르면 많은 제품들이 유형적인 특성과 무형적인 특성을 함께 가지고 있다. 예를 들면, 소금은 유형성의 끝 선에, 교육은 무형성의 끝 선에 위치하지만 패스트푸드는 유형성과 무형성의 중간에 위치한다. 따라서 넓은 서비스의 개념에서는 완전한 순수 서비스(유형성 속성이 높은 것)나 완전한 순수 제품(무형성 속성이 높은 것)은 거의 없다고 할 수 있다.

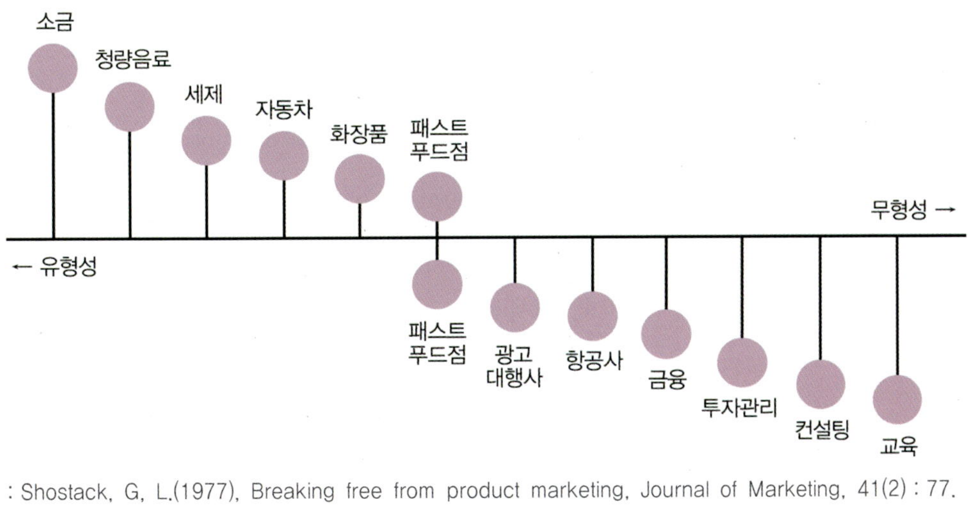


출처 : Shostack, G, L.(1977), Breaking free from product marketing, Journal of Marketing, 41(2) : 77.

[그림 1-1] 서비스의 유형성 스펙트럼

## 제 2 절 | 서비스의 특성

서비스는 제품과 비교해볼 때 무형성(intangibility), 이질성(heterogeneity), 비분리성(생산과 소비의 동시성, inseparability), 소멸성(perishability)이라는 기본적 특성과 기타 부수적 특성을 가진다.

### 1. 무형성

서비스의 가장 독특한 특성인 무형성은 형태가 없다는 것이다. 서비스는 보이는 물체가 아니라 만지거나 볼 수 없는 것으로 경험으로서만 인지할 수 있다. 예를 들면, 의료서비스는 수술이나 치료 등의 의료행위를 통해서, 맛있는 식사는 식사를 해봐야 알 수 있다. 이러한 특성으로 인해 서비스 상품은 진열하기 어렵고 설명하기도 쉽지 않다.

서비스 기업은 무형성을 극복하기 위해 다양한 유형적 단서를 제공하고, 구전 커뮤니케이션을 자극하며, 강력한 이미지를 창출해야 한다. 예를 들면, 호텔 서비스는 로비의 웅장함, 직원의 용모와 이미지, 객실의 안락한 분위기 등을 통해, 의료서비스는 원장의 명성, 병원 시설 등을 통해, 백화점 서비스는 '고객만족'이라는 휘장 등을 통해, Prudential생명 보험사는 로고에 바위를 이용하여 바위처럼 안전하게 고객을 보호한다는 서비스에 대한 시각적 단서를 제공하려 한다. 또한 여행사나 항공사는 여행 후기 공모전을 지원하여 구전 활동을 활성화하고, 스마트 앱을 개발해 젊은 층 고객들과의 접점을 만드는 등 여행항공 관련 커뮤니티를 만들고, SNS를 통해 고객들의 생생한 서비스 경험을 공유하도록 하고 있다.

무형성에 따른 문제점 및 관리적 시사점을 정리하면 〈표 1-1〉과 같다.

〈표 1-1〉 무형성에 따른 문제점 및 관리적 시사점

| 특성 | | 문제점 | 관리적 시사점 |
|---|---|---|---|
| 제품 | 서비스 | | |
| 유형성 | 무형성 | 저장 및 진열 불가능 | 유형적 단서 제공 |
| | | 특허 등 지적재산권으로부터 보호받기 곤란하고 모방이 용이함 | 강력한 기업 이미지 구축 |
| | | 고객에게 설명하거나 보여주기가 어려움 | 인적 정보원천의 구전 활용 |

## 2. 이질성

서비스는 대부분 사람의 행위에 의해 생산되는 성과로 정확히 똑같은 서비스가 존재하기 어렵다. 같은 서비스 기업이라도 직원에 따라서 혹은 같은 직원이라도 시간과 고객에 따라서 서비스의 질이 달라질 수 있다. 또한 고객도 각자 독특한 요구사항을 가지며 독특한 서비스 체험을 원하기 때문에 서비스의 이질성은 존재할 수밖에 없다.

서비스의 이질성은 기업으로 하여금 표준화(standardization)와 개별화(고객화, customization)의 문제와 기회를 동시에 제공한다. 기업은 서비스품질의 균일화가 어렵기 때문에 고객들에게 서비스를 표준화할 것인지 아니면 고객별로 개별화할 것인지를 결정해야 한다. 예를 들면, 제주항공과 같은 저비용 항공사는 비용절감을 위해 모든 고객에게 표준화된 서비스를, 싱가포르항공과 같은 대형 항공사는 고객별로 개별화된 서비스를 제공한다. 여기서 표준화와 개별화가 "전부 아니면 전무(All-or-Nothing)"라고 인식할 필요는 없다. 여행과 관광분야의 경우 많은 기업들이 핵심 서비스에 대해서는 표준화 전략을, 부차적 서비스에 대해서는 다양한 선택을 두는 개별화 전략을 함께 사용하기도 한다.

이질성에 따른 문제점 및 관리적 시사점을 정리하면 〈표 1-2〉와 같다.

〈표 1-2〉 이질성에 따른 문제점 및 관리적 시사점

| 특성 | | 문제점 | 관리적 시사점 |
|---|---|---|---|
| 제품 | 서비스 | | |
| 표준화 | 이질성 | 서비스 표준화와 품질관리의 어려움 | 고객 표준화 서비스 전략 시행 |
| | | | 고객 개별화 서비스 전략 시행 |

## 3. 비분리성(생산과 소비의 동시성)

제품의 경우는 생산자와 소비자 사이에 유통상이 있어 일단 생산 후 판매, 소비되지만 서비스는 생산과 소비가 동시에 발생한다. 따라서 고객은 서비스 생산과정에 참여하게 되어 고객과 직원 간 상호작용이 발생한다. 예를 들면, 레스토랑에서 스테이크를 먹으려면 고객은 레스토랑에 와서 주문해야 하며, 주문 후 레스토랑이 스테이크를 생산하여 제공하면 고객이 식사하게 된다.

이러한 특성으로 인해 고객은 상품의 사전평가가 어렵고, 기업은 집중화된 대량생산체제를 구축하기 어렵다. 기업은 이러한 문제를 해결하기 위해 고객과 접촉하는 직원을 신중하게 선발해서 철저하게 교육한다. 예를 들면, McDonald's는 시카고에 위치한 햄버거 대학(Hamburger University)을 활용해 전 세계의 임직원을 교육하고 있으며, Ritz Carlton호텔은 서비스 철학인 골든 스탠더드(Golden Standard)를 신입사원들에게 반복적으로 교육시키고 있다. 매년 30억 개 이상의 소포를 취급하는 UPS는 신뢰와 팀워크 구축을 통해 직원이 기업의 미션에 충실하도록 훈련비로 매년 3억 달러 이상을 지출하고, 상시적으로 운전자에게 연봉 50,000달러 이상을 지급하고 있으며, 직원 대상의 서비스 향상 제안제도를 운영하고 있다. 또한 기업은 효과적인 고객관리를 위해 흡연 고객과 비흡연 고객을 분리하여 다른 고객의 존재로 인한 피해를 최소화하거나 병원의 경우 환자가 오기 전에 보험서류작업에 대한 형식과 정보를 고객에게 미리 보내주어 불필요한 접촉시간을 줄이기도 한다. 이와 더불어 대량 생산의 어려움을 극복하기 위해 호텔, 레스토랑, 은행 등 서비스 기업은 여러 곳에 프랜차이즈 가맹점을 내거나 지점을 개설하고 있다.

생산과 소비의 동시성에 따른 문제점 및 관리적 시사점을 정리하면 〈표 1-3〉과 같다.

〈표 1-3〉 생산과 소비의 동시성에 따른 문제점 및 관리적 시사점

| 특성 | | 문제점 | 관리적 시사점 |
|---|---|---|---|
| 제품 | 서비스 | 서비스 제공자가 서비스와 물리적으로 연결됨 | 세심한 서비스 직원 선발과 교육 강화 |
| 분리성 | 비분리성 | 고객이 서비스 생산제공에 참여 | 효과적인 고객관리 |
| | | 서비스 생산과정에 다른 고객이 참여 | 효과적인 고객관리 |
| | | 대량생산의 어려움 | 여러 지역에 서비스망 구축 |

## 4. 소멸성

서비스는 생산과 동시에 소비되기 때문에 저장하거나 재활용할 수 없어 즉시 소멸된다. 예를 들면, 500석인 뉴욕으로 가는 항공기의 오늘 고객이 300명이라면 200석의 남은 좌석은 영원히 판매되지 않고 그에 따른 수익은 사라지게 되는 것이다. 이러한 특성으로 인해 기업은 시설이나 인력의 유휴, 판매 기회의 상실과 같은 문제에 봉착하게 된다. 기업은 이를 극복하기 위해 수요와 공급 간의 적절한 조화를 이루려고 노력한다. 즉 기업은 수요 측면에서는 수요를 형성하거나 대기나 예약과 같은 방법으로 수요를 조절할 수 있고, 공급 측면에서는 수요에 따른 생산계획 변동, 임시 직원 채용, 유휴시설이나 장비의 새로운 용도 개발, 직원 교차훈련 등을 고려하게 된다.

수요관리를 위한 방안으로 레스토랑이나 영화관은 이른 아침 세일(early bird special), 조조할인, 낮 공연 할인과 같은 시간에 따른 가격할인을 제공하거나 고객이 미리 특정한 시간에 특정한 서비스 공간을 사용하도록 예약 시스템을 제공한다. 또한 골프장의 퍼팅 연습장, 영화관의 아케이드, 병원 대기실의 신문과 잡지 등의 보완적 서비스로 수요를 이동하는 노력을 한다. 이외에도 성수기 수요에 대비하여 비수기 수요를 활용하는 방법으로 비수기 동안 직원을 훈련시키거나 오전 이른 시간 혹은 오후 늦은 시간에 사람들로 하여금 골프장을 이용하게 하는 등 비수기 수요를 개발하고 있다.

공급관리를 위한 방안으로 기업은 수요가 몰리는 시간에 임시직원을 고용하거나 병원에서 아주 고가의 첨단의료장비가 필요한 경우 다른 병원과 이를 공동으로 구입해 사

용할 수 있다. 또한 미래 수요증대가 예상되는 제주도에서는 공항을 확장하거나 신공항을 신설하는 문제가 논의되고 있으며, 항공사는 항공권 판매확대와 비용 및 인력 절감을 위해 제3자인 여행사의 항공권 판매를 활용하고 있다. 이외에도 오크 밸리는 겨울철에 골프코스를 스키 슬로프로 전환하여 유휴시설을 활용하고 있으며, 패스트푸드 체인점, 은행, 주유소 등은 고객들이 주문 키오스크, 인터넷이나 ATM, 주유 등의 셀프 서비스를 하도록 하여 고객참여를 확대하고 있다.

소멸성에 따른 문제점 및 관리적 시사점을 정리하면 〈표 1-4〉와 같다.

**〈표 1-4〉 소멸성에 따른 문제점 및 관리적 시사점**

| 특성 | | 문제점 | 관리적 시사점 |
|---|---|---|---|
| 제품 | 서비스 | | |
| 비 소멸성 | 소멸성 | • 재고로 보관 못 함<br>• 수요와 공급을 맞추기 힘듦<br>• 반품되거나 재판매 불가능 | • 수요관리<br>– 수요를 이동할 할인가격전략<br>– 성수기에 대기, 예약제도<br>– 보완적 서비스로 수요를 이동<br>– 성수기 수요에 대비한 비수기 수요 활용 |
| | | | • 공급 관리<br>– 시간제 직원 채용<br>– 다른 서비스 제공자와 시설 공유<br>– 수요에 따른 생산계획 변동<br>– 공급을 늘리기 위해 제3자 활용<br>– 유휴시설이나 장비의 새로운 용도 개발<br>– 고객참여 확대 |

## 5. 기타 부수적 특성

서비스는 위의 4가지 기본적 특징 외에도 다음과 같은 부수적 특징을 가진다.

① 서비스는 행위 또는 과정이다.

② 서비스는 소유권의 이전을 수반하지 않는다.

③ 고객과 서비스 제공자 간의 상호작용에 의해 가치가 생산된다.

④ 인적 서비스의 의존도가 높다.

⑤ 시·공간적 요소의 조절이 서비스의 수요와 공급에 중요한 영향을 미친다.

⑥ 일반적으로 고객의 주관적 판단에 의해 서비스의 평가가 이루어진다.

⑦ 서비스의 생산계획이 불확실하다.

⑧ 제품의 경우 소재 및 기술에 민감하나 서비스는 정보 및 커뮤니케이션에 민감하다.

사 례

**롯데호텔의 서비스 특성에 따른 대응 전략**

서비스는 제품과 차별화되는 고유한 특성으로 인해 마케팅을 하는 데 있어서 어려운 문제점을 안고 있다. 이러한 문제점을 극복하기 위한 전략을 롯데호텔의 사례를 통해 살펴보자.

**1. 무형성 극복 전략**

- 롯데호텔은 한국서비스품질지수(KS-SQI), 국가브랜드경쟁력지수(NBCI), 프리미엄브랜드지수(KS-PBI)에서 호텔 부문 1위에 선정된 바 있다. 이 밖에도 비즈니스 트래블러 '서울 최고의 비즈니스호텔'에, 시그니엘서울은 빌리제투르 어워드에서 '아시아 최고의 호텔'로 선정되었고, 부산 롯데호텔은 세계 최대 여행 사이트 트립어드바이저의 '트래블러서 초이스 어워드' 호텔 부문에서 4년 연속 수상 대상자가 되었다. 롯데호텔은 이러한 사실을 주요매체에 알리는가 하면, 국제적으로 유명한 인사, 연예인, 스포츠 스타 등 과거 VIP 투숙객의 사진을 게시하는 등 실체적 단서를 제시함으로써 무형성을 극복하고 있다.
- 리넨류의 불필요한 세탁 억제를 통해 환경오염을 줄여나가자는 'save the earth' 프로그램을 운영하고 있으며, 이 프로그램에 대한 안내문을 비치하고 참가에 대한 감사카드 및 기념선물을 증정하고 있다. 또한 국내 최초로 '롯데호텔 갤러리'를 개관하여 고급스러운 이미지를 심어주고 있다.

**2. 비분리성 극복 전략**

- 고객관리를 위해 과거 단체 중심의 이미지를 개선하고 호텔 특화차원에서 상류 고객층의 단골을 확대하고 있다. 특히 회원제 식당을 운영해 고객 가입요건을 강화하고 있다.

### 3. 이질성 극복 전략

- 호텔 체인별로 이질성을 극복하기 위해 조리 매뉴얼을 활용하고 호텔 체인별 요리 경진대회를 통해 메뉴를 업그레이드하고 있다.
- 서비스 표준화를 위해 서비스 부문별로 서비스 매뉴얼 교재를 발간하고 지속적으로 직원을 교육시키고 있다.
- 고객선호도를 고려해서 다양한 객실 타입을 준비해 놓으며, 어메니티(amenity)를 차별화시키고 있다.

### 4. 소멸성 극복 전략

- 비수기 수요를 증대하기 위해 레스토랑에서 할인된 가격에 특별한 서비스를 제공하는 '해피 아워(happy hour)'를 활용하고 있다.
- 주류업장에서는 주말 비수기에 특별 할인가격으로 메뉴를 판매하고 있다.

출처 : 매경이코노미(2019.4.3), [대한민국 100대 CEO] 김정환 롯데호텔 대표이사, 뉴욕팰리스 · 시그니엘 명품호텔 명성; 이유재(2019), 서비스마케팅, 제6판, 학현사, pp.36-37. 재인용

# 제 3 절 | 서비스의 분류

## 1. 한국표준산업분류

한국표준산업분류는 1963년 3월 경제활동 중에서 우선 광업과 제조업 부문에 대한 산업분류가 제정되었고, 1964년에는 비제조업부문에 대한 산업분류가 추가로 제정되었다. 이후 유엔 통계처(UNSD)의 국제표준산업분류의 3차례 개정과 국내 산업구조 변화를 반영하기 위하여 그동안 9차례에 걸쳐 개정된 바 있으며, 2017년 1월 13일에 제10차 개정분류를 고시(통계청 고시 2017-13호)하였다.

제10차 개정의 특징은 미래 성장산업, 국가 기간산업, 동력산업 등의 지원 · 육성정책에 요청되는 통계작성을 위해 관련 분류를 신설 · 세분하였으며, 저성장 · 사양산업

관련 분류는 통합하였다. 또한, 부동산 이외 임대업, 수도업, 기계 및 장비 수리업은 국제 분류를 충실히 반영하기 위해 소속 대분류를 이동하였으며, 전체 분류 항목 수는 제9차 개정분류와 대비하여 중분류 1개, 소분류 4개, 세분류 8개, 세세분류 51개가 순증되었다. 제10차 개정에서 제시된 분류체계는 다음의 〈표 1-5〉와 같다.

**〈표 1-5〉 제10차 한국표준산업분류**(2017.1.13 고시, 2017.7.1 시행)

| 대분류 | 중분류 |
|---|---|
| A. 농업, 임업 및 어업 | 8. 광업 지원 서비스업 |
| B. 광업 | |
| C. 제조업 | |
| D. 전기, 가스, 증기 및 공기 조절 공급업 | |
| E. 수도, 하수 및 폐기물 처리, 원료 재생업 | |
| F. 건설업 | |
| G. 도매 및 소매업 | 45. 자동차 및 부품 판매업<br>46. 도매 및 상품 중개업<br>47. 소매업; 자동차 제외 |
| H. 운수 및 창고업 | 49. 육상 운송 및 파이프라인 운송업<br>50. 수상 운송업<br>51. 항공 운송업<br>52. 창고 및 운송관련 서비스업 |
| I. 숙박 및 음식점업 | 55. 숙박업<br>56. 음식점 및 주점업 |
| J. 정보통신업 | 58. 출판업<br>59. 영상, 오디오 기록물 제작 및 배급업<br>60. 방송업<br>61. 우편 및 통신업<br>62. 컴퓨터 프로그래밍, 시스템 통합 및 관리업<br>63. 정보서비스업 |
| K. 금융 및 보험업 | 64. 금융업<br>65. 보험 및 연금업<br>66. 금융 및 보험관련 서비스업 |
| L. 부동산업 | 68. 부동산업 |
| M. 전문, 과학 및 기술 서비스업 | 70. 연구개발업<br>71. 전문 서비스업<br>72. 건축 기술, 엔지니어링 및 기타 과학기술 서비스업<br>73. 기타 전문, 과학 및 기술 서비스업 |

| 대분류 | 중분류 |
|---|---|
| N. 사업 시설 관리, 사업 지원 및 임대 서비스업 | 74. 사업시설 관리 및 조경 서비스업<br>75. 사업 지원 서비스업<br>76. 임대업; 부동산 제외 |
| O. 공공 행정, 국방 및 사회보장 행정 | 84. 공공 행정, 국방 및 사회보장 행정 |
| P. 교육 서비스업 | 85. 교육 서비스업 |
| Q. 보건업 및 사회복지 서비스업 | 86. 보건업<br>87. 사회복지 서비스업 |
| R. 예술, 스포츠 및 여가관련 서비스업 | 90. 창작, 예술 및 여가관련 서비스업<br>91. 스포츠 및 오락관련 서비스업 |
| S. 협회 및 단체, 수리 및 기타 개인 서비스업 | 97. 가구 내 고용활동<br>98. 달리 분류되지 않은 자가 소비를 위한 가구의 재화 및 서비스 생산 |
| U. 국제 및 외국기관 | 99. 국제 및 외국기관 |

출처 : www.kssc.kostat.go.kr(통계청)

## 2. 경제주체 및 거래주체에 의한 분류

경제주체에 의해 서비스를 분류하면 공공 서비스, 기업 서비스, 개인 서비스로 나눌 수 있다〈표 1-6〉. 공공 서비스는 정부와 지방자치단체 등 관공서와 비영리 조직에서 일반 국민에게 행하는 서비스로 법원, 학교, 경찰, 우체국 등이 있다. 기업 서비스는 호텔, 항공사, 병원, 은행 등과 같은 기업들이 고객들에게 행하는 서비스이며, 개인 서비스는 이 · 미용실, 목욕탕 등의 소규모 개인 사업자가 고객에게 행하는 서비스이다.

한편, 고객서비스는 웹(web)의 등장으로 온라인 서비스의 영역이 확대되고 있다. 온라인 서비스를 포함하는 e-서비스는 정보통신기술(ICT)의 발전에 따라 그 영역이 빠르게 늘어나고 있는데, 초창기 웹 서비스에서 모바일 서비스로 다시 유비쿼터스로 진화하고 있다. e-서비스를 거래 주체에 따라 분류해보면 B2B, B2C, B2E, B2G, C2B, C2C, C&C2B, C2G, G2B, G2C 서비스로 나눌 수 있다. 여기서 B(Business)는 기업, C(Consumer)는 소비자, E(Employee)는 직원, G(Government)는 정부, 2는 to를 의미한다.

B2B(Business to Business) 서비스는 인터넷을 기반으로 하는 기업 간 거래로 식품이나 의류 등의 생산회사가 이마트 대형 마트에 물건을 납품하는 경우이다. B2C(Business to

Customer) 서비스는 기업과 소비자 간 전자거래 서비스로 일반 소비자가 인터넷쇼핑몰 등에서 상품을 구매하는 경우이다. B2E(Business to Employee) 서비스는 기업과 직원 간 전자거래 서비스로 기업들의 복리후생을 대행해주는 서비스, 직원들에게 교육을 제공하는 서비스, 기업체 직원들이 특정 인터넷 쇼핑몰을 이용하도록 하는 거래 서비스, 직원들의 출장을 도와주는 출장 도우미 서비스 등이 있다. B2G(Business to Government) 서비스는 기업과 정부 간 전자거래 서비스로 조달청의 물품 판매나 기업이 각종 문서를 전자우편으로 공공기관에 발송하면 공공기관은 납부금 등을 발송해주는 서비스의 예가 있다.

C2B(Customer to Business) 서비스는 소비자가 주체가 되어 기업과 상거래를 하는 것으로 인터넷을 통해 고객이 상품정보를 확보하고 개인 또는 단체를 구성하여 상품 공급자나 생산자에게 거래조건을 제시하고 구매하는 경우 혹은 역경매가 대표적이다. C2C(Customer to Customer) 서비스는 소비자 간 전자상거래로 옥션 등 경매형태가 대표적이다. C&C2B(Customer & Customer to Business) 서비스는 여러 소비자가 기업을 상대하는 서비스로 공동 구매의 예가 있다. C2G(Customer to Government) 서비스는 소비자와 정부 간 전자상거래로 세금이나 각종 부가세 등을 인터넷으로 처리하는 경우이다.

G2B(Government to Business) 서비스는 정부와 기업 간 전자상거래로 정부 전자조달 물품이나 용역의 입찰, 공문서 교환 등이 있다. G2C(Government to Customer) 서비스는 정부와 소비자 간 전자상거래로 정부에서 물품을 소비자에게 조달하는 경우이다.

**〈표 1-6〉 경제주체 및 거래주체에 의한 분류**

| 구분 | 분류 |
|---|---|
| 경제주체 | 공공서비스, 기업서비스, 개인 서비스 |
| 거래주체 | B2B, B2C, B2E, B2G,<br>C2B, C2C, C&C2B, C2G, G2B, G2C 서비스 |

## 3. 서비스 행위 시점에 의한 분류

서비스를 행위 시점 기준으로 분류하면 고객 구매 전에 제공되는 사전 서비스(before service), 구매현장에서 제공되는 현장 서비스(on service), 구매 후 제공되는 사후 서비스(after service)로 분류된다〈표 1-7〉. 첫째, 사전 서비스는 기업의 핵심 서비스가 제공되기 전에 고객 방문 촉진을 위한 서비스로 예약서비스가 예이다. 기업은 사전 판매계획을 포함한 준비 업무, 고객 상담, 업장 환경, 접근성 등 고객의 인지 촉진 및 내점 촉진을 위한 판매계획 활동을 하게 된다. 둘째, 현장 서비스는 핵심 서비스를 전달하는 단계로 고객과 서비스 제공자 간의 상호 거래에 의해서 진행된다. 이 단계에서는 고객의 대기 관리와 고객 참여 및 경험의 제공이 중요하다. 셋째, 사후 서비스는 판매 후 고객의 불편사항이나 회사의 결함으로 인한 고객 불만을 줄이고 만족도를 높이기 위해 이루어지는 서비스로 고객 불평처리나 고객 후기 관리가 그 예이다.

**〈표 1-7〉 서비스 행위 시점에 의한 분류**

| 구분 | 내용 | 호텔 예시 | 레스토랑 예시 |
|---|---|---|---|
| 사전 서비스 (Before Service) | 서비스 내용 소개 및 소비 촉진을 위해 사전에 잠재 고객들과 상담 등을 통해 예약, 의견을 조율하고 상품을 진열하는 등의 서비스 | • 정보제공<br>• 예약<br>• 운영시간<br>• 인상 | • 예약<br>• 주차 안내<br>• 테이블 세팅 |
| 현장 서비스 (On Service) | 고객과 제공자의 상호 거래에 의해 1:1, 1:다수, 다수:1 식으로 진행되는 것으로 서비스 고객이 매장에 들어오는 순간 시작 | • 체크인/입장 시점<br>• 지불<br>• 고객지원<br>• 물리적 시설<br>• 고객서비스<br>• 체크아웃/출발 시점 | • 고객 영접<br>• 테이블 안내<br>• 주문<br>• 음식 서비스<br>• 계산<br>• 화장실 이용 |
| 사후 서비스 (After Service) | 서비스 종료 후 고객 유지를 위한 서비스로 클레임을 사전에 방지하고 후기 등을 통해 서비스를 보완하거나 개선해 나감 | • 고객 사후점검<br>• 불평해결<br>• 단골고객화 | • 불평 처리<br>• 환송 서비스 |

출처 : 안연식(2018), 서비스경영, 창명, p.17. 토대로 보완

## 4. 서비스 대상과 행위에 의한 분류

Lovelock(1983)은 서비스를 받는 대상이 사람 혹은 사물인지와 그 행위의 성격이 유형적인지 혹은 무형적인지에 따라 〈표 1-8〉과 같이 서비스를 분류하였다.

첫째, 헬스케어나 식당을 찾는 사람의 신체에 대한 서비스는 생산과 소비가 동시에 이루어지는 서비스의 특성을 반영하는 것으로 고객은 서비스 현장에 있어야 하며, 성공적인 서비스를 이루기 위해서는 고객이 직원과 적극적으로 협조하는 등의 상호작용이 중요하다. 기업은 고객 관점에서 서비스 과정과 서비스 결과를 고려함과 동시에 서비스의 표준화보다는 서비스의 개별화를 추구하는 것이 바람직하다.

둘째, 정신 상담이나 교육과 같은 사람의 정신에 대한 서비스는 전문적인 서비스가 대부분으로 고객들이 서비스 생산 현장에 물리적으로 존재하거나 가상교육 경우처럼 먼 곳에서라도 정보에 접근할 수 있다. 기업은 서비스의 전문성뿐만 아니라 서비스 제공자의 자세와 태도가 매우 중요하다.

셋째, 화물 운송이나 택배와 같은 소유물 처리 서비스는 직원과의 상호작용이 없으며, 고객들이 사람 중심의 처리 과정보다 적게 개입한다. 따라서 기업 입장에서는 서비스 제공보다는 서비스 결과물인 자산에 대한 보존이나 가치의 증식이 중요하다.

넷째, 법률회사와 증권사처럼 고객의 기록이나 돈을 대상으로 하는 정보처리 서비스는 고객이 느끼는 실질적인 혜택이 중요하다. 따라서 기업은 직원의 훈련과 전문성과 신뢰성을 갖춘 직원의 이미지 관리에 많은 관심을 둬야 한다.

**〈표 1-8〉 서비스 대상과 행위에 의한 분류**

| 구분 | | 서비스 대상 | |
|---|---|---|---|
| | | 사람 | 사물 |
| 서비스 행위 | 유형적 행위 | 신체에 대한 서비스<br>(people processing; people's bodies)<br>호텔, 식당, 여객 운송, 건강관리, 의료, 미용실 등 | 소유물 처리 서비스<br>(possession processing; physical possessions)<br>화물 운송, 택배, 세탁 및 드라이클리닝, 장비 수리 및 보수 등 |
| | 무형적 행위 | 정신에 대한 서비스<br>(mental stimulus processing; people's mind)<br>교육, 방송, 광고, 극장, 박물관, 정신 상담, 심리치료 등 | 정보처리 서비스<br>(information processing; intangible assets)<br>렌터카, 우편서비스, 회계, 은행, 증권사, 법률서비스 등 |

출처 : Lovelock, C. H.(1983), Classifying services to gain strategic marketing insights, Journal of Marketing, 47(3) : 12. 토대로 보완

## 5. 서비스 프로세스 매트릭스에 의한 분류

서비스 프로세스 매트릭스(service process matrix)는 Schmenner(1986)가 제시한 것으로 서비스 과정에 영향을 주는 두 개의 축인 노동집약도(labor intensity)와 고객과의 상호작용 및 고객화(interaction & customization)의 정도를 기준으로 서비스를 분류한 것이다〈표 1-9〉. 노동집약도는 노동비용 대 자본비용의 비율로 한 단위의 성과물을 산출하는 데 투입된 생산 요소 중에서 노동비용이 차지하는 비중을 말하며, 고객과의 상호작용과 고객화의 정도는 서비스 전달 프로세스에서 고객이 서비스에 영향을 미치는 정도이다.

### 1) 서비스 공장(service factory)

노동집약도와 고객과의 상호작용 및 고객화 정도가 모두 낮은 서비스 형태로 항공사, 호텔, 화물트럭, 휴양시설 등이 대표적인 예이다. 서비스 공장을 추구하는 기업은 대체로 서비스의 단순화, 표준화, 효율화를 지향한다.

### 2) 서비스 숍(service shop)

노동집약도가 낮지만(혹은 높은 자본 투자를 요구하는) 고객과의 상호작용 및 고객화 정도가 높은(혹은 높은 개별화 서비스를 제공하는) 서비스 형태로 병원, 자동차 정비소 및 기타 정비 회사 등이 대표적인 예이다. 서비스 숍을 추구하는 기업은 대체로 고객 맞춤형 서비스에 의한 고객화를 지향하지만 표준화와 대량 서비스도 할 수 있다.

### 3) 대량 서비스(mass service)

노동집약도가 높지만 고객과의 상호작용 및 고객화 정도가 낮은 서비스 형태로 소매업, 학교, 도매점 등이 대표적인 예이다. 대량 서비스를 추구하는 기업은 서비스가 표준화되어 비차별적인 서비스를 제공한다.

### 4) 전문 서비스(professional service)

노동집약도와 고객과의 상호작용 및 고객화 정도가 모두 높은 서비스 형태로 의사, 변호사, 회계사, 건축가 등이 대표적인 예이다. 전문 서비스를 추구하는 기업은 전문 인력의 비용을 줄이기 위해 노동력을 줄이거나 회계 처리에서의 전사적 자원관리(Enterprise Resource Planning, ERP) 패키지 사용 등 정보기술을 적극 활용하는 경우도 있다.

〈표 1-9〉 서비스 프로세스 매트릭스

| 구분 | | 고객과의 상호작용/고객화 | |
|---|---|---|---|
| | | 낮음 | 높음 |
| 노동 집약도 | 낮음 | 서비스 공장(service factory)<br>예) 항공사, 호텔, 화물트럭, 휴양시설 | 서비스 숍(service shop)<br>예) 병원, 자동차 정비소, 기타 정비회사, 전문은행기관 |
| | 높음 | 대중 서비스(mass service)<br>예) 소매점, 도매점, 학교, 상업은행의 상세한 업무 | 전문 서비스(professional service)<br>예) 의사, 변호사, 회계사, 건축가 |

출처 : Schmenner, R. W.(1986). How can service business survive and prosper? Sloan Management Review, 27(3) : 25.

## 6. 서비스 제공방식에 의한 분류

서비스 제공방식에 의한 분류는 서비스를 제공하는 지점이 단일 입지인지 복수 입지인지와 고객과 서비스 기업과의 상호작용에 있어 고객이 서비스를 받으려 이동해야 하는지, 서비스 기업이 서비스를 제공하기 위해 고객에게 이동하는지 혹은 우편이나 전자적 경로를 통해 상호작용하는지에 따른 분류이다〈표 1-10〉.

고객이 서비스 기업으로 이동할 때 단일 입지로 이동하는 경우는 극장이나 이발소가 있으며, 복수입지로 이동하는 경우는 패스트푸드 지점, 은행 지점 등이 있다. 반대로 서비스 기업이 고객에게 이동할 때 단일 입지로 이동하는 경우는 택시나 해충방제 서비스가 있으며, 복수 입지로 이동하는 경우는 우편배달이나 자동차 긴급서비스가 있다. 인터넷과 모바일 매체는 서비스 전달 창구를 무한대로 확장하여 고객과 기업이 대면접촉 없이 서비스를 주고받을 수 있는 환경을 구축하였다.

**〈표 1-10〉 서비스 제공방식에 의한 분류**

| 고객과 서비스 기업과의 상호작용 | 서비스 지점 | |
|---|---|---|
| | 단일 입지 | 복수 입지 |
| 고객이 서비스 기업으로 이동 | 극장, 이발소, 교육 | 버스, 패스트푸드 체인, 은행, 병원 |
| 서비스 기업이 고객에게 이동 | 택시, 이벤트 회사, 잔디 돌봄 서비스, 해충방제 서비스 | 우편배달, 동사무소, 자동차 긴급서비스 |
| 고객과 서비스 기업이 우편이나 전자적 방법으로 거래 | 신용카드 회사, 지역 TV방송 | 전국 방송망, 전화회사, 인터넷 뱅킹 |

출처 : Lovelock, C. H.(1983), Classifying services to gain strategic marketing insights, Journal of Marketing, 47(3) : 18.

## 7. 서비스 기업과 고객의 관계에 의한 분류

서비스 기업과 고객과의 관계가 공식적인 회원 관계인지 여부와 서비스의 지속성 여부에 따른 분류는 〈표 1-11〉과 같다. 회원 관계/지속적 제공의 경우는 보험가입이나 대학 등록의 예가 있고, 비회원관계/지속적 제공의 경우는 라디오 방송을 듣거나 경찰의 보호를 받는 행위의 예가 있다. 회원관계/간헐적 제공의 경우는 정기권을 갖고 출퇴근하는 것과 건강보험 가입자의 병원 이용 행위가 있으며, 비회원관계/간헐적 제공의 행위는 차량 렌트나 식당 이용의 예가 있다.

**〈표 1-11〉 서비스 기업과 고객과의 관계에 의한 분류**

| 구분 | | 관계 유형 | |
|---|---|---|---|
| | | 회원관계(공식적 관계) | 비회원관계(비공식적 관계) |
| 서비스 제공 | 지속적 | 보험, 은행, 전화, 자동차 장기대여, 케이블 TV, 대학 등록 등 | 라디오 방송, 경찰 보호, 등대, 고속도로 이용 등 |
| | 간헐적 | 장거리 전화, 정기권을 이용한 출퇴근, 영화관 회원, 연극 회원, 보증 시간의 수리, 건강보험 가입자의 의료처리 등 | 우편, 대중교통, 식당, 차량 렌털, 우편 서비스, 영화관에서 영화 관람 등 |

출처 : Lovelock, C. H.(1983), Classifying services to gain strategic marketing insights, Journal of Marketing, 47(3) : 13. 토대로 보완

## 8. 고객 참여수준에 의한 분류

서비스에서는 생산과 소비가 동시에 발생하여 고객의 참여가 필수적인 요소가 된다. 고객 참여수준에 따라 서비스는 낮은 참여도, 중간 참여도, 높은 참여도로 나눌 수 있다〈표 1-12〉. 첫째, 낮은 고객 참여수준의 서비스는 주로 표준화된 서비스에서 나타나며 모텔 숙박, 영화 상영 등의 예가 있다. 둘째, 중간 고객 참여수준의 서비스는 표준 서비스를 고객화하는 방식으로 이발, 고급 레스토랑, 보험가입 등이 있다. 셋째, 높은 고객 참여수준의 서비스는 고객화된 서비스에서 나타나며 결혼 상담, 경영 컨설팅, 의료 서비스 등이 있다.

**〈표 1-12〉 고객 참여수준에 의한 분류**

| 구분 | 고객 참여수준 | | |
|---|---|---|---|
| | 낮음 | 중간 | 높음 |
| 특징 | • 서비스 전달에 고객의 존재<br>• 물리적 접촉이 거의 일어나지 않는 경우 | • 서비스 창조에 고객의 적절한 참여가 필요<br>• 서비스 전 과정에 고객이 참여하지 않는 경우 | • 고객이 서비스의 공동생산자<br>• 주로 고객이 직접 방문하는 형식 |
| 서비스 종류 | 표준화된 서비스 | 표준 서비스를 고객화 | 고객화된 서비스 |
| 서비스 제공 조건 | 특정 고객의 구입과 무관 | 고객의 구입 | 고객의 구입 및 적극적 참여 |
| 예 | 버스, 은행, 모텔 숙박, 영화 상영, TV 홈쇼핑, 온라인 주식거래, 택배 | 이발, 정기 신체검사, 고급 레스토랑, 외주 광고 제작, 보험 가입 | 결혼상담, 개인 교습, 체중 감량 프로그램, 경영 컨설팅, 미용, 의료 |

출처 : 안연식(2018), 서비스경영, 창명출판사, p.21.

# 제 4 절 | 서비스 경제

## 1. 서비스 경제의 개요

우리는 현재 서비스 사회(service society) 혹은 서비스 경제(service economy)에 살고 있다. 서비스 경제란 국가 경제 측면에서 제조업, 농업, 광업과 대조적인 서비스 부문에서 경제활동이 지배하는 경제이다. 즉 서비스 경제는 한 나라의 국가 경제에서 농업, 공업, 서비스업 등 각종 산업이 차지하는 비중인 산업구조(industrial structure)에서 서비스업이 차지하는 비중이나 고용비율이 50% 이상일 때를 말한다. 선진국의 경우 국내총생산(GDP)의 약 70%를 서비스업이 차지하고 있으며, 우리나라도 서비스 산업이 GDP의 약 60%, 고용의 약 70%를 상회하고 있다. 현재 우리나라는 기존 금융, 정보통신, 유통, 물류 분야뿐만 아니라 반려산업, 소셜 커머스, 공유경제 서비스 등 새로운 서비스 분야가 출현함에 따라 국가 산업발전에서 서비스 경제의 중요성은 갈수록 높아지고 있다. 또한 고객서비스 등과 같이 요금을 청구하지 않는 서비스(non-billable service)를 시행하고 있지만 통계 산출 시에는 서비스 활동으로 분류되지 않는 제조업 분야의 서비스 활동도 포함한다면 서비스의 비중은 더욱 커지게 된다. 따라서 "모든 것이 서비스이며, 모든 기업이 서비스 기업"이라는 주장까지 나오고 있다.

이러한 서비스 경제의 성장배경을 정리해보면 다음의 〈표 1-13〉과 같다.

〈표 1-13〉 서비스 경제의 성장배경

| 구분 | 내용 |
|---|---|
| 사회의 변화 | 인구 구성의 변화, 도시화, 소비자 욕구의 다양화, 개인 시간의 부족 등 |
| 소비자 욕구 변화 | 서비스의 개별화, 전문화, 고급화, 세분화 |
| 비즈니스 트렌드의 변화 | 경쟁의 심화, 프랜차이징 및 아웃소싱의 증가, 제조업의 서비스화 등을 통한 부가가치창출 노력 등 |
| 급속한 기술의 진보 | 모바일 및 인터넷 기술의 응용, 방송 및 통신의 융합, 정보기술 및 디지털화의 촉진 등 |
| 영역 구분의 모호 | 제조업과 서비스업의 업종 구분이 모호 |
| 글로벌화 | 해외여행, 국제 기업의 제휴 및 M&A, 서비스 역외화, 초국가 기업 증가 등 |
| 아웃소싱 확산 | 기업이 모든 측면에서 우수한 경쟁력을 확보하기 어려움. 시장조사, 기술자문, 경영 컨설팅, 정보처리, 환경 지원 등에 경쟁력 확보 유리 |

출처 : 안연식(2018), 서비스경영, 창명출판사, p.44.

## 2. 서비스 경제의 새로운 서비스 형태

서비스 경제가 확대되면서 제조업의 서비스화, 탈서비스화, 서비스 기업의 보조 서비스 확대, 제조기업의 부가 서비스 증가, 신종 서비스의 등장, 서비스의 고급화 · 전문화 · 다양화 등의 새로운 서비스 형태가 나타나고 있다(이유재, 2019).

### 1) 제조업의 서비스화

서비타이제이션(servitization)으로 불리는 제조업의 서비스화란 기술평준화로 제품 자체의 차별화가 어려워진 제조 기업이 단순히 제품만 생산하는 것이 아니라 제품과 서비스를 통합하여 새로운 가치를 창출하고 이를 통해 고객에게 더 큰 가치를 제공하는 것을 뜻한다. 이러한 배경에는 제조 기업들이 기술평준화로 제품 자체의 차별화 어려움, 글로벌 경기 침체 등으로 성장의 한계와 수익성 악화 등의 문제를 극복하기 위한 노력 등이 있다.

제조업의 서비스화 예로 IBM은 2000년경 기존의 컴퓨터 하드웨어와 소프트웨어 중심의 사업구조가 저비용 하드웨어 제조 기업들의 등장과 소비자들의 오픈 소스(open source) 소프트웨어 등장으로 수익이 곤두박질치자 2002년 컨설팅사업 부문을 확대하기 시작했다. 현재 IBM은 상품지원서비스, 컨설팅 서비스, 네트워크 컴퓨팅 서비스를 제공하고 있으며, 이들 서비스에서의 수익이 회사 총수익의 절반을 넘고 있다.

국내의 경우 제일제당이 기존 조미료 제조업체의 이미지를 벗기 위해 CJ로 기업명을 변경하였으며, 이후 식품 및 식품 서비스, 생명공학, 엔터테인먼트 및 미디어, 신 유통, 인프라 등의 사업에 진출한 사례가 있다. 국내 정수기 생산업체 역시 비록 제조업체로 구분되지만 정수기판매보다는 고객 임대 및 필터 교체 서비스에 집중하고 있다. 이외에도 자동차의 개별 소유가 집합적 소유권과 사용에 따른 지불을 하는 자동차 공유(car sharing), 하드카피 책이나 저널과 같은 물리적 재화의 일방적 유통이 디지털 파일의 양방향 온라인 다운로드로 대체된 예가 있다.

## 2) 탈서비스화

디서비타이제이션(deservitization)이라 불리는 탈서비스화는 기업이나 산업이 고객과의 직접적인 상호작용을 통해서 제공하는 서비스를 줄여나가는 현상을 뜻한다. 이러한 배경에는 서비스의 일용품화(service commodization)와 서비스 탈중개화(service disintermediation)가 있다.

서비스의 일용품화는 다수의 서비스 제공자가 제공하는 서비스가 서로 차별화되지 않는 현상으로 서비스 제공자가 서비스 제공 프로세스에 대해서 학습을 하면서 서비스 상호작용을 간소화시킨 것이라 할 수 있다. 예를 들면, 소프트웨어 기업의 경우 초창기 고객들의 니즈가 다양할 것으로 예상했지만 시간이 지남에 따라 생각했던 것보다 다양하게 나타나지 않아 고객들이 자주 문의하는 내용에 대해 답을 제시하는 동영상을 웹사이트에 제공하고 있다.

이에 비해 서비스 탈중개화는 공급체인에서 중개자를 제외시키는 것으로 고객이 서비스 프로세스를 학습한 후 고객 스스로 서비스 상호작용을 간소화시키는 것이라 할 수 있다. 해외여행 초기에 고객들은 여행사를 통해 비자 발급이나 항공권 예약을 했지만 해외여행을 자주 하게 되면서 고객이 여행준비에 필요한 업무를 여행사를 거치지 않고 스스로 하게 되는 예가 있다. 서비스 탈중개화에서는 고객이 서비스 기업의 경쟁자가 되는 현상이 나타나게 된다.

### 3) 서비스 기업의 보조 서비스 확대

오늘날 서비스 기업들은 치열한 경쟁으로 인해 핵심 서비스만으로는 경쟁우위를 확보하기 어려워지고 있다. 따라서 서비스 기업들은 경쟁자와의 차별화를 도모하기 위해 핵심 서비스 외에도 보조 서비스를 추가하거나 이를 확장시키고 있다. 그래서 점차 보조 서비스가 핵심 서비스보다 오히려 더 중요해지는 추세가 심화되고 있다.

호텔의 경우 핵심 서비스는 숙박이지만 다양한 레스토랑, 인피니티 수영장, 피트니스센터 등의 보조 서비스를 확대하고 있으며, 항공사의 경우 핵심 서비스는 운송 스케줄이지만 다양한 기내서비스, 공항라운지, 마일리지 프로그램 등의 보조 서비스를 강화하고 있다. 병원과 백화점은 치료와 물건판매라는 핵심 서비스 외에도 각각 건강검진서비스와 문화센터나 수유실 등의 보조 서비스를 제공하고 있다.

### 4) 제조 기업의 부가 서비스 증가

제조 기업은 기술적으로 향상된 제품만으로 경쟁에서 살아남기 어려워져 다양한 부가 서비스를 제공하고 있다. 즉 제조 기업은 단순히 제품이 아니라 제품과 서비스를 결합한 프로비스(product + service = provice)를 제공하면서 고객의 가치와 기업의 부가가치를 높이려 하고 있다. 그래서 제조 기업은 스스로를 '단순히 서비스를 업으로 하는 기업이 아닌 서비스를 통한 가치 창조를 업으로 하는 기업'을 뜻하는 서비스 컴퍼니(service company)라고 부르기도 한다. 자동차 기업의 경우 차량 판매 시 자동차 모델뿐만 아니라 할부조건, 차량 케어 서비스, 중고차 가격 보장 등의 서비스를 제공하며, 엘리베이터 기업 역시 유지나 보수 등의 서비스를 부가 서비스로 제공하고 있다.

### 5) 신종 서비스의 등장

새로운 정보통신기술의 발달은 수많은 신종 서비스를 지속적으로 등장시키고 있다. 기존 TV 서비스는 편성표에 따라 정해진 시간에 프로그램을 시청하는 서비스를 제공했지만 지금은 VOD(Video On Demand) 서비스, IPTV(Internet Protocol Television) 서비스를 제공하고 있다. 이외에도 멜론, 벅스 등의 인터넷 음악 스트리밍 서비스, SNS를 통해 이루어지는 소셜 커머스, Uber나 Airbnb와 같은 공유 경제 서비스 등의 신종 서비스가 있다.

### 6) 서비스의 고급화 · 전문화 · 다양화

서비스 고급화의 예로는 기존의 **빵집이나 **제과의 명칭이 **베이커리로 바뀐 사례나 은행들의 PB(private banking) 업무, 포장 이사, 모범택시, 롯데백화점의 명품백화점 애비뉴엘의 사례가 있다. 서비스 전문화의 예로는 병원에서 이루어지던 의료서비스가 분리되어 나온 비만클리닉이나 여드름 클리닉, 가축병원에서 나온 애견전문병원 · 미용실 · 애견호텔 · 애견카페, 일반 사진관에서 나온 베이비 전문 스튜디오나 웨딩 전문 스튜디오가 있다. 마지막으로 서비스 다양화의 예로는 예 · 적금 상품을 팔던 은행이 보험판매(방카슈랑스 업무)나 펀드상품 판매, 신용카드사들이 고객욕구에 맞춰 출시하는 다양한 형태의 카드 유형 등이 있다.

## [ 주요 용어 ]

- 개별화(고객화, customization): 서비스가 고객에 의해 개별화되는 정도
- 노동집약도(labor intensity): 생산물 한 단위에 대한 투하 노동의 비율
- 디서비타이제이션(deservitization): 기업이나 산업이 고객과의 직접적인 상호작용을 통해서 제공하는 서비스를 줄여나가는 탈서비스화 현상
- 서비스 경제(service economy): 제조업 · 농업 · 광업과 대조적인 서비스 부문에 의해 경제활동이 지배되는 경제
- 서비스 공장(service factory): 노동집약도와 고객과의 상호작용 및 고객화 정도가 모두 낮은 서비스 형태로 항공사, 호텔, 화물트럭, 휴양시설 등이 대표적인 예
- 서비스 숍(service shop): 노동집약도가 낮지만(혹은 높은 자본 투자를 요구하는), 고객과의 상호작용 및 고객화 정도가 높은(혹은 높은 개별화 서비스를 제공하는) 서비스 형태로 병원, 자동차 정비소 등이 대표적인 예
- 서비스 프로세스 매트릭스(service process matrix): 상호작용 및 고객화와 노동집약 정도에 따라 서비스를 분류한 것으로 서비스 공장, 서비스 숍, 대량 서비스, 전문 서비스 등의 네 가지로 분류됨
- 서비스 컴퍼니(service company): 단순히 서비스를 업으로 하는 기업이 아닌 서비스를 통한 가치 창조를 업으로 하는 기업
- 서비스의 유형성 스펙트럼(tangibility spectrum): 제품들이 유형적 특성과 무형적 특성을 동시에 가진다는 개념을 바탕으로 완전한 유형성을 가진 제품과 완전한 무형성을 가진 서비스를 하나의 선 양끝단에 위치시키고 그 사이에 유형성과 무형성을 같이 가진 제품을 나열한 그림
- 서비스의 일용품화(service commodization): 다수의 서비스 제공자가 제공하는 서비스가 서로 차별화되지 않는 현상으로 서비스 제공자가 서비스 제공 프로세스에 대해 학습하면서 서비스 상호작용을 간소화시킨 것
- 서비스의 탈중개화(service disintermediation): 공급체인에서 중개자를 제외하는 것으로 고객이 서비스 프로세스를 학습한 후 고객이 스스로 서비스 상호작용을 간소화시키는 것
- 서비타이제이션(servitization): 기술 평준화로 제품 자체의 차별화가 어려워진 제조 기업이 단순히 제품만 생산하는 것이 아니라 제품과 서비스를 통합하여 새로운 가치를 창출하고 이를 통해 고객에게 더 큰 가치를 제공하는 것으로 제조업(제품)의 서비스화라 함
- 파생적 서비스(derived service): 물리적 제품 그 자체가 아닌 제품에 의해 제공된 서비스

## 토론 주제

- 서비스 특성인 무형성, 비분리성, 이질성, 소멸성이 자신이 수강하는 수업에의 교육 경험에 어떻게 적용되는지 설명하시오.
- 서비스 특성으로 인한 문제점을 해결하는 방안을 다양한 기업의 예를 들어 설명하시오.
- 온라인 서비스 제공에 있어서 가장 적절한 서비스 특성은 무엇인지 토의하시오.
- 동일한 서비스인데도 기업에 따라 서비스 프로세스 매트릭스의 서로 다른 사분면에서 위치하는 예를 찾아 토의하시오.
- 다양한 분야에서 서비스 경제로 인해 새롭게 나타나는 서비스 사례를 찾아 토의하시오.
- 10년 뒤 우리나라에서 새롭게 뜨는 서비스 직업을 제시하고 그 배경을 설명하시오.

MEMO

# CHAPTER 02

Chapter

# 02 고객

## 학습목표

이번 장에서는 다음 내용의 이해를 목표로 한다.

① 고객의 개념, 역할 및 유형
② 고객의 기본 욕구와 서비스 욕구
③ 고객가치의 개념과 구성요소
④ 고객 기대의 개념, 기대수준의 종류 및 기대영향 요인
⑤ 고객의 기대관리 방안

## 도입사례

### 에미레이트 항공의 1등석 서비스 사례

오일머니의 파워를 보여주는 중동의 대표적인 항공사인 에미레이트 항공은 굉장히 럭서리한 1등석 서비스를 제공하고 있다.

첫째, 1등석 승객에게는 쇼퍼 드라이브(chauffeur-drive)라는 서비스를 제공하고 있다. 이 서비스는 70개 이상의 도시에서 개인 전용기사를 집으로 보내주며, 메르세데스-벤츠 V 클래스차량으로 픽업 및 샌딩 서비스를 받을 수 있다. 공항 도착 후 탑승 수속도 초스피드로 전담직원이 짐을 받아주고 세세하게 기내 반입 물품과 부쳐야 할 물품도 안내해준다.

둘째, 최신 기종인 A380 좌석은 호텔 스위트룸 이상이다. 승무원은 친절히 이름을 불러주며 좌석을 안내해준 다음 전통 주전부리인 고급 대추야자 바틸(Bateel)을 제공한다. 메르세

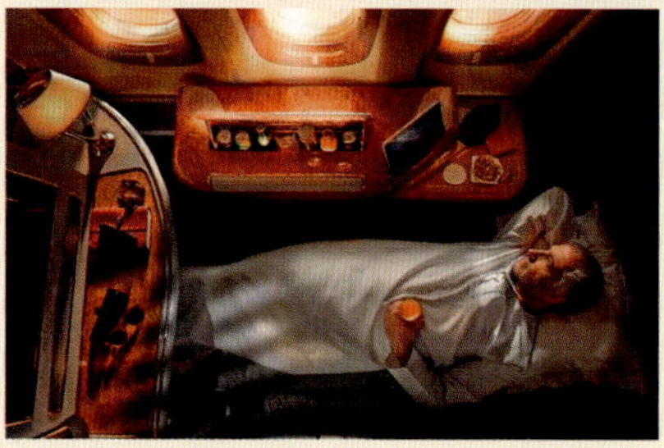

데스 벤츠 S클래스에서 영감을 받아 제작한 럭셔리한 1등석 좌석은 최대 12평으로 키가 2m 가까이 되는 거구도 편히 누워서 비행할 수 있을 정도로 넓다. 길이 82인치, 너비 21.6인치나 되며, 좌석은 자동 조작으로 180도로 누울 수 있다. 1등석에는 짐을 넣는 오버헤드 빈(overhead bin)이 없으며, 그냥 개인 좌석에 놓아두면 된다.

좌석에는 심지어 마사지 기능이 있다. 또한 32인치 와이드 LCD 스크린에다가 기내 엔터테인먼트 시스템인 ICE(Information, Communication, Entertainment)가 탑재돼 있어 좌석 옆 태블릿PC를 만지작거리거나 리모컨을 쓰거나 직접 스크린을 터치해 자유자재로 영화며 게임을 즐길 수 있다. 헤드폰은 영국 하이엔드 오디오 브랜드 바워스앤드윌킨스(Bowers&Wilkins)와 협업해 만든 오직 퍼스트클래스 승객만을 위한 헤드폰(노이즈 캔슬링 E1)이다.

좌석마다 자동문이 있어 오로지 버튼 하나로 나만의 공간을 구축할 수 있다. 문을 닫고서는 음료 주문할 필요 없이 이미 설치돼 있는 개인 미니바에서 에비앙 생수나 주스를 마시거나 독서등을 켜놓고 널찍한 업무용 책상에서 책도 읽을 수도 있다. 기내가 건조하다면 기본 어메니티로 제공되는 바이레도(BYREDO) 스킨케어 컬렉션을 열어 미스트를 뿌리면 되며, 퍼스트클래스 전용 불가리 향수로 기분 전환도 가능하다.

이와 더불어 가상 창문도 게임 체인저 1등석에서만 볼 수 있는 스펙으로 최첨단 광섬유 카메라를 이용해 실제와도 같은 뷰를 구현했다. 에미레이트 항공은 2020년부터 자사 보잉 777 비행기 뒤 공간에 '통유리 스카이라운지'를 도입했다. 게다가 일등석 좌석에서는 NASA가 실제 우주선을 만들 때 쓴 고급기술을 적용한 무중력 모드를 이용할 수 있다.

이외에도 모든 클래스 승객을 대상으로 등록 후 2시간 동안 20MB의 무료 와이파이 서비스를 제공한다. 스카이워즈 회원으로 등록하면 퍼스트클래스 탑승자는 비행 내내 공짜이다. 좌석에 앉아 승무원에게 화상통화를 할 수 있는 기능도 있다.

셋째, 퍼스트클래스 고객 대상으로 4만 피트 상공에서 샤워할 수 있는 기내 샤워스파시설을 갖추고 있다. 샤워 스파는 총 2개 부스로 각 공간은 10m² 정도로 샤워부스, 세면대, 탈의실, 화장실 등으로 구성되어 있다. 특급호텔에서나 볼 수 있는 VOYA 브랜드의 샤워 전용 어메니티가, 세면대에는 불가리의 녹차향 향수 '오 파르퓌메 오 떼 베르(Eau Parfumee Au The Vert)'도 있다.

샤워 시간은 물 이용 시간 5분을 포함, 약 30분 정도이다. 온도를 조절하고 버튼을 누르면 약 5분간 물이 나오는 시스템이다. 샤워를 마치고 나오면 전신 거울과 세면대가 있는 널찍한 공간에서 헤어드라이어로 머리를 말릴 수도 있고 각종 다양한 스킨케어 제품을 이용해볼 수도 있다.

넷째, 에미레이트 항공은 2017년 3월 독일에서 개최된 세계 최대 국제관광박람회 'ITB 베를린 2017'에서 업그레이드된 라운지 바를 선보였다. 약간 어두운 조명 아래 다양한 고급 주류를 갖춘 바에 기대앉아 칵테일 등 음료와 다과를 즐길 수도 있고 따로 마련된 좌석에 앉아 창밖으로 하늘을 감상하며 한잔할 수도 있게 해놨다. 기내 바 라운지는 퍼스트와 비즈니스 클래스 승객 모두가 이용할 수 있으며, 퍼스트클래스 전용 라운지는 1등석 승객만 이용 가능하다. '신의 물방울'이라 칭송받는 돔페리뇽 샴페인이나 싱글몰트 위스키, 로얄샬루트 21년산 위스키 등 좀 더 고가 주류는 전용 라운지에서만 맛볼 수 있다. 헤네시, 조니 워커, 글렌피딕 등 맛볼 수 있는 고급 와인과 샴페인, 위스키만 80여 종에 달한다. 또한 1등석 승객에게는 달모어 알렉산더 3세와 같은 술을 독점 제공한다.

출처 : www.emirates.com

출처 : 매경이코노미(2019.2.25), 에미레이트 항공 퍼스트클래스 타보니-하늘 위 특급호텔 서비스… 럭셔리 끝판왕. 국방K신문(2019.9.18), 돈 자랑이 어떤 것인지 보여주는 중동 항공사들의 1등석 혜택. 토대로 작성

# 제 1 절 | 고객의 개요

## 1. 고객의 개념 및 역할

### 1) 고객의 개념

우리는 종종 소비자라는 용어와 고객이라는 용어를 같이 사용하고 있다. 이를 구분해보면 다음과 같다. 소비자(consumer)는 '써서 없애버린다'라는 의미의 'consume'에서 유래되어 무엇인가를 사용해서 없애버리는 사람의 의미를 지니고 있다. 소비자는 생산자와 대비되는 광의의 개념으로 제품이나 서비스를 실제 소비하는 사람으로서 특정 기업제품과의 연계성보다는 생산자와 시장을 구성하는 일반적이고 집합적 의미가 강한 일반 대중이며, 불특정 다수를 지칭한다. 이에 비해 고객(customer)은 습관을 의미하는 관습(custom)이라는 용어에서 유래되었으며, 일반적으로 제품과 서비스를 구매하는 개인, 법인, 기관 등을 말하며, 사전적으로는 상점에 물건을 사러 오는 손님으로 정의된다. 따라서 고객은 특정 기업과 연계된 소비자를 의미하며, 기업의 기준에서 볼 때 실제 자사 제품이나 서비스를 구매하거나 구매가 예상되는 사람이다.

이러한 소비자와 고객의 차이점은 브랜드나 기업에 대한 구매자의 친밀감, 유대감, 신뢰 관계 유무 혹은 정도의 차이라고 볼 수 있다. 다시 말해 소비자가 특정 브랜드에 대한 충성도가 없는 제품 또는 서비스의 단순 구매자라 보면, 고객은 특정 브랜드에 대해 감정적·이성적 관계를 가진 제품 또는 서비스의 반복적 구매자라 할 수 있다(김병용, 2021). 그러나 소비자와 고객의 개념을 명확히 구분하는 것은 큰 의미가 없다. 소비자가 현재는 아니더라도 미래에 잠재적인 고객이 될 수 있으며, 조직단위의 구매자는 최종소비를 목적으로 하는 것이 아니라 제품이나 서비스를 생산하는 과정에 투입하기 위해 구매하기 때문에 소비자라 부르지 않고 고객이라는 용어를 사용하기도 한다(허희영, 2021). 따라서 이 책에서는 고객을 소비자와 같은 용어로 사용하고자 하며, '특정 기업의 제품이나 서비스를 구매하는 소비자나 조직'으로 정의한다.

한편, 고객의 개념은 고객만족의 시대적 흐름을 통해 변해가고 있다(예경희 · 안예지 · 김화영, 2023). 첫째, 1990년대 이전에는 고객에 관심이 없던 무관심 단계로 볼 수 있다. 이때는 기업 중심의 경영단계로 공급보다 수요가 많아 생산자 위주로 운영되었다. 둘째, 1990~2000년 이전에는 고객만족 도입기 및 활성화 단계로 고객 만족 개념이 도입되고 고객만족을 경영에 적용하던 단계로 볼 수 있다. 이때 기업은 고객이 만족하는 제품의 가치를 고민하기 시작했고, 상품의 기획, 생산, 유통, 판매 및 사후 관리의 모든 과정에 고객을 중심에 두었다. 셋째로, 2000년대 이후 고객만족과 고객생애가치 중심화 단계로 대부분의 산업에서 고객만족이 기업 경영의 핵심 가치로 자리 잡기 시작했다. 기업은 무한 경쟁시장에서 생존을 위해 고품질 서비스뿐만 아니라 평생 고객화를 위한 다양한 노력을 기울이고 있다.

## 2) 고객의 역할

### (1) 생산자원으로서의 고객

고객은 기업의 일시적 직원(partial employee)으로 서비스 전달과정에 참여해 직원의 역할을 하며, 서비스 시스템의 한 부분으로 서비스 생산성에 영향을 미친다. 고객은 패스트푸드점에서 음식을 먹는 과정에서 여러 셀프서비스를 수행함으로써 기업이 비용을 절감하거나 저렴한 메뉴 가격을 유지하는 데 도움을 준다. 또한 집중치료실(Intensive Care Unit) 병원의 경우와 같이 환자의 치료과정에 사랑하는 가족이 참여함으로써 치료성과를 높이는 데 공헌하고 있다.

하지만 서비스 기업은 고객을 직원처럼 통제하기 어렵기 때문에 효과적인 고객관리는 한계가 있어 항상 고객으로 인한 불확실성 문제를 고려해야 한다. 또한 만일 고객이 공동생산에 참여해도 그에 따른 명백한 이득(예 : 낮은 가격, 더 빠른 접근, 더 나은 품질)이 고객에게 돌아가지 않는다면 고객은 그들의 공동생산 역할에 화를 내고 저항할 수 있다. 이와 더불어 직원도 생산과정에 고객이 참여하는 것에 대해 불편해할 수 있다. 예를 들면, 금융업 직원의 경우 고객 참여가 일반적으로 고객의 경험과 가치를 향상시키지만 표준 업무절차에 방해가 된다면 직원은 스트레스를 받을 수 있다.

### (2) 품질, 가치, 만족에 기여하는 공헌자로서의 고객

고객은 기업으로부터 부여된 역할을 잘 수행하게 되면 기업 생산성을 높이는 원천이자 품질, 가치 및 만족에의 공헌자가 될 수 있다. 고객이 서비스과정에 직접 참여하게 되면 서비스 제공 중에 발생되는 문제에 대해 좀 더 관대해지는 경향이 있어 고객 불만이 감소되고 서비스 결과에 대한 통제를 할 수 있는 장점이 있다. 또 다른 장점으로 셀프서비스 편견(self-serving bias)의 효과가 있다. 예를 들어, 어떤 사람이 시험을 잘 보았을 때는 자신이 열심히 공부해서 나온 결과라고 믿지만 시험을 망쳤을 때는 선생님이 정확하게 설명하지 않았다거나 강의실이 너무 더웠다고 믿고 싶은 것과 같은 이치이다. 이와 같이 서비스가 기대한 것보다 좋은 경우 참여 고객은 결과가 자신 덕분이라고 생각하여 비참여 고객에 비해 덜 만족하지만 결과가 기대한 것보다 좋지 않은 경우 참여 고객은 비참여 고객에 비해 서비스에 덜 불만족한다는 것이다. 이는 참여한 고객이 자신의 잘못도 있다고 생각하기 때문이다.

품질, 가치, 만족의 공헌자 사례로 Southwest Airlines는 승객들이 자신의 짐을 직접 운반하게 하고 지정 좌석 없이 자신의 자리를 직접 찾도록 함으로써 승무원의 수를 줄일 수 있었다. 기업은 이러한 생산성 향상을 통해 고객에게 더 많은 혜택을 줄 수 있게 된다. IKEA 역시 고객이 직접 가구를 조립하도록 하는 방침으로 고객이 해당 기업을 잘 이해하고 자신이 원하는 만족을 얻을 수 있도록 유도하고 있다.

### (3) 경쟁자로서의 고객

고객은 부분적 또는 전체적으로 서비스를 담당함으로써 기업의 경쟁자가 될 수 있다. 고객이 셀프서비스를 수행하는 일시적 직원일 경우 어떤 경우에는 부분적으로 서비스를 수행하고, 어떤 경우에는 전체적으로 서비스를 수행하기 때문에 서비스 제공자를 줄여줄 수 있다. 그래서 고객은 어떤 의미에서는 서비스회사의 경쟁자인 것이다. 예를 들면, 고객이 여행 일정을 짤 때 여행사에서 항공권만 구매하고 호텔과 렌터카는 자신이 직접 예약할 수 있지만 최근 정보기술이 발달되면서 호텔, 렌터카, 항공권 등 모든 것을 고객이 직접 예약하는 경우에 고객은 여행사의 경쟁자가 되는 것이다.

### (4) 혁신자로서의 고객

고객은 선도 이용자(lead-user)의 형태로 기업의 혁신 프로세스에 참여함으로써 혁신자(innovator)의 역할을 수행한다. 고객은 서비스의 문제점을 발견하고 해결방안을 제시함으로써 다른 고객들에게 큰 혜택을 줄 수 있기 때문에 기업은 적극적으로 이들에게 새로운 환경과 설계를 할 수 있도록 동기부여를 한다. 예를 들면, Electronic Arts는 고객들이 자사의 소프트웨어를 수정하고 제작할 수 있는 프로그래밍 툴을 제공하고 있다.

## 2. 고객의 유형

고객은 기업의 존재 이유로 고객의 기업 선택 여부가 기업의 생존을 좌우한다. 이러한 고객을 정의하는 관점은 좁은 의미와 넓은 의미로 대별해볼 수 있다. 좁은 의미에서의 고객은 기업의 제품이나 서비스를 구매하는 사람으로 보는 전통적인 관점이다. 이에 비해 넓은 의미에서의 고객은 단순히 판매대상이 아니라 제품과 서비스를 구매하는 소비자와 기업 간에 직간접으로 거래 관계를 맺는 이해관계자, 즉 나를 제외한 모든 사람을 뜻한다.

또한 고객은 프로세스나 가치체계를 관점으로도 정의해볼 수 있다. 프로세스 관점으로 나눠보면 고객은 내부 고객, 중간고객, 외부 고객으로 나누며, 가치체계 관점에서 고객은 가치를 생산하는 내부 고객(직원), 가치를 전달하는 고객인 중간고객(대리점과 유통업체 등의 중간상), 가치를 구매하는 고객(구매자와 사용자인 최종 고객)으로 나눌 수 있다.

여기에서는 고객을 두 가지 관점에서 나누어 살펴보고자 한다. 첫째, 프로세스와 가치체계를 통합한 관점의 분류로 크게 내부 고객과 중간고객 및 최종 고객을 합친 외부 고객으로, 둘째, 고객 충성도 진화과정에 따른 분류로 잠재고객, 가망고객, 신규고객, 반복고객, 단골고객, 옹호고객으로 나누어 살펴보자.

## 1) 프로세스와 가치체계를 통합한 관점의 고객 분류

### (1) 내부 고객

내부 고객(internal customer)이란 기업의 내부구성원인 직원을 말한다. 내부 고객은 기업의 제품이나 서비스를 생산하는 사람으로 기업에서 고객의 가치를 생산해내는 사람들이다. 과거 제조업 관점에서는 최종 고객만을 대상으로 하는 외부 마케팅만을 중요시했지만 서비스 경제가 커짐에 따라 기업 내부의 직원을 효율적으로 관리하는 내부 관리가 중요시되었다.

직원을 고객으로 보는 이유는 직원이 만족해야 제품과 서비스를 생산하고 전달하는 과정에서 최종 고객인 외부 고객의 만족도를 높일 수 있다는 경영인식 때문이다. 즉 외부 고객의 만족은 기업 수익과 직결되지만 내부 고객의 만족은 품질과 생산성 향상으로 연결되어 장기적으로는 고객만족을 통해 기업 수익을 가져올 수 있기 때문이다. 따라서 기업은 직원을 단순한 인사관리의 요소로 보기보다는 하나의 서비스 시장으로 인식하고 있으며, 이들을 대상으로 하는 내부마케팅(internal marketing) 노력을 확대하고 있다.

### (2) 외부 고객

외부 고객(external customer)은 조직 외부에 존재하며, 서비스 제공자로부터 제품이나 서비스를 제공받는 고객으로 전통적인 개념의 고객이다. 외부 고객은 다시 중간고객과 최종고객으로 나눌 수 있다.

중간고객(intermittent customer)은 기업이 생산한 제품이나 서비스를 최종 소비자에게 연결하는 중간상 역할을 한다. 예를 들면, 호텔이나 항공사의 경우 객실이나 항공권 판매를 대행하는 여행사나 OTA(Online Travel Agency)가 중간고객에 해당한다. 이들은 기업과 최종 소비자 간 매개 역할을 하므로 이들의 만족은 최종 소비자의 만족도에 큰 영향을 미치게 된다.

최종 고객은 기업이 생산한 제품이나 서비스를 대가를 지불하고 사용하는 사람으로 일반적으로 '고객'이란 용어로 통용된다. 최종 고객은 기업의 서비스를 구매하는 실제 고객과 현재 서비스를 이용하지는 않지만 서비스 구매 욕구나 구매능력을 가진 잠재고객 혹은 서비스에 대한 비평 등의 의견을 제시하는 사람도 포함한다. 기업은 고객가치의 창출을 통한 고객만족을 이루기 위해서 서비스가 존재할 수 있도록 하는 기준이자 목적인 외부 고객과 내부 고객 간에 유기적이고 원만한 관계가 유지되도록 노력해야 한다.

이상의 고객 개념을 정리해보면 〈표 2-1〉과 같다.

〈표 2-1〉 고객의 유형

| 구분 | | 가치체계 | 예 |
|---|---|---|---|
| 내부 고객 | | 가치 생산고객 | 직원 |
| 외부 고객 | 중간고객 | 가치 전달고객 | 대리점, 도소매상, 협력업체 |
| | 최종고객 | 가치 구매고객 | 소비자 |

## 2) 고객 충성도 진화과정에 따른 분류

고객은 기업에 대한 충성도 진화과정에 따라 잠재고객(Suspect), 가망고객(Prospect), 신규고객(First time customer), 반복고객(Customer), 단골고객(Client), 옹호고객(Advocates)으로 분류할 수 있다[그림 2-1].

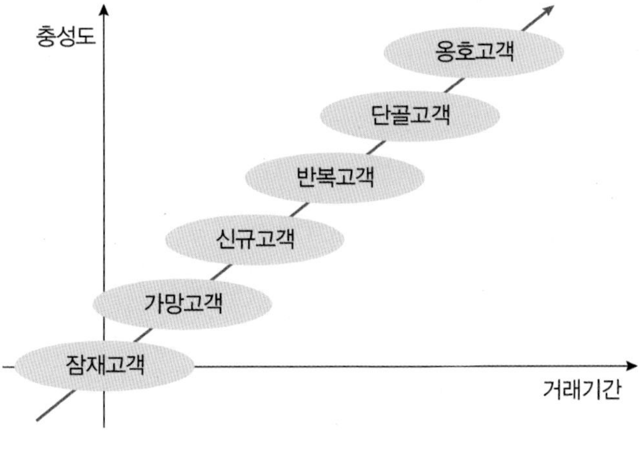


[그림 2-1] 고객 충성도 진화 단계

### (1) 잠재고객

잠재고객은 특정 기업의 제품이나 서비스에 대한 욕구와 필요를 잠재적으로 가지며, 구매할 수 있는 구매능력이 있는 모든 사람을 말한다. 예를 들면, 와인 판매업자는 골프나 테니스를 즐기는 사람이 와인의 잠재고객이 될 가능성이 높은 반면 공장 인부나 대학생들은 맥주를 마실 가능성이 높다고 여길 수 있다. 기업은 잠재고객들로 하여금 처음으로 자사 상품이나 서비스를 구매하도록 동기부여할 수 있는 다양한 판촉활동을 해야 한다.

### (2) 가망고객

가망고객은 특정 기업의 제품이나 서비스를 구매한 적은 없으나 알고 있는 사람을 말한다. 예를 들면, 낚시꾼은 모두 해충퇴치제의 가망고객이며, 아기를 낳은 부모는 대부분 1회용 기저귀의 가망고객이다. 기업은 서비스상품에 대한 정보를 제공하는 데 적합한 매체선정과 고객이 이 서비스를 구매함으로써 얻을 수 있는 혜택이 무엇인지를 명확하게 전달해 고객의 첫 구매로 이어지도록 노력해야 한다. 예를 들면, 여행사의 경우 고객이 여행상품을 구매할 때 고객이 얻는 혜택이 무엇인지를 고객에게 잘 전달해 구매로 이어지도록 해야 한다.

### (3) 신규고객

신규고객은 우리 회사 제품이나 서비스를 처음으로 구매한 사람을 말한다. 신규고객은 구매 경험이나 혜택에 따라 만족하면 계속해서 자사의 고객이 되지만 불만족하면 경쟁사의 고객이 된다. 따라서 기업은 처음으로 우리 제품이나 서비스를 구매한 고객이 재구매할 있도록 적절한 전략을 세워야 한다.

### (4) 반복고객

반복고객은 특정 기업의 제품이나 서비스를 최소 2번 이상 구매한 사람이다. 기업은 맞춤상품이나 혜택 등과 같이 개별화된 마케팅 메시지를 제공하여 재구매율을 높이도록 한다. 예를 들면, 삼성 갤럭시 핸드폰에 대한 충성도가 높은 사람은 삼성전자 TV에 보다 수용적인 태도를 보일 수 있다. 이를 위해 고객의 신뢰를 확보하는 것이 중요하며, 서비스과정과 결과를 통해 고객의 기대를 충족시킬 수 있어야 한다.

### (5) 단골고객

단골고객은 특정 기업의 제품이나 서비스만을 구매하는 사람을 말한다. 기업은 단골고객이 방문할 때 고객에게 자사 제품이나 서비스의 혜택을 적극적으로 제시하여 구매뿐만 아니라 구매 후기 작성 등 적극적인 구매 후 활동을 하도록 장려해야 한다.

### (6) 옹호고객

옹호고객은 로열 고객 또는 충성고객으로 불리며, 단골고객처럼 특정 기업의 제품이나 서비스만을 구매할 뿐만 아니라 그 제품과 서비스를 주변 사람들에게 적극적으로 추천하고 알리는 사람을 말한다. 기업은 구매주기를 기준으로 구매횟수나 구매금액이 많은 고객을 따로 선정해 이들만을 위한 다양한 고객 로열티 프로그램을 제공하도록 한다.

**잠깐 쉬어가기**

**호텔리어가 분류한 11가지 고객 유형**

고객은 보통 아래의 특정 유형에만 해당되지 않고 복합적인 모습을 지니지만 호텔리어가 분류한 11가지의 고객 유형을 살펴보면 다음과 같다.

1. 새댁 유형
   새댁 느낌이 나는 고객으로 애교가 흐르는 목소리로 무엇이든 조심스럽게 물어보며, 감사하다는 말을 잊지 않는다. 이 유형은 아기용품에 관해 꼼꼼히 챙기며, 호텔에서 대여 가능한 아기용품을 꿰뚫고 있으며, 재확인하는 꼼꼼함까지 지니고 있다.

2. 성함이 어떻게 되시죠 유형
   기본적으로 깐깐한 고객으로 많은 질문을 하고, 답변받은 사항에 대해 일일이 메모를 하거나 정확히 기억하는 특징을 가진다. 특히 마지막에 안내해준 사람의 명함을 물으므로 직원이 고객 서비스에 많은 신경을 써야 한다.

3. 로맨틱 가이형
   여자 친구 혹은 아내를 위해 이런저런 이벤트를 준비하는 유형으로 케이크를 살 수 있는지, 깜짝 이벤트는 없는지, 기타 부대 이용 서비스는 없는지 꼼꼼히 물어본다.

4. 네네형
   급한 성격으로 인해 상담원이 안내한 내용에 대해 일절 귀 기울이지 않는 유형이다. 말이 끝나기 전에 "아 네, 네!~네네.. 네! 녜~~"로 일관하는 특징이 있다. 이런 유형은 성격이 캐주얼하여 이용하면서 몰랐던 부분이 있더라도 크게 문제 삼지 않거나 제대로 듣지도 않고 나중에 왜 이것까지 설명 안 해주냐고 따진다.

5. 양아치형
   보통 네네형과 함께 오며 처음에는 다소 무섭지만 의외로 쿨한 유형이다. 안내를 대충 듣지만 그만큼 딴지를 걸지도 않는 특징이 있다.

6. 물음표 살인마형
   질문이 최소 5개 이상 이어지는 유형으로 뒤에 기다리는 사람이 있든 말든 아랑곳하지 않고 계속해서 묻는 특징이 있다.

7. 젠틀한 유형
   직원에게 '실례합니다', '늦은 시간에 죄송합니다.', '고생 많으십니다.' 식으로 젠틀하게 대하는 유형이다. 직원에게 처음과 끝에 인사하는 것을 절대 잊지 않으며 상냥한 말투로 직원을 기분 좋게 만드는 특징이 있다.

8. 소심한 유형
   소심한 유형은 때로 젠틀한 유형과 같이 오며 목소리부터 소심한 게 느껴지며, 무엇을 요청하거나 물을 때 매사 조심하는 유형이다. 조용한 만큼 직원의 사소한 실수나 언짢게 할 경우 그 자리에서 얘기하지 않고 나중에 문의 게시판에 많은 양의 내용을 담은 폭탄을 날리는 특징이 있다.

9. 조곤조곤 할 말은 다하는 유형
   언성을 높이거나 심한 말을 하지는 않지만 조곤조곤 불편한 사항에 대해 모두 얘기하거나 필요한 사항에 대해 하나부터 열까지 다 챙기는 유형이다.

10. 당당한 유형
    자신의 요구사항에 대해 눈치를 전혀 보지 않고 당당하게 요구하는 유형으로 보통 성격이 밝거나 밝아 보이는 경우가 많다. 무료 레이트 체크아웃(late check-out), 얼리 체크인(early check-in), 객실 업그레이드, 생일 이벤트 등 객실 요금에 해당 혜택이 포함되지 않아도 당연히 받아야 하는 혜택인 것처럼 요구하는 특징이 있다.

11. 내가 호텔을 많이 다녀봤는데 유형
    반드시 본인이 방문했던 호텔명을 언급하면서 자신이 원하는 것을 요구하는 유형으로 진짜 VIP는 거의 없다. **호텔에서는 해주는데 여기서는 안 해준다고 비교하며 요구하는 특징이 있다.

출처 : https://brunch.co.kr

## 제 2 절 | 고객 욕구와 고객가치

### 1. 고객 욕구

#### 1) 고객의 니즈와 욕구

고객의 니즈(needs)란 인간의 본원적 욕구로 사람이 생활을 영위함에 있어 필요한 어떤 것이 결핍되어 있는 상태를 의미한다. 예를 들면, 배가 고프거나 피로가 누적된 경우 음식을 먹거나 휴식이 필요한 상태이다. 고객지향적인 기업은 이러한 고객의 잠재된 니즈를 적극적으로 파악하려는 노력을 기울인다. 이에 비해 고객의 욕구(wants)란 본원적 욕구가 결핍된 상태를 충족시킬 구체적인 욕망을 의미한다. 예를 들면, 배가 고플 경우 돈가스, 햄버거, 밥 등 특정 음식을 선택해서 먹는 경우이다. 이러한 고객의 욕구는 마케팅의 시발점이다.

고객 욕구의 대표적인 분류는 Maslow(1954)의 인간 욕구 5단계이며, 이를 서비스 욕구와 대비해보면 〈표 2-2〉와 같다. Maslow는 인간 욕구 단계는 1단계 생리적 욕구에서 시작하여 안전 욕구, 소속감 욕구, 존경 욕구, 자아실현 욕구로 단계적으로 상승한다고 주장한다.

**〈표 2-2〉 Maslow의 인간 욕구 5단계와 서비스 욕구**

| 욕구 단계 | 내용 | 서비스 욕구 |
|---|---|---|
| 1단계<br>생리적 욕구 | 의식주 등 생존을 위한 기본욕구 | 충분한 양을 적당한 가격에 제공하는가? |
| 2단계<br>안전 욕구 | 신체적 위험으로부터 보호되고 안전해지려는 욕구 | 유기농 야채인가?<br>국내산 돼지고기인가?<br>위생적인 방법으로 조리하였는가?<br>주차장은 안전하고 편리한가? |
| 3단계<br>소속감 욕구 | 조직에 소속되거나 동료와 친교를 나누고 싶어 하고 이성 간 교제나 결혼을 원하는 욕구 | 직원은 친절한가?<br>고객 욕구를 정확히 잘 들어주는가? |
| 4단계<br>존경 욕구 | 내적으로 자존과 자율을 원하는 욕구(내적 존경 욕구)와 외적으로 타인으로부터 인정을 받으며 집단 내에서 어떤 지위를 확보하고 싶은 욕구(외적 존경 욕구) | 나에게 지속적인 관심을 주는가? |
| 5단계<br>자아실현 욕구 | 계속적인 자기 발전을 통해 성장하고 자신의 잠재력을 극대화하여 자아를 완성시키는 욕구 | 나를 알아봐주고 다른 사람에게 제공하는 서비스보다 질 좋은 서비스를 제공하는가? |

출처 : 김학선 · 김태호 · 이승후 · 반현정(2022), 글로벌 시대의 서비스 경영론, 백산출판사, p.39. 토대로 보완

하지만 고객의 욕구는 사람마다 다르기 때문에 정확히 파악하기는 쉽지 않다. 일반적으로 고객이 가지는 기본적인 욕구는 다음과 같이 나눌 수 있다(Elaine, 2014).

### (1) 서비스

고객은 자신이 선택한 구매제품이나 서비스 수준에 대해 적절하다고 생각하는 서비스를 기대한다. 신중하게 계획하고 많은 정보를 탐색하여 고객의 관여도가 높은 제품이나 서비스는 그렇지 않은 것들에 비해 더 높은 기대를 형성하며, 무조건 터무니없이 높은 수준의 서비스를 기대하지는 않는다.

### (2) 가격

사람들은 자기가 가진 자원을 가능한 한 효율적으로 사용하려고 한다. 햄버거 하나를 사기 위해 특정 지역에 있는 레스토랑까지 가야 했던 과거와 달리 이제는 어디서나 쉽게 햄버거를 살 수 있듯이 나만의 독특한 것으로 생각되던 많은 제품들은 이제 대중화되었다. 따라서 고객은 소비지출 시 경제성에 민감하게 반응하기 때문에 제품이나 서비스 구매 시 가격은 점차 더 중요해지고 있다.

### (3) 품질

고객은 자신이 지불한 비용에 대비하여 거기에 합당한 품질을 원한다. 즉 고객은 자신이 산 제품이나 서비스를 바꾸고 싶어질 때까지 견딜 수 있는 내구성과 기능성을 갖기를 원한다. 고객은 자신이 진정으로 원하는 제품이나 서비스에 대해서는 가격을 따지지 않는 경향이 있다.

### (4) 고객에 대한 반응

고객은 제품이나 서비스에 어떤 문제가 있거나 궁금한 사항이 있을 때 기업으로부터 즉각적인 반응을 요구한다. 고객은 자신들을 바로 도와줄 누군가를 늘 기대하며, 이러한 고객의 기대에 맞춰 기업은 수신자부담 전화, 고객센터, 융통성 있는 환불 정책, 출장서비스 등을 운영한다.

### (5) 고객에 대한 감사

고객은 기업이 고객을 귀중한 존재로 여겨 고객에게 감사해하는지 알고 싶어 한다. 고객에게 감사하는 방법에는 “감사합니다”라는 말과 행동부터 시작하여 고객 이름 기억하기, 예의 갖추기, 고객주소록 작성, 정보제공을 위한 뉴스 레터 제공, 특별한 할인혜택 제공 등이 있다.

### 2) 고객의 네 가지 서비스 욕구

고품질 서비스는 서비스가 이루어지는 절차적 차원뿐만 아니라 인간의 사고, 자세, 감정과 느낌 등 서비스 제공자의 인간성과 고객의 인간성을 포함하는 인간적 차원을 모두 포함한다. 이러한 본질적인 인간성은 이해받고자 하는 욕구, 환영받고자 하는 욕구, 편안하고자 하는 욕구, 존중받고자 하는 욕구 등의 네 가지 기본적인 고객 서비스 욕구로부터 나온다(Martin, 2003). 고객이 어디로부터 오는지 그 근원을 이해하고 인식하기 위해서는 이러한 고객 서비스 욕구를 이해하는 것이 중요하다.

#### (1) 이해받고자 하는 욕구

이해받고자 하는 욕구는 서비스 제공과정에서 이루어지는 절차적 차원에서의 고객과의 효율적인 의사소통뿐만 아니라 고객의 감정을 이해하려는 욕구를 포함한다. 이러한 고객의 욕구를 충족시키려면 서비스 제공자가 고객과의 의사소통 과정에서 분명한 메시지를 주고받아야 할 뿐만 아니라 고객과 공감대를 형성할 수 있는 능력이 필요하다. 즉, 서비스 접촉을 고객의 시각에서 볼 수 있는 감정이입 능력이 필요하다. 서비스 제공자가 감정이입을 할 수 있는 능력을 가지려면 감성으로 고객을 이해하도록 노력해야 하며, 이는 고객을 완전히 이해하기 위해서 전달하고자 하는 실제의 의미를 고객의 관점에서 찾아 해석해야 가능하다.

#### (2) 환영받고자 하는 욕구

고객은 소속감을 갖고 싶고, 내부 사람으로 대접받고 싶고, 고객에게 서비스를 제공하는 사람이 자신을 행복하게 바라보고 있다고 느끼고 싶으며, 고객의 사업이 서비스 제공자에게도 중요한 것으로 여겨지기를 바란다. 고객은 처음 서비스를 제공받을 때 이런저런 이유로 어느 정도 위축되기도 하고, 적절하게 행동하는지 등의 개인적 불안감을 가지게 된다. 이런 경우 서비스 제공자의 고객응대 태도, 사용하는 언어, 목소리 높낮이로 인해 고객은 환영을 받는다고 혹은 받지 못한다고 느낄 수 있다. 서비스 제공자는 고객이 어색하거나 불편함을 느끼지 않도록 안심시키고, 고객을 만나게 되어 기쁘다는 것을 알게 할 필요가 있다. 다시 말해 서비스 제공자는 고객을 환영한다는 느낌을 고객에게 전달해야 한다.

### (3) 편안하고자 하는 욕구

호텔, 레스토랑, 테마파크 등에서의 고객의 편안함은 전통적으로 안락한 침대와 좌석, 객실, 조명, 주변 환경 등과 같은 유형적인 요소인 물리적인 관점에서 고려된다. 편안하고자 하는 욕구는 심리적인 편안함을 의미한다. 이것은 고객들이 적절하게 보살핌을 받을 것이라는 확신과 서비스 제공자가 고객의 욕구를 충족시킬 것이라는 확신 등이 서로 연결되어 있으며, 환영받고자 하는 욕구의 연장선이다. 이는 소속감을 갖는 욕구를 넘어서서 전적으로 보살핌을 받고자 하는 욕구로 훌륭한 서비스, 근심 없는 서비스, 스트레스 없는 서비스, 조바심 없는 서비스 등과 연관된다. 따라서 서비스 제공자는 고객에게 안락함과 즐거움이라는 심리적인 분위기를 조성하도록 노력해야 한다.

### (4) 존중받고자 하는 욕구

존중받고자 하는 욕구는 네 가지 고객 서비스 욕구에서 서비스 제공자가 가장 쉽게 이해할 수 있는 욕구로 모든 고객들은 자신을 중요하고, 또 그렇게 느끼고자 하는 욕구를 가진다. 모든 고객은 특별하고 중요하게 여겨지기를 바라며, 어떤 환경에서도 고객의 품위가 떨어지거나 경시되거나 또는 당혹스럽다고 느껴지지 않길 원한다. 고객 서비스 가격이 비쌀수록 고객의 존중받고자 하는 욕구는 훨씬 커지게 된다. 고객은 자신이 돈을 지불하면서 받는 서비스가 무엇이든 간에 의식적으로든 무의식적으로든 서비스에 대한 자신의 지불 능력을 인정받고 존중받기를 기대하며, 많은 경우 차별화된 대접을 받길 원한다. 따라서 서비스 제공자는 고객의 존중받고자 하는 욕구를 이해하고 경제적인 수준이나 사회적 신분에 상관없이 대면의 순간에서 모든 고객을 존중하는 고품질 서비스를 제공해야 한다.

## 2. 고객가치

### 1) 고객가치의 개념

탁월한 서비스 기업은 고객만족을 위해 '상품을 팔지 말고 고객가치를 사게 하라'고 강조한다. 여기서 고객가치는 '고객이 가치 있다고 생각하는 것'이다. 고객가치에 대한 고객의 판단 기준은 종종 비합리적이고 엉뚱하기도 하지만 기업이 제공하는 고객가치가 좋은지 나쁜지를 판단하고 최종적으로 선택하는 것은 고객이다. 따라서 고객의 가치를 잘 이해하는 것은 기업 경영의 핵심이라 할 수 있다. 고객가치의 개념은 마케팅, 고객, 기업관점에서 살펴볼 수 있다.

#### (1) 마케팅관점

마케팅관점에서 가치란 자신이 얻은 부분과 자신이 그 대가로 지불하는 부분의 차이를 말한다. 이때 가치란 비용을 고려한 혜택, 즉 어떤 제품이나 서비스를 사용함으로써 고객이 얻는 주관적인 만족 내지는 욕구 충족 효과라 할 수 있다.

#### (2) 고객 관점

고객의 관점에서 가치를 정의하기는 간단하지 않다. Zeithaml, Bitner, & Gremler(2018)는 고객의 가치를 4가지 방법으로 정의한다. 첫째, 가치를 낮은 가격으로 정의하는 것이다. 예를 들면, 항공사의 경우 항공권이 할인될 때나 세탁소의 경우 최저가일 경우 가치가 있다고 본다. 둘째, 가치를 제품이나 서비스에서 내가 원하는 모든 것으로 보는 것이다. 즉 제품이나 서비스가 주는 혜택을 가장 중요한 가치로 보며, 가격은 혜택에 비해 덜 중요하다. 예를 들면, MBA 학위에 대해서는 최고의 교육이, 허니문을 위한 호텔 객실에 대해서는 온수 욕조가 갖추어진 호화로운 객실이 가치가 있다고 본다. 셋째, 가치를 내가 지불한 가격 대신에 내가 받는 품질로 보는 것이다. 예를 들면, 휴가를 위한 호텔의 경우에는 가치란 가격이 첫 번째이고 품질이 두 번째이며, 비즈니스 여행을 위한 호텔의 경우에는 가치란 고품질 브랜드의 최저가격이 될 수 있다. 넷째, 가치란 내가 주는 모든 것 대신 내가 받는 모든 것으로 보는 것이다.

위 네 번째 고객 관점에서 고객가치란 제품이나 서비스를 구매하여 사용한 후 얻게 되는 혜택과 그 제품이나 재화를 구매하기 위하여 지불해야 하는 희생(또는 비용)의 차이라 할 수 있다. 즉 고객가치 = [혜택(품질, 서비스, 성능, 이미지 등) − 희생(금전적 대가, 시간 투입, 기회비용 등)]이라고 볼 수 있다. 이를 달리 표현하면 고객가치 = [(과정 품질 + 결과 품질) / (제품/서비스 가격 + 제품/서비스 획득비용)]으로 볼 수 있다.

여기서 고객 혜택(customer benefit)은 고객이 제품이나 서비스를 구매할 때 얻고자 하는 주관적인 보상이나 기대이며, 기능적 혜택, 감정적 혜택, 상징적 혜택이 있다. 기능적 혜택은 고객이 서비스나 제품을 이용하면서 직접 얻을 수 있는 눈에 보이는 결과인 기능적 이점으로 예를 들면 항공사의 좌석 예약, 탑승 수속, 기내 서비스 등이 있다. 감정적 편익은 고객이 제품이나 서비스를 구입, 소유, 사용하면서 얻는 심리적인 즐거움, 만족감, 행복감으로 예를 들면 1989년 오리온의 '정(情)' 캠페인을 한 초코파이를 들 수 있다. 상징적 편익은 다른 사람들에게 자신의 개성을 표현하면서 자부심, 품위, 차별화된 지위 등을 얻게 되는 편익으로 예를 들면 공항 VIP 라운지 이용이나 최고급 호텔의 스위트 룸 숙박 등이 있다.

이에 비해 고객 비용은 고객이 제품이나 서비스를 구매할 때 포기해야 하는 것이다. 여기에는 금전적 비용과 비금전적 비용이 있다. 금전적 비용에는 구매가격이나 구매 후의 운영비용 등이 있으며, 비금전적 비용에는 제품이나 서비스를 구매하면서 고객이 투자하는 시간 비용, 대기시간이나 셀프서비스로 발생하는 신체적 비용, 해외여행 시 출입국심사나 세관심사에서 겪을 수 있는 심리적 불안감, 마음고생 등과 같은 심리적 비용 및 서비스 현장에서의 혼잡도, 소음, 불쾌한 냄새 등의 감각 비용 등이 있다.

### (3) 기업관점

기업관점에서 가치는 개별 고객들이 지닌 가치의 합인 고객 자산(customer equity)으로 보고 있다. 이는 고객의 장기적 수익성을 평가하는 것으로 종종 고객생애가치(customer lifetime value)로 불린다. 고객생애가치는 충성도가 높게 유지되는 고객이 평생 특정 기업에 가져다주는 금전적인 수치로 고객으로부터 앞으로 얻게 될 이익을 현재의 가치로 환산한 것이다. 고객생애가치가 중요한 이유는 장기고객의 유지비용이 신규고객 유치비용의 약 5분의 1 수준으로 매우 작기 때문이다.

고객생애가치의 예를 글로벌 기업의 CEO를 통해 살펴보면 다음과 같다. CEO가 20년 사업수행 기간 동안 매월 한 번 한국에서 미국을 오가면서 비즈니스석의 평균 왕복 운임 1천만 원을 지불한다고 가정하면 특정 항공사는 이 고객으로부터 획득하는 고객생애가치는 2억 4천만 원(20년×12개월×1천만 원)이 된다. 실제로 Toyota는 렉서스 승용차에 대해 한 명의 만족한 충성고객은 약 6억 원의 고객생애가치를 창출하는 것으로 추정하였다. 또한 Taco Bell의 경영자는 비록 타코 제품의 원가가 개당 1달러 미만이지만 반복구매를 하는 고객은 11,000달러 상당의 가치를 갖는다고 밝힌 바 있다.

## 2) 고객가치의 핵심 및 구성요소

### (1) 고객가치의 핵심

고객가치에는 세 가지 핵심 본질이 있다(김종훈, 2019). 첫째, 고객가치는 '고객이 가치 있다고 생각하는 것만이 살아남는다'라는 것으로 가장 중요한 본질이다. 많은 기업이 고객 관점에서 고객이 가치 있다고 생각하는 것이 아닌 기업관점에서 기업이 가치 있다고 생각하는 것을 만드는 데 조직의 모든 역량과 자원을 쏟아붓다가 고객들로부터 외면당하고 사라진다는 것이다. 둘째, 고객가치는 '고객이 원하는 것이 고객마다 모두 다르다'라는 것이다. 기업 입장에서는 이러한 사실은 불편한 진실인데, 이는 하나의 고객가치를 표준화해 대량으로 값싸게 공급하고자 하는 사고를 가지고 있기 때문이다. 셋째, 고객가치는 '고객이 원하는 가치가 계속 변한다'라는 것이다. 이는 고객은 서비스 경험이 쌓임에 따라 고객의 기대가 계속해서 변하고 높아지는 경향이 있다는 의미로 기업은 높아지는 고객의 가치를 실시간으로 충족시키는 것이 힘들어지고 있다.

### (2) 고객가치의 구성요소

서비스를 인식하는 고객가치는 매우 다양하다. 즐거움과 만족과 같은 심리적 충족을 해주는 감정적 가치, 다른 사람에게 사회적으로 더 인정을 받거나 좋은 인상을 주고 싶은 사회적 가치, 좋은 품질이나 일관적인 기능을 수행하는 제품의 품질 가치, 제품의 합리적인 가격에 관심을 둔 화폐가치, 제품 진열 시 매력과 서비스 공간의 내·외관을 중시하는 시각적 가치, 모든 것으로부터 도피하도록 도와주는 현실도피 가치, 서비스 이용 시간이나 삶을 쉽게 만들어주는 효율적 서비스에 초점을 둔 효율성 가치, 정중한 응대 태도와 배려성 있는 직원에 초점을 둔 서비스품질 가치, 환경을 보호하는 제품이나 서비스에 관심을 두는 윤리 가치 등이 그것들이다.

이러한 다양한 고객가치의 핵심 구성요소를 정리해보면 기능적 가치, 감성적 가치, 정신적 가치가 있으며, 특정 가치가 다른 가치에 비해 절대적인 가치의 우월성을 의미하지는 않는다(김종훈, 2019).

첫째, 고객의 기능적 가치는 상품이나 서비스가 제공하는 기능, 성능, 품질, 맛, 가격 등 기능적 효율성과 관련된 가치이다. 고객의 판단 기준은 매우 합리적이며 이성적이다. 고객들은 효용성이 큰 차별적 기능 가치에 대해서 기꺼이 가격 프리미엄을 지불한다. 따라서 기능적 가치가 단순히 싼 가격에 좋은 상품이나 서비스를 제공하는 가성비만을 의미하지는 않는다. 기능적 가치의 예로 LG 스타일러는 물과 세제를 이용해 세탁하는 일반 세탁기와 달리 옷을 의류 관리기 안에 걸어 놓으면 진동과 뜨거운 증기를 이용해 살균, 탈취, 주름 제거, 먼지 제거를 한 후 마지막에 건조까지 자동으로 해주고 있다. 또 다른 예로 LG전자의 무선청소기 거치대 '올인원타워'가 있다. 올인원타워는 자동으로 먼지통을 비워주기 때문에 소비자가 별도로 먼지통을 분리하는 번거로움을 없앴으며, 청소기 거치와 함께 액세서리로서의 기능도 있다.

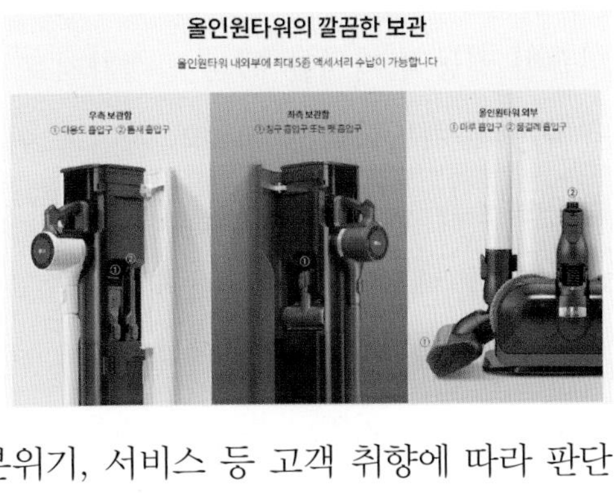


둘째, 고객의 감성적 가치는 디자인, 매장 분위기, 서비스 등 고객 취향에 따라 판단

기준이 수시로 달라지는 주관적이면서도 감성적인 가치이다. 고객은 비록 기능적 가치가 충족되더라도 감성적으로 만족하지 않는다면 지갑을 열지 않고, 기능적으로 다소 불만족스러워도 감성적으로 만족한다면 다소 비이상적인 구매 의사결정도 할 수 있다. Starbucks의 경우 고객들에게 편안한 자리와 차분한 음악을 제공함으로써 '품격 있는 쉼의 장소'에 대한 고객의 감성을 자극하는 데 성공했다.

셋째, 고객의 정신적 가치는 브랜드 품격, 희소성, 신분의 상징과 같이 기능이나 감성을 넘어 그들만의 희소가치를 추구하고 신분의 상징으로 여기는 가치이다. 정신적 가치는 브랜드의 정체성이 만들어내는 개별 브랜드들의 고유한 품격으로 유행에 덜 민감하며 생명력이 강하다. 고객들은 정신적 욕구가 충족되지 않으면 그 가치의 값어치를 의미 있게 평가하지 않는다. 정신적 가치의 예로 Emirates 항공은 1등석에 가죽 소재의 가방에 유명 브랜드로 구색을 맞춘 여행용 세면도구, 기내용 잠옷, 좌석마다 설치된 작은 음료 보관용 냉장고, 고급스런 스탠드 타입 실내등, 각 좌석의 프라이버시를 위해 설치된 완전 개폐용 미닫이 자동문 외에도 넓은 공간에 중동의 상류층 기호에 맞춰 샤워꼭지와 수도꼭지 등 부품 대부분을 금으로 장식한 샤워실이 달린 화장실을 고객에게 제공하고 있다.

그렇다면 '기업은 과연 고객가치의 핵심 구성요소 중 어느 요소에 주력해야 하는가?'라는 고민이 생겨날 수 있다. 이 고민에 대한 답은 기업에 따라 하고자 하는 사업의 방향에 따라 달라지며, 이로 인해 기업 브랜드의 정체성과 하고자 하는 사업의 구성 또한 달라진다(김종훈, 2019). 예를 들면, 새로 오픈한 커피숍이 어느 고객가치에 주력할 것이냐에 따라 매장을 열기 전에 준비해야 할 일들이 완전히 달라질 수 있다. 만일 이 커피숍이 기능적 가치를 핵심 고객가치로 선택한다면 기존 커피숍 대비 커피의 맛과 품질을 어떻게 차별화하고 메뉴와 가격을 어떻게 차별화할 것인지 등에 대한 차별화 방안을 준비해야 한다. 이 커피숍이 감성적 가치를 핵심 고객가치로 가져간다면 매장 인테리어나 분위기, 매장 점원들의 응대 방식, 고객 커뮤니케이션 등을 기존 커피숍 대비 어떻게 차별화할 것인지에 대한 고민을 해야 한다. 정신적 가치를 핵심 고객가치로 가져간다면 기존의 기능적 가치나 감성적 가치 항목 중 어느 부분을 정신적 가치로 승화시키고 또한 어떻게 브랜드 자산화할 것인지에 대한 세부적인 방법을 찾아야 한다.

# 제 3 절 | 고객 기대

## 1. 고객 기대의 개요

### 1) 고객 기대의 개념

고객은 서비스를 이용하기 전에 자신이 어떤 서비스를 받을지에 대한 기대를 갖게 된다. 고객만족은 동일한 서비스품질이라 하더라도 고객의 기대수준에 따라 달라진다. 여기서 기대란 성과에 대해 소비자가 가지는 사전적 신념으로 실제 성과를 평가하는 기준이 된다. 따라서 서비스 기업에서 고객만족을 달성하기 위해서는 기대의 의미를 잘 이해하는 것이 중요하다. 기대는 불분명한 기대(fuzzy expectation), 명시적 기대(explicit expectation), 암묵적 기대(implicit expectation)의 세 가지로 나눌 수 있다(Ojasalo, 2001). 이러한 세 가지 기대는 시간이 지남에 따라 변화하게 되는데 불분명한 기대는 명시적 기대로 변화하고, 비현실적인 기대는 현실적인 기대로 변화한다.

#### (1) 불분명한 기대

불분명한 기대는 고객이 문제의 해결을 바라나 정확히 무엇이 문제인지 모르는 상태에서 갖게 되는 막연한 기대이다. 이러한 기대가 구체화되지 않으면, 고객은 서비스가 불만족스럽다고 느끼지만 정확히 왜 그런지는 이해하지 못한다. 따라서 기업은 고객이 어떤 종류의 불분명한 기대를 갖는지를 파악하여 확실한 기대로 변화시키는 노력이 필요하다.

#### (2) 명시적 기대

명시적 기대는 고객이 표현하는 확실한 기대로 현실적인 기대와 비현실적인 기대 모두가 존재한다. 고객은 이러한 기대가 충족되었는지에 대해 명확하게 관심을 기울이며, 충족되지 않았다면 무엇이 문제인지를 명확하게 알고 있다. 따라서 기업은 명확한 약속을 통해 고객의 비현실적인 기대를 현실적인 기대로 바꾸려는 노력이 필요하다.

### (3) 암묵적 기대

암묵적 기대는 고객이 드러내서 표현하지 않아 마음속으로만 당연하게 생각하는 기대로 기업이 인지하지 못할 수 있는 기대이다. 따라서 기업은 암묵적 기대가 고객 불만의 원인이 되지 않게끔 암묵적 기대를 찾아내서 충족시키려는 노력이 필요하다.

## 2) 고객의 기대수준

고객의 기대 모델에 따르면 고객의 기대수준은 크게 이상적 서비스, 희망서비스, 적정서비스 수준이 있다(Parasuraman, Berry, & Zeithaml, 1991)[그림 2-1]. 고객은 보통 희망서비스와 적정서비스 사이에 해당하는 서비스를 기대하게 되는데 이 구간은 서비스 실패가 잘 드러나지 않은 구간인 허용영역으로 종종 기업은 두 구간 사이의 서비스를 최대한 제공하려 노력한다.

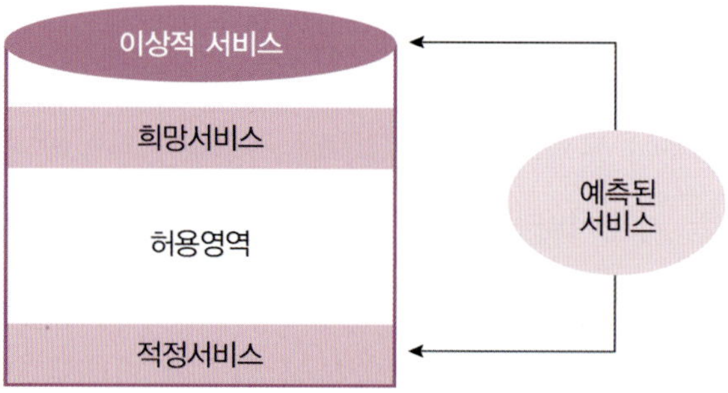


[그림 2-2] 고객의 서비스기대 모델

### (1) 이상적 서비스

이상적 서비스(ideal service)란 고객이 기대할 수 있는 최고의 서비스 수준이다. 이상적 서비스는 고객이 기원하는 서비스 수준으로 현실성보다는 희망 차원에서 기대하는 바람직한 수준으로 볼 수 있다. 이는 기업이 고객의 기대보다 더 높은 수준의 서비스를 제공할 때 가능하며, 고객의 감동을 가져올 수 있는 서비스 수준이다. 예를 들면, 항공 승객의 경우 다양한 노선, 정시 출발 정시 도착, 좌석 등급, 승무원의 친절한 미소, 맛있는 기내식 등을 원할 수 있다.

### (2) 희망서비스

희망서비스(desired service)란 고객이 서비스 제공자로부터 받을 서비스에 대한 희망수준인 바람과 소망을 뜻한다. 희망서비스 수준은 일반적으로 이상적 서비스보다 낮은 편으로 고객은 현실적으로 기업에 대해 최고 서비스를 기대하기 힘들기 때문에 그 수준을 낮추어 희망서비스 수준에 맞추게 된다. 예를 들면, 항공 승객의 경우 이번 여행에서 좌석 업그레이드, 정시 출발 등을 희망할 수 있다. 또 다른 예로 대학 졸업예정자는 대학의 취업정보센터에서 제공하는 프로그램에 참여하여 적절한 월급과 지위를 보장해줄 수 있는 직업을 찾아줄 수 있는 회사에 입사하길 바란다.

### (3) 적정서비스

적정서비스(adequate service)란 고객이 불만 없이 받아들일 수 있는 최저 서비스 수준이다. 즉 고객은 희망서비스 수준을 바라지만 최소한 '이 정도'는 되어야 한다고 생각하는 수준으로 현실 경험을 바탕으로 형성된다. 예를 들면, 항공 승객의 경우 공항 혼잡 등으로 출발 예정 시간보다 10분 지연되었으나 그래도 무난하게 정시 출발이 이루어졌다고 느끼는 경우이다. 또 다른 예로 경제 불황인 시장에서 높은 지식과 기술을 갖춘 졸업생은 희망하는 서비스기대 수준은 높으나 그 기대가 충족되기 어렵다는 사실을 인지해서 패스트푸드 레스토랑 일자리나 무급 인턴 사원을 하는 경우이다.

### (4) 허용영역

허용영역(zone of tolerance)이란 고객이 서비스에 대한 가변성을 인정하고 수용하는 정도로서 희망서비스와 적정서비스 사이의 영역이며, 서비스 실패가 잘 드러나지 않는 미발각 지대(no notice zone)이다. 고객이 기대하는 서비스가 허용영역 내에서 수행되면 고객은 만족하지만 희망서비스 이상으로 올라가면 만족을, 적정서비스 이하로 떨어지면 불만을 갖게 된다. 예를 들면, 항공 승객의 경우 기내가 다소 추울 경우 승무원이 여분의 담요나 따뜻한 차를 준다면 하는 바람을 가질 수 있다. 또 다른 예로 극장 티켓을 구매하기 위해 고객이 줄을 서는 경우 5~10분 정도의 대기시간을 생각할 수 있는데 2~3분 내에 티켓을 구매하면 서비스를 좋게 생각하고 10분 이상 줄을 서면 고객은 기분이 나빠질 것이다.

허용영역은 서비스 제공 상황, 고객의 특성, 가격, 관여도 등에 따라 다르게 나타나는데 희망서비스보다는 적정서비스에 더 많은 영향을 받는다. 보통 허용영역은 가격이 높거나, 해당 서비스에 대한 경험이 쌓이거나, 서비스의 다른 어떤 결함보다 신뢰할 수 없는 서비스(지키지 못한 약속, 서비스 실수)나 해당 서비스의 중요한 특성에 따라 상대적으로 좁아지는 경향이 있다.

#### (5) 예측된 서비스

예측된 서비스(predicted service)란 적정서비스에 관련된 개념으로 고객이 기업으로부터 받을 것이라고 기대되는 서비스다. 이 서비스는 이상적 서비스 수준에서부터 적정서비스 수준까지의 영역에 포함된다. 이상적 서비스, 희망서비스, 적정서비스가 여러 차례의 서비스 거래를 포함하는 전반적 평가인 반면 예측서비스는 다가올 서비스 접점에서 일어날 것으로 기대되는 추정치이다. 예를 들면, 분식집에 가면 식사가 10분 만에 제공되지만 고급 식당에 가면 최소한 30분을 기다려야 한다고 생각할 때 이때 10분과 30분은 이 고객의 예측된 서비스 수준이 된다.

### 3) 고객 기대의 영향요인

고객의 기대는 크게 고객 측면인 내적 요인, 외적 요인 및 상황적 요인과 기업 측면인 기업 요인에 의해 영향을 받는다[그림 2-3]. 기업은 고객의 기대에 영향을 주는 이러한 요인들을 잘 통제함으로써 고객의 기대를 관리할 수 있다.

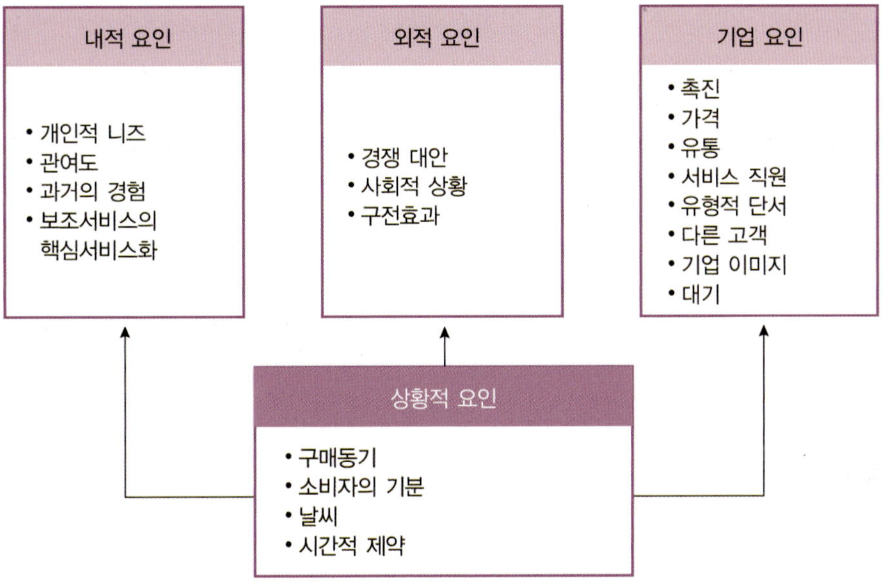


[그림 2-3] 고객의 서비스기대 영향요인

### (1) 내적 요인

내적 요인에는 개인적 니즈, 관여도, 과거 경험, 보조서비스의 핵심서비스화가 있다. 개인적 니즈는 저차원의 욕구가 충족되어야 고차원의 욕구로 옮겨 간다는 Maslow(1954)의 욕구 5단계설에 근거한다. 고객의 서비스 욕구도 저차원의 욕구가 충족될 경우에만 그 다음 단계의 욕구로 옮겨간다. 또한 고객이 해당 서비스에 어느 정도 관여하는가에 따라 고객의 기대도 영향을 받게 된다. 즉 관여도가 증가할수록 이상적 서비스 수준과 희망서비스 수준 사이의 간격이 좁아지며 허용영역도 좁아진다. 이와 더불어 고객의 과거 경험도 고객 기대에 영향을 미치는데 특정 서비스의 좋은 경험이 많을수록 기대치는 상승하게 된다. 이외에도 항공사 마일리지 서비스처럼 도입 초기에는 새로웠지만 많은 기업들이 제공함에 따라 점차 보편화된 보조 서비스의 핵심서비스화가 고객 기대에 영향을 미친다.

### (2) 외적 요인

외적 요인에는 경쟁 대안, 사회적 상황, 구전효과가 있다. 고객은 서비스받을 수 있는 다른 제공자인 경쟁 대안에 의해 영향을 받는다. 예를 들면, 재래시장과 백화점에서 같은 제품을 판매하고 있다면 고객은 주차시설과 환불 편의성을 감안해서 좀 더 멀지만 비싼 백화점으로 갈 수 있다. 또한 고객은 다른 사람들, 특히 자신에게 중요한 사람들과 함께 있는 사회적 상황일 때 희망 기대수준이 높아지며, 평소보다 허용영역이 더 좁아지게 된다. 예를 들면, 사랑하는 연인과의 만남 100일 기념일을 축하하기 위해 레스토랑을 예약하려는 사람은 훌륭한 서비스를 제공하는 곳을 예약하려고 고심하고 그곳에서 어떠한 서비스 실패도 일어나질 않길 기대한다.

이와 더불어 고객의 기대는 구전에 의해 영향을 받게 된다. 구전의 원천에는 친구, 친척, 동료 등의 개인적 원천, 세무사나 변호사 등의 전문가 원천, 제3의 원천이라고 하는 파생적 원천이 있다. 파생적 원천의 예로는 친구로부터 "호캉스를 즐기려면 멋진 시설과 훌륭한 직원 서비스를 제공하는 A호텔을 추천해"라고 들으면 제3자인 친구의 구전에 근거해 A호텔에 대한 기대수준이 상승하게 된다.

### (3) 상황적 요인

상황적 요인에는 구매 동기, 고객의 기분, 날씨, 시간적 제약이 있다. 먼저 구매 동기에 따라 고객의 기대가 영향을 받게 된다. 예를 들면, 미용실 방문 시 이발이 목적이라면 머리를 잘 손질하는 미용실이, 염색이 목적이라면 좋은 염색약을 쓰는 미용실이 기대수준을 결정짓는 요인이 된다. 또한 고객은 자신의 기분 상태가 기대에 영향을 준다. 고객이 기분이 좋을 때는 직원에게 관대해지며, 이때 허용영역이 넓어지고 적정서비스 수준이 낮아지게 된다.

이와 더불어 기업의 통제영역 밖에 있는 날씨는 일시적인 상황 요인으로 고객 기대에 영향을 준다. 예를 들면, 음식을 배달 주문할 경우 정상적인 날씨에는 30분 이내에 도착하지만 많은 눈이 내려 길이 미끄러운 날씨에는 배달이 지연될 수 있다고 생각하게 된다. 시간적 제약 역시 고객의 기대에 영향을 미친다. 예를 들면, 파업으로 인해 택배가 순조롭게 이루어지지 못할 때는 허용영역이 커지는 반면 자동차사고로 앰뷸런스를 불렀을 때는 허용영역이 좁아진다.

### (4) 기업 요인

기업 요인에는 촉진, 가격, 유통, 서비스 직원, 유형적 단서, 기업 이미지, 대기, 다른 고객이 있다. 기업의 '고객 불만 시 100% 환불 보증' 프로그램과 같은 촉진 활동은 고객에게 직간접적으로 기대에 영향을 준다. 가격 또한 영향을 미치는데 높은 가격은 일반적으로 고객의 기대수준을 높이고, 허용영역을 좁게 만들어준다. 유통의 정도 역시 영향을 미치며, 체인점이 많을수록 고객의 체인점 간 동일 서비스에 대한 예측서비스는 점차 강화된다. 서비스 직원의 용모, 말씨, 태도, 유니폼은 기업의 이미지를 투영하여 고객 기대에 영향을 준다.

서비스와 관련된 품질의 단서로 물리적 시설이나 가격 등의 유형적 단서는 그 수준에 따라 고객의 기대가 달라진다. '삼성이 만들면 다릅니다'라는 광고 슬로건처럼 브랜드파워가 큰 기업의 좋은 이미지는 예측서비스가 희망서비스 또는 이상적 서비스에 매우 가까워지도록 해주며, 기업의 나쁜 이미지는 예측서비스가 적정서비스에 더 가까워지게 한다. 대기시간이 길어질수록 서비스에 대한 기대가 상승하고 허용영역이 좁아지게 된다. 마지막으로 고객은 다른 고객이 받은 서비스를 비교해서 기대수준을 변경한다. 다른 고객이 좋은 서비스를 받으면 그만큼 희망서비스가 높아지게 되는 것이다.

## 2. 고객 기대관리

### 1) 고객 구매 단계별 관리

고객 구매 단계는 구매 전 단계, 구매 단계, 구매 후 단계의 세 단계로 구분된다.

구매 전 단계에서 기업은 고객의 기대를 조사해야 하고, 기업이 고객의 기대를 미처 인지하지 못한 경우에는 고객에게 기대서비스에 대한 충분한 의사소통을 해야 한다. 또한 고객 기대 파악 후에는 기대되는 서비스를 지속적으로 홍보하면서 제공해야 한다.

구매 단계에서 직원은 고객과의 계속적인 의사소통을 통해 서비스가 제대로 제공되고 있는지를 확인해야 한다. 또한 직원은 고객의 기대충족을 위해 서비스를 수정하거나 서비스 수정이 불가능한 경우 그 이유에 대해 고객에게 충분한 설명을 해주어야 한다.

구매 후 단계에서 고객은 초기 서비스의 기억보다 마지막 서비스 부분의 기억이 강하게 남는다는 순서효과를 잘 새기면서 서비스 구매 후 관리를 철저히 해야 한다. 고객의 기대가 충족되었는지를 판단하기 위해 고객과 충분히 의사소통하고, 서비스 실패가 발생했을 경우 사후 관리 프로그램을 개발해서 고객 만족도를 높이는 동시에 고객과의 지속적인 관계를 유지하도록 노력해야 한다.

## 2) 서비스 상황별 기대관리

다양한 서비스 상황별 기대관리는 다음과 같다(이유재, 2019).

### (1) 고객의 기대가 비현실적인 경우

커뮤니케이션상의 어려움 가운데 약 75%는 서비스 전달의 기술적인 문제가 아니라 다른 문제로 인해 발생한다. 비현실적인 기대를 가진 고객은 서비스 접점에서 어려움이 발생하게 된다. 고객의 비현실적인 기대는 합리적이지 못한 요구("내 모든 여행 가방을 기내에 갖고 탑승하고 싶어요."), 모욕적이거나 적대적 태도(직원에게 "어이! 술 가져와."), 부적절한 행동(술에 취해 기내에서 난동을 부리는 고객), 예기치 못한 요구(분만 중인 산모에 대한 응급조치), 정책에 위반하는 요구("도저히 못 참겠어요. 기내에서 담배를 피워야겠어요.")가 있을 수 있다.

이러한 경우 기업은 고객 기대 조사를 통해 기업이 고객의 기대충족을 위해 노력한다는 믿음을 주거나 현재 왜 서비스가 제공되지 못하는지를 고객에게 이해시킬 수 있다. 또한 고객이 현재 받고 있는 서비스를 보다 잘 활용할 수 있도록 교육 캠페인을 전개할 수 있다. 이와 더불어 고객이 실상을 파악할 수 있도록 간단한 정보를 제공하여 현실적인 기대를 할 수 있도록 해야 한다.

### (2) 고객의 기대수준을 능가하려는 경우

고객과의 관계를 관리하고 정보시스템을 활용해야 한다. 예를 들면, Ritz-Carlton 호텔의 경우 고객의 취향과 기호에 대한 정보를 지속적으로 수집해 전산화된 고객 프로파일에 저장해서 고객 서비스에 활용하고 있다.

#### (3) 고객의 기대가 계속 상승할 경우

소비자 조사나 고객의 소리(VOC) 모니터링을 통해 변화하는 고객의 기대에 부응해야 한다.

#### (4) 경쟁사보다 앞서 고객의 기대를 충족시키려는 경우

경쟁사가 금방 따라잡을 수 있는 단순한 적정서비스 수준이 아니라 고객의 희망서비스 수준을 능가하는 서비스품질을 제공해야 한다.

#### (5) 고객의 기대를 재설정하려는 경우

시간, 가격, 속도, 품질 사이에서 고객이 직접 선택할 수 있는 다양한 선택권을 제공하거나 롯데백화점의 MVG-Ace, MVG-Crown, MVG-Prestige, LENITH, AVENUEL 우수고객 단계 서비스처럼 가치단계별 서비스를 제공할 수 있다. 또한 고객이 자동차 구입 후 제시받는 '2년 4만km' 무상보증수리 서비스 기준처럼 서비스 기준을 전달하거나 기업이 통제할 수 없는 부분은 고객의 이해와 배려를 이끌어내기 위해 업계의 현실을 알려줄 수 있다.

### 3) 고객 기대관리의 법칙

고객의 서비스 기대관리를 위한 몇 가지 유용한 법칙은 다음과 같다(이유재, 2019; 최정일 · 김연성 · 유한주 · 장정빈 · 황조혜, 2017).

#### (1) 고객이 직접 선택하게 하라

사람들은 하나의 대안만이 주어지는 것을 싫어하는 '단일 대안 회피(single-option

aversion)' 성향을 가지고 있다. 사람들은 상황에 대해 통제력을 가지면 훨씬 편안함을 느낀다. 고객들이 서비스를 받을 때 본인에게 통제력이 있다고 생각하는 경우는 선택권, 영향력, 인지적 통제력이 있다고 인식할 때이다. 선택권은 고객이 원하는 서비스 선택권을 주는 경우로 예로는 헌혈할 때 헌혈 제공자로 하여금 자신의 피를 뽑아줄 사람을 선택하게 하거나, 레스토랑 고객으로 하여금 자신이 원하는 좌석 자리를 선택하게 하거나 고객의 헤어숍 방문 시 헤어디자이너를 스스로 선택하게 하는 경우이다. 영향력은 서비스 프로세스에 걸쳐 스스로 행사한다고 느끼는 힘으로 예로는 레스토랑 웨이터가 우리 테이블을 좀 더 세심하게 신경 쓰도록 하는 경우이다. 인지적 통제력은 사건이 예측 가능하다는 인식으로 예로는 레스토랑에 도착한 순서대로 식사 서비스를 받게 되리라는 것을 아는 경우이다.

### (2) 안 좋은 경험을 먼저 전하라

서비스에 좋은 경험과 안 좋은 경험이 같이 있으면 사람들은 안 좋은 경험을 먼저 듣길 원하는 경향이 있다. 안 좋은 경험 뒤에 좋은 경험을 들으면 그 기쁨이 더 크게 느껴져 안 좋은 경험을 잊을 수 있으리라는 기대감 때문이다. 서비스 기업은 고객들에게 좋지 않은 소식을 먼저 전하고, 그 다음에 좋은 소식을 전하면 고객의 서비스기대를 높일 수 있다. 예를 들면, 레스토랑 입구에서 사람들이 식사하기 위해 줄을 길게 서 있을 경우 직원은 고객에게 "오래 기다리게 해서 죄송합니다. 기다리는 동안 시원한 주스 한 잔 드세요."라고 친절하게 주스를 대접하는 경우이다.

### (3) 고통은 묶고 기쁨은 나눠라

기업은 서비스 설계과정에서 좋은 경험은 여러 단계로 나누고, 좋지 않은 경험은 최소화해서 한번에 처리하는 것이 좋다. 이는 행복이나 이익은 좀 더 크게 만들고 손실이나 아픔은 줄여주는 방법인 쾌락적 편집(hedonic editing)에 근거한다. 쾌락적 편집의 첫째 원칙은 상대에게 이익이 되는 경우는 '합하지 말고 나누라'이다. 예를 들면, 호텔 서비스 가격을 30% 할인한다고 했을 때 한꺼번에 30% 할인이라 말하지 말고, 회원고객

10% 할인, 주말 고객 10% 할인, 10주년 추가할인 10% 식으로 나눠서 제시하면 고객의 만족이 올라간다. 쾌락적 편집의 둘째 원칙은 상대에게 손해가 되는 경우는 '나누지 말고 합하라'이다. 고통은 한번에 느끼는 것이 더 좋기 때문이다. 예를 들면, 놀이공원에서 자유 이용권 구매를 유도하는 것은 매번 표를 사는 것보다 고객 비용과 이로 인한 손실지각을 최소화해주어 고통을 한 번으로 줄여주기 때문이다.

### (4) 의례를 제공하라

장기간의 전문서비스에서 특히 중요한 의례는 서비스과정에서 중요한 순간을 분명히 하는 데 사용되며, 고객 기대를 설정하고 고객에게 소속감과 편안함을 준다. 사람들은 반복적이고 친숙한 활동을 통해 편안함, 질서 및 의미를 발견하며, 기대했던 의식과 다를 때는 경험 활동 전반에서 불만족을 느낀다. 예를 들면, 크루즈 여행 시 선장과의 저녁 식사, 프로젝트나 학기가 끝났을 때 쫑파티, 영화시사회에서 주연 배우들이 무대에 나와 인사하기, 매년 초 회사 대표 이름으로 고객들에게 연하장을 보내는 행사 등이 있다.

### (5) 마무리는 강하게 하라

사람들은 모든 순간을 기억하지 않고 가장 중요한 순간을 생생하게 기억한다. 이처럼 사람들이 과거 경험에 대해 평가할 때 전체를 종합적으로 평가하기보다는 감정이 가장 고조(peak)되었을 때와 가장 최근의 경험(end)을 중심으로 평가하는 경향이 있는데 이를 피크엔드 효과(peak-end effect)라 한다. 이를 고객 서비스에 응용해보면 기업의 경우 초기에는 서비스의 강도를 약하게 하고 끝으로 갈수록 서비스의 강도를 점차 높여나가면 고객 만족도를 높일 수 있다. 사람들은 시간이 경과하면서 좋아지는 경험, 향상되는 속도가 빠른 경험, 좋은 결말을 선호하는 경향이 있다. 예를 들면, 크루즈여행 시 매일 저녁 복권 추첨, 경연대회, 쇼를 개최하거나 여행이 끝나는 시점에 선장은 특별한 저녁 식사를 베풀거나 기념품을 제공함으로써 고객 만족도를 높일 수 있다.

## [ 주요 용어 ]

- 감성적 가치: 디자인, 매장 분위기, 서비스 등 고객 취향에 따라 판단 기준이 수시로 달라지는 주관적이면서도 감성적인 가치
- 고객생애가치(customer life-time value): 충성도가 높게 유지되는 고객이 평생 특정 기업에 가져다주는 금전적인 수치로 평균 판매액에 고객 재주문 횟수(현재까지 계산)를 곱한 평균 금액의 양
- 기능적 가치: 상품이나 서비스가 제공하는 기능, 성능, 품질, 맛, 가격 등 기능적 효율성과 관련된 가치
- 니즈(needs): 인간의 본원적 욕구로 사람이 생활을 영위함에 있어 필요한 어떤 것이 결핍된 상태. 예로는 배고픔이 있음
- 단일대인 회피(single-option aversion) 성향: 하나의 대안만이 주어지는 것을 싫어하는 사람들의 성향
- 명시적 서비스(explicit services): 감각에 의하여 즉시 관찰될 수 있는 필수적이거나 내재적인 특성(예: 정시 출발, 음식의 질)
- 불명확한 기대: 고객이 문제의 해결을 바라나 정확히 무엇이 문제인지 모르는 상태에서 갖게 되는 막연한 기대
- 셀프 서비스 편견(self-serving bias): 서비스가 기대한 것보다 좋은 경우 참여 고객은 결과가 자신 덕분이라고 생각하여 비참여 고객에 비해 덜 만족하지만 결과가 기대한 것보다 좋지 않은 경우 참여 고객은 비참여 고객에 비해 서비스에 덜 불만족하는 것
- 암묵적 서비스(implicit services): 고객이 드러내서 표현하지 않아 마음속으로만 당연하게 생각하는 기대
- 예측된 서비스(predicted service): 고객이 기업으로부터 제공받을 것이라 믿는 서비스 수준
- 욕구(wants): 본원적 욕구가 결핍된 상태를 충족시킬 구체적인 욕망으로 배가 고플 경우 돈가스, 햄버거, 밥 등 특정 음식을 선택해서 먹음
- 이상적 서비스(ideal service): 고객이 기대할 수 있는 최고의 서비스 수준
- 적정서비스(adequate service): 고객이 불만 없이 받아들일 수 있는 최저 서비스 수준
- 정신적 가치: 브랜드 품격, 희소성, 신분의 상징과 같이 기능이나 감성을 넘어 그들만의 희소가치를 추구하고 신분의 상징으로 여기는 가치
- 쾌락적 편집(hedonic editing): 행복이나 이익은 좀 더 크게 만들고 손실이나 아픔은 줄여주는 것
- 피크엔드효과(peak-end effect): 사람들이 과거 경험에 대해 평가할 때 전체를 종합적으로 평가하기보다는 감정이 가장 고조(peak)되었을 때와 가장 최근의 경험(end)을 중심으로 평가하는 경향
- 허용영역(zone of tolerance): 고객이 서비스에 대한 가변성을 인정하고 수용하는 정도로서 희망서비스와 적정서비스 사이의 영역이며, 서비스 실패가 잘 드러나지 않는 미발각 지대(no notice zone)
- 희망서비스(desired service): 서비스 제공 이전에 고객이 받을 수 있고, 받아야만 한다고 믿는 서비스
- OTA(Online Travel Agency): 온라인상에서 숙박, 렌터카, 티켓 등을 예약해주고, 예약대행의 대가로 수수료를 받는 회사 혹은 웹사이트. 예로는 프라이스라인, 익스피디아, 아고다 등이 있음

## 토론 주제

- 다양한 고객의 역할과 미래에 예상되는 고객역할을 예를 들어 토의하시오.
- 고객충성도 진화과정에 따른 고객 유형들에 대한 기업의 전략을 설명하시오.
- 매슬로의 5단계 욕구설과 고객 기대는 어떻게 연관성이 있는지 토의하시오.
- 자신이 많이 이용하는(혹은 관심이 많은) 기업을 선택해 이 기업이 고객생애가치를 향상시킬 수 있는 방안을 제시하시오.
- 기술 변화가 고객기대에 미치는 영향을 토의하시오.
- 최근 자신이 구매한(경험한) 서비스를 생각하시오. 자신의 기대에 영향을 미친 요인 중 구매의사결정에 가장 영향을 많이 미친 것은 무엇이며, 왜 그런지를 설명하시오.

02
PART

# 서비스 전략과 자원관리

# CHAPTER 03

Chapter

# 03 서비스 전략

### 학습목표

이번 장에서는 다음 내용의 이해를 목표로 한다.

① 서비스 기업의 환경
② 서비스전략의 개념 및 전략 수준
③ 경쟁전략의 개념과 실행방안
④ 다섯 가지 경쟁요인 분석과 SWOT 분석
⑤ 전략적 서비스 비전의 개념과 구성요소

### 도 입 사 례

## '다이소'의 고급화 전략, 먹힐까?

**● 日 다이소, '스탠다드 프로덕츠'로 고급화 포지셔닝**
**도쿄 신주쿠에 오프라인 매장부터 … 남녀노소 폭넓은 고객 확보**

1,000원 안팎의 초저가 생활 잡화를 판매하며 인기를 얻어 국내에서도 전국 유통망을 운영 중인 '다이소'. 이 '100엔 숍'을 성공시킨 원조기업, 일본 다이소산업(大創産業)이 '고품질'과 '지속가능성'을 내세운 새 유통 브랜드 '스탠다드 프로덕츠(Standard Products)'로 현지에서 상당한 호응을 얻고 있다.

〈100엔 숍 성공신화로 유명한 일본 다이소산업이 고급화와 지속가능성을 앞세운 새 유통 브랜드를 론칭해 일본 현지에서 호응을 얻고 있다. photo=standardproducts.jpt〉

日 소매유통전문 매체인 DCS 보도에 따르

면, 다이소산업은 작년 3월 '조금 좋은 것이, 계속 좋다'는 콘셉트로 '스탠다드 프로덕츠'를 론칭, 도쿄 시부야 마크시티에 1호점을 오픈했다. 이어 10월엔 2호점인 신주쿠 아르타점을 오픈했는데, 남녀노소 폭넓은 소비자들의 발길이 이어지고 있다. '대량생산, 대량소비에서 벗어난 새로운 생활을 제안한다'는 이 매장에서는 전체 상품 중 70%의 가격이 300엔대라고. 나머지 30%는 100엔, 500엔, 1,000엔 상품이 차지한다.

'초저가'가 핵심 경쟁력인 소매기업이 '고품질과 지속가능성' 콘셉트로 새 브랜드를 내놓았다. 과연 소비자들은 기존 브랜드 대비 3배가 높은 새 브랜드의 가격과 품질에 대해 수긍하고 신뢰를 보내게 될까? DCS의 매장 탐방기를 바탕으로 살펴보자.

## 고품질, 지속가능성, 그리고 생활에 녹아드는 심플한 상품

'스탠다드 프로덕츠' 2호점인 신주쿠 아르타점은 JR 신주쿠역에서 도보 3분 거리 빌딩 1층에 위치해 있다. 이 매장은 면적 약 550㎡(166평)에 2,000여 개 아이템 구색, 매대 사이 간격과 이동 통로를 널찍하게 구성해 북유럽풍 인테리어 숍 같은 분위기를 냈다.

VMD 방식과 진열된 상품은 확실히 기존 '다이소' 매장과 분위기가 달라 같은 회사가 운영하는 매장이라고는 생각하기 힘들 정도다. '캠프' '욕실' '테이블 웨어' 등으로 구분한 섹션은 화이트, 블랙, 그레이, 브라운, 네이비 등 내추럴&모노톤으로 통일해 어디에나 녹아들기 쉽다. 예를 들어 인기 아이템 중 하나인 오가닉 코튼 타월(300~1,000엔)은 베이지와 그레이 등 8가지 컬러로 전개되는데, '현재 목욕탕에 걸려 있는 수건과 함께 사용해도 거슬리지 않을 것 같다'는 이유로 구매를 결정하는 경우가 많다는 것이다.

〈히노하라무라 지역의 편백 간벌재로 만든 스모크칩. 훈제요리 시 사용하면 히노키 베이스의 은은한 향을 즐길 수 있다고 한다〉

재사용 또는 재활용 소재를 사용하고, 자국 생산을 고집하는 것도 이 브랜드의 특징. 도쿄도 서쪽 끝 히노하라무라 지역의 편백나무 간벌재(間伐材, 나무들이 적당한 간격을 유지해 잘 자라도록 솎아 베어진 나무)를 사용한 아로마 블록이나, 일본산 목재와 오래 사용된 위스키 숙성통을 재사용한 스모크 칩 등도 300엔에 판매한다.

## 고객의 '五感'을 자극하라 … 체험 가치를 높이는 매장

100엔 숍을 성공시킨 다이소산업이 고품질, 지속가능성을 내세운 브랜드를 론칭한 의도는 무엇일까. 고토 코이치 다이소산업 홍보과장은 "2019년부터 새로운 유통 브랜드를 구상

했고, 300엔 이상으로 가격과 상품을 확대해 새로운 수요를 흡수한다는 목표를 세웠다"고 설명한다. 이 같은 전략은 일단 먹혀들었다. 신주쿠 아르타점엔 평일 낮에도 홀로 쇼핑하는 20대 남성부터 커플, 삼삼오오 짝을 이룬 할머니들, 초로의 아버지와 딸 등 다양한 소비층이 모여든다.

자사몰을 통해 시장성을 테스트해 본다던가 하지 않고, 초기 투자비용이 큰 시부야와 신주쿠에 곧바로 오프라인 매장을 오픈한 이유는 품질에 대한 자신감이 있어서였다고. 특히 '고객 체험'의 중요성이 부각되고 있는 만큼 고객의 '오감'에 호소하는 방식으로 그 가치를 전달한다. 예를 들어 '스탠다드 프로덕츠'의 식기류는 만져보면 질감 등이 '다이소' 상품보다 한 등급 위라는 것을 즉시 '체감'할 수 있고, 수건의 촉감이나 아로마 디퓨저의 향기 등과 같이 만져보고 냄새를 느껴보면 고급스러움을 제대로 이해할 수 있다는 것.

세심한 인테리어도 한몫을 한다. 고객이 향기와 분위기를 잘 느끼도록 돕기 위해 편백나무 간벌재를 사용한 히노키 아로마 블록 진열장에는 편백 통나무 POP를 배치했다. 또 진열장에 붙은 QR코드를 읽으면 상품의 제조 과정과 생산자 이력, 메시지가 나온다. MZ세대가 가진 '스토리를 알고 싶다'는 요구에 부응하는 매장을 만든다는 취지라고 한다.

### ● 상품개발 키워드는 '국내산' … 생산자의 마음까지 전한다

현재 '스탠다드 프로덕츠' 상품개발은 종전 '다이소' 거래처와 신규 거래처에서 진행하고 있다. '고품질'을 유지하기에 300엔이라는 가격대는 결코 높지 않지만, 일본 내 3,620개에 이르는 오프라인 매장을 가진 '다이소'의 물류망이 좋은 협력사들을 확보하는 힘이라고 한다.

앞으로는 상품개발 시스템을 더 충실하게 구축해 매달 100개 아이템을 생산하는 것이 목표. 특히 일본 전통과 장인 정신을 지키는 메이커들과 더욱 폭넓게 제휴할 계획이다.

실제로 신주쿠 아르타점에서는 기후현 세키시에서 생산된 스테인리스 식칼(1,000엔)을 판매하는데, '세키'라는 곳은 800년이 넘는 도검(刀劍) 제조 역사를 가지고 있고 세계 3대 칼날 산지 중 하나로 꼽히는 지역이다. 고토 과장은 "시대의 흐름을 보아 국내생산 제품 선호경향이 강해질 것이고, 다이소와 스탠다드 프로덕츠의 브랜드력으로 후계자 부족 등 과제를 안고 있는 지역경제에 힘이 되고 싶다"고 밝혔다.

〈도검 제조로 유명한 세키産 식칼류〉

### ● 한 명의 고객이 다양한 니즈를 가진다

100엔 숍의 성공으로 일본 방방곡곡, 세계 시장에도 진출한 다이소산업. 이 회사에게 '스탠다드 프로덕츠'의 출발점이 된 고객 인사이트가 있다. 바로 '한 사람의 손님에게 복수의 니즈가 있다'는 것이다. 노트 하나를 사더라도, 개인적으로 쓸 때에는 100엔짜리도 괜찮지만 업무용이라면 조금 좋은 것을 쓰고 싶다고 생각하는 소비자 심리를 깨달았다고 한다. 그래서 '스탠다드 프로덕츠'에서 잘 팔리는 상품을 '다이소'에서 저렴한 버전으로 판매하는 일은 없을 것이라고 단언한다. '다이소'는 '다이소' 고객의 요구에 부응하고, '스탠다드 프로덕츠'는 어디까지나 '조금 좋은 것이, 계속 좋다'는 콘셉트로 아이템 수를 늘려 가겠다는 것.

다이소산업은 '스탠다드 프로덕츠'의 유통망을 얼마나 키울지, 해외로 나갈 것인지 아직 미정이지만 '고품질' '지속가능성' 사업 모델이 '시대의 흐름을 따르는 일'이라 자신한다. 그 자신감이 100엔 숍을 넘어선 성과로 돌아오게 될지 지켜볼 만하다.

출처 : 패션포스트(2022.1.1), '다이소'의 고급화 전략, 먹힐까?

## 제 1 절 | 서비스 전략의 개요

### 1. 서비스 기업의 환경

서비스 기업은 고객, 기업, 경쟁자 등 다양한 환경에 둘러싸여 있다. 최근 글로벌 시장경제와 정보기술의 발달은 서비스 기업의 경쟁 환경을 더욱 복잡하고 치열하게 만들고 있다. 서비스 기업이 지속 가능한 성장을 하기 위해서는 제공하고자 하는 서비스와 경쟁 환경을 고려한 적절한 전략과 전술의 수립 및 실행이 매우 중요하다.

서비스 기업은 다음과 같은 어려운 환경에서 경쟁하고 있다.

첫째, 상대적으로 진입장벽이 낮다. 서비스산업은 노동집약적이기 때문에 적은 자본으로 시작할 수 있어 경쟁자의 진입장벽이 상대적으로 낮다. 또한 서비스 개념이나 아이디어는 법적으로 보호받기 어렵다. 예를 들면, 최근 경북 포항에서 식당을 운영하는 최 모씨가 개발하고 SBS '백종원의 골목식당'에 출연해 널리 알려진 덮죽 메뉴를 프랜차이즈 전문 기업이 모방해 상표권 신청을 해서 논란이 된 바 있다. Club Med가 아름

다운 해변가에 대규모 리조트를 만들어 다른 기업과 차별화하면서 진입장벽을 세우지만 대부분 서비스는 경쟁자들이 쉽게 모방할 수 있어 진입장벽이 낮다. 이를 극복하기 위해 기업은 브랜드 이미지를 차별화거나 호텔, 스키장, 병원 등의 일부 서비스는 우월한 입지를 선점하려고 노력한다.

둘째, 규모의 경제(economies of scale)를 실현하기 어렵다. 생산과 소비의 동시성으로 인해 대규모 생산과 판매가 어렵고, 고객이 기업이 있는 곳으로 혹은 그 반대로 물리적 이동을 해야 하므로 규모의 경제에 대한 기회는 더욱 줄어든다. 그렇지만 McDonald's와 같은 프랜차이즈 체인점 등은 집중화된 구매로 규모의 경제를 달성하거나 Amazon.com과 같은 인터넷 쇼핑몰 등은 고객의 물리적인 이동을 기술로 대체해 시장을 확대할 수 있다. 최근 인터넷 및 모바일 도구, 키오스크, 서비스 로봇 등의 신기술은 기업으로 하여금 자동화에 기반해 서비스를 표준화함으로써 규모의 경제 수준을 높이는 데 도움을 주고 있다.

셋째, 수요가 불규칙적이고 변동이 심하다. 서비스 수요는 시시각각으로 변하며, 계절별(스키장 등), 요일별(극장 등), 시간별(식당, 세차장 등)로 다양하게 발생하여 예측하기 어렵다. 또한 코로나19와 같은 세계적 감염병은 여행업, 항공업 등 관광관련 업종의 극심한 매출 변동을 가져오며, 헬스, 보험 등의 취미생활이나 재무 서비스는 경기변동에 의해 수요가 영향을 받는다. 이를 극복하기 위해 항공사는 수율관리(yield management)를 하면서 고객의 수요에 따라 비행요금을 차별화하며, 병원이나 레스토랑은 예약 제도나 대기, 극장은 조조할인 정책을 이용하여 고객 수요를 조절한다.

넷째, 구매자 혹은 공급자와의 거래에서 우위에 서 있지 못하다. McDonald's의 고객구매나 Marriott 호텔의 침대 매트리스 구매와 같은 예외는 있지만 서비스 기업은 일반적으로 규모가 작아 대부분 더 큰 기업들인 구매자와 공급자와의 협상에서 불리한 입장에 있다.

다섯째, 제품 혁신이 서비스를 대체한다. 기술의 발달로 서비스가 제품으로 점차 대체되고 있다. 자동판매기, 가정용 임신검사 도구, 혈당 체크 기계, 현금자동입출금기, 인터넷 뱅킹, 주문 키오스크, 조리/서비스 로봇 등은 사람이 하는 서비스를 대체하고 있다. 기업은 제품 혁신에 대비해야 하고, 제품 혁신으로부터 부가가치를 얻도록 기회를 포착하는 노력을 기울여야 한다.

여섯째, 고객 충성도의 확보가 중요하다. 높은 고객 충성도가 기업의 수익성을 높여 주기 때문에 영세한 서비스업체일수록 단골고객의 확보가 매우 중요하다. 기존 기업은 충성고객 기반을 창출하기 위해 고객 맞춤 서비스를 사용하는데, 이는 신규서비스에 의한 진입장벽이 된다. 예를 들면, 병원 물품 공급업체는 주문을 위한 컴퓨터 단말기를 고객 병원에 설치할 수 있으며, 이 단말기는 새로운 주문을 낼 때 경쟁자를 효과적으로 배제하는 도구가 된다. 또한 기업은 자신들의 평판과 명성 및 브랜드 이미지를 높이기 위한 홍보, 광고, 브랜드 커뮤니케이션 노력을 전개하기도 한다. 예를 들면, 맛집의 경우 대표의 사진과 이름 혹은 방문한 연예인의 사인을 벽에 붙이는 등의 적극적인 홍보 활동을 한다.

일곱째, 낮은 퇴출 장벽이다. 한계 기업(marginal service firms)은 이익이 적거나 설령 없다 하더라도 기업을 계속 운영한다. 예를 들면, 골동품이나 스쿠버 다이빙처럼 일부 서비스는 낮은 금전적 보상을 상쇄하는 직무 만족감을 주는 취미나 낭만적인 유혹 때문에 가게를 운영하기도 한다. 따라서 이익을 목적으로 하는 경쟁사가 이들을 시장에서 퇴출시키기는 쉽지 않다.

## 2. 서비스 전략의 개념 및 전략 수준

### 1) 서비스 전략의 개념

전략(strategy)은 기업 경영자들이 소유해야 하는 필수 역량으로 인식되고 있다. 전략의 정의는 학자마다 다양하게 제시되었다. Ansoff(1969)는 전략을 조직목표를 달성하기 위한 의사결정의 지침으로, Porter(1980)는 경쟁에서 가장 유리한 위치를 차지하기 위한 것으로, Chandler(1998)는 기업의 장기적인 목표설정과 그 목표를 달성하기 위한 행동을 결정하고 경영자원을 배분하는 것으로 정의하고 있다. 이러한 정의들을 통합해 보면 경영에서의 전략은 기업의 존속과 성장을 위해 기업 활동을 환경변화에 대해 전체적·계획적으로 적응시켜 나가는 일련의 의사결정과정이라 볼 수 있으며, 다른 기업보다 더 높은 성과를 내는 논리가 전략이라 할 수 있다(허희영, 2021).

한편, 고객은 자신이 거래하는 기업으로부터 높은 수준의 품질, 낮은 원가, 빠른 서비스, 높은 유연성을 가진 서비스를 요구한다. 하지만 기업은 고객의 모든 서비스 요구를 충족시키기가 현실적으로 매우 어렵다. 기업은 모든 것을 잘할 수 없기에 선택과 집중을 해야 하며, 모든 의사결정 시 일관성을 갖도록 하여 기업의 경쟁력을 향상시키고자 한다. 따라서 서비스 전략이란 주어진 환경에서 기업목표를 달성할 수 있도록 각종 프로그램이 서로 일관성 있게 수행되도록 하는 행위라 할 수 있다(홍관수, 2015).

### 2) 서비스 기업과 전략 수준

기업의 경영 전략은 수준에 따라 기업 전략(corporate strategy), 사업 전략(business strategy), 기능별 전략(functional strategy)으로 구분된다.

첫째, 기업 전략은 기업 전체적인 수준으로 기업의 목적과 목표의 설정, 사업의 선택 및 이를 위한 자원의 획득과 배분에 관한 전략이다. 주요 관심사는 기업이 어느 사업 분야에 진출할 것인가에 있다.

둘째, 사업 전략은 기업이 여러 사업 단위로 구성되어 있을 경우 사업부 수준으로 사업 영역의 정의, 목표의 설정, 경쟁우위의 성취 방안에 관한 전략이다. 주요 관심사는 어떻게 경쟁할 것인가로 경쟁전략으로 볼 수 있으며, 여기에는 원가 우위 전략, 차별화 전략 및 집중화 전략이 있다.

셋째, 기능별 전략은 사업 전략의 하위 전략으로 각 기능 부문 수준에서의 목표설정과 경쟁력 제고 방안에 관한 전략이다. 주요 관심사는 부문별 경쟁우위의 창출과 경쟁우위의 분석에 있으며, 여기에는 생산, 마케팅, 재무, 인적 자원, 연구개발 등이 있다.

이러한 기업과 전략의 수준을 CJ푸드빌의 예시를 통해 살펴보면 [그림 3-1]과 같다.

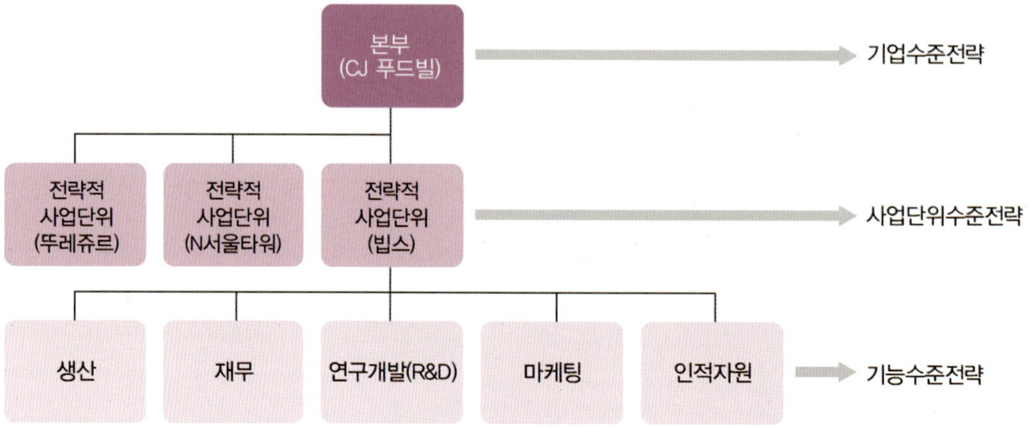


[그림 3-1] 전략의 수준

## 제 2 절 | 서비스 기업의 본원적 경쟁전략

전략경영의 대가인 하버드 대학교의 Porter 교수는 그의 저서 『경쟁전략(Competitive strategy)』에서 경쟁에서 우위를 차지하기 위한 전략모형으로 본원적 경쟁전략(generic competitive strategy)을 제시하였다[그림 3-2]. 그는 전략의 핵심을 경쟁자와 어떤 활동들을 다르게 수행할 것인가를 선택하는 것이라 하였다.

본원적 경쟁전략은 산업 내에서 효과적으로 경쟁우위를 획득하기 위한 일반적인 형태의 전략유형을 말하며, 전제는 기업의 경영자원과 핵심역량이 산업이 요구하는 핵심 성공 요인과 부합되어야 한다는 것이다. 여기에는 원가우위 전략(overall cost leadership), 차별화 전략(differentiation), 집중화 전략(focus)이 있다. Porter는 차별화와 원가우위는 동시에 추구가 불가능하며, 동시에 추구하다 보면 어중간한 상태(stuck in the middle)에 머무르게 됨을 강조하였다.

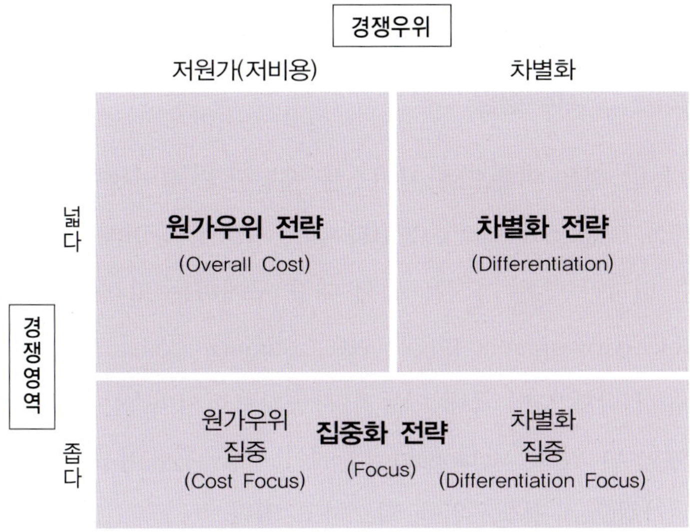


출처 : Porter, M. E.(1980), Competitive strategies: Techniques for analyzing industries and competitors, New York: Free Press, p.39.

[그림 3-2] 본원적 경쟁전략

## 1. 원가우위전략

### 1) 원가우위전략의 개요

원가우위전략은 산업 내에서 동일 품질의 서비스를 생산할 때 원가를 줄이고 서비스 가격을 낮추어 경쟁우위를 확보하는 전략이다. 서비스 가격은 기술혁신을 활용한 원가 절감, 규모의 경제 실현, 철저한 원가 및 간접비용의 관리를 통해 낮출 수 있다. 이러한 전략으로 경쟁하는 기업으로는 McDonald's, Walmart, Amazon.com 등이 있으며, 최신 기술에 대한 투자와 공격적인 가격정책, 표준화된 서비스 운영방식을 갖고 있다.

원가우위전략은 단순히 경쟁사 대비 낮은 가격 경쟁이 아니라 서비스품질 대비 고객들의 체감 가격을 낮게 한다는 의미가 강하다. 낮은 가격 전략은 고객에게 저가 이미지를 줄 수 있어 향후 고급 서비스로의 차별화가 어려운 단점이 있다. 원가우위전략이 성공하기 위해서는 차별화 측면에서 경쟁 기업에 비해 적어도 비슷한 수준은 유지해야 한다.

### 2) 원가우위전략의 실행 방법

#### (1) 저가격을 원하는 고객에 집중

다른 고객보다 더 적은 비용으로 서비스를 제공받고 싶어 하는 고객에게 집중한다. 이마트 트레이더스, CostCo와 Sam's Club과 같은 창고형 할인매장의 경우 직원의 도움을 거의 받을 수 없지만 낮은 가격을 위해 대량 구매하는 고객을 주 고객층으로 하고 있다. 미국의 Geico(Government Employees Insurance Company)는 공무원을 대상으로 자동차 보험을 시작했으며, 국내 에듀카 자동차보험서비스는 교직원을 대상으로 자동차 보험을 판매한 바 있다. McDonald's나 에어 서울, 진에어 등 저가 항공사 역시 경쟁사 대비 낮은 가격으로 경쟁우위를 확보하고 있다.

#### (2) 고객서비스 표준화

서비스 표준화는 고객의 개인적 요구 편차를 줄여주며, 일관된 서비스를 제공할 수 있게 된다. 예를 들면, McDonald's는 햄버거를 만드는 전 과정을 표준화하고 있으며, 은행은 현금자동입출금기와 인터넷 뱅킹을 통해 운영 비용을 줄이고 있다. 이외에도 건강보험공단이 격년으로 시행하는 건강검진, 검진 내용이 사전에 정해진 종합건강검진 서비스, 패스트푸드점의 키오스크 주문 방식 등의 예가 있다.

#### (3) 네트워크 비용의 감소

송전선을 갖추어야 하는 전력회사와 같이 서비스 제공자와 고객을 긴밀히 연결하는 것이 필요한 회사는 특별히 높은 초기비용이 든다. FedEx는 거점과 지점(hub-and-spoke)이라는 접근방식으로 네트워크 비용을 줄였다. 이 회사는 멤피스를 거점(hub)으로 삼고 새로운 도시를 네트워크에 추가할 때마다 해당 도시와 모든 다른 도시를 연결할 필요 없이 해당 도시와 거점을 연결하는 단 하나의 경로만 추가하였다. 이외에도 우체국 택배의 전국 네트워크화의 예가 있다.

### (4) 오프라인 서비스 운영을 활용한 규모의 경제 도모

서비스 과정에서 고객과의 접촉이 반드시 필요하지 않은 경우 일부 서비스 운영을 오프라인으로 전환하여 수행할 수 있다. 이로써 기업은 서비스 거래를 이원화해서 처리 비용을 절감할 수 있다. 예를 들면, 컴퓨터 회사인 Dell은 컴퓨터 수리를 인건비가 저렴한 멕시코에 콜센터를 두어 운영한 바 있고, 크린토피아는 전국 매장에서 고객의 세탁물을 접수하고 경기도 안성의 중앙 집중화된 세탁공장에서 세탁함으로써 생산성을 높이고 원가를 절감하고 있다.

### (5) 외주(outsourcing)

기업은 핵심역량에만 집중하고 나머지는 외부의 전문기업으로부터 서비스 요소를 구매함으로써 경쟁력을 향상시킨다. 예를 들면, 호텔은 하우스키핑의 객실 청소, 보안 부서 등은 외주를 주어 경비를 절감하고, 객실판매에 집중하고 있다.

### (6) 공격적인 가격 책정

고객에게 최저 가격의 제품과 서비스를 제공한다는 인식을 심어주는 방식이다. 이마트에서 판매하는 피자 가격, 키움 증권의 낮은 거래 수수료, 호식이 두 마리 치킨, 티웨이항공과 같은 저비용 항공사 등의 예가 있다.

### (7) 시장지분 확대

초기에 많은 손실을 감소하면서까지 경쟁자의 수를 줄이고 시장지분을 확대하기 위한 방식이다. 예로는 빽다방 및 동네 개인 커피숍의 1,000원대 커피, Apple TV와 Netplix의 경쟁, 택배업체와 이삿짐센터의 치킨 게임 등이 있다.

## 2. 차별화 전략

### 1) 차별화 전략의 개요

차별화 전략은 고객이 중요하게 여기는 속성을 선택해서 독특하게 차별화시킴으로써 경쟁우위를 확보하는 전략이다. 차별화 방법으로는 브랜드이미지, 기술, 고객서비스, 디자인, 입지, 유통채널 등이 있는데, 차별화 전략이 성공하기 위해서는 고객이 이러한 가치를 인정해야 하며, 경쟁자들이 쉽게 모방할 수 없어야 한다. 이러한 전략으로 경쟁하는 기업의 예로 Nordstrom 백화점은 탁월한 고객서비스로, Domino Pizza는 30분 이내 배달이라는 신속성으로, 두바이의 7성급 Burj Al-Arab Hotel은 공항에서 헬기 운송 등을 제공하는 고객 개인별 맞춤 서비스로 차별화에 성공하였다.

### 2) 차별화 전략의 실행 방법

#### (1) 무형적 요소의 유형화

서비스는 무형이어서 고객에게 물리적인 기억을 남기지 않는다. 따라서 기업은 고객에게 차별화된 서비스임을 구매 이전에 인지할 수 있도록 무형적인 요소를 유형화시키는 보완적 방법을 사용한다. 예를 들면, 호텔 이름이 새겨진 무료 화장도구나 필기구 등의 어메니티(amenities) 제공, Disneyland와 같은 테마파크의 기념품 상점 운영, 다이빙 경험을 남길 수 있는 사진 제공, 생명보험회사의 무료 정기 건강검진 제공, 첨단 시설과 우수 강사진으로 학교 차별화, 방문고객에게 기념이 될 만한 소품 선사하기 등이 있다.

#### (2) 표준화된 서비스의 고객화

표준화된 서비스는 고객의 충성도를 지속적으로 창출할 수 없으므로 데이터베이스화된 고객 정보를 바탕으로 고객 욕구에 맞는 개별화된 서비스를 제공해야 한다. 예를 들면, 항공사 고객이 탑승할 때 고객별로 개별화된 서비스 제공, 미용실의 단골고객 특성을 파악한 맞춤형 서비스, 호텔에서 고객의 이름을 기억하고 불러주기와 객실에 고객 이름이 표기된 카드 준비, 추가 요금을 낼 때 특별 서비스 제공, Burger King의 'Have it your way(여러분이 원하는 것을 가져라)' 캠페인을 통한 McDonald's와의 차별화, Subway의 주문생산(made-to-order) 정책으로 McDonald's의 재고생산(make-to-stock)과의 차별화, 일부 병원의 건강검진 프로세스 모듈화시키기, 미용실이 이발소와의 차별화를 위해 개인 스타일리스트, 편한 환경, 부드러운 음악 등 개인화된 특성 추가 등이 있다.

### (3) 직원훈련

직원 교육과 훈련은 독특하고 차별화된 서비스를 전달하며 높은 고객서비스와 일관된 서비스품질을 제공하는 데 필수적이다. 예를 들면, McDonald's는 시카고에 위치한 햄버거 대학(Hamburger University)을 활용해 전 세계의 임직원을 교육시키고 있으며, Ritz-Carlton 호텔은 서비스 철학인 골든 스탠더드(Golden Standard)를 신입사원들에게 반복적으로 교육시키고 있다.

### (4) 인식된 위험의 감소

서비스는 경험해보기 전에는 서비스품질을 알 수 없다. 기업은 홈페이지 등을 통해 고객과의 의사소통을 활성화하여 서비스에 대한 지식이나 정보를 제공함으로써 고객의 두려움을 감소시켜야 한다. 예를 들면, 의사는 환자에게 진료 및 수술 내용을 자세하게 설명하여 치료를 도와주며, 자동차수리 직원은 작업에 대한 설명과 작업 결과에 대한 보증을 해줌으로써 고객에게 신뢰감을 얻게 된다. 이외에도 성형외과 병원에서의 수술 성공 사례 제시하기, 식당에서 유명 연예인이 다녀간 사진을 걸어 놓거나 서비스의 경험 후기 제공하기 등의 예가 있다.

### (5) 품질 관리

품질 관리란 일관성 있는 서비스품질을 유지하기 위해 고객들에게 예측 가능한 서비스품질을 제공하는 것이다. 예를 들면, McDonald's 같은 프랜차이즈업체는 전 세계 모든 매장에서 동일한 맛을 유지하는 시스템을 구축하고 있으며, Magic Pen이라는 레스토랑 체인은 명성이 자자한 크레페(Crepes)를 만들기 위한 실수방지 기계를 설계해 일관성을 확보하였다. 또한 Marriott 호텔은 서비스품질의 설계에서부터 통제에 이르기까지 많은 노력을 기울여 높은 품질 수준을 인정받고 있다. 이외에도 국내 치킨업체의 대학 운영을 통한 프랜차이즈 점포의 교육, McDonald's의 햄버거 대학은 품질 관리를 위해 교육 및 훈련을 강조하고 있다.

### (6) 기술혁신

기술혁신을 통해 신제품을 만들거나 새로운 유통망을 개척할 수 있다. 예를 들면, Nike는 운동화 산업에서 광고와 디자인 등의 활동에 전념하고 실제 운동화는 임금이 낮은 저개발국가의 하청기업에 맡기고 있다. Domino Pizza는 무인 자율주행 로봇 배달 서비스 개발에 나서 2020년 성균관대 내 매장에서 드론 '도임 에어'와 자율주행 로봇 '도미 런'을 이용한 배달 서비스를 테스트한 바 있다.

### (7) 시간 관리

우리나라 최초로 새벽 배송시대를 연 식재료 판매업체인 컬리는 채소와 과일 등 신선식품을 밤 11시까지 주문하면 다음날 아침 7시 이전에 배송하는 서비스를 제공하고 있다.

### (8) 전환비용 증가

서비스는 경험적 속성을 가지고 있어 고객의 전환비용은 제품보다 높다. 따라서 법률회사, 회계법인, 교육기관 등에서 고객에 대한 지식을 축적하여 개별화된 서비스를 제공하면 고객의 전환비용은 높아지며, 경쟁자에게 가는 것을 막을 수 있다.

잠깐 쉬어가기

## 리츠칼튼 호텔의 고객감동 서비스 현장

(The Ritz-Carlton Mystique for Emotional Engagement)

※ Mystique: 구성원들이 숭배하는 교리 또는 문화, 사풍(社風)

※ Emotional Engagement: 시장점유율 대신 마음점유율을 추구

### + Three Steps of Service

1. A warm and sincere greeting. Use the guest's name.
   (고객의 이름을 부르며 따뜻하고 진실되게 맞이하라)
2. Anticipation and fulfillment of each guest's needs.
   (고객의 요구를 미리 예상하고 충족시켜라)
3. Fond farewell. Give a warm good-bye and use the guest's name.
   (고객이 나갈 때에도 고객의 이름을 부르며 따뜻하고 다정하게 배웅하라)

### + Motto

"We are Ladies and Gentlemen serving Ladies and Gentlemen."
(우리는 신사 숙녀분들을 접대하는 신사 숙녀분들입니다.)

### + The Employee Promise

① At The Ritz-Carlton, our Ladies and Gentlemen are the most important resource in our service commitment to our guests.(우리 리츠칼튼의 직원들이야말로 고객에게 최고의 서비스를 제공하는 가장 중요한 자산이다.)

② By applying the principles of trust, honesty, respect, integrity, and commitment, we nurture and maximize talent to the benefit of each individual and the company.
(우리는 신뢰, 정직, 존경, 성실, 헌신의 원칙을 통해 개인의 재능과 회사의 이익을 극대화한다.)

③ The Ritz-Carlton fosters a work environment where diversity is valued, quality of life is enhanced, individual aspirations are fulfilled, and The Ritz-Carlton Mystique is strengthened.(우리는 다양성이 존중되고, 삶의 질이 향상되며, 개인의 꿈이 실현되고, 리츠칼튼의 고객감동신화가 꾸준히 실현될 수 있는 업무환경을 조성한다.)

### + Credo(리츠칼튼의 신조)

① The Ritz-Carlton is a place where the genuine care and comfort of our quests is our highest mission.(우리의 최고 미션은 고객에게 진정으로 편하고 안락한 공간을 제공하는 것이다.)

② We pledge to provide the finest personal service and facilities for our guest who will always enjoy a warm, relaxed, yet refined ambience.(우리는 고객이 언제나 따뜻하

고, 편안한 고품격의 분위기를 즐길 수 있도록 고객 한 분 한 분에게 최고의 서비스와 시설을 제공할 것을 맹세한다.)

③ The Ritz-Carlton experience enlivens the senses, instills well-being, and fulfills even the unexpressed wishes and needs of our guests.(리츠칼튼에서의 경험은 고객의 삶에 활기를 불어넣고, 참다운 웰빙을 깨닫게 해주며, 고객의 숨은 욕구와 희망까지 충족시켜줄 것이다.)

**+ Service Values(고객 서비스 헌장)**

I am proud to be Ritz-Carton.
"나는 리츠칼튼인으로서 자부심을 느낀다."

① I build strong relationships and create Ritz-Carlton guests for life.
(나는 리츠칼튼을 찾아주신 고객과 돈독한 관계를 맺으며 평생고객을 만들고자 노력한다.)

② I am always responsive to the expressed and unexpressed wishes and needs of ours guests.(나는 항상 고객의 요청사항은 물론, 고객이 직접 말하지 않는 소망까지도 알아차려 즉각 응대한다.)

③ I am empowered to create unique, memorable and personal experience fore our guests.(나는 고객의 가슴에 길이 남을 아주 특별하고 개성 만점의 추억을 창조한다.)

④ I understand my role in achieving the Key Success Factors and creating The Ritz-Carlton Mystique.(내 역할은 "핵심성공요인"을 이루어내고 리츠칼튼의 고객감동신화를 만들어내는 데 있다.)

⑤ I continuously seek opportunities to innovate and improve The Ritz-Carlton experience.(나는 끊임없이 고객의 경험을 향상시키고 개혁할 방법을 찾는다.)

⑥ I own immediately resolve guest problems.
(나는 주인의식을 갖고 고객의 문제를 즉각 해결한다.)

⑦ I create a work environment of teamwork and lateral service so that the needs of our guests and each other are met.(나는 고객의 요구와 우리의 서비스가 잘 합치될 수 있도록 팀워크와 수평적인 인간관계가 살아 있는 업무환경을 창조한다.)

⑧ I have the opportunity to continuously learn and grow.
(나는 스스로 끊임없이 배우고 성장할 기회를 갖는다.)

⑨ I am involved in the planning of the work that affects me.
(내게 영향을 주는 업무와 관련된 계획은 반드시 숙지한다.)

⑩ I am proud of my professional appearance, language and behavior.
(나는 프로페셔널한 용모와 말투, 태도에 자부심을 느낀다.)

⑪ I protect the privacy and security of our guests, my fellow employees and the company's confidential information and assets.(나는 고객의 사생활과 안전은 물론, 동료 종업원들과 회사의 기밀정보와 자산을 보호한다.)

⑫ I am responsible for uncompromising levels of cleanliness and creating a safe and accident-free environment.(나는 청결을 최우선으로 하며 안전제일의 환경을 창조한다.)

출처 : 이상식(2015), 스마트한 서비스경영, 유원북스, pp.106-107.

## 3. 집중화 전략

### 1) 집중화 전략의 개요

집중화 전략은 산업 내에서 특정 세분시장인 목표 고객층을 대상으로 집중함으로써 경쟁우위를 갖는 전략이다. 차별화 전략이 서비스 자체의 성격이나 이미지 차이를 강조하는 반면 집중화 전략은 서비스가 제공되는 시장이나 범위의 분해를 강조한다. 예를 들면, 케이블 TV의 스포츠 채널, 한국농업방송, 낚시채널, 성인채널, 고연령층을 위한 실버 시네마, 젊은 층을 위한 유스호스텔, VVIP 고객을 위한 프라이빗 뱅킹, 방송통신 대학 등이 있다.

집중화 전략은 소량생산을 하므로 생산원가가 원가 선도기업보다 높은 단점이 있어 원가상 불이익이 적은 특정 세분시장을 선택해야 한다. 집중화 전략 중에서도 세분화된 시장에서 원가 우위를 추구하는 원가 집중화 전략(Cost Focus)과 세분화된 시장에서 차별화를 추구하는 차별 집중화 전략(Differentiation Focus)으로 나뉜다. 예를 들면, 테이크아웃을 전문으로 하면서 아메리카노 커피를 1,000원에 파는 커피숍은 원가 집중화를 추구하며, 바리스타가 고급 원두를 매일 로스팅하여 핸드드립으로 제공하는 커피숍은 차별적 집중화를 추구하고 있다.

### 2) 집중화 전략의 목표시장

#### (1) 특정 요건을 충족하는 고객그룹 대상의 세분시장(특정 구매그룹)

특정 구매그룹의 예로는 혼밥 고객에게 적합한 식당 인테리어, 메뉴, 가격 등을 개발한 식당, 평균 예금 잔고가 일정 금액 이상인 고부가가치 고객(VVIP)만을 위한 은행의 프라이빗 뱅킹(private banking) 서비스, 선생님만을 대상으로 하는 자동차보험(K-Direct 손해보험), 탈장 수술만 하는 전문병원인 캐나다의 Shouldice병원, 저비용 여행객을 공략하는 Motel 6, 군인과 그 가족들에게 금융 서비스를 제공하는 USAA(United Services Automobiles Association), 케이블 TV의 스포츠 채널, 젊은 층을 위한 유스호스텔, 방송통신대학 등이 있다.

### (2) 특정 서비스를 원하는 고객그룹 대상의 세분시장(특정 분야)

특정 분야의 예로는 저가격 익일 배달 서비스(Overnight service)의 항공운송업체인 FedEx, 정상적으로 임신할 수 없는 불임부부들에게 임신이 가능하게 의료서비스를 특화한 차병원, 대장 및 치질 전문 대항병원, 오프라인 지점 서비스가 없는 대신 높은 금리와 저렴한 수수료를 제공하며 인터넷 뱅킹과 모바일 뱅킹 서비스만 제공하는 인터넷 은행, 공학에 특화된 공과대학 등이 있다.

### (3) 특정 지역에 소재하는 고객 대상의 세분시장(지리적 기준)

특정 지역의 예로는 인도여행 시장만을 집중적으로 공략하는 혜초여행사, 특정 지역만을 운행하는 마을버스, 아파트 단지 내 상가에 소재하여 단지 주민만을 대상으로 광고하고 서비스하는 세탁소, 지역 중심대학, 지역특화 축제 및 관광 등이 있다.

이상 서비스 기업의 본원적 경쟁전략 세 가지 유형을 정리하면 〈표 3-1〉과 같다.

〈표 3-1〉 서비스기업의 본원적 경쟁 전략유형

| 구분 | 원가 우위전략 | 차별화 전략 | 집중화 전략 |
|---|---|---|---|
| 관점 | 많은 경우 경쟁우위를 달성하기 위한 가장 확실한 방법 | 고객이 매우 가치 있다고 보는 어떤 영역에서 특별함을 추구 | 좁은 목표시장에서 경쟁자보다 탁월하게 운영 |
| 달성 방법 | • 규모 및 범위의 경제<br>• 학습 효과<br>• 효율적인 생산<br>• 단순한 제품 디자인<br>• 효율적 조직 | • 상품의 한 가지 또는 그 이상의 속성을 식별<br>• 선택된 고객의 필요를 특별한 방법으로 달성함<br>• 차별화된 상품을 낮은 비용으로 공급 | • 전문화<br>• 비용 우위에 기반한 저가시장에서도 가능<br>• 차별화 우위에 기초한 고과 특수시장에서도 가능 |
| 달성 요인 | 자본력, 프로세스 혁신, 보고와 통제, 엄격한 비용 통제, 구조화된 조직과 책임 이양, 양적인 관리 시스템 등 | 품질, 서비스 패키지, 브랜드이미지, 상품 외관 등 | 특정한 세분시장에 숙련된 자원과 기술, 특정 목적에 적합한 조직 체계 |

출처 : 안연식(2018), 서비스경영, 창명, p.100.

# 제 3 절 | 전략 분석 모형

기업을 둘러싼 외부환경에 대한 전략 분석의 도구로는 목표산업의 구조 분석을 위한 Porter(1980)의 다섯 가지 경쟁요인 모형(Five Forces Model) 분석과 조직의 강점과 약점, 시장의 기회와 위협을 분석하는 SWOT 분석이 있다.

## 1. 포터의 다섯 가지 경쟁요인 분석

Porter(1980)는 산업구조를 분석할 때 다섯 가지 경쟁요인 모형 분석을 제시하였다[그림 3-3]. 이 요인들은 산업 내 경쟁자(rivalry among existing firms), 잠재적 신규 진입자(potential new entrants), 대체재의 위협(threat of substitute products or services), 공급자의 교섭력(bargaining power of suppliers), 고객의 교섭력(bargaining power of customers)으로 산업별로 시장의 경쟁 정도와 이에 따른 시장의 매력도를 결정하는 데 사용된다.

### 1) 산업 내 경쟁자

산업 내 경쟁자는 산업 경쟁 강도의 주요한 경쟁 요소로 가격 경쟁, 혁신, 브랜드, 품질 등의 비가격 전략으로 산업 내에서 경쟁의 강도를 결정한다. 산업 내 경쟁 정도의 결정요인에는 경쟁사의 특성(경쟁자 수, 규모 및 유사성), 산업성장률, 제품/서비스의 차별화 정도, 고정비, 철수장벽(시설이나 장비를 철수하기 힘들 때 경쟁 강도 증가), 경쟁사의 전략 등이 있다. 예를 들면, 주변의 많은 치과병원, 커피점, 편의점들은 서로 규모가 거의 유사한 경쟁자들이다. Netflix가 처음 우편 서비스만으로 DVD 대여 시장에 진입했을 때 유일한 경쟁자는 Blockbuster 같은 대여점뿐이었다.

### 2) 잠재적 신규 진입자

수익성이 높은 시장은 새로운 경쟁자를 유인하게 된다. 이미 시장에 진출한 기업은 진입 장벽이 높을수록 산업이 매력적이며, 향후 진출할 기업은 매력적이지 않다. 신규 진입 장벽을 결정하는 요인에는 투자 규모, 규모의 경제, 제품/서비스의 차별성, 브랜드, 소요 자본, 유통채널 접근성, 원가 우위, 정부 정책, 심리적 교체비용, 물리적 교체비용 등이 있다. 예를 들면, 온라인/오프라인 뱅킹 서비스를 제공하는 기존 은행은 온라인 서비스만을 하는 인터넷 전문은행인 카카오뱅크나 K뱅크가 잠재적 신규 진입자였다. Walmart의 경우 Netflix가 있는 비디오사업에 도전했지만 Netflix의 브랜드를 극복하지 못하고 시장을 떠나고 말았다.

### 3) 대체재의 위협

서비스의 경우 대체재가 제품인 경우가 종종 있어 대체재가 많을수록 산업의 매력은 감소한다. 예를 들면, Netflix를 이용한 영화감상은 영화관의 대체재이다. 남양우유의 경우 서울우유, 건국우유 등의 동종 경쟁자뿐만 아니라 주스, 탄산음료 등 타 업종 경쟁자가 존재한다. 대체재 위협의 결정요인에는 대체재의 상대적 가격과 기능, 대체품의 특성, 대체재에 대한 구매자의 성향, 교체비용 등이 있다. Neflix는 인터넷이 가능한 스마트 TV에서 Amazon 프라임 영화 제공서비스와 같은 형태의 서비스와 경쟁하고 있다.

### 4) 공급자의 교섭력

호텔레스토랑 식자재 납품회사와 같은 서비스공급업자는 제품이 독특하거나 독점공급원이거나 고객들이 선호하는 브랜드일수록 기업에 대해 상당한 영향력을 행사할 수 있다. 제품을 취급하는 경쟁사가 적을수록, 공급자의 제품 수요가 많을수록, 타 제품으로 대체되지 못할수록 공급자의 협상력은 강해진다. 공급자의 협상력에 영향을 미치는 요인에는 공급량의 비중, 교체비용, 공급품의 중요성, 공급자의 전방통합능력, 대체재의 존재 여부 등이 있다. 예를 들면, Microsoft는 운영체제(Operating System) 시장에서 윈도우즈 프로그램으로 독점적 지위를 누리고 있어서 컴퓨터 제조사들은 Microsoft에 이끌려갈 수밖에 없다. Netflix의 가장 중요한 공급자는 DVD 유통업체들이었는데, 이들은 대량구매를 했기 때문에 Netflix는 상당한 우위를 확보할 수 있었다.

### 5) 구매자(고객)의 교섭력

구매자의 협상력이 강할수록 산업의 매력은 감소한다. 구매자의 구매량이 많을 때, 표준화 제품(부가가치가 낮은)을 구매할 때, 구매자의 정보력이 많을 때 구매자의 협상력은 커진다. 구매자의 협상력에 영향을 미치는 요인에는 구매 비중, 구매량, 구매자의 정보력, 구매자의 가격 민감도, 구매자의 후방통합능력, 제품 차별화, 교체비용 등이 있다. 예를 들면, 여행업계의 경우 정보 비대칭으로 불리한 위치에 있던 고객들이 Price.com이나 Hotwire.com과 같은 가격 비교사이트를 이용함으로써 유리한 위치로 올라선 바 있다. Netflix의 고객들은 가격에 압력을 가해 기업의 높은 영업 마진에 대응할 수 있다. 그러나 Netflix는 고객 구매정보를 활용하여 유사한 주제의 다른 영화를 추천함으로써 지속적인 수요창출 노력을 하고 있다.

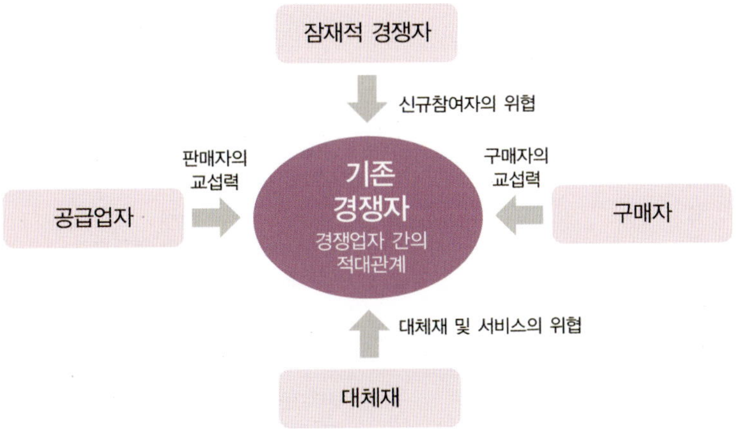


출처 : Porter, M. E.(1980), Competitive strategies: Techniques for analyzing industries and competitors, New York: Free Press, p.4.

[그림 3-3] Porter의 다섯 가지 경쟁요인 분석 모형

# 2. SWOT 분석

## 1) SWOT 분석의 개요

SWOT 분석은 기업 내부 환경인 자사의 강점(strengths)과 약점(weaknesses), 기업 외부환경의 기회(opportunities)와 위협(threats)요인을 분석하여 적절한 경영 전략을 수립하는 도구이다. 자사의 장점으로는 탁월한 독특한 능력, 적절한 재무적 지원, 제품 혁신 능력 등이, 약점으로는 불분명한 전략적 상황, 낙후된 시설, 열등한 제품품질 등이, 외부환경의 기회 요인으로는 새로운 시장과 세분시장에의 진입, 수직적 통합, 빠른 시장성장 등이, 위협요인으로는 새로운 경쟁자의 진입가능성, 느린 시장성장, 바뀌는 인구 통계적 특성 등이 있다〈표 3-2〉.

**〈표 3-2〉 SWOT의 내용**

| 강점(내부) | 약점(내부) |
|---|---|
| • 탁월한 능력<br>• 적절한 재무적 지원<br>• 구매자의 호감도<br>• 시장선도자<br>• 잘 수행되고 있는 기능별 전략<br>• 규모의 경제 활용<br>• 비밀 기술<br>• 원가상의 유리한 점<br>• 경쟁상의 유리한 점<br>• 제품혁신능력<br>• 입증된 경영능력 | • 불분명한 전략적 방향<br>• 낙후된 시설<br>• 쇠퇴해 가는 경쟁적 지위<br>• 평균 이하의 수익성<br>• 관리적 깊이와 재질의 결여<br>• 주요 기술이나 능력의 결여<br>• 빈약한 전략 수혜<br>• 내부 운영상의 문제<br>• 연구개발투자에서의 열등환경<br>• 열등한 제품품질<br>• 경쟁상 불리한 부분 |
| **기회(외부)** | **위협(외부)** |
| • 새로운 시장과 세분시장에의 진입<br>• 제품계열의 추가<br>• 관련제품으로서의 다각화<br>• 보완제품의 추가<br>• 수직적 통합<br>• 보다 좋은 전략적 집단으로의 이행력<br>• 빠른 시장성장 | • 새로운 경쟁자의 진입가능성<br>• 대체품으로 판매량 증가<br>• 느린 성장시장<br>• 역행하는 정부의 방침<br>• 증대되는 경쟁적 압력<br>• 경기후퇴와 경기변동의 가변성<br>• 증대되는 고객이나 공급자의 교섭력<br>• 바뀌는 인구통계 |

SWOT 분석 시 질문해봐야 할 사항과 분석의 예는 다음의 〈표 3-3〉, 〈표 3-4〉와 같다.

**〈표 3-3〉 SWOT 분석 시 질문사항**

| 강점 | 약점 |
|---|---|
| • 자사의 강점은 무엇인가?<br>• 다른 기업보다 더 잘하는 것은 무엇인가?<br>• 가지고 있는 독특한 자원은 무엇인가?<br>• 시장에서 사람들이 자사의 장점이라고 보는 점은 무엇인가? | • 무엇을 개선할 것인가?<br>• 무엇을 제거해야 하는가?<br>• 어떤 요인 때문에 판매에 실패하는가?<br>• 시장에서 사람들이 자사의 약점이라고 보는 것은 무엇인가? |
| **기회** | **위협** |
| • 경쟁자의 약점은 무엇인가?<br>• 현재 시장의 추세는 무엇인가?<br>• 기술이 새로운 서비스 개발을 가능하게 하는가?<br>• 자사가 차지할 만한 틈새시장이 있는가? | • 자사가 직면한 장애 요인은 무엇인가?<br>• 경쟁자가 무엇을 하고 있는가?<br>• 변화하는 기술이 자사의 위치를 위협하는가?<br>• 현금 흐름에 문제가 있는가? |

출처 : Bordoloi et al., 최병돈 외 역(2019), 서비스경영, 맥그로힐에듀케이션코리아, p.43.

**〈표 3-4〉 Starbucks의 SWOT 분석 예**

| 강점(Strengths) | 약점(Weaknesses) |
|---|---|
| • 브랜드 파워<br>• 고품질의 다양한 커피제품<br>• 전문적인 바리스타(barista) 보유<br>• 꾸준한 주가상승과 영업성장<br>• 충성도 높은 직원과 낮은 이직률 | • 다양한 제품에 대한 고객의 낮은 인지도<br>• 혼잡한 매장<br>• 성수기와 비수기에 따른 고객관리 문제<br>• 바리스타와의 친밀한 관계 유지 어려움<br>• 점포 운영에 필요한 고정비 과다 |
| **기회(Opportunities)** | **위협(Threats)** |
| • 성장 중인 시장<br>• 다국적 기업에 의한 규모의 경제 실현<br>• 안정적인 원재료 시장 확보<br>• 전략적 제휴와 사업다각화<br>(항공사, 백화점, 서점 등과 제휴 등) | • 경쟁사의 도전, 저가의 테이크아웃 커피숍 등장<br>• 직영 체제에 따른 사업 리스크<br>• 도심지역에 집중된 일부 상권의 중복<br>• 지나친 점포 확대에 따른 인적, 물적 품질 관리 문제<br>• 커피전문점이라는 고정된 이미지에 따른 사업 다각화의 어려움 |

출처 : 우경식 · 차석빈(2019), 관광마케팅, 새로미, p.93.

## 2) SWOT 분석과정

### (1) 분석의 목적과 목표 설정

분석 목적과 목표를 정확히 설정함으로써 계획을 실행할 경우 성공을 측정하는 기준이 명확해진다. 예를 들면, 새로운 비즈니스/서비스 기회 발굴이나 전년 대비 매출 상승 130% 목표라는 수치 설정은 최종적인 전략을 세우기에 좋다.

### (2) 분석 매트릭스를 작성하여 기업 내외부의 현상을 파악

기업의 내부와 외부 환경, 각각의 긍정적 · 부정적 요소를 포함한 SWOT 매트릭스를 활용해 파악한다.

### (3) SWOT 매트릭스를 바탕으로 전략 및 실행과제 도출

전략은 크게 자사의 강점과 외부환경의 기회를 활용한 SO전략(기회를 활용하여 강점을 극대화하는 전략), 자사의 강점과 외부환경의 위협을 활용한 ST전략(위협을 피해 강점을 부각할 수 있는 방법), 자사의 약점과 외부환경의 기회를 활용한 WO전략(약점으로 인해 기회를 놓치지 않기 위한 대책), 자사의 약점과 외부환경의 위협을 활용한 WT전략(약점과 위협으로 발생할 수 있는 최악의 사태를 피할 대책)이 있다〈표 3-5〉. 일반적인 SO전략과 WO전략은 시장에서 적극적이고 공격적인 측면이 강한 반면, ST전략과 WT전략은 수동적이고 수비적인 전략이 강하다.

〈표 3-5〉 SWOT 매트릭스를 활용한 전략 도출

| | 강점(S)<br>1.<br>2.<br>3. | 약점(W)<br>1.<br>2.<br>3. |
|---|---|---|
| 기회(O)<br>1.<br>2.<br>3. | SO전략(강점 · 기회 전략)<br>기회를 살리기 위해 강점을 어떻게 활용할 것인가?<br>(시장기회 선점 전략, 제품 다각화 전략) | WO전략(약점 · 위협 전략)<br>기회의 이점을 이용하여 약점을 어떻게 극복할 것인가?<br>(시장침투전략, 제품확장 전략) |
| 위협(T)<br>1.<br>2.<br>3. | ST전략(약점 · 기회 전략)<br>위협을 피하기 위해 강점을 어떻게 활용할 것인가?<br>(핵심역량 강화, 전략적 제휴) | WT전략(약점 · 위협 전략)<br>위협을 피하고 약점을 최소화하려면 어떻게 해야 하는가?<br>(철수 전략, 제품 · 시장 집중화 전략) |

## 제 4 절 | 전략적 서비스 비전

서비스 전략에 대한 연구는 1980년대 중반 Heskett이 수많은 관찰을 통해 기업이 어떤 고객을 대상으로 어떻게 서비스 전략을 수립하고, 이를 실천할 전달시스템을 가질 수 있는가를 종합적으로 제시한 전략적 서비스 비전(strategic service vision)에서 시작되었다[그림 3-4]. 전략 서비스 비전이란 목표시장, 서비스 개념, 운영 전략, 서비스 전달시스템을 단계별로 결정하는 것을 말한다.

Heskett은 전략적 서비스 비전의 구성요소로 목표시장(target market), 서비스 개념(service concept), 운영 전략(operational strategy), 서비스 전달 시스템(service delivery system)을 제시하였다. 즉 누구를 대상으로, 어떤 서비스를, 어떻게 생산하여, 어떻게 전달할 것인가에 대한 것이다. 목표시장은 인구통계학적 혹은 심리학적 요인들에 기초한 표적시장으로 누구를 대상으로 하는가에 대한 부분이며, 서비스 개념은 목표시장 고객의 니즈와 경쟁자의 제안을 감안한 것이다. 운영전략은 고객이 낸 돈보다 얻은 혜택이 많다고 느끼게 하는 전략이며, 서비스 전달시스템은 실제 고객에게 서비스를 전달하는 프로세스에 대한 전략이다.

세부적인 전략적 서비스 비전 요소의 내용은 〈표 3-6〉과 같다.

출처 : Heskett, J. L.(1986), Managing in the service economy, Harvard Business School Press, p.30.

[그림 3-4] 전략적 서비스 비전

〈표 3-6〉 전략적 서비스 비전의 요소

| 요소 | 세부 항목 |
|---|---|
| 목표시장 세분화 | • 서로 다른 고객에게 별개의 서비스를 제공하는가?<br>• 모든 직원이 세분시장의 특성을 이해하는가?<br>• 고객들의 공통점을 토대(인구통계학적 요소, 심리적 요소 등)로 목표시장이 설정되었는가?<br>• 지정된 목표시장들의 중요도는?<br>• 지정된 목표시장들의 니즈를 확인했는가?<br>• 확인된 목표시장의 니즈를 만족시킬 수 있는 방법은? |
| 서비스 개념 | • 왜 고객들이 특정 서비스 기업을 선택하는가?<br>• 고객의 구매동기는 감정적인 것 혹은 물리적인 것인가?<br>• 고객만족의 측면에서 서비스 각 요소의 중요성은?<br>• 서비스의 유형적 요소들이 목표시장에 인식되는 모습은?<br>• 서비스 개념들이 목표시장에 인식되는 방향성은?<br>• 서비스 디자인, 전달, 판매에 필요한 노력은 무엇인가? |

| 요소 | 세부 항목 |
|---|---|
| 운영 전략 | • 서비스 개념을 창출하기 위해 기업은 어떤 구조(재무, 마케팅, 생산 등)를 갖고 있어야 하는가?<br>• 자원들은 어떻게 배분되어야만 하는가?<br>• 전략적 요소(운영, 재무, 마케팅, 조직, 인사 등) 중 비중 있는 요소는?<br>• 전략적 요소에 투입되어야 하는 노력의 정도는?<br>• 투자가 이루어져야 할 부분은?<br>• 품질과 비용이 조정되어야 하는 방식은? |
| 서비스 전달시스템 | • 인적 자원, 업무 절차, 장비, 서비스 능력 등의 연관성을 고려했는가?<br>• 서비스 전달시스템의 특성(구성원의 임무, 기술, 장비, 레이아웃, 절차 등) 중 중요한 비중을 가지고 있는 항목을 고려했는가?<br>• 서비스 전달시스템의 평상시 최대 수용 능력을 고려했는가?<br>• 경쟁자와의 차별화, 진입장벽 구축이라는 관점에서 보장되어야 할 품질 기준의 범주를 확인했는가? |

출처 : Heskett, J. L.(1986), Managing in the service economy, Boston: Harvard Business School Press, p.30.

## 1. 목표시장 세분화

목표시장 세분화는 고객의 인구통계학적 특성과 심리통계학적 특성을 바탕으로 시장세분화를 하는 것이다. 즉 세분화된 목표시장의 고객 욕구를 어떻게 충족시킬 것인가를 말한다. 목표 세분시장을 고려해야 하는 사항은 '시장을 어떤 요인(인구통계학적 또는 심리학적 요인)을 기준으로 구분할 것인가?', '세분시장의 일반적인 특징은 무엇인가?', '각 세분시장의 고객은 어떤 니즈를 가지고 있는가?', '이런 니즈들은 현재 어느 정도 충족되고 있는가?', '각 세분시장의 중요도는 어느 정도인가" 등이 있다(김남영, 2008).

커피 시장의 경우 넓게 보면 빽다방은 저가 시장, 이디야는 중가 시장, Starbucks는 고가 시장을 목표시장으로 정하고 있다. Starbucks는 세부적으로는 고학력 · 고소득의 30~40대, 집이나 직장 외 제3의 장소로서 커피문화를 경험하고 싶은 사람, 고급 커피에 대한 새로운 인식을 가지고 싶은 20~30대를 목표시장으로 정했다. Southwest Airlines는 초기에 목표시장을 텍사스주 거주자로서 자동차를 이용해 출장 가는 비즈니스맨과 주말에 저렴한 가족여행을 하는 사람으로 정했으며, IKEA는 가구 구입비에 부담을 갖는 신혼부부를 목표시장을 선정하였다.

## 2. 서비스 개념의 개발

목표시장의 니즈에 맞는 서비스 개념은 목표시장 고객이 표출한 욕구와 경쟁자들이 제공하는 것과는 다르게 서비스의 핵심 요소를 정의하는 것을 의미한다. 서비스 개념의 개발을 결정할 때 점검해야 하는 사항에는 '서비스의 중요한 요소는 무엇인가', '이러한 중요 요소는 목표 세분시장을 위해 어떻게 설계할 것인가?', '고객들은 서비스 개념을 어떻게 인식하는가?', '그러한 서비스를 설계, 전달, 판매하려면 어떤 노력이 필요한가' 등이 있다(김남영, 2008).

Starbucks는 커피 원산지에서의 재배과정부터 유통과정에 이르기까지 최고의 커피 품질 유지를 위한 관리, 가정과 직장 사이에서 휴식과 혼자만의 공간 등 새로운 제3의 장소 마련, 휴먼 정신을 기본으로 하는 점포 레이아웃 설계, 매장에서의 독특한 경험을 통해 고객의 욕구를 충족하는 체험 마케팅, 소비자의 기억에 강렬하게 남는 구전 마케팅 등의 서비스 개념을 개발하였다. Southwest Airlines는 빈번한 출발과 타 항공사와의 연계가 없는 짧은 노선을 운행(point-to-point 노선 전략)하며, 짧은 운행시간으로 기내식의 최소화를 통한 최소의 항공요금이라는 서비스 개념을 제시하였다. IKEA는 싼 가격에 품질 좋은 가구 제공이라는 서비스 개념을 제시하였다.

## 3. 운영전략 수립

운영전략은 재무, 운영(생산), 마케팅, 서비스 개발, 구매, 조직 및 인사, 정보마케팅 등 기업의 여러 경영기능들이 설정된 서비스 개념을 어떻게 실현시킬 것인가를 상세하게 나타내는 것이다. 운영전략을 수립하기 위해 고려해야 할 사항은 '전략, 운영, 재무, 마케팅, 조직, 인적 자원, 통제 차원 등에서 중요한 요소는 무엇인가?', '서비스 개념을 위해 운영부서들이 강조해야 할 경쟁우선순위는 무엇인가?', '대부분의 노력이 어디에 집중되어야 하는가?', '어디에 투자해야 하는가?', '품질과 가격은 어떻게 통제할 것인가?', '품질, 원가, 생산성, 직원 사기와 충성도 등에서 경쟁력을 어느 수준으로 유지할 것인가?' 등이 있다(김남영, 2008).

Starbucks는 고객이 지불한 돈보다 혜택이 많다고 느낄 수 있게 해주는 서비스인 고객을 알아보고, 메뉴를 기억하고, 원하는 커피 취향으로 만들어주는 고객 친교 서비스 제공, Just say yes 정책, 하드 스킬, 소프트 스킬의 훈련을 통한 최고의 서비스 제공 등의 전략을 수립하였다. Southwest Airlines는 좌석번호제 폐지를 통한 선착순에 의한 좌석배정으로 신속한 출발 및 정시 도착, 단일 항공기 기종으로 저원가 전략 추구, 직원의 자율 복장으로 자부심 고양 및 고객에게 최대한 편익을 제공하는 운영전략을 시도하였다. IKEA는 임대료가 싼 도시 외곽에 매장을 만들고, 제조업체에 판매대금을 빨리 지급하여 매입가를 낮추며, IKEA의 판매마진을 낮추는 전략을 실시했다.

## 4. 서비스 전달시스템 설계

서비스 전달시스템은 서비스 개념을 실행하기 위해 실제로 고객에게 서비스를 제공하는 물질적 자산과 절차상의 프로세스를 말한다. 여기에는 직무 책임, 기술, 시설, 설비 배치, 관리정책 및 절차, 서비스 프로세스 설계, 운영 능력, 품질 관리시스템, 직원선발, 교육훈련, 입지 결정 등이 포함된다. 서비스 전달 시스템을 설계할 때 고려해야 할 사항은 '서비스 전달시스템에 포함되어야 하는 중요한 특징은 무엇인가?', '직원의 역할과 수, 기술, 설비, 배치, 프로세스를 어떻게 설계할 것인가?', '서비스 능력은 정상 수준 또는 피크 수준 중 어디에 맞출 것인가?', '어떤 부분에서 품질을 보장할 것인가?', '어느 부분에서 경쟁사에 비해 진입 장벽을 칠 것인가?' 등이 있다(김남영, 2008).

Starbucks는 유동인구가 많은 번화가의 좋은 위치에 입점하거나 고객의 구전과 반복구매에 의해 성장하는 전달시스템을 설계하였다. Southwest Airlines는 즐거움을 주는 승무원들의 분위기 조성, 서비스 마인드나 태도를 기준으로 한 기내 승무원 채용, 유지보수 관리와 운영비 통제에 유용한 보잉 737 단일 항공기 사용 등의 전달시스템을 구축하였다. IKEA는 가구 구매 과정의 80%를 고객이 직접 처리하며, 매장 직원의 간섭 없이 고객이 자유롭게 제품을 구매할 수 있도록 했으며, 고객이 제품을 직접 조립하는 전달시스템을 설계하였다.

이상 전략적 서비스 비전의 기업 사례를 정리해보면 〈표 3-7〉과 같다.

〈표 3-7〉 서비스 기업의 전략적 서비스 비전 사례

| 요소 | 기업 | | | |
|---|---|---|---|---|
| | Southwest Airlines | Shouldice hospital | IKEA | Zara |
| 목표 시장 세분화 | • 텍사스주 거주자<br>• 서비스가 맞지 않아 자동차를 이용하여 출장 가는 사람<br>• 주말에 저렴하게 가족 여행을 가려는 사람 | • 다른 병이 없는 탈장 수술 환자 | • 가구 구입비에 부담을 갖는 신혼부부 | • 적당한 가격대의 패션을 원하는 20~30대<br>• 품질보다는 트렌드를 반영하는 디자인을 중시하는 고객 |
| 서비스 개념 | • 빈번한 출발과 짧은 노선(1시간 미만) 운행<br>• 기내식 불필요(땅콩과 음료만 제공)<br>• 도시 내 또는 덜 붐비는 공항을 이용하여 정체 회피<br>• 수하물 휴대 | • 환자 스스로 움직임<br>• 다른 환자를 돌봄<br>• 빠른 퇴원 | • 싼 가격에 품질 좋은 가구 제공 | • 빠른 디자인으로 신제품의 신속한 출시<br>• 매장에서의 독특한 경험(고객의 선택이 해당 품목의 추가 생산 여부 결정) |
| 운영 전략 | • 게이트에서 신속한 일처리 등 비행에 관련된 모든 소요시간 단축<br>• 좌석 배정을 하지 않아 정시 출발하고 정시 출발·도착 성과 제고함 | • 재원 일수 감소<br>• 저가의 수술비<br>• 재발 확률 제로화 | • 임대료가 싼 도시 외곽 매장<br>• 제조업체에 판매대금을 빨리 지급하여 매입가 낮춤<br>• 이케아의 판매마진 낮춤<br>• 폴란드에 가구 공장 세움 | • 선도 스타일의 빠른 모방을 통한 디자인 전략<br>• 항공기를 이용한 빠른 배송 전략<br>• 적정 품질에 대한 대단한 외관의 상품 제공 |
| 서비스 전달 시스템 | • 즐거움을 주는 승무원들의 분위기<br>• 태도를 보고 기내 승무원 채용<br>• 유지보수 관리와 운영비 통제 유용한 보잉 737 단일항공기 사용 | • 환자들의 서비스 프로세스 참여<br>• 가족적인 분위기<br>• 예약 수술제 | • 가구 구매 과정의 80%를 고객이 직접 처리<br>• 매장 직원 간섭 없이 고객이 자유롭게 제품 구매<br>• 고객이 제품을 직접 조립 | • 진열 제품만 판매하는 제한된 선택 기회 제공<br>• 유동 인구 많은 번화가의 좋은 위치에 입점<br>• 고객의 구전과 반복구매에 의해 성장 |

출처 : 김연성(2009), "정곡 콕 찌르는 신사업 비결", 동아비즈니스리뷰, 43호 : 27.
안연식(2018), 서비스경영, 창명, pp.104-107.
Bordloi et al., 최병돈 등 역(2019), 서비스경영, 맥그로힐에듀케이션코리아, p.36.
Heskett, J. L., Sasser, W. E., & Schlessinger, L. A.(1997), The service profit chain, New York: Free Press. 토대로 작성

## [ 주요 용어 ]

- 경쟁 전략(competitive strategy): 경쟁이 일어나는 기본 영역이라 할 수 있는 산업에서 유리한 경쟁적 위치를 확보하기 위해 기업이 추구하는 전략을 선택하는 기법
- 규모의 경제(economies of scale): 생산요소 투입량의 증대에 따른 생산비 절약 또는 수익향상의 이익
- 산업 내 경쟁 강도(rivalry among existing competitors) 분석: 기업의 경영활동에 영향을 미치는 환경 요인에 대한 분석
- 서비스 개념(service concept): 목표시장 고객이 표출한 욕구와 경쟁자들이 제공하는 것과는 다르게 서비스의 핵심 요소를 정의하는 것
- 수율관리(yield management): 예약시스템, 초과 예약, 수요 분할 등을 활용하여 공급능력이 제한되어 있는 서비스 수익을 극대화하기 위한 정보시스템
- 원가 우위 전략(overall cost leadership): 효율적인 운영, 원가 통제, 그리고 혁신적인 기술에 기반을 둔 경쟁전략
- 외주(outsourcing): 기업이 제품의 생산과 유통, 포장, 판매, 용역 등의 과정 중 일부를 하청기업에 주는 방식
- 전략적 서비스 비전(strategic service vision): 목표시장, 서비스 개념, 운영 전략, 서비스 전달시스템을 단계별로 결정하는 것
- 집중화 전략(focus strategy): 경쟁전략의 하나로 표적 시장에서 고객의 특별한 니즈에 부응하여 특정 표적 시장에 서비스하는 전략
- 차별화 전략(differentiation strategy): 경쟁전략의 하나로 서비스를 독특한 것으로 인식하게 만드는 전략
- SWOT 분석: 기업 내부 환경인 자사의 강점(strengths)과 약점(weaknesses), 기업 외부환경의 기회(opportunities)와 위협(threats)요인을 분석하여 적절한 경영 전략을 수립하는 도구

## 토론 주제

- 원가우위전략의 세부적인 실행방법을 설명하시오.
- 차별화 전략의 세부적인 실행방법을 설명하시오.
- 집중화 전략의 세부적인 실행방법을 설명하시오.
- 동일 업종인데도 한 기업은 차별화(최고 품질), 다른 기업은 원가 우위(표준화)를 지향하는 기업의 예를 들어 설명하시오.
- 자신에게 관심이 많은 기업을 선정하여 SWOT 분석을 한 후 전략 및 실행과제를 제시하시오.
- 자신에게 관심이 많은 기업을 선정하여 전략적 서비스비전의 네 가지 요소를 설명하시오.

# CHAPTER 04

Chapter

# 04 서비스 사람관리

## 학습목표

이번 장에서는 다음 내용의 이해를 목표로 한다.

① 서비스 리더십의 개념, 구성요소 및 실천 행동전략
② 내부마케팅의 개념, 목표 및 성공요인
③ 내부마케팅의 실천 방안
④ 감정노동의 개념, 구성요소 및 형태
⑤ 감정노동관리 전략

## 도 입 사 례

### "신입사원님, 제발 떠나지 마소서" 회사가 자세를 낮췄다.

올 하반기 국내 유통 대기업 계열사에 입사한 신입사원 A(25)씨는 입사 100일째를 맞은 날 뜻밖의 경험을 했다. 팀원들이 A씨 자리에 모여 '독보적 신입사원, 입사 100일 축하!'라고 적힌 작은 플래카드를 제작해 걸어주고 축하해주는 자리를 만들어줬다. A씨는 "이 일이 나와 맞나 고민하기 바빴는데, 팀에서 챙겨주니 없던 애사심도 생겼다"고 했다. A씨에 대한 회사의 지원은 여기서 그치지 않았다. 이제 막 기본 직무 교육을 마친 그가 업무에 좀 더 수월하게 적응할 수 있도록 동성(同性)의 멘토링 선배를 배정해 3개월간 밀착 지원했다. 멘토와 친목을 다질 수 있는 시간까지 별도로 배정했다. A씨는 "미리 보고만 하면 업무 시간에도 멘토와 함께 외출해 방탈출 카페나 공방을 다니면서 인간적으로 가까워졌다"고 했다.

신규 직원이 조직에 적응하고 안착하도록 돕는 과정을 뜻하는 '온보딩(Onboarding)'이 기업 인재 유치의 핵심 전략으로 떠오르고 있다. 비바리퍼블리카(토스)나 카카오뱅크 같은 기업은 아예 온보딩 직무를 전담하는 직원을 따로 뽑을 정도다. 평생직장 시대가 가고 이직 시대가 도래하면서 쉽게 떠나는 인재를 붙잡으려는 노력이 한층 치열해진 것이다. 구인구직 포털 잡코리아의 직장인 설문조사에 따르면, 작년 기준 1년차 신입사원의 이직 경험률은 77.1%에 달했다. 10년 전인 2010년만 해도 이 비율은 37.7%에 불과했다.

신종 코로나 팬데믹(대유행)으로 원격 재택근무가 일상이 되면서 온보딩 필요성은 더 부각됐다. 직장 동료와의 소통이 줄고 회사에 대한 소속감이 현저히 떨어지면서 입사 몇 개월 만에 훌쩍 떠나는 직원이 늘어난 것이다. 그러자 기업들도 단순 직무 교육을 넘어 구애 활동을 하는 마음으로 온보딩에 임하고 있다.

## 첫인상 중시하는 기업들

요즘 기업들은 새 입사자에게 좋은 첫인상을 얻으려는 노력이 한창이다. 현대자동차그룹의 경우 입사가 결정됐지만 아직 출근은 시작하지 않은 예비 입사자들을 대상으로 하는 온보딩 사이트 'Hello HMG'를 올해 처음 구축해 운영 중이다. 입사 전 체크리스트와 함께 조직 문화와 업무 팁 등을 동영상과 웹툰으로 만들어 소개하는 사이트다. 박지성 선수(현 전북현대모터스 어드바이저) 같은 유명 인사의 환영 인사는 덤이다. 현대차그룹 관계자는 "요즘 취업 준비생들은 여러 곳에 지원하는 만큼 합격했다고 반드시 입사한다는 보장이 없다"며 "합격 발표 후 입사 전 기간은 케어 측면에서 공백기였는데, Hello HMG를 통해 입사 전부터 기업에 대한 긍정적인 정서를 갖게 하려 노력 중"이라고 말했다.

신규 입사자에게 기업의 로고나 디자인 등이 담겨 있는 각종 사무용품과 굿즈(기획 디자인 상품)를 담은 선물 상자를 전하기도 한다. 이른바 '웰컴키트'다. 삼성전자는 올해 상반기 입사자를 대상으로 금장 명함과 함께 머그잔 · 마우스패드 · 무선충전기 등을 선물했다. SK이노베이션 · LG화학 · 카카오 · KT · 스타벅스코리아 · NC소프트 · 우아한형제들 등도 다양한 웰컴키트를 선물하고 있다. 기업이 굳이 웰컴키트를 만들어 뿌리는 배경에는 신입사원의 애사심 고취 외에 대외 홍보 효과도 있다. 합격자들이 취업 성공을 알리기 위해 소셜미디어에 웰컴키트 사진을 찍어 올리는 경우가 잦기 때문이다. 당장 인스타그램만 해도 '#웰컴키트'를 검색하면 수천 건의 사진이 뜬다.

### ● 메타버스로 건너간 온보딩

팬데믹은 온보딩 방식에도 큰 변화를 불러일으켰다. 회사를 제대로 다녀보지도 못한 신입사원들이 원격 근무부터 배우다 보니 온보딩의 필요성과 어려움이 동시에 늘어났다. 기업들이 찾은 돌파구는 차세대 기술로 떠오른 메타버스(3차원 가상세계)다. 네이버는 작년부터 '코드데이'라는 온보딩 프로그램을 자사의 메타버스 서비스 플랫폼 '제페토'에서 진행하고 있다. 100명 이상의 신입사원이 가상공간에 만든 아바타로 5~6명씩 팀을 맺어 다양한 온라인 워크숍을 가졌다. 입사 2년차 네이버 직원은 "올해는 제페토 내 스키점프 게임을 활용해 팀간 점수 대결도 벌였는데 사내에 실시간 중계되다 보니 웬만한 스포츠 경기 이상으로 재밌게 봤다"고 했다.

넥슨과 삼정회계법인은 입사 후 회사 구경도 제대로 못 한 신입사원들을 위해 메타버스 사옥을 준비했다. 가상공간에 실제 사무실 모습을 최대한 반영한 사옥을 지어 구경할 수 있게 한 것이다. 메타버스 사옥은 특히 온보딩뿐 아니라 팬데믹 장기화 속에서 각종 대내외 행사나 직원들의 교류 장소로도 활용될 수 있어 많은 기업이 눈독 들이고 있다. 금융투자업계 최초로 메타버스 사옥을 마련했다고 밝힌 트러스톤자산운용은 이달 초 80여 명의 임직원이 메타버스 공간에 모여 송년회를 갖기도 했다.

### ● 조직 흔드는 신입 이직 막아라

기업들이 온보딩에 적극 투자하는 배경에는 채용 제도의 변화도 있다. 경영 환경이 복잡해지고 신기술 등장 속도가 빨라지면서 기업 역시 필요한 인재만 뽑아 적재적소에 민첩하게 배치할 수 있는 수시 또는 상시 채용 제도를 선호한다. 공채를 했던 10대 그룹만 해도 현재 7곳이 수시 채용으로 전환했다. 문제는 공채가 사라지면서 신입사원들의 애환을 달래주고 정보 네트워크 역할을 한 동기 문화도 함께 사라졌다는 점이다. 그러다 보니 기업들은 온보딩을 통해 신규 직원들의 정서적 지원을 강화하고 있다. 2019년부터 상시 채용 제도로 전환한 현대차그룹 인사담당자는 "과거 공채 시기에는 회사가 어떤 곳인지 이해시키는 데 집중한 회사 중심의 푸시형 콘텐츠가 많았지만, 지금은 개인의 성장이 곧 회사의 성장이라는 메시지를 중심으로 상호 토론, 자기다움 찾기 등 정서적 측면의 중요성을 강조하는 방식으로 애착 관계를 이끌어낸다"고 말했다.

온보딩에 대한 기업의 관심은 앞으로 더욱 높아질 전망이다. 신입사원의 이탈이 기업에 미치는 영향이 생각보다 크기 때문이다. 박오원 가톨릭대 교수(경영학)는 지난 8월 학술지 '조직과 인사관리연구'에 게재한 논문을 통해 신입 직원의 이직이 고참 직원들의 이직에도 영향을 미친다는 분석을 내놓았다. 331개 기업 직장인 8092명을 설문조사 한 결과다. 연구진은 "신입 직원은 외부 노동시장에서 들어온 지 얼마 되지 않아 외부 정보를 잘 알고 있고 조직을 좀 더 객관적으로 본다"며 "이들이 떠나는 걸 본 기존 직원들도 회사에 문제가 있다고 인식하고, 기회가 되면 회사를 떠나는 선택을 하는 것으로 보인다"고 분석했다. 이어 "신입 직원들이 조직에 갖는 불만 사항을 확인하고 개선해 회사 내에서 사회화하는 데 도움을 주는 전략이 효과적일 것"이라고 조언했다.

● **온보딩(Onboarding)**

영어로 '배에 탄다'는 뜻으로, 신규 직원이 조직에 빨리 적응해 안착할 수 있도록 조직 문화를 알려주고 업무에 필요한 정보와 기술 등을 교육하는 과정을 뜻한다.

출처 : 조선일보(2021.12.31), "신입사원님, 제발 떠나지 마소서" 회사가 자세를 낮췄다.

## 제 1 절 | 서비스 리더십

### 1. 리더십의 개요

리더십은 기업을 둘러싼 시장, 소비자, 경쟁사 등의 나날이 심화되는 경영 환경의 변화로 인해 그 어느 때보다 중요해지고 있다. 시장 환경의 경우 국내 시장은 수요를 초월한 공급시장이 과당경쟁을 불러오고 있으며, 글로벌 시장개방으로 인한 경쟁 환경은 기업경영을 더욱 어렵게 하고 있다. 소비자 역시 과거와 달리 다양하고 까다로운 기호를 가지고 있으며, 높은 수준의 서비스를 요구하고 있다. 최근의 기술 및 정보화 혁명은 소비자로 하여금 완벽한 시장 정보에 접근할 수 있게 하며, 이로 인해 소비자는 기업에게 세계 최고 수준의 제품과 서비스를 요구하고 있는 것이다.

이와 더불어 경쟁 환경의 경우 과거 소비자의 기본적 욕구(needs)를 누가 먼저 채워줄 수 있느냐에 있었다면 이제는 소비자가 표현한 2차적 욕구(wants)뿐만 아니라 소비자도 모르는 욕구를 어떻게 채워줄 수 있느냐로 그 초점이 바뀌고 있다. 이로 인해 기업은 조직의 성과창출에 중점을 둔 시장점유율 확대나 수익성 제고에서 시장에서 생존하기 위해 어떻게 하면 고객만족경영을 통해 기업체질을 변화시킬 것인가에 관심을 쏟고 있다. 따라서 이러한 경영환경의 변화에 신속하게 대응하고 조직을 성공적으로 이끌어 갈 리더십의 발휘가 무엇보다 중요해지고 있다.

리더십의 개념은 리더십 발휘 과정에서 어디에 초점을 두느냐에 따라 변화해왔다. 1940년대 후반 이전의 특성이론(trait theory)은 리더가 될 수 있는 고유한 개인적 자질 또는 특성이 존재한다는 가정하에 리더 자신의 특성을 찾아내는 데 초점을 두었다. 유능한 리더의 성격이나 특성으로 지능, 자신감, 결단력, 성실성, 사교성 등이 제시되었다. 1940년대 후반~1960년대 후반의 행동이론은 리더는 타고나는 것이 아니라 만들어진다는 가정하에 관찰 가능한 리더십 행동을 유형화하고, 이러한 리더십 유형이 리더십 유효성과 어떤 관계를 갖는가를 규명하는 데 초점을 두었다. 리더십의 유형은 권위적, 민주적, 방임적 리더, 구조주도행동 유형 및 배려행동유형, 직원지향과 직무지향 등이 제시되었다.

1960년대 후반~1980년대 초반의 상황이론은 리더십의 효과성은 리더의 특성이나 행위와 함께 상황적 조건에 따라 달라진다는 가정하에 리더의 어떤 행동유형이 어떤 상황에서 더욱 효과적인지를 규명하는 데 초점을 두었다. 상황호의성에 따라 스타일이 달라져야 한다는 Fiedler의 상황적합화 이론, 추종자와 작업환경에 따라 스타일이 달라져야 한다는 House의 목표-경로 이론, 하급자의 성숙도에 따라 스타일이 달려져야 한다는 Hersey & Blandchard의 성숙도이론, 문제의 속성에 따라 참여방법을 달리해야 한다는 Voom & Jago의 리더십 의사결정이론, 조직에서 어떤 요인들은 리더십을 대체한다는 Kerr & Jemier의 리더십 대체이론 등이 있다.

1980년대 초반 이후 리더는 비전을 가져야 하며, 추종자에게 강한 정서적 반응을 이끌어내는 데 초점을 둔 변혁적 리더십, 거래적 리더십, 서번트 리더십 등 다양한 리더십 이론이 나타났다. 변혁적 리더십(transformational leadership)은 리더가 조직구성원의 사기를 고양시키기 위해 미래 비전과 공동체적 사명감을 강조하고 이를 통해 조직의 장기적 목표를 달성하는 것을 핵심으로 하고 있다. 거래적 리더십(transactional leadership)은 리더와 구성원 간의 교환(또는 협상)관계에 기반을 둔 리더십으로 리더는 구성원들이 가치 있게 여기는 것을 제공하고, 그 제공에 대한 대가로서 바람직한 행동이나 성과를 구성원들로부터 유도해내는 것을 핵심으로 한다. 서번트 리더십(servant leadership)은 부하에게 목표를 공유하고 부하들의 성장을 도모하면서 리더와 부하 간의 신뢰를 형성시켜 궁극적으로 조직성과를 달성하게 하는 리더십으로 리더가 부하를 섬기는 자세로 그들의 성장 및 발전을 돕고 조직 목표 달성에 부하 스스로 기여하도록 만든다. 서번트 리더십의 하위 요인으로는 경청, 공감, 치유, 설득, 인지, 통찰, 비전 제시, 스튜어드십(stewardship), 구성원의 성장, 공동체 형성 등이 제시되고 있다.

이러한 다양한 리더십 개념들을 바탕으로 리더십은 '리더와 추종자들이 관심사를 매개로 특정한 목적을 효과적으로 달성하기 위해서 서로 영향을 주고받으면서 함께 성장하는 과정'으로 정의할 수 있다(백기복 · 신제구 · 김정훈, 2009).

## 2. 서비스 리더십의 개념

서비스 기업에서 리더십은 전통적인 수직 경영에서 나타나는 여러 문제점을 개선하고 급속한 경영환경변화에 대해 신속하게 대응하기 위해 기업의 전략, 운영시스템 및 기업문화 등 경영 전반에 대한 수평적인 접근이 요구되고 있다. 서비스업의 특성을 반영한 서비스 리더십에 대한 이론적 개념화는 2001년 삼성에버랜드에서 처음 시도되었다. '에버랜드 서비스 리더십(Everland service leadership)'은 리더십을 상사의 부하에 대한 힘의 발휘나 지휘가 아니라 서비스로 보고 있다. 다시 말해 서비스 리더십은 기본적으로 품성과 관련된 그리고 파트너(내부고객)와의 수평적 관계성으로 파트너가 리더에 대한 존경을 바탕으로 마음으로부터 동의할 때 만들어진다고 여긴다. 따라서 에버랜드 서비스 리더십은 '리더와 파트너 간에 수평적으로 작용하면서 동의와 설득을 통해 이루어지는 내부서비스'라 할 수 있다(김준호, 2008).

에버랜드 서비스 리더십에 따르면 리더의 유형에는 부하 직원의 만족을 높이면서 리더십을 발휘하는 리더와 부하 직원의 만족을 훼손하면서 리더십을 발휘하는 리더의 두 가지 유형으로 분류하고 있다. 이러한 유형의 차이는 서비스에 대한 이해의 차이에서 발생하며, 직원 불만족형 리더는 자신이 서비스를 받는 대상이라고 보는 반면 직원 만족형 리더는 자신이 서비스를 하는 사람이라고 본다. 따라서 서비스 리더십에서 리더와 부하의 관계는 파트너십에 기초한 동등한 관계로 설정되어야만 진정한 상호작용이 이루어진다고 볼 수 있다.

## 3. 서비스 리더십의 구성요소

서비스 리더십의 목표는 직원 만족을 만들어내는 리더의 만족 유도행위를 많이 함과 동시에 만족 훼손행위를 줄이는 것이다. 이를 위한 핵심구성요소를 삼성에버랜드 서비스 리더십에서는 서비스 신념(Service Concept: C), 서비스 태도(Service Mind: M), 서비스 능력(Service Skill: S)으로 제시하고 있다〈표 4-1〉.

### 1) 서비스 신념

서비스 신념은 사람의 머리에 해당하는 영역으로 서비스 리더가 알고 있어야 할 서비스에 대한 철학이나 신념을 말한다. 서비스 신념은 서비스 리더십의 기초를 세워주는 철학(philosophy)과 전체가 공유해 나가고자 하는 비전(vision), 그리고 이를 위해 현재를 어떻게 고쳐 나갈 것인가 하는 혁신(change)의 세 가지 요소로 구성된다.

### 2) 서비스 태도

서비스 태도는 사람의 가슴에 해당하는 영역으로 서비스 리더가 가지고 있어야 할 마음, 태도, 심적 자세를 말한다. 즉 어떻게 파트너에게 더욱 다가갈까, 파트너십을 형성할까, 고충을 해결해 줄까 하는 마음 혹은 자세를 말한다. 서비스 태도의 영역은 열정(passion), 애정(affection), 신뢰(trust)라는 세 가지 요소로 구성된다.

### 3) 서비스 능력

서비스 능력은 사람의 손발에 해당하는 영역으로 고객의 욕구를 파악하고, 이를 충족시키기 위해 필요한 서비스 창조 능력, 관리 운영 능력, 인간관계 형성 및 개선 능력을 말한다. 서비스 능력의 영역은 창조 능력(creation skill), 운영 능력(operation skill), 관계 능력(relation skill)의 3가지 요소로 구성된다.

〈표 4-1〉 서비스 리더십의 3요소

| 7핵심 요소 | 세부 요소 | 내용 |
|---|---|---|
| 서비스 신념 (Service Concept) | 철학(philosophy) | 서비스 제공자와 수혜자의 비공식 관계(partnership)에 대한 가치관으로 수평적 관계에 더 많은 가치를 두는 것 |
| | 비전(vision) | 고객만족을 위해 내외부 고객이 함께 실천하고 공유할 비전을 만들고 실천함 |
| | 변화/혁신(change) | 조직 속에 내재한 비서비스적인 요소들을 부단히 혁신해 나감 |
| 서비스 태도 (Service Mind) | 열정(passion) | 긍정적이고 적극적인 서비스를 통해 고객과 파트너 관계를 수립하고자 노력하는 마음 |
| | 애정(affection) | 파트너 관계 형성을 위한 헌신적 노력과 그 과정에서 보람과 행복을 느끼는 태도 |
| | 신뢰(trust) | 고객에 대한 자발적인 관심과 배려, 고객만족으로 파트너의 관계로 만들려는 자세 |
| 서비스 능력 (Service Skill) | 창조능력 (creation skill) | 계속적으로 고객 만족형 서비스를 새로 만들어내는 능력 |
| | 운영 능력 (operation skill) | 일상적으로 서비스를 운영하기 위해 필요한 업무 및 서비스에 대한 전문능력 |
| | 관계능력 (relation skill) | 고객 만족형 서비스로 만들기 위한 인간관계능력 |

출처 : 삼성에버랜드 서비스아카데미(2001). 에버랜드 서비스 리더십. 21세기북스. pp.144-146.

고객만족은 서비스 신념(C), 서비스 태도(M), 서비스 능력(S)이 상호 조화를 이룰 때 이루어질 수 있게 되며, 'C×M×S=고객만족'으로 표현할 수 있다. 서비스 리더가 곱하기의 관계를 갖는 C, M, S를 고루 갖출 때만이 진정으로 바람직한 리더의 행동을 하게 되고, 그 리더의 행동은 직원의 만족과 고객만족으로 이어진다[그림 4-1].

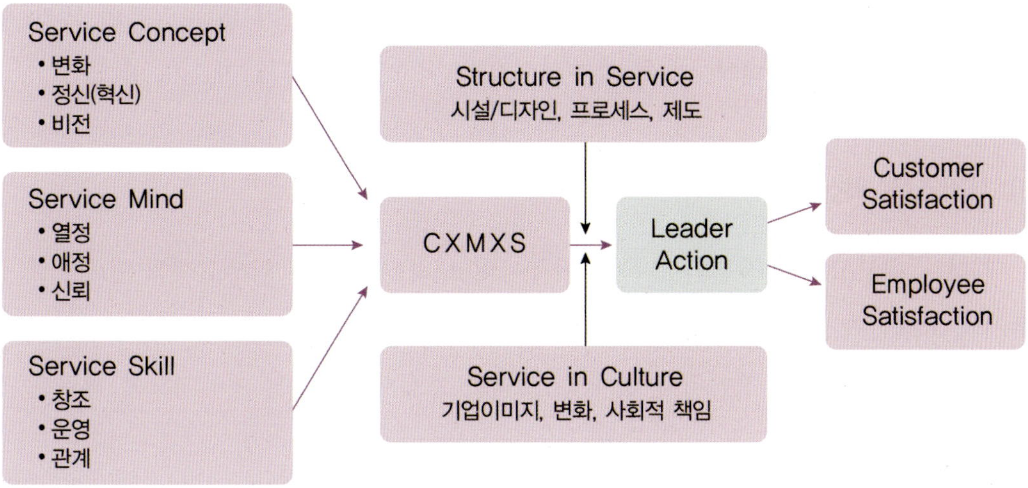


출처 : 삼성에버랜드 서비스아카데미(2001), 에버랜드 서비스 리더십, 21세기북스.

[그림 4-1] 서비스 리더십 모형

## 4. 서비스 리더십 실천을 위한 행동전략

서비스 리더십 실천을 위한 행동전략은 다음과 같다(삼성에버랜드 서비스아카데미, 2001).

### 1) 수평적 사고를 받아들이기

서비스 리더는 고객과 나와의 관계가 수직이 아니고 수평이라는 사실을 받아들이고 그것에 맞추어 자신의 생각과 행동을 변화시켜야 한다. 같은 문제라도 수직적인 관점에서는 문제해결보다는 서로를 탓하게 되는 결과를 만들어내는 반면 수평적인 관점에서는 비공식적인 동등성을 바탕으로 자신의 잘못을 인식하고 협력을 통해 사건을 수습하는 쪽으로 방향을 잡아가기 때문이다.

### 2) 고객을 만족시키는 서비스 비전 만들기

일반적으로 비전을 만들 때 벤치마킹을 하거나 부서원들의 아이디어를 모아서 가장 좋은 것을 선정한다. 그러나 좋은 비전은 실천가능하고 모두가 공유할 수 있으며, 고객

만족을 목표로 하는 것이다. 서비스 리더십에서는 비전을 만들기 위해 업종의 특성, 업종의 영역, 외부고객, 내부고객의 요구를 검토하여 비전을 만들 필요가 있다.

### 3) 서비스를 혁신하기

리더는 내부고객인 직원의 만족을 이끌어내고 직원 만족을 외부고객의 만족으로 증폭시켜 고객만족경영을 실천한다. 서비스 리더가 혁신해야 할 것은 이러한 일련의 흐름을 방해하는 요인들을 찾아내서 없애고, 그러한 흐름이 보다 잘 이어지도록 새로운 것을 만들어내는 것이다.

### 4) 고객의 다양성을 인정하고 조화와 협력을 모색하기

훌륭한 리더는 직원과 조직의 특성을 잘 파악하여 알맞은 자리에서 자신의 역할을 수행하도록 하는 반면 그렇지 않은 리더는 자신의 주관에 따라 직원을 억지로 맞추려는 경향이 있다. 따라서 리더는 사람들이 기본적으로 다름을 인정하고 직원을 잘 파악해서 적재적소에 배치하고 활용할 줄 알아야 한다. 리더는 사람들의 다양성을 토대로 서로 조화와 협력을 통해 고객만족을 이끌어내야 한다.

### 5) 파트너십 형성하기

리더는 내부고객과 외부고객 모두를 파트너로 받아들이고 그들과의 사이에서 파트너십을 형성해야 한다. 여기서 중요한 것은 파트너십이 일방의 문제가 아니라 쌍방의 문제라는 것이다. 서로가 서로를 파트너로 인정하고 구체적인 서비스 행위를 수행할 때 파트너십이 형성되고 강화된다.

### 6) 기본에 충실하기

리더의 출발점은 자신이며, 자신을 돌아보는 것에서부터 의미를 갖기 시작한다. 즉 자신의 현재 능력은 어떻고, 부족한 것은 무엇이며, 현재 능력개발은 얼마나 하고 있는

지에 대해 스스로 평가해보는 것이다. 이때 유의해야 할 점은 자신을 다른 사람과 비교평가하지 말아야 한다는 것이다. 대신 과거 6개월 전이나 1년 전의 자신과 지금의 나를 비교해 어떤 변화가 있었고, 무엇이 달라졌는지를 비교해보아야 한다. 리더는 기본에 충실하여 서비스 신념, 서비스 태도, 서비스 기술에 바탕을 두어 사고의 전환은 물론 지식습득과 다양한 능력개발을 해야 한다.

### 7) 창조적으로 서비스하기

고객만족은 리더가 파트너에게 감동을 주는 서비스를 해야 가능하다. 리더는 서비스를 살아 있게 만들고 가슴 뛰는 행동으로 만들기 위해 끊임없이 창조성과 상징성을 부여해 나가도록 노력해야 한다. 리더에게 창조성과 상징성이 포함된 감동 어린 서비스를 받은 파트너만이 외부고객에게 그러한 감동을 줄 수 있다.

### 8) 현장에서 실천하기

서비스는 현장에서 이루어지기 때문에 리더는 현장에 있어야 한다고 Disney의 Eisner 회장은 강조한다. 리더가 현장에 있을 때 파트너가 보이고 서비스가 보이며 리더십의 결과가 보인다. 현장을 떠나 칸막이가 쳐진 책상 안으로 숨어버린 리더는 서비스 리더십을 수행할 수 없게 된다.

**잠깐 쉬어가기**

**신선한 재료, 메뉴는 딱 3개 … 햄버거 연매출 1조 찍다**

**미국인이 가장 사랑하는 햄버거**
**변하지 않는 맛 · 품질로 입소문**
**콜로라도 매장선 14시간 줄 서기도**

'기본에 충실' 74년 경영철학 계승
24세에 CEO 돼 '사람 중시' 실천

출처 : 인앤아웃버거

인앤아웃버거는 '시대착오적인 햄버거 가게'로 불린다. 남들이 신메뉴를 쏟아내는 동안 세 가지 햄버거 메뉴로 74년째 장사를 하고 있어서다. 디지털 시대에 그 흔한 자체 주문 앱도 없다. 공격적인 마케팅과 광고 역시 하지 않는다. 패스트푸드는 빠르기가 생명인데 조리 시간도 10분가량 걸린다. 매장 수가 곧 경쟁력인 체인사업이지만 해외 진출은커녕 미국 중서부를 벗어나지 않고 있다. 하지만 비난하기에는 이르다. 2020년 첫 콜로라도주 매장을 오픈하자 고객들이 14시간을 기다릴 만큼 영업이 잘되기 때문이다. 시장조사업체 마켓포스에 따르면 인앤아웃은 지난해 미국인이 가장 사랑하는 버거 체인점으로 꼽혔다. 할리우드 스타 패리스 힐튼이 인앤아웃 버거를 사러 가기 위해 음주운전을 감행하다 단속에 걸린 유명한 일화도 있다. 이 같은 성공의 배경에는 린지 스나이더 인앤아웃 최고경영자(CEO)의 '화려한 비즈니스 전략보다 기본에 충실하는 게 곧 혁신'이란 경영철학이 있었다.

**+ 기본에 충실하는 게 최고의 혁신**

인앤아웃은 1948년 스나이더 CEO의 조부모인 해리 스나이더 · 에스더 스나이더 부부의 손에서 탄생했다. 한 평도 안 되는 작은 매장으로 시작했지만 스나이더 부부의 '맛과 품질이라는 기본에 충실하자'는 경영철학 덕분에 캘리포니아를 중심으로 빠르게 성장했다. 매장은 신선한 식자재를 배송할 수 있는 곳에만 개설했다. 냉동육과 전자레인지, 적외선 램프는 쓰지 않는 것을 철칙으로 삼았다. 햄버거 메뉴는 세 가지지만 고객의 빵 굽기나 소스 취향을 반영한 '나만의 햄버거' 서비스를 제공해 큰 호응을 얻었다. 그 결과 인앤아웃은 미국 서부 지역을 대표하는 햄버거 체인점으로 자리 잡았다.

| 린지 스나이더 인앤아웃 CEO | |
|---|---|
| 출생 | 1982년 |
| 보유 자산 | 42억 달러 |
| 이력 | 2010년 인앤아수 CEO 취임<br>2016년 슬레이브2낫심 재단 설립 |
| 특징 | 해리 스타이더 인앤아웃 창업주 3세<br>2012년 미국 최연소 여성 억만장자 |

린지 스나이더는 2010년 스물네 살의 나이로 인앤아웃 CEO에 취임한 뒤 이런 경영철학을 그대로 이어갔다. 쉽지만은 않았다. 당시 경영 트렌드는 빠르게 변하고 있었다. 경쟁업체들은 급변하는 소비자의 입맛을 사로잡기 위해 신메뉴를 내놓는 등 공격적인 마케팅을 이어갔다. 미국 동부 지역의 햄버거 프랜차이즈 쉐이크쉑은 인앤아웃의 텃밭인 서부에까지 진출했다.

하지만 스나이더 CEO는 맛과 품질이라는 기본 원칙으로 대응했다. 무리하게 매장을 늘리지 않고 신선한 재료를 조달할 수 있는 곳에만 직영점을 열었다. 메뉴도 크게 바꾸지 않았다. 15년 만에 추가한 메뉴는 코코아로, 여전히 버거 메뉴는 세 개다. 그 결과 성장 속도는 더디지만 텍사스, 오리건, 콜로라도에 오픈한 매장들이 연이어 매출 대박을 터뜨리고 있다. 미국 경제전문매체 포브스에 따르면 인앤아웃의 매장당 평균 매출은 맥도날드의 두 배에 달한다. 마진율도 20%로 경쟁업체인 쉐이크쉑(16%)과 치폴레(10.5%)보다 높다.

**+ 기본 중에 기본은 '사람'**

스나이더 CEO가 조부모부터 내려온 경영철학에 한 가지 더한 게 있다. 바로 '사람'이다. 최고의 직원에게서 최고의 햄버거와 서비스가 나온다는 신념으로 그는 직원들에게 업계 최고 수준의 급여를 준다. 맥도날드와 버거킹 저연차 직원은 일반적으로 시간당 10~12달러 정도를 받지만 인앤아웃의 시급은 15달러 이상이다. 유급휴가와 의료보험 혜택도 제공한다.

그는 패스트푸드점이 파트타임으로 잠깐 일하는 곳이라는 통념을 깨고 인앤아웃을 직원들이 미래를 거는 일터로 만들었다. 직원 관리 및 서비스에 대한 수업을 제공하는 인앤아웃 대학을 통해 일터에서 성장할 수 있게끔 돕는다. 이렇게 성장한 인앤아웃의 직원은 매니저 직급을 달면 평균 연 16만 3000달러(약 2억 원)를 받는다. 캘리포니아의 치과의사, 회계사 평균 수입보다 많은 수준이다.

스나이더 CEO의 신념은 적중했다. 세계 최대 직장 평가 사이트 글래스도어에 따르면 인앤아웃은 2018년 일하기 좋은 직장 4위에 뽑혔다. 신의 직장이라고 불리는 구글보다 한 단계 높은 순위였다. 직원들의 만족도가 올라가자 인앤아웃의 매출은 스나이더 CEO가 취임한 이후 8년 만에 약 두 배 증가한 10억 달러를 기록했다. 모건스탠리는 "인앤아웃 직원들은 주인의식을 갖고 일하고 있다"고 평가했다.

**+ 돈보다 공동체와 경영원칙 지켜**

스나이더 CEO가 걸어온 길이 마냥 순탄했던 것은 아니다. 회사를 경영하던 아버지 가이 스나이더가 약물 과다복용으로 숨졌다. 스나이더 CEO가 열일곱 살 때였다. 창업자인 할머니 에스더가 다시 경영에 나섰지만 7년 만에 세상을 떠났다. 스나이더 가문의 유일한 자손인 린지 스나이더는 스물네 살의 나이에 회사를 물려받을 수밖에 없었다.

어린 나이에 억만장자가 된 그는 자신이 겪은 시련을 잊지 않고 지역 공동체를 위한 사업에 적극 나서고 있다. 약물 남용으로 아버지를 잃은 스나이더 CEO는 2016년 약물 남용 및 인신매매로 피해를 입은 사람들을 지원하기 위한 슬레이브2낫싱재단을 설립했다. 인앤아웃재단을 통해 아동학대 방지 사업도 벌이고 있다.

스나이더 CEO의 다음 목표는 기업공개(IPO)도 해외 진출도 아니다. 경쟁업체 쉐이크쉑의 시가총액이 31억 달러라는 것을 고려하면 인앤아웃이 상장한다면 시가총액이 수십억 달러에 이를 것으로 예상된다. 인앤아웃의 전체 지분을 갖고 있는 그는 IPO를 하면 엄청난 현금을 거머쥘 수 있다. 하지만 스나이더 CEO는 "앞으로도 회사를 매각하거나 IPO를 하는 일은 없을 것"이라며 "돈이 아니라 회사의 경영원칙과 문화를 지키고 싶다"고 강조했다.

출처 : 한국경제(2022.2.20), 신선한 재료, 메뉴는 딱 3개 … 햄버거 연매출 1조 찍다.

# 제 2 절 | 내부마케팅

## 1. 내부마케팅의 개념

서비스 기업의 고객만족 수준은 고객과 직원 간 상호작용의 결과에 의해 결정된다. 서비스 이익 체인(service profit chain)에 따르면 서비스의 수월성을 달성하고 고객 충성도를 높이기 위해서는 직원의 뛰어난 업무 능력이 필요하며, 서비스를 전달하는 직원의 서비스 지향성(service orientation)이 고객만족에 매우 큰 영향을 미치게 된다. Parkington & Schneider(1979)에 의해 처음으로 언급된 서비스 지향성은 기업이 고객에게 탁월한 서비스를 제공하기 위하여 조직이 적극적으로 행하는 지속적인 일련의 활동이다. 서비스 지향성은 크게 조직 중심적 지향성(bureaucratic orientation)과 고객 중심적 지향성(enthusiastic orientation)으로 나눠진다. 조직 중심적 지향성은 조직이 고객의 욕구 충족을 위해 정책과 실행 및 절차를 중요시하는 성향으로 대인적인 문제보다는 규칙과 시스템에 의한 관리를 추구한다. 반면 고객 중심적 지향성은 조직이 고객의 욕구 충족을 위해 유연하고 개방적인 자세를 강조하는 성향으로 대인관계, 고객에 대한 관심, 규칙의 유연한 적용을 추구한다.

직원은 서비스를 만들어 고객에게 전달하기에 기업의 관점에서 보면 직원이 전달하는 서비스 수준과 방법은 기업의 경쟁우위뿐만 아니라 차별화의 근원이 된다. 또한 고객의 눈에는 직원은 자신과의 약속을 지키는 마케터로서 서비스 그 자체인 동시에 서비스 기업을 대표하는 대표자이다. 이러한 직원의 만족은 곧 고객만족이다. 만족한 직원이 만족한 고객을 창출할 수 있기 때문이다. 따라서 외부마케팅이 통상적 의미의 고객인 외부고객을 대상으로 하는 기업의 활동이라면, 내부마케팅은 직원을 내부고객으로 보고 이들을 대상으로 서비스마인드와 고객 지향적 사고를 심어주기 위해 역량을 높여주고 동기부여를 제공하고 직무 만족을 시켜주는 조직의 일련의 활동이다. 외부마케팅이 고객들에게 상품을 제공한다면, 내부마케팅은 직원에게 고객만족을 창출할 적절한 직무와 작업환경을 제공한다.

이러한 내부마케팅과 외부마케팅을 비교해보면 〈표 4-2〉와 같다.

〈표 4-2〉 내부마케팅과 외부마케팅의 비교

| 구분 | 내부마케팅 | 외부마케팅 |
|---|---|---|
| 대상 | 직원(내부고객) | 소비자(외부고객) |
| 제공물 | 직무와 작업환경 | 상품 |
| 가격 | 직무의 대가 | 상품의 대가 |
| 목표 | 직원 만족 | 소비자 만족 |

출처 : 안연식(2018), 서비스경영, 청명, p.363.

## 2. 내부마케팅의 목표 및 성공요인

### 1) 내부마케팅의 목표

내부마케팅의 목표는 서비스 기업문화 개발과 유지에 있다. 서비스 기업문화란 기업이 내외부 고객에게 탁월한 서비스를 제공하는 것을 가장 우선시하는 기업문화라 할 수 있다. 서비스 문화는 서비스 기업에서 특히 중요한데 이는 서비스 생산과정이 표준화되기 쉽지 않고 고객과 직원 간 상호작용이 필수적이어서 서비스 문화가 예상치 못한 상황에 대처하는 방안을 제시할 수 있기 때문이다. 예를 들면, 고객이 회사 규정을 넘어서는 뜻밖의 요구를 할 때 고객 요구에 대한 가치나 규범을 갖춘 직원은 상황판단을 잘 할 수 있고 고객 문제를 일관성 있는 행동으로 처리해줄 수 있기 때문이다.

### 2) 내부마케팅의 성공요인

성공적인 내부마케팅은 직원 이직률의 감소, 서비스품질의 향상, 높은 수준의 만족, 조직 문화의 변화를 가져올 수 있다. 기업이 내부마케팅을 성공적으로 수행하기 위한 요건은 다음과 같다. 첫째, 무엇보다 직원의 역할과 중요성을 인식해야 한다. 경영진을 포함한 모든 관리자는 '직원이 행복하지 못하면 고객만족은 없다'라는 사실을 인식해야 한다. 실제로 미국의 세계적인 유통업체인 Sears는 고객만족과 직원 이직률 간에 높은 상관성이 있음을 파악하였다. 둘째, 직원의 동기부여가 필요하다. 직원의 만족을 높이기 위해서 작업환경, 권한위임, 공정한 인사정책, 서비스 문화의 도입 등 내부마케팅 상품을 개발해야 한다. 셋째, 내부마케팅의 최종목표인 고객 지향성을 잊지 말아야 한다. 내부마케팅을 강조한 나머지 직원의 복지나 만족 그 자체를 최종 목적으로 착각할 수 있으나 최종 목표는 고객에 대한 긍정적인 태도와 서비스 마인드를 높여 기업의 영속성을 보장하는 고객만족임을 잊지 말아야 한다.

## 3. 내부마케팅의 실천방안

### 1) 적합한 직원 채용

우수 직원은 업무과정에서 체화된 전문 역량을 가지며, 기업의 자산이 된다. 서비스 기업은 직원 이직률이 높은 편이어서 높은 직원 이직률을 가진 기업은 훌륭한 서비스문화를 확립할 수 없다. 기업은 자신들이 원하는 인재상을 명확히 한 후 우수한 직원을 채용하기 위해 면접과 선발에 세심한 주의를 해야 한다. 기업은 직원 채용 시 서비스 역량(service competencies)뿐만 아니라 서비스 성향(service inclination)을 고려해야 한다. 서비스 역량이란 직무를 수행하는 데 필요한 스킬이나 지식을 의미하며, 예를 들면, 학력, 자격증 등이 있다. 반면 서비스 성향은 가치관이나 업무수행에 대한 직원의 관심과 태도를 의미하며, 예를 들면, 배려심, 공감능력, 사교성 등이 있다. 직원 채용의 예로 Southwest Airlines는 남의 말을 잘 들어주고, 다른 사람을 생각하고, 유머 감각이 있으며, 미소를 잘 짓는 사람을 선호한다.

### 2) 직원 계발과 육성

#### (1) 교육훈련

기업은 품질 좋은 서비스를 위한 전문적 지식과 기술 능력 및 대인 상호작용능력을 위해 직원을 교육 훈련시킨다. 여기서는 단순히 실무적 지식만이 아니라 핵심적인 서비스 원칙, 기업의 가치관, 기업 미션 등이 포함된다. 또한 교육훈련은 지속적으로 이루어지는 것이 중요하다. 교육훈련에는 직무 수행 중에 이루어지는 직무 순환, 코칭, 도제제도와 직무 수행 시간 외에 이루어지는 강의, 시청각 교육, 탐방 및 사례연구, 실습 훈련, 역할 연기 등이 있다.

교육훈련의 예로 McDonald's는 햄버거 대학을 통해 전 세계의 관리자를 교육 · 훈련시킴으로써 조직을 고객 지향적으로 변화시키고 있다. Outback Steakhouse는 웨이터와 웨이트리스 모두에게 고객의 테이블 옆에서 자세를 낮추고 앉아 몇 분 동안 고객의 눈높이에 맞춰 대화하는 퍼피독 서비스(puppy dog service) 방법에 대해 교육하고 있다. Ritz Carlton호텔은 직원들에게 회사의 사훈, 신조, 3단계 서비스 방침과 20가지 기본지침으로 구성된 '서비스 황금표준(service gold standard)' 원칙을 준수하도록 교육하고 있다.

Starbucks는 2007년 McDonald's와의 블라인드 테스트에서 Starbucks 커피가 McDonald's 커피보다 맛이 없다는 평가를 받자 2008년 2월 26일 3시간 30분 동안 미국 전역의 매장을 닫고 바리스타들에게 에스프레소 추출방법과 고객서비스 개선을 교육하는 '에스프레스 엑설런스 트레이닝(Espresso Excellence Training)'을 실시한 바 있다. 비록 600만 달러 매출을 포기했지만 '초심으로 돌아가자(Go to basics!)'는 노력 결과 창립 이후 최고 매출을 기록하는 결과를 가져왔다.

### (2) 권한위임

권한위임(empowerment)은 상급자의 의사결정 권한을 하급자에게 넘겨주어 서비스 현장에서 나타날 수 있는 문제를 빠른 시간 내에 해결할 수 있도록 직무의 폭을 넓게 해주는 제도이다. Ritz-Carlton호텔의 경우 직원이 호텔 고객의 문제를 해결하기 위해 사전 승인 없이 언제든지 2,000달러를 사용할 수 있다. 레스토랑 직원이 커피를 따르다가 실수로 고객의 옷에 커피를 쏟았다면 직접 고객에게 옷을 사줄 수 있는 것이다. 미국 Nordstrom 백화점은 근무수칙으로 '모든 상황에서 스스로 최선의 판단을 내리세요. 더이상의 규칙은 없습니다.'라고 기술하고 있다. 한 노인이 Nordstrom 매장에서 팔지도 않는 타이어를 반품하러 왔는데 판매사원은 두말 않고 타이어 값을 즉석에서 내준 일화가 가능하다. 미국의 인터넷 쇼핑업체 Zappos는 고객응대 매뉴얼이 없으며, 구체적인 상담방법이나 내용은 직원에게 전적으로 위임하고 있다. 예를 들면, 직원이 고객 한 명과 6시간 동안 상담을 하거나 고객이 원하는 제품을 찾아 경쟁사 사이트를 안내해 주는 사례를 볼 수 있다.

권한위임이 효과적으로 기능하기 위해서는 직원들에 대한 적절한 지원이 필요하다. 첫째, 경영지원으로 관리자가 권한위임에 필요한 사내 정보를 직원과 공유하고 해당 의사결정권을 인계하는 것이다. 둘째, 지식지원으로 직원은 적절한 기술과 지식을 가지고 주어진 상황을 정확히 분석하고 이해한 후 적절할 의사결정을 하도록 하는 것이다. 셋째, 기술지원으로 사내 정보시스템을 사용할 수 있는 기술적 지원이 필요하다.

### (3) 팀워크 촉진

많은 서비스는 직원이 팀을 이루어 최선을 다할 때 고객만족이 높아진다. 팀워크(team work)는 팀 구성원이 공동목표달성을 위해 각자의 역할에 따라 책임을 다하고 협력적으로 행동하는 것을 말한다. 예를 들면, 호텔 결혼식의 경우 결혼식 기획을 한 연회예약부서와 실제로 결혼식 서비스를 실행하는 연회서비스부서가 사전에 계획을 조율하고 계획된 대로 서비스를 실행해야 한다. 팀워크가 잘 되기 위해서는 모든 사람이 자신의 고객이라는 자세와 팀워크 위주의 보상 제도를 도입하는 것이 효과적일 수 있다. Harrah's Entertainment는 카지노호텔의 인센티브 프로그램을 통해 팀 성과에 가중치를 많이 부여하고 있으며, 상대적으로 적은 40% 이하의 보상을 개인목표 달성에 할당하고 있다. 회의기획자부터 블랙잭 딜러까지 Harrah's Entertainment의 모든 직원은 고객서비스 점수에 기초하여 성과급을 받는다.

## 3) 우수 직원 유지

많은 경우 최일선에서 고객을 응대하는 직원은 신입 직원이 많고 이들이 승진하면 고객과의 접촉이 적은 직책으로 가게 된다. 이렇게 되면 기업은 서비스 성공 여부를 좌우하는 고객 접점을 훈련되지 않은 직원의 손에 맡기게 되고, 승진되어 현 직책을 떠난

자리를 결국엔 능력이 부족한 신입 직원에 맡기는 위험을 감수하게 된다. 따라서 기업은 우수 직원을 유지하기 위해 직원에게 동기부여하는 환경을 구축하는 것이 필요하며, 동기부여 환경을 평가할 수 있는 지표에는 세 가지가 있다. 첫째, 직장생활의 질을 평가하는 지표로 직무 만족도, 직무 안정성, 승진 기회, 유능한 상상, 공정한 행동 등이 있다. 둘째, 전반적인 근로의식이 있다. 셋째, 일반적인 활력 수준으로 개인의 건강상태, 심리적 안정도가 있다.

대표적인 직원 동기부여의 방법은 보상제도이다. 보상제도는 기업의 비전과 일치되도록 하며, 실적과 연동되는 것이 중요하다. 대표적인 보상의 예로는 임금, 포상, 승진, 인센티브 지급, 주식매수선택권(스톡옵션, stock option) 등의 금전적 보상이 있다. 예를 들면, 노랑풍선은 2022년 7월 입사 1년차 이상 전 직원을 대상으로 연봉을 인상했으며, 야놀자는 2022년 1월 신주를 발행하면서 임직원에게 주식매수선택권을, 컬리는 임원을 제외한 직원에게 주식매수선택권을 지급하기로 결정한 바 있다. Enterprise 렌터카의 지점 관리자들은 지점의 고객만족점수가 전체 지점 성과순위에서 50% 이내에 진입할 때 승진이 가능하도록 하고 있다.

비금전적 보상제도로는 첫째, 피트니스센터 제공, 요가 프로그램, 취미활동 클래스 제공, 유급휴가, 직원 할인항공권 제도 도입 등의 비전통적 복리후생, 둘째, 경력개발을 위한 교육훈련의 제공과 성장기회를 위한 직무순환, 셋째, 유연 근무, 음식 제공, 놀이 공간, 다양한 행사, 문화생활, 교통비 지원, 워케이션(work+vacation) 제공, 모바일 웹 기반 자율좌석 예약시스템과 같은 스마트워크 구축, 자율복장 등의 유연한 근무환경의 제공과 소소한 특전 등이 있다. 이외에도 칭찬, 경영자와의 분위기 있는 식사, 가장 좋은 주차장 자리 지급, 이달의 우수(친절)사원 게재 등의 다양한 비금전적 보상이 있다. 최근에는 반려동물 장례휴가(롯데백화점), 반려동물과 동반출근(필어비스), 비혼 직원을 위한 경조제도(롯데백화점, Lush Korea), 직원 결혼식장에 포토부스(즉석 사진기) 설치(현대젠인, 현대두산인프라코어, 현대건설기계) 등 다양한 비금전적 보상이 나타나고 있다.

또한 내부고객인 직원들의 개인적 욕구나 라이프 스타일에 따라 시장세분화를 행하는 것으로 연동근무제와 카페테리아식 복리후생제도를 들 수 있다. 연동 근무제(flexible time)는 직원들이 출퇴근 시간을 선택할 수 있도록 하는 제도로 전원이 회사에 출근하는 필수 근무시간대와 각 직원이 자유롭게 선택할 수 있는 연동 근무시간을 정하여 직원 스스로에게 근무시간 관리를 하도록 하는 제도이다. 카페테리아 복리후생제도(cafeteria benefit)는 기업이 여러 개의 복지 대안을 제시하면 각 직원이 그 대안들 가운데 일부를 취사선택할 수 있도록 하는 제도이다. 예를 들면, 연금이나 보험을 다양한 수준으로 제공하여 선택하도록 하거나 미혼 직원과 기혼 직원의 경우 각자에게 유용한 대안을 선택하도록 하는 것이다. 복지제도의 일환으로 독서경영을 지원하는 삼성전자는 2022년 2월부터 반도체 전 직원에 대해 전자책을 무제한으로 읽을 수 있는 서비스 구독권을 제공하며, 배달의민족을 운영하는 우아한형제들은 2021년 1월부터 책 구매비용을 무제한 지원하며, 인터넷 기업 NHN은 코로나가 장기화되면서 2021년 7월에 '라이브러리 딥'이라는 사내 전자 도서관을 열었으며, 토스뱅크는 직원 사생활을 맞춤형으로 돌봐주는 이른바 '집사 서비스'를 도입하였다.

잠깐 쉬어가기

### 직원 복지제도의 진화

평생 직장 개념이 사라지면서 복지문화도 달라지고 있다. 기존의 사내 복지가 효(孝) 수당이나 다둥이 수당, 출산장려금처럼 기혼자와 그 가족에 초점을 맞췄다면, 최근엔 MZ세대(1980년대~2000년대 초 출생) 등의 요구를 반영한 복지제도로 대변신을 꾀하고 있다. 기업들은 다원화된 가치를 반영해 선택적 복지제도(다양성), 소수의 직원만 혜택을 보는 복지제도 변화(공정성), 젊은 세대에 대한 배려(포용성) 등 시대가 요구하는 복지제도를 고려하고 있다.

**+ 반려동물 배려 서비스**

반려동물을 기르는 인구가 1500만 명에 이르는 현 시점의 트렌드에 따라 다양한 반려동물 배려 서비스가 등장했다. 롯데백화점은 직원들이 공감하는 실질적인 복지를 늘려 사기를 진작하고 근무 만족도를 높이기 위해 회사 내 MZ세대 직원들이 제안한 '반려동물 경조'제도를 신설했다. 반려견과 반려묘 등 반려동물 장례를 치르는 직원에게 장례 휴가 1일을 지원하는데 장례 휴가는 부모의 집에서 기르는 등 함께 살고 있지 않은 반려동물에 대해서도 인정해주고 있다.

게임업체인 펄어비스는 반려동물 보험을 지원한다. 핸드메이드 복합 플랫폼 '아이디어스'를 운영하는 백패커는 반려동물과 '동반 출근'이 가능하다고 명시하고 있다.

**+ 비혼 선언자에게도 동일한 혜택**

친환경 화장품 브랜드로 유명한 러쉬코리아는 2017년부터 비혼을 선언하는 임직원에게 결혼하는 사람이 받는 동일한 복지 제도와 혜택을 주는 제도를 시행했다. 가령 신혼여행 때 제공되는 10일 휴가와 회사 축하금 등을 본인이 원하면 지급하는 방식이다. 지난 5년간 직원 15명이 이 제도를 이용했다. 러쉬코리아는 또 반려동물을 기르는 미혼자에게는 매달 5만 원의 반려동물 수당을 지급한다. 자녀가 있는 기혼자 직원에게는 양육수당을 지급하는데, 반려동물도 '가족'으로 인정한다는 뜻에서다. 이 회사 관계자는 "반려동물 수당은 강아지가 무지개다리를 건너자(반려동물 장례를 의미) 슬퍼하는 직원의 모습을 보고 대표가 먼저 제안했다"며 "비혼 관련 제도도 직원들은 비혼 선언을 인정해주는 것으로도 존중받는 느낌이라며 긍정적인 반응"이라고 말했다.

롯데백화점은 2022년 9월 1일부터 '미혼자 경조' 제도를 새로 도입하였다. 만 40세 이상 미혼 직원인 경우 결혼을 하지 않아도 신청만 하면 경조금과 휴가 등을 받을 수 있다. 따로 결혼식을 열지 않는 만큼 화환 대신 스투키 · 금전수 같은 반려 식물로 대체 지급한다. 이전엔 기혼자에 한해 경조금과 휴가, 화환 등이 지급됐으나 최근 미혼 트렌드가 확산하는 점을 반영해 경조사 운영 제도를 고친 것이다. 다만 기혼 경조와 중복해서 적용되지는 않는다.

**+ 직원의 집안 행사를 챙겨주기**

인터넷전문은행 토스뱅크 직원 우진욱(41)씨는 작년 하반기 회사의 복지 서비스를 이용해 아들 생일 케이크를 만들어줬다. 원래 아이가 좋아하는 '인도미누스'란 공룡 그림으로 장식한 케이크를 선물하고 싶었다. 하지만 바빠서 엄두가 나지 않았는데, 회사 '커뮤니티팀'이 고민을 해결해줬다. 우씨 요청에 케이크 주문 제작업체를 찾아 이 공룡이 그려진 케이크를 만들어 가져다준 것이다. 커뮤니티팀 리더 이은옥(35)씨는 "업무에 더 집중하게 하려고 커뮤니티팀이 생겼다"며 "상견례부터 프러포즈 등 결혼식 준비 전 과정을 도왔던 적도 있다"고 했다.

**+ 즉각적인 만족감을 주는 복지**

이직 문화가 활발해지면서 장기근속했을 때 누릴 수 있는 복지보다 즉각적인 만족감을 제공하는 복지가 인기다. 유연근무제, 점심시간 연장, 무제한 연차 등이 대표적이다. 전자금융회사 비바리퍼블리카는 매주 금요일을 오후 2시에 조기퇴근하는 '얼리 프라이데이'로 지정했다. 제일기획은 점심시간을 2시간으로 늘렸다. 뷰티 플랫폼 '화해'가 제공하는 무한식대와 연차도 구직자들 사이에서 파격적인 복지로 주목받았다.

출처 : 중앙일보(2022.8.21), 반려동물 장례휴가, 비혼직원에 축하금… '복지 끝판왕'이 회사.
조선일보(2022.3.12), 일에 집중하세요. 집안 행사는 회사가 챙겨드릴게.
파이낸셜뉴스(2022.6.4), "금요일엔 오전만 일해요"… 사내 복지 변화 선도하는 MZ세대.

### 4) 기타 방안

기타 내부마케팅의 방안은 다음과 같다. 첫째, 직원이 기획 및 의사결정에 참여하게 함으로써 주인의식을 갖게 할 수 있다. 예를 들면, 레스토랑의 새로운 메뉴를 결정할 때 고객접점에 있는 직원들의 의견을 청취할 수 있다. 둘째, 고객을 위한 새로운 서비스 전략과 사고방식이 요구될 때 관리자는 사내 메신저, 사내보, 업계 관련 소책자, 내부 메모, 잡지 등 다양한 매스 커뮤니케이션을 활용해 직원들과 정보를 공유할 수 있다. 셋째, 개방적이고 지원적인 내부 분위기의 조성도 중요하다. 관리자는 직원이 새로운 아이디어를 실행할 수 있도록 적극적으로 권장하고 어떻게 업무에 응용할 수 있는지를 조언해 주어야 한다. 넷째, 직원은 감정노동자로서 조직의 목표나 고객과의 갈등, 역할 갈등, 고객 간 갈등 등 다양한 상황에서 갈등과 스트레스를 겪게 된다. 기업은 이러한 직원이 겪는 다양한 유형의 원인과 대책을 수립해야 한다.

# 제 3 절 | 감정노동

## 1. 감정노동의 개요

### 1) 감정노동의 개념

최근 우리 사회에 감정노동이 이슈화되면서 감정노동에 대한 관심이 높아지고 있다. 감정노동(Emotional Labor)이란 개념은 Hochschild(1983)가 자신의 저서 『관리된 마음: The Managed Heart』에서 처음 제시하였으며, 사람들이 개인의 기분을 다스려 표정이나 신체 표현을 통해 외부에 드러내 보이는 것을 의미하는 말로 사용되었다. 감정노동은 직업상 고객을 대할 때 자신의 감정이 좋거나 슬프거나 화나는 상황에서도 자신의 감정과는 다르게 회사가 요구하는 감정과 표현을 고객에게 보여주는 방식을 취하므로 고객응대 업무를 수행하는 직원 측면에서 보면 그 강도의 크기가 작지 않다.

### 2) 감정노동의 구성요소

감정노동을 구성하는 요소로는 감정노동의 빈도, 다양성, 주의성, 부조화가 있다(Morris & Feldman, 1996). 첫째, 빈도란 서비스 제공자와 고객과의 상호작용 횟수를 말하며, 이들 간의 상호작용 빈도가 많아질수록 감정표현의 빈도가 증가한다. 둘째, 다양성은 서비스 제공자가 상황에 맞추어 감정을 자주 바꾸는 행위를 말한다. 이로 인해 서비스 제공자는 더 적극적인 계획과 자신의 행동에 대해 의식적인 관찰을 더 많이 하게 되어 감정노동을 더 많이 수행하게 된다. 셋째, 주의성은 감정표현의 기간과 강도를 말하며, 감정표현에 대한 주의성이 클수록 서비스 제공자에게는 더 많은 정신적인 에너지와 신체적인 노력 및 감정표현에 있어 더 많은 노동이 요구된다. 넷째, 부조화란 근로자가 실제 느끼는 감정과 회사에서 요구하는 감정이 충돌할 때 발생한다. 서비스 제공자는 자신의 감정과 표현규범에 따른 감정 사이의 갈등이 클수록 더 많은 통제기술과 주의 깊은 태도를 보여야 하므로 더 많은 감정노동을 수행하게 된다.

### 3) 감정노동의 형태

감정노동의 형태는 표면 행위, 내면 행위 및 진심 행위의 세 가지 형태가 있다.

첫째, '표면 행위(surface acting)'는 서비스 제공자가 자신이 느끼는 실제 감정이 아닌 자기감정을 밖으로 표현하지 않고 절제한 감정을 행동, 표정, 제스처, 목소리 등과 같은 언어적 또는 비언어적 표현으로 꾸며내어 거짓으로 표현하는 행위이다. 표면 행위는 서비스 제공자의 감정 상태와 조직이 요구하는 감정표현의 매뉴얼과의 불일치 상태에서 종종 나타난다. 예를 들면, 호텔 직원은 고객이 업장에 도착했을 때 본인이 현재 느끼고 있는 기분이나 느낌과는 달리 고객을 만족시키기 위해 일부러 미소를 짓고, 밝은 목소리로 고객을 맞이하는 등 기분이 좋은 것처럼 행동하는 것이다.

둘째, '내면 행위(deep acting)'는 서비스 제공자 스스로 바람직한 행동을 위해 의식적으로 즐거운 마음을 가지거나 실제로 자신이 경험한 좋은 감정들과 일치시켜 그 감정이 표현되게 노력하는 행위이다. 예를 들면, 악성 민원인을 개인적인 손님으로 생각하면서 화를 참는 것이다. 내면 행위를 수행하는 사람은 감정적 조화를 이루면서 업무수행에서 심리적 안정감, 자아 효능감, 직무 만족감을 높일 수 있다.

셋째, '진심 행위(genuine acting)'는 서비스 제공자가 의도적으로 감정을 표현하는 것과 다르게 자발적으로 감정이 생겨나서 순수하게 감정을 표현하는 행위를 말한다. 예를 들면, 다친 아이를 치료해주는 간호사가 아픔을 공감해주면서 치료하는 행위는 자발적 진심의 표현에 해당하는 행위이므로 이러한 행위가 진심 행위에 속한다고 할 수 있다. 직원의 업무수행에 있어 자신이 경험하는 자발적 진심의 표현은 회사에서 요구하는 규범에 가장 부응하는 행위로 감정노동의 강도에 있어 직원의 더 큰 노력이 요구되는 내면 행위에 비하여 상대적으로 그 강도가 낮다(Ashforth & Humprey, 1993).

잠깐 쉬어가기

### "일보다 고객이 힘들어요"… 심신(心身) 멍드는 감정노동자

**자신의 감정과는 무관하게 일해야 하는 감정노동자, 스트레스 쌓여 '병(病)' 생긴다**

직업에는 귀천이 없지만 '감정노동자'의 일상에는 애환이 가득하다. 감정노동이란 자신이 느끼는 감정과는 무관하게 일해야 하는 감정적 노동을 나타낸다. 지나친 업무로 온몸이 쑤시는 택배기사, 수화기 너머로 무례한 말을 들어야 하는 전화상담원, 종일 고객을 상대하는 마트계산원이 대표적이다.

**+ 감정노동에 초과근무까지… 택배기사 '골병(骨病)'든다**

택배연대노조가 2016년 택배기사 307명을 대상으로 조사한 결과 58%가 본인의 잘못과 무관하게 고객에게서 욕설을 듣는다고 답했다. 고객과 직접 대면하는 서비스인 만큼 택배기사도 감정노동 문제에서 벗어날 수 없다.

무엇보다 대다수 택배기사가 겪는 지나친 업무가 문제다. 택배기사의 주당 노동시간은 약 77시간으로 주당 법정 근로시간 68시간을 초과하고 하루 평균 300개의 물량을 취급한다. 여기서 발생하는 스트레스와 지나친 업무로 택배기사의 몸은 성할 날이 없다. 택배연대노조에 따르면 택배기사가 겪는 질환으로 상체근육통 85.8%, 하체근육통 63.8%, 요통 50.0%, 위장병 26.0%이 나타났다.

무거운 물건을 나를 때 부상을 피하고 싶다면 자세를 점검해야 한다. 무릎을 편 상태에서 허리만 구부려 물건을 들면 급성 허리디스크(요추추간판탈출증)가 생길 수 있어 주의해야 한다. 무거운 물건을 들 때 순간적으로 척추에 강한 힘이 실리면 수액이 흘러나와 신경을 압박하기 때문이다.

따라서 무거운 물건을 들 때는 반쯤 앉은 상태에서 몸쪽으로 끌어당겨 드는 것이 좋다. 박종훈 병원장은 "척추에 무리가 가지 않는 자세로 물건을 옮기는 것이 중요하다"며 "급성 허리디스크로 일상에 지장이 있다면 동작침법 · 추나요법 같은 비수술적 방법으로도 증상을 개선할 수 있다"고 말했다.

**+ 수화기 너머 진상고객… 전화상담원 '화병(火病)' 주의보**

전화상담원은 하루에도 수십 통이 넘는 전화를 받는다. 그중 악성 민원전화로 고통받지만 직업특성상 자신의 감정을 드러내지 못해 문제다. 자연스레 스트레스가 쌓이고 이를 장시간 풀지 못하면서 가슴 한구석이 답답해지기 쉽다.

가슴이 답답한 것은 대표적인 '화병'의 증상이다. 화병은 전통적으로 우리나라에서 쓰이는 정신건강 병명으로 '울화병(鬱火病)'의 준말이다. 즉 '화(火)'의 기운을 가진 분노가 쌓여서 생긴 병인 것이다.

화병은 정신적 스트레스를 제대로 표현하지 못했을 때 발생하는데 불안, 우울, 불면, 두통, 구강건조, 피로, 흉통 등이 증상으로 나타난다. 화병의 진단은 일상이나 스트레스 원인을 조사해 이것이 심리에 미친 영향을 평가한다. 또 현재 나타나는 신체적 증상을 파악해 이뤄진다.

조사에 따르면 화병은 주로 여성에게서 나타나는 것으로 밝혀졌다. 국민건강보험공단에 따르면 화병환자 99만 3417명 중 여성환자가 65만여 명으로 남성보다 2배 많은 것으로 나타났다. 전화상담원의 대부분이 여성인 점을 고려하면 상담원이 화병에 걸릴 확률이 높은 것으로 분석된다.

안산자생한방병원 박종훈 병원장은 "화병을 예방하고 증상을 완화하려면 무엇보다 스트레스를 관리하는 것이 중요하다"며 "일반적으로 스트레스는 시간이 지나면 자연스럽게 없어질 것으로 생각하지만 내버려두면 화병이 악화될 가능성이 높다"고 설명했다. 이어 "따라서 평소에 가벼운 운동, 명상, 여가활동으로 스트레스를 관리해야 한다"고 강조했다.

**+ 온종일 서서 일하는 마트계산원, '발병'난다**

대부분의 시간을 서서 일하는 마트계산원의 발은 업무시간 내내 퉁퉁 부어 있다. 이때 발생할 수 있는 질환으로 족저근막염이 있다. 민주노총 2016년 전국 대형마트 근로자 1238명 대상 설문조사에 따르면 응답자 34.4%가 족저근막염을 호소하는 것으로 나타났다.

족저근막은 발의 아치모양을 유지하고 발바닥이 받는 충격을 흡수해준다. 족저근막에 반복적으로 손상이 생겨 염증이 나타난 것을 족저근막염이라 부른다. 발뒤꿈치 안쪽과 발 안쪽 통증이 주요증상이며 아침에 몇 걸음을 걸을 때 심하게 아픈 것이 특징이다. 장시간 걷거나 서 있어도 통증이 배가되며 남자보다 여자에게서 2배 많이 발생한다.

족저근막염은 스트레칭, 족욕, 마사지 등 보존적 치료로 증상을 완화할 수 있다. 특히 마트계산원은 휴식시간을 이용해 틈틈이 스트레칭하면 족저근막염을 예방할 수 있다. 벽에서 떨어져 한쪽 발을 반대쪽 다리서 50cm 정도 뒤로 옮긴다. 그리고 손바닥으로 벽을 짚고 바닥에 발을 붙인 채 천천히 앞으로 기울이며 뒤쪽 무릎이 구부러지지 않도록 한다. 자세를 10초 유지했다 풀어주면 된다.

박종훈 병원장은 "감정노동자는 업무를 수행하면서 자신의 감정을 못 드러내는 경우가 많다"며 "이것이 장기간 이어지면 근골격계질환을 유발할 수 있다"고 설명했다. 이어 "스트레스를 관리하는 것도 중요하지만 직장에서 업무지침을 마련하고 휴식시간을 보장해주는 등의 조치가 필요하다"고 말했다.

출처 : 경향신문(2018.4.24), "일보다 고객이 힘들어요"… 심신(心身) 멍드는 감정노동자.

### 4) 갈등의 원천

서비스접점 직원이 직면하게 되는 갈등의 원천에는 개인/역할 갈등, 조직/고객 갈등, 고객 간 갈등이 있다.

#### (1) 개인/역할 갈등(person/role conflict)

직원은 자신이 하도록 명령받는 것과 자신의 개성, 지향성 혹은 가치관 사이에서 갈등을 느낀다. 예를 들면, "고객은 항상 옳다."라는 기업방침에 따라 자신의 느낌이나 신념을 억제해야 할 경우 갈등이 발생한다. 또한 역할이 요구하는 것과 직원의 자아이미지 혹은 자존심 간 갈등이 존재할 수도 있다. 예를 들면, 이스라엘의 버스운전자는 고객으로부터 직접 운임을 받기 위해 거지처럼 손을 내밀어야 하는 경우 굴욕감을 느낄 수 있다. 이와 더불어 직무에 맞도록 복장을 갖추도록 요구받거나 자신의 외모 중 어떤 부분을 바꿀 것을 요구받는 경우에도 갈등이 발생할 수 있다. 예를 들면, 대학을 갓 졸업한 젊은 직원은 근무 특성상 캐주얼 복장이 가능한데도 사장이 정장복장으로 근무하라고 할 때 새로운 직무에 대해 갈등을 느낄 수 있다.

#### (2) 조직/고객 갈등(organization/client conflict)

직원이 겪는 일반적인 갈등은 조직과 고객이라는 두 상사 사이에서 겪는 갈등이다. 직원은 일반적으로 고객중심적인 내용으로 구성된 기업의 기준, 규칙 및 절차를 따르도록 되어 있다. 규칙과 기준이 고객 중심적이지 않은 경우나 어떤 고객이 과도한 요구를 하는 경우 직원은 규칙을 따를지 고객의 요구를 충족시킬지를 선택해야만 한다. 예를 들면, 짧은 세금준비기간 동안 회계기업 관리자는 직원이 신속하게 고객의 세금환급을 준비하길 원하지만 직원의 다른 상사인 고객은 개인적인 관심과 세금환급과 관련해서 자신에게 보다 많은 시간을 할애해줄 것을 기대할 수 있다. 직원의 갈등은 자신의 조직이 정책적인 면에서 옳지 않다고 믿거나 고객의 요구를 수용하고 직무를 잃어버릴 위험을 감수해야 할 때 또는 그 정책을 따라야 할지를 결정해야 할 때 가장 커진다. 이러한 갈등은 레스토랑 직원처럼 고객의 팁이나 수수료에 의존하는 경우 특히 심각하다.

### (3) 고객 간 갈등(interclient conflict)

직원은 종종 두 사람 이상의 고객들로부터 양립할 수 없는 기대나 요구를 받았을 때 갈등을 느낄 수 있다. 이는 은행의 창구직원이나 의사처럼 차례로 고객에게 서비스하는 경우와 교사나 연예인처럼 많은 고객이 동시에 서비스를 받는 경우에 흔히 발생한다. 첫째, 차례로 고객에게 서비스하는 경우로 직원은 추가적인 시간을 투입하고 서비스를 고객화하여 유연하게 고객을 만족시킬 수 있지만 기다리는 고객은 자신의 욕구가 적시에 충족되지 않아 불만족하게 된다. 또한 고객선호에 따라 갈등이 생길 수 있다. 바쁘거나 개인 간 상호작용을 덜 선호하는 다른 고객이 있을 때 개인적인 안면이 있거나 친밀감 갖기를 좋아하는 고객에게 서비스하는 것 역시 직원에게 갈등의 원천이 된다. 둘째, 동시에 많은 고객에게 서비스하는 경우로 대학의 강의실이나 유흥시설이나 여러 유형의 그룹훈련처럼 상이한 고객들로 구성된 집단의 욕구 전체를 충족시키는 것은 매우 어렵거나 불가능하다.

## 2. 감정노동 직업군

우리 사회에서 감정노동은 승무원, 콜센터 상담사, 호텔 및 음식점 종사자, 백화점 및 마트 등에서 근무하는 판매 업무 종사자, 간호사, 보육교사 등 다양한 직업에서 나타난다〈표 4-3〉. 요양보호사나 보육교사 등 돌봄 서비스를 수행하는 업무, 공공서비스나 민원 처리하는 업무까지 광범위하고 다양한 직업군에서 감정노동을 수행하고 있다.

〈표 4-3〉 감정노동 직업군 분류

| 구분 | 직업, 업무 |
|---|---|
| 직접 대면 | 백화점, 마트, 호텔, 음식점 종사자, 승무원, 골프장 캐디, 운전기사 및 금융기관 종사자 등 |
| 간접 대면 | 콜센터 상담사, 텔레마케터 등 |
| 돌봄 서비스 | 요양보호사, 간호사, 유치원교사, 보육교사 등 |
| 공공서비스 민원처리 | 구청(민원실), 주민센터 직원(공무원), 보험공단 직원, 사회복지사, 경찰, 소방관 등 |

출처 : 공선영(2020). 감정노동, 개념부터 해결방안까지. 비정규 노동(월간), 141 : 49.

고용노동부와 안전보건공단에 따르면 2019년 기준으로 고객응대 업무 종사자는 약 7백3만 4천 명으로 전체 임금 노동자의 35.1%로 추정된다. 또한 국내 감정노동자 규모를 정확하게 파악하긴 힘들지만 고용노동부 통계자료에 따르면 전체 노동자 1천9백만 명 중에서 감정노동자는 800만 명에 달하여, 노동자 3명 중 1명이 감정노동을 하는 것으로 추산되고 있다.

## 3. 감정노동 관리

### 1) 감정노동의 영향

감정노동이 초래하는 영향은 노동자와 기업 측면에서 살펴볼 수 있다. 노동자 개인 측면에서는 우울증, 자기 비하감 등의 정신적 문제, 뇌심혈관질환 발생, 긴장감과 피로감 등의 신체적 문제, 불면증 증세 및 흡연과 음주에 의존하는 건강하지 못한 생활습관 등이 나타날 수 있다. 조직 측면에서는 스트레스로 인한 업무 몰입도의 감소와 결근율의 증가에 따른 업무 효율성의 저하 및 직업만족도가 떨어지면서 이직률의 증가, 업무와 고객에 대한 관심 저하 및 고객에 대한 무례한 행동 등을 초래할 수 있다.

### 2) 기업 차원의 감정노동 관리

#### (1) 감정노동에 대한 기업의 정책과 합리적인 직장문화 조성

기업은 감정노동이 업무의 일부이며 중요한 스트레스 요인임을 인정하고 감정노동 관리에 대한 정책을 마련해야 한다. 이와 더불어 고객과의 갈등이나 분쟁 발생 시 불이익을 주지 않는 민주적이고 합리적인 직장문화를 조성하는 것도 중요하다. 또한 경영자를 정기적으로 일선에 내보내서 고객을 상대함으로써 직원으로 하여금 회사가 감정노동을 제대로 이해하고 있다는 사실을 인지시켜줄 필요가 있다.

기업의 감정노동 보호 우수 사례로 한국산업안전보건공단(2018)은 2018년 ㈜아인텔서비스 등 6개 사업장을 선정하였다. ㈜아인텔서비스는 '직원의 주체적인 삶의 행복'을 슬로건으로 삼고 콜센터 상담원의 스트레스 해소와 즐거운 직장문화 조성을 위해 노력했다. 예를 들면, 자체 심리 상담실을 통한 면담-심층면담-연계치료 과정 제공, 블랙 컨슈머 응대 프로세스를 통한 전화를 끊을 권리 부여, 통화 연결음을 상담사의 가족·친구가 녹음한 음성으로 변경, 온·오프라인 소통채널 구축을 통한 고충 개선과정을 사내 게시판에 공지, 사내카페 설치, 안마의자 설치된 휴게실, 스트레스 해소존 등의 노력을 하였다. ㈜에이블현대호텔앤리조트 역시 'Healing tree project 2020'을 슬로건으로 직원 건강보호를 위해 감정노동 파악을 위한 검사 및 개별상담, 상담 핫라인, 분노조절 카드게임, 걷기 마일리지, 찾아가는 스트레스교육, 보건소와의 협업을 통한 대사증후군 관리 등 체계적인 건강증진활동을 수행하였다.

출처 : www.gacaltexmediahub.com; www.skenergy.tistory.com

### (2) 감정노동을 견뎌낼 수 있는 능력을 가진 직원 선발

많은 기업들은 감정노동 요건에 잘 부합하는 직원을 선발하고자 한다. 정신장애 및 신체장애인들에게 다양한 서비스를 제공하는 Dungarvin사는 홈페이지에 직무 미리 보기(일자리 예고편, job preview)를 제공해서 특별히 요구되는 감정노동이 어떠한지를 알려주고 지원자들이 직무와 관련되어 예비 인터뷰를 할 수 있도록 하고 있다. 중소기업의 임금서비스를 대행하는 Paychex사는 감정노동에 적합한 직원을 뽑기 위해 실제적인 직무를 시연하며 이를 통해 직원의 필요한 역량을 점검한다.

### (3) 직원에게 고객접촉에서 생기는 스트레스를 줄이는 방법 교육

회사는 적정 서비스 수준과 악성 민원 고객응대 등을 명시한 고객응대 업무 매뉴얼을 개발하고, 직원들에게 감정관리 기술과 적절한 행동의 교육을 실시할 수 있다. American Express Travel Service는 직원들에게 화나고 이성을 잃은 사람을 다루는 요령을 훈련시키고 있으며, GM은 고객서비스 담당 직원을 교육할 때 전화 응대 시 화 참는 법을 가르치고 있다.

### (4) 직원의 행동과 감정에 영향을 미치는 업무환경을 전략적으로 설계

비행기 내에서 긴급한 의료 상황이 발생할 때 항공사에 전화 상담서비스를 해주는 MedAire는 많은 스트레스를 받는 직원들을 위해 사무실을 개조하여 모든 직원들이 창문을 통해 잔디, 자동차 등을 볼 수 있도록 개방형으로 설계하였다. 대전에서 도시가스를 공급하는 씨엔씨티에너지(주)는 직원들을 위해 칸막이가 없고 자신의 업무 자리가 정해지지 않은 오픈 사무실을 만들어 직원의 만족도를 높인 바 있다. 이에 더해 ZetBlue는 콜센터의 예약 담당 직원으로 하여금 사무실이 아닌 집에서 재택근무를 할 수 있도록 하였다.

### (5) 직원 스트레스의 해소 지원 시스템 마련

지원 시스템의 한 예로 직원들의 친목 도모를 위한 동호회 활동 지원을 들 수 있다. 직원들은 동호회 활동을 하면서 서로를 위로함과 동시에 자신들이 겪은 감정노동에 대한 경험과 대처하는 방법을 나누게 된다. Ritz-Carlton호텔과 Walmart는 별도의 시간을 내어 이러한 동호회 활동을 하도록 함으로써 회사가 직원을 깊이 배려하고 있음을 느끼게 하고 있다. 이외에도 금연, 절주, 영양, 운동, 스트레스 관리 등의 다양한 건강증진 프로그램 운영, 직원 고충을 전달할 수 있는 심리상담 센터와 같은 직장 내 의사소통 채널 마련, 전문적인 심리상담사 채용, 감정노동 수당이나 감정노동 휴가가 있을 수 있다.

### (6) 직원들에게 휴식 기회 제공

직원들이 감정노동을 수행한 후 충분한 휴식을 취할 수 있는 휴식 공간 및 휴식 시간을 제공하는 것이다. 콜센터를 운영하는 기업들은 고객응대 직원을 하루 정도 다른 직무에서 일하도록 하여 직원들이 활력을 되찾고 기운을 회복하게 하여 감정노동에 더 잘 대처할 수 있도록 배려하고 있다. 호주의 한 콜센터에서는 직원 업무 장소 근처에 당구대를 두고, 직원들이 책상에서 일하는 동안 영화를 틀어 고객과 상호작용하는 데 따른 스트레스를 줄여주고 있다.

#### (7) 일선 직원이 담당하기 어려운 일부 고객을 관리자가 나서서 처리

닭 날개를 전문으로 하는 레스토랑체인인 Wing Zone은 주문 대부분이 전화로 이루어지는 상황에서 경험이 적은 직원들이 짜증 내는 고객을 직접 상대하기보다는 관리자에게 인계하도록 하고 있다. 만일 관리자도 상황을 제대로 관리하기 어려우면 본사의 책임자가 직접 처리할 수 있도록 고객에게 해당 전화번호를 안내하고 있다.

### 3) 개인 차원의 감정노동 관리

대한산업안전협회(2019)가 제시한 감정노동을 하는 직원 개인 차원의 관리 방안은 다음과 같다.

- 자신의 스트레스 줄이는 방법을 습득한다. 감정노동으로 인한 스트레스 증상 완화법에는 근육 이완법, 복식 호흡법, 긍정적으로 생각하기, 자신의 감정 털어놓기, 자기주장 훈련 등이 있다.
- 힘들 때 의지하고 어려움을 나눌 수 있는 상사나 동료를 만든다.
- 다양한 사람들과 효율적으로 소통하는 방법을 익힌다.
- 동호회, 봉사활동 등 다양한 활동을 통해 심리적으로 재충전할 수 있는 기회를 갖는다.
- 규칙적 운동, 건강한 식생활, 충분한 수면 등 긍정적이고 올바른 생활습관을 갖는다.

## [ 주요 용어 ]

- 감정노동(emotional labor): 고객과의 직접적 상호작용과 관련된 직무에서 조직이 요구하는 감정을 만들어내기 위해 자신의 어조, 표정, 몸짓 등을 조절하려는 노력
- 개인/역할 갈등(person/role conflict): 개인의 자아 지각과 조직에서 수행해야 하는 특정 역할 간의 잘못된 적합
- 고객 간 갈등(inter-client conflict): 두 사람 이상의 고객들로부터 양립할 수 없는 기대나 요구로 인해 발생하는 고객 간의 불일치
- 권한위임(empowerment): 조직이 구성원들에게 더 많은 권한과 의사결정권을 부여하고 관리 및 감독을 줄이는 것
- 내면행위(deep acting): 서비스 제공자 스스로 바람직한 행동을 위해 의식적으로 즐거운 마음을 가지거나 실제로 자신이 경험한 좋은 감정들과 일치시켜 그 감정이 표현되게 노력하는 행위
- 내부마케팅(internal marketing): 고객을 직접 상대하는 직원의 만족을 위해 이들을 대상으로 하는 마케팅
- 조직/고객 갈등(organization/client conflict): 조직과 고객이라는 두 상사 사이에서 겪는 직원의 갈등
- 진심행위(genuine acting): 서비스 제공자가 의도적으로 감정을 표현하는 것과 다르게 자발적으로 감정이 생겨나서 순수하게 감정을 표현하는 행위
- 표면행위(surface acting): 서비스 제공자가 자신이 느끼는 실제 감정이 아닌 자기감정을 밖으로 표현하지 않고 절제한 감정을 행동, 표정, 제스처, 목소리 등과 같은 언어적 또는 비언어적 표현으로 꾸며내어 거짓으로 표현하는 행위

## 토론 주제

- 자신이 존경하는 리더십 유형을 선정해서 이러한 유형의 성공비결을 설명하시오.
- 우수한 서비스문화를 가진 기업이 갖는 서비스문화의 특징을 토의하시오.
- 최근 MZ세대를 대상으로 하는 다양한 기업의 내부마케팅 예를 찾아 토의하시오.
- 특정 서비스 기업을 선정하여 이 기업이 수행하는 내부직원 동기부여방안을 설명하시오.
- 일하기 좋은 기업의 예를 들어 우수한 감정노동 관리 방안을 토의하시오.
- 자신이 감정노동자로서 일하면서 경험한 스트레스를 스스로 해소하는 방안을 설명하시오.

MEMO

# CHAPTER 05

Chapter

# 05 서비스마케팅

## 학습목표

이번 장에서는 다음 내용의 이해를 목표로 한다.

① 서비스 삼각형의 의미와 구성요소
② 전통적 마케팅과 서비스마케팅의 차이
③ 전통적 마케팅믹스와 확장된 마케팅믹스
④ 관계마케팅의 이슈

## 도입사례

### "큰손 고객 발목 잡아라" … 백화점 넘어 편의점·마트도 'VIP 마케팅'

'내가 그의 이름을 불러주었을 때, 그는 나에게로 와서 꽃이 되었다.'

김춘수 시인 '꽃'의 한 구절이다. 시는 인정받고 싶은 인간의 갈망을 보여준다. 누군가에게 가치 있는 존재로 인정받고자 하는 건 인간의 본능이다. 이 같은 본능을 관통한 게 유통업계의 VIP 마케팅이다. 소비자는 돈을 쓰는 행위를 통해 '자기효능감'을 느낀다. 소비자의 자기효능감을 북돋아 소비를 더욱 장려하는 방법이 '당신은 우리에게 매우 중요한 사람(Very Important Person · VIP)입니다'라고 인정해주는 것이다.

VIP 마케팅에 가장 적극적인 업태는 백화점이다. 롯데, 신세계, 현대, 갤러리아 등 주요 백화점들은 모두 VIP 멤버십을 운영하고 있다. 한국 백화점들은 세계적으로도 VIP 마케팅을 본격적으로 하는 것으로 유명하다. 약 10년 전 한국 백화점을 방문했던 이세탄, 미쓰코시, 다카시마야, 다이마루마쓰자카야, 한큐·한신 등 일본 백화점 업계 주요 대표들은 한국 백화점의 현주소와 노하우를 살피러 방한했는데, 한국이 VIP 고객을 특별히 대우하는 점에 주목했다.

**백화점 3사 업체별 VIP 매출 비중 비교**

*2021년은 1분기 기준 ■2017년 ■2021년

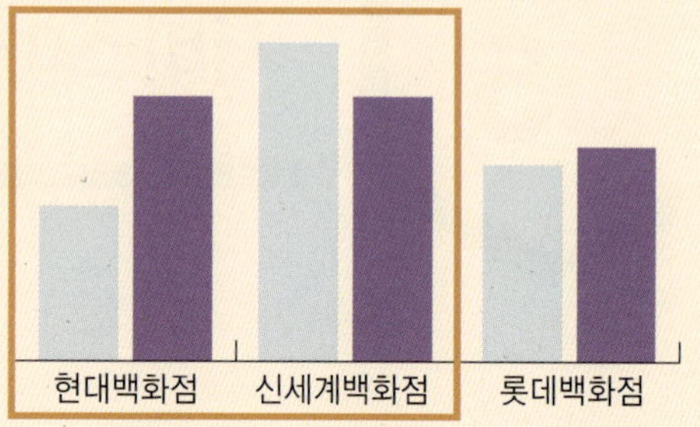


출처 : 메리츠증권 리서치센터

한국 백화점은 일찍이 대중 타깃이 아닌 VIP 고객층을 공략하며 VIP 라운지, 멤버십 혜택 등을 강화했다. VIP 고객은 충성고객으로서 고정적으로 방문해 구매하기 때문에 소비심리 위축 시기에도 매출의 하방을 지지한다. VIP 유지를 위해 연간 구매조건을 지키기 위해 꾸준히, 많이 구매하기 때문이다. 반면 일반 고객은 이 시기엔 소비를 줄인다.

경기 침체가 장기화하고 있는 일본에서는 이 같은 현상이 선명하게 나타난다. 일본 J. 프론트 리테일링의 백화점 회원 분석에 따르면 연간 10만 엔(104만 원) 이하 구매 고객 객단가는 매년 감소하고 있으나, 연간 100만 엔(1040만 원) 이상 구매 고객 단가는 매년 높아지고 있다. 한국도 백화점 매출의 많은 부분이 VIP 고객에서 나온다. 메리츠증권 리서치센터 등에 따르면 지난해 기준 전체 매출 중 VIP 매출 비중은 신세계와 현대백화점이 32% 내외에 달하고, 롯데백화점이 27% 수준이다.

고객이 VIP 유지를 위해 더 구매하는 효과가 있는 만큼 백화점 업계는 VIP 절대적 고객 수를 늘리는 추세다. 신세계백화점은 업계 중 가장 먼저 20~30대 VIP 모객에 공을 들였다. 2017년 연간 구매금액 400만 원 이상의 고객 대상으로 '레드' 등급을 만들었다. 레드는 다른 등급보다 진입장벽이 낮지만, 전용 주차 서비스나 생일 특별 할인 등 상위 VIP와 같은 다양한 혜택을 받을 수 있다. 전용 휴게 공간도 이용할 수 있다. 신세계백화점처럼 롯데백화점도 VIP 선정에 대한 최소 기준을 연간 구매금액 400만 원 이상으로 낮췄다.

롯데백화점과 현대백화점은 지난해 20~30대 전용 VIP 멤버십 프로그램을 론칭해 운영 중이다. 현대백화점의 '클럽 YP'(Young+VIP)는 구매 금액이 3000만 원 이상인 이들에 더해 기부 우수자, 봉사 활동 우수자 등이 가입 대상이다. 서울 여의도 더현대서울과 판교점에서 MZ(밀레니얼+Z)세대 VIP 전용 라운지를 이용할 수 있고 발레파킹, 명품 구매 시 6개월 무이자 서비스 등 맞춤형 혜택도 받을 수 있다. 롯데백화점 잠실점의 와이 커뮤니티(Y Community)는

MZ세대 전용 유료 멤버십 서비스다. 가입비 10만 원을 내면 10만 원 상당의 웰컴 기프트를 받을 수 있고, 무료 음료나 주차 이용권 등 다른 VIP 회원에게 제공하는 서비스를 4개월간 경험할 수 있다.

백화점의 VIP 멤버십 제도가 모객 효과가 큰 만큼 타 유통 업체도 속속들이 VIP 제도를 도입해 운영하는 추세다. 대형마트 홈플러스는 지난해 VIP+ 멤버십을 론칭했다. 2개월간 홈플러스 오프라인 매장과 온라인에서 60만 원 이상 구매한 이들이 대상이다. VIP+ 회원이 되면 할인 쿠폰 지급, 생일 케이크 증정, 문화센터 강좌 우선 접수, 주차장 무료 주차 등의 혜택을 받을 수 있다. 롯데마트도 유사한 VIP 제도를 운영한다.

편의점 업계도 VIP 제도 운영에 적극적이다. CU는 2019년 업계 최초로 멤버십 등급제를 신설하고 멤버십 앱 '포켓CU'에 'CU VIP 혜택관'을 오픈했다. 편의점인 만큼 VIP 문턱이 낮다. 3개월 연속 월 3만 원 이상 구매 시 VIP 등급으로 상향된다. 이에 따라 CU 멤버십 활성 회원 310만 명 중 31%인 100만 명이 VIP다. VIP 고객은 멤버십 적립률이 일반 고객의 2배인 2%로 상향되고, 상품을 반값에 구입할 수 있는 VIP 전용 쿠폰을 받을 수 있다.

CU 관계자는 "VIP 회원의 객단가(고객이 1회 구매에 소비하는 금액)는 일반 회원 대비 1.3배, 비회원 대비 2.5배 높다"며 "VIP 회원이 일주일 평균 점포 방문 횟수는 6.7회로 하루에 한 번꼴로 편의점을 방문하는 셈인데 일반 회원과 비교하면 2.8배나 높은 수치"라고 말했다. 이어 "VIP 회원이 'MY 단골 점포'로 지정한 점포들의 상권을 살펴보면 반경 300미터 안에 타 브랜드 편의점이 위치한 경우가 33.9%에 달했는데, VIP 고객들은 편의점이 밀집해 있는 지역에서 CU를 선택하는 브랜드 충성도가 높다"며 "VIP제도는 고객의 이탈을 방지하는 락인(Lock-in · 자물쇠) 효과를 톡톡히 발휘하므로 앞으로 혜택을 더욱 강화할 것"이라고 강조했다.

GS25를 운영하는 GS리테일도 지난해 멤버십 서비스 '더 팝(THE POP)'을 론칭하며 VIP 제도를 강화했다. VVIP, VIP, 패밀리, 웰컴 등급으로 운영되며 VVIP등급은 직전 3개월 실적 90만 원, VIP등급은 60만 원, 패밀리 등급은 3만 원, 웰컴 등급은 3만 원 미만의 구매 실적으로 나뉜다. 충성고객에겐 멤버십 리워드, 할인쿠폰 등을 제공한다.

출처 : 머니투데이(2022.6.4), "큰손 고객 발목 잡아라"… 백화점 넘어 편의점 · 마트도 'VIP 마케팅'.

## 제 1 절 | 서비스마케팅의 개요

Abrecht & Zemke(1985)는 초우량 서비스 기업이 서비스 전략, 고객지향적인 직원, 고객에게 편리한 시스템의 세 가지 요소를 가진다는 이른바 서비스 삼각형(service triangle)을 제시하였다. 서비스 거래는 고객과 서비스 제공자 간 제품이나 서비스를 주고받겠다는 일종의 약속이다. 약속이 제대로 수행되기 위해서는 기업과 고객, 기업과 직원, 고객과 직원 간의 적절한 상호작용이 이루어져야 한다. 서비스마케팅은 고객, 기업, 직원이 삼위일체가 되어 서로 간에 약속을 하고 지켜나가는 과정이며, 마케팅을 통해 기업의 활동을 극대화하는 데 목적이 있다. 서비스마케팅의 유형에는 외부마케팅, 내부마케팅, 상호작용적 마케팅이 있다[그림 5-1]. 서비스마케팅이 제대로 수행되기 위해서는 세 마케팅 유형이 모두 합심해서 적절하게 자기 역할을 할 수 있어야 한다.

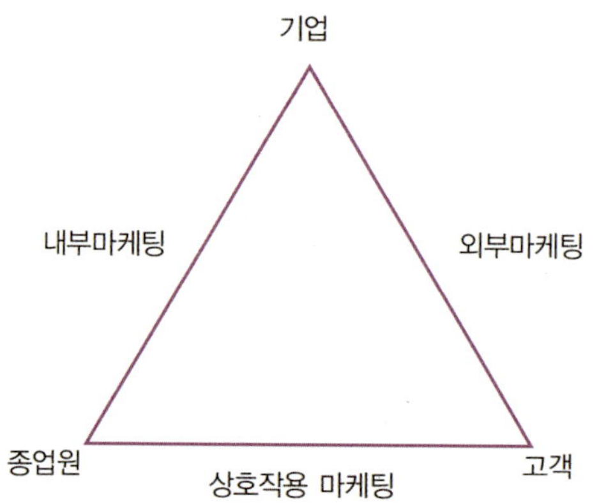


[그림 5-1] 서비스마케팅의 유형

### 1. 외부마케팅

외부마케팅(external marketing)은 기업과 고객 사이의 약속으로 가장 전통적인 형태의 마케팅 활동이다. 기업은 고객과의 의사소통을 통해 고객의 기대를 설정하고 고객에게 서비스 전달을 약속함으로써 고객을 유치하게 된다. 기업이 서비스 제공 전에 고객에게 전달하는 모든 것들은 외부마케팅의 일부로 간주될 수 있다. 기업은 광고, 촉진, 판매, 홍보, 모바일 광고, DM, SNS 마케팅 채널뿐만 아니라 기업의 물리적 설비 등을 통해 고객과의 약속을 수행한다.

## 2. 내부마케팅

내부마케팅(internal marketing)은 기업과 직원 사이의 약속으로 기업이 고객에게 한 약속을 직원이 이행할 수 있게 하는 마케팅 활동이다. 이는 직원에게 주는 정보가 정확하고, 완전하고, 그리고 고객이 듣고 본 것과 일치하도록 관리하는 것이다. 직원의 만족이 고객만족에 많은 영향을 준다는 점에서 기업은 직원을 내부고객으로 인식하고 이들을 위해 복지후생, 업무 지원 등의 노력을 한다. 내부마케팅에 관한 자세한 내용은 "4장 서비스 사람관리" 부분을 참고하기 바란다.

## 3. 상호작용 마케팅

상호작용 마케팅(interactive marketing)은 고객 접점 마케팅 또는 리얼타임 마케팅(realtime marketing)이라고도 하며, 고객과 직원 사이의 약속이다. 이는 기업이 외부고객을 대상으로 한 약속을 실현하는 모든 활동으로 실제로는 직원이 고객과 직접 접촉하면서 이루어지는 일체의 서비스 제공 활동이다. 상호작용의 경로로는 인적판매, 고객서비스센터, 서비스접점, 서비스스케이프 등이 있다.

## 4. 전통적 마케팅 vs 서비스마케팅

전통적 마케팅은 생산과 소비의 분리를 전제로 생산과 소비를 매개하기 위해서 마케팅이 요구되는 것으로 보았다. 하지만 서비스에서는 생산과 소비가 동시에 일어나는 특성으로 고객과 직원 간의 상호작용 및 접점 관리가 강조되고 있다. 또한 전통적 마케팅에서는 마케팅 부서가 전담부서로 되어 있으나 서비스마케팅에서는 전 직원의 마케팅 활동을 강조하고 있다[그림 5-2], 〈표 5-1〉.

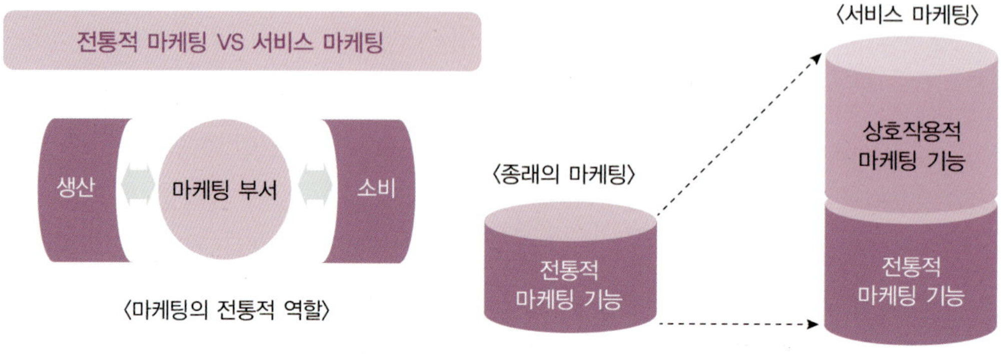


[그림 5-2] **전통적 마케팅과 서비스마케팅**

**〈표 5-1〉 전통적 마케팅과 서비스마케팅의 비교**

| 구분 | 전통적 마케팅 | 서비스마케팅 |
|---|---|---|
| 특성 | 생산과 소비의 분리 | 생산과 소비의 동시성 |
| 마케팅 기능 | 생산과 소비 매개 | 전통적 마케팅 기능 + 상호작용 및 접점관리 |
| 담당 조직 | 마케팅 부서 | 전 직원의 마케팅 활동 |

## 제 2 절 | 서비스마케팅 믹스

'마케팅믹스(marketing mix)'는 1953년 하버드 대학의 Neil Borden이 만든 용어로서 기업의 목적을 달성하기 위해 마케팅 수단이 전체적으로 균형을 이루도록 조정하거나 구성하는 것을 말한다. 전통적으로 기업 마케팅에서는 제품(product), 가격(price), 유통(place), 촉진(promotion)의 이른바 4Ps 마케팅믹스라는 개념이 강조되었다. 그러나 전통적인 마케팅에서는 서비스를 경험하고 전달하는 고객과의 접점을 관리하는 개념이 포함되어 있지 않다. 기존 마케팅믹스는 무형성, 이질성, 생산과 소비의 동시성, 소멸성의 특성을 가진 서비스 조직에 적용하는 데 한계가 있어 새로운 전략이 요구된다.

확장된 마케팅믹스는 이러한 한계점을 보완하기 위해 나타났다. Booms & Bitner(1981)와 Zeithaml, Berry, & Parasuraman(1996)은 기존 4Ps에 참여자(participants), 물리적 증거(physical evidence), 서비스 전달과정(process)의 3Ps를 추가하여 7Ps를 제시하였으며, Morrison(1996)은 기존 4Ps에 사람(people), 파트너십(partnership), 패키징(packaging), 프로그래밍(programming)을 포함한 8ps를 제시하였다. 여기에서는 기존 4Ps에 사람(people, 고객과 직원 등 서비스 참여자), 물리적 증거(physical evidence), 프로세스(process)가 추가된 7Ps 마케팅믹스를 확장된 마케팅믹스로 설명하고자 한다[그림 5-3].

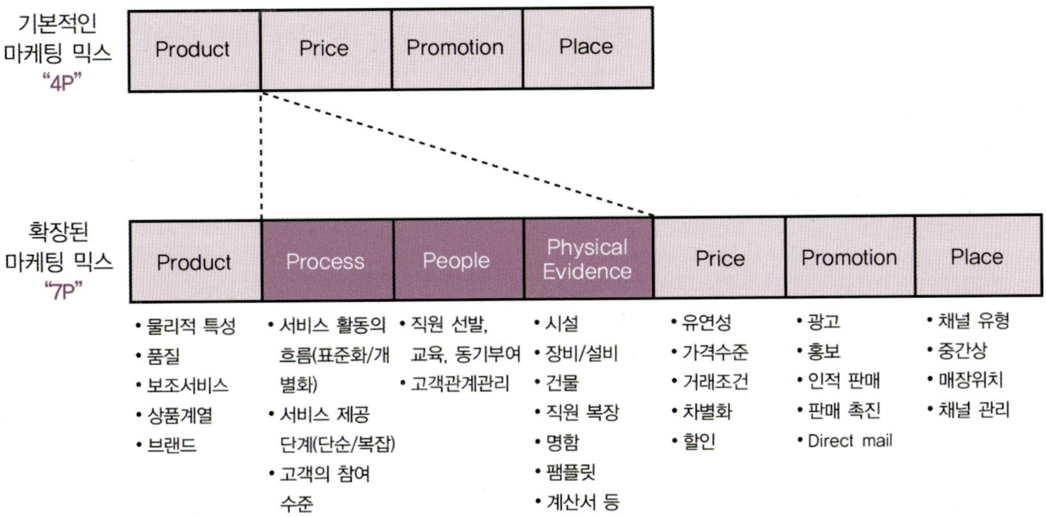


[그림 5-3] 서비스마케팅 믹스(7Ps)

## 1. 전통적 마케팅믹스(4Ps)

### 1) 제품

제품(product)은 고객에 의해 교환되거나 소비되는 실체이다. 서비스 상품은 단지 유형의 제품 자체만을 의미하는 것이 아니라 제품의 구매 및 사용과 관련된 각종 서비스나 무형의 이미지 등이 모두 포함된다. 항공사 좌석, 여행사 상품, 호텔 숙박, 레스토랑 메뉴, 은행의 금융상품 등이 바로 서비스 제품의 예이다. 서비스 상품은 고객의 신뢰가 중요하며, 기업은 이질적인 서비스를 표준화하거나 개별 고객화하는 방식으로 차별화하는 것이 전략적으로 중요하다.

서비스 제품은 핵심서비스와 보조서비스로 이루어진다. 핵심서비스는 고객의 우선적 욕구를 충족시키는 것으로 기업이 고객에게 제공하는 핵심적인 혜택이며, 보조서비스는 핵심서비스가 제공하는 가치를 확장하고 고객의 편의성을 높여주는 것이다. 보조서비스는 다시 핵심서비스의 이용을 촉진하는 서비스인 가치지원 서비스와 경쟁자의 서비스와의 차별화 요소가 되는 기능 지원 역할을 하는 가치증대 서비스로 나눌 수 있다. 예를 들면, 호텔의 경우 핵심서비스는 숙박이 되며, 가치지원 서비스와 가치증대 서비스는 각각 리셉션과 레스토랑이 된다. 항공사의 경우는 안전한 비행과 이착륙이 핵심서비스이며, 가치지원 서비스와 가치증대 서비스는 각각 기내 서비스와 렌터카가 된다.

## 2) 가격

가격(price)이란 서비스를 구매하거나 소비하면서 고객들이 지불하는 돈, 시간, 기타 노력을 의미한다. 가격은 서비스에서는 광고나 중개 업무를 대행하는 경우에는 대행 수수료(fees), 보관 또는 공유 등에는 커미션(commission), 장소나 제품 등의 렌털에는 사용료 등의 용어로도 사용된다. 가격은 제조업보다 서비스업에서 고객에게 더욱 민감하게 영향을 미치는 변수인 동시에 제품의 매력, 만족도, 충성도에 영향을 미치는 핵심 요인이다. 따라서 기업은 서비스 제공 시간대에 따른 적정 가격 설정 문제, 할인 여부와 할인 정도, 할부 기간 등과 같은 가격 정책에 대한 의사결정을 전략적으로 할 필요가 있다. 가격 책정 방식에는 원가 기준, 시장 기준, 경쟁자 기준, 수요 기준 등 다양한 방식이 있다.

## 3) 유통

유통(place)이란 제품이나 서비스를 생산자로부터 최종 소비자에게 이동시키는 과정과 그 과정에서 일어나는 기업의 활동을 의미하며, 유통경로란 전달과정의 경로 혹은 그 과정에 참여하는 기업이나 개인의 집합을 말한다. 제조업에서는 공장 → 도소매

→ 소비자의 유통채널을 거치는 것이 일반적이지만 서비스에서는 생산과 소비가 동시에 발생하여 유통채널보다는 서비스 제공 위치의 선정과 고객의 편의성 제공이 더 중요하다.

서비스 채널의 유형에는 직영, 프랜차이징, 전자채널(electronic channel), 에이전트(agent)와 브로커(broker) 등이 있다. 첫째, 직영 채널은 말 그대로 서비스 제공자가 중간상을 포함하지 않고 고객과의 직접 채널 접촉점을 관리하는 형태로 소규모 세탁소, 미용실, Starbucks 등이 있다. 둘째, 프랜차이징(franchising) 채널은 프랜차이즈 본부(franchisor)가 프랜차이즈 가맹점(franchisee)과 일정한 계약을 맺고 특정 지역에서의 판매권을 주는 형태로 McDonald's, 롯데리아, 빽다방 등이 있다. 본부는 가맹점에게 브랜드, 표준화된 상품과 서비스, 판매기술, 마케팅 노하우 등을 전수해주며, 가맹점은 본부에게 일정한 로열티, 보증금, 가입금 등을 지불한다. 셋째, 전자채널은 서비스 전달이 인간과의 접촉이 아닌 전자 매체를 통해 이루어지는 형태로 스마트폰, TV, 인터넷, 위성, 컴퓨터, PDA(Personal Digital Assistants), PMP(Portable Multimedia Player) 등이 있다. 넷째, 에이전트와 브로커는 거래대상이 되는 서비스에 대해 소유권을 갖지 않고 단지 거래를 촉진시키는 역할을 하는 중간상으로 대리점 또는 대리인으로 불린다. 에이전트에는 연예인이나 스포츠 선수의 매니저 등의 판매 에이전트(selling agent)와 미술품, 골동품, 귀금속 전문가와 같이 고객의 구매를 대신해주는 구매 에이전트(purchasing agent)가 있다. 브로커는 중개인 또는 거간꾼으로도 불리는데 에이전트보다 단기적 관계이며, 거래에 대한 위험 부담은 지지 않는다. 예로는 부동산 중개인이나 보험, 증권 중개인, 결혼정보회사 등이 있다.

### 4) 촉진

촉진(promotion)이란 기업이 소비자로 하여금 자사 제품·서비스에 대해 호의적인 반응을 갖게 하거나 제품·서비스를 구매하도록 하는 커뮤니케이션 활동이다. 일반적으로 촉진 활동에는 광고(advertising), 홍보(publicity), 인적 판매(personal selling), 판매촉진(sales promotion) 등의 네 가지가 있다.

광고는 일정한 대가를 지불하고 매스미디어를 이용하여 상품 또는 이미지를 소비자에게 일방적으로 전달하는 활동을 말한다. 홍보는 회사나 자사 상품이 소비자에게 긍정적인 관심을 유발하도록 하기 위해 뉴스 제공, 기자회견, 특별 이벤트 등을 하는 활동으로 광고와 달리 기업이 비용을 부담하지 않아 소비자의 신뢰성이 높다. 인적 판매는 제품 판매와 고객관계 형성을 위해 영업사원, 판매사원 등이 소비자와 직접 대면접촉을 통해서 하는 촉진 활동이다. 마지막으로 판매촉진은 단기적으로 제품의 구매나 판매를 높이기 위해 행하는 촉진 활동으로 할인권, 경품, 무료 쿠폰, 견본 제공 등이 있다.

## 2. 확장된 마케팅믹스

전통적 4Ps에 추가된 3Ps는 사람(people), 물리적 증거(physical evidence), 프로세스(process)이다.

### 1) 사람

사람(people)은 서비스 경험의 중요한 부분이다. 첨단기술 발전에도 불구하고 많은 서비스는 고객과 직원 간의 상호작용을 필요로 한다. 과거에는 고객을 자사의 상품을 구매하는 사람으로 한정하였으나 현대에 와서는 고객의 범위가 확장되어 조직의 가치를 생산하고 전달하는 과정에 관련된 모든 주체로 넓어졌다. 가치 활동과 연계해서 현대의 고객 범위를 살펴보면 가치생산고객, 가치전달고객, 가치소비고객이 있다. 가치생산고객은 가치를 생산하는 기업의 직원이며, 가치전달고객은 중간상으로 생산된 가치를 최종 소비자에게 전달하며, 가치소비고객은 가치를 소비하는 최종 소비자이다. 따라서 광의의 고객 범위에서는 나를 제외한 모든 사람이 고객의 대상이 될 수 있다.

서비스마케팅 대상 유형을 마케팅 대상에 따라 살펴보면 기업과 고객 사이에서 이루어지는 전통적인 형태의 외부마케팅, 내부고객인 직원을 대상으로 하는 내부마케팅, 고객과 직원 간의 상호작용적 마케팅으로 나누어진다. 기업은 외부고객 유치를 위해 서비스 전달에 대한 약속을 하며, 이를 통해 고객의 서비스 기대를 형성함과 동시에 광고나 판촉 활동 등 차별화된 마케팅 노력을 기울인다. 내부마케팅은 직원만족을 고객만족보다 우선시하는 하는 기업에서 나타나며, 직원을 내부고객으로 보고 이들을 대상으로 동기부여하고 만족도를 높이는 활동이다. 상호작용적 마케팅은 서비스 전달이 이루어지며 고객과 직원이 만나는 접점에서 이루어지며, 최종 품질에 큰 영향을 미친다. 고객은 서비스 전달과정에 과정적 품질뿐만 아니라 결과적 품질 모두를 추구하지만 보다 중요한 것은 과정적 품질이라 할 수 있으며, 여기에는 고객과 만나는 직원의 태도 및 행동, 고객지향적인 시스템 및 자원 등의 구성요소가 있다.

### 2) 물리적 증거

물리적 증거는 서비스 상품이 고객에게 전달되는 인위적 주변 환경과 관련된 것들을 말한다. 물리적 증거는 서비스의 무형적 요소를 유형화하는 서비스 전략의 접근방식이다. 유형 제품을 다루는 일반 마케팅과 달리 무형 제품을 다루는 서비스마케팅에서는 고객에게 무엇인가를 보여주는 물리적 증거는 고객의 구매 의사결정뿐만 아니라 고객만족, 마케팅 성과 등에 매우 큰 영향을 미친다.

물리적 증거 요인의 하위 항목은 서비스스케이프(servicescape)라 불리는 물리적 환경과 기타 유형적 요소로 나눌 수 있으며, 서비스스케이프는 다시 외부 환경 요소와 내부 환경 요소로 나눌 수 있다. 외부 환경 요소에는 건물의 외관, 간판, 주차시설, 안내표지판 등이 있으며, 내부 환경 요소에는 벽 색상, 매장 음악이나 향기, 가구 등이 있다. 기타 유형적 요소에는 직원 유니폼, 광고 팸플릿, 홈페이지 등이 있다. 물리적 증거에 관한 자세한 내용은 "8장 서비스의 물리적 증거관리"를 참고하기 바란다.

### 3) 프로세스

프로세스(process)는 서비스 제공과정이다. 기업 측면에서의 프로세스는 서비스 상품이 전달되는 실제적인 절차, 제도적 장치 및 상품 전달 활동의 흐름을 말하며, 고객 측면에서의 프로세스는 서비스를 경험하는 과정이라 할 수 있다. 고객이 프로세스 과정에서 경험할 수 있는 예로는 대기시간의 관리, 고객의 요구사항이나 제안에 대한 직원의 반응, 변경 및 취소의 편리성, 이용 가능 시간 등이 있다.

서비스 프로세스가 잘 설계되고 실행되면 기업에게는 서비스 운영의 효율성 향상을 가져다주고, 고객에게는 최대한의 편의성 제공 및 만족스러운 서비스 경험을 가져다준다. 반대로 잘못 설계된 서비스 프로세스는 고객에게 서비스 전달이 늦어지고 비효과적일 수 있으며 궁극적으로 고객 불만을 가져오게 된다.

고객서비스 프로세스는 크게 구매 전, 구매 중, 구매 후 프로세스로 나눌 수 있다. 구매 전 프로세스는 대기 관리, 구매 중 프로세스는 서비스 접점관리, 구매 후 프로세스는 사후 고객관리에 초점이 맞춰져 있다. 프로세스에 관한 자세한 내용은 "9장 서비스 프로세스 설계, 10장 서비스 대기관리, 11장 서비스 접점관리"를 참고하기 바란다.

이상 서비스마케팅의 확장된 7Ps 마케팅믹스의 요소와 사례를 정리해보면 〈표 5-2〉와 같다.

**〈표 5-2〉 7Ps 마케팅믹스 요약 및 사례**

| 믹스요소 | 핵심요소 | FedEx 적용 사례 |
|---|---|---|
| 상품 | • 물리적 상품 특성<br>• 품질 수준<br>• 보조 서비스<br>• 패키지 구성<br>• 보증<br>• 상품 계열<br>• 브랜딩 | • IP(International Priority) 서비스: 서류에서 68kg 미만의 소형 화물 대상, 정시 통관, 'door to door' 서비스<br>• 기타 IPF(International Priority Freight) 서비스 등 다양한 서비스 상품 라인<br>• FSM(FedEx Ship Manager) 등 보조 서비스 |
| 가격 | • 유연성<br>• 가격 수준<br>• 조건<br>• 차별화<br>• 할인, 공제 | • 세분시장 집중화에 따른 차별화 전략으로 인해 경쟁사보다 높은 가격 책정 |
| 유통 | • 채널 유형<br>• 노출<br>• 중간상<br>• 매장 위치<br>• 운송<br>• 보관<br>• 채널 관리 | • 'Hub and Spoke' 알고리즘<br>• 수하물이 적재되어 배달될 때까지의 전 과정을 통제할 수 있게 만든 실시간 화물 추적 시스템 |

| 믹스요소 | 핵심요소 | FedEx 적용 사례 |
|---|---|---|
| 촉진 | • 촉진 브랜드<br>• 판매요원(선발, 훈련, 인센티브) | • 웹사이트 광고: 온라인의 편리한 접근성과 서비스 지역의 광범위함 강조<br>• 특별운송물(고성능 위성 장비, 경주용 자동차, 판다나 백호, 코끼리, 코뿔소, 고릴라 등) 수송을 통한 홍보 효과 |
| 사람 | • 광고(매체 유형, 광고 유형)<br>• 고객(교육, 훈련)<br>• 의사소통 문화 및 가치<br>• 직원 연구<br>• 고객관계관리 | • 직원 무해고 정책<br>• 고객관계 관리를 위한 운임환불제도(Money Back Guarantee) |
| 물리적 증거 | • 시설 디자인<br>• 장비<br>• 표식<br>• 직원 복장<br>• 기타 유형물(카드, 보증 등) | • 직원 복장의 통일<br>• 서류 봉투: 페덱스 로고를 통해 브랜드 인지도 형성<br>• 항공기, 차량에 로고 래핑: 브랜드 인지도 형성 |
| 프로세스 | • 활동 흐름<br>• 전달 단계의 수준(단순, 복잡)<br>• 고객참여 수준 | • 차량/항공(표준화), 헬기(개별화)<br>• 실시간 추적 시스템 |

출처 : 안연식(2018), 서비스경영, 창명, p.398.

잠깐 쉬어가기

### Southwest Airline : 사람, 과정, 물리적 증거의 조화

사우스웨스트항공은 미국 여행자들에게 저가이지만 신뢰성이 높은 항공사로 소문이 나 있으며, 과잉서비스를 제공하지 않지만, 편리하며, 재미있고 믿을 수 있는 항공사로 고객들에게 확고하게 포지셔닝되어 있다. 사우스웨스트항공은 항공업계 최고 권위의 상인 트리플 크라운(Triple Crown)을 여러 번 수상하였으며, 이는 최상의 수하물처리, 최고의 정시출도착, 신속한 고객불만처리 등의 성과를 기반으로 하고 있다.

사우스웨스항공의 이러한 성공에는 다음과 같은 몇 가지 이유가 있다. 첫째, 오직 한 가지 유형의 비행기인 보잉 737(Boeing 737s) 계열의 중형 비행기만 운항하는 저비용구조이다. 이러한 구조는 항공기 유지보수 및 운영절차를 표준화할 수 있어 연료효율성도 증가시켰다. 둘째, 기내식을 제공하지 않고, 사전에 좌석도 할당하지 않으며, 직원들의 이직률도 매우 낮다. 사우스웨스트항공 창립부터 고객보다 직원이 우선이라는 철학을 가지고 기업을 운영하고 있다. 셋째, 대부분의 다른 항공사들과 달리 위탁수하물에 대해 요금을 부과하지 않아 고객들에게는 환영받고 경쟁 항공사들과는 차별화된 전략이다.

이외에도 마케팅믹스 측면에서는 확장된 서비스 마케팅믹스인 사람, 과정, 물리적 증거가 항공사의 이미지와 가치를 확고히 하는 데 조화를 이루고 있다.

첫째, 사람(people) 요소이다. 사우스웨스트항공은 미국 전체 항공사 중 가장 생산성이 높은 인력을 보유한 항공사이다. 이러한 배경에는 항공사의 직원과 고객 간의 효율적인 커뮤니케이션 관리, 교육훈련 및 직원 권한위임 등이 자리 잡고 있다. 사우스웨스트항공은 직원과 고객 간의 커뮤니케이션을 매우 효과적으로 관리한다. 직원들은 노조에 가입되어 있지만 업무를 즐길 수 있도록 훈련받고, 비행에서 "재미(fun)"가 무엇을 의미하는지에 대해서 교육을 받는다. 이와 더불어 직원은 비행을 가볍고 즐겁게 만드는 데 필요한 행동을 할 수 있는 권한이 부여된다. 고객 역시 비행 중에 승무원과 서로 자연스럽게 농담을 하기도 하며 고객만족을 표현한 감사편지는 직원들의 사기를 높여주고 있다.

둘째, 과정(process) 요소이다. 사우스웨스트항공은 좌석을 사전에 할당하지 않고 고객이 원하는 별도의 존(zone)만 지정해준 후 선착순으로 탑승하여 자신이 원하는 자리에 착석하는 시스템을 고수하고 있다. 극히 예외적인 경우를 제외하고 항공사는 고객의 수하물을 다른 항공사의 연결항공편으로 배송하지 않으며, 기내식 역시 제공되지 않는다. 이러한 효율적이고 표준화된 서비스 제공과정은 운영상의 비용절감을 가능하게 해서 고객들에게는 저렴한 요금에 신속한 서비스를 제공할 수 있었다. 고객 역시 서비스 제공에서 자신의 역할을 기꺼이 수행하려 해 항공사가 제공하는 서비스에 많은 도움을 준다.

셋째, 물리적 증거(physical evidence) 요소이다. 고객에게 "흥(fun)"을 돋우기 위한 전략인 동시에 승무원들이 편안한 근무를 할 수 있도록 항공사는 승무원들이 자유롭게 옷을 입고 출근하며, 여름에는 반바지를 입게 배려하고 있다. 또한 항공사는 기내식 서비스를 제공하지 않음으로써 저렴한 요금으로 서비스를 제공하는 항공사의 이미지 또한 고객들에게 확인시켜주고 있다. 이외에도 간결하면서 사용하기 쉬운 웹사이트는 또 다른 물리적 증거로 고객들에게 항공사의 강력하면서 일관된 이미지를 제공해주고 있다.

출처 : Zeithaml, V. A., Bitner, M. J., & Gremler, D. D., 배일현 · 김원경 · 윤호정 역(2022), 서비스마케팅, 7판, 교문사, pp.49-50.

## 제 3 절 | 관계마케팅

### 1. 관계마케팅의 개념

경쟁우위를 확보하기 위한 수단으로 관계마케팅(relationship marketing)이 많은 관심을 받고 있다. 마케팅의 초점이 일회성 거래나 교환이 중심인 과거의 마케팅에서 관계로 변화되고 있는 것이다. 그동안 기업은 대중을 상대로 한 신규고객 창출에 초점을 두어 기존 고객의 유지를 통한 단골고객화에는 관심이 적었다. 관계마케팅은 기존 고객의 유지와 향상에 초점을 둔 사업 철학이자 전략적 지향성이다. 이러한 관계마케팅은 기업이 고객 등 이해 관계자와의 강하고도 지속적인 유대관계를 형성하고 발전시킴으로써 기업과 고객 간 상호 이익을 극대화할 수 있는 다양한 마케팅 활동을 말한다. 고객 신뢰에 큰 영향을 주는 구전 활동, 인터넷의 발전에 따른 빠른 정보전달 등은 관계마케팅의 중요성을 잘 말해주고 있다.

관계마케팅은 기존 마케팅과 비교해보면 〈표 5-3〉과 같은 차이가 있다. 기존 마케팅은 대중 마케팅(mass marketing)으로 단기적인 관점에서 신규 고객 창출을 통한 시장점유율의 향상이나 거래실적 향상을 추구한다. 하지만 관계마케팅은 장기적인 관점에서 기존 고객의 유지를 통한 고객 생애 가치를 중요시하며, 고객과의 쌍방향 의사소통을 통해 고객 점유율 향상을 추구한다.

**〈표 5-3〉 대중 마케팅 vs 관계마케팅**

| 구분 | 대중 마케팅 | 관계마케팅 |
|---|---|---|
| 고객을 보는 시각 | 일시적인 거래 | 계속적인 거래 |
| 관심사 | 단기적 거래 실적 | 장기적 고객 생애가치 |
| 고객과의 커뮤니케이션 | 대중매체 중심의 일방적인 커뮤니케이션 | 쌍방향 커뮤니케이션 |
| 경제 패러다임 | 규모의 경제 | 범위의 경제 |
| 마케팅 성과 지표 | 시장점유율 | 고객점유율, 지갑점유율(wallet share) |
| 마케팅 수단 | 판촉 위주 | 고객서비스 위주 |
| 차별화 초점 | 상품의 차별성 | 상품 + 고객 차별화 |

하지만 이러한 관계마케팅의 장점에도 불구하고 고객과의 관계 기간이 오래될수록 부정적인 결과가 나타날 수도 있어 유의해야 한다. 고객은 자신이 계속 이용하는 기업의 서비스에 익숙한 나머지 경쟁자들이 새롭고 더 나은 기술을 이용한 서비스를 개발해도 무관심할 수 있다. 기업 또한 기존 거래 고객과의 안정적인 거래로 새로운 기술이나 변화를 시도하지 않거나 소홀할 수 있다. 따라서 이러한 장기적인 거래에서 나타나는 관계마케팅의 부정적인 측면을 조기에 인식하고 상생 관계로 발전할 수 있도록 주의를

기울일 필요가 있다.

## 2. 관계마케팅의 목표

관계마케팅의 목표는 고객과의 상생 관계를 구축함으로써 고객과의 관계를 유지하고 강화하는 데 있다. 즉 기업에게 수익을 가져다주는 몰입된 고객기반을 구축하고 유지하는 것이다. 기업은 고객을 획득하고, 만족시키고, 유지하고, 향상하는 단계를 거치게 된다. 관계마케팅의 목표는 단계에 따라 고객 유치, 고객 유지, 관계 제고의 세 가지로 나눌 수 있다.

### 1) 고객 유치

신규고객을 유치할 때 기업은 장기적인 고객이 될 수 있는 고객을 유치하고자 한다. 기존의 우량고객이 추천해준 신규고객은 장기고객이 될 가능성이 높기 때문에 이러한 고객을 선별적으로 유치하는 것이 필요하다. 기업은 신규고객 유치를 활성화하기 위해 기존 고객이 신규고객을 추천할 때 인센티브를 제공하는데 이를 'MGM(Member Get Members) 제도'라 한다. 추천마케팅, 권유마케팅, 소개마케팅이라고 불리는 MGM 마케팅은 기존 마케팅에 비해 고객의 높은 신뢰도와 충성도가 장점이라고 할 수 있으며, 보험회사나 증권사에서 많이 활용되고 있다. MGM 마케팅의 사례로 과거 일부 여행사에서 해외여행객 10명을 모아 온 사람에게 무료여행권을 준다던지, 주방용품 기업에서 동네별로 스테인리스 그릇, 식칼 세트 등의 상품설명회를 연 후 그 자리에서 10세트 이상이 판매되면 모임주선자에게 판매제품 한 세트를 주는 예가 있다.

### 2) 고객 유지

기존 고객을 유지하는 데 드는 비용은 신규고객을 유치하는 비용의 10~20% 정도이다. 또한 Harvard Business Review의 연구에 따르면 리텐션(retention)이라 불리는 고객유지율이 5% 증가 시 매출은 25%에서 95%까지 증가한다고 한다. 따라서 기업은 한 번 찾아온 고객을 만족시킴으로써 이들의 반복구매를 유도하고자 한다. 기업은 우수고객을 가치를 지닌 평생 자산으로 여겨야 하며, 이들을 위해서 가치를 증대시키지 않는 요소는 없애고 가치를 증대시키는 요소는 잘 관리할 필요가 있다. 예를 들면, 기업은 Starbucks의 로열티 프로그램과 같은 고객충성도 프로그램을 가동하여 고객에게 포인트 시스템이나 VIP 보상 프로그램 등을 통해 구매 시 추가적인 가치를 부여하고 있다. 이와 더불어 리뷰 작성, 친구에게 추천하기, 소셜네트워크 공유 등 수익성 있는 행동을 하는 고객에게 보상해주기도 한다.

### 3) 관계 제고

관계마케팅을 종종 '결혼'에 비유한다. 처음에는 친구로 만나는 '친구 단계', 이후 '연인 단계', '결혼 단계', '부부 단계'로 시간에 따라 변하듯 기업과 고객도 이와 같은 단계를 거치면서 더욱 돈독한 관계가 된다. 즉, 기업과 고객의 관계는 시간이 지남에 따라 이방인(strangers), 아는 사이(acquaintances), 친구(friends), 파트너(partners)로 진화할 수 있다〈표 5-4〉.

이방인은 기업에 대해 알지 못하거나 어떤 거래도 없는 고객이며, 기업은 잠재고객에 대해 이들을 유인하는 커뮤니케이션을 한다. 일단 고객이 기업의 서비스를 이용하게 되면서 친근해지면 고객과 기업은 아는 사이가 된다. 기업은 반복적 상호작용을 통해 고객을 만족시키려 한다.

고객이 반복구매를 하게 되면 기업은 독특한 제공물과 이를 통한 차별화된 가치를 제공함으로써 고객의 구체적인 욕구를 충족시켜주는 친구 단계가 된다. 이 단계에서의 기업의 목적은 고객 유지이다.

마지막으로 고객이 기업과 계속적인 상호작용을 하게 되면 신뢰 수준이 점점 높아지고 단순한 고객 욕구 충족에서 기업과 고객이 서로를 깊이 존중하며 감사하는 몰입단계인 파트너 관계가 된다. 이 단계에서 기업은 관계를 향상시키는 데 관심을 둔다. 이처럼 기업은 고객과의 친밀성을 증가시킴으로써 더욱 친밀한 단계로 나갈 수 있도록 해야 한다. 충성고객은 기업에게는 견고한 사업기반이자 성장 잠재력이 되기 때문이다.

〈표 5-4〉 교환관계의 유형

| 고객 상황 | 이방인 | 아는 사이 | 친구 | 파트너 |
|---|---|---|---|---|
| 제품 제공 | 경쟁제품이나 대체재와 비교해서 매력적이어야 함 | 다른 대부분의 경쟁 브랜드를 만족스럽게 대체할 수 있는 패리티(parity) 제품의 형태를 갖추어야 함 | 특정 세분시장에 적합한 차별화된 제품 | 개별고객 또는 조직에 맞춘 고객화된 제품 또는 전용자원 |
| 경쟁우위의 원천 | 매력 | 만족 | 만족+신뢰 | 만족+신뢰+몰입 |
| 구매행동 | 흥미, 탐색, 사용 | 만족은 구매 활동을 촉진하고 강화하며 시장 정보를 검색할 필요성을 감소시킴 | 구매 행동을 계속하려면 기업에 대한 신뢰가 필요함 | 고객화된 제품을 만들고 고객의 상황과 욕구 변화에 맞추어 제품을 지속적으로 수정하기 위해서는 정보공유와 고객에게 맞는 특별한 투자가 필요함 |
| 판매행위 초점 | 기업의 제품에 대한 인지(제품사용 유도)가 초기판매를 촉진함 | 고객(식별)에 대한 친숙함과 일반적이 지식이 판매를 촉진함 | 고객의 욕구와 상황에 대한 구체적인 지식이 판매를 촉진함 | 고객의 욕구와 상황에 대한 구체적인 지식, 그리고 고객에게 맞는 특별한 투자가 판매를 촉진함 |
| 관계 시간 범위 | 없음: 구매자는 이전에 회사와 상호작용하거나 회사에 대한 지식이 없을 수 있음 | 단기: 구매자가 많은 노력이나 비용 없이 기업을 변경할 수 있기 때문에 일반적으로 짧음 | 중간: 차별화된 신뢰를 쌓고 모방하는 데 시간이 오래 걸리기 때문에 일반적으로 친구 관계보다 길 | 장기: 고객의 요구사항에 대한 자세한 지식의 개발, 공급업체의 고유한 자원 등 상호 연결된 활동을 구축(또는 교체)하는 데 시간이 걸리기 때문에 일반적으로 길 |
| 경쟁우위의 지속 | 낮음: 일반적으로 낮은 수준으로 기업은 제공가치 측면에서 고객의 사용을 유도하기 위해 지속적으로 매력적인 방법을 모색해야 함 | 낮음: 일반적으로 낮지만 제품이 산업표준의 한 형태일지라도 판매 및 제공방식에 고유한 가치를 구축하는 방법에 따라 경쟁자는 다양함 | 중간: 일반적으로 중간이지만 고객의 요구와 상황의 이질성을 이해하는 경쟁업체의 능력과 이러한 지식을 의미있고 차별화된 제품으로 변환하는 능력에 따라 달라짐 | 높음: 일반적으로 높지만 고객과 공급업체 간의 상호 연결된 활동이 얼마나 독특하고 효과적인지에 따라 달라짐 |
| 관계마케팅의 주요 목표 | 고객의 관심 획득 | 고객의 욕구와 요구 만족 | 고객 유지 | 고객과의 관계 향상 |

출처 : Zeithaml et al., 배일현 등 역(2022), 서비스마케팅, 7판, 교문사, p.182.

## 3. 관계마케팅의 혜택

관계마케팅은 기업뿐만 아니라 고객에게도 혜택을 준다. 고객 입장과 기업 입장에서 본 혜택을 살펴보도록 하자.

### 1) 고객 입장에서의 혜택

#### (1) 신뢰 혜택(confidence benefits)

신뢰 혜택은 서비스 제공자에 대한 믿음의 감정으로 서비스 성과를 미리 예측할 수 있어 걱정을 줄여주며 편안함을 느끼게 한다. 많은 연구에서 신뢰 혜택이 고객에게 가장 중요한 혜택으로 나타나고 있다. 대부분의 고객들은 기존에 이용하던 서비스 제공자를 바꾸지 않으려 한다. 이는 서비스 제공자를 바꾸는 데 있어 발생하는 전환비용(switching cost) 때문이며, 여기에는 금전적 비용뿐만 아니라 탐색비용, 학습비용, 가입비용, 기회비용 등이 있다. 특히 관계에 상당 수준의 투자를 하여 전환비용이 있는 경우에 더욱 그러하다. 따라서 고객들은 신뢰 관계가 형성된 기업이나 서비스 제공자를 계속 이용함으로써 불필요한 시간 낭비를 줄이고, 보다 중요한 다른 일에 더 많은 신경을 쓸 수 있게 된다.

#### (2) 사회적 혜택(social benefits)

사회적 혜택은 장기적으로 고객이 서비스 제공자에게 친밀감을 느끼고 사회적 관계를 형성함을 말한다. 이러한 유대관계는 고객들로 하여금 단골기업의 경쟁사에서 더 나은 품질 내지는 더 낮은 가격의 제품이 제공되더라도 기존 기업과의 관계를 쉽게 이탈하지 못하게 한다. 대표적인 예로 자아 이미지에 직결되는 미용실 서비스의 경우 오랫동안 특정 헤어 디자이너에게 서비스를 받았던 사람은 그 디자이너와 친구처럼 친밀하고 익숙해져 아주 큰 문제가 발생하지 않는 한 다른 미용실을 찾지 않을 것이다.

#### (3) 특별대우 혜택(special treatments benefits)

특별대우 혜택은 고객이 특별한 거래나 특별한 가격 또는 우대를 받게 되는 것을 말한다. 예를 들면, 항공사에서의 상용고객 우대프로그램이나 호텔의 보상형 프로그램(reward program), 신용카드사에서의 포인트 누적 혜택 등이 있다. 특별대우 혜택은 많은 서비스산업에서 중요하지만 앞의 신뢰 혜택이나 사회적 혜택보다는 덜 중요할 수 있다. 항공사에서의 상용고객 우대프로그램의 경우 고객 충성도에 매우 중요하지만 의료서비스 고객에게는 그렇지 않을 수 있다.

### 2) 기업 입장에서의 혜택

#### (1) 경제적 혜택(economic benefits)

고객과의 장기적인 관계는 구매의 증대, 마케팅과 운영비의 감소, 가격 인하를 하지 않고 마진을 유지할 수 있는 재무성과의 향상을 가져온다. 고객이 기업의 서비스품질에 만족하면 기업의 충성도 향상을 가져오고 지속적인 구매 의도를 가지게 될 것이다. 이와 더불어 신규고객을 유치하기 위한 광고비, 판촉비 등 마케팅 비용은 기존 고객을 유지하는 비용보다 훨씬 크기 때문에 기존 고객을 잘 유지할 수 있다면 기업은 이러한 마케팅 비용을 줄일 수 있으며, 그만큼 이익을 증가시킬 수 있다. 일반적으로 관계 유지비용은 시간이 지남에 따라 낮아지는 경향이 있다.

또한 기업으로서는 운영비의 감소 혜택을 누릴 수 있다. 초기 고객과의 관계 단계에서는 고객의 과거 신용조사나 고객의 데이터베이스화에 많은 비용이 들지만 고객과의 경험이 축적되면 고객을 효과적으로 관리할 수 있는 운영 노하우가 쌓여 운영비가 점점 줄어들게 된다. 기업과 고객에게 서로 간의 학습효과가 생겨 비용이 감소하게 되는 것이다.

#### (2) 고객 행동 혜택(customer behavior benefits)

고객과의 장기적인 관계는 고객 행동 측면에서 기업은 긍정적 구전효과, 고객의 자발적 성과, 사회적 혜택, 멘토 효과 등 여러 혜택을 볼 수 있다. 첫째, 구전효과를 통한 무료 광고이다. 충성고객은 기업을 다른 사람들에게 긍정적으로 구전한다. 구전효과는 기업의 어떠한 커뮤니케이션 수단보다 강력하며, 신규고객을 유치하는 비용을 감소시켜준다. Harvard Business Review에 따르면 신규고객 한 명을 확보하는 데는 기존 고객 유지비용의 5~25배의 비용이 든다고 한다. 둘째, 고객의 자발적 성과이다. 예를 들면, 레스토랑에서 고객이 '화장실이 지저분하다. 또는 음식이 맵다.'라는 사실을 자발적으로 전해줘 기업의 서비스 개선 노력에 앞장선다. 고객은 기업이 서비스를 잘하는 모습을 보고 싶기 때문에 자발적 성과를 더 높이고자 한다. 셋째, 충성고객은 격려 등으로 다른 고객들에게 사회적 혜택을 제공할 수 있다. 예를 들면, 탈장 전문 병원인 캐나다의 Shouldice 병원은 이미 수술을 받은 환자가 수술 예정인 환자들과 저녁식사를 같이하면서 직접 경험한 정보와 관련 팁을 주고, 다른 환자들을 격려해주고 감정적으로 응원해주어 훨씬 더 치료를 잘 받을 수 있도록 하고 있다. 넷째, 충성고객은 멘토(mentor)로서 활동할 수 있다. 즉 충성고객은 다른 고객들이 정해진 규칙을 명시적 또는 묵시적으로 이해할 수 있도록 돕는다.

### (3) 인적 자원관리 혜택(human resources management benefits)

고객과의 장기적인 관계는 서비스 공동생산의 공헌, 고객의 현실적인 기대, 직원유지의 혜택을 가져올 수 있다. 첫째, 직원에 대한 경험과 지식이 많은 단골고객은 서비스 제공 과정에서 도움을 제공하여 서비스의 공동생산에 공헌할 수 있다. 예를 들면, 정기적인 약물 치료를 받는 환자는 의료서비스 시스템이 운영되는 방법을 잘 알고 있어 직원의 서비스 과업을 쉽게 만들어준다. 둘째, 단골고객은 기업이 자신들을 위해 무엇을 해줄 수 있는지에 대한 현실적인 기대를 가질 수 있다. 셋째, 직원유지로 고객과의 장기적인 관계는 관계마케팅의 간접적 결과인 직원의 이직률을 줄여줄 수 있다. 고객이 만족하는 비율이 높은 회사에서는 직원들이 자신이 하는 일에 대해 자부심이 생기고 애사심이 증대되어 이직률이 줄어들 것이다. 이러한 직원의 이직률 감소는 서비스품질의 향상과 더불어 이직에 따른 관리비용을 줄여줘 기업의 장기적으로 수익에 도움이 된다.

## 4. 관계마케팅의 이슈

장기적인 고객 관계의 혜택으로 기업은 고객과의 관계를 끝내거나 거절하려 하지 않는다. 그러나 어떤 상황에서는 고객, 기업 등 모두를 위해서 고객들과의 관계를 그만두는 것이 기업에 더 나을 수 있다. 고객이 항상 옳지 않을 수 있는 상황과 고객과의 관계 종료 방식에 대해 알아보자.

### 1) 고객이 항상 옳지 않은 상황

#### (1) 잘못된 세분시장

기업은 모든 고객보다는 자신들의 자원을 효율적으로 사용할 수 있는 적절한 세분시장에 집중한다. 그런데 고객과의 관계 구축이 양자 모두에게 도움이 안 되는 경우가 발생할 수 있다. 예를 들면, 어떤 학교가 주간 MBA 프로그램을 운영하는 경우 풀타임 직장인은 지원하기가 어려울 수 있다. 이럴 경우 학교는 고객의 욕구를 충족시키는 데 어려움을 가질 수 있다. 또한 기업에게는 양립할 수 없는 세분시장들과 동시에 관계를 구축하는 것도 바람직하지 못하다. 예를 들면, 컨퍼런스 호텔에서 기업의 심각한 교육프로그램을 논의하기 위해 와 있는 경영진과 수학여행을 온 학생들을 같이 투숙시키는 것은 현명하지 않을 수 있다. 만약 경영자들이 주요 장기고객이라면 호텔은 이들을 유지하기 위해 수학여행단 학생을 포기할 수 있다.

#### (2) 장기적으로 타산이 안 맞는 경우

일부 세분시장은 기업에게 이익이 안 되는 경우가 있을 수 있다. 예를 들면, 세분시장에 적합한 마케팅 전략을 개발할 만큼 수익성 있는 고객의 수가 적을 경우, 세분시장이 서비스 비용을 부담할 능력이 없는 경우, 세분시장으로부터 얻게 되는 수익 흐름이 사업의 유지비용을 회수하지 못할 경우이다. 또한 개별 고객의 경우에도 기업은 신용이 좋지 않거나 위험이 높은 고객과 관계를 구축하려 하지 않을 것이다. 예를 들면, 신용카드회사의 경우 신용불량기록이 있는 고객과의 거래를 거절하거나 렌터카 업체가 고객의 운전기록을 조사하여 위험도가 높은 고객에게 대여를 거절하는 경우이다.

#### (3) 역기능 고객

역기능 고객(dysfunctional customers)이란 서비스 접점에서 의도적이든 비의도적이든 서비스기능을 방해하는 고객이다. 예를 들면, 늦은 새벽 호텔 복도에서 서로 싸우는 술 취한 고객은 다른 고객뿐만 아니라 직원 및 기업에 나쁜 영향을 준다. 역기능 고객의 행동은 다른 고객들의 서비스 경험을 망치게 하고, 직원에게는 근로의욕을 상실시킨다. 또한 기업에게는 직접비용과 간접비용을 초래하게 된다. 직접비용은 손상된 자산의 복구 비용, 보험료 인상, 절도로 인한 재산손실, 다른 고객에 대한 손해 배상 등이 있으며, 간접비용은 역기능 고객 행동을 처리할 만한 직원 채용 및 유지비용, 역기능 행동으로 인한 결근 시에도 나가는 인건비, 역기능 행동으로 인해 늘어난 작업업무량 등이 포함된다.

### 2) 비즈니스 관계의 종료

관계 종료(relationship endings)는 관계 유형에 따라 다양한 방식으로 이루어진다. 첫째, 특정 목적이나 특정 기간 동안 구축된 관계는 그 목적이나 시간이 경과하면 종료하게 된다. 예를 들면, 주택 페인트칠 서비스 제공업체는 주택 외부에 페인트 칠을 하는 4일 동안만 고객과의 관계에 집중하며, 작업이 끝나면 관계가 종료된다. 둘째, 자연스럽게 관계가 종료되는 경우이다. 예를 들면, 어린아이들의 피아노 레슨은 아이가 성장하거나 관심이 적어지면 레슨 욕구가 감소해 기업과의 관계가 자연스럽게 끝나게 된다. 셋째, 관계의 종료가 강제적으로 발생하는 경우이다. 예를 들면, 서비스 제공자가 이사 가서 이들에게 접근이 어려운 고객들은 다른 기업을 선택해야 한다. 넷째, 고객의 의무를 이행하지 않아 관계가 종료되는 경우이다. 예를 들면, 은행은 예금계좌잔고가 일정 수준 이상으로 유지하지 못할 경우 고객과의 관계를 중단할 수 있다.

## [ 주요 용어 ]

- 관계마케팅(relationship marketing): 고객과 지속적으로 유대관계를 형성, 유지하고 대화하면서 관계를 강화하고 상호 간의 이익을 극대화할 수 있는 다양한 마케팅활동
- 마케팅믹스(marketing mix): 기업이 마케팅 목표를 효과적으로 달성하기 위해 사용되는 통제가 가능한 마케팅 변수의 집합
- 물리적 증거(physical evidence): 가구의 품질, 담당자의 외모 또는 기업의 브로슈어 제작에 사용된 종이의 질과 같이 소비자들의 서비스 평가를 돕는 서비스를 둘러싼 물리적 특성
- 상호작용 마케팅(interactive marketing): 고객 접점 마케팅 또는 리얼타임 마케팅(realtime marketing)이라고도 하며 직원의 태도가 고객의 만족을 유도해 매출을 향상시키는 것
- 서비스 삼각형(service triangle): 서비스 기업이 성공하기 위해 수행해야 할 세 가지 형태의 마케팅(외부 마케팅, 내부 마케팅, 상호작용 마케팅)
- 역기능 고객(dysfunctional customers): 서비스 접점에서 의도적이든 비의도적이든 서비스기능을 방해하는 고객
- 전환 비용(switching cost): 한 제품에서 경쟁사의 다른 제품으로 전환하는 데 드는 비용
- MGM(Member Get Members) 제도: 기업이 신규고객 유치를 활성화하기 위해 기존 고객이 신규고객을 추천할 때 인센티브를 제공하는 제도로 추천마케팅, 권유마케팅, 소개마케팅 등으로 불림

## 토론 주제

- 자신이 관심있는 기업이나 분야의 최근 서비스마케팅의 트렌드를 찾아 설명하시오.
- 전통적인 제조업 중심의 마케팅과 서비스마케팅의 차이를 비교 설명하시오.
- 우수한 서비스 기업의 서비스마케팅 믹스내용을 찾아 토의하시오.
- 대중마케팅과 관계마케팅을 비교 설명하시오.
- 관계마케팅의 혜택을 고객과 기업 측면에서 비교 설명하시오.
- 관계마케팅이 적용되지 않는 상황을 예를 들어 설명하시오.

03

PART

# 서비스 운영

# CHAPTER 06

Chapter

# 06 고객경험관리

### 학습목표

이번 장에서는 다음 내용의 이해를 목표로 한다.

① 고객경험관리의 개념, 등장 배경 및 고객만족경영과의 차이점
② 고객경험설계의 세 요소(맥락, 참여, 시간)
③ 고객경험관리 실행 프로세스
④ 고객참여 행동의 개념과 효과
⑤ 고객참여 수준, 고객참여 행동유형 및 고객참여 증대방안

### 도 입 사 례

#### '제품이 아닌 경험을 판다' … MZ고객 겨냥 공간마케팅 활발

**● 식품 · 유통업계 '가을고객 잡기'**

야외활동이 부쩍 늘어나는 가을을 앞두고 식품 · 유통업계가 '나들이족' 모시기에 나섰다. 각 제조사는 경험해본 제품을 선호하는 MZ세대(밀레니얼+Z세대)를 공략하기 위해 플래그십스토어 등을 통해 소비자와의 접점을 늘리고 있다. 오프라인 유통업체들은 다양한 전시를 마련해 소비 공간인 매장을 '예술과 문화를 즐길 수 있는 장소'로 확장하고 있다.

**● 삼청동 찾는 뷰티 브랜드**

코로나19를 계기로 전 산업에서 비대면 전환이 가속했지만, 소비재 산업에서는 대면의 가치가 여전히 부각되고 있다. 주 소비층으로 떠오른 MZ세대가 제품을 보고 만지는 과정을 통해 브랜드의 스토리를 직접 체험하고 싶어하기 때문이다. '제품이 아니라 경험을 판매한

다'는 공간 마케팅이 대표적인 성공 방정식으로 뜬 이유다.

이에 따라 뷰티 브랜드들은 브랜드에 대한 경험을 전달하기 위해 자체 매장 운영에 힘쓰고 있다. 백화점이나 로드숍 같은 천편일률적 매장에서 벗어나 브랜드를 가장 잘 알릴 수 있는 장소로 이동하는 추세다. 최근 뉴트로(복고) 열풍, 청와대 개방 등으로 '핫플레이스'로 떠오른 삼청동이 이들이 주목하는 장소다.

▲ 논픽션 삼청동 플래그십 스토어

독특한 향의 핸드크림과 바디워시로 유명한 '논픽션'은 한남, 성수, 부산에 이어 지난 7월 삼청동에 네 번째 플래그십 스토어를 열었다. 2014년부터 아라리오 갤러리의 전시 공간으로 운영되던 곳에 둥지를 틀었다.

▲ 설화수의 집

1층은 호텔의 라운지를 표방해 고객들이 여유를 느낄 수 있는 휴식처이자 전시 공간으로 조성했다. 2층은 고즈넉한 서재를 콘셉트로 꾸며 제품을 마음껏 체험할 수 있도록 했다. 통창 가득 경복궁의 돌담과 국립현대미술관의 푸른 정원을 한눈에 볼 수 있는 것이 특징이다.

▲ 오설록 티하우스

그로부터 걸어서 10분, 재동초등학교 인근에는 아모레퍼시픽에서 운영하는 '설화수의 집'이 있다. 1930년대에 지어진 한옥의 고즈넉함과 1960년대에 지어진 양옥의 신선한 매력이 공존하는 공간이다.

한옥에서는 설화수 제품이 판매 · 전시되고 있다. 설화수 서사가 담긴 제품을 소개하는 '부티크 원', 음악, 글, 소품을 자유롭게 즐길 수 있는 '설화 살롱', 도예가의 작업실을 구현한 '공작실', 한국적인 아름다움을 소품으로 표현한 '미전실', 설화수의 제품을 만날 수 있는 '단장실' 등으로 구성됐다. 양옥으로 건너가면 '오설록 티하우스'에서 갓 구운 차향을 느끼며 차우림 수업을 들을 수 있다.

### ● 백화점에서 전시회 즐겨볼까

백화점은 문화 · 예술공간으로 변모해 오프라인 채널로서의 경쟁력을 높인다는 전략을 세웠다. 체험형 콘텐츠로 예술작품을 선택해 백화점의 이미지 제고는 물론 모객 효과까지 누리겠다는 구상이다.

더현대 서울은 오는 25일까지 6층 복합문화공간 '알트원'에서 패션사진 기획전 '매직샷전'을 연다. 이번 행사에서는 세계 3대 포토그래퍼로 불리는 피터 린드버그, 파올로 로베르시를 비롯한 작가 48명의 사진 · 영상 작품 100여 점을 감상할 수 있다.

지난달 말 기준 알트원의 누적 방문객은 50만 명을 돌파해 더현대의 '앵커 테넌트(집객 효과가 뛰어난 점포)' 역할을 하고 있다는 평가를 받는다. 작년 2월 개장 이후 하루에 약 1000명이 방문한 셈이다.

롯데백화점은 다음 달 3일까지 잠실점 '롯데갤러리 아트홀'에서 뉴미디어 아트 전시회 '테임 보우'를 진행한다. 뉴미디어 아트란 TV, 핸드폰, 소프트웨어 등 새로운 기술 도구를 예술적 표현의 영역으로 확장한 것을 의미한다.

구기정, 류성실 등 뉴미디어 예술가 8명과 롯데 갤러리가 협업한 이번 전시회는 '혼돈과 모호함을 시대의 정체성으로 하는 인간이 자연적 인공성을 찾는 과정'을 주제로 했다. 디지털 기술과 페인팅, 가상의 인물, 퍼포먼스 공연 예술 등 다양한 매체를 활용한 총 18점의 작품이 전시된다. 김영애 롯데백화점 아트콘텐츠실장은 "'뉴미디어 아트는 최근 MZ세대(밀레니얼+Z세대)들에게 친숙한 매체를 활용하면서도 신선한 경험을 제공해 많은 고객에게 관심을 받는 콘텐츠"라며 "백남준 작가의 비디오 아트 작품이 프리즈와 KIAF 아트페어에서도 끊임없이 주목받은 것처럼 고객들이 새로운 장르의 작품을 먼저 감상할 기회가 되길 바란다"고 말했다.

신세계백화점 센텀시티점에서는 문화예술 기획사 워킹하우스의 뉴욕 팝업 전시가 진행 중이다. 이달 30일까지 1층 서관에서 개최된다. 앨리타 안드레, 조지 와이드너, 티모시 슈미트 등 해외 작가와 함께 정은혜 작가가 유일한 국내 작가로서 참여했다.

정은혜 작가는 올여름 흥행작 '우리들의 블루스'에서 발달장애를 지닌 영의 역을 연기한 배우다. 발달장애와 다운증후군을 가진 정 작가는 서울문화재단 잠실창작스튜디오 입주작가로, 2016년부터 활동 중이다.

출처 : 한국경제(2022.9.21), '제품이 아닌 경험을 판다' MZ고객 겨냥 공간마케팅 활발.

# 제 1 절 고객경험관리의 개요

## 1. 고객경험관리의 개념

경제는 제품 중심의 농업경제, 산업경제, 서비스 경제, 경험경제 순으로 점차 진화하고 있다〈표 6-1〉. 고객은 단순히 제품이나 서비스의 품질을 넘어 기업과의 모든 고객 접점에서 최고의 순간을 경험하고자 한다. 많은 서비스 기업들은 경쟁자와 차별화되고 우수한 제품이나 서비스를 고객에게 제공하려 하지만 고객은 차별화된 서비스를 제공받지 못하고 있다고 느낀다. 왜냐하면 고객은 기업에서 제공한 제품이나 서비스 자체를 구매하는 것이 아니라 이러한 것들로부터 자신들이 얻고 오랫동안 기억할 수 있는 경험을 원하고 있기 때문이다. 고객은 자신의 경험을 가장 오래 기억하며, 경험하지 않은 것은 오래 기억하지 않는다.

〈표 6-1〉 경험경제로의 진화

| 경제적 제공 | 제품 | 상품 | 서비스 | 경험 |
|---|---|---|---|---|
| 경제 | 농업 | 산업 | 서비스 | 경험 |
| 경제적 기능 | 추출 | 제조 | 전달 | 무대 |
| 제공의 본질 | 대체 | 유형 | 무형 | 기억 |
| 주요 특성 | 자연스러움 | 표준화 | 고객화 | 개인화 |
| 판매자 | 상인 | 제조업자 | 제공자 | 공연자 |
| 구매자 | 시장 | 사용자 | 의뢰인 | 관객 |
| 수요의 본질 | 특성 | 기능 | 효용 | 감각 |

출처 : Pine, B. J., & Gilmore, J. H.(1998), Welcome to the experience economy, Harvard Business Review, 76(4) : 98.

경험(experience)의 사전적 의미는 '자신이 해보거나 겪어서 얻는 지식'이란 뜻으로 고객경험이란 기업이 제공한 맥락에서 고객이 실제로 보고 듣고 겪는 지식이나 기능의 주관적인 인식을 의미한다. 고객경험(customer experience)은 단순한 일련의 행동이 아니며, 특정 브랜드에 대해 가지는 감정이다. 기업은 고객과의 모든 접점에서 고객이 브랜드에 대해 느끼는 감정을 호전시킬 수도 있고 악화시킬 수도 있다. 따라서 고객경험은 기업이 제공하는 제품이나 서비스 구매 및 사용과 관련하여 모든 접점에서 직간접으로 접촉하고 상호작용하면서 유발되는 고객의 주관적인 반응이라 할 수 있다.

여기서 말하는 접점에는 커뮤니케이션 접점, 영업 접점, 상품과의 접점, 서비스 접점 등을 모두 포괄한다. 커뮤니케이션 접점은 구매 이전에 고객이 기업 혹은 고객과의 상호작용 과정에서 접하는 광고, 메시지, 브랜드 이미지, 웹사이트 등을 통해, 영업 접점은 구매 과정에서 영업직원과의 상호작용을 통해, 상품과의 접점이란 구매한 상품을 사용하는 과정을 통해, 서비스 접점은 상품 사용 과정에서의 고객 응대, 애프터서비스 등을 통해 형성된다. 또한 직접적인 접촉이란 고객이 실제 제품을 구입하여 사용함으로써 얻게 되는 것으로 대부분 고객이 주도해서 일어나는 것이다. 간접적인 접촉이란 제품, 서비스, 브랜드와의 우연한 접촉을 말하며, 예를 들면 구전 효과, 추천, 비판, 광고, 뉴스 등의 형태가 있다.

고객경험관리(Customer Experience Management)는 제품이나 서비스에 대한 고객경험을 체계적으로 관리하는 프로세스라 할 수 있다. 고객의 경험은 구매하기 전 탐색 과정에서의 상품 경험, 상품구매과정에서의 구매 경험, 사용단계에서 느끼는 서비스 경험으로 이루어진다. 고객경험관리는 고객이 제품이나 서비스의 탐색에서부터 구매, 사용단계까지 모든 과정에 대한 분석 및 개선을 통해 긍정적인 브랜드 경험을 창출하는 것이다. 고객경험관리는 마케팅 콘셉트가 아니라 고객 중심의 경영전략으로 결과가 아닌 과정에 중점을 두는 고객만족경영의 개념이라 할 수 있다(최정일 · 김연성 · 유한주 · 장정빈 · 황조혜, 2017).

## 2. 고객경험관리의 배경 및 고객만족경영과의 차이

### 1) 고객경험관리의 배경

최근 고객 만족보다는 고객경험이 기업 모두가 경쟁해야 할 승부처이며 새로운 차별화 수단으로 각광받고 있다. 고객경험관리가 대세가 된 배경을 살펴보면 다음과 같다.

첫째, 고객경험에 대한 소비 욕구가 점차 커지고 있다. 과거와 달리 오늘날 고객은 제품이나 서비스의 특징이나 편익만을 추구하지 않는다. Starbucks는 일반 커피에 비해 비싸지만 사람들은 커피 한 잔의 '스타벅스 경험'을 즐기기 위해 기꺼이 지갑을 열고 있다.

둘째, 경험의 품질이 기업 성과를 좌우하게 되었다. 기업들은 제품이나 서비스 차원이 아닌 경험을 판매함으로써 경쟁사와 차별화하는 지속 가능한 경쟁우위의 원천으로 삼고 있다. 예를 들면, Google은 Yahoo 등 다른 경쟁 포털 사이트에 비해 텅 빈 홈페이지 첫 화면을 통해 고객들이 보다 빠르고 정확한 검색을 할 수 있는 사용자 경험을 제공하고 있다.

셋째, 고객관계관리(Customer Relationship Management: CRM)의 보완적 수단으로서 고객경험관리의 활용도가 매우 높다. 많은 기업들이 데이터베이스상에 기록된 고객의 구매 이력 등을 활용하는 CRM 역시 최적의 고객경험을 제공하는 마케팅 기법이다. 예를 들면, 금융기관들은 CRM을 바탕으로 우량 고객의 생일에 뮤지컬 공연 초대권을 보내는 등의 타깃 마케팅을 통해 고객의 충성도를 높이기 위해 노력하고 있다.

넷째, 경험은 더 오래 기억되고 소비자의 행복 지수를 높여주는 전략이다. Boven & Gilovich(2003)의 연구에 따르면 고객이 물건만 구매한 경우보다 경험이 동반된 물건을 구매할 경우 단기적으로는 더 행복감을 느끼고, 인생 전체에 더 긍정적인 영향을 주면서 더 효과적으로 돈을 지출했다는 느낌을 준다는 사실을 밝혀냈다. 더 중요한 사실은 타인의 눈에도 경험이 동반된 제품을 구매하는 것이 더 긍정적으로 보인다는 사실이다.

### 2) 고객경험관리와 고객만족경영관리의 차이

고객경험관리(Customer Experience Management: CEM)를 고객만족경영관리(Customer Satisfaction Management: CSM)와 비교해보면 〈표 6-2〉와 같다. 기본 목적에서 볼 때 고객만족경영관리가 기업이 제공하는 제품이나 서비스에 대한 고객 만족을 통해 재구매나 신규 구매를 목표로 하는 반면, 고객경험관리는 모든 고객 접점에서 고객이 만족한 경험을 갖도록 하여 고객들이 신규 구매나 재구매를 하도록 유도하고 있다. 대상 고객에서는 고객만족경영관리가 기존 고객이 주된 대상인 반면 고객경험관리는 제품이나 서비스를 사용하는 기존 고객뿐만 아니라 아직 한번도 구매해보지 않은 잠재고객들이 어떠한 형태로든 기업과 접촉하여 만족한 경험을 하게 하고 경험의 긍정적인 인식이 구매로 연결되도록 노력한다. 접근방식의 경우 고객만족경영관리가 상품 · 서비스 · 브랜드 등을 크게 분류하여 개선점을 도출하는 결과 지향적 접근인 반면, 고객경험관리는 고객과 접촉하는 경험의 과정을 세부적으로 나누어 긍정적이 되도록 설계하고 실행하는 과정 지향적인 접근방식이다.

**〈표 6-2〉 고객만족경영관리와 고객경험관리의 비교**

| | 고객만족경영관리(CSM) | 고객경험관리(CEM) |
|---|---|---|
| 출현 시기 | 1990년대 초 | 2000년대 초 |
| 출현 배경 | 재구매를 위해서는 고객만족이 필수라는 깨달음 | 고객만족과 접점에 대한 확장된 개념이 필요해졌음 |
| 기본 목적 | 만족한 고객의 추천을 통한 신규 구매 및 재구매 | 고객만족을 통한 기존 고객의 재구매와 고객경험 개선을 통한 잠재고객의 신규 구매 |
| 제공의 본질 | 제품(유형), 서비스(유형) | (기억할 만한) 경험 |
| 대상 고객 | 기존 고객(미사용 고객은 만족시킬 수가 없음) | 기존 고객 및 잠재고객(사용 고객, 미사용 고객 포함) |
| 특징 | 구매 및 사용 후 만족이 핵심<br>(구매 · 설치 · 사용 · A/S) | 구매 및 사용 전후의 모든 접점에서 긍정적 경험 전달이 핵심(인지 · 탐색 · 고려 · 구매 · 배달 · 설치 · 사용 · A/S · 폐기) |
| 접근 방법 | 상품 · 서비스 · 브랜드 등을 크게 분류하여 개선점 도출(결과 지향적) | 고객과 접촉하는 경험의 과정을 세부적으로 나누어 긍정적이 되도록 설계하고 실행(과정 지향적) |

출처 : 최정일 · 김연성 · 유한주 · 장정빈 · 황조혜(2017). 서비스경영 4.0 문우사, p.14.

# 제 2 절 | 고객경험 설계

고객경험을 통해 고객이 느끼는 감정은 문화적 배경과 개인적 성향에 따라 많이 차이가 난다. 따라서 서비스 설계자는 고객들이 서비스를 통해 우수한 경험을 할 수 있도록 서비스를 설계해야 하며, 운영자는 고객들이 경험을 전달받을 수 있도록 서비스 환경을 관리해야 한다. 우수한 고객경험을 설계할 때 핵심적인 요소는 맥락(context), 참여(participation), 시간(time)으로 나눠볼 수 있다. 서비스 기업은 고객에게 좋은 경험의 기억을 제공하기 위해 이러한 세 가지 요소들을 적절하게 관리할 필요가 있다.

## 1. 맥락

맥락(context)은 물리적 배열, 상품의 선정과 배치, 사물과 행위자의 세계, 다른 고객 및 서비스 촉진자들과의 사회적 상호작용을 위한 규칙이나 절차를 의미한다(Gupta & Vajic, 2000). 서비스에서의 맥락은 고객이 서비스 상황에서 상호작용하는 서비스와 모든 것을 소비하는 장소를 일컫는다. 따라서 맥락은 서비스 제공과정에서 나타나는 일련의 사회, 문화, 자연적 모든 상황과 환경이라 볼 수 있다. 이러한 맥락을 성공적으로 연출하기 위해서는 주제(theme), 배치(layout), 감각성(sensory)의 물리적 요소(physical component)와 교육성과 유용성(learnable and usable), 변동성(mutable), 사회적 상호

〈표 6-3〉 맥락의 구성요소

| 맥락 | 구성요소 |
|---|---|
| 물리적 요소 | 주제 |
| | 배치 |
| | 감각성 |
| 관계적 요소 | 교육성과 유용성 |
| | 변동성 |
| | 사회적 상호작용 |

작용(social interaction)의 관계적 요소(relational component) 등 2가지 요소와 여기에 속한 6항목을 잘 관리해야 한다.

### 1) 주제

경험에는 명시적이든 암시적이든 반드시 주제가 있어야 한다. 확실한 주제는 맥락 내의 모든 요소를 결합시켜 일관된 스토리를 만들어 고객을 사로잡는다. 우수한 주제는 시간, 공간, 사물에 대한 고객의 감각에 새로운 변화를 불어넣어 새로운 경험을 제공하며, 고객은 경험을 제공한 업체에 대한 이미지를 강하게 인식하게 된다. 예를 들면, Las Vegas Venetian Hotel은 이탈리아의 베니스를 주제로 연출하기 위해 인테리어, 가구, 상품을 배치하였으며, 곤돌라를 타고 운하를 통과해 호텔로 가게 하며, 직원들은 전통적인 이탈리아 의상을 입고 근무하도록 하였다.

### 2) 배치

배치는 경험의 주제에 필요한 도구, 장비, 부품 등의 사물이나 시설을 조직화하여 고객들이 적극적으로 경험하도록 하는 것이 바람직하다. 사물과 시설은 기능, 사용, 빈도, 연관성에 따라 배치하며, 이러한 배치는 접근 가능성과 가시성을 고려해 고객 참여를 촉진하고 고객의 혼란을 감소시키도록 해야 한다. 예를 들면, IKEA는 매장 출입구에 아이들이 놀 수 있는 공간을 마련하여 부모들이 매장을 천천히 둘러볼 수 있도록 하였다. 또한 편리하게 배치된 레스토랑과 휴식 공간은 고객들이 쉬면서 구매를 생각해 보도록 하였고, 필기도구를 사용하기 쉽고 눈에 잘 띄는 곳에 배치하여 고객들이 구상과 계획을 할 수 있도록 배려하였다.

### 3) 감각성

미각, 촉각, 후각, 시각, 청각 등 감각적 요소는 주제를 연출하는 데 보조 역할을 하여 고객으로 하여금 경험을 효과적으로 흡수하게 하며, 오랫동안 기억하게 하는 기능을 한다. 조명, 불꽃, 빵이나 커피 냄새, 배경음악, 안개 효과 등이 감각성을 자극하는 데 주로 사용되고 있다. 예를 들면, K-POP 가수들은 공연무대가 더 신비롭고 환상적으로 보이게끔 안개나 불꽃 등을 동원하여 관객들의 시각을 자극하여 공연에 몰입하게 한다. Universal Studio의 터미네이터는 실제 배우의 가상적 캐릭터, 금속성과 화약 냄새, 기울어지고 덜컹거리는 의자 등을 연출하여 관객이 그 놀이공간에 빠져들게 하고 있다.

### 4) 교육성과 유용성

교육성과 유용성은 고객이 맥락을 처음 접하더라도 경험을 쉽게 배우고 사용할 수 있도록 설계되어야 한다는 의미이다. 이 요소들은 자체적인 목적과 기능에 부합해야 할 뿐만 아니라 고객의 다양한 개인적 취향과 지식수준, 문제해결 방법에 따라 서로 다른 경험을 하는 데 도움을 주도록 설계되어야 한다. 예를 들면, 뷔페식 샤부샤부 레스토랑은 야채 종류, 해물 및 고기를 진열하고 고객이 직접 끓이도록 하면서 테이블에 끓이는 순서, 소스 선택법을 적어 식탁 위에 놓아 자신의 기호대로 요리하도록 배려하거나 직원이 직접 와서 설명해줄 수 있다.

### 5) 변동성

경험은 개인적이기 때문에 좋은 경험을 제공하기 위한 맥락은 변동성을 주어야 한다. 변동성이란 고객들이 서비스를 제공받는 동안 각자의 서비스 환경을 창출할 수 있도록 서비스 시스템에 유연성을 주는 것을 의미한다. 서비스 제공자는 고객들이 자신의 서비스 환경에서 자신이 선택한 방식으로 서비스를 경험하면서 직원이나 다른 고객들과도 다양한 방식으로 교류하도록 배려해야 한다. 예를 들면, 자유 여행프로그램은 사전에 정해진 일정에 따라 여행을 해야 해서 변동성이 거의 없는 패키지 여행프로그램을 대신하여 나온 여행 형태이다. 이 형태는 대체적인 일정, 교통수단, 숙박 정도만 여행사와 협의해 결정하고, 나머지 여행 요소는 고객이 자신의 여건이나 취향에 따라 선택할 수 있어 고객에게 변동성을 부여하고 있다. 자유 여행객은 패키지 여행객보다 자신이 다녀온 관광지 및 여러 관광 경험을 추억하고 오래 기억하게 된다.

### 6) 사회적 상호작용

인간은 사회적 동물이어서 사회적 상호작용은 경험의 중요한 요소가 된다. 사람들이 집에서 TV로 농구를 시청하는 대신 농구장으로 가는 것은 농구장에서 같은 팀을 응원하는 다른 사람들과 함께 고함지르고 응원가를 부르는 흥분과 열정을 맛볼 수 있기 때문이다. 서비스 제공자는 고객이 새로운 경험 과정이나 절차를 이해하는 데 어려움이 있을 경우 고객이 해야 할 새로운 활동과 직원이나 다른 고객과의 상호작용을 잘 할 수 있도록 도움을 주어야 한다. 예를 들면, Disney는 직원들에게 고객들과 감정을 교류하는 방법(마술 등)과 고객들이 사회적으로 교류할 수 있는 다양한 방법을 교육시키고 있다. Club Med는 직원훈련을 통해 고객들과 사회적 상호작용하는 방법뿐만 아니라 고객이 언제 혼자 있기를 원하는지 알도록 교육시키고 있다.

## 2. 참여

참여(participation)란 사람이 서비스 경험을 창출하는 환경 속에 들어감으로써 어떤 감정을 느끼거나 지식을 획득하는 경우로 볼 수 있다. 경험은 고객이 서비스에 참여하면서 얻어진다. 따라서 참여는 경험이라는 큰 틀에서 이해할 수 있다. Pine & Gilmore(1998)의 체험경제이론(Experience economy)은 제품과 서비스의 상위개념으로 체험의 개념을 정의하였으며, 소비자가 생산이나 서비스가 이루어지는 과정에 직접 참여함으로써 얻게 되는 경험을 체험이라고 주장하였다. 체험의 영역은 고객 참여(customer participation)와 연관성(connection) 두 가지 차원을 기준으로 하여 네 개 영역으로 분류될 수 있다. 고객 참여는 참여 정도에 따라 수동적(passive)/능동적(active) 참여로, 연관성은 환경과의 관계(environmental relationship)로서 경험을 제공하는 분위기나 환경에의 흡수(absorption)와 몰입(immersion)으로 구분하였다[그림 6-1].

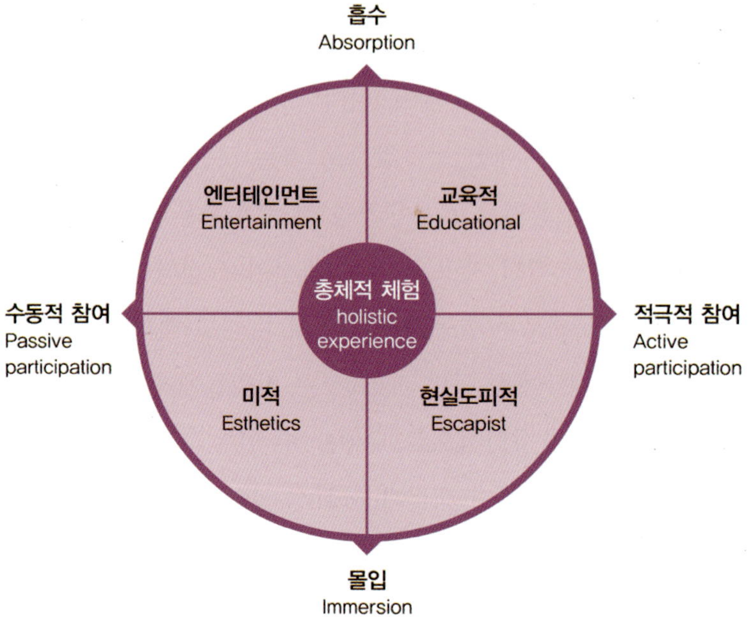


출처 : Pine, B. J., & Gilmore, J. H.(1998), Welcome to the experience economy, Harvard Business Review, 76(4) : 102.

[그림 6-1] 경험의 네 영역

수동적 참여와 능동적 참여의 차이는 고객 경험의 결과에 영향을 미치는가 여부이다. 수동적 참여는 청중으로서 단순히 축구 시합의 시청, 관광지 유적 관람 혹은 레스토랑에서의 셀프서비스처럼 고객이 활동 결과에 영향을 미치지 않는 경우이다. 능동적 참여는 스키나 골프처럼 고객의 활동 결과에 영향을 미쳐서 적극적으로 자신만의 경험으로 만드는 경우이다. 이에 비해 흡수와 몰입의 차이는 고객의 활동이 환경을 변화시키는지 여부이다. 흡수는 고객 스스로 경험의 일부가 되는 것으로 예로는 컴퓨터 게임에 참여하는 경우이다. 몰입은 경험이 고객의 일부가 되는 것으로 예로는 야구 경기를 TV에서 관람하는 경우이다.

고객 참여와 연관성을 결합해보면 수동적이며 흡수영역인 엔터테인먼트(entertainment) 체험, 능동적이며 흡수영역인 교육적(educational) 체험, 능동적이며 몰입 영역인 현실 도피적(escapist) 체험, 수동적이며 몰입 영역인 미적(esthetic) 체험으로 구분할 수 있다〈표 6-4〉. 엔터테인먼트와 심미적 체험은 수동적 참여로 고객이 체험의 결과에 영향을 미치지 않는 반면, 교육적 및 현실 도피적 체험은 능동적 참여로 고객이 체험의 결과에 중요한 영향력을 미친다(Hosany & Witham, 2009).

**〈표 6-4〉 고객 참여의 네 유형**

| 구분 | | 환경과의 관계 | |
|---|---|---|---|
| | | 몰입 | 흡수 |
| 참여 정도 | 수동적 | 엔터테인먼트 체험<br>스포츠 방송, 영화, 음악회 | 미적 체험<br>한강 유람선, K팝 공연장 |
| | 능동적 | 교육적 체험<br>훈련, 토론, 실험 | 현실 도피적 체험<br>컴퓨터 게임, 온라인 채팅방 |

출처 : Pine, B. J., & Gilmore, J. H.(1998), Welcome to the experience economy, Harvard Business Review, 76(4) : 97-105.

## 1) 엔터테인먼트 체험

엔터테인먼트 체험은 가장 오래된 형태의 체험이며, 고객의 수동적 참여를 통한 체험으로 스포츠 TV 시청, 연극 공연 참관, 콘서트 참가, 음악회 관람 등 감각기관을 통해 소극적으로 경험을 흡수하는 것이다(Hosany & Witham, 2009). 엔터테인먼트 체험은 일종의 쾌락적 소비로서 고객의 다양한 감각기관을 통해 환상적이고 감성적인 체험을 하게 되는 것을 의미한다(Holbrook & Hirschman, 1982). 2021년 롯데면세점이 제31회 랜선 패밀리 콘서트를 개최하여 소비자들에게 엔터테인먼트 체험을 제공해준 사례가 있다.

출처 : https://kor.lottedfs.com(롯데면세점)

[그림 6-2] 롯데면세점 랜선 패밀리콘서트

### 2) 교육적 체험

교육적 체험(educational experience)은 고객이 무언인가 새로운 것을 배우기 위해 적극적으로 몰입하는 영역으로서 이를 통해 고객은 기술이나 지식을 습득하게 된다. 광의로는 사람들이 새로운 사람들을 만나 사귀는 것도 적극적인 행동을 필요로 하며, 새로운 것을 알고 배운다는 점에서 교육적 체험에 속한다(Hosany & Witham, 2009; Jurowski, 2009). 예를 들면, 학생들이 교사, 수업자료, 다른 학생과 상호작용하면서 학습효과를 극대화하는 경우나 호텔과 백화점에서 판매하는 제품을 활용한 요리법과 준비과정을 고객에게 설명하는 경우이다.

### 3) 현실 도피적 체험

현실 도피적 체험(escapist experience)은 고객이 능동적으로 참여하고 몰입하는 체험으로 테마파크와 같이 일상적인 활동으로부터 벗어나 새로운 세계에 몰입하는 경우를 말한다. 예를 들면, 에버랜드의 놀이기구, 카지노 이용, 가상현실 헤드폰, 온라인 채팅방, 컴퓨터 게임 등과 같이 체험의 결과가 고객에게 미치는 영향이 큰 경우이다.

### 4) 미적 체험

미적 체험(esthetic experience)은 고객의 감각기관을 통해 수용되는 물리적 환경에 대해 수동적으로 체험하고 감상하는 것을 의미한다. 예를 들면, 걷기 좋은 둘레길을 산책하거나 세계문화유산 장소를 방문하는 것은 능동적인 활동 없이 수동적으로 감상하는 경우이다.

가장 풍요롭고 만족스러운 경험은 이들 네 체험영역을 아우르는 총체적 경험이다. 대부분의 체험활동이 네 가지 체험영역이 가지는 체험 특성 중 한두 가지에 비중을 두고 실행되지만 현재의 활동은 네 가지 영역 간의 경계가 허물어지면서 모든 체험영역을 아우르는 체험활동을 지향하고 있다. 예를 들면, Disneyland는 디즈니 영화와 관련한 다양한 테마 공연이나 이벤트를 통해 공연 감상 기회 제공, 첨단 오락용 시설을 통해 현실 도피적 체험 제공, 시설 디자인 측면에서의 심미적 체험 제공, 어린이에게 상상력을 키워주며 동물, 자연 역사를 즐기면서 배우는 교육적 체험을 동시에 제공하고 있다.

하지만 현실적으로 기업들이 네 가지 모든 영역을 고객에게 제공하기란 쉽지 않다. 그래서 기업은 경험의 참여 수준을 향상시키기 위해 경험과 다른 요소를 결합시키는 노력을 하고 있다. 예를 들면, '국민가수'라는 프로그램의 경우 시청자들로 하여금 단순히 TV를 시청하는 엔터테인먼트 영역을 뛰어넘어 자신이 좋아하는 가수에게 적극적으로 투표 의견을 내도록 하여 그 결과를 반영하여 우승자를 뽑는 방식으로 현실 도피적 영역을 접목하였다.

이외에도 엔터테일링(entertailing: entertainment + retailing), 쇼퍼테인먼트(shoppertainment: shopping + entertainment), 이터테인먼트(eatertainment: eat + entertainment), 에듀테인먼트(edutainment: education + entertainment)가 있다. 엔터테일링은 소매점의 판매 서비스에 엔터테인먼트 요소를 가미한 것이다. 즉 매장에 시선을 끄는 조형물을 배치하거나 독특한 시설을 준비하여 고객의 흥미나 재미를 느끼도록 하는 것이다. 예를 들면, 어린이 동반 고객을 위해 커다란 공룡 모형, 새로 출시된 자동차 구매 고객을 위해 설치된 주행 가상현실 체험시설, 가구매장을 놀이터와 휴식처로 꾸며 놓은 IKEA, 독특한 구조와 외관으로 사람들의 소통공간이 된 뉴욕 맨해튼의 Apple 플래그십 매장, 홈쇼핑방송에서 생활의 팁까지 전수하거나 각종 생활정보와 함께 어울리는 상품을 소개하는 CJ오쇼핑의 스타일온에어나 GS샵의 리업뷰티 쇼앤쇼, 홈쇼핑을 통한 타이타닉, 시카고, 그리스 등과 같은 뮤지컬 상품 판매, 넓은 휴식 공간의 '더현대서울' 백화점, 입점 브랜드와 더불어 여러 체험활동과 전시가 마련된 무신사 테라스, CJ오쇼핑과 슈퍼주니어가 함께한 숲마켓, 인기 유튜버 카페사장 최준이 진행하는 배닌쇼핑라이브 등이 있다.

이터테인먼트는 식당의 핵심 서비스인 식사에 엔터테인먼트를 가미한 것이다. 예를 들면, 고객이 식사하는 동안 공연 보여주기, 레스토랑에서 생일을 맞이한 고객을 위해 직원 몇 명이 악기를 연주하면서 생일 이벤트 해주기, 고급 요리와 와인을 즐기면서 영화를 볼 수 있는 극장, 차나 커피를 마시면서 그림을 그리고 감상할 수 있는 화실 카페,

강릉커피축제, 대구 치맥 페스티벌, 전주비빔밥축제, 독일마을 맥주 축제, 1인 코스요리가 17만 원으로 각 코스요리가 등장할 때마다 조명과 화상, 음악이 달라지는 4D 시스템을 갖춘 엔솔로지아 레스토랑 등이 있다.

에듀테인먼트는 교육과 엔터테인먼트를 가미한 형태로 자녀에게 교육적 효과와 재미를 동시에 주고 싶어하는 부모의 욕구를 충족시키기 위해 나타났다. 예를 들면, '먼나라 이웃나라', 'Why?'시리즈와 같이 학습적인 내용을 책으로 구성한 학습만화나 화석연료 사용 안 하기, 일회용품 사용 안 하기, 재활용 불가 쓰레기 배출 안 하기 여행 등의 환경을 지키고 교육의 의미를 더한 여행프로그램이 있다. 이외에도 교육용 게임, 노래나 동영상 등의 콘텐츠, 어린이가 캠프에서 재미난 활동을 하면서도 유익한 내용을 학습하는 것, 박물관과 같은 따분한 교육적 시설에 흥미요소를 가미해 학생들이 자주 가도록 만드는 것 등이 있다.

잠깐 쉬어가기

### 구찌에서 왜 버거가 나와?… 먹고 마시는 명품

명품 브랜드 구찌가 오는 28일 이태원에 '구찌 오스테리아 서울'이라는 이탈리안 레스토랑을 오픈합니다. 2018년 이탈리아 피렌체에 구찌 레스토랑 1호점을 오픈한 데 이어 2020년 미국 베벌리힐스에 2호점을, 2021년 일본 도쿄에 3호점을 낸 뒤 한국에 4호점을 낸 것인데요. '구찌 오스테리아 서울'은 구찌가옥 최상층 6층에 위치하여 고급스러운 외관으로 사람들의 주목을 끌고 있습니다.

메인 다이닝룸 28석, 테라스 38석으로 이뤄진 이번 레스토랑은 선명한 초록색감, 벨벳 의자 등 이탈리아 르네상스 양식과 구찌의 미학적인 요소에서 영감을 받아 내부를 꾸몄습니다. 엔틱풍의 거울로 벽이 이루어져 있어 '거울의 방'이라고 불리는 프라이빗한 공간도 마련돼 있습니다. 대표 메뉴는 에밀리아 버거, 파마산 레지아노 크림을 곁들인 토르텔리니 등입니다. 특히 서울점에서는 '서울 가든' 등 한국의 계절에서 영감을 받은 신메뉴와 200여 종의 와인, 칵테일도 선보입니다.

구찌는 지난 16일 오후 6시부터 공식 홈페이지를 통해 레스토랑 사전 예약을 받았습니다. 당연히 모든 시간대가 4분 만에 예약 완료됐는데요. 그렇다면 명품 패션 브랜드가 왜 레스토랑을 열게 된 걸까요?

구찌의 목표는 문화와 음식, 패션의 세계를 엮어 고객에게 잊지 못할 경험을 선사하는 것입니다. 이번 구찌 레스토랑은 미슐랭 3스타 셰프 마시모 보루타와 구찌 CEO인 마르코 비자리의 우정에서

비롯됐는데요. 이 두 사람은 모데나에서 어린 시절을 함께 보내며 성장했습니다. 이런 둘이 이탈리아 문화의 두 가지 핵심 주제인 음식과 패션에 대한 열정을 레스토랑과 패션의 결합으로 구현하자고 힘을 모으게 된 것입니다.

출처 : 서울경제(2022.3.26), 구찌에서 왜 버거가 나와?… 먹고 마시는 명품.

## 3. 시간

고객은 자신의 뇌리에 오랜 시간 남아 있을 경험의 추억을 가지고 싶어 한다. 오랜 시간 남아 있을 경험은 경쟁자가 모방하기 힘들며, 고객에게 새롭고도 지속적인 학습을 제공한다. 서비스 제공자는 좋은 경험에서 오래 머무르도록 시간의 구조 속에서 서비스 활동이 잘 설계되도록 노력하여 고객의 기억 속에 오랜 시간 유지하도록 하는 것이 중요하다. 시간과 관계되는 세 가지 요소는 장기간 유효, 연속성, 역동성이 있다.

### 1) 장시간 유효

고객의 경험이 기억에 오래 남아 있으려면 물리적 환기물을 활용하는 방법이 있다. 즉 고객은 좋은 경험이 오래되어 기억이 희미해질 때 환기물을 보면서 과거의 좋은 경험이나 추억을 떠올릴 수 있는 것이다. 물리적 환기물의 예로는 고객이 유네스코 문화유산 앞에서 찍은 사진, 호텔 로고가 들어간 객실 편의품이나 머그컵, 홈페이지에 사진이나 동영상 업로드, 관광자에게 주는 방문 카드, 제주 올레길 완주증이나 한라산 완주증, 스킨스쿠버 다이빙 자격증 등이 있다. 이러한 물리적 환기물은 고객의 기억을 오래 간직하게 할 뿐만 아니라 다른 사람에게 자신의 좋은 경험을 이야기하여 구전 효과를 높이며, 궁극적으로는 기업 매출을 증가시킨다.

### 2) 연속성

연속성이란 개인적 경험을 가지기 위해 그 경험을 갖게 되는 과정을 의미한다. 고객은 서비스나 경험을 처음부터 완전히 이해하고 적응하기는 어려우며, 시간과 과정이 필요하다. 이 과정 속에서 고객은 정보획득, 다른 고객의 행태관찰을 통한 간접 경험 등을 하게 된다. 고객은 서비스 경험이 만족스러울 경우 계속해서 서비스의 여러 단계를 거치면서 반복적으로 서비스에 참여하게 되며, 새로운 기대로 들뜨게 된다. 예를 들면, 컴퓨터 게임은 사용자들이 오랜 시간에 걸쳐 단계별로 경험을 쌓아 가도록 설계한다. 온라인 뱅킹처럼 서비스 프로세스가 복잡한 경우에도 고객은 오프라인 서비스를 통한 금융 상품이나 서비스 프로세스 이해, 단순한 송금이나 계좌이체, 대출 서비스 이용 등 보다 고도화된 서비스 순으로 충분한 정보와 신뢰감을 가지고 서비스를 이용하게 된다.

### 3) 역동성

대부분의 멋진 경험은 처음부터 끝까지 같은 수준으로 제공되기보다는 서비스 제공 과정에서 많은 굴곡을 가진다. 굴곡의 형태로는 기승전결의 전형적인 패턴, 반전이 계속되는 패턴 등 다양하다. 예를 들면, 2022년 카타르 월드컵 아르헨티나와 프랑스 간의 흥미진진한 축구 결승전, 서바이벌 게임, 롤로코스터 놀이기구는 처음부터 끝나는 순간까지 반전에 반전이 거듭되며 고객에게 영원히 잊지 못할 추억을 제공한다. 고객은 역동성에 대해 서로 다른 선호도와 반응을 보이게 된다. 어떤 사람은 역동성에 흡수되어 적극적으로 참여하지만 어떤 사람은 단지 관람만 하는 소극적인 태도를 보이기도 한다. 서비스 제공자는 각각 다른 욕구와 능력을 투입하여 역동적인 경험에 노출되도록 하는 특성을 고객들에게 강조할 필요가 있다.

# 제 3 절 | 고객경험관리 실행 프로세스

고객경험관리는 고객경험과정의 해부-차별적 경험의 디자인-고객의 피드백 반영-일관되고 통합된 경험의 제공이라는 4단계의 실행 프로세스로 구성된다(박장현, 2006). 각 단계별 내용을 살펴보면 다음과 같다[그림 6-1].

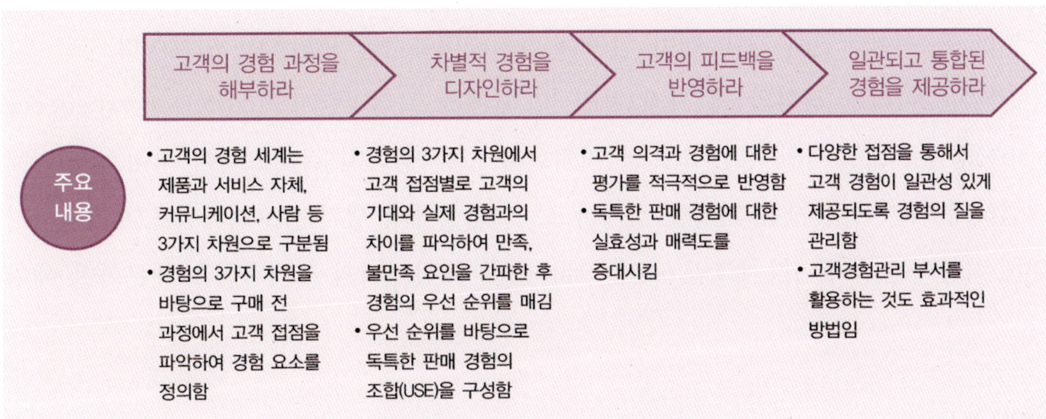


출처 : 박장현(2006), 고객경험관리(CEM)에 주목하라, LG주간경제, 11월 15일, p.17.

[그림 6-3] 고객경험관리 실행 프로세스

## 1. 고객경험과정의 해부

성공적인 고객경험관리의 첫 단계는 고객경험과정을 철저히 이해하는 것이다. 고객경험은 제품과 서비스 자체, 커뮤니케이션, 사람의 세 가지 차원으로 구분할 수 있다. 제품과 서비스는 고객경험의 핵심으로 고객은 제품과 서비스를 탐색, 구매, 사용하는 모든 단계에서 해당 브랜드를 경험한다. 또한 고객은 기업 홈페이지, TV 광고, 신문 광고, 길거리 판촉, 건물 외관 등 다양한 접점에서의 커뮤니케이션을 통해 브랜드를 경험한다. 이와 더불어 고객은 기업의 임직원, 매장 직원, 친구, 기타 주변 사람들을 통해 브랜드를 경험한다.

또한 고객경험은 기업이 고객 접점을 통해 보내주는 정보나 서비스를 받을 때의 경험인 수동적 경험(이메일, 문자 메시지 등)과 고객이 직접 접점을 찾아와서 받는 경험인 능동적 경험(매장, 예약 창구, 등록 창구 등)으로 구분된다. 고객의 능동적 경험이 수동적 경험보다 더 중요하다. 이와 더불어 고객경험은 구매 전, 구매 및 사용, 구매 후 단계로 구분해볼 수 있다. 구매 전 단계는 고객에게 제품이나 서비스가 무엇인지를 알려주는 단계로 고객의 기대관리가 중요하다. 구매 및 사용단계는 고객이 왜 제품과 서비스를 구매해야 하는지 명확한 구매이유를 제시하는 것이 중요하다. 구매 후 단계는 구매한 후 사용하면서 기대 대비 얼마나 만족스러운가를 판단하는 단계이다.

기업은 이러한 경험의 세 가지 차원 및 단계를 고객경험지도(customer experience map)를 활용해 고객의 경험 요소를 파악한다. 고객경험지도는 고객이 서비스를 위해 경험하게 되는 모든 행동 과정을 정의하고, 그 과정에서 생기는 고객체험을 시각화하기 위해 사용하는 도구이다. [그림 6-4]는 Starbucks 매장에서의 고객경험을 세분화한 예이다.

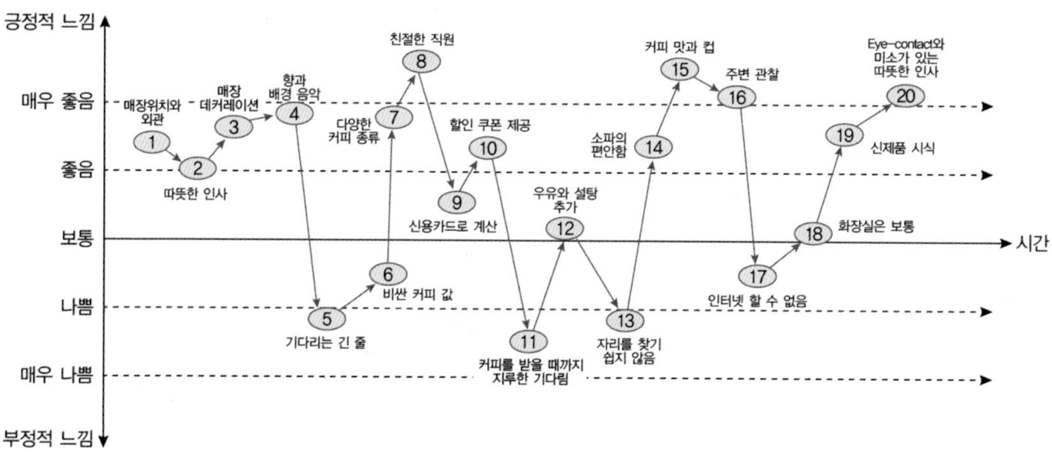


출처 : 황혜정(2007.4.18), 가치창출, 고객경험에서 찾아라, LG주간경제, p.13.

**[그림 6-4] 중국 스타벅스의 고객경험지도**

고객경험의 세분화 이후에는 고객경험의 전 과정에서 소비자에게 결정적 영향을 미치는 접점이 어디인가를 분석할 필요가 있다. 고객은 기업과 접촉하는 수많은 접점을 동일하게 중요하게 생각하지 않고 특별히 더 중요하게 여기는 접점이 있기 때문이다. 렌터카 회사인 AVIS는 고객들이 자동차를 빌리는 전 과정을 100단계로 구분하여 각 단계별로 문제점이 발견되면 이를 집중적으로 개선하였다. 한 예로 고객이 렌트할 때 걸리는 시간이 너무 길어지는 문제를 회원에 한해서 공항 내에 있는 렌터카 신청 부스를 들르지 않고 차를 바로 배정하도록 개선하였다. Virgin Atlantic Airline은 고객의 항공기 예약에서 실제 비행까지의 전 경험을 총 50여 단계로 나누었으며, 긴 비행시간으로 인한 따분함의 문제를 줄이기 위해 기내에 쌍방향 오락 시스템, 마사지 등 엔터테인먼트 요인을 보강한 바 있다.

## 2. 차별적 경험의 디자인

고객경험 분석 후 다음 단계는 경쟁사 대비 차별화된 경험을 창조하는 것이다. 이를 위해 제품과 서비스, 커뮤니케이션, 사람 등 경험의 3가지 차원에서 고객 접점별로 고객의 기대와 실제 경험과의 차이를 파악하여 만족, 불만족 요인을 파악한 후 경험의 우선순위를 정한다. 마지막으로 경험의 우선순위를 바탕으로 독특한 판매경험(unique selling experience)의 조합을 구성해야 한다.

Krispy Cream은 Dunkin' Donuts 등 경쟁자와는 다른 특별한 가치를 제공하기 위해 고객경험을 분석했다. 그 결과 고객들은 도넛의 새로운 맛과 더불어 즐거운 구경거리에 대한 니즈가 매우 크고, 제조 과정의 위생 상태에 대해 불만을 가진다는 사실을 알게 되었다. 이에 Krispy Cream은 '달콤한 도넛, 도넛 체험 그리고 즐거운 기다림'이라는 독특한 판매 경험을 디자인했다. 먼저 달콤한 도넛의 경험을 위해 프랑스 요리사로부터 사들인 제조비법을 응용해 오리지널 글레이즈드(Original Glazed)라는 맛있는 도넛을 내놓았다. 또한 고객이 기다리는 동안 고객의 도넛 체험과 위생에 대한 우려를 해소하기 위해 매장 바깥에 'Hot Doughnuts Now(갓 나온 따뜻한 도넛 판매)' 불빛이 켜지도록 하였다. 이와 더불어 고객이 매장에서 기다리는 동안 지루함을 줄여주기 위해 도넛을 무료로 제공하기도 하여 긍정적인 입소문을 유도하여 성공하였다.

## 3. 고객의 피드백 반영

최근 소비자는 생산적 소비자를 의미하는 프로슈머(prosumer: producer + consumer)를 넘어 창조적 소비자인 크리슈머(cresumer: creative + consumer)로 변화하고 있다. 프로슈머가 제품을 개발할 때 뿐만 아니라 생산, 판매에 직간접적으로 참여하는 고객이라면, 크리슈머는 제품 사용뿐만 아니라 더 나아가 제품을 창의적으로 활용하여 새로운 가치를 찾아내는 고객이라 할 수 있다. 다시 말해 크리슈머는 일반 제품을 자신의 취향에 맞게 새롭게 만들어내는 창조적인 소비자로 창의적 발상으로 제품의 판매와 유통에 영향을 미치는 소비자를 말한다. 이와 같이 기업 활동에 고객의 참여 욕구가 더욱 거세지고 있는 것이다. 따라서 기업은 고객의 의견과 경험에 대한 평가를 경청 · 반영하여 독특한 경험에 대한 실효성과 매력도를 증대시켜야 한다.

크리슈머의 예로 LEGO와 삼성전자를 들 수 있다. LEGO는 소비자들이 단순히 새로 출시되는 획일화된 제품들을 조립하는 데 만족하지 않고 자신만의 레고 디자인을 만들고 싶은 소비자들을 위해 공식적으로 '레고 아이디어' 페이지를 만들어 소비자들이 만든 창작물을 공유하는 장을 제공하였다. 삼성전자는 갤럭시 노트2를 출시한 이후 더 다양한 계층의 소비자를 확보하기 위해 '새롭고 놀라운 기능을 찾아라!'라고 하는 이벤트를 진행해 소비자들이 갤럭시 노트2가 가지고 있는 새로운 기능을 찾아내도록 유도하고, 여러 아이디어를 비디오로 제작해 많은 소비자의 관심을 끌었던 예가 있다.

NIKE 역시 운동선수들을 신발 개발에 참여시키는 '알파 프로젝트'를 통해 승리의 경험 가치를 극대화하였다. 첫째, 인체 공학 전문가 등으로 구성된 알파 프로젝트팀은 호나우두, 타이거 우즈 등 각 종목을 대표하는 최고 선수들로부터 경기 중 진정으로 필요한 것이 무엇인지를 파악한다. 둘째, 선수들이 바라는 가장 효과적인 재료가 무엇인지를 연구하여 이들의 영감을 바탕으로 신발을 디자인한다. 셋째, 선수들이 최소 3주간 직접 운동을 하면서 경기력 향상 여부 등에 대한 그들의 평가를 반영한다. 마지막으로 프로젝트팀은 스포츠 리서치 팀, 생산 부서 등 관련 부서와 협력하여 최고의 기능성 운동화를 만들어낸다.

## 4. 일관되고 통합된 고객경험 제공

기업은 고객에게 제공하는 제품과 서비스, 커뮤니케이션, 사람 등 3가지 차원의 경험이 일관되고 통합되게 함으로써 고객가치를 높여야 한다. 이를 위해선 다양한 고객 접점을 통해 고객경험이 일관성 있게 제공되도록 기업 내부에서 경험의 질을 종합적으로 관리해야 한다. 일관된 경험이 제공되지 못하면 다양한 접점에서의 고객경험은 오히려 잡음이 되어 기업이 의도했던 브랜드 메시지를 전달하지 못할 수도 있다. 이와 더불어 매장 판매직원이나 웹사이트에서 제공되는 정보에 이르기까지 광고, 홍보, 매장 디자인을 포함한 브랜드 경험의 모든 요소를 통합하여 한 가지의 확실한 통합적인 메시지를 고객에게 전달해야 한다.

한 예로 HP는 고객에게 일관되고 통합된 경험을 제공하기 위해 고객경험관리부서를 적극 활용하였다. 고객경험관리부서는 매년 전 세계 4만여 명의 고객을 대상으로 글로벌 고객조사(global citizenship survey)를 수행하여 고객들이 제품과 서비스를 사용하는 과정에서 겪게 되는 문제를 진단하였다. 또한 HP는 고객경험관리를 위한 기업 활동의 지침인 고객경험표준(customer experience standards)을 마련하여 전 세계 95,000여명의 임직원들이 이를 완벽히 숙지하도록 교육하였다.

# 제 4 절 | 고객 참여행동

## 1. 고객 참여의 개념 및 효과

### 1) 고객 참여의 개념

고객은 서비스 생산 및 전달과정에서 성공적인 서비스 경험을 위해 직원과의 상호작용과정에서 일정한 역할을 담당한다. 서비스 생산과 전달과정에서 고객의 참여는 서비스품질 향상과 고객만족에 긍정적인 영향을 미치지만 경우에 따라 고객 불평행동에 부정적인 영향을 미치기도 한다.

고객참여에 대한 정의는 마케팅 차원에서 서비스의 생산과 전달과정에 대한 고객의 관여도와 고객 역할의 기준 두 가지 측면에서 찾아볼 수 있다. 전자의 경우 고객참여를 고객이 서비스의 전달 및 생산과정에서 관여하는 정도(Dabholkar, 1990)로 보는 것이며, 후자는 서비스 전달 및 생산과정에서의 고객의 정신적, 물리적, 감정적 정보의 입력과 같이 고객이 제공하는 행위와 자원의 행동적 개념(Rodie & Kleine, 2000)으로 보는 것이다. 이를 바탕으로 고객참여는 서비스의 생산 및 전달과정에서 고객이 제공하는 다양한 정보와 행동으로 정의할 수 있다.

### 2) 고객 참여의 효과

고객 참여는 비용절감, 개인적 수준의 서비스 최적화, 고객에 의한 서비스품질 통제, 고객의 우군화, 고객 간 정보 공유 및 교육의 다섯 가지 효과가 있다(안연식, 2018).

첫째, 셀프서비스와 같은 고객 참여는 기업에 인건비 절감효과를 가져올 수 있다. 이러한 경우는 고객 스스로 서비스를 제공함으로써 발생하는 서비스품질의 저하보다 비용이 더 큰 경우로 서비스 수요변동이 심하고 예비의 서비스 공급능력을 갖춰야 하는 서비스에 효과적이다. 예를 들면, 미술관에서 고객이 직접 오디오 가이드 장치를 사용하면 관람객이 집중되는 피크타임에 오래 기다릴 필요가 없으며, 미술관은 인건비 비용을 절약할 수 있다.

둘째, 개인적 수준의 서비스 최적화 효과가 있다. 위 미술관 사례에서 오디오 가이드 장치를 이용하는 관람객은 자신이 원하는 순서대로 미술작품을 관람할 수 있어 해설의 양이나 깊이를 스스로 정할 수 있다.

셋째, 고객에 의한 서비스품질 통제 효과로 고객은 품질을 직접 관리할 수 있고 품질의 개선과정에도 참여할 수 있다. 예를 들면, 기업은 포커스 그룹 등을 통해 신제품 개발 시 고객의 의견을 듣는 것이 일반적이고, 서비스의 경우 서비스품질 개선에 관해 거의 실시간 피드백이 가능하다. Starbucks 고객은 방문 중인 매장의 불편 사항을 매장에 비치된 QR코드를 통해 스타벅스 앱에 등록하면 매장 파트너가 직접 확인 후 실시간으로 개선하는 스토어 케어(store care)서비스를 이용할 수 있다[그림 6-5].

넷째, 고객의 우군화 효과이다. 고품질의 서비스 경험을 한 고객은 다른 잠재고객에게 서비스를 추천하는 활동을 하게 되어 종종 고객 획득이나 전환에 도움을 주는 역할을 한다.

[그림 6-5] 스타벅스의 스토어 케어 서비스

다섯째, 고객 간 정보 공유 및 교육 효과에 의한 고객의 구전효과이다. 예를 들면, 레스토랑은 고객의 서비스 경험을 SNS를 통해 정보를 공유하도록 유도하고 있고 실제로 많은 정보가 공유되고 있다. 탈장 전문 병원인 캐나다의 Shouldice병원은 수술을 받은 환자로 하여금 수술예정인 환자들과 저녁식사를 같이하면서 자신이 직접 경험한 정보와 유용한 팁을 자연스럽게 제공하도록 하고 있다.

## 2. 고객 참여 수준

고객 참여 수준은 서비스 유형에 따라 낮은 수준, 중간 수준, 높은 수준의 고객참여 수준으로 나눠볼 수 있다〈표 6-5〉. 낮은 수준의 고객참여는 항공사의 이코노미 좌석 승객서비스와 같이 고객이 동일하게 모든 서비스를 제공받는 표준화된 서비스로 고객은 서비스 제공과정에 참석하는 수준을 의미한다. 중간 수준의 고객참여는 미용 서비스와 같이 개별고객의 다양한 욕구에 맞는 서비스를 제공받는 개별화된 서비스로 서비스 생산과정에 고객자원의 투입이 요구되는 수준이다, 높은 수준의 고객참여는 다이어트 프로그램과 같이 서비스가 성공하기 위해서 고객의 적극적이고도 충분한 노력과 역할이 필요한 경우로 고객과 서비스 제공자가 공동으로 서비스를 생산 및 창출하는 수준을 의미한다.

**〈표 6-5〉 서비스에서 고객 참여의 수준**

| 구분 | 낮은 수준의 고객참여 | 중간 수준의 고객참여 | 높은 수준의 고객참여 |
|---|---|---|---|
| 개념 | 서비스 제공과정에 고객이 참여하는 수준 | 서비스 생산과정에 고객자원의 투입이 요구되는 수준 | 고객과 서비스 제공자가 공동으로 서비스를 생산 및 창출하는 수준 |
| 개인 서비스 예 | 항공여행, 숙박, 패스트푸드, 콘서트, 모델 등 | 미용, 건강검진, 풀 서비스 레스토랑 등 | 외과수술, 다이어트, 심리치료, 테마파크 등 |
| 기업 서비스 예 | 세탁, 병해충 방제, 패스트푸드 식당 등 | 화물 운송, 헤드헌팅 등 | 경영 컨설팅, 주문 가구 제작 및 설치, 결혼 상담, 체중조절 프로그램 등 |
| 특징 | • 제품 표준화<br>• 동일한 수준의 서비스 제공<br>• 고객은 요금 지불이 유일한 참여<br>• 누가 구입하느냐에 관계없이 서비스가 제공됨 | • 상담 수준의 표준화 가능<br>• 고객의 투입에 의해서만 표준서비스가 제공됨<br>• 고객의 요구나 고객자원의 투입 정도에 따라 서비스가 달라질 수 있음 | • 적극적인 고객 참여를 통해 고객화된 서비스 제공 가능<br>• 고객이 구매하고 적극 참여해야 우수한 서비스 창출 가능 |

출처 : 안연식(2018), 서비스경영, 청명, p.305. 토대로 보완

## 3. 고객 참여행동 유형

서비스 생산에서 고객은 일시적 직원(partial employee)으로 보고 공동생산자(co-producers) 혹은 참여자로서의 역할을 한다. 고객 참여행동의 유형은 직원의 역할처럼 역할 내 행동(in-role behavior)과 역할 외 행동(extra-role behavior)로 나눠볼 수 있다〈표 6-6〉. 역할 내 행동은 서비스 생산과 전달의 성공을 위해서 고객으로부터 필수적으로 요구받고 기대되는 고객참여행동이며, 역할 외 행동은 전체적으로 서비스 기업을 돕지만 서비스 전달과 생산의 성공에는 필수적이지 않은 고객의 자발적이며 임의 · 재량적인 고객시민행동을 의미한다. 고객의 역할 내 행동에는 순기능 행동인 고객 참여행동과 역기능 행동인 고객 불평행동이 있다. 고객의 역할 외 행동에는 순기능 행동인 고객시민행동과 역기능 행동인 고객 불량행동이 있다.

〈표 6-6〉 고객 참여행동 유형

| 구분 | 순기능 행동 | | 역기능 행동 (고객 행동) |
|---|---|---|---|
| | 직원행동 | 고객 행동 | |
| 역할 내 행동 (in-role behavior) (고객에게 필수적으로 요구되고 기대되는 행동) | 직무수행 행동 | 고객 참여행동 (고객공동생산) (예: 주문, 설명, 결제, 순응) | 고객 불평행동 (예: 환불, 교환, 수리) |
| 역할 외 행동 (extra-role behavior) (자발적이고 재량적인 고객행동) | 조직시민행동 (사회봉사) | 고객시민행동 (예: 협조, 다른 고객에의 기여, 후기 작성, 추천, 구전) | 고객 불량행동 (예: 폭력, 기물 파손, 절도) |

출처 : 안연식(2018), 서비스경영, 청명, p.306.
김병용(2021), 관광 서비스 경영론, 백산출판사, p.212.

## 1) 고객 참여행동

고객 참여행동은 역할 내 순기능 행동으로 서비스 생산과 전달과정에서 고객이 수행해야 할 필수적인 행동이다. 기업과의 관계에서 고객이 다양한 행동을 하는 넓은 의미에서 보면 고객 참여행동은 좁은 의미의 참여행동으로 음식점에서 주문을 하거나 택시를 타고 행선지를 말하는 행동이 예이다. 고객 참여행동은 고객의 필수적인 역할을 얼마나 적극적으로 수행하느냐에 따라 서비스의 성공이 좌우된다. 이에 비해 서비스 제공에서 직원의 역할 내 순기능 행동에는 자신이 맡은 직무를 잘 수행하는 행동이다.

## 2) 고객 시민행동

고객 시민행동은 역할 외 순기능 행동으로 서비스 생산과 전달과정에서 고객이 단순히 서비스를 제공받기 위한 소극적인 참여행동을 넘어 적극적으로 기업 활동에 협조하고, 서비스 개선을 위해 건의사항을 제공하거나 다른 고객에게 도움을 주는 자발적이고 비명시적인 행동이다. 여기에는 고객의 추천행동, 피드백 행동, 다른 고객 돕기 행동, 주변인과의 상호작용 등이 포함된다. 이러한 고객 시민행동은 기업과 다른 고객에게 긍정적인 기여를 하는 행동이지만 시민행동을 수행하지 않는다고 해서 서비스 전달에 문제가 발생하는 것이 아니라는 점에서 고객 참여행동과는 다르다.

한편, 서비스 제공에서 직원의 역할 외 순기능 행동은 조직시민행동(Organizational citizenship behavior)으로 공식적인 업무도 아니고 적절한 보상도 없지만 조직이 효율성과 성과를 높이는 조직 구성원의 자발적인 행동이다. 조직시민행동의 유형에는 다섯 가지가 있다. 첫째, 이타적 행동으로 결근한 동료의 일을 처리해주는 경우이다. 둘째, 양심적 행동으로 교통사고를 당한 와중에도 정상적으로 출근하려고 노력하는 경우이다. 셋째, 예의 행동으로 어떤 의사결정을 내리기 전에 관련 부서와 상의하는 경우이다. 넷째, 공익적 행동으로 조직의 아이디어 회의 토론에 적극적으로 참여하는 경우이다. 다섯째, 스포츠맨십으로 조직의 결정이 자신에게 불리한 점이 있음에도 불구하고 이를 수용하는 경우이다.

### 3) 고객 불평행동

고객 불평행동은 역할 내 역기능 행동으로 제품이나 서비스에 불만족할 경우 불만족한 상황을 바꾸기 위해 취하는 행동적 · 비행동적 반응을 모두 포함하는 행동이다. 고객 불평행동은 사회적으로 허용되는 합법적인 방법으로 자신의 불만을 해소하는 형태이다. 고객은 반품, 환불, 교환, 수리 요청 등을 통해 자신의 불평표현을 행동으로 보여주거나 불만족에 대해 아무런 행동도 취하지 않는 비행동적 반응을 보일 수 있다.

### 4) 고객 불량행동

고객 불량행동은 역할 외 역기능 행동으로 폭력, 기물 파손, 절도처럼 기업, 직원, 다른 고객에게 직접적인 피해를 입히는 행동이나 폭력적인 방법을 의미한다. 고객 불량행동은 감정노동을 해야 하는 서비스 직원들의 업무 적응을 힘들게 만드는 주요한 요소이다. 자세한 내용은 "14장 서비스 실패 및 회복 관리"를 참고하기 바란다.

## 4. 고객 참여 증대방안

서비스 기업에서 고객 참여를 증대하기 위한 방안에는 고객의 과업 정의, 적합한 고객 유치, 고객 교육, 효과적인 보상 등이 있다.

## 1) 고객의 과업 정의

### (1) 고객의 참여 수준 결정

각 서비스마다 고객이 서비스 과정에 참여하는 수준이 다르므로 고객이 수행해야 할 과업 수준을 적절히 정의하는 것은 중요하다. 즉 고객의 참여 수준은 콘서트나 항공기 여행과 같은 출석만을 필요로 하는 서비스, 헤어컷이나 세금보고서와 같은 노력 또는 정보의 투입을 요구하는 서비스, 건강프로그램이나 셀프서비스컨설팅과 같은 서비스의 결과를 만들어내기 위해 동참을 요구하는 서비스에 따라 다르다. 고객의 직무를 정의할 때 유의해야 할 사실은 모든 고객이 참여를 희망하지 않는다는 것이다. 어떤 고객은 셀프서비스를 즐기지만 어떤 고객은 전적으로 직원에게 의존하기를 원한다. 따라서 기업은 이러한 고객의 선호도를 이해해서 세분시장에 맞게 서비스를 제공할 필요가 있다.

### (2) 고객의 역할과 임무 정의

일단 고객의 바람직한 참여 수준이 결정되면 기업은 고객의 역할과 임무를 좀 더 명확하게 정의할 수 있다. 이러한 역할과 임무의 범위로는 자신을 돕기(helping oneself), 다른 사람 돕기(helping others), 회사 판촉하기(promoting the company) 등이 있다. 첫째, 자신을 돕기란 고객이 서비스 제공 과정에서 직원이 지금까지 해오던 서비스를 능동적으로 직접 수행함으로써 기업의 생산성을 높이거나 고객의 가치, 품질, 만족을 증가시키는 것을 의미한다. 예를 들면, IKEA는 고객이 가구를 스스로 조립, 설치하는 것처럼 고객 자신을 위한 과업을 설정하고 있다. 둘째, 다른 사람 돕기란 고객이 서비스를 받는 다른 사람을 도와주는 것을 의미한다. 예를 들면, 유치원이 새로 입학한 어린이의 적응을 위한 짝꿍 맺어주기, 실버타운에 오래 거주한 사람이 새로 입주한 사람을 도와주기, 대학교에서의 학생들 간 멘토링 프로그램 등을 통해 특정 고객이 다른 고객을 위해 수행하는 과업을 설정하고 있다. 셋째, 회사 판촉하기란 고객의 직무가 판매나 촉진일 수 있다는 의미이다. 기업은 현재 고객의 온라인 리뷰, 페이스북 게시물, 트위터를 통한 홍보 및 구전 활동을 통해 회사의 판매원이나 촉진자로 활용한다. 성형외과병원은 종종 새로운 고객에게 "누가 고객님을 우리 병원에 추천하셨나요?"라는 질문을 해서 자주 언급되는 환자를 데이터베이스화하여 그들에게 꽃이나 이벤트 티켓을 보내고 추천을 독려한다.

## 2) 적합한 고객 유치, 교육 및 보상

### (1) 적합한 고객의 유치

서비스에 적합한 고객을 유치하기 위해서 기업은 제공하는 서비스 내용과 제공범위를 광고, 인적 판매, 인플루언서 등을 통해 고객에게 알려주고 고객 기대를 관리해야 한다. 적합한 고객을 유치하기 위해서는 고객 특성에 따른 시장세분화를 해볼 수 있다. 예를 들면, Curves는 여성 휘트니스 회원만을 타깃으로 하고 있고, 유명 입시학원은 서울대 재수생반을 전년 수능 점수와 내신 성적을 기준으로 일정 수준 이상의 학생들만 등록하도록 하고 있다. 이외에도 반바지 차림이나 나이가 많은 고객은 입장시키지 않는 나이트클럽, 탈장 환자만 받는 캐나다의 Shouldice병원, 테마파크 놀이시설에서 어린이에게 키 제한을 두는 경우 등이 있다.

### (2) 고객 교육과 훈련

기업은 고객이 요구한 과업을 수행할 수 있도록 고객을 대상으로 적절한 교육을 제공할 필요가 있다. 고객 교육은 공식적인 교육프로그램, 고객에게 제공되는 안내서, 서비스 현장의 표시나 지시, 다른 고객이나 직원으로부터의 학습 등 다양하다. 이러한 사회화과정을 통해 고객은 조직의 가치를 존중하고, 역할수행에 필요한 능력을 개발하고, 자신에게 기대된 것을 이해하고, 직원과 다른 고객과의 상호작용에 대한 지식과 기술을 습득할 수 있다.

고객 교육으로는 다음과 같은 것들이 있다. 첫째, 공식적인 교육프로그램으로 체중조절 프로그램을 시작할 때 첫 모임에서 고객의 책임을 이해시키고 프로그램을 소개하는 것을 둘 수 있다. 이외에도 대학교 신입생 오리엔테이션, 식품회사에서의 음식 조리법 제공, 수영장 강습 첫 날에 수영장 사용에 관한 기본 에티켓 설명, 호텔 고객에게 룸 카드키 사용법 설명 등이 있다.

둘째, 고객에게 제공되는 안내서로 병원의 환자를 위한 책자가 있다. 책자에는 환자가 병원 오기 전에 준비해야 할 것, 병원에 도착했을 때 해야 할 것, 방문 시간과 진료비 청구 내용, 환자 가족의 임무나 역할 등이 수록되어 있다.

셋째, 서비스 현장의 표시나 지시로 서비스 기업의 각종 표시(signage)나 시설배치가 있다. 고객은 "내가 지금 어디에 있지?", "여기서부터 저기까지 어떻게 가지?" 등의 장소 오리엔테이션과 "이것을 어떻게 작동하지?", "내가 어떻게 하기를 원하지?" 등의 기능 오리엔테이션에 대한 답을 표시나 지시를 통해 알 수 있고, 자신의 역할을 좀 더 효율적으로 수행할 수 있도록 도움을 받는다. 오리엔테이션의 예로는 안전(비행기, 헬스클럽), 적절한 의상(레스토랑, 엔터테인먼트), 소음 수준(호텔, 교실, 극장)의 관리를 위한 규정 등이 있다.

넷째, 고객은 다른 고객이나 직원이 제공한 정보를 통해 자신에게 기대된 역할을 학습할 수 있다. 예를 들면, 로스앤젤레스의 한 식당은 고객들이 쉴 수 있고, 음악을 즐기고, 방해받지 않게 하기 위해 식당에 들어갈 때 핸드폰을 현관에 두고 가는 고객에게 총요금의 5%를 할인해주었는데 약 40%의 고객들이 자발적으로 참여하였다.

### (3) 효과적인 보상

고객 참여의 공헌도에 따른 적절한 보상은 고객 참여의 동기유발 요인이 될 수 있으므로 공헌도에 따라 금전적, 시간적, 심리적인 보상을 주어야 한다. 보상에는 고객이 적은 시간대인 해피 아워 시간의 할인, 인터넷 뱅킹 고객을 위한 수수료 미징수 등의 금전적 보상과 이용 후기를 올린 고객에게 추첨을 통한 경품제공 등의 비금전적 보상이 있다. 예를 들면, 항공사는 출발 전 오래전에 온라인으로 예약한 승객에게 가격할인이라는 금전적인 보상을 하고 있으며, 롯데호텔 계열의 라이프스타일 호텔인 L7호텔은 고객이 SNS 채널을 팔로우했거나 뉴스 레터 구독 신청을 한 사람에게 멤버십 이벤트 초대권이나 할인권 등의 비금전적 보상을 제공하고 있다.

기업은 고객에게 고객 참여를 통해 얻을 수 있는 보상이나 편익을 명확히 알릴 필요가 있다. 또한 기업은 모든 고객이 같은 종류의 보상으로 동기부여되지 않는다는 사실을 알 필요가 있다. 즉 어떤 고객은 서비스를 효과적으로 수행함으로써 얻는 시간 절약에 가치를 두지만 어떤 고객은 금전의 절약 혹은 서비스 결과에 더 큰 의미를 둘 수 있다.

### 3) 고객 믹스 관리

#### (1) 고객 부합성 관리

고객들은 종종 서비스 제공과 소비과정에 서로 상호작용하기 때문에 서비스를 동시에 받는 고객 믹스를 효과적으로 관리하는 것이 매우 중요하다. 예를 들면, 레스토랑 저녁 시간에 파티를 원하는 고객과 어린아이를 동반해 조용한 분위기를 원하는 고객 등 서로 부합되지 않는 그룹이 있다면 레스토랑은 두 그룹을 분리시켜 서로 방해되지 않도록 할 수도 있지만 한 그룹만 선택해야 할 수도 있다. 이와 같이 서로 충돌되는 세분시장을 관리하는 절차를 부합성 관리(compatibility management)라고 한다. 즉, 먼저 서비스접점에서 동질적인 소비자를 끌어들인 다음 고객의 불만족을 최소화시키고 만족을 극대화하는 방법으로 고객 대 고객의 접점과 물리적 환경을 적극적으로 관리하는 프로세스이다.

#### (2) 효율적인 세분시장 전략

다양한 세분시장을 효과적으로 관리하기 위해 기업은 여러 전략을 수행한다. 첫째, 기업은 신중한 포지셔닝과 세분화전략으로 최대한 동질적인 고객 집단을 유인한다. 예를 들면, Four Seasons호텔이나 Ritz-Carlton호텔은 객단가가 낮은 단체고객보다는 객단가가 높은 고급여행객을 주요 표적으로 삼고 있다. 둘째, 부합하는 고객끼리 물리적으로 집단화하여 다른 고객과 덜 접촉하게 한다. 예를 들면, Ritz-Carlton호텔은 개인고객과 분리된 장소에서 NBA 농구팀에게 서비스를 제공하거나 대규모 이벤트나 컨벤션을 개최한다. 셋째, 흡연을 규제하거나 드레스 코드(dress code)와 같은 고객행동수칙을 마련한다. 예를 들면, 뉴욕의 고급 프렌치 레스토랑 세 마리의 말(Les Trois Chevaux)은 코로나19 확산 이전의 일상을 되찾아가면서 다시 청바지와 반바지 문화를 절대 금지하는 드레스 코드 준수를 고객에게 요구하고 있다. 넷째, 고객 대 고객의 상호작용에서 나타날 수 있는 갈등에 대해 직원을 교육시켜 세분시장 간의 부합성을 높일 수 있다.

## [ 주요 용어 ]

- 고객 불량행동: 폭력, 기물 파손, 절도처럼 기업, 직원, 다른 고객에게 직접적인 피해를 입히는 행동이나 폭력적인 방법
- 고객 불평행동: 고객이 제품이나 서비스에 불만족할 경우 불만족한 상황을 바꾸기 위해 취하는 행동적 · 비행동적 반응
- 고객 시민행동(customer citizenship behavior): 서비스 생산과 전달 과정에서 고객이 단순히 서비스를 제공받기 위한 소극적인 참여행동을 넘어 적극적으로 기업활동에 협조하고, 서비스 개선을 위해 건의사항을 제공하거나 다른 고객에게 도움을 주는 자발적이고 비명시적인 행동
- 고객 참여(customer participation): 고객이 서비스의 한 부분으로 활동하게 하는 것으로 서비스공급을 증대할 수 있음
- 고객 경험관리(customer experience management): 제품이나 서비스에 대한 고객경험을 체계적으로 관리하는 프로세스
- 고객 경험지도(customer experience map): 고객이 서비스를 위해 경험하게 되는 모든 행동 과정을 정의하고, 그 과정에서 생기는 고객체험을 시각화하기 위해 사용하는 도구
- 고객관계관리(customer relationship management): 고객과 관련된 기업의 내외부 자료를 분석, 통합하여 고객 특성에 기초한 마케팅 활동을 계획하고, 지원하며, 평가하는 과정
- 고객만족경영관리(customer satisfaction management): 시장점유율 확대나 원가절감의 경영목표에서 벗어나 고객중심적 사고를 바탕으로 고객만족을 궁극적 경영목표로 삼고 모든 경영활동을 전개해 나가는 경영방식
- 맥락(context): 물리적 세팅, 상품의 선정과 배치, 사물과 사회적 행위자들의 공간, 다른 고객 또는 서비스 촉진자들과의 사회적 교류를 위한 규칙이나 절차
- 부합성 관리(compatibility management): 서로 충돌할 수 있는 고객 세분시장을 관리하는 절차
- 역할 내 행동(in-role behavior): 서비스 생산과 전달의 성공을 위해서 고객으로부터 필수적으로 요구받고 기대되는 고객 참여행동
- 역할 외 행동(extra-role behavior): 전체적으로 서비스 기업을 돕지만 서비스 전달과 생산의 성공에는 필수적이지 않은 고객의 자발적이며 임의 · 재량적인 고객 시민행동

- 조직시민행동(organizational citizenship behavior): 공식적인 업무도 아니고 적절한 보상도 없지만 조직의 효율성과 성과를 높이는 조직 구성원의 자발적인 행동
- 크리슈머(cresumer: creative + consumer): 창조를 의미하는 크리에이티브(creative)와 소비자를 의미하는 컨슈머(consumer)를 조합한 용어로 일반제품을 자신의 취향에 맞게 새롭게 만들어내는 창조적인 소비자
- 프로슈머(prosumer: producer + consumer): 생산자와 소비자의 합성어로 제품을 개발할 때 직접적 또는 간접적으로 참여하는 소비자

## 토론 주제

- 서비스 평가과정에서 소비자 경험이 왜 중요한지를 토의하시오.
- 오프라인과 온라인에서의 고객 경험의 차이를 비교 설명하시오.
- 맛집으로 소문난 식당은 고객들에게 어떤 경험을 하게 만드는지 예를 들어 설명하시오.
- 우수한 서비스 기업의 고객 경험관리 방안을 찾아 논의하시오.
- 프로슈머와 크리슈머가 만들어낸 제품이나 서비스를 찾아서 설명하시오.
- 고객 참여행동 중 순기능과 역기능 행동을 예를 들어 설명하시오.

MEMO

# CHAPTER 07

Chapter

# 07 서비스 수요 & 공급 관리

## 학습목표

이번 장에서는 다음 내용의 이해를 목표로 한다.

① 서비스 수요 & 공급의 성격, 서비스 수요곡선 및 서비스 수요
② 성 · 비수기 수요조절전략
③ 수요재고화 전략
④ 수요예측 전략
⑤ 시설, 인력, 시간 측면에서의 서비스 공급관리
⑥ 수율관리의 개념, 적합한 상황 및 과제

## 도 입 사 례

### 억눌렸던 여행 수요 폭발… 세계 공항, 몰려드는 여행객에 '몸살'

**인력 부족에 악천후, 기술 결함 문제까지 겹쳐**
**6월 비행편의 4분의 1 지연, 결항은 1만 3581건**
**토론토 국제공항청장 "가을까지 혼란 지속될 수 있어"**

신종 코로나바이러스 감염증(코로나19) 규제가 완화하면서 억눌렸던 여행 수요가 폭발하자 전 세계 공항이 몸살을 앓고 있다. 세계 곳곳 공항에서 인력 부족, 비행 지연 · 취소, 수하물 분실 등의 문제가 나타나고 있다고 21일(현지시간) 월스트리트저널(WSJ)이 보도했다.

▲ 21일(현지시간) 네덜란드 암스테르담의 스히폴공항에서 여행객들이 체크인을 하기 위해 줄을 서 있다(암스테르담/AP뉴시스).

이달 초 엘리자베스 2세 영국 여왕의 '플래티넘 주빌리'를 축하하는 4일의 연휴 동안 영국 런던의 개트윅공항에서는 체크인하기 위한 승객 대기줄이 터미널 밖까지 이어졌다. 몰려드는 승객들을 처리할 직원이 부족해 비행이 취소되는 상황이 이어지자 공항 측은 항공사들에 입국 항공편을 줄일 것을 권고했다.

네덜란드 암스테르담의 스히폴공항은 청사 내부에 입장할 수 있는 승객 수를 제한하고, 여행객들에게 비행 출발 4시간 전까지는 공항에 오지 말 것을 요청했다. 공항 측은 직원이 부족해 입국 심사에 오랜 시간이 걸릴 수 있다며 승객들에게 편안한 신발 착용을 추천하기도 했다.

폭증한 여름 여행 수요는 항공업계도 예상치 못한 수준이라는 분위기다. 유럽 최대 저가 항공사인 위즈에어의 조제프 바라디 최고경영자(CEO)는 "업계에서는 여행 수요 회복 속도가 지금과 달리 더 점진적이고 느리게 이뤄질 것으로 보고 있었다"고 설명했다.

그만큼 비행 지연이 늘고 있다. 비행 추적 플랫폼 플라이트어웨어에 따르면 6월 들어 지금까지 러시아를 제외한 대륙 간 비행을 한 항공편의 25%가 평균 34분 지연됐다. 2019년 6월 21%의 비행이 평균 28분 지연된 것에 비해 늘었다. 결항도 증가했다. 항공 데이터 컨설팅 업체 시리움은 전 세계적으로 올해 6월에 취소된 비행이 지난해 동월 대비 16%가 늘어난 1만 3581건이라고 밝혔다. WSJ는 항공사 인력 부족뿐만 아니라 기술적 문제, 악천후 등이 겹치면서 세계 전역에서 혼란이 가중되고 있다고 덧붙였다.

항공업계에선 당분간 여행 수요가 지속되면서 공항 내 혼란이 가을까지 지속될 수 있다는 전망이 나오고 있다. 데보라 플린트 캐나다 토론토 국제공항청장은 "시장이 점차 열리는 추세이기 때문에 올 가을이 심상치 않다"고 내다봤다. 미국의 해외여행 수요 강세가 대표적이다. 미국에서는 국내 여행에 대한 수요가 몇 달 동안 급증한 데 이어 미국 질병통제예방센터(CDC)가 미국 입국자의 코로나19 검사 의무를 해제함에 따라 해외여행 수요도 급증하고 있다. 유나이티드항공은 검사 의무 해제 후 3일 만에 미국발 해외여행 검색량이 7.6% 늘었다고 밝혔다.

이에 공항과 항공사들은 직원을 새로 고용하고, 일부 항공사들은 승무원 수를 줄여 비행에 나서는 등 대응에 나섰다. 그러나 혼란을 잠재우기까지는 좀 더 시간이 걸릴 것으로 보인다. 공항이 직원을 채용하는 데는 16주 이상 걸릴 수 있는데, 보안상의 문제로 지원자 배경 조사 등의 과정이 까다롭기 때문이다.

올리비에 장코벡 국제공항협회(ACI) 유럽지부 대표는 "공항 직원 채용은 식당이나 슈퍼마켓에서 직원을 고용하는 것과는 다르다"며 "지금 상황을 완전히 소화하기 위해서는 6개월 전에 채용을 시작했어야 했다"고 전했다.

출처 : 이투데이(2022.6.22). 억눌렸던 여행 수요 폭발… 세계 공항, 몰려드는 여행객에 '몸살'.

# 제 1 절 | 서비스 수요 & 공급의 개요

## 1. 서비스 수요와 서비스 공급의 성격

서비스는 수요의 영향을 많이 받아 수요가 많아도 적어도 문제이다. 이러한 문제점은 제품에 비해 서비스는 저장 불가능하며, 탄력적인 공급이 어렵기 때문이다. 서비스 수요와 공급의 성격을 서비스 수요의 변동패턴과 서비스공급의 한계성 측면에서 살펴보면 다음과 같다.

### 1) 서비스 수요의 변동패턴

서비스 수요는 시시각각 변하며 일별, 주별, 월별, 계절별로 수요변동의 패턴을 볼 수 있다. 예를 들면, 기업이 몰려 있는 도심 음식점은 점심시간에, 골프장은 주말에, 관광수요는 여름 성수기에 집중되는 경향이 있다. 서비스 수요는 날씨, 자연재해, 환경요인 등에 영향을 받게 된다. 날씨가 좋으면 여행, 테마파크 등의 야외활동 수요가 증가하고, 날씨가 좋지 않으면 극장, 쇼핑센터 등의 실내 공간에 대한 수요가 증가한다. 또한 서비스 수요는 세분시장에 따라서도 영향을 받게 된다. 병원의 경우 예약환자 수요에 대해서는 어느 정도 예측이 가능하지만 응급 환자에 대한 수요는 예측이 어렵다.

기업은 이러한 수요변동에 대처하기 위한 노력으로 수요변동 자료 분석을 통한 수요변동요인 파악과 수요변동패턴 주기파악을 해볼 수 있다. 먼저 기업은 서비스 시간 경과에 따른 명확한 서비스 수요변동 자료를 분석할 필요가 있으며, 이를 통해 수요변동의 요인을 파악해 대처하는 것이 현명하다. 또한 기업은 서비스 유형이나 관리 목적에 따라 수요변동패턴의 주기를 파악하여 서비스 수요에 대처해야 한다. 이러한 노력을 바탕으로 기업은 서비스 수요 변동패턴과 요인을 파악함으로써 자신들의 공급능력을 균형화할 수 있는 전략을 수립할 수 있다.

### 2) 서비스 공급의 한계성

서비스 공급의 한계성은 서비스 수요의 증감에 따라 공급을 갑자기 늘리거나 줄이기 힘들다는 의미이다. 이는 기업의 인력, 장비, 시설이나 공간, 시간 등의 한정성에 따라 발생하게 된다. 첫째, 전문 인력을 활용하는 서비스의 경우 전문 인력의 한계가 서비스 공급을 한정할 수 있다. 법률사무소나 대학은 일시적인 수요의 증가가 있더라도 바로 전문 인력을 채용하기 쉽지 않다. 둘째, 서비스 장비에 의존하는 서비스의 경우 장비의 한계가 서비스 공급을 한정할 수 있다. 항공사, 택배, 이삿짐센터 등은 비행기나 트럭을 이용해야 하기 때문에 이러한 장비의 공급에는 한계가 있다. 셋째, 시설에 의존하는 서비스의 경우 시설이나 공간의 한계가 서비스 공급을 한정할 수 있다. 호텔이나 레스토랑의 좌석이나 테이블 혹은 객실의 수가 한정되어 있기 때문에 기존 시설을 단기적으로 늘리기가 어렵다. 넷째, 시간에 의존하는 서비스의 경우 시간의 한계가 서비스 공급을 한정할 수 있다. 미용사, 컨설턴트, 변호사 등은 자신에게 주어진 한정된 근무시간을 판매하기 때문에 서비스 시간의 한정은 서비스 공급을 한정할 수 있다.

## 2. 서비스 수요 곡선

서비스 수요 곡선은 수요의 계절성 등 변동에 따라 커다란 파동을 가져오나 서비스 공급능력은 시간의 경과에 따라 긴 수평선으로 나타나게 된다[그림 7-1]. 따라서 성수기에는 과잉수요가 비수기에는 과잉공급이 발생하게 된다. 이러한 수요와 공급의 관계에 따라 고려해볼 수 있는 상황을 최대 공급능력을 초과한 수요(과잉수요), 최적 공급능력을 초과한 수요, 최적 공급능력과 일치되는 수요, 공급능력을 미달한 수요(과잉공급) 등으로 나누어 살펴보면 다음과 같다.

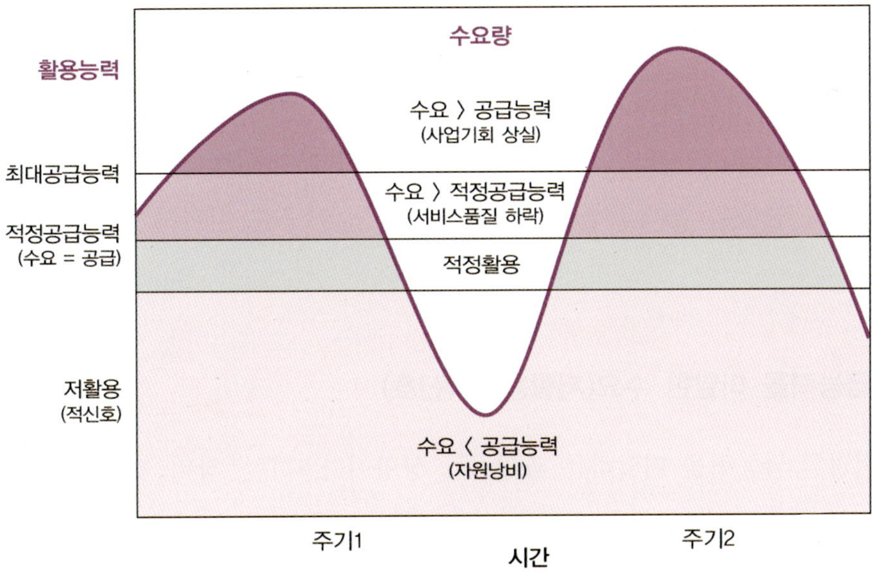


출처 : Lovelock, C. H., & Wirtz, J.(2011), Services marketing, 7th eds., Pearson Prentice-Hall, p.230.

[그림 7-1] 서비스 수요와 공급능력의 관계

### 1) 최대 공급능력을 초과한 수요

수요가 최대 공급능력을 초과한 과잉수요 상황으로 흔히 성수기에 발생하게 된다. 가장 고객이 많이 몰리는 호텔 연말 행사의 경우처럼 기업이 시설, 인력, 장비 등을 최대로 가동하지만 고객은 서비스를 받지 못하거나 대기를 해야만 하는 상황이 된다. 고객이 대기를 포기하면 기업은 잠재고객을 잃게 되고, 고객의 불만이 초래되기 쉽다.

### 2) 최적 공급능력을 초과한 수요

수요가 최대 공급능력 수준 이하이지만 적정 공급능력을 초과하는 상황으로 모든 고객에게 서비스를 제공할 수 있으나 서비스의 품질 문제가 생길 수 있다. 서비스를 원하는 모든 고객을 위해 모든 직원이 서비스에 동원되고 시설과 장비가 모두 가동되지만 직원은 업무 과부하로 인한 피로로, 고객은 혼잡한 상황으로 불만이 나타날 수 있어 고객이 양질의 서비스를 받을 수 없게 된다.

### 3) 최적 공급능력과 일치하는 수요(적정 활용)

기업이 가용할 수 있는 최적 공급능력과 수요가 균형을 이루는 상황이다. 직원의 업무 과부하가 없고 시설 가동률도 적절하며, 고객은 지연 없이 양질의 서비스를 받을 수 있어 높은 만족을 얻을 수 있다. 이러한 예로는 공연장, 야구장, 라이브 콘서트 경우 등이 있다.

### 4) 최적 공급능력을 미달한 수요(저활용: 적신호)

수요가 적정 공급능력을 미달하는 과잉공급 상황이다. 시설, 장비, 인력이 초과 공급되어 유휴 상태에 놓이게 되며, 이는 기업의 생산성 및 수익성 저하로 이어지게 된다. 고객은 충분한 서비스를 받을 수 있어 좋은 점도 있지만 고객이 적을 경우 서비스가 나빠서 고객이 없다고 판단할 수도 있다. 결국 이러한 상황이 지속되면 직원은 낮은 보상으로 사기가 저하되고 이직하게 되며, 낮은 서비스 질로 인해 고객이 이탈하게 되는 등 악순환에 빠지게 된다.

## 3. 서비스 수요와 공급의 균형 접근방식

서비스 수요의 변동성으로 인한 공급문제를 해결하기 위해 기업은 수요와 공급의 균형을 이루기 위해 수요관리전략과 공급관리전략을 동시에 사용하여 균형을 맞추는 혼합전략을 펼 수 있다〈표 7-1〉. 서비스 수요와 공급 전략의 자세한 내용은 다음 절에서 알아보기로 한다.

〈표 7-1〉 서비스 수요와 공급의 균형 전략

| 유형 | 세부 전략 유형 |
|---|---|
| 수요관리 전략 | • 무반응 전략: 수요의 변화에 전혀 반응하지 않음으로써 수요가 저절로 조정되도록 방치함<br>• 수요 조절 전략: 수요를 증대시키거나 수요를 감소시킴<br>• 수요 재고화 전략: 예약시스템이나 대기 시스템 등을 채택하여 수요 재고화를 추구<br>• 수요 예측 전략: 빅데이터나 인공지능을 활용해 미래 수요를 예측 |
| 공급관리 전략 | • 공급능력 변동 전략: 수요 예측이 가능한 경우<br>• 공급능력 고정 전략: 수요 예측이 불가능한 경우 |
| 혼합 전략 | • 수율관리(yield management) 전략: 기대손실의 최소화를 추구하는 서비스 수요와 공급을 일치시킴 |

출처 : 안연식(2018), 서비스경영, 창명, p.417.
이유재(2019), 서비스 마케팅, 제6판, 학현사, p.571.

## 제 2 절 | 서비스 수요관리

서비스 수요관리전략은 기업의 서비스 공급능력에 고객 수요를 맞추는 전략으로 고객의 수요를 증가 혹은 감소시키는 것을 의미한다. 수요관리전략에는 무반응전략, 수요조절전략, 수요재고화 전략, 수요예측전략이 있다. 무반응전략이란 기업이 수요변화에 대해 전혀 반응하지 않음으로써 수요가 저절로 조정되도록 방치하는 전략이다. 고객으로 하여금 자신의 경험과 타인의 구전에 의해 어느 때는 오랫동안 기다려야 하고 어느 때는 서비스를 곧바로 받을 수 있는지를 스스로 학습하도록 하는 것이다. 이 전략은 수요의 대처에 소극적이라는 점에서 장기적으로 좋은 전략은 아니다.

아래에서는 무반응전략을 제외한 수요조절전략, 수요재고화 전략, 수요예측전략에 대해 자세히 살펴보자.

### 1. 수요조절전략

수요조절전략은 수요량의 조정이나 변화를 통해 공급량에 맞추어 나가는 전략이다. 다시 말해 서비스 공급능력을 수요가 초과할 때는 수요를 적정 수준으로 줄이는 수요감소전략을, 서비스 공급능력에 수요가 미달할 때는 수요를 자극하고 진작시키는 수요 증대전략을 사용한다. 성수기 수요감소전략과 비수기 수요진작전략으로 나누어 살펴보자.

### 1) 성수기 수요감소전략

#### (1) 고객과의 커뮤니케이션 증대

기업은 고객에게 서비스를 이용하기에 편리한 시간과 장소에 대한 정보를 제공함으로써 고객으로 하여금 복잡한 시간대를 피하도록 유도하여 수요를 분산한다. 예를 들면, 콜센터 전화 시 서비스를 받기까지 대기시간 안내, 은행이나 우체국의 일주일 중 가장 바쁜 요일과 하루 중에 제일 바쁜 시간대 공지, 교통방송의 실시간으로 교통상황 공지, 티맵(T-Map)의 실시간 최적 경로 안내, 레스토랑의 카톡을 통한 좌석 대기상황 공지 등이 있다.

#### (2) 서비스 제공 시간과 장소의 조정

기업은 일정한 시간과 장소에서 서비스를 제공하던 방식에서 벗어나 서비스 시간과 장소를 조정할 수 있다. 시간 조정의 예로는 24시간 편의점, 심야 극장, 배스킨라빈스의 24시간 아이스크림 자판기, 온라인뱅킹 등이 있다. 장소 조정의 예로는 길거리 음식, 출장 요리, 명절 연휴에 은행의 고속도로 이동점포, 이동식 도서관, 출장 옷 가봉 서비스 등이 있다. 또 다른 장소 조정의 예로 유니클로는 의류 자판기를 미국 공항에 설치하여 고객이 항공기 탑승을 앞두고 갑작스러운 추위에 걱정스러울 때 입을 수 있는 히트 팩 셔츠나 울트라 다운 재킷 등을 구매할 수 있도록 하고 있다.

#### (3) 비수기 인센티브 제공

기업은 비수기에 서비스를 이용하는 사람을 위해 여러 인센티브를 제공함으로써 수요를 분산한다. 계절의 영향을 많이 받는 골프장, 스키장 등 리조트 시설의 수요에 인센티브를 제공할 수 있다. 예를 들면, 계절에 영향을 받는 스키장의 경우 비교적 사람들이 적은 시기에 오는 사람들에게 리프트 티켓 할인권이나 스키 렌털 할인권을 주어 수요를 분산할 수 있다.

#### (4) 고객 우선순위 관리

성수기에 넘쳐나는 수요를 관리하기 위해 고객들에 대해 우선순위를 주고 서비스를 제공할 수 있다. 예를 들면, 기업은 예약 없이 오는 사람보다 예약하고 오는 사람을, 유동 고객보다는 충성고객을, 응급센터는 가장 심각한 환자에게 우선권을 주고 서비스를 하는 서비스 차등화를 실시할 수 있다.

#### (5) 성수기 가격 전액 부과

성수기 고객을 디마케팅(demarketing)하기 위해 이들에게 할인 혜택을 주지 않고 정규요금(full price)을 부과한다. 예를 들면, 연말연시나 방학 등 성수기에 항공사에서는 고객들이 보너스 마일리지 할인 혜택을 사용하지 못하게 하고 가격 전액을 지불하는 고객에게 항공권의 우선권을 준다.

### 2) 비수기 수요진작전략

#### (1) 현재 시장의 수요진작

현재 서비스를 이용하는 사람들에게 그 서비스를 좀 더 자주 많이 사용하도록 하는 방법이다. 예를 들면, 카센터에서 오일 교환 시 다음 오일 교환 시기를 적은 리마인드 스티커(remind sticker)를 붙여줌으로써 그 고객이 다시 서비스를 이용하도록 유도한다.

#### (2) 가격 차별화

비수기 수요진작을 위해 가장 많이 사용하는 방법 중 하나로 성수기에는 높은 가격으로 수익성을 향상하며, 비수기에는 낮은 가격으로 수요를 증가시킨다. 수요탄력성에 기초한 이 방안은 조심해서 사용할 필요가 있다. 예를 들면, 일반 대중이나 일반 관광객에 비해 부자 고객이나 비즈니즈 고객은 서비스 비용의 상승이나 하락에 큰 영향을 받지 않을 수 있다. 또한 가격 할인은 경쟁사와의 가격경쟁, 원가 이하로 서비스를 하는 출혈경쟁, 저가 이미지, 향후 가격 인상 시 소비자 저항 등 여러 부작용을 가져올 수 있다. 기업은 이러한 가능성을 염두에 두고 가격 차별화 전략을 수행해야 한다.

### (3) 비수기 인센티브 제공

앞의 성수기 수요 감소 방안처럼 비수기에 여러 혜택을 제공하면 비수기에 수요 진작을 해볼 수 있다. 예를 들면, 영화관 조조할인이나 평일 할인, 리조트 호텔의 동호회, 종교 수련회, 기업세미나 등의 장소로 활용, 스키장을 여름에 배낭여행을 위한 야영지로 활용하는 등으로 고객이 적은 시기에 수요를 끌어올릴 수 있다.

### (4) 서비스 상품의 다양화

서비스 상품을 다양화함으로써 수요를 증가시킬 수 있다. 첫째, 비수기에 서비스 시설의 새로운 용도를 개발하여 고객 이용률을 높일 수 있다. 예를 들면, 콜로라도의 세계 유명 스키장 지역인 아스펜(Aspen)에서는 매년 여름 음악제와 음악학교를 열고 있으며, 에버랜드는 이용객이 적은 겨울철에 눈썰매장을 개설하고, 튤립 축제, 벚꽃 축제, 장미 축제 등 계절별 다양한 축제를 진행하고 있다. 둘째, 같은 서비스를 다른 용도, 다른 시장, 다른 시간에 제공하는 서비스 상품의 다양화 방법이 있다. 예를 들면, 회계사들은 세금보고 시기가 지나면 비교적 한가해지므로 이때 세금이나 경영 자문을 하고, 직장인들이 많은 지역의 커피 전문점은 점심시간에 간단한 점심 메뉴를 제공하고 있다. 홍콩의 아이콘 호텔(Hotel ICON) 로비의 그린(Green)레스토랑은 아침에는 조식과 브런치 메뉴, 낮에는 런치 메뉴, 오후 3~5시에는 애프터눈 티, 6시부터 저녁 메뉴, 9시 이후는 바를 운영하고 있다.

출처 : 아스펜 음악제 사무국
▲ 콜로라도 아스펜 여름철 음악제

출처 : www.hotel-icon.com
▲ 홍콩 아이콘 호텔 그린 레스토랑

## 2. 수요재고화 전략

고객은 서비스를 받기 위해 예약과 대기를 경험한다. 서비스 기업이 서비스 자체를 재고화할 수는 없으나 예약이나 대기를 통해 서비스 수요를 재고화할 수 있다.

### 1) 예약시스템 이용

예약은 고객과 기업에게 서로 이로울 수 있다. 고객은 예약함으로써 서비스를 받기 위해 대기할 필요가 없으며, 기업은 사전에 수요를 예측할 수 있어 수요관리가 가능하고 서비스 질을 유지하기가 용이하다. 그러나 고객이 예약해 놓고 나타나지 않는 노쇼(no show)가 발생하면 기업은 가용능력을 최대한 활용할 수 없게 된다. 이런 문제를 줄이고자 기업은 신용카드 선결제, 예약예치금 제도, 노쇼에 대한 위약금 부과, 초과예약(overbooking), 노쇼 블랙리스트 공유제 등을 활용하고 있다.

초과예약은 항공사나 호텔 등에서 대표적으로 시행되며, 한 조사에 의하면 미용실은 15%, 레스토랑은 10%, 병원에서는 6~7% 정도의 노쇼 손실이 발생하며, 위약금 제도를 통해 항공사는 4.5% 정도의 노쇼 문제를 1.5% 정도로 감소시켰다고 한다. 그러나 초과예약으로 인해 실제로 고객이 예약하고도 서비스를 받지 못하는 경우 기업은 이미지 손상, 고객의 재방문 감소, 부정적 구전 등을 경험하게 된다. 따라서 기업은 정확한 수요예측 기법을 개발하고 정교한 예약시스템을 운영하여 초과예약에 따른 위험을 사전에 방지해야 하며, 사후적으로는 초과예약에 따라 피해받은 고객에게 보상을 제공해 고객의 불만을 최소화하도록 노력해야 한다.

### 2) 대기 시스템 이용

생산과 소비의 동시성의 특징으로 인해 서비스에선 대기가 필연적이라 할 수 있다. 대기 시스템의 구축은 서비스 전달과 만족에 중요한 역할을 한다. 기업은 고객이 어느 정도까지 기다릴 수 있는 한계 지점을 넘지 않고 고객이 대기시간을 즐겁고 빠르게 보낼 수 있도록 대기 시스템을 운영해야 한다.

기업은 편안하고 유쾌한 대기 공간을 제공하며, 사전에 예상 대기시간을 공지하거나 대기 명부 작성 등 부수적인 서비스 제공 노력을 해야 한다. 예를 들면, 호텔 엘리베이터에 거울을 설치하여 고객이 이용하는 동안 복장 및 용모를 정돈하게 하며, 레스토랑에서 대기 순번을 문자나 모바일 메신저 서비스로 알려줌으로써 대기시간을 덜 신경 쓰거나 예측할 수 있도록 하고 있다.

### 3) 보완적 서비스 개발

고객이 몰리는 시간대에 대기 고객을 위해 보완적 서비스를 제공하여 고객이 이탈하지 않도록 하며 수익성을 높일 수 있다. 예를 들면, 영화관에서 팝콘과 청량음료 판매 및 입점되어 있는 오락공간이나 카페, 고급 레스토랑의 바, 주유소의 편의점과 패스트푸드 음식점 운영, 난방기 업체의 에어컨 서비스 겸업 등이 있다.

## 3. 수요예측전략

고객의 미래 수요를 예측할 수 있다면 기업은 이러한 예측 정보를 바탕으로 사전에 공급과 관련된 최적화된 프로세스를 준비할 수 있다. 최근 4차 산업혁명의 토대가 되는 빅데이터나 인공지능(AI)이 발전함에 따라 고객의 구매 이력이나 성향을 분석함으로써 고객의 미래 수요예측이 가능해지고 있다. 예를 들면, Amazon은 고객의 검색, 구매 패턴, 주기 등을 실시간으로 분석해 이들의 니즈와 취향을 분석해 맞춤화된 추천을 해주고 있다.

고객의 구매 패턴 분석은 향후 인기 품목 예측과 재고 확보를 쉽게 해주며, 고객 주문 전에 가까운 물류센터에 물품을 전달해 놓고, 실제 주문이 있을 때 더 가까운 거리에서 배송시간을 단축하는 예측배송 서비스를 가능하게 하고 있다. 예를 들면, Amazon은 고객의 기존 주문 검색 내역, 찜한 내역, 장바구니 내역, 반품 내역, 마우스 커서가 머문 시간 등에 대한 빅데이터를 분석해 미래의 주문 가능한 상품을 개발 · 배송하는 예측 배송 시스템을 개발했다. 이를 통해 고객이 어떤 상품에 관심을 보이면 고객의 주문 · 결제 전에 드론으로 고객에게 상품을 배송하고, 고객에게 '원치 않으면 반송하세요'라는 메시지를 같이 보낸다. 고객이 반품신청을 하지 않으면 등록된 고객 계좌에서 자동 결제되는 방식으로 처리된다.

## 제 3 절 | 서비스 공급관리

많은 기업의 경우 서비스 공급능력은 제한되어 있다. 서비스 공급관리전략은 기업이 서비스 공급능력을 고객 수요에 맞추는 전략으로 변동하는 수요에 따라 공급능력을 변화시키는 것이다. 다시 말해 수요가 많을 때는 공급 수준을 빠르게 늘리며, 수요가 적을 때는 공급 수준을 낮춰 비용과 낭비를 줄이는 것이다. 이런 공급관리를 제한하는 핵심요인들은 시설, 인력, 시간 및 이들의 조합으로 나타난다. 각 측면의 공급관리를 나누어 살펴보도록 하자.

### 1. 시설 측면의 공급관리

시설 측면의 공급관리는 서비스 능력의 유연성을 높이는 데 초점이 맞춰져 있으며, 다음과 같은 방안이 있다.

### 1) 시설 능력의 일시 확장

수요가 예측보다 많이 몰릴 경우 기업은 기존 시설이나 장비의 이용을 일시적으로 늘릴 수 있다. 예를 들면, 명절 때 KTX 기차가 만석이 되면 입석표를 판매하고, 대학로 극장의 경우 만원일 때는 보조 의자를 놓아 추가 손님을 받으며, 호텔의 경우 여름 성수기 때 정원에 호프광장을 설치하여 한시적으로 운영한다.

### 2) 시설 능력의 임차 및 임대

기업이 최대수요 수준을 충족시킬 수 있는 시설을 갖추게 되면 최대수요 이하의 수요수준에서는 과잉설비로 인한 비용 문제가 발생한다. 이를 해결하기 위해 기업은 다른 기업에게 시설과 장비를 임대하여 임대수익을 올리며, 반대로 현재 시설 능력이 부족하게 되면 다른 기업의 시설과 장비를 임차하여 수요에 적절하게 대응할 수 있다. 예를 들면, 호텔이 시내 주요 지역에 건물을 임차하여 외식사업에 진출하거나, 호텔의 제과점이 백화점이나 대형할인 매장에 진출하거나, 항공사가 비수기 때 다른 항공사에게 비행기를 임대해주는 경우이다.

### 3) 시설 능력의 유연한 설계

여러 세분시장의 니즈를 충족시키기 위해 이용 가능한 물리적 시설을 유연성 있게 설계할 수 있다. 예를 들면, 호텔 커넥팅 룸(connecting room)은 두 개의 객실 사이에 연결문이 있어 두 개의 객실로 사용하다가 대가족이 오는 경우 등 상황에 따라 두 개의 객실을 하나로 합쳐 하나의 객실로 변경해서 판매할 수 있다. 항공사의 경우 좌석 등급별 승객 수의 변화에 따라 주기적으로 일등석과 일반석 사이의 분리대를 이동시키고 있으며, 보잉사의 B-777 항공기는 수시간 내 좌석의 배치를 바꿀 수 있다.

### 4) 시설 능력 공유

기업이 가진 시설이나 장비를 공유함으로써 피크 타임의 수요를 충족하고 설비투자에 따른 비용부담을 줄일 수 있다. 예를 들면, 병원의 경우 특수수술 전용시설이 있는 병원에 환자를 보내주거나 소규모 공항의 경우 항공사들이 같은 승강구와 램프, 수하물 처리 장비, 육상 근무자 등을 공동으로 사용할 수 있다. 이외에도 주방시설을 갖춘 곳을 일정한 시간만큼 임대해서 사용하거나 많은 사업자들이 하나의 주방을 공유하는 '공유주방'이 있다.

### 5) 피크 타임 동안 가용능력의 효율성 극대화

피크 타임에 서비스의 질을 높이기 위해 장비와 인력을 서비스 공급과정의 중요한 업무에 집중시킬 수 있다. 예를 들면, 레스토랑은 성수기나 피크 타임에는 서비스 제공에 장비와 인원의 최대 가용능력을 높이고 있다. 대신 고객이 적을 때는 직원이 청소를 하거나 포크나 나이프 등을 냅킨에 싸는 일을 하도록 하며, 직원 교육이나 휴가를 비수기에 실시한다.

### 6) 부대 서비스 및 편의시설 개발

핵심 서비스의 공급 한계를 극복하기 위해 부대 서비스를 개발할 수 있다. 예를 들면, 호텔의 객실 핵심 서비스를 위해 레스토랑, 비즈니스센터, 사우나, 수영장 등 부대시설을 공급함으로써 객실공급의 한계 매출을 극복할 수 있다. 또한 핵심 수요층을 보호하기 위해 편의시설을 개발할 수 있다. 예를 들어, 레스토랑에서 가족 단위 고객의 경우 핵심 수요인 어른을 위해 어린이 놀이방, 비디오 상영실 등의 부대시설을 만들어 매출의 극대화를 꾀하고 있다.

## 2. 인력 측면의 공급관리

### 1) 수요패턴에 의한 인적 자원 공급

서비스 수요는 변동적인 반면 인적 공급은 고정적으로 운영되어 수요가 많으면 인적 공급이 부족하고 수요가 적으면 인적 공급이 유휴화되어 비용이 상승한다. 이를 해결하는 방안은 다음과 같다.

첫째, 기업은 수요패턴에 따라 고정적인 인원은 근무 스케줄, 휴가, 비번을 조절하고, 부족 시에는 임시직 직원(파트타이머) 투입 등을 통해 공급을 늘릴 수 있다. 예를 들면, 추석이나 설 명절 때 백화점, 택배회사, 우체국은 임시직 직원을 고용하여 일시적인 수요 증가에 대응하고 있다. 하지만 임시직 직원은 정규직 직원에 비해 전문적인 서비스를 제공하는 데 한계가 있다. 따라서 기업은 정규직 직원과 임시직 직원이 수행하는 역할, 절차, 혜택을 명확히 설정할 필요가 있으며, 다양한 업무를 수행하는 직원에 대해서는 인센티브 제공, 고품질의 서비스 제공 인식과 역량을 사전에 준비할 필요가 있다.

둘째, 일시적 수요 증가가 아닌 예측된 수요의 증가에 대해서는 주간, 월간, 연간 계획에 의해 임시직 직원의 수급 체계를 갖출 수 있다. 예를 들면, 리조트 호텔의 경우 계절적으로는 여름, 요일별로는 주말에 수요가 집중되므로 사전에 이에 대한 적절한 인력 운영계획을 수립한다.

셋째, 기업은 평상시 직원이 여러 가지 업무를 수행할 수 있도록 교차훈련(cross-training)을 하거나 한 업장에서 바쁘면 다른 업장의 직원이 도와줄 수 있는 헬퍼(helper) 시스템을 갖춰 피크 타임에 업무가 집중되는 부문에 재배치할 수 있다. 예를 들면, 항공사 직원은 교차훈련을 통해 티케팅, 탑승 창구 업무, 수하물 처리업무 등을 수행할 수 있으며, 호텔 연회장의 경우 대형 행사로 인원이 부족할 때 커피숍이나 한식당 등 한가한 다른 업장에서 직원을 보충받고, 병원의 경우 환자의 병에 따라 다른 병원 전문의의 협력을 요청하거나, 여러 사무실들이 비서를 공유할 수 있다.

넷째, 피크 수요 시 직원의 업무시간을 일시적으로 증가시킬 수 있다. 예를 들면, 수요의 변동 폭이 매우 큰 컨설팅 회사나 회계법인의 경우 피크 수요 시에 여러 프로젝트를 동시에 수행하고 주말 없이 밤늦게까지 일하며, 레스토랑은 크리스마스 시즌 때 영업시간을 연장해서 운영한다. 이 방식은 서비스의 질 저하를 가져올 수 있어 단기적으로 활용해야 하며, 초과근무를 한 직원이 재충전하는 시간을 갖게 하거나 추가 수당을 지급하는 등의 제도적 뒷받침이 요구된다.

다섯째, 기업은 서비스로봇을 직원으로 대체할 수 있다. 코로나19로 인한 소비자의 비대면서비스의 선호, 저임금을 받는 직원의 힘들고 단순반복적인 업무 회피, 기업의 인력채용의 어려움과 인건비 절감 효과이라는 다양한 이해관계가 맞아떨어진 것이다. 로봇은 연중무휴 24시간 근무가 가능하며, 단순반복업무는 직원이 하는 역할 이상을 할 수 있어 수요가 많은 시기엔 충분히 자기 몫을 할 수 있다. 예를 들면, CJ푸드빌이 운영하는 빕스 목동41타워점은 총 다섯 대의 로봇을 채용했는데, 네 대는 손님 안내와 서빙, 퇴식을 담당하고 한 대는 쌀국수와 우동을 조리하고 있다.

### 2) 고객 참여 유도

서비스 특성 중 고객이 서비스 제공과정에 참여한다는 점을 활용하여 고객의 셀프서비스를 유도할 수 있다. 기업은 인건비 절감의 혜택을, 고객은 신속한 서비스와 저렴한 가격의 혜택을 받게 된다. 예를 들면, 패스트푸드 식당, 공항의 키오스크, 셀프 주유소 등에서 고객은 스스로 주문하고 체크인을 하고 주유를 한다.

## 3. 시간 측면의 공급관리

시간 측면에서 기업은 영업 전 또는 마감 시간 이후의 수요를 충족시키기 위해서 영업시간을 연장하거나 인터넷으로 시간의 벽을 극복할 수 있다. 예를 들면, 국민은행은 2017년부터 전국 20개 지점에서 저녁 7시까지 영업하는 '9To7' 도입했으나 코로나 사태 이후 중단했다. 대신 서울 강남중앙지점과 우면동지점, 경기 동탄사업단지점 등 3개 지점만 오전 11시부터 저녁 7시까지 문을 여는 '애프터뱅크'를 도입했다. 또한 국민은행은 2022년 3월 14일부터 영업시간이 오전 9시부터 오후 6시까지인 '9To6'지점을 서울(34개), 경기 · 인천(19개), 세종 · 청주 · 광주 · 전주 등(19개) 등 총 72곳을 지역 거점 중심으로 운영하고 있다. 이외에도 명절 등 귀성객이 폭주할 때 지하철이나 버스의 운행 시간을 연장하며, 대부분의 식당이 오후 12시 전후에 문을 닫는데 일부 식당은 24시간 영업하기도 한다. 하지만 이러한 방식은 시설의 조기 마모나 직원의 피로 누적 및 사기 저하를 유발할 수 있어 단기적으로 사용하고 시설이나 장비 보수, 직원들의 사기 충전 등의 후속 조치가 뒤따라야 한다.

# 제 4 절 수율관리

## 1. 수율관리의 개념

수율관리(yield management)란 1970년대 후반 항공사 간 경쟁이 심화되었을 때 높은 요금에 모든 좌석을 채울 수 있는 방안을 고민하면서 나타났다. 수율관리는 수익극대화전략으로 1980년대 초 항공사에서 처음으로 적용되었으며, 이후 호텔, 자동차 임대사업 등 다양한 분야에서 많이 활용되고 있다.

수율관리는 공급능력이 제한된 서비스에서 예약시스템, 초과예약, 가격 차별화 등 수요공급관리를 통해 세분된 시장 및 고객층 수요에 맞추어 수익을 최대화하는 것을 의미한다. 다시 말해 수율관리는 수익이나 수율(yield)을 극대화하기 위해 적절한 제품을 적절한 시기에 적절한 가격으로 적절한 고객에게 판매하는 활동을 말한다. 수율관리모형을 이용하면 특정 시점에서 가격, 세분시장 및 공급 능력 사이에서 최적의 균형점을 찾아볼 수 있다.

수율관리는 수요가 감소하면 가격을 하향 조정하고, 수요가 많으면 가격을 올리는 유연성 있는 가격정책으로 단순한 것처럼 보이지만 효율적으로 적용하기 위해서는 고도의 전략적인 판단이 요구된다. 수율관리의 기초가 되는 자료는 기본적으로 과거 통계로 이를 근거로 수요를 예측하고 가격을 결정하게 된다. 그러나 과거 통계는 기상 조건, 정치 · 사회 · 경제적 이슈, 수요자의 동향 등 다양한 변수에 영향을 받을 수 있어 이러한 변수에 대한 통찰력이 필요하다.

잠깐 쉬어가기

**일등석 · 비즈니스석 예약 부도율, 이코노미석보다 두 배 이상 높아**

서비스업계에서 비교적 예약 부도율이 낮은 업종으로 꼽히는 항공업계도 'VIP' 고객들의 노쇼에는 맥을 못 춘다. 해외 출장이 잦은 기업 간부나 부유층들이 주로 이용하는 국제선 항공기 일등석과 비즈니스석의 예약 부도율이 이코노미석 예약 부도율보다 두 배 이상 높다는 것이다. 본지 취재 결과 국내 한 대형 항공사를 통해 국제선 일등석 · 비즈니스석을 예약해 놓고 나타나지 않는 비율이 지난 3년간 평균 12%에 달하는 것으로 나타났다. 빈 좌석 수로 따지면 연간 평균 14만 석에 달한다는 것이다. 이에 비해 이코노미석의 '노쇼' 비율은 5%선이었다. 일등석 · 비즈니스석의 예약 부도 현상이 이코노미석보다 두 배 이상 심한 셈이다.

인천~미국 로스앤젤레스 왕복 요금은 비즈니스석이 500만~700만 원, 일등석이 800만~1000만 원이다. 이코노미석보다 5~6배 비싸다. 결국 일등석 · 비즈니스석 예약 부도율이 높으면 높을수록 항공사는 큰 손해를 볼 수밖에 없는 구조다.

지난 2001년 한국소비자원 조사에서 국내 항공사의 평균 예약 부도율은 20%(일등석 · 비즈니스석 · 이코노미석 평균)였다. 이후 항공사들이 신용카드를 통한 선(先)결제, 위약금제를 도입하면서 최근엔 많이 나아졌다는 게 항공업계의 평가다. 국내 항공사 관계자는 "15년 전엔 상대적으로 이코노미석 예약 부도율이 더 높았는데 지금은 그 반대"라고 했다.

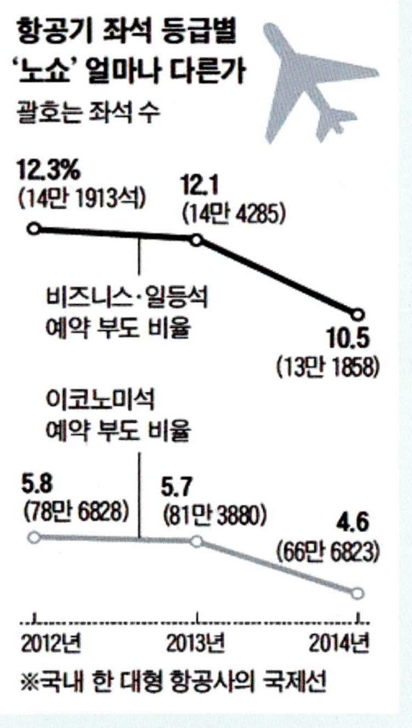


여름 · 겨울 성수기엔 이코노미석뿐 아니라 일등석 · 비즈니스석도 예약이 꽉 차 표를 구하기 어려울 때가 많다. 그러나 8석 중 1자리꼴로 예약 부도가 나다 보니 정작 급한 사람들은 공항에서 발을 동동 굴러야 할 때가 많다.

일등석 · 비즈니스석의 예약 부도율이 더 높은 이유에 대해 항공사 관계자들은 "노쇼한 이후 티켓을 환불할 경우 3만~7만원 정도의 수수료만 받고 있을 뿐 다른 시간대 티켓으로 바꿀 때는 별도의 위약금이 없기 때문"이라고 말한다. 미국 델타항공은 국제선 일등석을 예약해 놓고 부도를 낸 뒤 환불할 경우 550달러(약 64만 6000원)의 위약금을 물리고, 다른 시간 티켓으로 바꿀 때도 비슷한 금액을 물린다. '노쇼' 고객에게 아예 환불해주지 않는 외국 항공사도 많다.

출처 : 조선일보(2015.12.17), 일등석 · 비즈니스석 예약 부도율, 이코노미석보다 두 배 이상 높아.

## 2. 수율관리가 적합한 상황

수율관리는 다음과 같은 특성을 가진 기업에 효율적으로 적용할 수 있다.

첫째, 상대적으로 고정된 생산 능력을 가진 경우이다. 항공사의 좌석과 같이 정해진 좌석이 매진된 경우 다음 편 비행기에 초과된 승객을 보낼 수 있다.

둘째, 소멸하기 쉬운 재고를 보유한 경우이다. 호텔의 경우 객실이 판매되어야 할 재고 단위이다. 오늘 팔지 못하는 객실은 영원히 사라지게 되어 호텔은 객실 가격을 조정하는 수율관리를 하게 된다.

셋째, 다양한 세분시장이나 고객을 보유한 경우이다. 시장을 상이한 고객층으로 세분할 수 있다는 것은 고객그룹별로 서로 다른 선호도와 구매환경을 가진다는 것을 의미한다. 항공사의 경우 업무 출장고객은 회사가 비용을 지불하기 때문에 가격보다는 항공일정에 관심을 더 많이 두는 반면 휴가 여행객은 자신의 돈을 지불해야 하기 때문에 상대적으로 가격에 민감한 편이다.

넷째, 제품이 사전에 판매(예약 판매)되는 경우이다. 기업은 공급능력을 미리 판매하기 위해서 예약 판매를 한다. 관리자는 할인 가격으로 조기 예약을 받을 것인지 아니면 기다렸다가 높은 가격으로 판매할 것인지를 결정해야 한다. 그래서 과거 예약 실적을 바탕으로 수요가 기대치보다 높으면 할인된 가격 예약은 중단하고 반대 경우에는 할인된 가격 예약을 받게 된다.

다섯째, 수요변동이 심한 경우이다. 기업은 비수기의 수요는 가격 할인이나 인센티브 등을 통해 판매 촉진을 하며, 성수기에는 정상요금을 받아 총수익을 최대화한다.

여섯째, 낮은 한계 판매비용(marginal sales costs)과 높은 한계 서비스 능력 변경비용(marginal capacity change costs)을 가진 경우이다. 한계 판매비용은 현재 상태에서 고객 1명을 추가로 서비스하는 데 들어가는 비용으로 이 비용이 적은 경우에만 가격 할인을 통해 고객을 추가 확보하는 것이 이익을 가져오므로 수율관리를 적용할 의미가 있다. 예를 들면, 호텔의 빈 객실을 판매할 때 추가로 발생하는 한계 판매비용은 약간의 인건비, 침대 시트 세탁비, 어메니티 비용 등으로 작은 편이다. 이에 비해 한계 서비스 능력 변경비용은 서비스 능력보다 고객이 많아 서비스 능력을 한 단위 더 확보하려고 할 때 발생하는 비용으로 이 비용이 큰 경우에 한해 수율관리를 적용할 수 있다. 예를 들면, 호텔이 만실일 경우 객실을 하나 더 확보하는 것은 호텔 객실을 새로 지어야 하는 것과 같아서 한계 서비스 능력 변경비용이 큰 편이다.

일곱째, 일찍 도착하거나 예약한 고객이 늦게 도착하거나 예약한 고객보다 가격에 민감한 경우이다.

## 3. 수율관리의 과제

수율관리프로그램은 기업의 수익 향상에 도움을 주지만 다음과 같은 실행상의 문제점이 있다.

첫째, 부적절한 수율관리 담당조직 문제로 수율관리시스템이 효과적이려면 기업이 중앙 집중화된 예약시스템을 보유해야 한다. 세계적인 항공사, 호텔, 선박회사들은 중앙 집중화된 예약시스템을 가지고 있지만 작은 기업들은 분산된 예약시스템을 가지고 있어 효과적인 수율관리가 쉽지 않다. 그리고 아무리 좋은 예약시스템이라도 내부에 방대한 데이터베이스가 구축되어 있지 않으면 그 성능을 제대로 발휘할 수 없다.

둘째, 경쟁초점의 상실 문제로 수율관리는 기업이 이익 극대화에 지나치게 초점을 두고 있어 장기적으로 경쟁에서 우위를 점하게 하는 서비스 측면을 무시하는 결과를 초래할 수 있다.

셋째, 고객의 소외감 문제로 만일 고객이 다른 사람보다 높은 가격을 지불했다는 걸 알게 될 경우 고객의 가격이 불공정하다고 느낄 것이다. 기업은 고객을 대상으로 초과예약으로 인해 서비스를 받지 못할 경우 적절한 보상을 해주거나 덜 붐비는 시간에 오면 할인해주는 등의 내용을 알려줘 공정성을 느끼도록 교육해야 한다.

넷째, 초과예약 문제로 고객이 초과예약으로 인한 보상을 적절하게 받지 못한다면 고객은 더욱더 소외될 것이다. 서비스 거절이나 서비스 등급 하향 등과 같은 부정적인 결과를 경험한 고객들 중 특히 높은 수익을 기업에게 가져다주는 고급 고객들은 결과적으로 기업과의 거래를 줄이는 것으로 보고되고 있다.

다섯째, 직원 사기 문제로 수율관리프로그램은 판매 및 예약 직원과 관계없이 책정된 가격에 근거하고 있다. 어떤 직원은 이를 반가워하지만 어떤 직원은 자유 재량권에 대한 규제로 보고 싫어할 수 있다. 기업은 예외 처리 조항을 마련해 직원이 특수한 경우에 대처할 수 있도록 하며 의사결정 결과를 계속해서 모니터링할 수 있다.

여섯째, 인센티브 및 보상 시스템의 불일치 문제로 직원들은 수율관리시스템과 인센티브 구조가 맞지 않을 경우 수율관리시스템에 대해 불만을 가질 수 있다. 예를 들면, 관리자들은 실제 사용량 또는 평균 가격에 기초해서 보상을 받는 반면 수율관리시스템은 이 두 가지 요소의 균형을 강조하여 직원의 불만을 가져올 수 있다. 따라서 기업은 직원에게 달성해야 하는 매출 목표를 정확히 알려주고 목표 달성에 따른 성과급과 같은 동기부여프로그램을 제공해야 한다.

일곱째, 직원훈련의 결핍 문제로 수율관리시스템을 효율적으로 운영하기 위해서는 직원들에게 이러한 시스템의 목적, 작동 방법, 의사결정 방법, 이들의 직무에 미치는 영향에 대한 철저한 교육이 필요하다.

### [ 주요 용어 ]

- 공급관리전략: 변동하는 수요에 맞도록 공급능력을 단기적으로 변화시키는 전략
- 노쇼(no show): 예약을 하고 취소 연락 없이 예약 장소에 나타나지 않는 손님
- 무반응전략: 기업이 수요변화에 대해 전혀 반응하지 않음으로써 수요가 저절로 조정되도록 방치하는 전략
- 수요관리전략: 수요변동을 조절함으로써 주어진 공급능력에 수요를 맞추는 전략
- 수요재고화 전략: 예약시스템이나 대기 시스템 등을 채택하여 수요 재고화를 추구하는 전략
- 수요조절전략: 수요량의 조정이나 변화를 통해 공급량에 맞추어 나가는 전략
- 수율관리(yield management): 공급능력이 제한된 서비스에서 예약시스템, 초과예약, 가격 차별화 등 수요공급관리를 통해 세분된 시장 및 고객층 수요에 맞추어 수익을 최대화하는 것
- 초과예약(overbooking): 예약한 고객이 나타나지 않는 경우(no show)를 예상하여 활용 가능한 서비스 능력을 초과해서 예약을 받는 것
- 혼합전략: 수요와 공급관리전략을 동시에 사용하여 수요와 공급을 일치시키는 전략

## 토론 주제

- 서비스 기업에서 수요와 공급의 불균형이 발생하는 이유를 설명하시오.
- 시간제 직원을 활용할 경우 어떤 조직상의 문제점들이 있는지 토의하시오.
- 비수기에 수요를 증가시키기 위해 혁신적으로 마케팅 믹스 혹은 제품을 바꾼 기업을 찾아 설명하시오.
- 수요관리 혹은 공급관리에 최신 기술을 적용해 성공한 사례를 토의하시오.
- A항공사는 성수기 시즌에 고객서비스를 높이기 위해 모든 비행기를 가동하기로 했다. 그러나 수요가 너무 많아 서비스 공급에 한계가 있어 다른 방법을 강구하기로 했다. 어떤 대인들이 있는지 토의하시오.
- 수율관리는 어떤 서비스 기업에 적용될 수 있는지를 토의하시오.

# CHAPTER 08

Chapter

# 08 서비스의 물리적 증거관리

## 학습목표

이번 장에서는 다음 내용의 이해를 목표로 한다.

① 물리적 증거의 개념과 분류
② 물리적 환경의 역할 및 유형
③ 서비스스케이프 모형
④ 확장된 서비스스케이프와 가상 서비스스케이프
⑤ 오감을 활용한 서비스스케이프 개발 전략

## 도입사례

### [K백화점의 진화] "쇼핑 이상의 경험" … 틀 · 공식 깨는 백화점들

롯데 · 신세계 · 현대백화점 등 주요 백화점들이 고객들에게 '쇼핑 이상의 경험을 선사한다'는 목표로 기존의 틀과 공식을 과감히 깨고 있다. 대표적인 게 공간의 재배치다. 기존에는 백화점들이 점포 간격을 최소화하고 매대도 빽빽하게 운영해서 매출을 극대화하는 전략을 썼다면, 최근에는 점포 간격을 넓게 벌리고 점포도 고객의 이동선에 방해가 되지 않도록 배치한다. 고객 관점에서 점포를 리뉴얼하고 있는 것이다.

올해 리뉴얼을 마친 롯데백화점 본점 지하1층 향수 매장 모습(사진 : 롯데쇼핑 제공)

공간의 재배치는 단순한 상품 판매에 국한하지 않는다. 점포와 매대를 줄이면서도 고객이 즐길 수 있는 다양한 콘텐츠를 배치한다.

● **백화점이야, 갤러리야?… '아트 맛집' 표방한 롯데**

롯데백화점은 본점을 포함한 노후화된 매장 리뉴얼을 이어나가며 고객 동선의 편의성을 높이고, 콘텐츠 측면에선 '아트 맛집'을 표방한다. 올해 3월 국내 유명 여성 작가들과 함께한 '리조이스 전시'를 시작으로 첫 대규모 아트페어인 '롯데아트페어 부산 2022', MZ세대에게 각광받고 있는 공예품 전시 등을 선보여왔다. 지난해 본점 에비뉴엘에 오픈한 대형 미디어 아트 전시관인 '그라운드 시소 명동'에서는 '반고흐 인사이드', '포에틱 AI', '모네 인사이드' 등 다양한 전시를 진행하기도 했다. 최근에는 '뉴미디어 아트' 특별전을 성공리에 마무리했으며, 이 밖에 현재 미술시장에서 재조명받는 '구상미술'을 테마로 하는 '재현과 재연: Seeing Beyond' 전시회를 본점과 동탄점, 인천점 세 곳에서 진행하고 있다.

특히, 각 점포 갤러리별로 주제를 달리해 본점은 '스포트라이트(Spotlight)전', 동탄점은 '하이라이트(Highlight)전', 인천점은 '라임라이트(Limelight)전'을 진행하는 등 공을 들였다. 전시회는 회화 근대 작가 42명과 현대 작가 40명, 조각 작가 23명 등 총 105인의 작품 140여 점으로 구성했으며, 본점과 동탄점 갤러리에서는 한국의 초기 서양화부터 최근 젊은 작가들의 작품들을, 인천점 갤러리에서는 구상 미술을 3차원 조각으로 소개하는 등 전시 작품들을 풍성하게 준비하며 '백화점의 갤러리화'에 적극적으로 나서는 모습이다.

● **럭셔리와 디지털, '두 마리 토끼' 잡는 신세계**

신세계백화점은 핵심 점포인 강남점을 중심으로 '럭셔리' 차별화 전략을 강화하는 한편, 디지털 전환에 속도를 내며 NFT(대체불가토큰)나 콘텐츠 발굴 등을 통한 MZ세대 유입 등 '양면적' 전략이 눈에 띈다. 일례로 최근 백화점업계에서 공을 들이는 프리미엄 유아동복 시장을 선점한 것을 꼽을 수 있다. 앞서 신세계백화점은 국내 최초로 강남점에 프랑스 명품 브랜드 디올의 키즈 버전인 '베이비디올'을 입점시켰으며, 일찌감치 몽클레르앙팡, 버버리 칠드런, 겐조키즈, 펜디키즈 등 주요 럭셔리 키즈 브랜드를 모두 확보한 상태다. 지난해에는 업계 처음으로 강남점 1층과 2층 사이 중층 개념의 '메자닌(Mezzanine)' 공간을 오픈, 국내 최초이자 최대 규모인 부르고뉴 와인 전문 매장을 입점시키는가 하면, 럭셔리 향수와 스킨케어 매장 등을 소개하고 있다.

또한 신세계백화점은 모바일 앱에 다양한 디지털 콘텐츠를 발 빠르게 도입하며 '디지털 신세계'를 강조하며 젊은층도 타깃으로 하고 있다. 특히 브랜드 할인 정보를 넘어 최신 트렌드와 쇼핑 경험, 인문학적 지식 등을 담아 제공하며 차별화 마케팅에 적극 나서는 것이다. 유통업계 최초로 NFT를 자체 제작해 고객들에게 증정하는 이벤트로 주목을 받기도 했다.

● **백화점서 힐링을… 문화복합공간으로 변신하는 현대**

현대백화점은 쇼핑과 휴식을 넘어 문화와 예술을 즐길 수 있는 '문화복합공간'을 목표로 점포에 변화를 주고 있다. 현대백화점의 전략 변화를 가장 잘 보여주는 점포로 '더현대서울'이 꼽힌다. 상품 판매 공간을 의미하는 매장 면적을 줄이고 전체 영업 면적의 절반을 실내 조경과 고객 휴식 · 힐링 공간으로 꾸며 '도심 속 자연'이라는 콘셉트를 통해, 오프라인 유통의 혁신 사례로 평가받고 있기도 하다.

럭셔리의 대명사인 백화점들이 '쇼핑 이상의 경험 제공'을 통해 많은 고객들이 찾는 백화점이 되도록 전략에 변화를 주거나 콧대를 낮추는 이유는 급변하는 소비 패턴 변화가 지목된다. 최근 몇 년간 비대면 소비 성향이 짙어지면서 전통 유통업으로 대표되는 백화점이 무너질 것이라는 위기의식이 커진 것과 무관치 않다. 코로나19 확산 장기화로 기존 백화점 고객들의 발길마저 끊길 수 있다는 우려에 '올드 비즈니스'의 한계를 뛰어넘으려 노력했고, 이를 기점으로 백화점이 기존의 틀을 깨고 '명소'로 거듭나는 결과를 앞당겼다는 게 업계 시각이다.

이와 관련, 유통업계 관계자는 "유통업 특성상 소비자와 직접 맞닿아 있고 생산에서 소비까지의 경로를 책임지기 때문에 트렌드에 더욱 민감할 수밖에 없고, 고객들의 트렌드가 변화함에 맞춰 백화점들도 달라져야 생존할 수 있다고 생각한다"면서, "과거에는 얼마나 많이 팔까를 고민하고 단순한 마진만을 고려했다면, 요즘에는 어떻게 고객들이 우리 백화점으로 오게 할까를 고민하는 게 달라진 부분"이라고 설명했다.

출처 : 대한경제(2022.10.14), [K백화점의 진화] "쇼핑 이상의 경험"… 틀 · 공식 깨는 백화점들.

# 제 1 절 | 물리적 증거의 개요

## 1. 물리적 증거의 개념

물리적 증거(physical evidence)란 서비스가 전달되고 고객과 서비스 제공자의 상호작용이 이루어지는 환경을 말하며, 유·무형적 요소를 모두 포함하고 있다. 물리적 증거는 물리적 환경(서비스스케이프)과 기타 유형적 요소로 구성된다〈표 8-1〉.

**〈표 8-1〉 물리적 증거의 분류**

| 구분 | | 예시 |
|---|---|---|
| 물리적 환경<br>(서비스스케이프,<br>servicescape) | 외부환경 요소 | 시설의 외형, 간판 등의 안내 표지판, 주차장, 주변 환경 등 |
| | 내부환경 요소 | 내부 장식과 표지판, 벽 색상, 가구, 조명, 시설물, 공기의 질/온도, 매장의 음악이나 향기 등 |
| 기타 유형적 요소 | | 직원 유니폼, 광고 팸플릿, 메모지, 입장 티켓, 영수증, 인터넷/모바일 홈페이지 등 |

물리적 환경은 서비스케이프(servicescape)라고도 하는데 이는 service + scape(경치, 경관)의 합성어이다. 서비스스케이프는 자연적 또는 사회적 환경이 아닌 의도적으로 만들어진 인위적인 물리적 환경으로 고객 및 직원의 행동과 인식에 영향을 주는 서비스 공간 내의 물리적 환경을 말한다.

서비스스케이프는 외부환경과 내부환경으로 나눠볼 수 있다. 외부환경은 신규고객을 유치하는 데 중요하며, 뉴욕의 엠파이어스테이트 빌딩(Empire State Building), 싱가포르의 마리나 베이 샌즈 호텔(Marina Bay Sands Hotel), 홍콩의 백만 불짜리 야경 등이 좋은 예이다. 엠파이어스테이트 빌딩의 경우 밸런타인데이(Valentine day, 2월 14일)에는 빨강, 핑크, 흰색 조명을, 세인트 패트릭스 데이(Saint Patrick's day, 3월 17일)에는 초록색 조명을, 부활절(4월 4일)에는 녹색, 핑크, 노란색 조명을, 크리스마스 시즌에는 빨강, 녹색 조명을 하고 있다.

내부환경은 내부 벽의 색상이나 장식, 가구, 서비스 제공에 필요한 시설물들로 고객과 직원의 만족과 생산성에 직결된다. 예를 들면, 호텔 벽, 천장 가구 등 소금으로 만들어진 볼리비아 우유니 소금사막의 소금 호텔(Palacio De Sal)이 있다.

기타 유형적 요소는 직원 유니폼, 광고 전단지, 상품 안내서, 항공 탑승권 등 무형적 서비스 전달에 수반되는 유형적인 요소이다. 이러한 요소들은 서비스의 품질이나 첫인상에 큰 영향을 미친다.

기업의 물리적 증거에 대한 의존도는 서비스 유형에 따라 다르게 나타날 수 있다. 즉 금융이나 보험산업은 물리적 증거에 대해 상대적으로 영향을 덜 받는 반면, 호텔이나 레스토랑 등의 산업은 물리적 증거가 고객의 서비스 기대와 만족도에 큰 영향을 미칠 수 있다.

다양한 기업의 물리적 증거를 예를 들어 살펴보면 〈표 8-2〉와 같다.

**〈표 8-2〉 고객 관점에서 본 물리적 증거의 예**

| 서비스 기업 | 물리적 환경 | 기타 유형적 요소 |
|---|---|---|
| 보험회사 | 중요치 않음 | 보험증서, 보험료 청구서, 영수증, 상품 안내서 등 |
| 병원 | 건물의 외관, 안내 표지판, 주차장, 진료대기실, 진료실, 회복실, 안내데스크, 의료장비 | 의사, 간호사의 유니폼, 진료 차트, 진료비 명세서 등 |
| 항공사 | 공항라운지, 비행기의 외관, 기내 좌석과 안전벨트, 기내 엔터테인먼트 시스템, 실내 온도 | 탑승권, 기내 음식, 승무원 유니폼 등 |
| 화물 운송업체 | 중요치 않음 | 포장, 운송트럭, 직원 유니폼 |
| 어린이 놀이방 | 건물의 외관, 주차장, 놀이시설, 실내 분위기 | 안내문, 간식, 등록금 영수증 |

출처 : 이유재(2019), 서비스 마케팅, 제6판, 학현사, p.334.

## 2. 물리적 환경의 중요성

물리적 환경은 고객의 경험, 의사결정 및 직원 행동에 많은 영향을 미칠 수 있어 매우 중요하다.

첫째, 물리적 환경은 고객의 행위와 구매, 서비스 경험에 중요한 영향을 미친다. 예를 들면, 수제 화장품 전문업체인 Lush는 매장 안에 향이 은은히 퍼지도록 일부러 비누와 화장품을 포장하지 않은 채 진열하여 매출을 높이고 있다.

둘째, 물리적 환경은 서비스나 서비스품질에 대한 정보적 단서를 고객에게 제공해주는 의사소통 역할, 즉 서비스의 무형성을 극복해줄 수 있다. 고객은 서비스가 무형성의 특성을 가지는 관계로 서비스 상품을 이해하거나 평가하는 데 어려움을 갖는데 물리적 환경은 이러한 고객의 어려움을 해결해줄 수 있는 유형적 실체를 제공함으로써 고객의 이해와 의사결정을 도울 수 있다. 예를 들면, 두바이의 Burj Al Arab 호텔은 고급스럽고 독특한 건물 디자인을 통해 7성급의 최고급 호텔이라는 이미지를 부각한 바 있다.

셋째, 물리적 환경은 서비스 기업에 대한 이미지를 형성하는 데 중요하다. 예를 들면, 신세계백화점 본점은 세계적 거장들의 작품을 전시한 조각공원을 만들어 격조 높은 문화공간을 제공함으로써 고급 이미지를 형성하고 있다.

넷째, 물리적 환경은 기업의 내부고객인 직원들의 행동에도 영향을 미친다. 다시 말해 편안한 사무 공간, 적당한 온도와 습도 등의 쾌적한 근무환경은 직원들로 하여금 일의 효율성을 높일 뿐만 아니라 직무만족도에 영향을 미치게 된다. 예를 들면, 아모레퍼시픽은 임직원 간 소통을 원활하게 하기 위해 사무실 내 칸막이를 없애고 회의실을 모두 투명 유리창으로 구성했다. 또한 구성원 간 협업을 위해 공용 공간을 확대하고, '워크 포커스 공간'을 만들어 직원이 업무공간을 자유롭게 선택해서 집중해서 업무에 몰입할 수 있도록 하였다.

## 제 2 절 | 물리적 환경의 역할 및 유형

### 1. 물리적 환경의 역할

물리적 환경은 포장, 촉진제로서의 편의 제공, 사회화, 차별화의 역할을 한다.

#### 1) 포장(package)

물리적 환경은 제품의 포장처럼 기업의 서비스를 포장하고, 내부에 대한 이미지를 외부고객에게 전달하는 역할을 한다. 물리적 환경은 고객에게 보이는 조직의 외적인 모습으로 서비스의 무형성을 시각적으로 제시하는 것이어서 고객이 기업에 대해 갖게 되는 최초 인상과 기대를 형성하는 데 매우 중요하다. 특히 패키지는 특정 기대치와 문제해결 욕구를 지닌 신규고객에게 중요하며, 고유한 이미지를 형성하려는 기업들에게도 매우 의미가 있다.

이러한 물리적 환경의 패키지 역할의 예로는 호텔의 실내장식, 레스토랑 직원의 유니폼, 화장실의 '청결 확인' 표시 등이 있다. 스타벅스는 다른 도시나 국가에 있는 점포들이 시애틀 매장의 외관과 느낌을 그대로 모방하지 않고 독특한 환경을 조성해 모든 매장이 고객에게 대량생산된 복제품이 아니라 현지 공유의 커피숍처럼 느껴지도록 하고 있다.

### 2) 촉진제(facilitator)로서의 편의 제공

물리적 환경은 근무환경에서 고객과 직원 등 사람들의 서비스 행동을 지원하는 역할을 한다. 물리적 환경의 설계는 어떻게 설계되었는지에 따라 고객과 직원에게 각각 유익한 서비스 체험과 만족스러운 서비스 수행을 하게 해주거나 고객과 직원 모두에게 불만을 줄 수 있다. 이러한 물리적 환경의 촉진제 역할의 예로는 호텔의 노년층 고객을 위한 보다 큰 전화기나 TV 리모컨 숫자나 버튼, 우체국에서 눈이 어두운 노인을 위한 돋보기 비치, CGV의 '러브 시트' 시설, British Airways의 클럽 회원에 대한 슬리퍼 서비스(sleeper service) 등이 있다.

### 3) 사회화(socializer) 촉진 도구

물리적 환경은 고객과 직원으로 하여금 기대된 역할, 행동 및 관계를 하도록 돕는 역할을 한다. 직원의 사회화에 대한 예로 회사에 갓 입사한 직원은 자신의 사무실 크기, 사무용 가구의 질, 자기 자리의 상대적 위치로 누가 부서의 장이고 자신의 지위는 어느 정도인지를 이해하게 된다. 예를 들면, 환자가 대형병원의 물리적 환경만 살펴보아도 어디에 가서 서비스를 제공받아야 하고, 어디에는 직원만 드나들 수 있으며, 어디에서 어떠한 서비스를 기대해야 하는지를 알 수 있게 된다. 또한 물리적 환경은 고객에게 직원과 대비된 자신의 역할이 무엇인지, 서비스 환경에 머무는 동안 어떻게 행동해야 하는지, 어떤 상호작용이 필요한지를 알려주게 된다. 예를 들면, 공항의 대기실 의자는 여행객들끼리 모여 앉아 시끄럽게 떠들지 않도록 배치되어 있다.

Club Med는 고객들 간에 어울릴 수 있는 장소와 고객과 직원 간에 상호작용할 수 있는 공간을 설계한 바 있다. 또한 Starbucks는 집과 직장이 아닌 고객을 위한 제3의 공간을 제공하고 고객들이 넓은 공간에서 머무르며 상호작용할 수 있도록 편안한 안락의자와 테이블, 부드러운 음악, 와이파이 등을 제공한다.

### 4) 차별화(differentiator) 도구

물리적 환경은 서비스 기업을 경쟁사와 차별화하고 목표시장을 정확히 알려주는 차별화 역할을 한다. 쇼핑몰의 실내장식, 색상, 배경음악 등은 서비스 기업의 목표시장을 잘 표현해줄 수 있다. 또 다른 예로 PETsMART사가 만든 애완동물 호텔인 펫호텔(PETsHOTEL)은 로비 공간, 다채로운 놀이 공간, 안락한 침실, 텔레비전 등을 갖춰 전통적인 훈련장보다 가정적인 느낌을 주는 시설을 제공하고 있다.

물리적 환경은 특정 서비스 기업 내에서 가격의 차별화 및 장소를 차별화하는 역할도 하게 된다. 예를 들면, 항공사의 경우 일등석과 이등석을 가격의 차별화로 분리 · 제공하고 있으며, 백화점이나 쇼핑몰에서도 고급 음식점이 모인 장소와 일반 음식점이 모인 푸드 코트(food court)를 다르게 꾸며 놓고 있다.

## 2. 물리적 환경의 유형

물리적 환경의 유형은 물리적 환경의 사용 정도와 물리적 환경의 복잡성으로 나눠볼 수 있다〈표 8-3〉.

### 1) 물리적 환경의 사용 정도

서비스 업체의 물리적 환경 유형은 그 환경을 사용하는 대상의 사용 정도(servicescape usage)에 따라 셀프서비스(self service), 원격 서비스(remote service), 대인서비스(interpersonal service)로 나눌 수 있다.

첫째, 셀프서비스는 고객이 대부분의 활동을 스스로 수행하고, 직원은 약간의 활동을 하는 경우를 말한다. 예를 들면, 은행의 ATM, 패스트푸드점, 테마파크 등이 있다. 셀프서비스 환경을 주로 제공하는 기업은 적절한 타깃 고객층, 이용의 편리성, 고객에게 기대 서비스 경험을 제공할 수 있도록 설계되어야 한다.

둘째, 원격 서비스는 물리적 환경에 대해 고객의 참여가 거의 없는 경우를 말한다. 예를 들면, 유무선 통신회사, 통신판매회사, 회계법인, 보험사들의 통화내용 자동분석시스템(Voice Analytics System) 등이 있다. 원격 서비스를 주로 제공하는 기업은 고객보다는 직원의 동기를 유발시킬 수 있고, 생산성, 팀워크 및 운영의 효율성을 높일 수 있도록 설계되어야 한다.

셋째, 대인 서비스는 셀프서비스와 원격 서비스의 중간 형태로 고객과 직원이 물리적 환경 안에서 같이 활동하여 서비스를 생산하는 경우를 말한다. 예를 들면, 호텔, 레스토랑, 병원, 학교 등이 있다. 대인 서비스를 주로 제공하는 기업은 고객과 직원 모두에게 매력적이고 만족할 만한 물리적 환경을 설계해야 하며, 이와 동시에 고객과 직원의 사회적 상호작용의 특징과 정도가 물리적 환경에 어떤 영향을 주는가에 대한 세심한 주의가 필요하다.

### 2) 물리적 환경의 복잡성

물리적 환경의 복잡성에 따라 단순한 물리적 환경과 복잡한 물리적 환경으로 나눌 수 있다〈표 8-3〉. 간단한(lean) 물리적 환경은 쇼핑몰의 간이매점이나 은행의 ATM처럼 특별한 공간이나 시설물이 없는 경우를 말하며, 셀프서비스나 원격 서비스 경우처럼 물리적 환경 설계는 간단하다. 이에 비해 정교한(elaborate) 물리적 환경은 병원처럼 많은 공간과 시설로 복잡한 경우를 말하며, 이럴 경우 물리적 환경을 보다 세밀하게 설계, 관리해야 기업의 목표를 달성할 수 있다. 예를 들면, 병원은 여러 개의 층과 많은 병실, 복잡한 의료기기를 보유하고 있으며 물리적 설비가 수행하는 기능이 매우 복잡하다. 따라서 환자의 병실은 병원 직원의 생산성을 높일 수 있고 동시에 환자가 안락함을 느끼고 만족할 수 있도록 설계되어야 한다.

**〈표 8-3〉 물리적 환경의 이용과 복잡성에 따른 서비스 기업 유형**

| 물리적 환경 사용 정도 | 물리적 환경의 복잡성 | |
|---|---|---|
| | 정교함(elaborate) | 간단함(lean) |
| 셀프서비스<br>(고객만 이용) | 골프장, eBay, 테마파크 등 | ATM, 세차장, 운송화물 접수창구,<br>영화관, 간단한 인터넷 서비스,<br>식당의 주문 키오스크 등 |
| 대인서비스<br>(고객과 직원 모두 이용) | 호텔, 레스토랑, 병원, 은행, 항공사,<br>학교 등 | 세탁소, 소매점, 미용실 등 |
| 원격서비스<br>(직원만 이용) | 통신회사, 보험회사,<br>많은 전문 서비스 | 통신판매업체, 자동 음성 메시지<br>서비스 등 |

출처 : Bitner, M. J.(1992), Servicescapes: The impact of physical surroundings on customer and employees, Journal of Marketing, 56(2) : 57-71. 토대로 보완

## 제 3 절 | 서비스스케이프 모형

Bitner(1992)가 개발한 서비스스케이프 모형은 환경이 고객과 직원의 반응에 어떠한 영향을 주고, 이 반응들이 고객과 직원의 행동에 어떠한 영향을 주는가를 구조적으로 설명해준다[그림 8-1]. 즉 물리적 환경 요인들이 결합되어 고객의 서비스스케이프에 대한 환경 인식에 영향을 미치고, 이들은 다시 조절변수인 심리적 요인들에 의해 내적 반응이 생기고, 마지막으로 이러한 반응에 따라 고객과 직원은 접근과 회피라는 행동으로 연결되게 된다. 서비스스케이프 모형의 연결 구조를 환경, 심리적 내적 반응, 행동의 3개 영역으로 나누어 살펴보자.

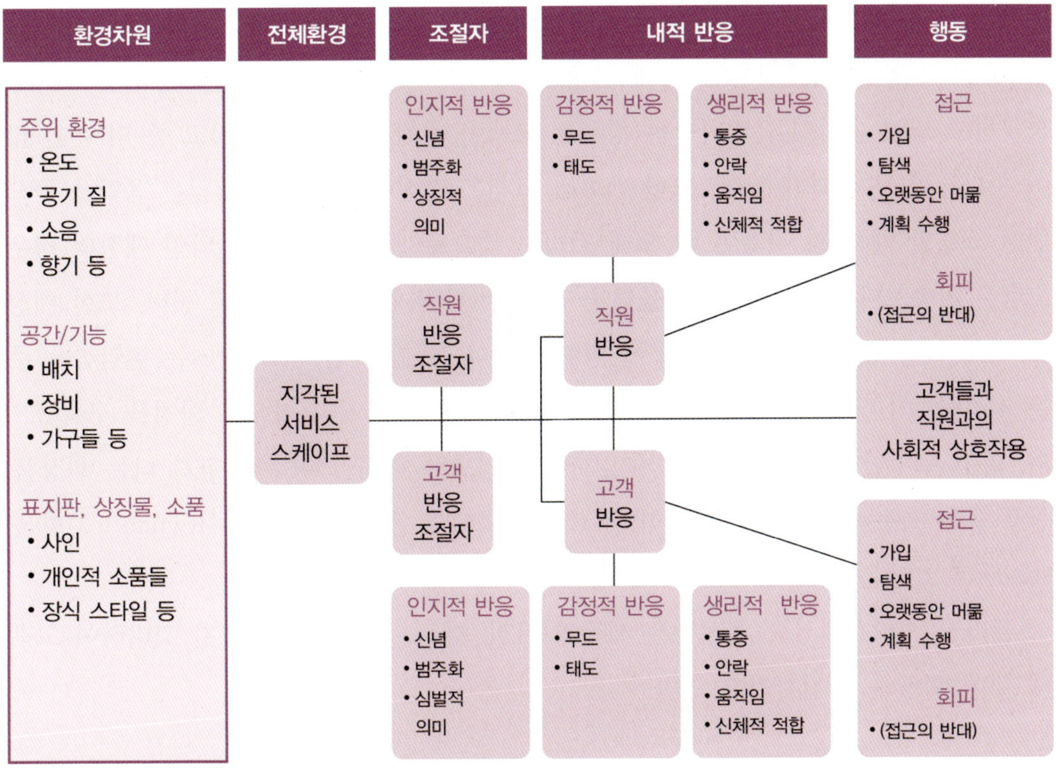


출처 : Bitner, M. J.(1992), Servicescapes: The impact of physical surroundings on customers and employees, Journal of Marketing, 56(2) : 62.

[그림 8-1] 서비스스케이프 모형

## 1. 환경

고객들은 개별적인 물리적 환경 요소에 대해 반응하기보다는 여러 환경 요인들이 만들어내는 전체적인 기분과 분위기에 반응하여 서비스스케이프를 지각하게 된다. 물리적 환경 요인에는 주위 환경(ambient conditions), 공간 배치 및 기능성(space/function), 표지판, 상징물, 소품(signs, symbols, and artifacts)이 있다.

### 1) 주위 환경

주위 환경은 서비스 환경의 주변에 설정된 분위기로 주로 사람의 오감을 자극하는 실내 온도, 조명, 소음, 음악, 냄새, 색채 등과 같은 환경의 배경 요소이다. 예를 들면,

매장의 배경음악이 고객의 쇼핑 소비에 미치는 효과에 따르면 좋은 음악이 흘러나오는 경우 그렇지 않은 경우에 비해 고객은 쇼핑을 기다리지 않고 빨리했다고 느끼며, 느긋하고 느린 음악이 흘러나오는 경우는 고객이 천천히 여유를 가지고 좀 더 돈을 많이 쓴다는 연구 결과가 있다. 또한 백화점 고객은 자신에게 친숙하지 않은 음악을 들으면서 쇼핑할 때 쇼핑 시간이 더 오래 걸리는 것으로 느낀다고 한다. 와인 매장의 경우 고객은 팝송보다 클래식 음악을 틀었을 때 더 비싼 와인을 구매한다고 한다. 또한 매장의 냄새나 향기 역시 고객의 행동에 영향을 준다. 예를 들면, Starbucks는 편안함을 주는 시각물, 커피를 볶는 소리, 항상 풍겨 나오는 구수한 커피 향으로 환경을 구축했으며, 항상 구수한 커피 향을 유인하기 위해 직원으로 하여금 향수나 향기 나는 화장품, 샴푸 등은 사용하지 않기를 권장한다. Westin 호텔은 로비에 화이트 차(white tea)향을, Sheraton 호텔은 무화과, 정향, 재스민 향을 흐르게 했다.

온라인 서비스에서도 계절감은 제품의 사진, 메뉴, 글자의 폰트까지 고려하여 고객의 구매 활동을 촉진시키고 있다.

### 2) 공간 배치 및 기능성

공간 배치는 서비스 제공을 위한 도구, 기기 등을 어떤 형태, 크기, 방식으로 배열할 것인가를 나타내며, 기능성은 서비스스케이프 요소들이 직원의 업무수행과 고객과 직원 간 상호작용에 도움을 주는 능력을 의미한다. 공간 배치는 고객의 체류시간을 조정해준다. 예를 들면, 레스토랑에서 테이블끼리 너무 가깝게 배치되면 식사 후 바로 일어나는 분위기를, 넉넉하게 배치되면 충분한 시간을 보내게 된다. 또 다른 예로 2017년 개장한 하남 스타필드의 공간설계가 있다. 스타필드는 대형화되는 복합쇼핑 공간에서 고객의 쇼핑과 여가활동을 같이 진행하는 행동을 뜻하는 몰링(malling)을 활용하여 고객들이 넓은 공간을 빠짐없이 돌아다닐 수 있도록 공간배치나 기능성을 높인 바 있다. 이로 인해 스타필드는 하남의 평균 고객 체류시간을 다른 유통채널의 2배 이상인 5.5시간으로 늘렸다.

온라인 서비스에서도 고객이 쉽게 메뉴를 식별하고 원하는 서비스로의 이동시간을 줄이기 위해 메뉴 배치나 검색을 쉽게 하도록 하고 있다.

### 3) 표지판, 상징물, 소품

표지판은 부서 명칭이나 출입구, 규칙 등을 표시하고, 상징물이나 소품은 서비스 현장의 의미나 지켜야 할 일들을 전달해준다. 이러한 것들은 고객의 기업에 대한 첫 인상을 형성하며, 무형적 성격을 가진 서비스에 중요한 유형적 단서 역할을 한다. 예를 들면, 금연, 출입 금지, 부모 동반 등은 명시적인 행동규범을 나타내며, 레스토랑의 흰색 테이블보와 직원 유니폼 등은 고객의 서비스 제공자에 대한 신뢰감 형성에 암묵적인 영향을 미친다.

온라인 서비스에서도 기업의 로고나 심벌은 기업의 주된 활동과 서비스 정보를 제공하고 있다. 예를 들면, Amazone(amazon)은 자사의 로고에 있는 a부터 z까지 화살표를 통해 고객이 원하는 제품과 서비스를 모두 구매할 수 있다는 의미를 전달하고 있다.

## 2. 내적 반응

서비스스케이프에 대한 고객과 직원의 반응은 크게 인지적 반응(품질의 지각과 신념), 감정적 반응(태도와 무드), 생리적 반응(고통과 안락함) 등으로 나눌 수 있으며, 이들 반응은 상호의존적이고 동시다발적으로 발생한다. 예를 들면, 병원에 온 환자는 잘 정돈된 내부시설을 보고 불안감을 감소시키는 감정적 반응과 의사가 능력이 있을 것이라 믿는 인지적 반응을 동시에 느끼게 된다.

### 1) 인지적 반응

서비스스케이프는 고객의 서비스에 대한 생각과 신념에 영향을 미치게 된다. 예를 들면, 변호사 사무실의 가구 형태, 장식품, 변호사 의복과 같은 것은 성공한 변호사, 수임료가 비싼 변호사, 믿을 만한 변호사의 이미지로 고객의 신념에 영향을 미칠 수 있다. 여행사의 실내 장식 등 잘 조직화되고 전문성이 돋보이는 시설을 갖춘 여행사는 그렇지 않은 여행사에 비해 고객에게 더욱 긍정적으로 인식된다는 연구 결과도 있다.

## 2) 감정적 반응

서비스스케이프는 사람들을 기쁘고 즐겁고 편안하게도 만들지만 반대로 슬프고 짜증나며 기분을 상하게도 만든다. 예를 들면, 나이트클럽의 라이브 음악과 현란한 조명은 사람들을 흥분되고 행복하게 만들 수 있으며, 병원의 약 냄새나 소음은 사람들을 불안하게 만들 수 있다.

환경심리학자에 따르면 물리적 환경은 즐거움/불쾌함과 환기의 정도(degree of arousal, 자극 또는 흥분의 양)의 두 가지 차원을 갖는다고 한다. 즐거움을 주면서 환기적인 서비스스케이프를 흥분(exciting), 즐거움을 주면서 비환기적이거나 활기가 없는 서비스스케이프를 풀림(relaxing), 불쾌하면서도 환기적인 서비스스케이프를 괴로움(distressing), 불쾌하고 따분한 서비스스케이프를 우울함(gloomy)이라고 하며, 이러한 감정적 반응들은 특정 장소에서 고객과 직원의 행동을 예측하는 데 이용되고 있다.

## 3) 생리적 반응

서비스스케이프는 고객으로 하여금 즉각적인 생리적 반응을 일으키게 한다. 예를 들면, 지나친 소음이나 부적절한 실내 온도는 신체적 불편함을 야기한다. 따라서 서비스스케이프는 사람들이 서비스 현장에서 즐거운 서비스를 받으면서 계속 머무를지 아니면 떠날지를 결정하는 데 영향을 미친다. 패스트푸드 음식점의 딱딱한 의자와 고급 레스토랑의 부드럽고 편안한 의자는 고객의 체류시간에 차이를 주게 된다.

엔지니어나 디자이너들은 인체 공학과 인적 요소 설계라는 측면에서 같은 물건이라도 사람들을 더 편하고 즐겁게 이용할 수 있도록 배려하고 있다. 서비스 기업은 모든 제품, 건물, 공간을 모든 사람이 최대한 활용할 수 있도록 설계하는 것을 의미하는 "유니버설 디자인 표준 및 원칙(universal design standards and principles)"을 채택하고 있다. Choice Hotel은 저가 호텔 브랜드인 Rodeway Inn과 Econolodge의 객실을 재설계하면서 표적시장인 중년층과 노년층을 위한 호텔을 리디자인한 바 있다. 즉 객실의 조명을 밝게 하고, 전화나 TV 리모컨의 자판을 크게 하였으며, 샤워장에 손으로 잡을 수 있는 바를 설치하였다. 방 안의 스위치도 어둠 속에서 볼 수 있게 불이 들어오게 했으며, 관절염으로 고생하는 사람들을 위해 둥근 손잡이 대신 레버 핸들로 교체하여 쉽게 여닫을 수 있도록 했다.

## 3. 행동

1960년대까지만 해도 인간 행동을 연구하는 대부분의 심리학자들은 인간 행동에 영향을 미치는 물리적 환경의 영향을 간과하였다. 이후 많은 연구 결과는 물리적 환경 차원이 고객과 직원의 내적 반응과 행동에 영향을 미치는 것으로 밝혔다.

### 1) 개인적 행동 / 고객 반응

환경심리학자들은 소비자들이 일반적으로 접근(approach)과 회피(avoidance) 행동으로 어떤 장소에 반응한다는 상반된 두 가지 행동을 설명한다. 접근 행동은 어떤 장소에 대한 긍정적인 행동으로 그곳에서 오래 머물고 싶다든지, 구경하길 원한다든지, 무엇인가를 하고 싶다든지, 나와의 관계를 쌓아가고 싶어 하는 행동이다. 반면에 회피 행동은 어떤 장소에 대한 부정적인 행동으로 그곳을 피하고 싶다든지, 빨리 떠나고 싶다든지, 나와의 관련성을 지워버리고 싶어 하는 행동이다.

서비스스케이프는 접근 행동 및 회피 행동과 고객과 직원이 서비스 시설 내에서 성공적으로 업무를 보는 데 영향을 미친다. 예를 들면, 7-Eleven의 점주는 젊은 사람들이 말썽을 자주 일으켜 이들이 좋아하지 않는 느긋한 옛날 음악인 엘리베이터 음악(elevator music)을 틀어주어 이들이 이곳을 찾지 않도록 유도하였다. 잠실야구장을 찾는 팬들은 넓고 출입하기 쉬운 주차장, 명확한 좌석 안내, 효율적인 음식 서비스, 청결한 화장실로 인해 게임을 더욱 즐겁게 만끽할 수 있으며, 직원들 역시 충분한 공간, 적절한 시설, 상쾌한 기온과 공기 상태로 직무만족과 생산성을 향상시킬 수 있다.

### 2) 사회적 상호작용

서비스스케이프는 개인행동뿐만 아니라 고객과 직원 간 상호작용에 영향을 미치며,

이러한 영향 요소에는 고객과 직원 간 물리적인 거리, 좌석 배치, 공간의 규모, 유연성 등의 물리적 변수들이 있다. 예를 들면, 은행 고객의 경우 여러 창구직원과 다른 고객이 듣고 보는 개방된 공간에서 직원과 대화를 나눌 때와 칸막이로 된 공간이나 작은 회의실에서 상담을 할 때의 기분은 서로 다를 것이다. 서비스 현장에서 고객에게 좋은 경험을 제공해주고 고객과 직원 간 상호작용을 촉진하기 위해 Nike Town과 Apple Store는 매장을 체험과 즐거움의 현장으로 꾸미며, Starbucks나 커피빈은 오감에 소구한다.

## 제 4 절 | 확장된 서비스스케이프와 가상 서비스스케이프

### 1. 확장된 서비스스케이프

Bitner(1992)가 제시한 서비스스케이프 모형은 서비스 환경의 물리적 측면을 강조하고 있다. 그러나 고객과 직원의 상호작용, 고객 간 상호작용, 혼잡성과 같은 사회적 환경(social environment)도 서비스 환경의 중요한 부분이다. 예를 들면, 캐스트 멤버(cast member)라 불리는 Disney World의 직원과 고객의 외모와 행동은 서비스 환경이 창출하는 인상을 강화 내지는 악화시킬 수 있다. Nickson, Warhurst, & Dutton(2005)은 '미학적 노동(aesthetic labor)'이라는 용어를 사용하여 고객에게 서비스를 제공하는 직원들의 물리적 이미지의 중요성을 강조하였다.

서비스 환경에서 물리적 환경은 소비를 촉진하기 위한 중요한 조직자원이지만 자연적 환경과 사회적 환경도 중요한 환경 단서이다. 이러한 소비환경의 사회적 환경적 요인을 Tombs & McColl-Kennedy(2003)는 사회적 서비스스케이프(social servicescape)로 개념화하였다. Rosenbaum & Montoya(2007)는 소비 상황에서 고객과 직원의 언어적/비언어적 편안함과 상호작용의 질을 사회적 서비스스케이프의 하위 개념으로 분류하였다. Rosenbaum & Massiah(2011)는 Bitner(1992)의 서비스스케이프 모형에 사회적 서비스스케이프를 추가하여 [그림 8-2]와 같은 확장된 서비스스케이프 모형을 제시하였다.

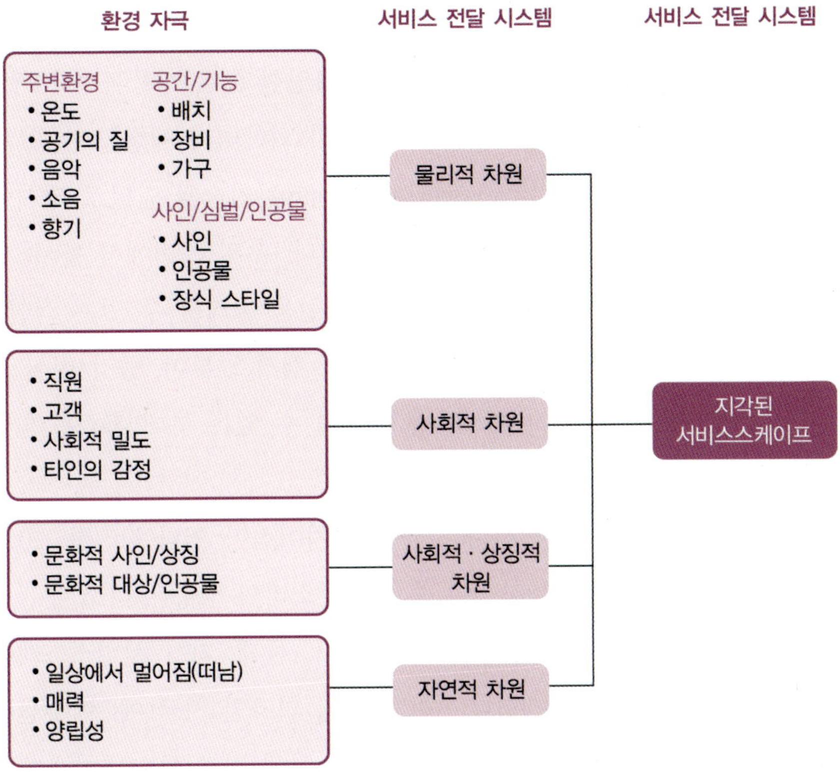


출처 : Rosenbaum, M. S., and Massiah, C.(2011). An expanded servicescape perspective. Journal of Service Management, 22(4) : 473.

[그림 8-2] **확장된 서비스스케이프 모형**

이 모형에 따르면 고접촉 서비스나 인적 처리가 많은 서비스의 경우에는 물리적 환경보다 사회적 환경이 고객 만족에 더 큰 영향을 미칠 수 있으며, 고객은 문화적 상징물이나 조형물 등의 사회문화적 환경이 자신의 정서와 잘 맞으면 편안함과 만족을 느낄 수 있다고 보고 있다. 또한 문명 생활에 지친 인간은 산과 바닷가에서 혼자 휴식을 취하거나 본인의 성격과 적합성이 높은 자연환경에서 편안함을 느낄 수 있다고 보고 있다.

## 2. 가상 서비스스케이프(Virtual servicescape)

서비스스케이프는 오프라인상에서 물리적 환경의 중요성을 강조했다. 가상 서비스스케이프는 온라인상에서 거래가 활발해짐에 따라 웹사이트의 환경을 강조한 개념으로 e-scapes, on-line servicescape, e-servicescape 등 다양한 이름으로 불린다. 웹사이트와 가상적인 서비스 투어는 고객이 인터넷을 통해 서비스를 미리 체험할 수 있게 해주며, 가상현실(Virtual Reality), 증강현실(Augmented Reality) 기술의 발달로 과거에는 생각지도 못했던 수준의 체험을 가능하게 만들어주고 있다. 우리 주변에서 볼 수 있는 가상물리적 환경의 예로는 여행지를 가기 전에 호텔 객실을 둘러볼 수 있는 객실 투어, 대학의 기숙사와 학생 생활 등을 체험할 수 있는 가상 캠퍼스 투어, 증강 현실 기술을 활용해 가구 등 부피가 큰 상품을 가상으로 배치해 볼 수 있는 롯데 홈쇼핑의 'Air View' 서비스 등이 있다.

가상 서비스스케이프는 전통적 서비스 환경과 차이점이 있다(김진한, 2021). 첫째, 가상 서비스스케이프는 색에 의한 자극이 중요하나 소리의 영향은 다소 무관심하고 공간/기능 자극과 가상의 쇼핑 인터페이스가 중요하다. 둘째, 가상 서비스스케이프는 중요한 자극과 무의미한 자극이 존재한다. 예를 들면, 디자인 자극(예, 어수선하지 않은 화면, 신속한 정보 제시, 단순하거나 단순하지 않은 탐색 경로 등), 내비게이션 분위기, 정보의 적시성 등은 새롭게 중요하게 등장한 자극이다. 이에 비해 중요하지 않아 가상 서비스케이프에서 없어진 자극으로 Bitner(1992)의 세 번째 환경 차원인 표지판, 상징물, 소품은 하나로 통합되거나 사이트 보완의 차원으로 완전히 대체될 수 있다.

Jeon & Jeong(2009)은 e-서비스스케이프의 구성 요소로 주변 조건(ambient conditions), 디자인 측면(design aspects), 검색 도움물과 슬로건(search aids & slogans), 기능적 측면(functional aspects)의 네 가지를 제시하였다[그림 8-3]. 이 네 가지는 e-서비스스케이프의 품질에 영향을 미치고, 이것이 다시 이용 의도에 영향을 미친다고 보았다. 여기서 주변 조건은 사람의 오감에 영향을 미치는 요소를 말하며, 색상, 음악과 소리 효과, 사진의 품질, 애니메이션 효과, 가상 투어 등이 있다. 디자인 측면은 웹사이트의 전반적인 구조와 배치, 공간의 사용 등을 말한다. 검색 도움물과 슬로건은 고객에게 정보를 전달하는데 도움을 주는 것으로 키워드, 메타 태그(meta-tag), 슬로건 등이 있다. 마지막으로 기능적 측면은 고객이 웹사이트와 상호작용하는 정도로 웹사이트와 상호작용 정도, 절약된 시간, 편리성, 정보의 적절성 등이 있다.

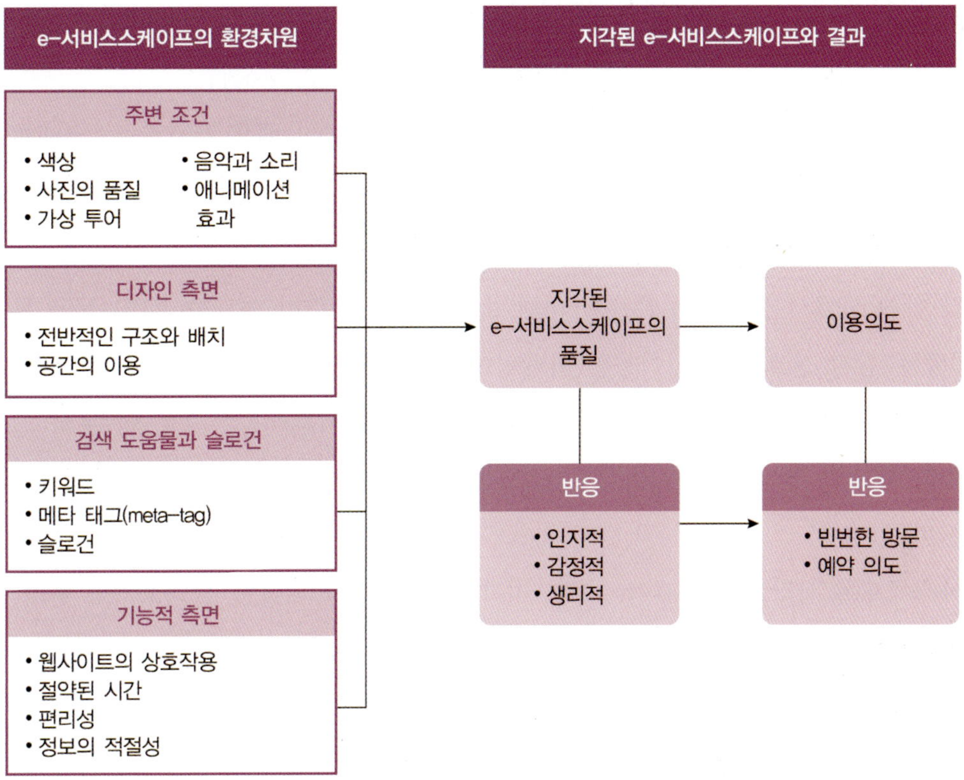


출처 : Jeon, M., & Jeong, M.(2009), A conceptual framework to measure e-servicescape on a B&B website, Internal CHRIE Conference-Refereed Trac, 14 : 4.

[그림 8-3] e-서비스스케이프 모형

## 제 5 절 | 서비스스케이프 개발 전략

기업은 서비스스케이프를 개발할 때 고객, 직원 및 기업운영에 대한 물리적, 심리적 영향을 고려해야 한다. 기업은 모든 사람을 충족시킬 수는 없어도 기업의 목표 대상, 목표 대상이 추구하는 서비스 경험, 고객이 추구하는 신뢰와 감정적인 반응을 강화해주는 환경 요소, 서비스스케이프 계획이 경쟁자 계획보다 효과적인지 여부 등을 통해 절충안을 만들어낼 필요가 있다(Kotler, 1974). 고객은 자신의 감각 단서를 해석해서 기업의 시설을 인식하므로 기업은 고객과 직원의 만족스러운 반응을 도출하기 위해 시각, 청각, 후각, 촉각, 미각 요소를 잘 이용해야 한다(Lewison, 1991).

고객의 오감을 자극하는 것은 구매의욕을 높일 수 있어 매우 중요하다. 구매의욕을 자극하는 오감 방법은 시각, 청각, 미각, 후각, 촉각 요소를 모두 사용하는 오프라인에 비해 온라인에서는 시각과 청각이 주로 영향을 많이 미친다. 최근에는 시원한 바람(촉각)과 함께 산에서 불어오는 은은한 바람 소리(청각), 청량한 민트향(후각) 등을 동시에 체험하는 '감각 상호작용'을 이용한 마케팅이 많이 나타나고 있다. 이에 더해 기업들은 소리와 촉각을 상표 등록하는 사례도 나타나고 있다. SK텔레콤은 2015년 통화 연결음을 소리 상표로, 빙그레는 손에 잡히는 느낌이 좋다는 바나나맛 우유를 입체 상표로 등록한 바 있다.

아래에서는 시각, 청각, 후각, 촉각, 미각 요소에 대한 내용을 살펴보기로 한다(이유재, 2019; 이용기 등, 2018).

## 1. 시각 호소 전략

시각 호소 방법은 색이 가지는 고유의 감성을 이용하여 제품을 각인시키는 방법으로 제품을 즉각적으로 전달하기 쉬워 기업들이 가장 많이 사용하고 있다. 시각 호소는 시각적인 연관성을 나타내는 자극의 해석과정으로 세 가지 주요 자극은 크기, 형태(외관), 색이다. 첫째, 기업의 간판이나 매장의 크기는 서로 다른 의미를 고객에게 전달한다. 일반적으로 기업의 규모나 크기는 크면 클수록 고객에게 그 기업을 중요하고 성공적이고 안정성을 갖춘 기업으로 생각하게 한다. 반대로 어떤 고객들은 기업규모가 크다면 비인간적이고 세심하지 못하다고 여기고 작은 기업을 선호할 수 있다. 따라서 기업은 자신들이 목표로 하는 대상의 수요에 따라 서로 다른 고객층에게 다른 방식으로 호소할 수 있다.

둘째, 기업의 외관은 거울, 창문의 배치, 벽지 디자인 등 다양한 원천에 의해 만들어진다. 수직 모양이나 수직선은 곧고 수수하며 해당 지역에 남성적인 느낌을 불러일으킨다. 또한 수직선은 보는 사람의 시선을 아래위로 두어 강함과 안정성을 표현하며, 공간을 강조해 특정한 방향으로 공간이 넓어진 착시 효과를 주기도 한다. 이에 비해 수평적인 모양이나 수평선은 안정감을 준다. 비스듬한 모양과 사선은 진취적, 혁신적, 역동적인 느낌을, 굽은 모양이나 곡선은 여성스러움과 부드러움의 느낌을 눈다.

셋째, 기업의 색은 사내 잡지, 직원 명함, 기타 내외부 시설을 통해 고객에게 전달된다. 색의 심리적인 영향은 실제 색의 군인 색상(hue), 색의 밝고 어두운 정도인 명암(value), 색상의 밝거나 둔탁하거나 희미한 정도인 농도(intensity)에 의해 나타난다.

색상의 경우 노랑, 빨강, 오렌지 등의 따뜻한 색상은 일반적으로 안정적이고 비공식적인 느낌을 준다. 따뜻한 색상은 쇼윈도나 입구에 적절한 색상으로 충동구매를 자극하는 장점이 있지만 고객에게 불유쾌한 기분을 주어 쇼핑을 빨리 끝나게 하는 단점이 있다. 이에 비해 파랑, 초록, 보라 등 차가운 색상은 무관심하고 차갑고 공식적인 느낌을 주어 따뜻한 색상과 반대의 효과를 보여준다. Coca Cola의 레드는 강렬하고 시선을 끄는 컬러로 열정, 강력, 흥분이라는 성격을 가지고 있고, 식욕을 돋우는 컬러로 주로 식음료 분야에서 사용하고 있다. 이에 비해 포카리 스웨트는 파란색을 사용하고 있으며, 시원하고 청량한 이미지를 전달한다. 파란색은 젊고 신뢰감을 주는 컬러로 우리은행, 신한은행과 같은 금융권에서 선호되고 있다. 일본의 혼다자동차는 오래전부터 음향 기술자와 상품 디자이너, 심리학자 등까지 포함된 자동차 소리 전담 연구소를 운영하고 있다. 연구소는 자동차 문 닫는 소리, 엔진 소리 등 다양한 측면에서 최적의 소리를 찾기 위해 지속적인 투자를 하고 있다.

색의 명암 역시 심리적으로 고객에게 영향을 준다. 밝은 색은 전원 스위치 면판, 공기 순환 배출구, 오버헤드 스피커 시스템 등에서 널리 사용되며, 사물을 더 크게 보이는 효과가 있어 회사 환경과 고정 설비들이 적절히 어울릴 수 있도록 해준다. 이에 비해 어두운 색은 크고 빈 공간을 작게 보이게 하는 효과가 있으며, 시설물들이 고객의 시선을 잡는 데 사용될 수 있다. 어떤 소매업체는 고객의 주의를 끌어 멀리 있는 고객이 매장이 들어오게끔 어두운 색으로 벽을 칠하기도 한다. 패스트푸드점은 강한 조명을 사용하는 반면 고급 레스토랑은 고객이 느긋하게 오랫동안 식사를 즐길 수 있도록 은은한 조명을 사용하고 있다. 유통업체 주류 코너의 경우 기존 조명을 최소화해 주변을 어둡게 한 후 소주, 와인 등 주류에 직간접적으로 조명을 비춰 제품을 돋보이게 하고 있다.

색의 농도는 기업의 분위기에 영향을 준다. 밝은 색은 칙칙한 색보다 사물을 더 크게 보이도록 하지만 고객에게는 거칠고 딱딱한 인식도 준다. 이에 비해 칙칙한 색은 부드럽게 인식된다. 일반적으로 아이들은 밝은 색을, 어른들은 부드러운 색을 선호한다.

시각 호소 전략으로 성공한 기업으로는 영국의 핸드메이드 코스메틱 브랜드인 Lush를 들 수 있다. 러쉬는 매장 입구에 입욕제와 비누를 포장재 없이 진열해 화려한 색감으로 고객들의 시각을 자극함과 동시에 특유의 향으로 후각을 자극해 매장으로의 방문을 유도하고 있다.

Starbucks는 시각 호소 방법을 감성마케팅의 일환으로 가장 중점을 두고 있다. 스타벅스는 고객들이 매장에서 포근하고 안락한 느낌을 가질 수 있도록 연출, 시선을 끌어 고객 유입에 나서고 있다. 먼저 초록빛 로고를 비롯 갈색톤의 나무 장식과 각종 인테리어 소품 등이 시각적인 편안함을 주고 있다. 또한 스타벅스는 매장 내에서 시각적인 자극을 배가시키기 위해 각 매장의 파트너들로 하여금 직접 제작한 창작 그림을 전시하게 하거나 전 세계 매장 중 처음으로 스타벅스의 커피 구매 전문가들이 원산지를 방문, 생두 재배에서부터 로스팅까지의 과정을 찍어 전시한 '커피원산지 사진전'을 통해 고객들로 하여금 전시회에 온 듯한 분위기를 연출함과 동시에 스타벅스의 전문성을 알리고 커피 마니아들에게 정보를 제공하였다.

## 2. 청각 호소 전략

청각 요소는 분위기 조성, 주의를 끎, 정보전달이라는 세 가지 역할을 한다. 기업은 서비스 접점에서 청각 요소를 적합하게 사용하기 위해 음악과 공지를 활용한다. 음악은 고객이 경험하는 분위기를 조절해주며, 공지는 고객의 주의를 끌거나 기업의 서비스 정보를 알려주는 데 사용된다. 이와 더불어 소리는 고객을 유인하는 장점도 있지만 고객에게 불쾌감을 줄 수도 있어 소음 제거에도 신경 쓸 필요가 있다.

서비스에서는 주로 배경음악이 활용되는데 서비스 환경하에서 음악은 고객의 인식과 행동에 강력한 영향을 미친다. 사람들은 자발적 혹은 비자발적으로 음악 템포에 맞춰서 자신의 행동을 다양하게 적응시키는 것으로 나타났다. 백화점 쇼핑객의 경우 점포에서 느린 음악이 나올 때 평소보다 천천히 걷고 충동구매를 하는 빈도가 늘어나며, 익숙한 음악보다 낯선 음악이 나올 때 점포에서 보내는 시간이 늘어나는 것으로 나타난다. 백화점은 명품관이나 여성 관련 제품 판매 층에서는 천천히 제품을 둘러볼 수 있도록 비교적 부드럽고 느린 템포의 음악을, 스포츠나 영 제품군 판매 층에서는 활동적이고 빠른 템포의 음악을 틀어준다. 대형마트는 오전에는 소비자들이 오래 매장에 머무르도록 잔잔한 분위기의 음악을, 점심시간 후 졸음이 몰려오는 오후에는 활기찬 분위기의 음악을 들려주고 있다.

또한 배경음악은 고객만족도를 높이거나 불량고객들의 행동을 자제시키기 위해 활용될 수 있다. 병원 수술 대기실에서는 편안한 음악을 틀어줌으로써 환자의 스트레스 수준을 낮춰줄 수 있으며, 점포 내의 경쾌한 음악은 직원들에 대한 고객의 인식과 태도를 증진시켜 고객만족도를 높일 수 있다. 이에 비해 런던 지하철 시스템(London Underground System)은 범죄 예방과 공공기물 파손행위를 줄이기 위해 30개의 역에서 불량고객들이 선호하지 않는 모차르트와 하이든의 클래식 음악을 적극적으로 활용하고 있다.

Starbucks는 청각 요소를 성공적으로 활용하는 사례이다. 스타벅스는 모든 매장에서 들리는 음악을 클래식, 재즈, 오페라, 블루스 등으로 다양하게 편성, 계절 또는 분기별로 들려주고 있어 마니아들에게 특별함과 친숙함을 주고 있다. 스타벅스 음악은 미국 본사 계열의 히어뮤직에서 선곡해 배포한 것으로 저작권을 가지고 있어 다른 외식업소나 음반에서는 들을 수 없는 스타벅스만의 음악들로 구성되어 있다. 이외에도 자신이 주문한 음료 이름이 바리스타에게 전달되는 소리, 에스프레소 기계의 '쉬~' 하는 소리, 바리스타가 필터 안의 커피가루를 빼기 위하여 톡톡 치는 소리, 우유가 금속 피처 안에서 '치~' 하고 부글부글하는 끓어오르는 소리, 커피가 그라인딩되는 소리 등 매장 내에서 날 수 있는 커피에 관련된 모든 소리를 최대한 강조하여 고객들이 커피 문화를 느낄 수 있도록 하고 있다. 이를 통해 모든 국적의 고객은 세계 어디서나 스타벅스 매장에 들어서는 순간 신선한 느낌을 받고, 편안한 분위기에서 커피를 마시는 동일한 감각 경험을 공유하게 된다.

세계적인 오토바이 브랜드인 Harley-Davidson 역시 청각에 호소해서 성공한 사례이다. 할리 데이비슨은 '소리 상징주의(Sound Symbolism)'를 활용하였는데 소리 상징주의란 단어의 소리가 그 물건의 크기, 소비자가 갖게 되는 가정에 영향을 미친다는 것을 나타낸다. 즉 소리가 크고 셀 경우 그 브랜드는 크고 강할 것으로 생각하는 것이다. 할리 데이비슨의 특징은 높은 운전대도 있지만 굉장히 큰 소리로 더욱 잘 알려져 있다. 멀리서도 누구나 들리는 이 소리를 듣고 사람들은 해당 브랜드의 제품임을 인지하게 되고, 곧 그것이 그 브랜드 제품의 특성으로 자리 잡게 된 것이다.

## 3. 후각 호소 전략

후각 호소 전략은 고객에게 냄새를 만들어내는 것뿐만 아니라 냄새를 제거하는 방법 모두를 포함한다. 좋은 냄새는 종종 고객의 구매의욕을 높이고, 원래 냄새가 나지 않는 다른 제품을 인식하는 데도 영향을 줄 수 있다. 좋은 냄새의 예로 Nike 연구에서는 인위적으로 꽃향기가 나는 방과 꽃향기 없는 방에 여러 쌍의 운동화를 두고 고객의 선호도를 조사하였다. 연구결과 응답자 중 84%는 꽃향기가 스니커즈 선호도에 긍정적인 영향을 미쳤다는 사실을 찾아내 냄새가 서비스와 제품에 관한 소비자 인식에 영향을 준다는 시사점을 도출해냈다. 이에 비해 불쾌하고 더러운 악취는 기업에 부정적인 인식을 만들어주므로 주의해야 한다.

Starbucks는 후각 호소 방법으로 매일 아침 매장 오픈 전 원두를 그라인딩해서 커피향이 매장 전체에 퍼질 수 있도록 하고 있다. 또한 전 매장 금연을 실시하고 있으며, 인공향이 나는 커피나 향이 강한 음식물도 판매하지 않는다.

Singapore Airlines 역시 후각 호소 전략을 성공적으로 수행한 기업이다. 싱가포르 항공사는 유명 향수업체의 도움과 조언을 바탕으로 자사만의 독특한 향기인 스테판 플로리디안 워터스(stefan floridian waters)를 직접 기획, 제작한 바 있다. 승무원의 옷과 뜨거운 물수건은 물론 기내 전체에 퍼진 독특한 향기는 승객들의 피곤을 덜어주고 마음을 안정시키는 효과를 주어 싱가포르 항공을 이용한 사람들에게 좋은 추억과 독창적인 브랜드 이미지를 경험할 수 있게 한다.

멀티플렉스 영화관 CGV는 고객들이 영화 관람 도중 갑갑함을 느끼지 않게 하기 위한 방안을 찾기 위해 다양한 연령대의 고객들을 대상으로 한 심층조사를 했고 그 해답을 향기에서 찾았다. 이에 따라 전국 상영관에서 편백나무 향을 이용한 산림욕 공조시스템을 운영하여 밀폐된 공간에서 오는 갑갑함을 극복하기 위해 심신에 좋은 향기를 뿌려주었다. 이를 통해 갑갑함을 호소하는 고객 불만을 크게 줄일 수 있었다.

Dunkin' Donuts는 "Flavor Radio" 캠페인을 통해 후각과 청각을 동시에 자극한 '공감각 마케팅' 또는 'TPO(Time, Place, Occasion) 마케팅'으로 성공하였다. 이 캠페인은 출근길에 버스를 이용하는 직장인들을 공략하기 위해 준비된 것으로 근처에 던킨이 있는 정류장에 도달할 때쯤 "이번 정류장에 내리면 던킨도넛을 만날 수 있다"는 카피의 라디오 광고가 나오면서 동시에 미리 설치된 분사기를 통해 커피 향이 자동 분사되는 방식으로 진행되었다. 청각과 후각을 동시에 자극함으로써 사람들에게 던킨에 대한 '연상작용'을 유도해 승객들이 버스에서 하차한 후 눈에 보이는 던킨 매장을 방문하게 한 것이다. 캠페인 결과 버스 정류장 근처에 위치한 매장의 판매량이 29% 증가했을 뿐만 아니라 던킨 하면 '모닝커피'를 떠올리게 하는 브랜드 포지셔닝에 성공한 마케팅 사례라고 볼 수 있다.

이외에도 백화점 화장품 코너는 시간대별로 향수를 뿌려 소비자에게 좋은 향을 직간접적으로 노출하면서 무의식적으로 관심을 갖게 하고 화장품 판매대에서 직접 사용해 볼 수 있는 샘플을 무료로 제공하고 있다. 기아자동차는 자동차라는 딱딱한 느낌을 줄이고 고객들과 친근한 감성을 공유하기 위해 자사 차를 향기로 표현한 향수를 개발한 바 있다.

## 4. 촉각 호소 전략

제품은 만져볼 수 있지만 무형성의 특성을 가진 서비스는 구매 전에는 만져볼 수 없다. 따라서 기업은 서비스의 유형성을 보여주기 위해 반품 정책과 같은 유형적인 요소를 찾거나 오픈 하우스(open house)처럼 고객과 서비스 제공자가 만남의 기회를 통해 촉각 요소를 보여주고자 한다. 첫째, 반품 정책의 예로는 미국의 온라인 신발 및 의류 소매업체인 Zappos를 들 수 있다. Zappos는 365일 반품과 무료 반품 배송을 제공하며, 반품은 고객 주문 확인 사본으로 확인이 가능해 고객은 구매 영수증이나 포장을 보관할 필요가 없다. 또한 고객은 2주 이내에 원래 배송품목과 다른 색이나 크기를 원할 때 사전 교환이 가능해 즉시 신상품을 받아볼 수 있다.

둘째, 기업은 오픈 하우스 행사를 통해 고객과 대면 접촉 및 악수를 통해 촉각 호소 전략을 할 수 있다. 촉각 호소를 하는 기업은 고객에게 경쟁자보다 더욱 세심해야 하며 고객과 가까워지려 하며, 진실로 고객 측면의 복지를 관심 있게 고민해야 한다.

촉각 호소 방법의 예로 Starbucks는 고객들의 손 안에 있는 컵이 따뜻하게 느껴질 수 있고 고객들의 손이 가는 모든 곳에서 편안함을 느낄 수 있도록 의자의 스타일이나 진열대의 모서리, 마루결 구조, 청결까지 세심하게 신경 쓰고 있다. 특히 스타벅스 전 매장에는 '커피스토리'라고 하는 로스팅하지 않은 연두빛깔의 생두와 로스팅 단계별로 색깔이 각각 다른 원두를 진열해 놓은 별도의 진열대를 구비하여 고객이 마음껏 만져볼 수 있게 해 놓았다. 진열대에는 커피 원산지에서 생두가 재배되는 과정에서부터 로스팅되기까지의 스토리를 게시해 놓았으며 각 스토리별 생두와 원두도 함께 진열해 놓았다. 고객들은 이를 통해 자신이 마시는 커피를 촉각을 통해 느끼고 체험할 수 있으며, 자신이 마시는 커피에 대한 정보를 습득할 수 있다.

Coca Cola는 1915년 루트 글라스의 디자이너인 얼 딘(Earl R. Dean)에게 어둠 속에서도 촉감으로 알 수 있고, 깨어져도 단번에 무슨 병인지 알 수 있는 병을 디자인해 달라고 요청했다. 얼 딘은 코코넛 열매의 꼬투리에서 영감을 얻어 능선 모양의 병을 만들어 코카콜라에 제공하였으며 지금까지 사용되고 있다.

이외에도 화장품 업계는 샘플을 무료로 제공해 고객들이 세제, 샴푸, 화장품 등 자사 상품을 직접 써보고 판단하게 하고 있다. 또한 BMW의 i-Drive 다이얼은 촉감 기술이 집약된 사례로 운전하면서 손가락 근육과 촉감만으로 700여 가지의 기능을 조절할 수 있다. Apple의 아이폰은 고객의 손끝에 민감하게 반응하는 터치감으로 고객을 사로잡고 있다. 아이폰은 다른 휴대전화업체들의 터치방식, 즉 스타일러 펜으로 누르는 휴대전화와 달리 손가락으로 톡톡 치는 휴대전화로 새로운 촉감을 제시하고 있다.

## 5. 미각 호소 전략

서비스 환경을 개발할 때 유용한 미각 호소 방법은 서비스의 유형성에 의존한다. 예를 들어, 레스토랑은 최초의 고객을 끌어들이기 위해 음식 샘플을 통한 시식 기회를 제공하면서 기업의 물리적 증거를 관찰하는 기회를 제공하려고 한다. 고객은 이러한 기회를 통해 기업과 기업의 서비스 수행 능력에 대한 개념을 형성할 수 있다. 궁극적으로 샘플을 제공하는 기업은 사람들에게 무료 샘플을 제공한다기보다는 기업 홍보를 하는 셈이다.

Starbuck는 미각 호소 방법으로 고객의 입맛에 맞는 맞춤 커피를 제공하고 있다. 스타벅스의 커피 컵은 고객들이 취향에 맞게 첨가물을 선택, 조절할 수 있게 돼 있으며 이런 사항을 매장 내 홍보물을 통해 게시하고 있다. 또한 홈페이지 내에 '나만의 맞춤 커피', '나만의 원두 찾기' 등의 콘텐츠를 마련, 테스트 게임 형식으로 고객이 자신의 입맛에 맞는 커피를 찾을 수 있도록 해 고객들의 흥미를 유발시키고 있다.

마트의 시식코너 역시 미각에 호소하는 예이다. 고객이 가장 배고픈 식사 시간 전을 이용해 시장기를 자극해서 판매를 유도하는 시식 코너는 주로 오전 11시~오후 1시 사이와 오후 4시부터 폐점 전까지 집중적으로 운영되고 있다. 치즈와 와인처럼 맛 구분이 어려워 구매 결정이 망설여지는 경우에도 시식 코너를 통해 제품 구매를 유도하고 있다.

잠깐 쉬어가기

### Lush의 오감 마케팅

영국의 핸드메이드 코스메틱 브랜드인 러쉬는 매장 입구에 입욕제와 비누를 포장재 없이 진열시켜 화려한 색감으로 고객들의 시각을 자극하고, 특유의 향으로 후각을 자극해 매장으로의 방문을 유도한다. 욕조에 담긴 물은 끊임없이 회전해 향기가 끊이지 않게 한다.

매장 안으로 들어온 고객들의 앞에는 시선을 사로잡는 화려한 색상의 제품들이 진열되어 있다. 고객은 제품의 표면을 직접 만져보거나 향기를 직접 맡아볼 수 있을 뿐만 아니라 입욕제를 물에 풀어보기도 하고 제품을 피부에 직접 발라보는 등 자유롭게 이용해 보는 경험을 하게 된다.

또한 매장에 울려 퍼지는 밝고 빠른 비트의 음악은 화려한 색과 독특한 향기를 내세우는 러쉬의 이미지와도 잘 어우러져 고객들에게 즐거운 경험을 안겨주고 소비 욕구를 자극한다.

그리고 고객은 제품을 계산대에 가져갔을 때 버터나 치즈를 자르듯이 바로 잘라서 봉투에 넣는 행위를 통해 간접적인 미각을 경험하게 된다.

시각, 후각, 청각, 촉각, 미각 모두를 자극한 러쉬의 오감 마케팅은 러쉬의 정체성을 소비자들에게 각인시키는 데 성공했다.

출처 : 사례뉴스(2022.8.10), 교보문고, 러쉬가 성공할 수 있었던 이유? 비법은 '오감 마케팅'.
소비자평가(2022.4.6), 온몬으로 브랜드를 기억하게 하는 방법, '오감 마케팅', 토대로 보완

## [ 주요 용어 ]

- 가상 서비스스케이프(virtual servicescape): 온라인상의 물리적 환경으로 e-scapes, on-line servicescape, e-servicescape 등으로도 불림
- 가상현실(virtual reality): 특정한 장소나 상황을 3차원 컴퓨터 그래픽으로 구현하여 간접적으로 경험할 수 있는 환경을 제공하는 기술
- 물리적 증거(physical evidence): 가구의 품질, 담당자의 외모 또는 기업의 브로슈어 제작에 사용된 종이의 질과 같이 소비자들의 서비스 평가를 돕는 서비스를 둘러싼 물리적 특성
- 물리적 환경(physical environment): 서비스를 전달하고 받기 위해 서비스 기업과 고객 간에 상호작용이 이루어지는 조건이나 상태
- 사회적 서비스스케이프(social servicescape): 소비환경의 사회적 · 환경적 요인으로 소비 상황에서 고객과 직원의 언어적/비언어적 편안함과 상호작용의 질의 하위 개념이 있음

- **서비스스케이프(servicescape)**: 고객 및 서비스 제공자 양자의 서비스에 대한 인식과 행동에 영향을 주는 서비스 지원설비의 물리적 환경
- **증강현실(augmented reality)**: 현재 실제로 존재하는 사물이나 환경에 가상의 사물이나 환경을 덧입혀서, 마치 실제로 존재하는 것처럼 보여주는 컴퓨터 그래픽 기술. 또는 그러한 기술로 조성된 현실

## 토론 주제

- 물리적 환경의 영향을 고객과 직원 측면으로 나누어 설명하시오.
- 고객의 관점에서 서비스 개념을 잘 설명하는 서비스스케이프의 사례와 서비스 개념을 반감시키는 사례를 설명하시오.
- 직원/파트타이머로서 현장에서의 본인의 경험을 기준으로 직무만족도와 생산성을 높이는 데 도움을 준 서비스스케이프와 그 반대인 서비스스케이프를 비교설명하시오.
- 몇몇 서비스 기업의 웹사이트를 방문해 웹사이트의 물리적 증거가 기업이 제공하는 다른 유형의 물리적 증거와 일치하는 이미지를 제공하는지를 토의하시오.
- 음악이 고객 및 직원 행동에 미치는 영향에 대해 토의하시오.
- 성공한 서비스 기업을 예를 들어 세부적인 시각, 청각, 후각, 촉각, 미각 호소 전략을 토의하시오.

# CHAPTER 09

| | | | |
|---|---|---|---|
| PART 01 서비스와 고객의 이해 | Chapter 01 서비스 | 제1절 서비스 개요<br>제2절 서비스의 특성 | 제3절 서비스의 분류<br>제4절 서비스 경제 |
| | Chapter 02 고객 | 제1절 고객의 개요<br>제2절 고객 욕구와 고객가치 | 제3절 고객 기대 |
| PART 02 서비스 전략과 자원관리 | Chapter 03 서비스 전략 | 제1절 서비스 전략의 개요<br>제2절 서비스 기업의 본원적 경쟁전략 | 제3절 전략 분석 모형<br>제4절 전략적 서비스 비전 |
| | Chapter 04 서비스 사람관리 | 제1절 서비스 리더십<br>제2절 내부마케팅 | 제3절 감정노동 |
| | Chapter 05 서비스마케팅 | 제1절 서비스마케팅의 개요<br>제2절 서비스마케팅 믹스 | 제3절 관계마케팅 |
| PART 03 서비스 운영 | Chapter 06 고객경험관리 | 제1절 고객경험관리의 개요<br>제2절 고객경험 설계 | 제3절 고객경험관리 실행 프로세스<br>제4절 고객 참여행동 |
| | Chapter 07 서비스 수요 & 공급 관리 | 제1절 서비스 수요 & 공급의 개요<br>제2절 서비스 수요관리 | 제3절 서비스 공급관리<br>제4절 수율관리 |
| | Chapter 08 서비스의 물리적 증거관리 | 제1절 물리적 증거의 개요<br>제2절 물리적 환경의 역할 및 유형<br>제3절 서비스스케이프 모형 | 제4절 확장된 서비스스케이프와 가상 서비스스케이프<br>제5절 서비스스케이프 개발 전략 |
| | **Chapter 09 서비스 프로세스 설계** | 제1절 서비스 프로세스<br>제2절 서비스 프로세스 모형<br>제3절 서비스 프로세스 설계 방식 | 제4절 서비스 프로세스 실행 방법<br>제5절 서비스 프로세스 재설계<br>제6절 서비스 프로세스 개선 기법 |
| | Chapter 10 서비스 대기관리 | 제1절 고객 기다림의 심리<br>제2절 대기행렬<br>제3절 고객 대기 기대관리 | 제4절 온라인 대기 이론<br>제5절 서비스 기술을 활용한 대기관리 |
| | Chapter 11 서비스 접점관리 | 제1절 서비스 접점의 개요<br>제2절 서비스 접점의 구성과 유형<br>제3절 서비스 기술을 활용한 접점관리 | 제4절 서비스 접점 종합 모형<br>제5절 서비스 접점 품질 평가 |
| | Chapter 12 서비스와 기술 | 제1절 서비스에서 기술의 역할 및 기술활용의 문제점<br>제2절 4차 산업혁명 | 제3절 4차 산업혁명과 스마트 서비스 기술 |
| PART 04 서비스 성과 및 평가 | Chapter 13 서비스품질 관리 | 제1절 서비스품질의 개요<br>제2절 서비스품질 측정 모형 | 제3절 서비스품질 관리<br>제4절 서비스품질 평가제도 |
| | Chapter 14 서비스 실패 및 회복 관리 | 제1절 고객의 소리<br>제2절 서비스 실패 | 제3절 서비스 회복<br>제4절 서비스 보증 |

Chapter

# 09 서비스 프로세스 설계

## 학습목표

이번 장에서는 다음 내용의 이해를 목표로 한다.

① 서비스 프로세스의 개념과 특성
② 서비스 프로세스 모형
③ 서비스 프로세스 설계 방식
④ 서비스 프로세스 실행 방법
⑤ 서비스 프로세스 재설계의 필요성과 유형
⑥ 다양한 서비스 프로세스 개선 기법

## 도 입 사 례

### 스마트공항으로 변신하는 인천국제공항

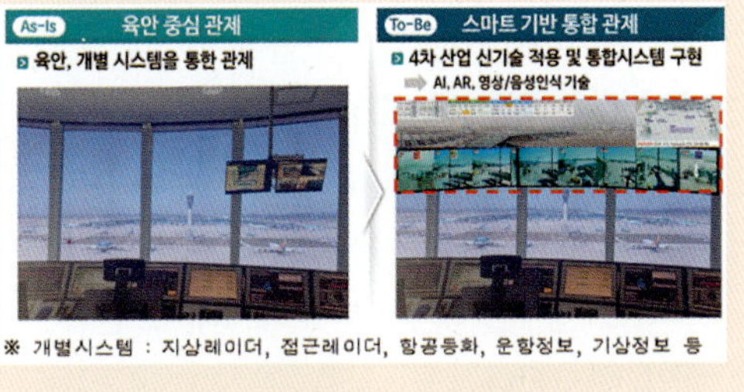


▲ (스마트관제) 육안 중심 관제 → 4차 산업 신기술 적용 관제

인천국제공항공사는 스마트공항으로의 변신을 위해 다양한 사업을 본격적으로 진행 내지는 선보일 예정이다. 스마트통합관제플랫폼 구축과 패스트 트랙과 이지드롭, 스마트 패스, 스마트 면세점, CT-엑스레이 판독 시스템 확대(12월) 디지털 전환 서비스는 패스트 트랙과 이지드롭(6월), 스마트 패스, 스마트 면세점, CT-엑스레이 판독 시스템 확대 등의 디지털 전환 서비스가 그것들이다.

첫째, 인천국제공항공사는 2022년 6월 인천국제공항의 항공기 안전을 획기적으로 개선하고 미래 항공수요를 적기에 처리하기 위해 스마트통합관제플랫폼을 적극 도입한다고 밝혔다.

스마트통합관제플랫폼은 관제탑에서 사용하는 여러 시스템을 최소한의 장비로 통합하고 첨단기술을 적용하는 미래형 관제시스템으로 영국과 스웨덴 등 해외 공항서도 운영하고 있다. 스마트통합관제플랫폼은 특히 항공기 운항이 증가하고 항공기 지상 이동 동선이 복잡해짐에 따라 항공기가 관제사의 시야에서 벗어나거나 야간 및 안개 등으로 인한 저시정 때 항공기가 지상 이동 물체와 충돌하는 상황에 선제적으로 대응할 수 있는 플랫폼이다.

스마트통합관제플랫폼 구축사업은 1, 2단계로 나눠 추진될 예정이다. 1단계 사업은 인천국제공항공사가 2024년 9월까지 사업비 112억 원을 투입해 진행한다. 제2여객터미널 계류장에 폐쇄회로(CCTV)로 들어오는 영상정보, 기상 및 지상 관측 정보, 레이더 정보 및 출·도착 운항정보 등 여러 화면에 표시됐던 다양한 데이터를 하나의 화면에서 한번에 볼 수 있어 관제사의 상황 인지력을 높여줄 것으로 기대된다. 또한 기존 시설로 탐지가 어려웠던 구석구석에 위치한 항공기 이동상황을 시각화하고 항공기와 지상조업차량 간의 위치, 거리, 이동 등에 대한 정보를 추가해 충돌 및 경로이탈 예측경보 등을 제공해 한층 더 안정된 관제환경을 조성할 예정이다.

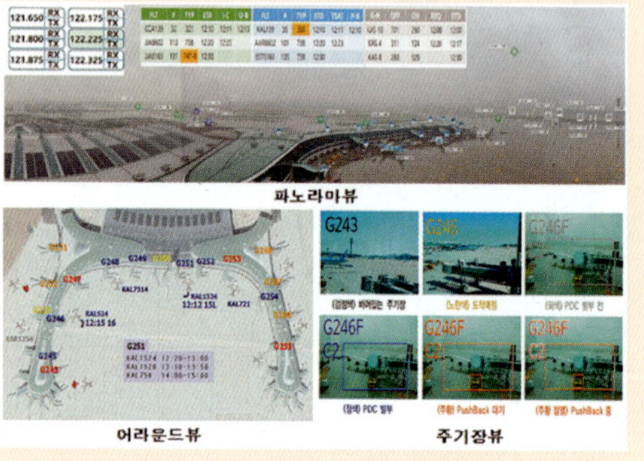

▲ (통합현시) CCTV 영상과 시스템 데이터를 증강현실로 통합 제공

2024년 9월부터 시행하는 2단계 사업은 적용 범위를 제1여객터미널 계류장으로 확대한다. 인공지능(AI) 기반으로 관제사와 조종사 간 수시로 주고받는 음성 메시지의 정확성을 실시간 확인하고, 빅데이터를 활용해 AI가 공항 내 항공기 최적 이동 경로를 생성하는 기능까지 추가로 도입한다.

스마트통합관제플랫폼 구축사업을 계기로 인천공항은 항공기 지상 사고 예방과 관제환경 개선을 통해 공항의 안전을 한층 더 높일 것으로 보인다. 아울러 원격관제, 무인관제의 관련 기술을 확보해 미래공항 구축을 위한 기술을 축적하고, 향후 치열해지는 공항산업의 경쟁에서 우위를 점할 수 있을 것으로 기대된다.

둘째, 인천국제공항공사는 2024년부터 패스트 트랙과 이지드롭(6월), 스마트 패스(7월), 스마트 면세점(12월), CT-엑스레이 판독 시스템 확대(12월) 등의 디지털 전환 서비스를 선보일 예정이다.

세계 '톱 20' 대부분 공항이 운영하는 '패스트 트랙(Fast track)' 서비스는 공항 이용 시 보안검색과 출입국심사를 우선적으로 실시하는 서비스로 해당 서비스를 이용하면 승객의 입출국 시간이 단축된다. 인천공항은 2013년 교통약자와 사회적 기여자를 위해 '교통약자 패스트 트랙'을 도입해 운영하고 있으며, 2014년 장관급, 2016년 노약자·동반자까지로 확대·

운영하고 있다. 내년에는 프리미엄 승객(항공사 비즈니스석 이상 승객)과 일반 승객도 유료 서비스(약 1만 5000원)로 패스트 트랙 서비스를 이용할 수 있게 될 예정이다.

이지드롭(Easy drop: 수하물 위탁 서비스) 서비스는 승객이 인천공항으로 출발하기 전에 여행 수하물을 지정된 거점에서 위탁하는 서비스이다. 이 서비스는 2020년 1월 정식 운영을 시작했으나 코로나19 사태로 중단된 바 있다. 이지드롭 서비스는 내년 공항 주변, 서울 도심의 호텔과 관광 거점부터 시작될 예정이다.

| 호텔 | | | 이동 | 공항 | |
|---|---|---|---|---|---|
| 예약 | 수하물 태그 발권 | 수하물 위탁 접수 | 인천공항 이동 | 보안검사 · 이동 | 항공기 탑승 |

예약 접수 → 호텔 체크인 카운터에서 탑승권 발급 및 수하물 위탁 → 이동 후 임시 보관 → 보안검사 거쳐 승객 항공편에 탑재

출처 : 국토교통부

내년 7월 도입되는 스마트 패스는 여행객의 안면으로 여권 내용을 인식해 출발 · 도착 수속을 빠르게 진행하는 서비스다. 모바일 앱을 통해 안면 정보 등록이 가능하다. 국제항공운송협회(IATA)(2022)에 따르면 프로세스 간소화와 자동화 구현을 통해 제공되는 스마트 패스는 체크인 시간은 기존 대비 10%, 그 외 탑승 수속 시간은 40%까지 단축 효과를 보일 것으로 나타났다.

인천공항은 스마트폰 앱을 이용해 인천공항 면세점 위치, 상품 정보 조회, 사전 예약, 구매결제가 가능한 스마트 면세 서비스도 내년에 시행한다. 기존에는 시내면세점에서 출국 3시간 전까지만 면세품을 살 수 있었으나 고객이 공항으로 이동하면서 항공기 탑승 30분 전까지 모바일로 면세 쇼핑이 가능하다.

▲ 인천공항 제1터미널에 설치된 스마트 보안검색장(사진 : 인천공항공사)

마지막으로 스마트 보안검색대도 제1터미널에 이어 2터미널에 확대 설치하기로 했다. 기존의 보안검색장과 달리 CT 엑스레이 장비를 통해 휴대물품 3D 이미지 판독이 가능해 노트북 등 전자기기를 가방에서 꺼내지 않고 검색 가능하며, 폭발물을 자동으로 탐지하는 기능도 탑재되어 한층 높은 보안성 확보가 가능하다. 이외에도 자동바구니회송시스템 및 병렬투입대가 구축돼 최대 3명의 여객이 동시에 휴대물품을 검색장비에 투입할 수 있어 여객 편의성이 높아질 전망이다.

출처 : 국토교통부(2022.6.10), 인천공항 스마트통합관제플랫폼으로 더 똑똑해진다.
한국경제(2022.12.21), 인천공항, 얼굴로 여행자 여권 인식해 수속… 내년 스마트공항 '변신'.

# 제 1 절 | 서비스 프로세스

## 1. 서비스 프로세스의 개념

최근 서비스의 형태는 매우 다양해지고 있어 고객의 긍정적인 서비스 경험을 위해 고객 관점에서의 서비스 프로세스 설계가 필요하다. 서비스 프로세스는 고객입장과 기업입장에서 각각 정의할 수 있다. 고객입장에서의 서비스 프로세스는 서비스를 전달받는 일련의 과정이며, 기업입장에서의 서비스 프로세스는 서비스 운영시스템이 작동되는 방법과 절차를 의미한다. 여기서는 기업입장에서의 서비스 프로세스를 중심으로 살펴보고자 한다.

기업의 서비스 프로세스는 기업 내의 원재료, 정보, 사람 등과 같은 입력물을 제품과 서비스 등의 산출물로 변환시키는 작업이나 활동을 의미한다. Michael Hammer 교수는 고객을 위한 결과물 또는 고객을 위해 가치를 창출하는 모든 관련 활동의 집합을 서비스 프로세스로 보고 있다. 따라서 서비스 프로세스는 서비스가 생산되고 고객에게 전달되는 절차나 활동의 흐름으로 고객이 서비스를 받을 수 있도록 기업이 서비스를 전달하는 방식으로 이해할 수 있다.

## 2. 서비스 프로세스의 특성

서비스 프로세스는 제조 프로세스와 달리 생산과정에 고객이 참여하는 특성이 있다. 제조 프로세스는 투입 → 변환 → 산출이라는 과정을 가지며 주로 효율성을 강조하는 프로세스 체계이다. 이에 비해 고객의 셀프서비스와 같은 적극적 참여 활동이 요구되는 서비스 프로세스는 생산과정이 고객에게 보이기 때문에 프로세스의 효율성뿐만 아니라 서비스 제공자와 고객 간 상호작용을 통해 발생하는 고객경험관리를 고려해야 한다.

서비스는 시작 시점부터 종료 시점까지의 과정으로 완성되어 서비스 결과뿐만 아니라 서비스 과정도 고객 만족에 있어 중요하다. 즉 고객이 서비스를 예약하는 순간부터 서비스 경험을 마치고 매장을 나가는 순간까지 예약, 주차, 대기, 이동 등 다양한 접점에서 서비스 조직과 상호작용하게 된다. 이러한 다양한 접점은 조직 내 지원 시스템과 구성원들이 수행하는 프로세스에 기반을 두고 있으며, 고객만족도를 결정하는 매우 중요한 역할을 한다.

## 제 2 절 | 서비스 프로세스 모형

서비스 프로세스 모형은 서비스 프로세스를 분석하고 계획할 때 사용된다. 이 모형은 고객 입장에서 바라보는 서비스 생산구조를 의미하는 중앙의 사각형, 서비스 시스템의 계획과 운영에 영향을 주는 기업 미션과 서비스 개념을 의미하는 사각형 왼쪽, 고객의 기대와 이에 영향을 미치는 요소들을 의미하는 사각형 오른쪽 부분으로 구성된다[그림 9-1]. 제조업과 달리 서비스 생산구조에는 고객이 포함되어 있는데 이는 서비스에서 고객이 생산 프로세스에 참여하기 때문이다. 서비스 생산구조는 다시 고객이 볼 수 있는 부분인 서비스 전달 프로세스와 고객이 볼 수 없는 부분인 서비스 지원 프로세스로 나뉜다.

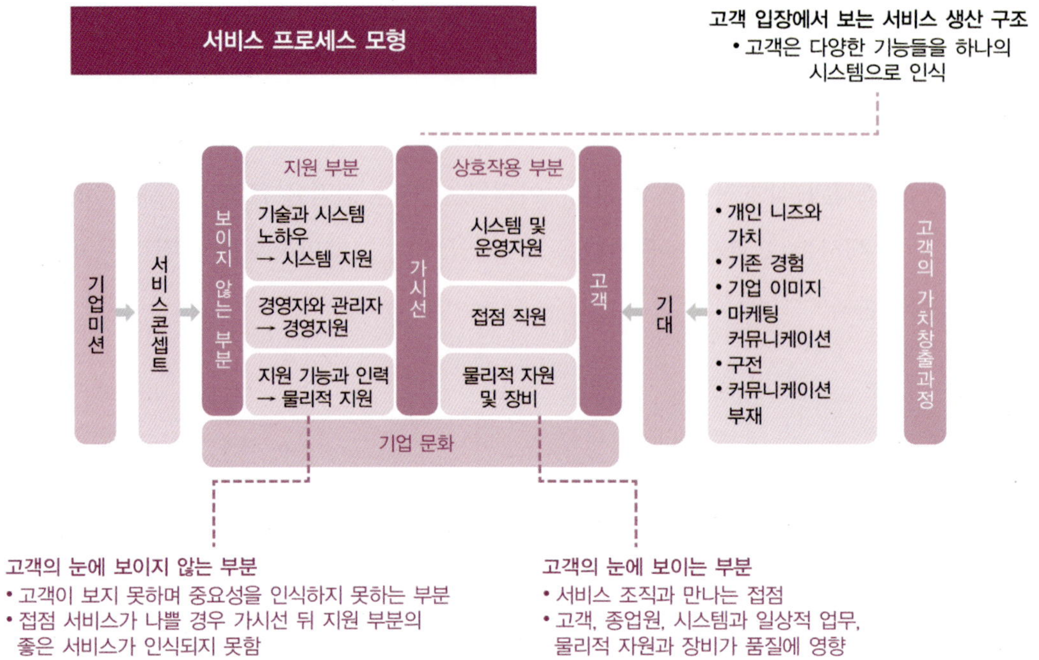


출처 : 이유재(2019), 서비스경영, 제6판, 학현사, p.204.

[그림 9-1] 서비스 프로세스 모형

## 1. 서비스 전달 프로세스

고객의 눈에 보이는 부분은 전방부서 혹은 고객과 상호작용하는 부분으로 고객이 서비스 조직과 만나는 접점을 의미하며, 고객에게는 상호작용이 이루어지는 전달 프로세스가 서비스의 전부로써 지각된다. 전달 프로세스에 영향을 주는 요소에는 고객, 시스템과 운영자원, 접점 직원, 물리적 자원과 장비가 있다.

### 1) 고객

서비스에서 고객은 수동적으로 서비스를 받는 사람이 아니라 서비스의 공동 생산자로서 서비스 과정에 능동적으로 참여하게 되며 서비스품질에 영향을 미친다. 예를 들면, 레스토랑에서 고객은 물이나 반찬 등을 직접 운반하는 셀프서비스 활동을 하며, 테마파크에서는 고객이 원하는 상품을 직접 탐색하고 놀이기구를 타면서 스릴을 느끼게 된다. 따라서 기업은 서비스 프로세스에서 고객의 능동적 참여를 이끌어내는 프로세스를 구현하기 위한 다양한 방안을 강구해야 한다.

### 2) 시스템과 운영자원

시스템과 운영자원은 조직의 일상적 업무를 포함한 모든 기능적 시스템을 포함하며, 대기 관리시스템, 콜센터 시스템, 웹사이트의 구매시스템 등이 있다. 일반적으로 고객 접점의 업무는 일상적으로 이루어지는 업무와 이를 운영·관리하기 위한 시스템으로 구분된다. 예를 들면, 테마파크에서 대기시간을 관리할 수 있는 시스템과 고객들이 지루함을 느끼지 못하게 하는 서비스업무가 필요하다. 따라서 기업은 업무와 시스템이 고객 지향적이고 서비스 지향적이 되도록 고민해야 하며, 이와 더불어 직원들이 고객에게 최선의 서비스를 다할 수 있도록 동기 부여할 수 있는 업무와 시스템을 구성하는 방안을 강구해야 한다.

### 3) 직원

서비스는 고객과의 상호작용이 모든 분야에서 이루어지기 때문에 접점 직원들의 행동이 중요하다. 고객들은 경쟁자와 차별화되는 건물이나 시설과 같은 물리적인 자원에 의해 영향을 받기도 하지만 서비스 접점에서 만나는 직원 서비스에 의해 더 큰 영향을 받는다. 따라서 기업은 서비스 개념과 기업 문화에 적합한 서비스 전달을 위해 직원을 대상으로 고객 접점관리가 몸에 배도록 지속적인 교육 훈련을 실시하는 등 전달 프로세스에서의 전문화를 실행해야 한다.

### 4) 물리적 자원과 장비

물리적 자원과 장비는 서비스 프로세스상에서 사용되는 모든 유형적인 자원을 의미하며, 예를 들면, 레스토랑의 간판, 의자, 음악, 향기 등이 있다. 물리적 자원과 장비는 무형적 특성의 서비스가 실체를 가지고 기술적인 품질을 고객에게 보여주는 데 매우 중요하므로 서비스가 전달되는 서비스 환경에 대한 철저한 관리가 필요하다.

## 2. 지원 프로세스

후방부서는 고객에게 보이지 않는 부분으로 고객과의 상호작용이 발생하는 부분의 뒤쪽에서 고객에게 서비스가 원활하게 제공되도록 지원하고 있다. 지원 프로세스에 영향을 주는 요소에는 시스템 지원, 경영지원, 물리적 지원이 있다.

### 1) 시스템 지원

시스템 지원은 정보기술, 건물, 사무실, 차량, 컴퓨터 시스템 등과 같은 시스템에 대한 지원을 의미한다. 서비스에 필요한 시스템이 지원되지 않거나 직원들이 시스템을 잘 다루지 못하면 고객은 제공되는 서비스품질에 대해 좋지 않은 인식을 할 수 있다. 따라서 기업은 적절한 시스템 지원뿐만 아니라 직원이 시스템을 잘 다룰 수 있도록 철저한 교육에 대한 투자가 필요하다.

### 2) 경영지원

경영지원은 마케팅, 인사, 재무 등 기업 운영을 위해 필요한 경영 전반의 활동을 의미한다. 서비스 전달에의 적절한 경영지원은 접점 직원이 고객에게 집중할 수 있게 하므로 가장 중요한 지원 활동이다. 지원부서 직원은 접점 직원에게 서비스를 제공하는 것이므로 이들 역시 접점 직원과 동일한 서비스 기업 문화와 교육을 공유할 필요가 있다. 따라서 기업은 경영지원으로 모든 직원이 조직 내 가치와 사고방식을 공유하고 서비스 지향적인 행동을 하도록 유도해야 한다.

### 3) 물리적 지원

물리적 지원은 후방 지원부서에 의해 접점 직원에게 제공되는 지원 활동이다. 서비스를 수행함에 있어 물리적 지원은 중요한 역할을 한다. 예를 들면, 코로나19 환경하의 학교 줌 수업에서 수업을 진행하는 교수자도 중요하지만 줌 수업에 필요한 기자재나 비품 또한 매우 중요한데 줌 수업에 필요한 장비가 고장을 일으키면 수업이 진행되지 못하게 된다. 기업은 고객접촉 직원과 이들을 지원하는 후방부서의 직원들을 내부고객으로 간주하고, 이들을 외부고객과 같이 동일하게 대우하는 내부마케팅 노력을 해야 한다. 또한 기업은 고객에게 훌륭한 서비스를 전달하기 위해 지원부서의 물리적인 지원과 지원부서 직원들이 서비스 지향적인 마인드를 갖추도록 교육해야 한다.

## 제 3 절 | 서비스 프로세스 설계 방식

서비스 프로세스를 설계할 때는 기업의 자원, 원가, 품질, 직원의 업무 할당, 서비스 기술, 고객의 참여 정도 등 다양한 요소들을 고려해야 한다. 이러한 고려 사항들은 서로 밀접하게 연계되어 있어 개별적으로 고려하기보다는 포괄적으로 고려하는 것이 좋다.

Shostack은 서비스 프로세스를 설계할 때 다음과 같은 사항을 고려해야 한다고 주장한다.

첫째, 서비스 프로세스의 모든 과정은 고객에게 초점이 맞춰져야 하며 고객 입장에서 제품, 서비스 등을 관찰하고 계획해야 한다. 둘째, 서비스 프로세스는 목적론(telelogical)이어서 실제적인 과업 성과를 중시해야 한다. 따라서 성과평가 시스템은 실제 프로세스와 연계되어 궁극적인 성과를 제고할 수 있도록 설계되어야 한다. 셋째, 서비스 프로세스는 전체론(holistic)이어서 각 개별 활동은 하나의 시각에서 인식되어야 한다. 프로세스의 규율은 성과와 효율성을 제고할 수 있는 자율적인 성격을 가지게 된다. 넷째, 서비스의 무형성을 고려한 객관성, 정확성, 사실의 근거, 방법론의 궤적인 제시를 고려해 구조화되고 정의된 절차를 따르되 지나치게 관료적이 되지 않도록 해야 한다. 다섯째, 서비스는 생산과 소비가 동시에 일어나고 고객과 접점 직원 간 상호작용을 수반하므로 설계과정에 고객과 직원을 모두 고려해야 한다.

한편, 서비스 프로세스를 설계하는 방식에는 생산라인 방식, 고객 공동생산 방식, 저접촉 운영 분리방식, 정보를 이용한 권리위임 방식, 개인적 배려 방식 등이 있을 수 있다. 서비스 기업들은 서비스 프로세스 설계 때 특정 기업에 적합한 혹은 기업 내 부문별로 적절한 방식을 달리 적용할 수 있다. 즉 전체 프로세스 설계에 한 가지 방식만이 아니면 2개 이상의 다양한 방식을 동시에 적용할 수 있다.

## 1. 생산라인 방식

생산라인 방식(production line approach)은 서비스를 표준화하고 서비스 공정을 제조 공정과 같이 생각함으로써 운영의 효율성과 일관된 품질을 보증하는 접근방식이다. 즉 수행 작업들이 업무 순서대로 프로세스를 구성하며 설비의 작업속도가 서비스 공급량을 결정한다. 이러한 방식은 생산성 증대를 통한 저원가를 달성해 경쟁우위를 차지하려 한다. 생산라인 방식의 예로는 McDonald's와 같은 패스트푸드업체 서비스, 저렴한 건강검진 프로세스, 은행의 ATM, 탑승권 자동발급기 등이 있다.

생산라인 방식은 다음과 같은 특징을 가진다. 첫째, 서비스 표준화로 McDonald's처럼 제품, 작업 방법, 작업 프로세스, 작업환경 등을 표준화, 전문화, 단순화시킨다. 둘째, 작업의 분업화로 전체 서비스 과정을 여러 개의 작은 단위작업으로 세분화하여 수행하도록 한다. 셋째, 직원의 임의적 행동 제한으로 프랜차이즈 식당과 같이 일관된 품질을 보증하기 위해 직원이 임의로 자재, 도구, 서비스 과정을 변경하지 못하도록 재량권을 제한해야 한다. 넷째, 서비스 인력의 기술 대체이다. 은행의 ATM, 식당의 주문 키오스크, 공항의 키오스크는 직원의 업무를 줄여주고, 서비스품질을 동일하게 유지시켜 주어 기업 측면에서는 서비스 생산성을 높여줄 뿐만 아니라 직원의 수를 줄일 수 있어 운영 효율성을 높일 수 있다. 고객 측면에서도 대기시간을 줄일 수 있는 이점이 있을 수 있다.

## 2. 고객 공동생산 방식

고객 공동생산 방식은 고객이 공동 생산자로서 역할을 하며 직접 서비스 프로세스에 참여하는 방식이다. 예를 들면, 패밀리레스토랑 식당 내 샐러드 바, 뷔페식당, 회전 초

밥집, 집단 지성의 산물인 온라인 백과사전 위키피디아 등이 있다. 이 방식은 기업에게 원가를 절감시켜 주는 장점이 있지만 셀프서비스처럼 고객이 어느 정도 익숙해질 때까지 고객을 훈련할 필요가 있다. 하지만 고객은 점점 똑똑해지는 경향이 있어 서비스 제공자에게 종속되지 않으려는 경향이 있으므로 유의해야 한다.

기업은 이 방식을 구성할 때 고객 참여도의 정도를 결정해야 하며, 고객의 역할 분담 비율은 목표 고객의 성향과 서비스 개념에 따라 결정된다. 즉 공인중개사에게 자신이 집을 100% 일임하여 매도하는 경우 공인중개사가 광고, 매수희망자 접수, 집 보여주기, 계약서 작성 등 모든 일을 전적으로 서비스하는 경우(0%)와 셀프 주유소처럼 완전한 셀프서비스의 경우(100%) 양극단 사이에서 고객의 역할 비율이 정해진다.

## 3. 저접촉 운영 분리방식

저접촉 운영 분리방식은 서비스의 효율성을 향상시키기 위해 서비스 제공을 위한 업무를 모두 접점부서에서 하는 것이 아니라 고객이 현장에 없어도 되는 업무를 따로 분리해서 별도의 후방부서에서 수행하는 방식이다. 이와 같이 고객과 직접 접촉이 불필요한 업무를 고객 접점에서 분리시키는 서비스 이원화를 디커플링(decoupling)이라고 한다. 저접촉 운영방식은 고객의 금전, 부동산, 자동차 서비스 등과 같이 기술 활용이 가능해 고객 신체에 직접 서비스하는 경우보다는 고객 재화에서 서비스하는 경우 성공 확률이 크다.

예를 들면, 크린토피아는 고객과의 접촉이 많은 세탁물 수거 업무는 세탁물 매장에서 하고, 고객과의 접촉이 불필요한 세탁 및 시설관리 조직은 세탁공장에서 수행하고 있다. 또한 항공사의 기내서비스는 고객과 고접촉 방식으로 이루어지는 반면 수하물 서비스는 고객접촉이 거의 없는 저접촉 방식으로 수행된다. 병원 혈액 검사의 경우 혈액 채취와 검사 결과의 설명은 고접촉 업무이고, 혈액 분석은 저접촉 업무이다. 인터넷쇼핑몰의 경우 전화 상담은 미납주문이 불가능한 고접촉 업무이고, 게시판 상담은 미납주문이 가능한 저접촉 업무이다.

이상의 고접촉 운영방식과 저접촉 운영방식의 설계 시 고려 사항은 〈표 9-1〉과 같다.

〈표 9-1〉 고객접촉 정도에 따른 운영 설계 시 고려 사항

| 고려요소 | 고접촉 운영 | 저접촉 운영 |
|---|---|---|
| 입지 | 고객 근접지역 | 저원가 지역 |
| 설비 배치 | 고객 관점 | 서비스 제공자 관점 |
| 프로세스 설계 | 각 단위 프로세스는 고객에게 직접적인 영향을 미침 | 프로세스 대부분에 고객이 참여하지 않음 |
| 운영계획 | 생산 표준화는 판매기회를 상실함 | 미납주문과 생산 평준화가 가능함 |
| 일정계획 | 고객에 맞추어 작업 일정을 결정함 | 고객은 작업 완료일에만 관심 있음 |
| 작업자 능력 | 고객과 상호작용하는 능력이 필요함 | 기술적 능력만 필요함 |
| 품질 통제 | 품질 표준은 고객에 따라 변동적임 | 품질 표준은 고정적임 |
| 능력계획 | 서비스 능력은 판매 손실을 방지하기 위해 피크 수요에 맞춤 | 미납주문이 가능하므로 평균 수요에 맞춤 |
| 시간 표준 | 서비스 시간이 변동적이므로 엄격히 통제하지 않음 | 작업이 대량으로 수행되므로 시간 표준을 엄격히 통제함 |

출처 : 노형봉(2020), 서비스경영, 제2판, 한경사, p.160.

## 4. 정보를 이용한 권한위임 방식

최근 서비스는 정보기술에 대한 의존도가 높다. 정보기술의 주요 기능 중 하나는 직원과 고객에게 권한위임을 할 수 있다는 점이다. 따라서 직원과 고객에게 적절히 권한을 위임하는 것이 프로세스 성과를 높일 경우 이 방식을 사용하는 것이 바람직할 수 있다.

먼저 개별 고객에게 적절한 서비스를 제공하기 위해서는 직원의 재량권이 크게 작용한다. 따라서 관리자는 현장 직원에게 자신의 권한을 상당 부분 위임할 필요가 있다. 이때 관리자는 자신의 폭넓은 경험과 지식이 현장 직원의 서비스에 반영되도록 해야 하며, 현장 직원이 자기 재량권의 범위를 넘지 못하도록 통제해야 한다. 예를 들면, 은행 대출 프로세스의 경우 기술발달로 대출심사 기간을 대폭 축소하였다. 과거에는 각 은행 지점에서 보내온 대출 신청서를 본사 대출 전담부서에서 대출 여부 및 대출금액을 일괄적으로 심사해 약 30~45일이 소요되었다. 지금은 은행지점 직원은 내부시스템에 저장된 본사의 대출금액 결정 기준에 따라 몇 초 만에 고객의 신용정보와 거래정보에 따른 대출 여부와 대출 가능액을 고객에게 알려줄 수 있다.

고객 또한 서비스 프로세스상에서 정보기술을 이용해 자신에게 위임된 권한을 행사할 수 있다. 예를 들면, 과거 항공사나 영화관 좌석 배정은 접수창구 직원에게 있었지만 지금은 항공사와 영화관 앱에서 고객이 직접 선택할 수 있다. 또한 우체국 등기 소포물의 경우 고객은 우체국 웹사이트에 등기번호만 입력하면 자신이 보낸 소포가 현재 어디에 있으며, 언제 누가 수령했는지를 확인할 수 있다.

## 5. 개인적 배려 방식

개인적 배려 방식(personal attention approach)은 고객에게 최상의 개별적인 서비스를 제공하는 방식이다. 이 방식은 고객에게 사소하더라도 기대하지 않았던 서비스인 '와우(wow)' 서비스를 고객에게 제공함으로써 자사의 평생 고객화를 도모한다. 이러한 방식을 제공하는 기업의 예로는 미국의 Nordstrom 백화점과 Ritz-Carlton 호텔이 있다.

Nordstrom 백화점은 직원들에게 고객서비스를 위해 '어떤 상황에서도 스스로 판단하되 고객에게 가장 좋다고 생각하는 것을 실행하십시오. 그 외의 규칙은 없습니다.'라는 규칙을 강조하고 있다. 즉 모든 권한이 현장 직원에게 있어 직원 스스로 판단하여 고객에게 좋다고 생각되는 것을 실행하라는 의미이다. 어떤 고객이 백화점 세일 기간 동안 사고자 했던 상품이 없자 직원이 경쟁 백화점에서 정가로 사와서 고객에게 세일 가격으로 판 사례는 이와 같은 규칙을 잘 설명해주는 예이다.

Ritz-Carlton 호텔은 고객의 기호나 취향을 수집하여 고객인지 프로그램 시스템에 입력하고 전 세계 호텔 체인에서 활용하고 있다. 즉 고객 개개인의 취향과 선호에 맞는 맞춤형 서비스를 위해 고객이 알려준 기념이나 좋아하는 과일 같은 사소한 모든 정보를 빠짐없이 고객 기호 카드(preference card)에 기록해 내부적으로 공유하고 있다. 예를 들면, 푹신한 베개보다는 좀 딱딱한 베개를 요청한 고객은 다음에 Ritz-Carlton 호텔을 이용하게 되면 또다시 요청하지 않아도 딱딱한 베개를 제공받게 된다.

## 제 4 절 | 서비스 프로세스 실행 방법

서비스 프로세스를 실행하기 위해서는 고객과의 상호작용, 프로세스의 효율, 프로세스의 품질 등을 고려해야 하며, 실행 방법으로는 크게 서비스 프로세스의 표준화 방식과 서비스 프로세스의 고객화(개별화) 방식으로 나누어볼 수 있다.

### 1. 서비스 프로세스의 표준화

서비스 프로세스의 표준화(standardization)는 서비스 전달과정을 표준화함으로써 대량 또는 일관성 있는 서비스를 추구하는 것을 말한다. 표준화는 주로 유형적 제품의 생산에 많이 사용되지만 서비스에도 구체적인 규칙과 기준을 가지고 서비스 프로세스상 고객 접점을 서비스 청사진(service blueprint), 플로차트(flow chart), 서비스 사이클(service cycle) 등으로 도식화하여 표준화할 수 있다. 서비스 프로세스의 표준화를 추구하는 기업으로는 McDonald's, Domino Pizza, Scandinavian Airlines 등을 예로 들 수 있다.

전 세계 120개국 3만 7천여 개의 매장에서 매일 6,900만 명의 고객들에게 제품과 서비스를 제공하는 McDonald's는 총 5만여 종의 서비스 항목이 수록된 표준화된 매뉴얼을 운영하고 있다. 즉 매장의 개점과 폐점 시간, 직원의 복장 상태, 매장의 밝기, 화장실 청결, 햄버거 재료로 사용되는 쇠고기의 크기와 무게, 모양, 햄버거 빵의 두께 등을 표준화하여 고객에게 일관된 서비스와 생산의 효율성을 높이고 있다. 예를 들면, 햄버거 소고기 지방의 양은 19% 이하, 무게는 1.6온스, 지름은 3.875인치, 양파는 0.25온스로 정했으며, 신선한 맛을 유지하기 위해서 햄버거는 만든 지 10분, 프렌치 프라이는 튀긴 후 7분이 지나면 모두 폐기하며, 고객이 주문한 지 30초 이내에 제품을 서비스하도록 하고 있다. 또한 보통 사람이 입을 벌렸을 때 평균 크기가 50mm이고, 50mm의 입에 44mm짜리 햄버거를 물고 있을 때 가장 행복감을 느낀다는 원리를 적용해 햄버거 빵의 두께는 17mm씩 아래위로 34mm, 가운데 고기 다짐 패치는 10mm로 만들고 있다. 이와 더불어 사람들이 가장 주저하지 않고 불편 없이 지갑을 꺼낼 수 있는 높이를 고려하여 계산대의 높이를 72cm로 했다. 이외에도 고객이 햄버거나 프렌치 프라이를 주문하면 직원들로 하여금 무조건 "감사합니라"라고 말하게 하고 3초 이내에 "콜라도 드시겠습니까?"라고 묻도록 교육시키고 있다. 이는 "감사합니다"라는 한마디가 3초의 최면효과를 가지며, 5초가 지나면 콜라의 주문 확률이 50% 이하로 떨어지기 때문에 그전에 콜라 주문을 유도하는 것이다.

## 2. 서비스 프로세스의 고객화(개별화)

서비스 프로세스의 고객화(customization)는 서비스 전달과정을 개별화함으로써 고객의 다양한 욕구에 즉각 응대하도록 하는 것을 말한다. 즉 고객의 개별적인 욕구 충족에 중점을 둔 프로세스라 할 수 있다. 서비스 프로세스의 표준화를 추구하는 기업으로는 Subway, Singapore Airlines, 결혼 상담 서비스 등을 예로 들 수 있다.

서비스 프로세스의 고객화 예로 전 세계 104개국 3만 7천여 개의 매장을 운영하는 Subway는 표준화를 추구하는 McDonald's와 달리 고객의 주문 제작 서비스(made to oder)와 3F 원칙을 가지고 고객에게 개별적인 서비스를 제공하고 있다. 먼저 Subway는 소비자 맞춤형 제품 생산 방식인 메이드 투 오더(made to order) 방식을 운영하고 있다. 고객은 자신이 좋아하는 샌드위치를 주문하기 위해 샌드위치 메뉴 → 빵 → 추가 토핑 → 야채 & 소스 → 계산하는 순서로 직접 선택하는 과정을 거친다. 이는 신선함을 제공한다는 서브웨이의 캐치프레이즈와 연결되어 매장에서 직접 구워낸 신선한 빵, 매일 배송되는 신선한 야채 제공, 주문과 동시에 바로 만든다는 신선함의 3F 원칙을 고수하고 있다. 이러한 메이드 투 오더 방식은 매장의 재고율을 거의 0에 가까울 정도로 줄여줘 점주들에게도 호평받고 있다.

# 제 5 절 | 서비스 프로세스 재설계

## 1. 서비스 프로세스 재설계의 필요성

서비스 과정은 고객 욕구의 변화, 기술의 변화, 새로운 서비스의 등장으로 시간이 흐름에 따라 진부해진다. 기업은 낡은 서비스 프로세스에 새 생명을 불어넣는 과정이 필요하며, 이를 서비스 프로세스 재설계라 말한다. 이 과정은 프로세스 혁신과정 중 가장 창조적이며 중요한 단계로서 개선 아이디어를 도출하는 것이 핵심이다.

Boston' Beth Israel Hospital의 전 회장인 Rabkin은 기존 서비스 프로세스의 비효율성이나 부적절성을 '제도적 부식(institutional rust)'이라고 하면서 제도는 철강과 같이 녹슬어가며 한때 부드럽게 빛나고 좋았던 것도 점차 녹이 슨다고 말했다. 그는 이러한 문제의 원인을 외부환경의 변화와 내부 문제의 두 가지로 제시하였다.

첫째, 고객의 욕구 변화, 새로운 경쟁자의 출현, 정부 정책의 변화, 새로운 기술의 발달 등 외부환경의 변화는 기존 프로세스는 더이상 쓸모없게 되어 근본적인 과정의 재설계를 요구하게 된다. 기업은 보다 적절하면서도 즉각적으로 반응할 수 있는 새로운 프로세스가 설계되어야 한다. 예를 들면, 고객 욕구 변화에 따라 의료서비스는 원격진료법이라는 새로운 법률의 제정이나 보험수가 등의 건강보험정책을 요구받을 수 있다.

둘째, 기업 내부의 업무처리 과정, 절차, 관료주의 확대 등 내부의 문제로 인해 서비스 재설계가 필요하다. 새로운 서비스 프로세스가 필요하다는 징후에는 불필요한 서비스 표준 양산, 가치 활동에 대한 관리와 통제 행동의 비중 증가, 예외 처리의 증가, 불편과 불필요한 절차에 대한 고객 불평의 증가 등이 있다.

## 2. 서비스 프로세스 재설계의 유형

서비스 프로세스 재설계를 할 때 고려해야 할 가장 중요한 사항은 생산성과 서비스 품질을 동시에 향상시킬 수 있는 방안을 찾는 것이다. 기업은 이를 위해 서비스 실패의 감소, 총서비스 시간의 최소화, 생산성 향상, 고객만족도 향상을 고려해야 한다.

서비스 프로세스 재설계에는 서비스 과정의 재구성, 재배열, 그리고 대체 등을 포함하며, 다음과 같이 다섯 가지로 범주화할 수 있다(Berry & Lamp, 2000).

### 1) 셀프서비스(self-service)로의 전환

셀프서비스로의 전환으로 서비스 재설계 과정에 고객의 셀프서비스를 확대함으로써 생산성 향상과 서비스 향상 효과를 볼 수 있다. 예를 들면, FedEX는 거래의 50% 이상이 콜센터에서 웹사이트로 이동해 콜센터 직원 20,000명을 감축할 수 있었으며, 동남아시아와 중동 지역의 해산물 레스토랑인 Fish & CO는 메뉴판 대신 아이패드로 고객 스스로 음식을 주문하도록 하였다. 유통업계에서는 지불-계산과정을 간소화하기 위해 셀프 계산대를 도입하거나 인력 없이 운영하는 무인매장을 설치하고 있다. 삼성화재는 2021년 12월 보험가입 현황을 고객이 모바일로 직접 통합 조회하고 보장 범위의 적정성을 확인하는 '셀프보장분석' 서비스를 오픈하였다.

### 2) 직접 전달(direct service)

직접 전달은 고객이 서비스 기업에 오는 대신 서비스를 고객에게 직접 전달하는 것으로 고객 편의성 향상과 점포 비용의 제거로 인한 생산성 향상을 가져올 수 있다. 예를 들면, 치킨 혹은 피자업체의 배달 서비스나 2014년 설립된 컬리의 신선식품 전문 온라인 쇼핑몰 배송 서비스가 있다. 이동통신사들은 고객들이 온라인에서 주문한 휴대폰을 가까운 매장 직원이 당일 찾아가서 전해주는 서비스를 도입한 바 있다. 2022년 7월 KB국민은행은 급속한 디지털화에 따른 고령층의 금융 소외를 해결하고자 서울시 내에 고령 인구가 많은 5개 자치구의 어르신 복지센터와 협력해 주 1회 정해진 요일마다 대형 밴을 통해 순환 운영되는 이동 점포인 'KB 시니어 라운지'를 개설하였다.

### 3) 예비 서비스(pre-service)

예비 서비스는 서비스 활성화를 간소화시키는 것으로 서비스 접점에서 고객이 더욱 빨리 그리고 세심하게 서비스 혜택을 받게 하기 위해 사전에 필요한 정보를 서비스 제공자에게 제공하도록 하는 방식이다. 이를 위해서는 고객에게 교육을 강화하고 직원을 훈련시켜 서비스의 실행이 부드럽고 효율적으로 진행될 수 있도록 해야 한다. 예를 들면, 호텔이나 항공승객의 경우 자신의 정보를 호텔이나 항공사에 사전에 등록해두면 호텔이나 공항 도착 시 신용카드나 사인 없이도 객실 키나 좌석을 배정받을 수 있다.

Starbucks는 서비스 대기시간을 줄이기 위해 2017년 국내 커피업계 최초로 'My DT Pass' 서비스를 시행하였다. 'My DT Pass' 서비스는 본인의 차량번호를 스타벅스 애플리케이션이나 홈페이지에 등록 후 이용하며, 고객의 차량 정보를 스타벅스 선불식 충전카드와 연동시켜 스타벅스 드라이브 스루(Drive Thru; DT) 이용 시 별도의 결제 수단을 제시하지 않아도 자동 결제를 통해 주문한 메뉴를 받아 바로 출차가 가능한 스타벅스 드라이브 스루 전용 서비스다. 국토교통부와 한국도로공사는 2022년 8월 장애인 및 유공자 등도 기존 불편한 생체정보(지문) 인증 대신 개인별 사전 동의를 받고 휴대전화 위치를 조회하여 본인 탑승 여부를 확인하는 방식으로 일반 하이패스 단말기에 통합복지카드를 삽입하여 고속도로 통행료를 감면받을 수 있는 제도를 시범 운영하였다.

### 4) 일괄 서비스(bundled service) 제공

일괄 서비스는 잘 세분화된 특정 고객층을 대상으로 다양한 서비스를 하나로 묶어 제공하는 것으로 거래비용을 줄이고 신속한 거래를 가능하게 하여 생산성을 향상시킨다. 예를 들면, MS Office는 MS-Word, MS-Excel, MS-Powerpoint 등 다양한 기능의 소프트웨어를 하나의 제품으로 묶어 판매하며, KT는 케이블 TV, 초고속 인터넷, 무선 랜을 함께 묶어 판매하며, 호텔은 객실과 조식을 묶어 판매하며, 신선식품의 경우 재고가 많아서 판매 부진 시 손해가 나는 것이 예상될 때 묶음 판매를 하고 있다. Apple은 지니어스바(genious bar)를 통해 전문가들이 일대일로 고객들을 상대하며 제품상담과 수리를 함께 제공하는 사후서비스를 제공하면서 생산성과 고객만족도를 높인 바 있다.

에어부산은 2019년 별도로 구입 가능한 부가서비스(사전 수하물 구매, 사전 좌석지정, 사전 기내식 주문)를 하나로 묶어 더 저렴하게 판매하는 번들 서비스를 시작했다. 구매 가능 대상은 스마트 좌석의 경우 기본 위탁수하물 1개 15kg+사전 좌석지정(일반좌석), 스마트 플러스 좌석의 경우 기본 위탁수하물 1개 23kg+사전 좌석지정(일반 좌석), 프리미엄 좌석의 경우 기본 위탁수하물 1개 23kg+사전 좌석지정(전 좌석)+기내식+에어부산 라운지(부산출발 한정)+수하물 우선 처리를 해준다.

### 5) 물리적 서비스(physical service)의 재설계

물리적 서비스의 재설계는 서비스 전달과정의 물리적 측면인 유형적 요소에 초점을 맞추는 것으로 서비스 설비와 기구를 정비하여 고객 편리성과 직원 만족 및 생산성 향상을 높이는 방식이다. 예를 들면, 미국 우체국은 엘비스, 버니, 제임스 딘 등 특별히 디자인된 우표를 제공한 바 있다. 카카오카드는 다른 카드회사에서 기존에 보지 못한 다양한 예쁜 캐릭터를 선택할 수 있으며, 2021년에는 카드에 본인이 원하는 문구를 넣을 수 있는 서비스를 일시적으로 제공하였다. Midwest Express Airlines는 이코노미 좌석 고객을 위해 가죽 좌석, 전통적인 3×3 좌석 배치 대신 보다 넓은 2×2 좌석 배치, 무료 와인과 샴페인, 개인별 소금과 후추통, 글라스 컵, 천 냅킨 등의 음식 서비스 및 식사 후 쿠키 서비스를 제공하였다.

이상의 서비스 프로세스 재설계 방안을 정리해보면 〈표 9-2〉와 같다.

**〈표 9-2〉 서비스 프로세스 재설계 방안**

| 구분 | 고객 혜택 | 기업 혜택 | 도전과제/한계점 |
|---|---|---|---|
| Self-service:<br>셀프서비스로의 전환(고객에게 생산자 역할 부여) | • 시간에 대한 통제감 증가<br>• 서비스 속도 향상<br>• 접근성 향상<br>• 서비스 비용 절약 | • 비용 절감<br>• 생산성 향상<br>• 기술 평판도 향상<br>• 기업 차별화 | • 고객이 역할 수행을 위한 준비 필요<br>• 고객과 기업 간 대면 상호작용 제한<br>• 고객 피드백 획득의 어려움<br>• 고객충성도/관계 확립의 어려움 |

| 구분 | 고객 혜택 | 기업 혜택 | 도전과제/한계점 |
|---|---|---|---|
| Direct-service:<br>서비스를 고객이 있는 곳으로 직접 전달 | • 편리성 증가<br>• 접근성 증가 | • 가게의 위치적 한계 극복<br>• 고객 기반 확장<br>• 기업 차별화 | • 추가 물류 부담<br>• 투자 비용 증가<br>• 고객신뢰도 필요 |
| Pre-service:<br>예비서비스로 가치 창출에 기여하지 않는 단계 제거를 통한 서비스 절차 간소화 | • 서비스 속도 향상<br>• 효율성 제고<br>• 고객으로부터 서비스 제공자로의 과업 전이<br>• 서비스 실행을 서비스 전달과 분리<br>• 고객화된 서비스 | • 고객화된 서비스 향상<br>• 효율성 제고<br>• 생산성 향상<br>• 기업 차별화 | • 서비스를 부드럽고 효과적으로 실행하기 위해 고객과 직원 교육이 추가적으로 필요 |
| Bundled service:<br>일괄 서비스 제공(복수의 서비스를 패키지화) | • 편리성 증가<br>• 고객화된 서비스 | • 높은 가격을 책정할 수 있는 기회 제공<br>• 기업 차별화<br>• 고객 유지에 도움<br>• 고객당 서비스 이용 증대 | • 고객에 대한 광범위한 이해 필요<br>• 비경제적으로 인지될 수 있음 |
| Physical service: 물리적 서비스 재설계로 서비스와 관련된 유형적 요소 조작 | • 편리성 증가<br>• 기능의 향상<br>• 흥미 유발 | • 기업 차별화<br>• 직원 만족 증가<br>• 생산성 증가<br>• 기업의 차별화 | • 모방이 쉬움<br>• 서비스 효과와 유지를 위해 많은 비용 소요<br>• 고객의 기대 상승 |

출처 : Berry, L. L., & Lamp, S. K.(2000), Teaching an old service new tricks-the promise of service redesign, Journal of Service Research, 2(3) : 267.

## 제 6 절 서비스 프로세스 개선 기법

기업은 고객과의 관계를 지속적으로 유지하기 위해 서비스 프로세스 재설계 등을 포함한 서비스 개선 노력을 한다. 기업은 고객들이 필요로 하는 서비스품질 요소들을 명확히 파악하고 이를 서비스 설계에 반영하려고 한다. 그렇지만 고객은 서비스 구매 과정에서 이런저런 이유로 불만을 갖게 되며, 기업은 고객과의 관계를 긍정적으로 지속하기 위해 해피콜(happy call) 서비스, 만족도 모니터링, 감사 편지 또는 감사 메일 등의 노력을 한다. 이러한 서비스 사후 체계는 고객 불만을 줄이는 데 종종 유용하지만 서비스 실패나 고객 불만의 근본적인 원인을 찾는 데는 한계가 있다. 따라서 기업은 서비스 실패에 따른 다양한 분석뿐만 아니라 향후 서비스 향상을 위해 다양한 서비스 프로세스 개선 노력을 할 필요가 있다.

서비스 프로세스 개선을 위한 기법으로는 피시본 다이어그램(Fishbone Diagram), 서비스 청사진(Service blueprint), 품질기능전개(Quality function deployment), 고객여정지도(Customer journey map) 등 다양한 기법이 있다.

## 1. 피시본 다이어그램

### 1) 피시본 다이어그램의 개념

일본의 품질전문가인 Kaoru Ishikawa가 처음 개발한 피시본 다이어그램(Fishbone Diagram)은 기업이 서비스 실패 결과에 대한 원인을 찾아서 연결하는 것으로 인과관계도표(Cause-and-Effect-Diagram) 또는 요인분석도라고도 한다[그림 9-4]. 물고기의 뼈 모습인 피시본 다이어그램은 기업이 고객 불만을 직접 추적하는 데 도움을 주며, 특정

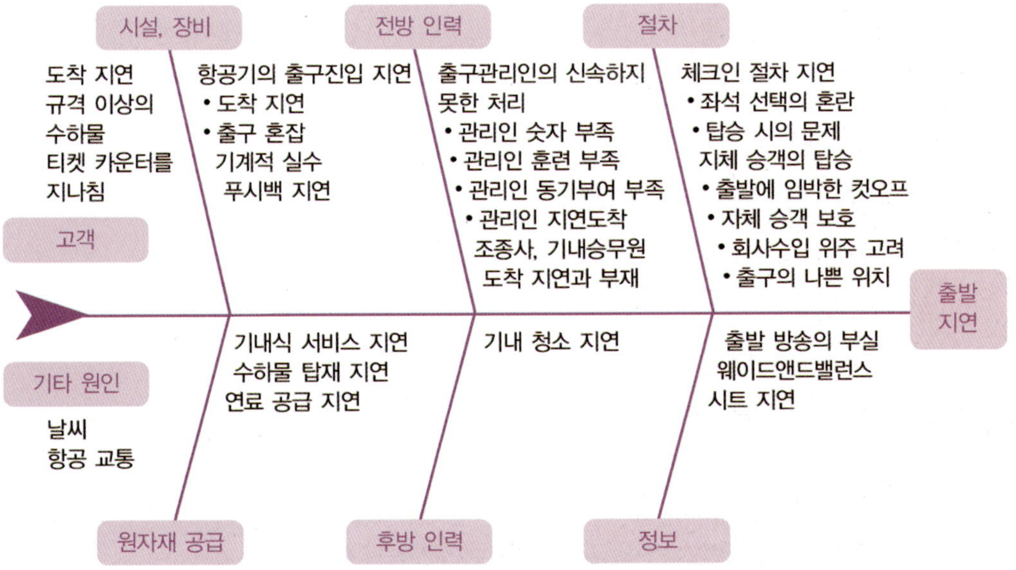


출처 : 이유재(2019). 서비스마케팅. 제6판. 학현사. p.235.

[그림 9-2] 피시본 다이어그램(항공기 출발 지연 분석)

부분에 대해 잘못된 점을 고치는 것이 아니라 그것의 근본 원인을 알아내는 데 기여한다. 즉 품질 문제를 일으키는 요인과 그에 관계되는 부수적 요인을 함께 검토해 문제의 근본 원인을 파악하게 해준다.

### 2) 피시본 다이어그램의 작성

피시본 다이어그램을 작성하는 단계는 문제의 명확한 정의 → 문제의 주요 원인 범주화 → 잠재원인 브레인스토밍 실시 → 주요 원인 범주의 세부사항 검토 → 근본 원인 확인 순으로 이루어진다.

위 [그림 9-2]의 예를 통해 각 단계를 살펴보자. 첫째, 물고기의 머리에 해당하는 부분에는 문제점인 항공기 출발 지연을 적는다. 둘째, 머리에서 갈라지는 선들을 따라 나온 뼈들에는 절차, 정보, 전후방 인력, 시설/장비, 원자재 공급 등의 문제의 주요한 범주를 그린다. 셋째, 각 원인 범주에 대한 잠재원인을 브레인스토밍을 통해 파악해 작성한다. 예를 들면, 절차의 이유에는 체크인 절차 지연과 지체 승객의 탑승이 있으며, 체크인 절차 지연 세부 원인에는 좌석 선택의 혼란과 탑승 시의 문제점 등을 찾을 수 있다. 넷째, 주요 원인 범주의 세부사항을 살펴보고 하나 이상의 범주에 중복되어 나타나는 원인을 체크하는데 이때 중복 체크된 원인이 '가장 가능성이 높은 원인'이 되는 경우가 많다. 마지막으로 가장 가능성이 높다고 판단되는 원인들의 범위를 좁힌 후에 팀원 간의 토의를 통해 근본 원인을 결정한다.

## 2. 서비스 청사진

### 1) 서비스 청사진의 개념

서비스 청사진(Service Buleprint)은 Shostack(1984)에 의해 처음 제시된 개념으로 고객, 직원, 기업이 전체 서비스 전달과정에서 해야 하는 각 단계별 활동과 역할 등을 도식화해서 설명해 놓은 흐름도이다. 서비스 청사진은 고객의 눈에 보이는 부분과 보이지 않는 부분을 구분하고, 고객이 경험하는 모든 과정과 관련된 접점 직원과 후방 직원의 활동을 순서대로 나열해 서비스의 실수와 고객을 기다리게 만드는 지점을 찾아내 개선하는 기법이다. 서비스 청사진은 서비스 상품개발의 설계나 재설계 단계에서 유용하다.

### 2) 서비스 청사진의 구성요소

서비스 청사진은 총 4개 행위 영역과 3개 경계선으로 구성된다. 4가지 행위 영역은 고객 행동(customer actions), 직원 행동(employee actions), 지원 프로세스(support process), 물리적 증거(physical evidence)이며, 3개 경계선은 상호작용선(line of interaction), 가시선(line of visibility), 내부 상호작용선(line of internal interaction)이다[그림 9-3].

4개 행위 영역 중 고객의 행동은 서비스를 구매, 소비, 평가하는 프로세스에서 고객이 수행하는 단계, 선택, 활동, 상호작용 등으로 레스토랑 이용 전 활동(예약, 주차, 좌석 안내), 식당에서의 활동(식사, 음주), 식사 후 식당을 떠나는 활동(계산, 출산) 등이다. 이에 비해 직원의 행동은 두 영역에서 나타난다. 하나는 고객이 보이는 전방에서 이루어지는 접점 직원의 일선 활동 행동으로 예로는 고객의 식사 주문을 받고 음식을 전달하는 행동, 병원에서의 의사 진료 등이 있다. 다른 하나는 고객의 눈에는 보이지 않으면서 후방에서 이루어지는 후방 직원의 지원 활동 행동으로 예로는 주방에서의 조리 행동, 주사와 약을 준비하는 간호사 등이 있다.

지원 프로세스는 접점 직원과 후방 직원을 지원하기 위한 활동이다. 식당의 경우 음식을 판매하기 위해 신선한 식재료가 준비되어야 하며, 계산을 위한 카드 결제 시스템 등이 있어야 한다. 마지막으로 물리적 증거는 서비스 청사진의 맨 위쪽에 있으며, 서비스 수행에 도움을 주고 고객이 서비스의 존재를 경험할 수 있는 물리적 시설을 말한다. 식당의 경우 건물 외관, 실내장식, 직원의 복장, 계산대 등이 있다.

서비스 청사진의 경계선 중 상호작용선은 고객이 행동과 직원의 행동을 구분하는 선으로 가시선의 위치가 서비스 전달과정에서 고객의 관여 정도를 나타낸다. 가시선은 고객이 눈으로 볼 수 있는 부분과 볼 수 없는 부분의 경계선으로 합리적인 서비스 설계를 촉진한다. 마지막으로 내부 상호작용선은 후방 직원의 지원 활동과 지원부서의 활동을 구분하는 선으로 부서 간의 독립성을 명확하게 나타내줌으로써 품질 개선에 도움을 준다.

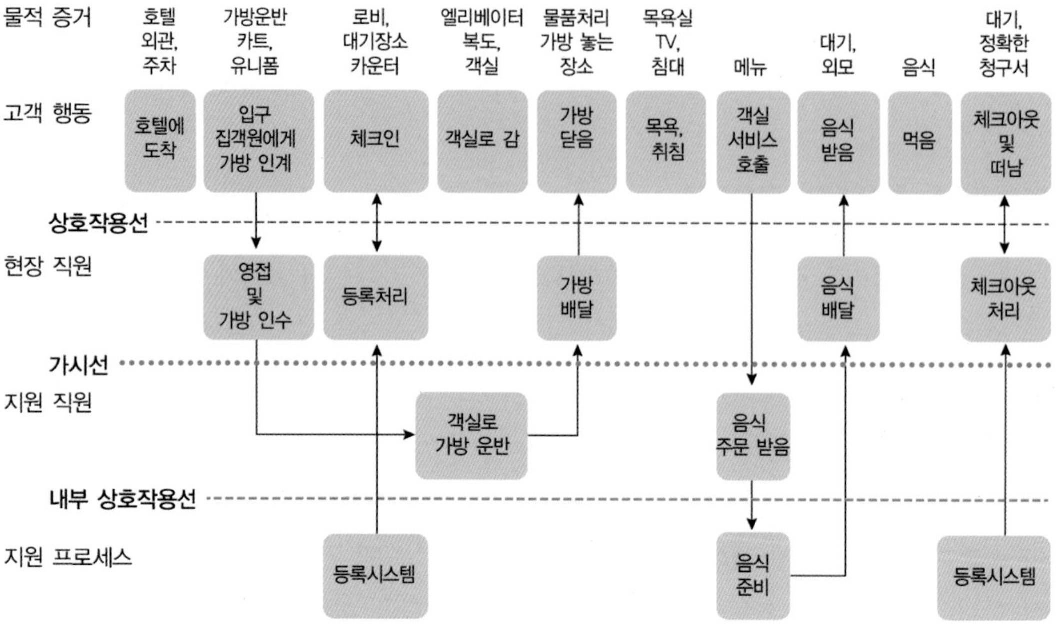


[그림 9-3] 호텔의 서비스 청사진

### 3) 기술을 통해 제공되는 셀프서비스 청사진

많은 서비스는 상호작용 요소와 기술제공 요소를 포함하고 있다. 예를 들면, 항공사 체크인 프로세스의 경우 실제적인 체크인은 체크인 키오스크를 통해 이루어지고, 화물 검색과 보안 검색 후 고객은 스스로 티켓을 가지고 비행기에 탑승하게 된다. 따라서 웹사이트나 자동화기기를 이용하는 셀프서비스는 직원이 서비스 제공과정에 상호작용하는 경우와 달리 경계선을 바꾸는 등 서비스 청사진의 일부를 조정할 필요가 있다. 셀프서비스는 기술상의 문제가 발생하지 않는 한 접점 직원이 필요 없다. 이 경우 가시성 라인의 윗부분인 고객과 컴퓨터 웹사이트 간의 인터페이스나 자동화기기와의 물리적 작용을 설명하기 위해 현장기술 접점(one stage/visible technology)을 활용할 수 있다.

DVD 자동화대여기기에 대한 서비스 청사진은 세 가지 접촉라인인 기술, 현장 접점 직원, 후방 접점 직원 외에도 현장기술 접점이 추가된다[그림 9-4]. 서비스 청사진은 DVD에 흠집 등의 문제가 있으면 고객이 무엇을 해야 할지를 설명해야 하고, 이럴 경우 고객은 직원을 부르게 되며 이때는 후방 접점 직원의 서비스가 제공된다.

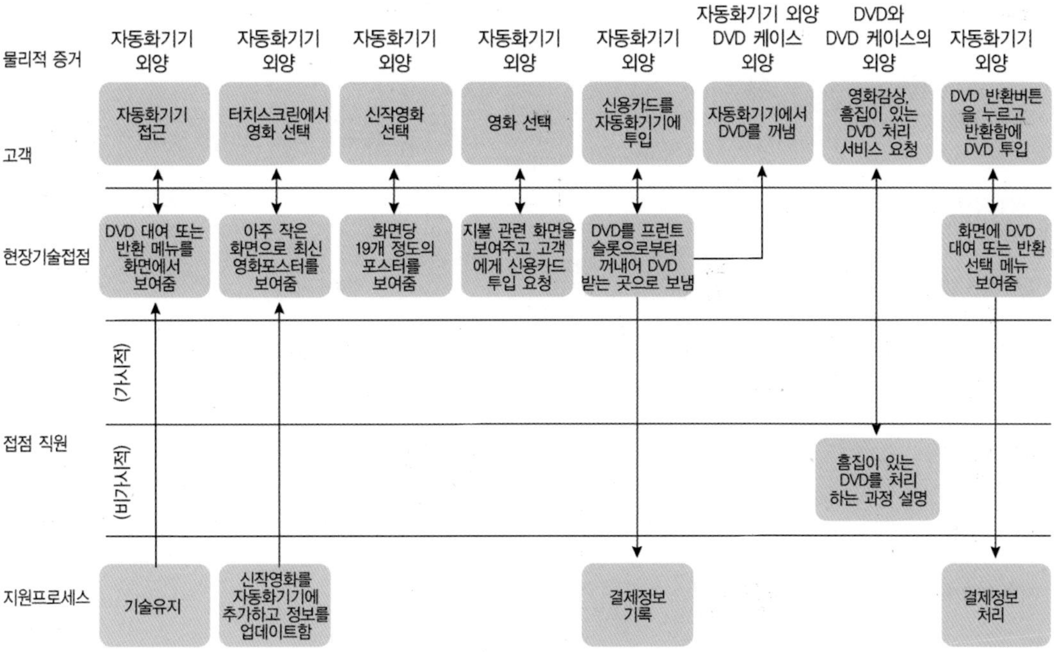


출처 : Zeithaml et al., 배일현 등 역(2022), 서비스마케팅, 7판, 교문사, p.289.

[그림 9-4] DVD 자동화대여기기에 대한 서비스 청사진

### 4) 서비스 청사진의 작성단계

서비스 청사진 작성은 서비스 과정의 도식화 → 실패 가능점의 확인 → 서비스 실행 표준의 설정 → 서비스 청사진 수정 순으로 이뤄진다.

첫째, 서비스 과정의 도식화는 서비스를 구성하는 과정을 그림으로 그리는 단계로 전체 과정에 포함되는 기본 활동들을 먼저 분류하고, 다음으로 각 활동을 세분화한다. 서비스 청사진에서 사용되는 기호로는 활동이나 작업내용(ㅁ), 작업 흐름(→ 또는 ↔), 실패 지점(F), 대기 지점(W), 의사결정 지점(D) 등이 있다[그림 9-5].

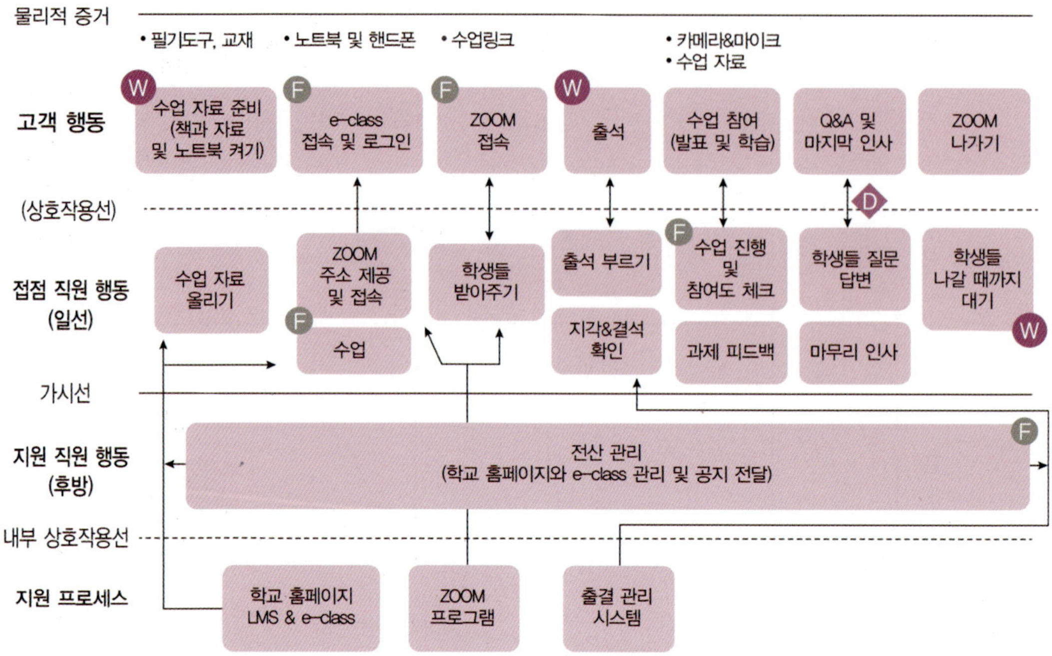


[그림 9-5] 줌 수업의 서비스 청사진

둘째, 실패 가능점의 확인은 서비스 디자인 단계에서 서비스 실패가 일어날 수 있는 지점을 확인하는 것이다. 사전에 서비스 실패 지점을 확인함으로써 서비스 실패가 실제로 발생하는 것을 줄일 수 있으며, 서비스품질을 높일 수 있다.

셋째, 서비스 실행 표준의 설정은 고객 만족을 위해 서비스 전략에 적합한 서비스 표준을 설계하는 과정이다. 예를 들면, 서비스를 제공하는 데 걸리는 표준 작업시간과 총 허용 가능 시간, 서비스 절차, 적절한 스타일과 자세 규정 등을 서비스 청사진에 반영하도록 한다. 서비스 표준은 객관적으로 측정 가능하고 관리할 수 있는 방식으로 표현되는 것이 좋다.

넷째, 서비스 청사진 수정은 고객이 서비스 전달과정에 적극적으로 참여할 때 매우 중요하며, 시장조사를 통해 수행할 수 있다. 새로운 서비스가 공식적으로 시장에 도입되기 전에 청사진의 수정은 서비스 실패의 가능성을 줄일 수 있다.

## 3. 품질기능전개

### 1) 품질기능전개의 개념

품질기능전개(Quality Function Deployment)는 1960년대 일본에서 개념이 만들어져 1972년 미쓰비시중공업의 고베 조선소에서 소개되었다. 이후 1978년 도요타에 도입되어 성공적으로 추진되었으며, 미국에서는 1980년대 초반 GM, 포드자동차, 3M, HP 등에서 사용되었다. 품질기능전개는 고객의 니즈와 디자인 요소들 사이의 연결선을 발견하는 것을 돕기 위해 개발되었으며, 제품은 물론 서비스 프로세스 및 생산 시스템을 디자인하는 전반적인 과정에서 고객의 요구가 최종 제품과 서비스에 충실히 반영되도록 디자인으로 변환하는 방법이다. 품질(Quality)은 고객의 요구사항으로 품질이나 속성을 의미하며, 기능(Function)은 마케팅, 엔지니어링, 제조 부서 등의 상이한 기능을 의미하며, 전개(Deployment)는 미래의 사용을 위해 퍼뜨리는 것을 의미한다.

### 2) 품질기능전개의 분석 도구 및 작성

품질기능전개의 분석 도구로 품질의 집(House Of Quality)이 사용된다. 품질의 집은 고객의 요구, 서비스 계획과 관리 방법, 계획 목표, 경쟁사의 제품이나 서비스 평가자들이 서로 얽히도록 구성된 품질기능전개의 전 과정을 의미한다[그림 9-6].

품질기능전개의 적용 순서는 고객의 요구 속성(Customer Attribute) 파악 → 고객 요구 속성에 대한 고객 인지도(Planning Matrix) 평가 및 경쟁사와 비교 → 제품의 기술 특성(Engineering Characteristics) 파악 → 품질표(Relationship Matrix) 작성 → 제품의 기술 특성 간 상관관계(Correlation Matrix) 파악 → 제품의 기술 특성 목표값(Technical Matrix) 설정 순으로 이루어진다.

첫째, 고객의 요구사항(Voice of Customer)을 조사하여 고객의 요구 속성을 파악한다. 일반적인 이론들과 업무를 통해 축적되어온 자료를 분석하여 최종적인 서비스의 요구 품질을 파악하거나 고객 대상의 설문조사나 인터뷰를 통해 도출할 수 있다.

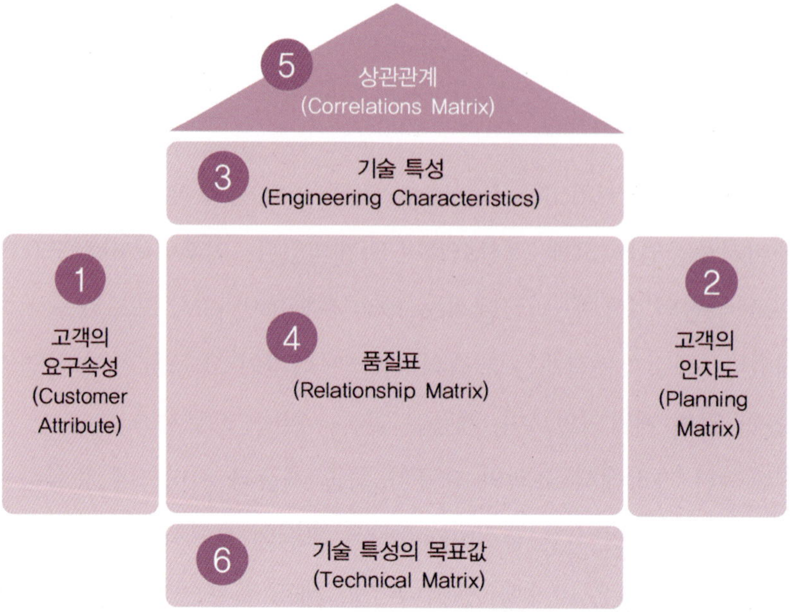


[그림 9-6] **품질의 집(House Of Quality : HOQ)**

둘째, 고객의 요구사항별 고객들에 의한 인지도와 경쟁제품에 대한 고객의 인지도로 기획 품질을 도출한다. 고객들에 의한 인지도는 주로 고객 요구사항별 만족도와 중요도에 의해 측정되며, 고객의 요구사항 중 중요도가 높은 요구를 찾아낼 수 있다. 이는 연구자에 의한 요구사항 간 계층분석과정(Analytic Hierarchy Process)을 적용하거나 고객 대상의 설문조사를 실시하여 도출할 수 있다.

셋째, 제품의 기술 특성은 고객의 요구사항을 만족시킬 수 있는 기술이나 수단을 말한다. 하나의 고객 요구사항에 대한 여러 가지의 기술 특성이 존재할 수 있고, 이것은 측정 가능한 용어로 표현할 수 있어야 한다. 이는 전문가나 실무자를 대상으로 실시한 인터뷰를 통해 도출할 수 있다.

넷째, 품질표는 고객의 요구사항과 기술 특성에 대한 대응 관계 정보를 표현한 것으로 관계 정도는 연구진이 실무 담당자들과의 협조를 통해 결정할 수 있다. 각 요구사항과 기술 특성 간의 관계 정도는 강한 대응 관계, 보통 대응 관계, 약한 대응 관계 등으로 정의할 수 있다.

다섯째, 상관관계는 제품의 기술 특성 간 상호 관련성 및 상호의존성을 표현한 것으로 상호 관련성 정도는 '없음', '강한 양의 상관관계', '약한 양의 상관관계', '약한 음의 상관관계', '강한 음의 상관관계'로 정의할 수 있다.

여섯째, 제품의 기술 특성의 목표값은 앞의 다섯 가지 요소들에 의해 자동으로 계산되는 영역으로 제품의 기술 특성에서 상대적으로 중요한 기술 특성을 파악하여 이들의 목표 수준 설정에 초점을 맞춘다.

## 4. 고객여정지도

### 1) 고객여정지도의 개념

고객여정지도(Customer Journey Map)는 고객이 제품이나 서비스를 경험하게 되는 모든 행동 과정을 정의하고, 그 과정에서 고객 체험을 순차적으로 나열하여 만드는 시각적인 도구이다[그림 9-7]. 이를 통해 총체적인 고객서비스 경험을 파악하고 각 터치 포인트(touch point)를 파악할 수 있다. 여기서 터치 포인트란 고객이 기업과 서비스를 만나는 과정의 모든 커뮤니케이션을 말하며, 여기에는 물리적 위치, 장소의 특정 구역, 광고판, 웹사이트, 메일링, 대면 커뮤니케이션, 인쇄물, 애플리케이션, SNS 등이 있다.

고객여정지도는 다음과 같은 효능을 제공한다. 첫째, 고객의 서비스 경험 순서 및 순간을 이해하고 포착할 수 있다. 둘째, 고객 관점에서 고객경험에 영향을 주는 요인에 대한 수준 높은 이해를 제공한다. 셋째, 고객에 대한 통찰을 바탕으로 공식 혹은 비공식적인 터치 포인트 모두를 도식화할 수 있다. 넷째, 전체 서비스 경험을 단계별로 보다 깊게 분석할 수 있으며 자사와 경쟁사의 서비스를 빠르고 쉽게 비교할 수 있다.

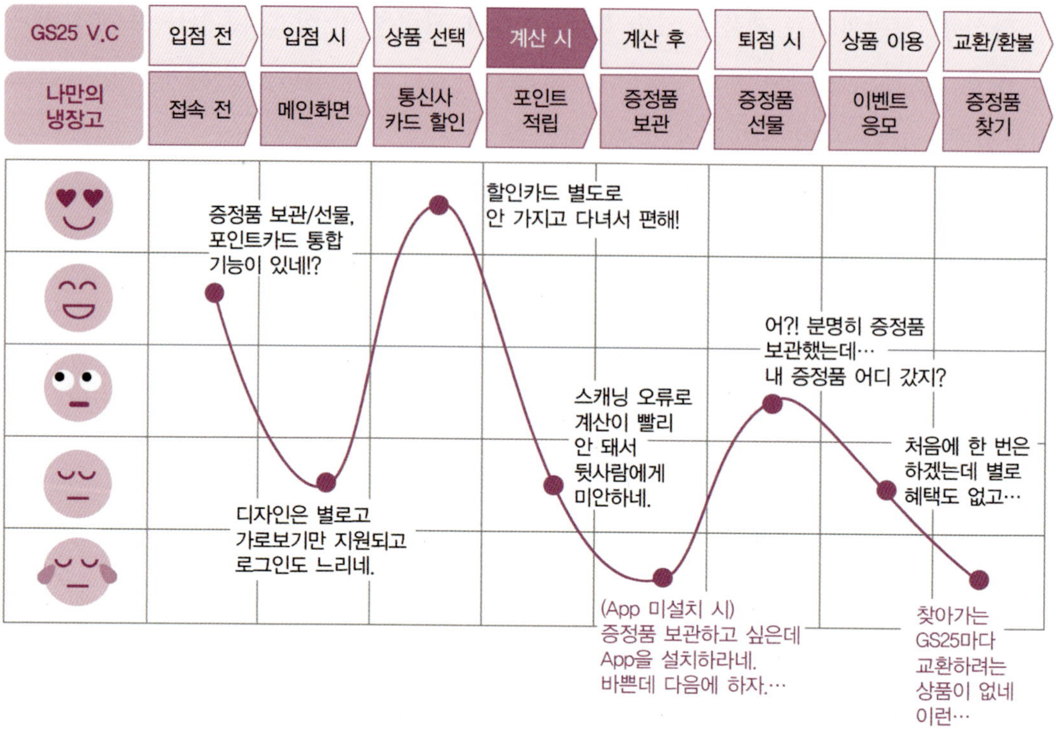


출처 : 정승환 · 김연성 · 이돈희 · 김서영 · 손윤병(2019), 비즈니스 트랜스포메이션스(BTS)와 서비스품질 경영(SQM), 한경사, p.351.

[그림 9–7] '나만의 냉장고' 이용 고객의 여정지도

### 2) 고객여정지도의 작성

고객여정지도는 고객여정지도의 목적 설정 → 고객의 페르소나 정의 및 대상 고객 강조 → 단계 설정 → 접점(touch point)의 목록 작성 → 데이터와 고객의 피드백 수집 → 고충과 불만 지점 판단 → 개선 영역 파악 순으로 이루어진다.

첫째, 고객여정지도 목적 설정 부분은 지도를 만들어서 이루고자 하는 목표를 설정하는 것이다. 고객여정지도에서 어떤 정보를 파악하고, 어떻게 사용할 것인지, 이를 통해 어떤 통찰력을 얻을 것인지를 정하는 과정이라 할 수 있다.

둘째, 고객의 페르소나 정의 단계에서는 조직의 수많은 고객들의 특성을 가장 일반적이며 대부분의 사람을 대표하는 페르소나에 반영할지 아니면 각 대상 고객층마다 다른 페르소나를 만들 것인지를 결정한다. 여기서 페르소나란 어떤 제품이나 서비스를 사

용할 만한 목표 인구 집단 안에 있는 다양한 사용자 유형을 대표하는 구체적인 가상의 인물이다.

셋째, 고객 여정은 인식 단계, 고려 단계, 구매(또는 결정) 단계, 유지 단계 4가지 단계로 구성된다. 이 단계에서는 고객여정지도를 어느 단계에서 필요로 하는가를 정하는 것이다. 인식 단계에서는 고객이 어떤 제품/서비스를 왜 찾고 있는지, 구매동기 그리고 자사 브랜드를 처음으로 알게 되는 순간들을 포함한다. 고려 단계는 고객이 자사 제품/서비스와 경쟁사의 제품/서비스를 비교하는 단계로 고객은 홈페이지를 방문해 제품의 상세 정보와 가격을 살펴보고 회사 정보페이지, 도움말 센터, FAQ 등을 살펴보고 자사에 대한 온라인 리뷰도 검색하게 된다. 결정 단계는 고객이 충분한 정보를 바탕으로 구매를 실행하는 단계로 여기에는 실제 구매 경험, 온라인 주문 페이지, 이메일 확인, 배송 및 결제 과정에 대한 FAQ 등이 포함된다. 유지 단계는 고객이 구매 후 전반적인 경험을 평가하는 단계로 여기서는 기업이 고객지원 서비스품질, 배송 및 반품 방법, 향후 할인 혜택, 회원 멤버십 프로그램 등을 평가하게 된다.

넷째, 고객이 경험하는 서비스접점(Touch Point) 목록 작성은 위 세 번째 단계에서 마주하게 되는 접점을 목록으로 만드는 것이다. 접점이란 고객이 회사 웹사이트, 온라인 리뷰, 광고, 서비스 구매 및 사용, 고객지원 서비스에 연락하는 등으로 자사와 상호작용하는 모든 단계이다. 따라서 서비스 접점은 직원과의 상호작용뿐만 아니라 물리적 체험, 서비스를 담고 있는 디바이스 등가의 조우가 일어나는 모든 부분을 포함하여 탐색해야 한다.

다섯째, 데이터와 고객의 피드백을 수집한다. 여기서는 터치 포인트를 연결한 여정지도 만들기와 여정의 흐름에 따른 공감지도(empathy map)를 작성하게 된다. 여정지도 만들기는 탐색된 서비스 터치포인트를 페르소나가 경험하게 될 서비스 순서에 따라 배열하여 여정지도를 작성하는 과정으로 고객들이 각 접점에서 접점으로, 각 단계에서 단계로 움직일 때마다 어떻게 생각하고 느끼는지를 측정하게 된다. 공감지도는 서비스 경험을 위해 만들어진 시나리오상에서 페르소나가 느낄 수 있는 다양한 측면의 감정을 나타내는 과정이다. 고객들이 기업의 브랜드와 상호작용할 때 갖게 되는 감정, 생각, 동기 등을 지도로 만드는 방법으로는 고객 인터뷰, 온라인 리뷰, 여론조사나 설문조사를 통해서 얻은 통계, 사용자 테스트를 통해서 얻은 피드백을 이모지(emoji)나 그림으로 표현, 각 단계에서 사용자의 감정을 별점이나 색상 코드로 표시하는 방법이 있다.

여섯째, 고충과 불만 지점을 판단하는 단계에서는 고객의 피드백에서 얻는 데이터를 가지고 고객여정지도를 만든 후 고객이 어떤 부분에서 어려움을 느낄 수 있는지를 파악해보는 것이다. 고객이 불만을 표시하는 부분이 어디인지, 고객 여정 내 어디에서 빈틈이 있는지, 각 단계 사이를 이동할 때 어떤 어려움이 있을지를 파악하는 것이다.

일곱째, 개선영역 파악이란 고객 여정의 전반적인 경험을 개선하기 위한 것으로 고객여정에서 수정이 필요한 영역이 무엇인지를 파악하는 것이다. 개선영역을 파악한 후에는 각 불만 지점에 대한 솔루션이나 해결방안을 브레인스토밍하게 된다. 여기서 고객의 불만을 해소하기 위한 다양한 방법을 생각해냈다면, 거기에 필요한 사항을 구현하고, 추가적인 조사를 수행하고, 고객 여정을 다시 한번 더 평가한다.

잠깐 쉬어가기

### Starbucks의 고객경험지도

고객에게 가치 있는 경험을 제공하기 위해서는 우선, 도대체 우리 제품에 대해 고객들이 어떤 경험을 하고 있는지를 면밀하게 들여다볼 필요가 있다. 시발점은 고객이 우리를 직접적으로 경험하는 바로 그 장소에서 출발한다. 고객이 경험하는 장소에서 그 과정을 단위별로 쪼개보는 것도 고객 경험을 잘 들여다볼 수 있는 하나의 방법이다. 미국, 유럽, 아시아 등에 있는 고객 관리 전문 회사인 GCCRM은 스타벅스 매장에 고객이 들어갈 때부터 커피를 마시고 나올 때까지의 과정을 20개의 고객경험 단위로 해부하였다.

고객경험지도(Customer Experience Map)라 부르는 이 지도에는 고객의 세부적인 경험 단위별로 고객들이 어떻게 느끼는지가 자세히 그려져 있다. 고객의 총체적 경험의 합은 그것들의 단순합이 아니라 곱이기 때문에 하나라도 부정적인 경험이 있으면 전체적인 합은 제로가 될 수 있다. 이런 고객경험지도를 통해 부정적인 경험이 발생하는 접점을 파악하여 고객경험을 관리하는 방법으로 사용할 수도 있다. 지금까지 여러 사례를 통해 고객의 경험 세계를 분석하고 이해하는 것이 마케팅을 전개하는 데 핵심적이라는 사실을 알 수 있었다. 그런데 어떻게 하면 고객의 경험 세계를 정확히 분석할 수 있겠는가?

첫째, 타깃 고객을 규정한다. 타깃 고객을 정확히 규정하는 것은 고객의 경험 세계를 분석하는 첫 번째 단계다. 고객의 유형에 따라 경험의 종류도 달라진다. 제품을 구입한 사람이 누구인지, 얼마나 자주 사용하는 사람인지, 관여도는 어느 정도 있는지 등에 따라 경험의 종류가 달라진다.

둘째, 고객경험세계를 분류한다. 고객경험세계는 단순히 우리 브랜드에서 얻는 경험에만 국한시키기보다는 사회문화적 배경이나 비즈니스 환경과 관련된 광범위한 범위까지 포함되어야 한다. 고객경험세계를 브랜드에서 얻는 경험, 제품군에서 얻는 경험, 브랜드를 사용하고 소비하는 상태에서 얻는 경험, 사회 문화적 배경 혹은 비즈니스 환경과 관련된 광범위한 범위의 경험까지 체계적으로 분류하고 체계화한다.

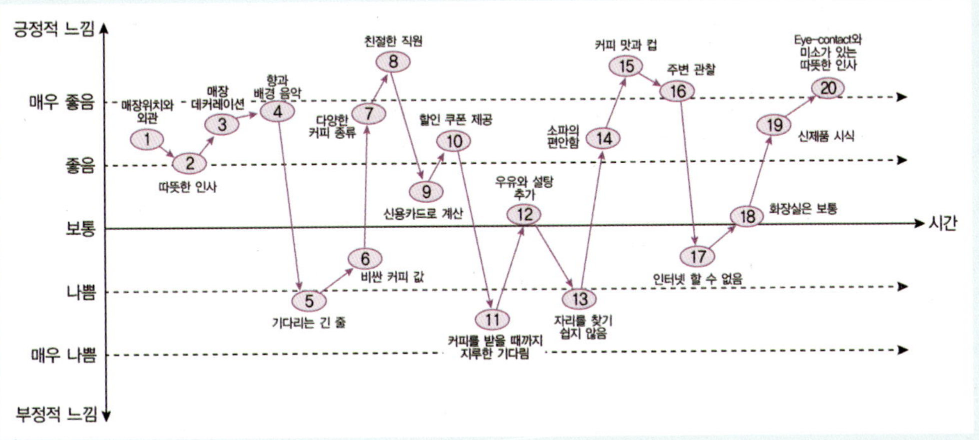


셋째, 고객 접점을 따라 경험을 추적한다. 접점을 따라 경험을 추적하는 것은 고객경험을 잘 이해할 수 있는 가장 중요한 과정이다. 제품을 인식하여 구입하고 사용한 뒤 버릴 때까지, 고객과 회사 사이에 존재하는 모든 고객 접점을 따라서 전체 고객경험을 추적한다.

출처 : 뉴스와이어(2007.4.17), CEO REPORT-가치 창출, 고객경험에서 찾아라, LG주간경제.

## [ 주요 용어 ]

- 가시선(line of visibility): 서비스 청사진에서 고객이 볼 수 있는 부분(현장 업무)과 볼 수 없는 부분(지원 업무)으로 분리를 나타내는 선
- 개인적 배려 방식(personal attention approach): 고객에게 최상의 개별적인 서비스를 제공하는 방식
- 고객 공동생산 방식: 고객이 공동 생산자로서의 역할을 하며 직접 서비스 프로세스에 참여하는 방식
- 고객여정지도(customer journey map): 고객이 제품이나 서비스를 경험하게 되는 모든 행동 과정을 정의하고, 그 과정에서 고객 체험을 순차적으로 나열하여 만드는 시각적인 도구

- 물리적 서비스(physical service)의 재설계: 서비스 전달과정의 물리적 측면인 유형적 요소에 초점을 맞추는 것으로 서비스 설비와 기구를 정비하여 고객 편리성과 직원 만족 및 생산성을 향상시키는 방식
- 서비스 설계(service design): 서비스 제공자와 고객들 사이에서 품질과 상호작용을 향상시키기 위해 사람, 인프라, 커뮤니케이션, 서비스를 구성하는 물질 요소들을 계획하고 조직화하는 활동
- 서비스 프로세스(service process): 서비스가 전달되는 절차, 메커니즘 또는 활동들의 흐름
- 서비스 프로세스의 고객화(customization): 서비스 전달과정을 개별화함으로써 고객의 다양한 욕구에 즉각 응대하도록 하는 것
- 서비스 프로세스의 표준화(standardization): 서비스 전달과정을 표준화함으로써 대량 또는 일관성 있는 서비스를 추구하는 것
- 서비스청사진(service blueprint): 서비스 전달과정에서 수행되는 모든 활동을 순서대로 구조화시킨 그림
- 생산라인 방식(production-line approach): 서비스를 표준화하고 서비스 공정을 제조 공정과 같이 생각함으로써 운영의 효율성과 품질을 보증하는 방식
- 예비 서비스(pre-service): 서비스 활성화를 간소화시키는 것으로 서비스 접점에서 고객이 더욱 빨리 그리고 세심하게 서비스 혜택을 받게 하기 위해 사전에 필요한 정보를 서비스 제공자에게 제공하게 하는 방식
- 일괄 서비스(bundled service): 잘 세분화된 특정 고객층을 대상으로 다양한 서비스를 하나로 묶어 제공하는 것
- 저접촉 운영 분리방식: 서비스의 효율성을 향상시키기 위해 서비스 제공을 위한 업무를 접점부서에서 모두 하는 것이 아니라 고객이 현장에 없어도 되는 업무를 따로 분리해서 별도의 후방부서에서 수행하는 방식
- 품질의 집(House Of Quality): 고객의 요구, 서비스 계획과 관리 방법, 계획 목표, 경쟁사의 제품이나 서비스 평가자들이 서로 얽히도록 구성된 품질기능전개의 전 과정
- 품질전개기능(quality function deployment): '품질의 집'을 사용하는 방법으로 고객의 요구를 서비스 프로세스 설계에 포함시키는 방법
- 피시본 다이어그램(Fishbone Diagram): 기업이 서비스 실패 결과에 대한 원인을 찾아서 연결하는 것으로 인과관계도표(cause-and-effect-diagram) 또는 요인분석도라고도 함
- 디커플링(decoupling): 고객과의 직접 접촉이 필요 없는 업무들을 일선부서의 전방업무에서 분리하여 지원부서의 후방업무로 이관하는 것

## 토론 주제

- 서비스 프로세스 설계 방식의 유형과 각 유형의 장단점을 토의하시오.
- 서비스 프로세스 표준화로 성공한 기업을 찾아 세부적인 실행방안을 토의하시오.
- 서비스 프로세스 고객화로 성공한 기업을 찾아 세부적인 실행방안을 토의하시오.
- 서비스 프로세스 재설계의 성공/실패 사례를 찾아 성공요인/실패요인을 토의하시오.
- 학기 초 수강신청에서 나타나는 문제점 중 하나를 선택한 후 피시본 다이어그램을 사용해 이 문제점의 근본원인을 찾아 토의하시오.
- 서비스 청사진을 활용해 교실에서의 수업의 서비스 프로세스를 작성한 후 실패 지점, 대기 지점 등을 찾아 토의하시오.

# CHAPTER 10

| | | | |
|---|---|---|---|
| PART 01 서비스와 고객의 이해 | Chapter 01 서비스 | 제1절 서비스 개요<br>제2절 서비스의 특성 | 제3절 서비스의 분류<br>제4절 서비스 경제 |
| | Chapter 02 고객 | 제1절 고객의 개요<br>제2절 고객 욕구와 고객가치 | 제3절 고객 기대 |
| PART 02 서비스 전략과 자원관리 | Chapter 03 서비스 전략 | 제1절 서비스 전략의 개요<br>제2절 서비스 기업의 본원적 경쟁전략 | 제3절 전략 분석 모형<br>제4절 전략적 서비스 비전 |
| | Chapter 04 서비스 사람관리 | 제1절 서비스 리더십<br>제2절 내부마케팅 | 제3절 감정노동 |
| | Chapter 05 서비스마케팅 | 제1절 서비스마케팅의 개요<br>제2절 서비스마케팅 믹스 | 제3절 관계마케팅 |
| PART 03 서비스 운영 | Chapter 06 고객경험관리 | 제1절 고객경험관리의 개요<br>제2절 고객경험 설계 | 제3절 고객경험관리 실행 프로세스<br>제4절 고객 참여행동 |
| | Chapter 07 서비스 수요 & 공급 관리 | 제1절 서비스 수요 & 공급의 개요<br>제2절 서비스 수요관리 | 제3절 서비스 공급관리<br>제4절 수율관리 |
| | Chapter 08 서비스의 물리적 증거관리 | 제1절 물리적 증거의 개요<br>제2절 물리적 환경의 역할 및 유형<br>제3절 서비스스케이프 모형 | 제4절 확장된 서비스스케이프와 가상 서비스스케이프<br>제5절 서비스스케이프 개발 전략 |
| | Chapter 09 서비스 프로세스 설계 | 제1절 서비스 프로세스<br>제2절 서비스 프로세스 모형<br>제3절 서비스 프로세스 설계 방식 | 제4절 서비스 프로세스 실행 방법<br>제5절 서비스 프로세스 재설계<br>제6절 서비스 프로세스 개선 기법 |
| | **Chapter 10 서비스 대기관리** | 제1절 고객 기다림의 심리<br>제2절 대기행렬<br>제3절 고객 대기 기대관리 | 제4절 온라인 대기 이론<br>제5절 서비스 기술을 활용한 대기관리 |
| | Chapter 11 서비스 접점관리 | 제1절 서비스 접점의 개요<br>제2절 서비스 접점의 구성과 유형<br>제3절 서비스 기술을 활용한 접점관리 | 제4절 서비스 접점 종합 모형<br>제5절 서비스 접점 품질 평가 |
| | Chapter 12 서비스와 기술 | 제1절 서비스에서 기술의 역할 및 기술활용의 문제점<br>제2절 4차 산업혁명 | 제3절 4차 산업혁명과 스마트 서비스 기술 |
| PART 04 서비스 성과 및 평가 | Chapter 13 서비스품질 관리 | 제1절 서비스품질의 개요<br>제2절 서비스품질 측정 모형 | 제3절 서비스품질 관리<br>제4절 서비스품질 평가제도 |
| | Chapter 14 서비스 실패 및 회복 관리 | 제1절 고객의 소리<br>제2절 서비스 실패 | 제3절 서비스 회복<br>제4절 서비스 보증 |

Chapter

# 10 서비스 대기관리

## 학습목표

이번 장에서는 다음 내용의 이해를 목표로 한다.

① 고객 기다림의 심리
② 대기행렬의 유형 및 규칙
③ 기업의 대기관리 방법
④ 고객의 대기 인식관리
⑤ 온라인 대기시스템
⑥ 서비스 기술을 활용한 대기관리 방법

## 도 입 사 례

### 1~2시간 줄서야 하는 中 식당 '기다림'을 '서비스'로 바꿔 감동 제공

중국식 샤부샤부인 훠궈(火鍋)로 성공을 거둔 하이디라오(海底)의 서비스이다. 훠궈는 육수를 끓인 뒤 얇게 썬 고기를 살짝 익혀 먹는 요리로 홍콩 등에서는 핫 폿(hot pot)이라고도 한다. 그러나 중국에서는 보편적인 종류의 식당일 터인데 하이디라오는 서비스 하나로 유명해졌다.

하이디라오는 1994년 설립된 쓰촨식 훠궈 식당으로 쓰촨에서 시작해 20년간 상하이, 베이징, 톈진 등 중국 21개 도시에 80여 개 직영 분점을 내며 세를 넓혔다. 그리고 지금은 고용직원만 1만여 명에 이르는, 그야말로 중국 최대의 훠궈 식당이 됐다.

식당들이 불황 때문에 힘겨운 시절을 보내는 와중에도 하이디라오는 한 해 동안 3,000만 명이 찾을 정도로 인산인해를 이룬다. 게다가 2008년부터 2012년까지 5년 연속 중국 최대의 맛집 평가 사이트 다중뎬핑왕(大衆店評編)이 선정한 '10대 훠궈 식당'으로 선정됐다. 2011년에는 전국적으로 유명한 상품만 가능한 '중국저명상표' 칭호를 부여받는 영광을 누렸다. 중국의 여러 위성 TV가 집중보도하고 해외 매체들도 취재해갈 만큼 '훠궈 식당계의 전설'이 된 하이디라오의 서비스가 과연 어떻길래 이리 야단들인 걸까.

서비스는 대기 장소에서부터 시작된다. 워낙 장사가 잘되는 맛집이다 보니 손님들은 보통 1~2시간은 족히 기다려야 한다. 그런데 하이디라오는 이 치명적인 단점을 가장 큰 경쟁력으로 승화시켰다. 즉 지루한 시간을 고객을 감동시키는 시간으로 바꾸는 전술을 쓴 것이다. 하이디라오는 대기하는 손님 테이블에 과일이나 과자를 먼저 제공하며 입이 심심할 틈을 주지 않는다. 그리고 그릇이 비워지는 기색이 보이기 무섭게 먼저 알아서 간식거리를 내온다. 직원들은 대기 손님이 각각 어디에 앉아 있는지 파악하고 있다. 일반적으로 대기표를 나눠주는 식당에서 이런 디테일한 서비스를 기대하긴 어렵다. 종업원들이 워낙 바쁘다 보니까 미처 신경을 쓰지 못하기 때문이다. 하지만 하이디라오의 직원들은 대기손님이 들고 나가는 것까지 고려해 주기적으로 대기자 테이블을 돌았다. 직원은 아예 대기자 좌석이 그려진 도면을 들고 다니며 손님의 위치와 인원수를 수시로 체크했다.

놀라운 것은 기다리는 손님을 위해 먹을 것만 제공하는 데 그치지 않는다는 점이다. 무료로 네일케어를 해주거나 신발을 닦아주는 서비스까지 제공한다. 놀이방에서는 아이들이 정신없이 뛰어놀고 있다.

손님을 기다리게 하지만 직원들이 최선을 다해 살뜰하게 손님을 챙기는 모습, 항상 웃는 얼굴로 더 필요한 것 없느냐고 묻는 모습을 보면 손님들도 감동할 수밖에 없다. 가장 짜증나는 대기 시간을 고객 감동의 순간으로 바꾼 것이다.

자리에 앉으면 빠르고 정확한 서빙 서비스에 놀란다. 아이패드를 통해 미리 주문을 받아두고, 자리에 앉으면 거의 실시간으로 식사를 내온다. 식사를 하는 동안 한쪽에서는 신나는 공연을 펼치면서 잔칫집 분위기를 조성한다. 약간의 돈을 내면 기술자가 눈앞에 나타나 밀가루 반죽 묘기를 보여준다. 면발을 만들어 손님의 훠궈탕에 직접 넣어주는 서비스로 '쇼'를 하는 것이다. 족히 2m나 돼 보이는 밀가루를 가닥이 단 한번도 바닥에 닿지 않고 면으로 바뀌는 묘기는 정말 볼 만하다는 평이다.

하이디라오의 세심함은 화장실에서도 찾아볼 수 있다. 어린이 고객을 고려해 키가 낮은 세면대를 설치하는 것은 기본이다. 음식에 들어가는 강한 향신료 때문에 불편해하는 손님들을 위해 일회용 양치 도구를 비치해뒀다.

셋째로 놀라운 포인트는 홈페이지를 통해 고객의 아이디어를 수집하여 끊임없이 고객 서비스를 개선하고 있다는 점이다. 하이디라오는 인터넷 홈페이지를 통해 매장 서비스와 환경 개선을 위해 고객으로부터 창의적인 아이디어를 적극적으로 구하고 있다. '창의공간'이라는 메뉴를 만들어 하이디라오를 다녀갔던 고객들이 의견을 적극적으로 게시하게 했다. 실제로 이 공간에는 '대기 중 네일케어 서비스를 받았는데 매니큐어가 바로 마르지 않아 식사할 때 불편하니 매니큐어 건조 스프레이를 비치해달라'는 의견부터 '종업원들에게 위생용 투명 마스크를 설치하게 하면 좋겠다'는 의견, '유아용 침대시트를 일회용으로 비치해달라'는 깐깐한 고객들의 의견 등이 다양하게 게시돼 있다.

이런 고객의 목소리를 그저 듣는 데만 그치지는 않는다. 고객의 제안에 대해 하이디라오는 사안별로 '실행 중' '고려 중' '상정 제외' 등으로 구분해 채택 여부를 한눈에 볼 수 있도록 조치하고 있다. 하이디라오는 또 스마트폰 앱을 통해서도 예약을 할 수 있게 했다. 공간의 제약 없이 언제 어디서든 하이디라오를 접할 수 있게 한 것이다.

화궈의 하이디라오는 '장사를 하려는 곳이 아니라 어떻게 하면 좋은 서비스를 할까를 궁리하는 곳'이라는 평가를 받고 있다. 글로벌 경쟁은 서비스 분야에서도 치열하게 벌어지고 있다. 우리 기업, 식당, 인터넷 사이트의 서비스 수준은 어떤지 한번 되돌아봐야 할 때다.

출처 : 동아비즈니스리뷰(2015), 1~2시간 줄서야 하는 中식3당, '기다림'을 '서비스'로 바꿔 감동 제공, 174호 (4월, Issue 1).

서비스 구매 프로세스과정에 따른 관리는 구매 전 - 구매 중 - 구매 후 3단계로 되어 있다. 구매 전 관리는 고객의 대기시간을 단축하는 데 초점을 두고 있다. 대기는 고객이 서비스받을 준비가 되어 있는 시간부터 서비스가 시작되기까지의 시간을 말한다. 서비스에서는 고객이 서비스 제공에 참여하고, 생산과 소비의 동시성으로 재고 개념이 없어 공급이 수요를 초과하는 상황에서는 고객의 대기가 필연적이라 할 수 있다.

기다림의 경제적 가치는 서비스 제공자 입장에서는 비용이며, 고객 입장에서는 스트레스와 기회비용이 된다. 고객은 대기 과정에서 계속 대기하든지 아니면 포기하고 이탈하든지 선택을 해야 한다. 만일 고객이 포기하면 기업은 사업 기회를 잃게 되고, 고객이 계속 기다리지만 서비스가 지연되면 고객 불만족이 발생할 수 있다. 따라서 기업은 대기수요를 어떻게 관리할 것인가에 대한 대처방안을 마련해야 한다.

먼저 고객 기다림의 심리를 알아보고, 대기행렬, 고객 대기 심리, 서비스 대기관리 방안을 알아보도록 하자.

## 제 1 절 | 고객 기다림의 심리

Maister(1985)는 대기열 심리(The psychology of waiting lines) 연구에서 고객 만족이 실제 대기시간보다는 지각된 대기시간에 영향을 더 받음에 주목하면서 다음과 같은 8가지 대기 관리의 기본원칙을 제시하였다.

### 1. 대기 중에 아무 일도 하지 않고 있는 시간이 뭔가를 하고 있을 때보다 더 길게 느껴진다(Occupied time feels shorter than unoccupied time)

기다리는 고객에게 할 일을 제공하는 것이, 특히 그러한 할 일이 편익이 있고 받는 서비스와 관련이 있다면 고객의 경험을 향상시킬 수 있다. 예를 들면, 레스토랑에서 기다리는 동안 메뉴판 제공하기, 엘리베이터 근처에 거울을 설치해 고객의 지루함을 줄여주기, 병원에서 읽을거리와 모니터로 볼거리 제공하기, 진료소에서 여러 단계로 서비스를 구성해 고객이 여러 곳으로 걷도록 해서 기다림을 잠시 잊게 하기, 콜센터나 헬프데스크(help desk)에서 통화 대기 중 경쾌한 음악을 들려주는 것, 고속버스터미널 로비의 TV 설치 등이 있다.

시드니 소재 IKEA 매장은 할 수 없이 부인과 함께 매장에 온 남편들을 위해 매장 입구 쪽에 일종의 남자 보관소인 '맨 랜드(man land)' 공간을 만들어주었다[그림 10-1]. 여기에는 편안한 소파, 잡지, TV, 인터넷, 각종 오락기, 실내축구 시설도 있고 정기적으로 칩과 핫도그 등 간식도 제공한다. 여성에게는 쇼핑을 하다 같이 온 남편을 잊고

출처 : 미국 IT 블로그 기즈모도(Gizmodo)

[그림 10-1] 시드니 소재 IKEA 매장

집에 가는 것을 방지하기 위해 부저가 제공되며, 30분마다 알람을 넣어 동행자가 있음을 상기시키고 있다.

## 2. 구매 전의 대기가 구매 중의 대기보다 더 길게 느껴진다(People want to get started)

대기시간이 곧 받게 될 서비스와 관련된 활동으로 채워진다면, 고객은 서비스가 시작되었으며 실제로 더이상 기다리지 않아도 될 것이라고 느끼게 된다. 예를 들면, 레스토랑에서 기다리는 동안 메뉴판 읽기, 간호사가 의사를 보기 전에 환자의 이름과 증상을 적는 예진, 외과 진료를 위해 대기하는 동안 의료 정보 제공하기, 곧 받게 될 서비스 행사의 비디오 시청하기 등이 있다.

## 3. 근심은 대기시간을 더 길게 느껴지게 한다(Anxiety makes waits seen longer)

평상시보다 바쁠 때는 건널목 신호등 시간이 더 길게 느껴진다. 또한 고객은 혹시 자신이 서비스 제공자에게 잊혀지지 않았나 혹은 다중 대기열에서 줄을 잘못 섰는지 등의 우려 속에 얼마나 더 기다려야 할지를 모를 때 불안감을 느낀다. 기업은 고객의 근심을 덜어주기 위해 안심을 주는 응대나 서비스를 제공받을 수 있다는 점을 확인시켜 줄 필요가 있다. 예를 들면, 병원의 경우 환자가 검사나 진료 및 수술 과정에 대하여 불안해할 때 미리 안심시켜주는 응대를 하고, 은행의 경우 영업시간이 지나도 일단 대기표를 받은 고객에게는 영업시간 이후에도 계속해서 서비스를 제공하고 있다.

## 4. 예상 대기시간을 모른 채 무작정 기다리는 것이 얼마나 기다려야 하는지를 알고 기다리는 것보다 더 길게 느껴진다(Uncertain waits are longer than known, finite waits)

고객은 서비스를 받기 위해 얼마나 더 기다려야 하는지를 모를 경우 걱정이 더 커진다.

기업은 대기시간을 고객에게 알려주어 걱정을 줄여줘야 한다. 예를 들면, Disneyworld 테마파크에서는 놀이기구를 타기 위해 기다리는 동안 대기시간을 중간중간 알려주고 있으며, 콜센터는 고객 통화 시 '귀하의 앞에는 7명의 대기자가 있으며, 예상 대기시간은 4분입니다.'라는 메시지를 고객에게 들려주고 있다.

### 5. 대기의 원인을 모른 채 기다리는 것이 더 길게 느껴진다(Unexplained waits are longer than explained waits)

고객은 대기의 원인을 이해할 경우나 기다림이 정당하다고 생각할 경우 참을성 있고 덜 걱정하면서 기다릴 수 있다. 반면 기다리는 이유를 알지 못할 때 고객은 무력감과 짜증을 느끼기 시작한다. 자동차 운전자들은 고속도로에서 도로가 막힐 때 대기시간을 더 길게 느끼며, 이를 해소하기 위해 한국도로공사에서는 전광판을 통해 미리 앞쪽의 정체 원인과 정체 시간을 알려주고 있다.

### 6. 불공정한 대기가 공정한 대기보다 더 길게 느껴진다(Unfair waits are longer than equitable waits)

대기 장소에 명확한 규칙이 없이 서비스가 제공되는 경우 고객은 자신보다 늦게 도착한 사람이 먼저 서비스를 제공받을 때 기다림을 더 길게 느끼게 된다. 대기 공정성의 문제를 극복하기 위해 많은 기업은 선착순 번호표 예약시스템을 도입하거나 서비스 제공자가 여럿일 때는 고객을 한 줄로 세우기를 해서 새치기 문제를 통제하고 있다.

### 7. 서비스가 더 가치 있을수록 고객은 더 오래 기다린다(The more valuable the service, the longer the customer will wait)

구매를 많이 하거나 높은 가치의 서비스를 기다리는 고객은 긴 시간의 대기를 감수하며 조금 더 기다리는 것을 오히려 기대할 수도 있다. 예를 들면, BTS 공연이나 월드컵 축구 경기장에서 표를 사기 위해 오랜 시간을 대기하거나, 아이폰 신 모델이 출시될 때 먼저 사려고 밤새 줄을 서거나, 비싼 레스토랑에서 식사할 경우 청결하지 않은 대중 음식점에서 식사하는 것보다 더 오래 기다릴 수 있다.

### 8. 집단으로 기다리는 것보다 혼자 기다리는 것이 더 길게 느껴진다(Solo waits feel longer than group waits)

사람들은 혼자보다 여럿이 같이 기다릴 때 기다리는 사람들 중 일부가 제공하는 주의분산으로 인해 더 오래 기다릴 수 있다. Disneyland에서 팬들이 콘서트 티켓을 구매하기 위해 긴 줄을 서는 경우 낯선 사람들끼리 서로 이야기하면서 기다리게 되어 사실상 즐거움이 되기도 한다. 캐나다의 한 병원에서는 대기실 의자 배치를 진료실 입구를 바라보도록 평행되게 배치하는 대신 둥글게 배치하여 환자들이 서로 마주볼 수 있도록 하여 대기환자들이 서로 대화하면서 지루함을 줄일 수 있게 설계하였다.

## 제 2 절 | 대기행렬

수요가 공급을 초과하는 상황이 되면 대기행렬(queue)이 생긴다. 대기행렬은 하나 또는 그 이상의 서비스 제공자에게 서비스를 제공받기 위해 기다리는 고객의 줄을 의미한다. 예를 들면, 테마파크, 병원, 연극공연장에 입장하기 위해 대기하는 것, 전화상담원과 통화할 때의 대기 등이 있다.

대기행렬에는 무한 대기행렬과 유한 대기행렬이 있다. 무한 대기행렬은 설날이나 추석 때 고속도로 요금소의 대기 차량처럼 고객이 서비스를 받기 위해 무한으로 기다려야 하는 경우이며, 유한 대기행렬은 주차공간이 제한된 식당, 만차가 된 공공 주차장, 도서별 대출예약자를 제한하는 도서관처럼 고객이 서비스를 받기 위해 기다리는 장소가 적응하기에 부적당할 때 해당 서비스를 포기할 수 있는 경우이다.

## 1. 대기행렬의 유형

대기행렬의 유형에는 단일 대기행렬, 복수 대기행렬(다중 대기행렬), 혼합형 대기행렬, 가상 대기행렬이 있다.

### 1) 단일 대기행렬

단일 대기행렬은 서비스 제공자가 몇 명이든 상관없이 대기행렬이 한 개인 경우이다. 예를 들면, 항공사의 이코노미 클래스의 탑승 수속 창구에서의 한 줄 서기가 있다. 대기행렬의 변형된 형태인 번호표 시스템은 실제로 줄을 서는 대신 번호표를 이용해서 서비스 순서를 정하기 때문에 은행과 공공기관 등 많은 기업에서 활용되고 있다.

### 2) 복수 대기행렬

복수 대기행렬은 서비스 제공자별로 대기행렬이 형성되는 경우로 다중 대기행렬이라고도 한다. 예를 들면, 병원에서 진료 의사별로 대기행렬이 있거나 미용실에서 전담 미용사별로 대기하는 경우이다. 원칙적으로는 줄 바꾸기가 일어나지 않지만 서비스 제공자별로 차별화가 이루어지지 않는 슈퍼마켓 계산대의 경우 가끔 줄 바꾸기가 일어나기도 한다.

### 3) 혼합형 대기행렬

혼합형 대기행렬은 단일 대기행렬과 복수 대기행렬이 같이 있는 대기행렬을 의미한다. 예를 들면, 은행에서 일반 입출금 관련 업무 대기행렬과 대출, 신용카드, 외환 거래 등 특수 업무 대기행렬로 각기 다른 대기행렬을 만들고 있으며, 우체국에서도 우편업무 창구와 금융업무 창구를 분리하여 혼합형 대기행렬을 운영하고 있다.

### 4) 가상 대기행렬

가상 대기행렬은 고객이 대기행렬을 눈으로 볼 수 없는 경우이다. 예를 들면, 콜센터와의 통화, 접속이 폭주되는 웹사이트, 대용량 파일을 다운로드받을 때 알 수 없는 대기시간 등이 있다. 고객은 자신의 순서가 언제인지 얼마나 기다려야 하는지 전혀 알 수 없어 불안감을 가지게 된다. 콜센터의 경우처럼 많은 기업은 고객의 심리적 불안감을 줄이기 위해 예상 대기 순서와 시간을 알려주고 예상 대기시간보다 빨리 서비스해서 고객만족도를 높이려 노력하고 있다.

대기행렬의 유형과 대기행렬의 장단점 및 예는 각각 [그림 10-2], 〈표 10-1〉과 같다.

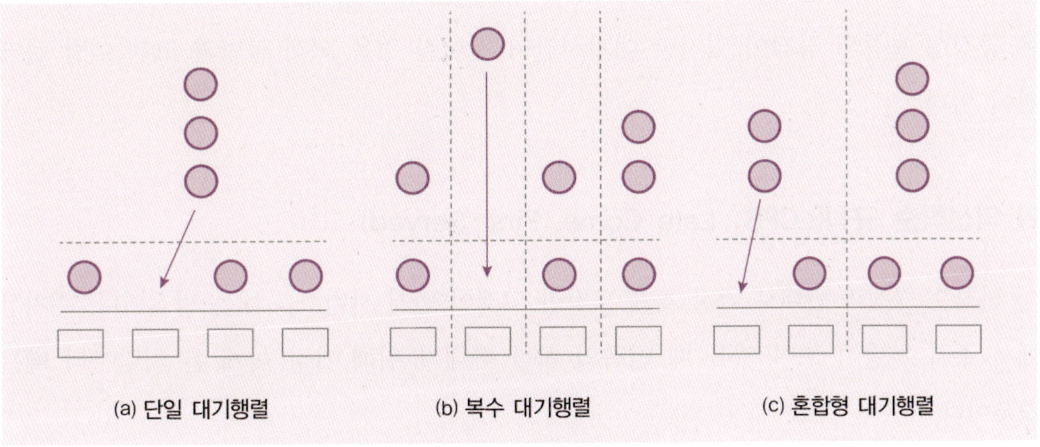


[그림 10-2] 대기행렬의 유형

〈표 10-1〉 대기행렬 유형의 장단점

| 구분 | 장점 | 단점 | 예 |
|---|---|---|---|
| 단일 대기 행렬 (번호표 시스템 포함) | • 선착순 규칙으로 공정성 보증<br>• 심리적 안정감(줄 선택에 대한 고민이 없음)<br>• 끼어들기 문제 해소<br>• 업무의 비연관에 따른 프라이버시 향상<br>• 상대적으로 평균 대기시간이 짧음<br>• 번호표 시스템은 단일 대기행렬의 변형으로 고객은 한결 자유로움 | • 공간 효율성이 떨어짐 (많은 공간 필요)<br>• 줄이 길어질 경우 고객 이탈 문제<br>• 짧은 용무 등 특별 고객 대응이 어려움<br>• 고객의 대기 줄 선택권이 없음<br>• 번호표 시스템 구축 및 운영비용 발생 | • 항공사 이코노미 클래스 탑승수속 체크인, 은행 서비스 업무 등 |
| 복수 대기 행렬 (다중 대기 행렬) | • 제공되는 서비스를 차별화할 수 있음 (슈퍼마켓 소품목 계산대)<br>• 직원 능력별 배치 가능(경험 많은 은행원에게 신용카드 업무를 맡김)<br>• 고객이 선호하는 특정 직원을 선택할 수 있음<br>• 시각적으로 대기가 짧아 보이는 효과<br>• 고객의 진입포기나 중도이탈을 예방 | • 빠르게 줄어드는 옆줄을 보게 되면 화가 남 | • 여러 계산대를 갖춘 슈퍼마켓<br>• 복수 창구를 가진 항공사 카운터나 은행 |

## 2. 대기행렬의 규칙

대기행렬의 규칙은 서비스받을 다음 순서를 정하는 관리정책으로 다음과 같은 규칙이 있다.

### 1) 선착순 규칙(FCFS: First Come, First Served)

가장 일반적인 원칙으로 먼저 도착한 고객이 먼저 서비스를 받는 방식이다. 이 방식은 공정성 보증의 장점이 있지만 대기시간이 길어질 경우 고객 불만과 고객 이탈 문제점이 있다.

### 2) 역선착순 규칙(LCFS: Late Come, First Served)

선착순 규칙과 반대로 가장 늦게 도착한 고객이 먼저 서비스를 받는 방식이다. 주차장에서 주차 차량이 꼬여 있을 때 안쪽의 차를 빼내기 위해 가장 늦게 온 차량부터 빼는 경우이다.

### 3) 최단 처리시간 규칙(SPT: Shortest Processing Time)

대기 고객 중 서비스 소요시간이 짧은 순서대로 제일 우선 처리해주는 방식이다. 예를 들면, 병원에서 응급환자에게 입원의 우선권이 부여되고, 마트에서 소량의 품목을 구입한 사람이 빠른 계산대를 거쳐 지불을 빨리하도록 하는 것이 있다. 이 방식은 대기 평균 시간과 대기 고객 수를 줄여주나 서비스 시간이 오래 걸리는 고객은 더 오래 기다려야 하는 문제도 있어 선착순 규칙과 같이 사용하면 효과적이다.

### 4) 라운드 로빈 규칙(Round-robin)

한 서비스 제공자가 여러 고객을 동시에 서비스하면서 중간중간 대기를 허용하는 방식이다. 예를 들면, 치과 의사가 이를 뽑기 전 환자에게 국소 마취를 한 다음

마취제의 효력을 기다리는 동안 다른 환자에게 가서 X-ray 검사 결과를 판독하는 경우이다.

### 5) 최대 대기 고객 수 규칙

선착순 규칙은 특정 고객의 서비스 시간이 길어지면 대기 고객 수가 급증하는 경우가 발생할 수 있다. 최대 대기 고객 수 규칙은 짧은 용무 고객을 먼저 처리함으로써 최대 대기자 수를 일정한 수 이하로 줄이는 방식이다. 이 규칙은 많은 고객 불만의 감소와 대기 시 고객 이탈 방지 효과를 가진다. 예를 들면, 은행에서 대기고객이 너무 많을 때 지점장까지 나서서 '입금이나 송금만 하실 분은 이쪽으로 오세요'라고 외치며 업무처리를 해주는 경우이다.

### 6) 우선권 규칙(Preemptive priority)

대부분은 앞에서 설명한 규칙을 택하지만 때로는 우선순위를 가진 고객에게 먼저 서비스를 제공하는 우선권 규칙이 있다. 즉 우선순위가 높은 고객이 오면 기존 고객의 서비스를 중단 또는 후순위로 배치하는 방식으로 끼어들기가 가능한 방식이다. 첫째, 고객의 중요성 기준으로 단골 고객이나 기업에 큰 공헌을 하는 고객에게 서비스 우선권을 부여한다. 둘째, 업무의 긴박성 기준으로 병원 응급실과 같이 매우 급한 요구를 가진 고객에게 먼저 서비스를 제공할 수 있다. 셋째, 거래의 지속성 기준으로 많은 경우에 보다 짧은 서비스는 긴급경로(express lanes)로 서비스를 제공하고, 별도의 시간이 걸리는 서비스는 고객의 전문적인 요구를 받아들일 수 있는 제공자에게 위탁하게 된다. 넷째, 프리미엄 가격의 지불 기준으로 항공사의 일등석 고객처럼 고가의 요금을 지불하는 고객은 별도의 수속절차나 긴급시스템을 통해 우선권을 받게 된다. 예를 들면, 미국의 놀이공원인 Six Flags는 입장요금 이외의 추가요금을 지불하면 금액에 따라 놀이기구를 이용할 차례가 돌아오기 10분 전에 고객에게 알려주고 고객은 별도의 입구를 통해 현장으로 가서 긴 시간을 기다리지 않거나, 줄을 서지 않거나, 연속 2번 놀이기구를 즐길 수 있다.

## 제 3 절 고객 대기 기대관리

서비스에서 대기시간을 줄이는 관리 방법에는 크게 두 가지가 있다(이유재, 2019; 최정일 · 김연성 · 유한주 · 장정빈 · 황조혜, 2017). 하나는 기업이 수행하는 서비스 방법을 변화시켜 실제로 고객의 대기시간을 줄여주는 것이고, 다른 하나는 실질적인 고객 대기시간의 변화는 없지만 고객의 인식을 변화시켜 체감 대기시간을 줄이는 것이다. 고객의 인식관리는 적은 비용으로도 수행할 수 있는 장점이 있다.

### 1. 기업의 서비스 방법 관리

#### 1) 예약 및 정보기술 활용

고객이 예약하고 도착하자마자 서비스를 제공한다면 고객과 기업 모두에게 좋은 일이다. 만일 이것이 가능하지 않다면 호텔이나 은행처럼 온라인예약, ATM, 텔레뱅킹 등을 활용해서 수요를 분산시킬 수 있다. 이러한 노력은 고객 대기시간의 감소와 직원의 수를 감소시키는 효과를 낼 수 있다.

예약을 활용할 때는 중복 예약(double reservation)에 관한 지침을 미리 정해야 한다. 호텔의 경우 어느 정도 노쇼(no show)가 발생하기 때문에 일정 수준의 초과예약(overbooking)을 받는다. 만일 예약한 고객이 서비스용량을 초과한 상태에서 올 경우 호텔에서는 고객이 예약한 같은 등급의 객실이 있는 다른 호텔로 모시는 턴 어웨이 서비스(turn away service)를 제공한다.

#### 2) 커뮤니케이션의 활용

커뮤니케이션의 활용은 비수기(한가한 시간)와 성수기(혼잡한 시간)에 고객을 안내해주는 방법이다. 한가한 시간에 도착한 고객에게는 할인과 같은 인센티브를 제공한다. 예를 들면, 고객이 적은 해피아워(happy hour)시간이나 심야 영화관 고객에게는 할인

가격 혜택을 준다. 또한 은행에서는 혼잡한 날과 시간을 공지하며, 병원에서는 진료 예약을 사전에 확인해주고 여유 있는 진료 시간을 안내해준다.

### 3) 공정한 대기 시스템 구축

공정한 대기 시스템은 서비스 장소에 먼저 도착한 고객이 나중에 온 고객보다 서비스를 먼저 받을 수 있도록 하는 것으로 공정성이 보증된다. 배고픈 것은 참아도 배 아픈 것은 못 참는 고객의 마음을 고려한 방안이다. 예를 들면, 은행에서 번호표 시스템을 활용하거나 병원에서 진료자 대기 명부를 작성해서 순번에 따른 서비스를 제공한다.

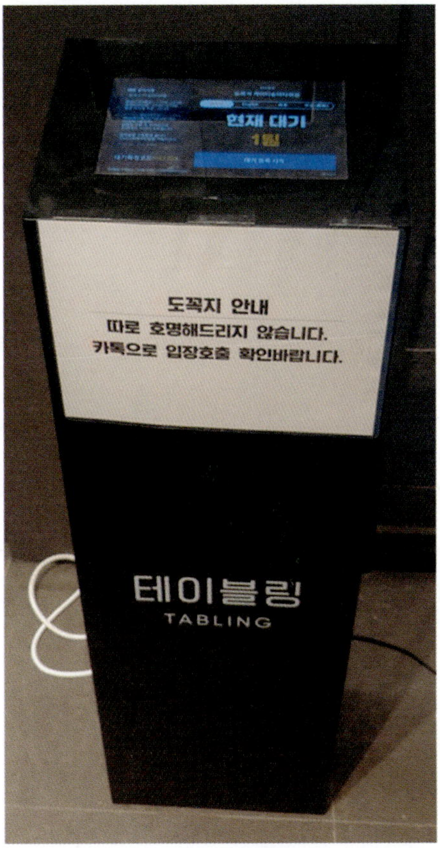


고객 입장에서 서비스 제공 지점에서 대기는 시간 낭비이므로 이를 보완한 가상 대기, 즉 물리적 대기를 줄여주는 방안이 제시되고 있다. 고객은 순서만 등록한 후 가상 대기 선상에서 서비스 제공 시간을 파악한 후 서비스 장소에 나타나면 되는 것이다. Disney와 같은 테마파크에서 가상 대기를 활용하고 있으며, 레스토랑에서도 스마트폰을 활용해 실시간 대기 상황을 확인할 수 있는 가상 대기 시스템을 도입하고 있다.

### 4) 배치 설계

국제공항이나 테마파크 놀이기구는 출구와 입구를 분리하여 설계함으로써 혼잡과 정체를 줄이고 원활한 고객 흐름을 만들어준다. 좋은 설계는 대기시간을 절약해줄 뿐만 아니라 고객들이 어디에서 기다려야 하는지 등에 대해 혼동을 주지 않는다.

### 5) 스마트 오더 시스템 도입

매장에서의 대기를 제거하기 위해 스마트 오더 시스템을 활용하는 것으로 Starbucks의 '사이렌 오더(siren order)'가 대표적인 예이다. 고객은 모바일 앱을 통해 편리하게 음료를 선택·결제할 수 있으며, 매장에서 기다리지 않고 주문한 음료를 받을 수 있다. Amazon이 도입한 Amazon Go 매장은 고객이 계산을 위해 길게 줄을 서서 기다리는 과정을 없앤 혁신적인 스마트 매장이다. 고객은 Amazon Go 앱을 깔고 QR코드를 찍고 매장에 들어간 후 상품을 가방에 넣고 매장을 나오면 구매한 상품 리스트와 결제 영수증이 스마트폰으로 전송된다.

## 2. 고객 인식관리

### 1) 서비스가 시작되었다는 느낌 주기

서비스가 시작되기 전의 기다림은 서비스 과정상의 대기보다 더 길게 느껴지기 때문에 기업은 고객에게 서비스가 시작되었다는 느낌을 주는 것이 중요하다. 특히 서비스와 관련된 내용의 서비스는 고객 만족에 훨씬 큰 영향을 줄 수 있다. 예를 들면, 영화관의 예고편 방영, 병원에서 문진표 작성이나 고객 공간에 치료와 예방 관련 잡지 비치, 레스토랑에서 대기 고객에게 웨이팅 푸드(waiting food)나 메뉴판 주기, 은행에서 청원경찰이 대기 중인 고객이 어떤 업무를 처리하러 왔는지 파악하고 도와주기 등이 있다.

### 2) 총 예상 대기시간 알려주기

고객에게 대기시간을 알려줌으로써 고객이 대기시간에 대한 현실적인 기대치를 설정하게 하고, 계속해서 기다릴지 말 것인지에 대한 선택권을 준다. 기업은 종종 고객에게 대기시간을 실제 시간보다 여유 있게 알려주어 예상보다 빠른 서비스가 시작되도록 함으로써 고객 만족을 유도한다. 그렇지만 예상보다 서비스가 늦게 시작되면 고객 불만은 커지므로 유의해야 한다. 예를 들면, 에버랜드 앱을 깔면 드넓은 에버랜드를 한눈에 보도록 지도를 정중앙에 놓고 다양한 편의시설을 주변에 배치하고 있다. 지도에서 타고 싶은 놀이기구를 누르면 설명과 함께 대기시간이 뜬다.

### 3) 이용되지 않는 자원은 보이지 않게 하기

고객들은 직원이 바쁠 때는 오래 기다려도 별로 신경이 안 쓰이지만 직원이 있는데도 일하지 않는 것을 보면 화를 내는 경향이 있다. 이러한 고객지각을 처리하기 위한 몇 가지 방안으로는 일하지 않는 직원은 보이지 않게 하기, 고객과 상호작용을 하지 않는 활동은 고객이 볼 수 없는 곳에서 수행하게 하기, 고객의 첫인상을 좋게 하는 방안으로 대기선의 끝지점과 가장 가까운 창구부터 우선적으로 처리하기, 사용되지 않은 물리적 시설은 보이지 않게 하기 등이 있다.

### 4) 고객 유형별 대응

고객은 성격에 따라 품질선호자, 시간 선호자, 중립자의 세 형태로 나눠볼 수 있으며 이들에게 각각 차별화된 대응을 할 수 있다. 품질선호자는 대기는 길더라도 서비스 질이 높은 친절하고 자세한 설명을 해주는 직원 서비스를 선호할 수 있다. 이에 비해 시간 선호자는 친절하고 자세한 설명을 해주는 직원 서비스보다는 짧은 대기시간을 선호할 수 있다. 항공사와 은행은 각각 체크인 키오스크와 ATM으로 업무를 빨리 볼 수 있게 함으로써 시간 선호자의 대기시간을 줄여주고 있다. 또한 업무 성격이나 기업의 수익 중요도에 따라 차별화된 대기 관리를 하기도 한다. 예를 들면, 보험금 단순 지급 업무는 키오스크로 수행하고, 절차가 필요한 업무는 창구로 분리하고, 항공사 VIP, 은행 VIP 등 기업 수익에 중요한 고객에게는 서비스 라운지나 PB(Private Banking)센터를 운영한다.

### 5) 즐거움으로 대체하기

즐거움으로 대체하기란 대기시간을 즐거운 경험으로 만들어주는 방법이다. 예를 들면, 미국 플로리다주 한 병원의 경우 의사가 예약한 시간보다 15분 늦게 시작하면 대기환자에게 5달러짜리 복권을 주고 있으며, 일본 공항에서는 도착 후 짐을 기다리는 따분함을 달래기 위해 수하물 벨트에 초밥(해산물이 유명한 규슈 지역의 오이타 공항), 우동(가가와현의 다카마쓰 공항), 펭귄과 바다표범(동물원이 유명한 홋카이도 아사히카와 공항) 등 각 지역의 특산물이 나타나게 해서 대기시간 동안 즐거움을 경험하게 하고 있다. 크리스피 크림 도넛은 대기 고객을 위해 도넛이 만들어져 나오는 과정을 볼 수 있는 도넛 극장을 제공하고 있으며, Disney의 경우 Play Disney Parks 앱을 통해 동행인들과 함께 즐길 수 있는 게임을 제공하고 있다.

출처 : www.kyushuandtokyo.org; www.510families.com

[그림 10-3] **일본 공항, 크리스피 크림 도넛**

## 6) 판단을 흐리게 하기

거리감의 변경과 이동속도에 변화를 줌으로써 고객의 대기 인식을 바꿀 수 있다. 먼저 거리는 고객이 있는 자리에서 서비스가 시작되는 점(대기선의 시작점)까지로 측정된다. 한 줄에 100명이 일직선으로 쭉 서 있는 것보다 줄이 다섯 개의 통로로 지그재그식으로 배열되어 있으면 고객은 줄이 절망할 정도로 길다고 느끼지는 않을 수 있다. 이와 더불어 이동속도를 바꾸어줌으로써 대기에 대한 고객의 절망감을 줄일 수 있다. 놀이공원의 경우 대기선은 보통 모서리를 돌아가게끔 구부려 놓고, 줄을 뱀처럼 꾸불꾸불하게 만들어서(snake line) 고객들이 총 대기 거리를 정확히 판단하지 못하게 한다. 즉, 고객들은 대기 길이보다는 진척 속도에 초점을 두게 되어 대기시간을 정확하게 계산하지 못하게 된다. 이 경우 놀이공원은 한번에 여러 명씩 입장시킴으로써 이동 속도감을 높여준다.

## 제 4 절 | 온라인 대기 이론

앞에서 살펴본 대기 이론은 기본적으로 오프라인 서비스 시스템을 기반으로 설명되었다. 하지만 오늘날 서비스 대기는 오프라인뿐만 아니라 온라인에서도 많이 발생한다. 우리가 사용하는 컴퓨터는 처리 시간(서비스 시간)과 작업 요청량(고객 도착률)에 따라 대기 이론이 적용되는 서비스 시스템이다. 수많은 사람이 동시에 온라인 네트워크에 접속하게 되면서 발생하는 대기 현상은 기업 시스템 운영의 중요한 과제로 여겨지고 있다. 온라인 대기와 관련된 트래픽 공학의 내용, 오프라인과 온라인 서비스 시스템상의 대기 이론(박광태, 2012)을 비교해보자.

### 1. 트래픽 공학

트래픽 공학(traffic engineering)은 온라인 대기시스템을 정량적으로 분석하는 연구분야이다. 초기의 트래픽 공학은 유선 음성 전화가 주요 통신수단일 때 시작되었으며, 콜센터와 공중전화 교환망(Public Switched Telephone Network)이 유선 전화 시대에 대기이론이 적용되었다. 이 시기에는 오프라인 시스템과 비슷한 대기 전략이 적용되었다. 다시 말해 서비스 수요인 고객의 평균 전화량과 서비스 용량인 서비스 직원 수에 따라 고객 대기 시간의 길이가 결정되었으며, 직원(채널)의 수가 늘어나면 대기 시간이 짧아졌다.

유선 전화 시대의 대기 이론은 오프라인 시스템과 온라인 시스템 간의 중간 형태라고 볼 수 있다. 유선 전화 시대에서는 기존 오프라인 대기 이론을 그대로 갖다 쓰는 정도라 할 수 있다. 오프라인 대기 이론과 다른 점은 고객과 서비스 직원 간의 직접적이고 물리적인 접촉이 거의 없다는 점이다. 대신 콜센터의 경우처럼 간접적 접촉의 빈도는 오프라인 시스템보다 더 많았기 때문에 대기 비용은 기업 측면에서 그 중요성이 더 크다고 볼 수 있다.

온라인 대기 이론이 나오게 된 배경은 인터넷과 데이터 통신이 등장하면서부터이다.

인터넷 시대의 대기 이론이 유선 전화 시대의 대기 이론과 다른 점은 온라인 대기 시스템은 컴퓨터와 컴퓨터 간에 데이터 정보의 송수신이 이루어진다는 점이다. 오프라인 대기 시스템과 온라인 대기 시스템의 구성요소와 운영 방식의 차이는 〈표 10-2〉와 같다.

〈표 10-2〉 오프라인 대기 시스템과 온라인 대기 시스템의 비교

| 오프라인 대기 시스템 | 온라인 대기 시스템 |
|---|---|
| 고객 | 클라이언트(client) |
| 서비스 직원 | 서버(server) |
| 고객도착률 | 트래픽(traffic) |
| 서비스 시간 | 데이터 송수신 시간 |

출처 : 박광태(2012), 서비스공학, 개정2판, 생능출판사, p.394.

## 2. 온라인 대기 시스템의 특징

온라인 시스템이 오프라인 대기 시스템과 비교해 가장 다른 점은 트래픽이 동시다발적으로 발생하는 동시접속의 특성이다. 오프라인 시스템에서는 극장 매표소의 경우처럼 두 명의 고객이 동시에 한 사람의 직원에게 서비스를 요청하는 경우는 발생하지 않는다. 하지만 인터넷에서는 많은 고객들의 동시 접속이 빈번히 일어날 수 있다.

동시 접속 문제는 서비스 시스템에 서버 다운이나 통신 속도의 저하 문제점이 발생할 수 있다. 송수신할 수 있는 정보의 용량인 대역폭(bandwidth)이 좁을 경우 위 문제점은 더욱 심각해진다. 즉 동시 접속의 특성으로 인해 온라인 서비스 시스템의 트래픽과 데이터 전송 속도는 서비스 용량인 대역폭의 크기에 더욱더 민감하게 반응하게 된다.

온라인 대기 시스템의 동시 접속 문제는 오프라인의 대기 이론을 온라인 대기 이론에 그대로 쓸 수 없게 된다. 따라서 온라인 시스템에서는 대부분의 경우 수리적인 공식으로 대기열의 길이나 대기 시간을 찾기보다는 시뮬레이션을 통해 근사해(approximate solution)를 찾게 된다.

## 제 5 절 | 서비스 기술을 활용한 대기관리

최근 인공지능, 빅데이터, 사물인터넷 등과 같은 4차 산업혁명시대의 기술발전과 코로나 사태로 인한 언택트(untact) 기술의 발달은 사람들의 라이프스타일뿐만 아니라 서비스 프로세스에도 커다란 영향을 미쳤다. 고객의 대기시간을 줄이기 위해 적용하는 서비스 프로세스에 적용된 활용기술은 키오스크(무인 안내 단말기), 드라이브 스루, 사이렌 오더와 같은 예약 기술 등 다양하다. 4차 산업혁명에 따른 세부적인 서비스 활용기술 내용은 "12장 서비스와 기술"을 참고하기 바란다.

### 1. 키오스크

키오스크(Kiosk)는 무인화 · 자동화를 통해 사람들이 쉽게 이용할 수 있는 비대면 서비스를 의미한다. 키오스크는 원래 옥외에 설치된 대형 천막이나 현관을 뜻하는 터키어에서 유래되었으며, 현재는 멀티미디어 스테이션(multimedia station) 또는 셀프서비스 스테이션(self-service station)으로 불리며, 대개는 터치스크린 방식을 적용하여 정보를 얻거나 구매 · 발권 · 등록 등의 업무를 처리하는 무인정보단말기 내지는 무인 종합정보 안내시스템이다.

키오스크는 호텔의 체크인, 식당의 무인 주문기, 병원의 무인 수납기, 주차장의 무인 정산기, 극장의 무인 발권기 등 모든 산업 분야에 24시간 365일 지속적으로 서비스를 제공하고 있다. 한국지능정보사회진흥원에 따르면 국내 민간 분야에 설치된 키오스크는 2019년 8,587대에서 2021년 26,574대로 3배가량 증가하였으며, 특히 식당업과 생활편의 분야에서는 4.1배 증가한 것으로 추정하고 있다. 이러한 추세는 코로나19의 영향과 정보통신기술의 발전을 고려할 때 키오스크 증가세는 더욱 두드러질 것으로 보인다.

키오스크는 기업 측면에서는 인건비 절감, 매출 증대 효과, 위생 강화나 효율적인 매장 운영, 자사 광고로 인한 수익 창출, 고객 마케팅 활용 효과 등의 장점을 가지고 있다. 또한 키오스크는 소비자 측면에서는 대기시간과 처리시간의 단축, 직원과의 감정

대립 없이 셀프로 진행하는 데서 오는 편리함 등의 장점이 있다. 하지만 이러한 많은 긍정적인 효과에도 불구하고 일자리 축소, 장애인, 노령자, 외국인 등 사회적/디지털 약자의 사용상 어려움, 포인트 적립이나 할인의 어려움 같은 문제점도 제기되고 있다.

잠깐 쉬어가기

### "결국 빈손으로 카페 나왔다" … '키오스크'에 막힌 외국인들

지난 21일 오후 서울 중림동의 한 카페. 무인주문기(키오스크)로만 주문을 받는 이곳에 한 외국인 남성이 들어왔다. 키오스크로 다가간 그는 곧바로 표정이 굳어졌다. 메뉴 설명은 온통 한국어. 메뉴에 첨부된 그림으로만 커피와 케이크 종류를 짐작할 수 있었다. 영어로 된 설명은 '결제하기' 버튼에만 있었다. 가까스로 커피와 케이크를 주문한 그는 멤버십 적립을 위한 '전화번호 입력'에서 다시 막혔다. 키오스크 앞에서 10분 넘게 서 있던 그는 다음 차례를 기다리는 뒷사람의 눈치를 보다 결국 빈손으로 카페를 빠져나갔다.

한국어가 취약한 외국인들이 키오스크로 어려움을 겪고 있다. 주문부터 결제까지 모든 설명이 한국어로만 돼 있는 탓이다. 키오스크가 보편화되는 상황에서 이들에 대한 배려가 부족하다는 지적이 나온다.

올해 초 교환학생으로 한국을 찾은 러시아인 일리아나 씨(25)도 생필품을 사러 인근 마트를 찾았다 낭패를 봤다. 키오스크를 이용해 직접 결제를 해야 했기 때문이다. 일리아나 씨는 "물건을 올리고 바코드를 찍는 과정이 전부 한국어로만 돼 있어 당황했다"고 했다. 그는 "물건 가격이 가장 저렴하다며 한국 친구들이 추천해준 곳이어서 처음엔 나를 놀리려고 보낸 줄 알았다"고 했다.

국내 키오스크 대수는 계속 늘어나는 추세다. 지난해 국감서 나온 자료에 따르면 민간시설에 설치된 키오스크는 2019년 8587대에서 2021년 2만 6574대로 3배 넘게 늘었다. 같은 기간 공공시설에 설치된 키오스크도 2019년 18만 1364대에서 2021년 18만 3459대로 증가했다. 키오스크의 확산 배경에는 코로나19로 인한 비대면 시스템 확산, 매장 인건비 절감, 직원 보호 등이 있다는 분석이다.

그러나 키오스크 이용자를 위한 외국어 지원은 부족한 실정이다. 키오스크에 막혀 한시가 급한 환자들의 병원 진료까지 늦어지는 경우도 빈번하다. 한국인 남편과 결혼해 2년째 한국에 거주 중인 일본인 타마베 씨(40)는 최근 아픈 자녀를 데리고 인근 병원을 찾았다가 애를 먹었다. 접수를 위해 먼저 키오스크를 통해 개인정보를 입력해야 하는데 전부 한국어로만 돼 있어서다. 타마베 씨는 "주변의 다른 한국인들이 도와줘 간신히 접수를 마치고 진료를 받을 수 있었다"고 했다.

관련 지침을 바탕으로 키오스크 개선이 필요하다는 지적이다. 지난 5월 과학기술정보통신부 국립전파연구원이 내놓은 '무인정보단말기 접근성 지침'에는 무인정보단말기에서 지원되는 모든 외국어 서비스가 한국어 서비스 수준과 동등하게끔 하는 것이 바람직하다고 명시돼 있다. 해당 지침에는 온-스크린 콘텐츠 첫 화면에서 사용자가 선호하는 언어를 선택할 수 있도록 해야 한다는 구체적인 내용도 담겨 있다.

출처 : 한국경제(2022.11.23), "결국 빈손으로 카페 나왔다"… '키오스크'에 막힌 외국인들.

## 2. 드라이브 스루 시스템

고객에게 편리함을 주기 위해 시작된 드라이브 스루(Drive-Thru: DT)는 자동차에 탄 상태에서 주문과 음식을 제공받을 수 있는 쇼핑형태이다. 이 시스템은 원래 의도한 편리함 외에도 고객입장에서는 서비스 제공이나 대기시간을 줄여주는 장점도 지닌다. 세계 최초의 DT는 돼지 바비큐 샌드위치와 양파링 등을 파는 패스트푸드 레스토랑인 Kirby's Pig Stand가 처음 도입했다. 이후 1930년대에는 미국 세인트루이스의 Grand National Bank가, 1959년에는 영국 Westminster Bank가 지점을 오픈했는데, 영업 종료 후에도 자동차 안에서 슬롯(slot)을 통해 입금이 가능하도록 했다.

DT가 음식업에서 본격적으로 활용된 것은 1948년 캘리포니아 Baldwin Park에서 작은 햄버거 가게로 시작한 패스트푸드 기업 'In-N-Out'이다. 이 회사는 'No Delay'라는 캐치프레이즈로 정확한 시간에 음식을 제공함으로써 빠르게 성장할 수 있었다. 이후 웬디스(1969년), 맥도날드(1975년) 등이 DT 시스템을 이어 왔다. 한국은 1992년 맥도날드의 부산 해운대점이 최초로 DT 서비스를 시작했다.

DT 모델이 가장 어울리는 업종은 단연 스타벅스와 같은 커피 전문점이다. 메뉴가 비교적 단순하고, 표준화돼 있으며, 테이크아웃으로 적격이기 때문이다. 미국의 경우 술을 병째로 파는 리커숍(liquor shop)에서, 일본은 상당수 세탁소가 이 드라이브 스루를 도입하고 있다.

출처 : 신세계그룹 뉴스룸 보도자료

**[그림 10-4] 스타벅스 드라이브 스루 시스템**

최근 코로나19 사태로 DT 시스템은 업종을 불문하고 다양하게 시도되고 있다. 서울 광진구의 한 교회는 자동차극장에서 예배 봐서 주목을 받았으며, 롯데백화점 광주점의 경우 드라이브 스루의 다른 이름인 '드라이브 픽(Drive Pick)' 서비스를 개시했다. 또한 과천, 대전, 완주, 고창군 등이 지역 농가 수입 확대를 위해 드라이브 스루 농산물을 판매한 바 있으며, 세계적 히트 상품으로 떠오른 드라이브 스루 선별 진료도 있다.

잠깐 쉬어가기

## 스타벅스의 드라이브 스루 시스템

2012년 경주보문로DT를 처음으로 보인 스타벅스 드라이브 스루는 매년 꾸준히 늘어 스타벅스 DT매장 수는 2013년 4개에서 2017년 134개, 2020년 281개, 2021년에는 330개를 기록했다. 스타벅스 DT매장은 전체 매장의 약 20%에 달한다. 국내 관광지와 신도시 등 다양한 지역 개발로 자동차를 이용하는 생활권이 넓어진 점을 고려한 결과다. 2021년 12월 스타벅스의 My DT Pass 서비스 등록 회원 수가 누적 200만 명을 돌파한 바 있다. 2018년 6월 전 세계 최초로 도입한 My DT Pass는 스타벅스 리워드 회원이 사전 등록한 차량 정보를 통해 드라이브 스루 주문 시 결제 수단을 제시하지 않고 스타벅스 카드로 자동 결제되는 시스템이다. 스타벅스는 자사 앱을 통해 사이렌 오더를 DT매장에 접목시켜 도착 전 미리 주문하고 매장에 도착해 차량에서 보다 빠르게 픽업할 수 있도록 해 일반 매장보다 고객 이용 편의성을 증대시켰다. 2019년 이후 스타벅스의 DT주문 건수는 해마다 평균 30%씩 증가했다. DT점이 늘어난 가운데, 코로나19 여파로 비대면 주문 선호 현상이 드러난 것으로 분석된다.

국내 식음료 프랜차이즈들도 DT 매장을 새로 짓고, 자사 앱에 DT페이를 도입하는 등 비대면 차량 주문 서비스를 확대하고 있다. 코로나19 여파로 비대면 결제 선호와 장거리 방문 수요를 공략하기 위한 전략으로 분석된다. 2022년 1월 롯데리아는 차량에서 직접 수령이 가능한 '드라이빙 픽업' 기능 서비스를 오산세교DT점에서 처음으로 도입했다. 자사 앱 '롯데잇츠'에 있던 예약 주문 서비스 기능을 하차 · 매장 방문이 아닌 차량 방문 시에도 이용할 수 있게 된 것이다. 주문자가 등록한 차량 번호 · 차종 등 정보를 바탕으로 위치기반 서비스를 활용하는 시스템이다. 주문 시간 기준 최소 40분 이후부터 최소 픽업 시간을 설정할 수 있고, 예약 시간 설정도 최대 3시간까지 가능하다. 향후 DT매장 외에도 픽업 공간을 마련할 수 있는 로드숍 매장과 드라이브 인(Drive-In) 매장 등에도 적용한다는 계획이다.

투썸플레이스도 DT 이용 시 결제 편의성을 높인 '투썸 DT 페이'를 2021년 12월에 도입했다. 투썸 DT 페이는 투썸플레이스의 모바일 애플리케이션 '투썸하트'에 차량 번호와 결제 카드를 미리 등록해두면, 드라이브 스루 주문 이용 시 추가 결제 수단 필요없이 자동 결제 가능한 시스템이다.

국내 최초로 1992년 맥도날드는 부산 해운대점에 '맥드라이브'라는 DT 매장을 선보였다. 맥도날드는 전체 매장의 약 60%가 맥드라이브 플랫폼을 도입해 운영하고 있다. 2020년 기준 한 해 동안 맥드라이브를 이용한 차량은 약 4,300만 대다. 이는 국내 모든 차량이 약 2번씩 맥드라이브를 이용한 것과 같은 수치다. 다만 스타벅스 등과 같은 앱 내 주문 시스템은 도입하지 않은 상태다. 맥도날드는 2021년 10월 1일 오픈한 '경기광주DT점'에 국내 최초로 차량 2대가 동시에 맥드라이브를 이용할 수 있는 '탠덤 DT(Tandem Drive Thru)'를 마련했다.

이외에 매일유업의 폴바셋도 지난 2020년 11월 DT 1호점을 열고 DT매장 확대에 나섰고, SPC그룹의 배스킨라빈스 · 던킨, 커피빈, 버거킹 등도 DT점포를 운영 중이다.

스타벅스는 DT 후발주자들을 견제하기 위해 다양한 차별화 전략을 마련했다. 더양평R점, 더북한강R점 등 도심 외곽 지역에 대규모 매장을 열고 매장별 특화상품을 마련해 판매하고 있다. 예를 들면, 더북한강R점은 반려동물과 함께 즐길 수 있는 약 100평 규모의 펫 파크 공간을 조성했다. 또한 스타벅스는 드라이브 스루 매장 고객의 안전과 편의를 위해 다양한 정보기술(IT) 서비스를 지속적으로 선보이고 있다. 스타벅스 드라이브 스루 매장에선 국내뿐 아니라 전 세계 스타벅스에서 처음으로 설치된 '화상 주문'

서비스를 제공하고 있다. 42인치 대형 스마트 패널을 통해 고객들과 바리스타가 얼굴을 바라보고 편안한 대화를 하면서 주문할 수 있으며 화면을 통해 메뉴를 찾아보고 주문 내역과 결제금액도 확인가능하다. 이외에도 2021년 8월에는 차량을 이용해 드라이브 스루를 이용하는 고객의 사이렌 오더 주문 가능 반경을 2㎞에서 6㎞로 확대했다.

출처 : 한국경제(2022.2.15), 도심 속 스타벅스는 잊어라 리버뷰 맛집 '더북한강R점'.
UPI뉴스(2022.1.7), "스벅DT 따라가자"… 식음료 업계, '드라이빙 오더' 확산.

## 3. 예약시스템/스마트오더 시스템

대표적인 대기관리 기법은 예약시스템 내지는 모바일로 사전 주문이 가능한 스마트오더 시스템이다. 과거에는 전화로 주로 예약을 하였으나 요즘은 인터넷, 모바일, QR코드, 챗봇 등 다양한 방식으로 예약이 가능하다. Starbucks는 2014년 5월 '사이렌 오더(Siren Order)'를 론칭했다. 사이렌 오더는 스타벅스의 모바일 주문 및 결제 서비스로 결제가 간편하고, 미리 주문을 하면 대기 없이 바로 음료를 수령할 수 있다. 사이렌 오더 결제 비중은 현재 스타벅스 전체 주문 · 결제의 4분의 1 이상(27%)으로 이뤄지고 있다. 사이렌 오더 주문 비중이 높아짐에 따라 주문 건수 누적에도 가속도가 붙고 있다. 2014년 5월 론칭 이후 2019년 9월 누적 주문 건수 1억 건을 돌파할 때까지 5년 4개월이 걸렸다면, 이후 누적 2억 건까지는 1년 8개월밖에 걸리지 않았다.

스타벅스 사이렌 오더 서비스에 자극받은 우아한형제들은 2018년 말부터 '배민오더'를 시작했다. NHN페이코는 2018년 7월부터 '페이코 오더'를 받아 시작했다. 이에 비해 네이버는 2019년 9월부터 QR코드를 이용해 고객이 스마트폰으로 스캔, 주문, 결제하는 서비스를 시작했다. 카카오는 QR코드나 웹 기반이 아닌 '챗봇주문'을 선택하여 카카오톡 대화창에서 챗봇이 여러 선택지를 제공하면 고객이 원하는 매장이나 메뉴를 선택하는 서비스를 시작했다.

스마트오더 시스템의 장단점은 다음과 같다. 고객의 경우 대기시간이 줄어들어 좋고, 특히 비대면 문화를 좋아하는 젊은 세대는 선호반응이 높다. 점주의 경우 대기시간 단축으로 좌석회전율이 높아지고, 간단한 조작으로 메뉴나 가격을 쉽게 고칠 수 있으며, 고객 리뷰를 통한 서비스 피드백이나 고객과의 소통이 용이해진다. QR코드 주문은 월 장비 임대료를 내야 하는 키오스크에 비해 운영비가 저렴하며, 키오스크처럼 주문을 잘 모르는 고객이나 용지가 걸리는 등의 문제도 없다. 단점으로는 점주의 경우 기존 카드 수수료에 추가 결제 수수료를 부담해야 하는 점과 장애인, 중장년층, 외국인 등 디지털 약자들은 키오스크 작동법에 익숙하지 않은 점이 있다.

출처 : https://oddle.me

잠깐 쉬어가기

### 1시간에 100명씩 가입하는 스타벅스 '사이렌 오더'의 비결은

스타벅스에는 진동벨이 없다. "카페 주인은 커피를 건넬 때 손님의 이름을 부르며 눈을 마주쳐야 한다"는 오래된 원칙 때문이다. 점심시간마다 카운터 앞에 우왕좌왕 긴 줄을 서야 했고, 민원이 빗발쳤다. 스타벅스커피코리아는 이를 해결하기 위해 2013년 모바일 결제 시스템 '사이렌 오더'를 내놨다. 스타벅스의 모바일 앱(응용프로그램)에 선불로 돈을 충전해놓고, 원하는 음료를 사전에 주문할 수 있는 시스템이다.

이와 연동된 스타벅스의 선불식 충전 카드인 '마이 스타벅스 리워드'의 회원 수가 지난 달 31일 600만 명을 돌파했다. 2011년 서비스를 시작한 지 8년 6개월 만이다. 1시간당 평균 80명이 회원으로 가입한 셈이다. 국내 인구 10명당 1.2명이 가입했다.

2020년 1월부터 3월까지 코로나19 확산으로 언택트 소비가 늘면서 시간당 가입자 수는 평균 100명을 넘어섰다. 연령별로는 20대 이하가 40%였다. 30대 27%, 40대 23%로 그 뒤를 이었다.

마이 스타벅스 리워드 회원 수는 출시 후 33개월 만인 2014년 5월 100만 명을 넘어섰다. 마이 스타벅스 리워드를 통하면 각종 시즌 이벤트는 물론 음료 1잔당 별을 적립해 모았다가 음료 혜택을 받을 수 있다. 선불 충천을 하면 무료 음료도 제공된다. 스타벅스는 2018년 사이렌 오더 음성 주문 기능, 드라이브 스루 매장 등을 확대하는 등 관련 기술을 계속 개발, 추가했다. 사이렌 오더의 누적 주문 건수는 지난해 1억 건을 돌파했다. 전체 주문의 22%가 사이렌 오더로 이뤄진다.

지난해와 올해 3월까지 하루 중 사이렌 오더 이용률이 높은 시간대는 아침 출근 시간대인 오전 8시~9시(약 39%)와 점심식사 시간대인 오후 12시~1시(약 24%)였다. 바쁜 혼잡 시간대에 주문 대기 시간을 줄이는 소비 트렌드로 이어지고 있다. 2018년 6월 전 세계 스타벅스 최초로 도입한 My DT Pass 역시 언택트 소비의 상징이 됐다. 자동차 번호판을 미리 등록해 차 안에서 등록하면 별도 결제 없이 연동된 스타벅스 카드로 결제되는 시스템이다. 현재 드라이브 스루 전체 차량 주문 중 My DT Pass를 통한 주문 비중은 약 40%에 달한다.

커피빈, 파스쿠찌, 이디야커피, 빽다방, 엔제리너스 등 주요 커피 브랜드들은 1~2년 전부터 줄줄이 커피값을 올렸다. 인건비와 재료비 상승 등을 이유로 들었다. 하지만 국내 1위 브랜드 스타벅스는 커피값을 올리지 않았다. 그 배경에도 스타벅스의 IT기술이 있다. 모바일 결제가 늘면서 직원의 노동력이 크게 줄었다. 실시간 빅데이터를 수집해 근로시간을 탄력적으로 운영할 수 있게 됐다. 손님 적은 매장과 붐비는 매장에 적절히 인력을 순환한 것. 그렇게 줄인 비용으로 소비자 가격을 '동결'로 하는 선순환 구조를 만들 수 있었다는 평가다. 장석현 스타벅스 데이터마케팅팀 팀장은 "마이 스타벅스 리워드 600만 명 가입자로 인해 스타벅스가 더 발전할 수 있었다"며 "더 혁신적인 서비스 개발에 나설 것"이라고 말했다.

스타벅스 사이렌 오더는 예상치 못한 효과를 가져다줬다. 사이렌 오더로 주문하려면 스타벅스 모바일카드에 일정한 금액이 들어 있어야 한다. 스타벅스는 소비자 편의를 위해 잔액이 설정한 금액보다 낮아지면 등록한 신용카드에서 자동으로 충전해주는 기능을 넣었다. 선불충전금이라고 부른다. 이 선불충전금은 2013년 151억 원에서 지난해 약 800억 원대로 늘었다. 토스, 카카오페이 등 국내 간편송금업체가 보유한 잔액을 모두 합친 것과 맞먹는 규모다. '스타벅스 이코노미' '스타벅스는 금융회사'라는 말이 나올 정도다. 스타벅스 이코노미는 계속 성장하고 있다.

한국에서 개발된 스타벅스 사이렌 오더는 미국으로도 수출됐다. 스타벅스 미국 본사는 모바일 결제 및 자동 충전 시스템으로 앱 도입 1년 만인 2016년 현금 보유량이 1조 원을 넘어섰다. 미국 스타벅스 카드는 구글페이, 애플페이보다 이용자가 많고, 이들이 보유한 선수금은 미국 주요 지방 은행의 현금 보유량보다 많다.

출처 : 한국경제(2020.3.31), 1시간에 100명씩 가입하는 스타벅스 '사이렌 오더'의 비결은.

## [ 주요 용어 ]

- 가상 대기행렬: 고객이 대기행렬을 눈으로 볼 수 없는 경우로 접속이 폭주되는 웹사이트, 대용량 파일을 다운로드받을 때 알 수 없는 대기시간 등이 있음
- 단일 대기행렬(single queue): 서비스 제공자가 몇 명이든 상관없이 대기행렬이 한 개인 경우
- 대기행렬(queue): 하나 또는 그 이상의 서비스 제공자에게 서비스를 제공받기 위해 기다리는 고객의 줄
- 대기행렬 규칙(queue discipline): 선입선출법처럼 대기행렬에서 다음 서비스받을 고객을 선정하는 규칙
- 드라이브 스루(drive-Thru): 자동차에서 내리지 않은 상태로 서비스받을 수 있는 운영 방식
- 라운드 로빈 규칙(round robin): 한 서비스 제공자가 여러 고객을 동시에 서비스하면서 중간중간 대기를 허용하는 방식
- 복수 대기행렬(다중 대기행렬): 서비스 제공자별로 대기행렬이 형성되는 경우로 다중 대기행렬이라고도 함
- 서버(server): 클라이언트(client)의 요청을 받고 서비스를 처리하는 집단
- 선착순 규칙(first come, first served): 먼저 도착한 고객이 먼저 서비스를 받는 방식
- 역선착순 규칙(late come, first served): 가장 늦게 도착한 고객이 먼저 서비스를 받는 방식
- 줄 바꿈(jockeying): 복수 대기행렬 시스템에서 하나의 줄에 서 있다 그 줄을 떠나 다른 줄에 들어가는 고객의 형태
- 중도이탈(reneging): 대기 중의 고객이 서비스를 받기 전에 대기 줄을 떠나는 것
- 최단 처리기간 규칙(shortest processing time): 대기 고객 중 서비스 소요시간이 짧은 순서대로 제일 우선 처리하는 방식
- 최대 대기 고객 수 규칙: 짧은 용무 고객을 먼저 처리함으로써 최대 대기자 수를 일정한 수 이하로 줄이는 방식
- 클라이언트(client): 데이터를 요청하는 집단
- 키오스크(Kiosk): 무인화 · 자동화를 통해 사람들이 쉽게 이용할 수 있는 무인 정보 단말기로 대체로 터치스크린 방식을 사용함
- 트래픽(traffic): 클라이언트(client)의 요청에 따라 서버에서 전송되는 정보의 양
- 혼합형 대기행렬: 단일 대기행렬과 복수 대기행렬이 같이 있는 대기행렬

## 토론 주제

- 고객 대기관리가 왜 중요한지 설명하시오.
- 기다림의 심리에 대한 10가지 활용방안을 설명하시오.

  ① 대형마트, ② 비 오는 늦은 밤에 버스정류장, ③ 병원, ④ 매진이 예상되는 야구 게임 매표소 각각의 상황에서 가장 적절한 방안이 무엇인지 토의하시오.
- 대기행렬 유형(단일/복수/혼합형 대기행렬)별 장단점과 각 대기행렬 유형에 가장 적합한 서비스는 무엇인지 토의하시오.
- 온라인 시스템의 대기현상을 줄일 수 있는 방안을 기업의 예를 들어 토의하시오.
- 대기에 관한 고객인식관리 방법에 대해 설명하시오.
- 최근 자신이 경험한 좋았던 혹은 나빴던 기다림의 경험을 생각하시오. 기업의 대기전략, 기다리는 고객과 서비스 제공자 태도 등의 관점에서 이 경험들을 토의하시오.

# CHAPTER 11

Chapter

# 11 서비스 접점관리

## 학습목표

이번 장에서는 다음 내용의 이해를 목표로 한다.

① 서비스 접점의 개념과 범위
② 서비스 접점 삼각구조
③ 서비스 접점의 구성과 유형
④ 셀프서비스, 서비스 로봇, 챗봇 서비스
⑤ 서비스 만족 거울과 서비스수익체인
⑥ 서비스 접점 품질 평가

## 도 입 사 례

### 알바 자리 차지한 셀프계산대… 무인점포 3년새 14배 급증

최저임금 인상안이 결정될 때마다 편의점 점주들의 반발이 큰 가운데 무인 편의점 수가 매년 빠르게 늘고 있는 것으로 나타났다. 최저임금 인상에 따른 부담이 커지자 편의점 점주들이 인건비를 아낄 수 있는 무인편의점으로 점포를 전환하려는 것으로 해석된다.

10일 편의점업계에 따르면 편의점 주요 4사(GS25 · CU · 세븐일레븐 · 이마트24)의 무인점포 수는 지난달 말 기준 2783개로 집계됐다. 2019년 기준 200여 개에 불과했던 무인점포 수가 3년도 안 돼 14배가량 늘어난 셈이다.

**편의점 4사 무인 점포 수 현황**

| | | 2019년 | 2020년 | 2021년 | 2022년* |
|---|---|---|---|---|---|
| CU | CU | 90개 | 200개 | 300개 | 400개 |
| GS25 | GS25 | 16개 | 140개 | 565개 | 723개 |
| 7-ELEVEn | 세븐일레븐 | 17개 | 46개 | 210개 | 330개 |
| emart24 | 이마트24 | 85개 | 113개 | 1050개 | 1330개 |
| | 총합 | 208개 | 499개 | 2125개 | 2793개 |

*6월 말 기준

GS25는 2020년 140개(완전 무인 12개, 하이브리드 128개)였던 무인편의점 수를 지난달 기준 723개(완전 무인 77개, 하이브리드 646개)까지 늘렸다. '하이브리드' 점포는 야간에만 무인으로 운영되는 점포다. GS25는 올해 무인점포 수를 250여 개 더 확대·운영할 계획이다. CU도 2019년 90여 개에 불과했던 무인편의점 수가 2020년 200여 개, 2021년 300여 개, 2022년 400여 개 등으로 매년 100여 개씩 증가하고 있다.

이 중 완전 무인편의점은 2개 점포로 나머지는 대부분 하이브리드 점포로 운영되고 있다. 편의점 업계에서 가장 먼저 무인점포를 선보였던 세븐일레븐은 2017년 1개 점포로 시작해 현재 330여 개 무인점포를 운영하고 있다. 무인점포를 처음으로 열었을 때만 해도 완전 무인점포 비중이 컸지만, 지난해 하이브리드 매장 비중이 80%까지 늘어났다. 무인 편의점 확대에 가장 공을 들이는 곳은 이마트24다. 2019년 85개 점포로 시작해 지난해 1050개까지 늘렸다. 올해 상반기에 280개 점포를 추가로 확대해 나머지 3사(CU · GS25 · 세븐일레븐)의 무인점포 수를 합친 만큼 규모를 키웠다.

편의점업계가 무인점포를 매년 빠르게 늘리고 있는 이유는 최저임금 인상에 따른 인건비 때문으로 풀이된다. 최저임금은 문재인 정부 시절 급등해 2017년 6470원이었던 최저임금이 올해 9160원까지 올랐다. 보통 24시간으로 운영하는 편의점 특성상 인건비에 민감할 수밖에 없는데 1만 원대를 바라보고 있는 최저임금에 부담을 느낀 점주들이 무인점포를 찾고 있는 셈이다.

특히 올해 5%(직전년도 1.5% 인상) 인상이 예고됐던 2021년 무인점포 수는 그 어느 해보다 빠르게 증가했다. 편의점 4사 기준 2020년 말 기준 499개였던 무인점포 수는 2021년 2125개로 4배 이상 늘었다. 무인점포 운영은 점주들의 의지가 무엇보다 중요하다는 점을 고려하면 최저임금 인상이 무인점포 증가에 영향을 준 것으로 풀이된다. 하지만 단점도 있다. 무인점포는 아직 주류·담배·의약품 등 판매가 어렵기 때문에 매출이 감소하는 게 일반적이다. 편의점업계가 잇달아 '무인주류자판기' 상용화 등 무인화 사업을 강화하는 것은 이런 문제를 해소하기 위해서다. 이런 흐름대로라면 조만간 심야 시간에도 무인으로 주류 · 담배 등을 판매할 수 있게 될 것으로 보인다.

편의점업계의 무인점포 증가는 하반기에도 이어질 전망이다. 최저임금위원회가 내년도 최저임금 인상률을 올해보다 5% 오른 9620원으로 확정해서다. 편의점 점주들은 최저임금 인상률이 과도하다며 심야 시간에 물품판매가격을 5% 인상하는 심야할증제도를 요구하는 등 반발하고 있다. 계상혁 전국편의점가맹점협회장은 "심야에 주류 · 담배 매출 비중이 큰 지역 편의점들은 아직 무인화가 어렵겠지만 아파트단지나 오피스 등에 위치한 편의점들은 빠르게 무인화로 전환하고 있다"며 "최저임금이 가파르게 오른다면 결국 모든 편의점이 무인화되면서 20만 명에 달하는 아르바이트생들도 일자리를 잃을 것"이라고 했다.

출처 : 머니투데이(2022.7.11), 알바 자리 차지한 셀프계산대… 무인점포 3년새 14배 급증.

## 제 1 절 | 서비스 접점의 개요

서비스 구매 과정 관리는 서비스 접점(service encounter) 관리에 초점을 두고 있다. 서비스 접점에서 이루어지는 서비스 제공자와 고객의 상호작용은 고객 만족을 결정하고 기업의 수익에 영향을 준다는 점에서 매우 중요하다.

### 1. 서비스 접점과 서비스 사이클

서비스 접점이란 고객과 서비스 제공자가 접촉하는 순간을 의미한다. 일반적으로 서비스 접점은 고객 접점, 결정적 순간 내지는 진실의 순간(Moment Of Truth: MOT)이라는 용어와 같이 사용되고 있다. 원래 MOT는 스페인의 투우 용어인 Moment De La Verdad에서 나온 말로 투우사가 소와 일대일로 대결하는 최후의 결전 순간을 의미한다.

학문적으로 MOT는 1984년 스웨덴 학자 Richard Norman에 의해 처음으로 제시되었다. Norman은 MOT를 고객이 서비스 제공자나 서비스 기업의 시설, 설비 등과 접촉하는 순간으로 정의했으며, 피하려 해도 피할 수 없고 실패가 허용되지 않은 서비스품질에 대한 결정적인 인식을 하는 순간임을 강조했다. 왜냐하면 고객 관점에서는 서비스에서 제일 기억에 남은 인상이 고객과 서비스 제공자 간의 상호작용인 MOT에서 발생하기 때문이다.

이러한 MOT 이론을 기업 경영에 적용한 사례는 스칸디나비아항공(Scandinavian Airlines : SAS)이다. 1970년대 말 SAS가 2년 적자경영을 겪을 때 39세의 Jan Carlzon이 1981년 사장으로 취임하면서 변화하게 되었다. 그는 MOT 개념을 회사경영에 도입하여 1년 만에 8백만 달러의 적자가 7천1백만 달러의 흑자로 전환되었다. 이러한 성공 배경에는 '직원들이 고객을 만나는 15초의 비밀'이 자리 잡고 있다. 고객들은 하루에 수천 번 또는 수만 번 발생하는 서비스 접점을 기준으로 전체 서비스의 질을 평가하므로 그는 고객과 서비스 제공자가 상호작용을 하는 15초의 서비스 접점이 평생 고객을 만드느냐 원수로 만드느냐를 결정한다고 본 것이다. Carlzon은 불경기 때 많은 항공사가 비행기 처분 등 비용을 줄이면서 단기적으로 수익 개선하는 방식을 따르지 않고, 광범위한 정시 출발 캠페인과 12,000명이 넘는 직원 서비스교육을 통해 서비스 접점에서 최고의 서비스를 제공함으로써 수익을 창출하는 전략을 시도하였다.

한편, 서비스는 결정적 순간(진실의 순간)들의 연속인 일련의 과정을 통해 수행된다. MOT는 보통 고객이 직원과 접촉하는 순간에 발생하게 된다. 하지만 고객이 광고를 보거나 주차장에 차를 세우거나 혹은 온라인상에서 제품을 탐색하거나 구매할 때도 발생할 수 있다. 고객이 서비스를 받는 과정에서 나타나는 결정적 순간의 흐름을 서비스 사이클(service cycle)이라 한다. 즉 고객접점인 결정적 순간의 합이 MOT 사이클이라 볼 수 있다. [그림 11-1]은 레스토랑 서비스 사이클의 예이다.

고객과의 접점에서 발생하는 결정적 순간이 중요한 이유는 고객이 서비스 구매과정에서 경험하는 서비스품질이나 만족도는 이른바 곱셈의 법칙이 적용되기 때문이다. 고객이 경험하는 여러 번의 결정적 순간 중 하나라도 만족스럽지 못하면 단번에 고객을 잃어버리게 된다. 100-1=99가 아니라 0이 되는 것이다. 결정적 순간 하나하나는 그 자체로 서비스 상품이 되므로 기업은 서비스 생산 및 과정에서 결정적 순간의 중요성을 인식하고 적절한 대응방안을 강구해야 한다. 잘 관리되지 않은 결정적 순간은 서비스품질의 저하나 평범한 서비스로 전락하게 된다.

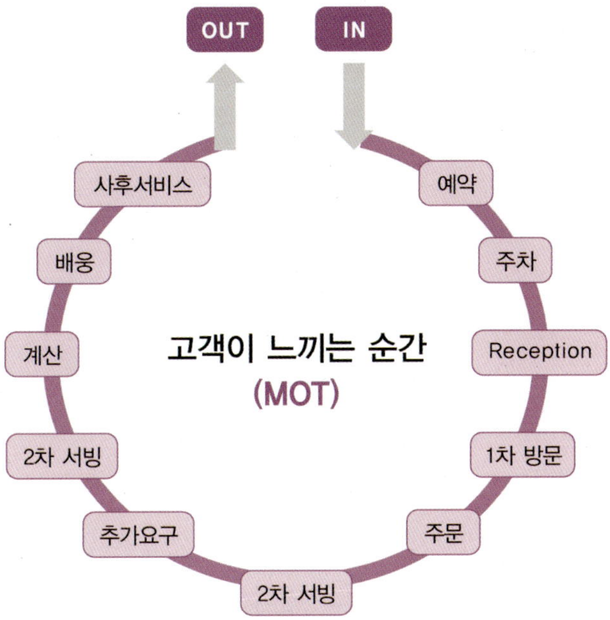


[그림 11-1] 레스토랑 서비스 접점 사이클

## 2. 서비스 접점의 범위

서비스 접점은 고객과의 대면의 성격과 정도에 따라 대면 서비스와 비대면 서비스로 구분할 수 있다. 대면 서비스는 다시 고접촉(높은 수준의, high contact) 대면 서비스와 저접촉(낮은 수준의, low contact) 대면 서비스로 나눌 수 있다.

### 1) 대면 서비스

#### (1) 고접촉 수준의 대면 서비스

고객과 서비스 제공자 간 직접적인 접촉이 많은 서비스 유형으로 호텔, 레스토랑, 병원, 항공사 등에서 이루어진다. 고객과의 접촉이 많은 업무에서는 고객의 욕구를 충족시키기 위해 접촉 강화전략을 활용한다.

#### (2) 저접촉 수준의 대면 서비스

고객과 서비스 제공자 간 제한적인 물리적 접촉이 이루어지는 서비스 유형으로 전화나 인터넷 등을 통해 은행과 금융거래를 하거나 인터넷으로 상품을 구매하는 온라인쇼핑이나 콜센터 등에서 이루어진다. 정보통신기술의 발달과 서비스 편의성을 중시하는 고객이 늘면서 기업은 서비스 접점에서 효율성을 증가시키기 위해 고객과 접촉이 적은 업무의 경우 접촉 감소 전략을 활용한다.

### 2) 비대면 서비스

고객과 마주하지 않고 상품과 서비스를 판매하는 비대면 방식으로 기술을 활용해 기업이 고객과 직접 대면하지 않고 상품과 서비스를 전달하는 형태이다. 비대면 서비스는 2020년 코로나(COVID-19)를 계기로 더욱 확산되었으며, 키오스크, 가상현실, 챗봇 등 첨단기술의 발달로 비대면 방식의 서비스 영역이 점차 확대되고 있다.

## 3. 서비스 접점의 삼각 구조

서비스 특성 중 하나는 고객이 서비스 생산과정에 적극적으로 참여한다는 점이다. 이때 고객과 서비스 제공자 사이에 상호작용이 발생하는 서비스 접점이 발생하게 된다. 서비스 접점에서는 서비스 기업, 서비스 제공자, 고객 간의 공통적인 관계 구조가 형성되는데 이를 서비스 접점의 삼각 구조(service encounter triad)라 한다[그림 11-2]. 각 주체는 호혜적인 상호작용을 하는 동시에 서로 다른 이해관계로 갈등을 빚기도 한다. 따라서 서비스 기업, 직원, 고객 간의 균형 잡힌 서비스 접점을 형성함으로써 상호이익을 창출하는 것이 중요하다.

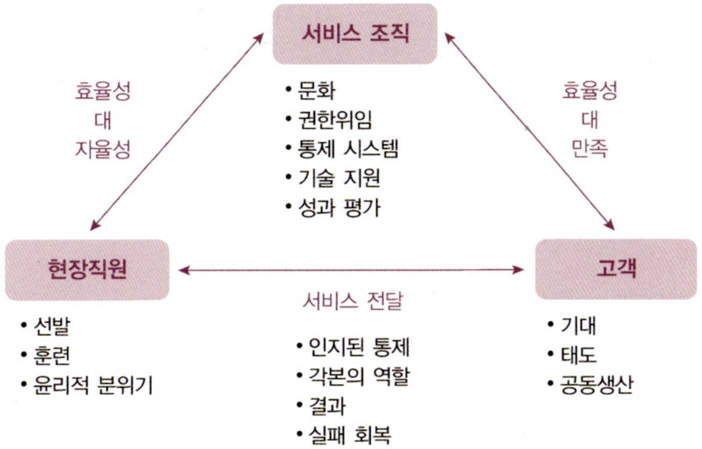


출처 : 채신석 · 김재호(2021), 고객 감동시대의 서비스경영, 백산출판사, p.103.

[그림 11-2] 서비스 접점 삼각 구조

### 1) 서비스 기업의 서비스 접점 지배

효율성 증대 혹은 원가 주도 전략을 추구하면서 이익 극대화를 추구하는 서비스 기업은 가능한 한 엄격한 서비스 운영 절차를 통해 서비스 전달의 표준화를 시도할 수 있다. 그 결과 경영진은 서비스의 전달과정을 통제하기 위해 고객에게 서비스를 제공할 때 서비스 접점 직원의 자율권과 재량권을 제한하는 규칙과 절차 등을 강화하고자 한다. McDonald's와 같은 많은 프랜차이즈 서비스는 구조화된 조직과 서비스 접점을 지배하는 환경을 구축해 기업을 성공적으로 운영하고 있다. 이러한 기업들은 고객에게 몇 가지 표준화된 서비스를 제공하며 고객들로 하여금 서비스로부터 기대해서는 안 될 것을 교육시킴으로써 성공을 이루었다.

하지만 고객 불만의 대부분은 현장직원에게 개별적으로 고객 요구를 처리할 수 있는 재량권이 없기 때문에 나타나므로 고객 서비스 범위를 제한하게 되면 고객화된 서비스 결여에 따른 고객 불만을 초래할 수 있다.

### 2) 접점 직원의 서비스 접점 지배

서비스 접점에서 고객과 서비스 제공자 간 상호작용하는 과정은 서비스품질을 결정

짓는 핵심이다. 일반적으로 상호작용 과정에서 서비스 제공자는 업무를 좀 더 쉽게 수행하고 스트레스를 덜 받기 위해 고객의 행동을 통제하려고 하는 경향이 있다. 현장직원인 서비스 제공자가 자율적인 지위를 갖게 되면 스스로 고객에 대한 상당한 통제권을 갖고 있다고 인식할 수 있으며, 고객은 서비스 제공자가 전문적인 지식을 갖고 있다고 인식하여 직원의 판단을 신뢰하게 된다.

현장직원이 지배하는 예로는 의사와 환자 사이의 상호작용을 예로 들 수 있다. 하지만 환자는 고객으로 간주되지 않으며, 서비스 접점에 대한 아무런 통제권이 없는 종속적인 위치에 놓인다. 고객은 의사로부터 효율성을 고려하지 않은 필요 이상의 과다 검사라는 부담스러운 요구사항을 받아들여야만 하지만 불만은 해결되기 쉽지 않다.

### 3) 고객의 서비스 접점 지배

고객은 극단적으로 표준화된 서비스와 극단적으로 고객화된 서비스를 통제할 기회를 가질 수 있다. 표준화된 서비스에서 고객은 셀프서비스를 함으로써 서비스 접점을 지배할 수 있다. 예를 들면, 셀프서비스 주유소에서 고객은 직원과 상호작용할 필요 없이 스스로 주유를 하게 된다. 이에 비해 형사사건의 변론과 같은 고객화된 서비스에서는 기업의 모든 자원이 동원되며 효율성 면에서도 많은 비용이 발생할 수 있다.

### 4) 삼각 구조의 상호작용

서비스 접점이 만족스럽고 효과적이려면 참가자 모두의 통제 요구가 균형을 이루어야 한다. 예를 들면, 서비스 기업의 효율성 추구 욕구는 현장직원에 대한 적절한 교육이 필요하며, 서비스 전달 프로세스에서 고객의 기대와 역할이 효과적으로 전달될 때 성취될 수 있다.

이상의 서비스 기업, 직원, 고객 간 접점의 구성요소와 상호작용을 정리해보면 〈표 11-1〉과 같다.

〈표 11-1〉 서비스 접점의 구성요소 및 상호작용

| 접점 구성요소 | 역할 | 구성요소의 특성 | 지배자가 되는 경우 |
|---|---|---|---|
| 서비스 기업 | • 고객의 니즈 결정<br>• 직원의 서비스 방식 결정 | • 서비스 효율성 추구 | • 원가 주도 전략을 추구하는 기업에서 주로 서비스 효율성 제고<br>• 직원과 고객 불만 발생 |
| 서비스 제공자<br>(접점 직원) | • 고객과 상호작용<br>• 조직의 방식을 이해하고 고객에게 전달 | • 자율성 추구<br>• 편의성 추구 | • 직원 스스로 고객을 통제하는 중요한 등급을 지닌 것으로 인지 |
| 고객 | • 조직과 커뮤니케이션<br>• 서비스 제공자와 상호작용하면서 서비스의 생산과 소비를 동시 수행 | • 만족 추구<br>• 혜택 추구 | • 최대한의 이익 추구 |

## 제 2 절 서비스 접점의 구성과 유형

### 1. 서비스 접점의 구성

#### 1) 고접촉 업무와 저접촉 업무

서비스 업무에는 고객이 직접 현장에 있어야 하는 경우도 있고 그렇지 않은 경우도 있다. 고접촉 업무는 서비스 제공과정에서 고객의 존재가 필요하며, 고객과의 접촉이 많은 업무를 말하는 반면 저접촉 업무는 고객의 존재를 필요로 하지 않거나 접촉이 거의 없는 업무를 말한다. 예를 들면, 은행의 경우 고접촉은 고객과 마주보면서 금융거래 상담을 하는 것이며, 저접촉은 고객계좌에서 돈이 들어오고 나가는 일을 처리하는 업무이다.

고접촉 업무에서는 고객의 욕구를 충족시키기 위해 고객 접촉 강화전략을 채택한다. 첫째, 고객 개개인마다 전담직원을 배치하여 매번 다른 직원을 상대할 필요가 없게 해준다. 둘째, 고객 중심 배치로 고객 접촉을 높이도록 설비나 장비를 배치한다. 일부 은행은 직선 모양의 바위에 창구를 병렬로 배열하는 대신 고접촉을 원하는 고객을 위해 별도 공간을 마련해 고객과 직원이 한 테이블에서 마주보고 앉아서 업무를 보도록 배치했다. 셋째, 저접촉 업무의 분리로 고접촉 부서의 직원이 고객 응대에 최선을 다하도록 고객 접촉이 덜 필요한 부수적인 업무를 분리하여 지원부서로 이관시킨다. 예를 들면, 레스토랑에서 음식 주문이나 음식 배달은 홀 직원이 하고, 저접촉 업무인 조리와 식기 세척은 주방 직원이 한다.

저접촉 업무에서는 고객 접촉을 최대한 줄이는 고객 접촉 축소 전략을 채택한다. 첫째, 저접촉 접점의 활용으로 고객에게 인센티브를 제공하여 접촉도가 낮은 접점을 이용하게 한다. 예를 들면, 은행은 고객에게 수수료 무료라는 혜택으로 ATM이나 인터넷뱅킹을 이용하게 하여 은행 현장방문을 줄이도록 한다. 둘째, 예약시스템을 만들어 고객들이 특정 시간에만 한정해서 예약을 받거나 특정 장소 혹은 특정 직원만 접촉하도록 제한한다. 셋째, 불가피한 고객만 접촉하게 한다. VIP 고객이나 불만 고객 등 접촉을 통해 해결해야만 하는 고객이 대상이다. 넷째, 업무 표준화로 고객의 접촉이 필요할 시 업무 효율성을 높임으로써 접촉을 감소시킨 것과 같은 효과를 보려 한다.

이상의 접촉 수준별 서비스 접점 구성을 정리해보면 〈표 11-2〉와 같다.

**〈표 11-2〉 접촉 수준별 서비스 접점 구성**

| 구분 | 고접촉 업무 | 저접촉 업무 |
|---|---|---|
| 전략 | 고객 접촉 강화: 고객전담직원, 고객 중심 배치, 저접촉 업무의 분리 | 고객 접촉 축소: 저접촉 지점의 활용, 예약시스템, 불가피한 고객, 업무 표준화 |
| 서비스 위치 | 고객 위치에 분산 | 중앙 또는 거점 센터에서 집중처리 |
| 핵심 가치 | 고객이 지각하는 정서 | 효율 |
| 배치인력의 역량 | 고객과의 대인관계 기술 | 기능처리 기술력 및 분석력 |
| 프로세스 체계 | 고객화 | 자동화, 표준화 |

출처 : 안연식(2018), 서비스경영, 창명, p.283. 토대로 수정

## 2) 일선부서와 지원부서

호텔과 같은 서비스 기업에는 두 형태의 부서가 존재한다. 첫째, 일선부서로 서비스 현장에서 고객과 접점을 이루면서 업무를 수행하는 부서이며, 수행업무를 일선업무라고 한다. 둘째, 지원부서로 일선업무 수행을 위해 필요한 업무를 후방에서 지원해주는 부서이며, 수행업무를 지원업무라고 한다.

유의해야 할 사항은 일선업무가 모두 고접촉 업무이고 지원업무가 모두 저접촉 업무는 아니라는 사실이다. 경우에 따라 일선업무에 저접촉 업무가 있을 수도 있고, 지원업무에 고접촉 업무가 있을 수도 있다. 다시 말해 서비스 설계를 어떻게 하는가에 따라 업무 유형이 달라지게 되는 것이다. 일선업무에서 고객서비스가 원활하게 이루어지려면 지원부서의 지원이 절대적인데, 이는 지원부서 입장에서는 일선부서가 고객이 되기 때문이다.

이러한 일선부서와 지원부서의 처리업무에 대한 관리 차별성은 〈표 11-3〉과 같다. 일선 부서는 고객의 존재를 필요로 하며, 고객기준으로 시설을 배치하며, 직원의 높은 업무효율성을 위해서는 대인관계 능력이 요구된다. 이에 비해 지원부서는 고객의 존재를 필요로 하지 않으며, 비용 효율성을 위한 시설배치를 하며, 직원은 업무의 분석능력이 중시된다.

**〈표 11-3〉 일선부서와 지원부서 관리의 차별성**

| 구분 | 일선부서(Front office) | 지원부서(Back office) |
|---|---|---|
| 의미 | 고객의 존재를 필요로 하는 업무<br>(호텔: 객실, 레스토랑 등) | 고객의 존재를 필요로 하지 않는 업무<br>(호텔: 구매부서, 자재창고 등) |
| 시설위치 | 고객 근처 | 공급, 수송, 노동력 근처 |
| 시설배치 | 비용 효율성보다 고객 기준 | 고객기준보다 비용 효율성 |
| 생산 | 서비스 생산, 생산품 저장 불가능 | 생산부서 효과적 지원(자재의 주문, 보관, 기자재 구매, 시설 공사) |
| 직원능력 | 대인관계 능력 | 업무 분석능력 |
| 공급능력 | 피크타임 기준 | 평균기준(일평균, 월평균 등) |

출처 : 김병용(2021), 관광서비스경영, 백산출판사, p.265.

### 3) 디커플링

서비스 효율성 향상을 위해서는 고접촉 서비스와 저접촉 서비스를 분리하는 것이 좋다. 고객과의 직접 접촉이 불필요한 업무를 고객과의 접촉이 빈번하게 발생하는 접점에서 분리하는 서비스 이원화를 디커플링(decoupling)이라고 한다. 디커플링의 배경 이론은 Chase(1978, 1981)의 고객접촉모형이다. 이 이론에 따르면 서비스 프로세스에 고접촉 부분과 저접촉 부분이 혼재되어 있을 때 이들을 서로 독립된 업무로 분리하는 것이 좋다고 본다. 디커플링의 예로는 McDonald's와 크린토피아가 있다. McDonald's는 대량 구매와 전처리 음식의 가공은 중앙 조리센터에서 하고, 매장에서는 고객이 음식 주문 후 간단한 조리과정을 거치도록 시스템 구성을 이원화하였다. 크린토피아는 고객과의 접촉이 많은 세탁물 수거 업무는 전국 매장에서 하고, 고객과의 접촉이 불필요한 세탁은 경기도 안성에서 분리, 운영하고 있다. 크린토피아는 디커플링으로 세탁비의 대부분을 차지하는 인건비를 줄여 일반 세탁소 대비 20~30%씩 싼 가격에 고객 세탁 업무를 수행하고 있다.

디커플링의 효과로는 서비스 제공 중 고객 접촉 시간의 감소로 인한 업무 효율성 제고, 직원 성격 유형(과업 지향적 혹은 관계 지향적)에 맞는 업무 배치, 제한된 업무로 인한 품질 일관성 증대 등이 있다. 첫째, 업무 효율성 제고로 인한 기대효과로는 ① 고객관여가 업무에 방해될 때 접점 분리를 해줌으로써 효율성 향상, ② 제한된 일을 반복적으로 수행함으로써 얻는 학습 효과, ③ 특화된 업무에 집중함으로써 규모의 경제 실현, ④ 비용절감 등이 있다. 둘째, 직원 성격 유형에 맞는 업무 배치로 인한 기대효과로는 ① 대인관계가 좋은 관계 지향적인 직원을 고객과 자주 접하는 일선 부서에 배치 활용, ② 기술력이나 분석력이 좋은 과업 지향적인 직원을 지원 부서에 배치 활용 가능, ③ 각 성격과 개성에 맞게 역량 개발 및 최대한 능력 발휘 가능 등이 있다. 셋째, 품질 일관성 증대로 인한 기대효과로는 복잡한 업무를 분리하여 전문성과 통일성을 가지고 수행함으로써 일관된 서비스 창출이 가능하다.

## 2. 서비스 접점의 유형

서비스 접점의 유형은 학자에 따라 다양하게 분류되었다. 아래에서는 Shostack, Bitner, Fröehle & Roth, Fitzsimmons & Fitzsimmons가 분류한 서비스 접점의 유형을 살펴보자.

### 1) Shostack의 분류

Shostack(1985)은 서비스 접점 유형을 원격 접점(remote encounter), 기술매개 접점(technology-mediated encounter), 대면 접점(face-to-face encounter)으로 분류하였다.

첫째, 원격 접점은 인터넷을 통해 레스토랑을 예약하는 것과 같이 서비스 제공자와 고객이 직접적인 인적 접촉 없이 발생하는 서비스 접점을 의미한다. 원격 접점에서는 서비스의 물리적 증거, 기술적 프로세스, 시스템이 품질 판단의 기준이 된다. 제품 구입, 비행기표 구입, 수리 점검, 보수유지, 포장과 선적 등의 예가 있다.

둘째, 기술매개 접점은 전화, 실시간 채팅이나 기술기반 의사소통을 통해 이루어지며, 호텔 예약실에 전화를 걸어 객실을 예약하는 것과 같이 직접적인 대면 없이 이루어지는 서비스 접점을 의미한다. 이 유형에서는 고객과 직원 간의 상호작용에서 잠재적인 가변성이 존재할 수 있다. 이 경우 목소리의 음색, 직원의 지식, 효과적/효율적으로 소비자 문제를 처리하는 능력 등이 기술매개 접점의 품질을 판단하는 기준이 된다.

셋째, 대면 접점은 호텔 프런트 데스크에서의 체크인 서비스처럼 서비스 현장에서 고객과 직원 쌍방이 대면하는 서비스 접점을 의미한다. 다른 유형에 비해 대면 접점의 서비스품질을 판단하기가 가장 복잡하다. 직원의 언어적 행동, 비언어적 행동, 직원의 복장이나 기타 서비스 관련 도구(장비, 브로슈어, 물리적 설비 등) 같은 유형적 단서, 직원과 상호작용하는 중에 수행되는 고객 자신의 행동 등이 대면 접점의 서비스품질을 판단하는 기준이 된다.

### 2) Bitner의 분류

Bitner(1992)는 서비스 접점 유형으로 셀프서비스, 원격서비스 접점, 고객-직원 간 상호작용 서비스 접점으로 분류하였다. 첫째, 셀프서비스는 직원과의 직접적인 접촉 없이 서비스 전달이 수행되는 것을 의미한다. 예를 들면, 무인 호텔, 패스트푸드점의 키오스크, 레스토랑 셀프서비스, 주유소 셀프서비스 등이 있다. 둘째, 원격서비스 접점은 인터넷이나 모바일 앱 등을 통해 이루어지는 서비스 접점이다. Shostack의 원격 접점과 유사하다. 셋째, 고객-직원 간 상호작용 서비스 접점은 호텔 프런트와 같은 서비스 환경 내에서 고객과 직원 사이에 발생하는 상호작용 서비스 접점이다. 이러한 고객과 직원의 상호작용은 서비스품질과 고객만족에 지대한 영향을 미친다.

### 3) Fröehle & Roth의 분류

Fröehle & Roth(2004)는 서비스 접점을 기술, 고객, 서비스 제공자 간의 상호작용 유무를 기준으로 다섯 가지로 분류하였다[그림 11-3]. 첫째, 무기술(인적) 서비스 접점(technology-free service encounter)은 전통적 개념인 대면 접점의 대표적인 유형으로 대부분의 개인적 관리 서비스가 여기에 속한다. 예를 들면, 정신과 상담, 물리치료사 서비스, 법률 상담, 컨설팅 등이 있다. 둘째, 기술지원형 서비스 접점(technology-assisted service encounter)은 서비스 전달의 용이성을 위해 서비스 제공자만 기술을 사용하는 형태이다. 예를 들면, 안과 검진이나 X-ray 검사, 고난이도 수술 로봇 등 의료서비스와 호텔 안내데스크에서 직원이 고객을 돕기 위해 컴퓨터를 사용하는 경우이다. 셋째, 기술도움형 서비스 접점(technology-facilitated service encounter)은 대면 접점에서 고객과 서비스 제공자가 모두 동일한 기술을 사용하는 형태이다. 예를 들면, 보험 설계 상담 시 고객과 설계사가 같은 컴퓨터를 사용하는 경우이다. 넷째, 기술연결형 서비스 접점(technology-mediated service encounter)은 고객과 서비스 제공자 간의 직접 접촉 대신 전화나 온라인과 같은 기술을 통해 서비스를 진행하는 형태이다. 예를 들면, 컴퓨터가 고장 났을 때의 원격지원 서비스, 자동응답시스템(ARS)을 이용한 금융거래나 예약조회 및 고객이 스마트폰을 통해 레스토랑을 예약하는 경우이다. 다섯째, 기술생성형 서비스 접점(technology-generated service encounter)은 서비스를 제공하는 현장직원의 업무가 셀프서비스 기술로 대체되는 형태이다. 예를 들면, 온라인 예약, 영어교사 로봇, 은행의 ATM, 인터넷뱅킹, 레스토랑의 키오스크, 콜센터의 대화형 음성 응대(Interactive Voice Response)기술, 학교의 무인 증명서 발급기 등이 있다.

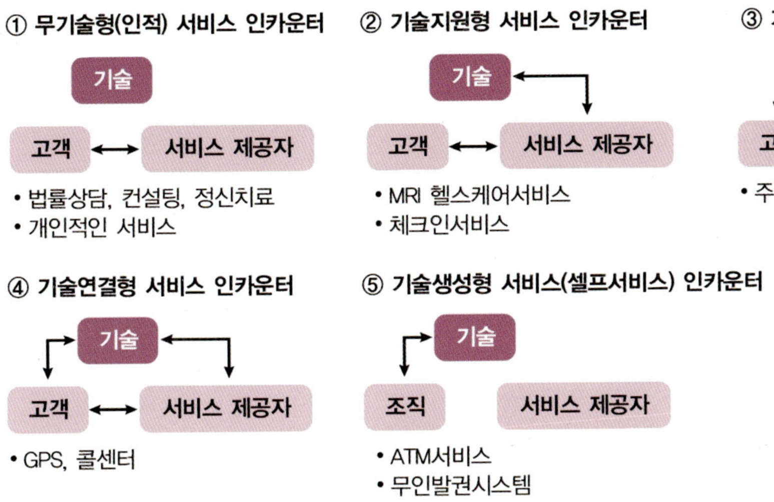


출처 : Fröehle, C. M., & Roth, A. V.(2004), New measurement scales for evaluating perceptions of the technology-mediated customer service experience, Journal of Operations Management, 22(1) : 3.

[그림 11-3] 기술을 활용한 서비스 접점

### 4) Fitzsimmons & Fitzsimmons의 분류

Fitzsimmons & Fitzsimmons(2008)는 서비스 접점의 주도 주체에 따라 서비스 접점을 서비스 기업 주도형 접점, 현장직원 주도형 접점, 고객 주도형 접점 등의 세 가지 유형으로 분류하였다. 첫째, 서비스 기업 주도형 접점은 McDonald's와 같이 서비스 기업이 엄격한 서비스 운영절차에서 서비스 표준화를 실행하는 형태이다. 고객 입장에서는 자신의 요구가 대폭 반영되기보다는 몇 가지 표준화된 서비스 옵션만 선택 가능해 고객화된 서비스가 이루어지지 못한다. 직원 역시 서비스에 대한 재량권을 제한받게 된다. 둘째, 현장직원 주도형 접점은 병원의 의사 진료와 같이 현장직원이 상당한 통제권을 가져 서비스 접점의 영역 범위가 서비스 제공자에 의해 제한되는 형태이다. 셋째,

고객 주도형 접점은 서비스 접점에서 고객이 셀프서비스와 같이 극단적으로 표준화된 서비스와 고객화된 서비스를 통제할 기회를 가진 형태이다. 최근 기술의 발전과 정보교류 형태가 다양화되면서 서비스 접점에서 기술의 적용과 활용이 점차 늘어나고 있다.

이상 학자들의 서비스 접점 유형을 정리해보면 〈표 11-4〉와 같다.

**〈표 11-4〉 서비스 접점의 유형**

<table>
<tr><th>학자</th><th>유형</th><th>예시</th></tr>
<tr><td rowspan="3">Shostack<br>(1985)</td><td>• 원격 접점</td><td>• 인터넷 예약, 전자상거래, 자동판매기기, 키오스크</td></tr>
<tr><td>• 간접적 접점</td><td>• 전화 예약, 실시간 원격 채팅</td></tr>
<tr><td>• 직접적 접점</td><td>• 호텔 프런트 체크인 서비스</td></tr>
<tr><td rowspan="3">Bitner<br>(1992)</td><td>• 셀프서비스</td><td>• 무인 호텔, 패스트푸드점의 무인 주문기(키오스크), 레스토랑 셀프서비스, 주유소 셀프서비스</td></tr>
<tr><td>• 원격서비스 접점</td><td>인터넷 예약, 전자상거래, 자동판매기기, 키오스크</td></tr>
<tr><td>• 고객-직원 간 상호작용 서비스 접점</td><td>• 호텔 프런트</td></tr>
<tr><td rowspan="5">Fröehle & Roth<br>(2004)</td><td>• 무기술(인적) 서비스 접점</td><td>• 경영 컨설팅, 정신신경과 상담, 물리치료사</td></tr>
<tr><td>• 기술지원형 서비스 접점</td><td>• 안과 검진, X-ray 검사, 치과</td></tr>
<tr><td>• 기술도움형 서비스 접점</td><td>• PC를 사용하는 금융상담사 상담</td></tr>
<tr><td>• 기술연결형 서비스 접점</td><td>• 레스토랑 예약, 콜센터, 원격지원 차량 서비스</td></tr>
<tr><td>• 기술생성형 서비스 접점</td><td>• 은행 ATM, 인터넷은행, 패스트푸드점의 무인발권시스템, 온라인 예약, 콜센터의 대화형 음성응대 기술, 항공사 무인발권시스템(키오스크)</td></tr>
<tr><td rowspan="3">Fitzsimmons &<br>Fitzsimmons<br>(2008)</td><td>• 서비스 조직 주도형 접점</td><td>• 맥도날드</td></tr>
<tr><td>• 서비스 직원 주도형 접점</td><td>• 병원 진료</td></tr>
<tr><td>• 고객 주도형 접점</td><td>• 셀프서비스</td></tr>
</table>

## 제 3 절 | 서비스 기술을 활용한 접점관리

최근 4차 산업혁명기술의 급격한 발전으로 고객과 직원이 만나는 서비스 접점 관리에서 변화가 일어나고 있다. 즉 직원이 고객에게 직접 서비스하는 업무방식이 다양한 수단에 의해 대체되고 있는 것이다. 기존의 전통적인 고객과 직원 간 상호작용을 통한 서비스 접점 관리는 기술을 활용한 셀프 서비스, 인공지능 서비스 로봇(아마존의 비서 Alexa), 챗봇(올리브 영의 챗봇), 드론 배달(도미노피자의 제주도 지역 드론 서비스) 등 다양한 형태로 진화되어 서비스 접점 관리에 활용되고 있다. 여기서는 셀프서비스, 서비스 로봇, 챗봇 서비스에 대해 알아보고, 서비스 프로세스 관리에 유용한 4차 산업혁명에 따른 다양한 활용 기술 내용은 "12장 서비스와 기술"을 참고하기 바란다.

### 1. 셀프서비스

#### 1) 셀프서비스의 개요

최근 최저임금의 상승, 코로나19로 인한 비대면 문화의 확산 등으로 제조, 유통, 금융 등 모든 산업 분야에서 셀프서비스가 확산되고 있다. 셀프서비스란 고객이 서비스 제공자의 도움 없이 스스로 시간과 노력을 투입하여 서비스과정을 수행하는 것을 말한다. 셀프서비스로 인한 고객과 서비스 제공자(기업)는 서로 편익을 누리는 동시에 서로 불편함을 감수하고 있다. 이러한 고객과 서비스 제공자 간 셀프서비스의 혜택과 불편함을 정리해보면 〈표 11-5〉와 같다.

〈표 11-5〉 셀프서비스의 장단점

| | 장점 | 단점 |
|---|---|---|
| 고객 | • 고객에 의한 서비스 전달 프로세스 통제<br>• 고객의 대기시간 감소<br>• 고객에 서비스 전달 비용 감소<br>• 서비스 운영시간과 위치의 편리성<br>• 고객에게 독립감, 권한 부여, 성취감 제공<br>• 고객의 기술사용을 통한 즐거움 | • 선택의 자유 감소<br>• 고객이 기계와 서비스 제공자에 의해 조정받는 느낌<br>• 기술과 그 사용에 편안함을 느끼지 못하는 고객에게 근심과 스트레스의 원인 초래<br>• 기술을 다룰 때 발생하는 문제들이 어떻게 해결되는지에 대해 확신하지 못함<br>• 고객이 신기술로 전환하는 비용(심리적 전환비용과 금전적 전환비용)이 큰 경우에 문제<br>• 서비스 접점을 사회적 경험으로 간주하고 사람과 접촉하는 것을 선호하는 고객의 불만 발생 |
| 서비스 제공자 | • 제공자의 시간과 비용(특히 노동비) 절감<br>• 고객에게 표준 서비스 제공<br>• 제공의 생산성 증가(특히 인력 감소와 영업시간 증가)<br>• 대고객 서비스 전달 속도 증가<br>• 인식된 고객화 수준의 향상<br>• 높은 기술 수준에 대한 명성 제고<br>• 서비스 전달에서 인적 요소와 관련된 두 가지 어려움인 이질성과 소멸성 통제 | • 사람의 소개에 의한 상향 판매(up-selling)의 기회 손실<br>• 서비스 실패 발생 시 적절한 회복의 어려움<br>• 비영리 조직인 공공조직에서 셀프서비스의 강제적 사용은 실패 시 더 많은 손실을 초래<br>• 사회적 유대관계의 손실 |

출처 : 김진한(2021), 서비스 운영 관리, 박영사, pp.544-555.

## 2) 셀프서비스 기술

### (1) 셀프서비스 기술의 개념

셀프서비스 기술(Self-Service Technologies : SST)은 서비스 접점에서 고객이 직원의 직접적인 관여나 상호작용 없이 서비스를 생산하는 것이 가능한 기술적 인터페이스를 의미한다. 이러한 SST의 예로는 은행 ATM, 셀프서비스 주유소, 호텔의 자동 체크인과 체크아웃, 쇼매점에서의 셀프 스캐닝, 무인기나 키오스크를 통한 철도 및 항공 수속, 화물 추적, 폰뱅킹, 대형 마트의 셀프 스캐닝, 온라인 및 모바일 기반의 전자상거래, 온라인 교육과 훈련 등이 있다. SST는 교육, 금융, 엔터테인먼트와 같은 핵심 서비스 측면과 주문, 예약, 결제, 정보 수집 등 보조 서비스 측면에서 널리 활용되고 있다.

### (2) 셀프서비스 기술의 종류 및 목적

Meuter, Ostrom, Roundree, & Bitner(2000)는 고객과 상호작용하는 인터페이스(interface)에 따라 SST 종류와 목적을 〈표 11-6〉과 같이 네 가지로 제시하였다.

**〈표 11-6〉 셀프서비스 기술의 종류와 목적**

| 인터페이스 / 목적 | 전화/대화식 음성응답 | 온라인/인터넷 | 대화식 키오스크 | 비디오/CD* |
|---|---|---|---|---|
| 고객 서비스 | 전화 뱅킹<br>항공 정보<br>주문 상태 | 패키지 추적<br>계정 정보 | ATM<br>호텔 체크아웃 | |
| 거래 | 전화 뱅킹<br>처방 리필 | 소매 구매<br>금융 거래 | 주유기에서 요금 지불<br>호텔 체크아웃<br>차량 렌털 | |
| 스스로 도움 | 정보전화 라인 | 인터넷정보 검색<br>원격 수업 | 혈액측정 기계<br>관광객 정보 | 세금계산 소프트웨어<br>전화/CD에 기반한 훈련 |

주 : *비디오/CD는 고객 서비스와 거래를 위해 다른 기술과 종종 연결됨

출처 : Meuter, M. L., Ostrom, A. L., Roundtree, R. I., & Bitner, M. J.(2000). Self-service technologies: Understanding customer satisfaction with technology-based service encounters. Journal of Marketing, 64(3) : 52.

#### ① SST 종류

• 전화 및 대화식 음성 응답(Telephone/Interactive Voice Response)

시스템 대화식 음성 응답은 음성과 키패드를 통한 DTMF(Dual Tone Multiple Frequency, 이중 톤 다중 주파수) 톤 입력을 통해 컴퓨터와 인간이 상호작용하게 하는 기술을 말하며, 한국에서는 종종 ARS(automatic response service)라고 한다. 이러한 SST 활용 사례에는 전화 뱅킹, 고객 주문/예약, 고객 조사, 은행 결제/이체/거래 내용 조회, 전화투표, 신용카드 관련 업무 처리 서비스 등이 있다.

• 온라인/인터넷(Online/Internet) 기반 결제 시스템

최근 기술의 발달로 가장 많이 쓰이며 인터넷보다 모바일로 결제하는 영역이 점

점 커지고 있다. 이러한 SST 활용 사례에는 온라인 쇼핑 결제, 비대면 결제, 인터넷 뱅킹, 요금 청구서 관리, 온라인 국세/지방세 결제, 원격 교육 등이 있다.

- 대화식 키오스크(Interactive Koisks)

  키오스크란 무인·자동화를 통해 고객이 손쉽게 서비스를 이용할 수 있도록 점포 내외부에 설치된 무인 단말기를 말한다. 이러한 SST 활용 사례에는 ATM, 주유기에서 요금 결제, 패스트푸드, 스터디 카페, 항공 좌석 체크인, 관광지 매표시스템 등이 있다.

- 비디오/CD

  비디오나 CD는 교육 목적으로 많이 사용된다. 기업들이 직원 교육용이나 고객에게 신제품 소개 등을 목적으로 활용하거나 외국어 회화책의 보조 자료 등으로 활용된다. 하지만 최근 기술의 발달로 비디오나 CD는 mp3나 mp4파일로 많이 대체되고 있다.

② SST 목적

- 고객 서비스(customer service)로 기업은 고객의 셀프서비스를 통해 비용 절감을 할 수 있어 운영 효율성을 높일 수 있다. 예로는 계정 문의, 청구서 지불, 자주 묻는 질문, 배달품 추적, 인터넷 금융 등이 있다.
- 직접 거래(direct transaction)로 고객이 직원과의 상호작용 없이 기업과 직접 주문하고 구매하는 것을 말한다. 예로는 온라인 쇼핑, 대화식 키오스크, 온라인 티켓서비스, 호텔 셀프 체크인/체크아웃 등이 있다.
- 스스로 도움(self-help)이다. 이는 고객이 배우고, 정보를 받고, 스스로를 교육시키는 것을 가능하게 하고 스스로 자신의 서비스를 준비하게 하는 기술을 의미한다. 예로는 건강정보 웹사이트, 세금준비 CD, 소프트웨어, 전화에 기반한 정보 라인 등이 있다.

### (3) 셀프서비스 기술의 성공적인 도입 방안

서비스 수행에 SST가 성공적이려면 고객이 자발적으로 SST를 수용하고 사용하려는 행동의 변화가 선행되어야 하며, 기업은 고객이 어쩔 수 없이 강제적으로 SST를 사용하기보다는 SST를 수용하고 자발적 · 적극적으로 사용하도록 배려해야 한다. 이를 위해 기업이 SST를 서비스 프로세스에 도입하기 전후로 다음과 같은 노력을 기울일 수 있다(정용길, 2016).

SST를 서비스 프로세스에 도입하기 전에 기업의 노력으로는 첫째, 기업에 대한 고객의 신뢰 개발이 있다. 이는 변화를 수용하려는 고객의 의지는 자신들이 기업에 대해 가지는 호감도와 관련이 있기 때문이다. 둘째, 고객의 기존 습관과 기대를 이해해 서비스 프로세스를 설계해야 한다. 고객은 마음속에 스스로 플로차트나 스크립트를 가지고 있어 주어진 순서에 따라 일정한 단계가 전개되는 서비스에 익숙해지기 때문이다. 고객들의 "기술에 대한 준비(technology ready)" 정도를 파악해볼 수 있다. 셋째, SST가 추가된 서비스 프로세스에 대해 고객이 어떻게 반응하는지를 실험실과 현장에서 미리 점검할 필요가 있다. 넷째, 고객의 SST를 사용함으로써 얻는 서비스 시간의 연장, 시간 절약, 금전적 이익 등 혜택을 홍보해야 한다. 다섯째, 고객이 새로운 SST의 사용방법을 학습할 기회를 제공하여 고객의 혼란과 저항을 줄일 수 있는 방안이 필요하다.

기업이 서비스 프로세스에 SST를 도입한 이후에는 성과를 모니터하고 지속적인 개선을 추구해야 한다. 아무리 좋은 SST도 기술문제 등 피할 수 없는 상황으로 인해 실패할 수 있다. 품질과 생산성 향상은 지속적인 과정이다. 이를 위해 기업은 고객의 SST 활용도, 거래 실패의 빈도, 고객불평 등을 지속적으로 모니터하고 서비스 개선노력을 해야 한다.

## 2. 서비스 로봇 서비스

### 1) 서비스 로봇의 개요

서비스 산업은 전통적인 노동집약적인 분야이지만 소비수준이 높아지고 저출산과 고령화에 따른 노동력 부족 문제와 최근 코로나19 확산으로 비대면 요구가 높아지면서 물류, 의료, 접객, 음식 배달, 교육 분야에서 서비스 로봇의 수요가 확대되고 있다. 스트레티지 애널리스틱스에 따르면 글로벌 서비스 로봇 시장 규모는 2019년 310억 달러에서 2024년 1,200억 달러로 3.94배 성장할 것으로 전망했다. KT경제경영연구소에 따르면 국내 서비스 로봇 시장 수요는 2025년까지 국내에 약 23만 대의 서비스 로봇이 보급돼 2조 8000억 원 규모의 시장을 형성할 것으로 전망했다.

로봇(Robot)은 크게 산업용 로봇과 서비스 로봇으로 나뉜다. 서비스 로봇(service robot)은 제조업에서 사용되는 산업용 로봇과 구분하여 가정, 의료, 국방, 농업 등 제조업 이외의 분야에서 인간을 위해 작업을 수행하는 로봇을 말한다. 서비스 로봇은 다시 개인 서비스 로봇과 전문 서비스 로봇으로 구분된다. 일반인에게 다양한 서비스를 제공하는 개인 서비스 로봇은 인간이 살아가는 생활 주변에서 보조 수단으로 일상생활 관련 서비스를 인간에게 지원하기 위한 것으로 청소, 요리, 오락, 교육, 간병, 재활, 운반 등에 사용된다. 전문서비스 로봇은 전문적인 작업을 수행하거나 불특정 다수를 위한 서비스를 제공하는 것으로 안내, 배달, 화재 진압, 무인항공기, 자원 탐사, 건설, 농축산업, 의료, 물류 등에 사용된다.

### 2) 서비스 로봇의 디자인 특성

서비스 로봇은 묘사(represenation), 의인화(anthropomorphism), 임무 지향(task orientation)의 세 가지 디자인 특성을 가진다(Wirtz, Patterson, & Gruber, 2018). 첫째, 서비스 로봇은 물리적 실체(예: Pepper)나 가상으로만 묘사(예: Alexa)될 수 있다. 둘째, 서비스 로봇은 인간의 모습(예: Sophia)을 모방한 인간형(예: 의인화) 또는 비인간형(예, Roomba 청소 로봇)으로 설계될 수 있다. 셋째, 서비스 로봇은 근원적인 컴퓨터 파워를 활용해 인지적-분석적 업무(예: 의료 진단을 위한 이미지 분석 소프트웨어 보조) 또는 감정-사회적 작업(예: 리셉션 로봇)을 할 수 있다.

### 3) 서비스 로봇의 분류

Wirtz, Patterson, & Gruber(2018)는 업무 유형과 서비스 수혜자에 따른 서비스 로봇을 〈표 11-7〉과 같이 분류하고 있다.

**〈표 11-7〉 서비스 로봇 분류**

<table>
<tr><th colspan="2" rowspan="2"></th><th colspan="2">서비스 수혜자</th></tr>
<tr><th>사람</th><th>사물</th></tr>
<tr><td rowspan="4">서비스 업무 유형</td><td rowspan="2">유형의 행동</td><td colspan="2">물리적(physical) 서비스 로봇</td></tr>
<tr><td>• 휴머노이드(humanoid) 로봇<br>(예, 호텔 리셉션 로봇, 미용실 로봇)<br>• 비휴머노이드 로봇<br>(예, 호텔 리셉션 로봇, 자율 주행 택시)</td><td>• 휴머노이드(humanoid) 로봇<br>(예, 포터 로봇과 같은 고객 접점)<br>• 비휴머노이드된 로봇으로 주로 산업로봇<br>(예, 자동차 수리 서비스)</td></tr>
<tr><td rowspan="2">무형의 행동</td><td colspan="2">가상(virtual) 서비스 로봇</td></tr>
<tr><td>• 홀로그래프(holograph) 기반<br>(예, 정보 카운터 서비스)<br>• 비디오 기반<br>(예, ATM 인터페이스에서 조언 봇)<br>• 소리 기반<br>(예, 소리 기반 챗봇, Siri, Alexa)<br>• 문자 기반<br>(예, 챗봇)</td><td>• 소프트웨어 통합 봇<br>(예, 감사(auditing)와 클레임 처리 봇)</td></tr>
</table>

출처 : Wirtz, J., Patterson, P. G., Kunz, W. H., Gruber, T., Lu, V. N., Paluch, S., & Martins, A.(2018), Brave new world : Service robots in the frontline, Journal of Service Management, 29(5) : 913.

### 4) 서비스 로봇의 활용 사례

전통적으로 인적 서비스가 핵심이던 호텔의 모습이 비대면이 핵심인 뉴노멀 시대에 발맞춰 변화하고 있다. 국내 호텔과 리조트 서비스에 '로봇 호텔리어'가 대거 투입된 것이다. 2022년 서비스 로봇을 도입했거나 도입하는 호텔은 최소 36곳으로 전국 호텔 약 2,000곳 가운데 2% 수준이지만 2021년 12곳의 3배에 달한다.

호텔에서의 로봇 활용은 그동안 단순 업무에 치이던 직원들의 업무 부담 감소, 서비스의 질 향상 및 코로나19로 인력운영의 어려움이 생긴 호텔의 인건비 부담을 줄여주는 효과를 보이고 있다. 호텔에서 로봇 한 대가 최소 직원 2~3명 몫을 하며, 배송 로봇은 호텔 야간 근무자 한 명을 줄이는 효과와 같다고 한다. 고객들은 호텔의 우려와 달리 로봇이 말을 걸면 눈도 마주치며 웃는 등 긍정적인 반응을 보여주고 있다. 또한 엘리베이터에선 로봇에 자리를 비켜주고, 뷔페 식당에서는 로봇의 선반에 빈 그릇을 담아주는 등 고객이 로봇을 배려하는 문화도 생겨나고 있다.

호텔에서 활용되는 구체적인 로봇사례를 살펴보면 〈표 11-8〉과 같다.

**〈표 11-8〉 로봇 호텔리어 사례**

| 부문 | 기능 | 사례 |
|---|---|---|
| 객실 | 배송/버틀러/룸서비스 | 노보텔 앰배서더 서울 동대문호텔의 '엔봇', 코트야드 메리어트 서울 보타닉 가든(고객주문의 편의점 물품을 객실에 배달하는 모바일 편의점 로봇), 부산 롯데호텔의 '엘봇(L-bot)', 서울드래곤시티 호텔의 '노보', 소피텔 앰배서더 서울의 '로봇 버틀러(집사)', 명동 헨나 호텔의 팔 달린 로봇 '집개미'(룸서비스), |
| | 길/시설 안내 | 곤지암 리조트의 안내 로봇(LG클로이 가이드봇), 곤지암 리조트의 인공지능(AI) 안내 데스크(LG전자 AI컨시어지) |
| | 투숙객 차량 등록과 체크아웃 | 곤지암 리조트의 미니 로봇(LG클로이 홈로봇) |
| | 프런트 업무 | 명동 헨나호텔의 우주 비행사 로봇 |
| 식음료 | 서빙 | 메이필드 호텔(실외배송로봇), 곤지암 리조트(LG클로이 서브봇 선반형), 대구 인터불고 호텔(서빙 로봇 '서빙고') |
| | 음료 제공 | 워커힐 호텔앤리조트의 로봇 바리스타 '바리스'(고객에게 커피를 만들어 무료 제공), 생맥주를 따라주는 메이필드 호텔의 로봇 |
| 부대시설 | 도우미 | 코오롱호텔의 '헬로우캐디'(골프장에서 사용되는 AI 골프 카트 서비스) |
| 기타 | 청소/살균/방역 | 부산 롯데호텔(객실층 건식 청소 로봇, 1층 로비 대리석 바닥을 청소하기 위한 습식 청소로봇), 코트야드 메리어트 서울 보타닉 가든(객실 방역하는 인공지능형 UV 살균 로봇) |

출처 : https://seoul.myeongdong.hennahotel.com; www.lottehotel.com

호텔 이외의 서비스 로봇의 활용 사례를 개인 서비스 로봇과 전문서비스 로봇 분야로 나누어 살펴보면 〈표 11-9〉와 같다.

**〈표 11-9〉 서비스 로봇 활용 사례**

| 구분 | 분야 | | 사례 |
|---|---|---|---|
| 개인 서비스 로봇 | 가사 지원 | | • 가사 도움/심부름/잔디 깎기 : 아마존(아스토로), 삼성(삼성 봇 핸디), LG전자(잔디 깎기 로봇)<br>• 요리 : 로보테크(로보셰프, 쿡봇셰프), 바리스타(라운지랩, 비트코퍼레이션) |
| | 여가 지원 | | • 오락 : 놀이하는 로봇 'SPOT'<br>• 애완 : Anki사(Vector), 지능형 애완로봇(제니보)<br>• 소셜 : 인천공항(에어스타), 서울디지털재단(LIKU-치매증상노인 대상)<br>• 교육 : 미국 로이비사(Roybi-3세 이하 영유아 대상), 노량진초등학교(뮤지오) |
| | 노인 장애인 지원 | | • 간호/간병병/환자돌봄 로봇: 미국 댈러스 메디컬시티 헬스케어(로봇 간호사 Moxi), 일본(Robear), 로보케어(메로-S), 서울대병원(LG클로이 서브봇 – 각종 약 및 서류 배송) |
| | 기타 | | • 경비 : 대통령 집무실 인근 용산공원(경비로봇), 현대자동차(공장 안전 서비스 로봇), 태국 오보드로이드사(SR1) |
| 전문 서비스 로봇 | 공공 서비스 | 공공 서비스 | • 안내 : 롯데호텔 월드(LG클로이 가이드봇), 인천공항(에어스타, 에어포터), 일본 소프트뱅크(Pepper), 렛츠런파크의 LG 클로이 가이드봇 |
| | | 일반 서비스 | • 배달 : 드래곤시티호텔(노보), 노보텔 앰배서더 동대문(엔봇), 메이필드호텔(실외배송 로봇), 코오롱호텔(헬로우캐디), 도미노 피자(도미 런), 배민(딜리), 세븐일레븐(뉴비), FedEx(세임데이봇), 포드(리지트)<br>• 청소/방역 : 부산롯데호텔(습식이), 인천공항(AI 청소 로봇), 코트야드 메리어트 서울 보타닉 파크(인공지능형 UV 살균 로봇)<br>• 서빙 : 부산롯데호텔(베어로보틱스), 메리어트호텔(서버) |
| | 극한 작업 | 사회 인프라 | • 시설 검사 : 현대차그룹(로봇개), 미국 게코 로보틱스(TOKA 3, 4)<br>• 관로: 로보젠(상수관로 로봇), 한국건설기술연구원(도시 지중관로 위치파악 로봇)<br>• 고소작업 : 대구경북과학기술원+엠에프알(내화보드 설치 로봇), 삼성물산(내화뿜칠 작업 로봇) |
| | | 재난 극복 | • 화재 진압 : 미국 뉴욕소방국(로봇개), 부산시 방수로봇, KAIST의 휴머노이드 로봇 '휴보' |
| | | 국방 | • 지뢰제거 : 방위사업청+한화디펜스(폭발물 탐지/제거 로봇) |
| | | 해양 · 우주 | • 해양개발 : 해양로봇실증센터의 수중건설 로봇 '우리', KIOST의 수중건설로봇 3종(URI-L, URI_T, URI-R)<br>• 우주탐사 : NASA의 달 탐사 로봇 '바이퍼(VIPER)', 일본 아이스페이스의 달 탐사 로봇 '라시드' |
| | 기타 산업 | 건설 및 철거 | • 건설 : 오스트리아 프린트스톤스(Baubot), 현대엔지니어링+제이투이앤씨(외장도장 로봇)<br>• 철거 : 허스크바나(무인철거로봇), Brokk(Brokk 900) |

| 구분 | 분야 | | 사례 |
|---|---|---|---|
| | | 농축산업 · 임업 | • 농약살포 : 농촌진흥청(스마트 로봇 방제기)<br>• 과일수확 : 미국 Root AI(Virgo 1), 호주 모나쉬 대학(Robot Apple Harvester 3)<br>• 생태관리 : 웨스턴 오스트레일리아 대학(Robotic Largemouth Bass), 전주시 산업단지(환경감시로봇) |
| | | 의료 | • 진단 : 홍콩중문대(암진단 치료용 올챙이 내시경 로봇), 네덜란드 스크린포인트메디컬(유방암진단 트랜스파라)<br>• 수술보조 : 연세암병원(전립선암 로봇수술), 서울성모병원(다빈치)<br>• 헬스케어 로봇 : 미국(Pillo), 마사지 로봇, 치매예방로봇, 재활로봇, 웨어러블 로봇 |
| | | 물류 | • 물류센터 : Amazon(KIVA), Walmart(Alphabot), 심비 로보틱스(Tally–슈퍼마켓 재고관리) |
| | | 기타 | 독일 비테네르크(종교 로봇), 일본 교토 고다이지에 사찰(스님 로봇), 테니스볼 수거(테니봇), 세탁물 개는 로봇(Langdroid, FoldiMate) |

출처 : https://time.com(로이비)

출처 : https://techxplore.com(스님 로봇)

## 3. 챗봇 서비스

### 1) 챗봇의 개요

챗봇(Chatbot)은 Chatterbot의 약자로 채팅(Chatting)과 로봇(Robot)이 결합된 용어이다. 챗봇은 음성명령이나 텍스트 채팅 등의 언어로 누구나 대화할 수 있는 컴퓨터 프로그램으로 인공지능의 한 형태이다.

모바일 메신저를 기반으로 인공지능 기술을 접목한 챗봇 서비스가 최근 다양한 산업에서 사용되고 있다. 챗봇 서비스가 증가하는 배경은 다음과 같다. 첫째, 기술발달로 챗봇의 대화형 자연어 질문이나 응답 처리가 과거에 비해 보다 원활해졌다. 둘째, 태어나면서부터 디지털 기기에 둘러싸여 성장한 디지털 네이티브 세대인 젊은 세대를 중심으로 전화보다 메신저로 대화하는 것이 익숙해졌다. 셋째, 기업은 고객대응 채널을 다양화하려는 목적과 온·오프라인 채널을 통합하는 옴니채널 활용 목적으로 챗봇 서비스에 관심을 두게 되었다.

## 2) 챗봇 유형

챗봇 유형은 작동방식, 비즈니스 목적, 특징 등 다양한 방법으로 분류할 수 있다〈표 11-10〉. 작동방식으로는 시나리오형과 인공지능형 챗봇으로, 비즈니스 목적으로는 개인비서, 사내업무 지원, 고객서비스(간접 지원), 고객서비스(직접 지원) 챗봇으로 분류할 수 있다. 챗봇의 특징을 기준으로 대화형, 트리형, 추천형, 시나리오형, 결합형 챗봇으로 나눌 수 있다.

〈표 11-10〉 챗봇의 유형

| 작동방식 | 비즈니스 목적 | 특징 |
|---|---|---|
| ① 시나리오형<br>주어진 지침에 따라 작동하며 사전에 정해진 수의 요청과 어휘에만 응답 | ① 개인 비서 챗봇<br>예) Google Assistant<br>Apple Siri<br>삼성 빅스비 | ① 대화형 챗봇(conversation chatbot)<br>AI기반, 머신러닝 및 딥러닝을 기본으로 하며, 자연어 처리를 기반으로 자연스런 대화가 가능 |
| ② 인공지능형<br>인공 신경망을 가지고 새로운 대화와 단어를 도입할 때 스스로 학습 | ② 사내업무 지원 챗봇 : 사내 규정, 가이드, 업무 프로세스 안내 | ② 트리형(버튼) 챗봇(tree-based chatbot)<br>AI는 아니며 객관식과 같이 정해진 트리구조에 따라 답변을 얻는 형태 |
| | ③ 고객 서비스 챗봇(간접지원): 챗봇 초기 단계로 단순 문의 답변 등 고객응대 서비스 | ③ 추천형 챗봇(recommendation chatbot)<br>AI기반일 수도 아닐 수도 있음. 머신러닝을 통해 학습된 데이터를 바탕으로 표면적으로는 대화형태를 띠지만 질문 시 대화 형태의 답변이 아니라 사전에 정의된 답변 결과를 우선순위별로 보여줌 |
| | ④ 고객 서비스 챗봇(직접지원) : 고객의 개인화된 답변 처리 가능 | ④ 시나리오형 챗봇(scenario-based chatbot)<br>원하는 서비스 혹은 출력물 제공을 위해 정해진 시나리오를 수행하며, 최종 결과 전달을 위해 고객에게 받아야 하는 정보를 순서에 따라 받음 |
| | | ⑤ 결합형 챗봇(combination chatbot)<br>비즈니스 혹은 서비스 목적에 따라 위 챗봇 유형들을 결합한 형태 |

출처 :www.pcmag.com/(구글 어시스턴트)

출처 : www.rmupdate.com(빅스비)

### 3) 챗봇의 장단점

챗봇 서비스의 장점은 첫째, 연중무휴 24시간 시간 제약 없이 비대면으로 서비스가 제공된다는 것이다. 항상 작동하기 때문에 이용자의 접근성이 극대화된다. 둘째, 고객 응대 등 단순 업무를 손쉽게 해결할 수 있다. 업무 처리 과정에서 데이터를 수집하고 단순 반복 업무를 최적화할 수 있다. 셋째, 경제성이다. 처음 챗봇 시스템을 구축하는 데 비용이 많이 소요되지만 이후에는 서버 작동 비용 외에는 거의 비용이 발생하지 않아 적은 비용으로 유지가능하다. 넷째, 상담 이력이 데이터로 기록되어 빅데이터를 구축할 수 있어 개인화 서비스가 가능하다. 상담원과 달리 챗봇은 개인 메신저처럼 사용할 수 있어 개인에게 맞는 서비스를 추천해주고 최적화할 수 있어 자연스런 마케팅 유도가 가능하다.

단점으로는 첫째, 인공지능 기술이 아직은 걸음마 단계로 고객이 명확한 단어와 완벽한 문장으로 단순한 질문을 해올 때만 챗봇이 겨우 일정 부분 대응할 수 정도로 답변 정확도가 개선될 여지가 있다. 이러한 기술적 문제로 소비자의 챗봇에 대한 초기 불만족스러운 경험은 텍스트를 선호하는 젊은 세대에게도 지속적인 챗봇 이용에 부정적인 면을 갖게 하고 있다. 둘째, 챗봇이 학습된 데이터를 기반으로 적합한 답변을 하는 관계로 고객 상황에 대한 공감력이 떨어질 수 있다. 셋째, 노년층 등 챗봇 서비스 자체를 모르거나 이해도가 낮은 소비자에게는 효용성이 떨어질 수 있다. 넷째, 고객데이터를 수집하는 과정에서 나타날 수 있는 개인정보나 중요 데이터의 외부로의 유출문제가 있을 수 있다.

### 4) 챗봇 서비스 발전단계

한국정보화진흥원에 따르면 챗봇 서비스는 3단계로 분류된다〈표 11-11〉. 1단계는 단순히 음성과 문자로 구성된 챗봇 서비스, 2단계는 시각자료를 추가하고 자연어 처리가 가능한 지능형 비서 서비스, 3단계는 행동 인지와 감성 인지, 데이터 정형화 등을 포함하는 감성 비서 서비스이다. 현재 챗봇 서비스는 2단계 수준이다.

챗봇의 개발 유형은 단순 질문형, 메뉴 전개형, 단순 대화형, 인공지능 대화형으로 나뉜다. 인공지능 대화형으로 갈수록 성능이 우수하다.

〈표 11-11〉 챗봇 서비스 발전단계

| | 1단계<br>(챗봇 서비스: Chatbot)) | 2단계<br>(지능형 비서:<br>Intelligent Assistant) | 3단계<br>(감성 비서:<br>Conscious Assistant) |
|---|---|---|---|
| 제공 방식 | 텍스트, 음성 | 음성, 텍스트, 음성,<br>시각자료 | 텍스트, 음성, 시각자료,<br>행동 인지 |
| 입력 방식 | 폐쇄형, 개방형 일부 | 폐쇄형 일부, 개방형 | 개방형 · 폐쇄형 복합사용 |
| 주요 기술 | 패턴매칭, 키워드 및<br>연관어 추출 등 | 딥러닝 · 머신러닝, 자연어 처리,<br>기타 신기술 융합 등 | 감성인지기술,<br>데이터 정형화 등 |
| 내용 | - 학습된 내용에 대한 질의응답<br>- 사용자와 단순한 형태의 소통<br>- 검색을 통한 결과 제공 | - 사용자의 패턴 · 상황을 고려한 개인 맞춤형 서비스 제공<br>- 간단한 업무 처리 | - 감정 교류를 통한 서비스 및 각종 서비스에 대한 선제적 대응 |

출처 : 한국정보화진흥원(2018), 인공지능 기반 챗봇 서비스의 국내외 동향분석 및 발전 전망, D.gov Trend & Future, 2018-2호 : 4.

### 5) 챗봇의 활용 사례

챗봇은 금융, 유통, 의료, 엔터테인먼트 분야 등 다양한 산업에서 사용되고 있으며, 고객 상담, 정보제공, 마케팅은 산업 구분에 관계없이 대부분의 기업에서 활용하고 있다〈표 11-12〉.

**〈표 11-12〉 챗봇 활용 분야**

| 서비스 분야 | | 제공 내용 | 사례 |
|---|---|---|---|
| 공통 | 고객 상담 | 콜센터의 고객 상담 업무를 대체 또는 보완하여 업무경감 및 비용 절감을 위해 도입 | 카카오뱅크 상담챗봇, CJ대한통운 챗봇상담, 삼성생명(따봇), 서울시(서울톡) 등 |
| | 정보서비스 | 챗봇 또는 대화형 인터페이스를 통해 개인 맞춤형 정보를 제공 | 일기예보 챗봇(Poncho), 뉴스 챗봇(쿼츠: Quartz), 카카오(코로나19 자가진단 챗봇) 등 |
| | 마케팅 | 기업의 상품이나 서비스를 홍보할 목적으로 도입 | 넷플릭스 챗봇(드라마 좋아하면 울리는 이벤트), 네이버 웹툰 챗봇(내 남편과 결혼해줘 이벤트), 현대자동차 코나 챗봇(코나출시 홍보), SSG 챗봇, 마블 스파이더맨 챗봇(마블 코미북 시크릿 엠파이어 출시 홍보) 등 |
| 쇼핑몰(상거래) | | 고객 상담을 포함하여 상품의 주문, 조회 등을 챗봇을 통해 처리 | 롯데백화점 온라인 쇼핑몰 엘롯데(로사), 롯데홈쇼핑(샬롯), 도미노 피자(돔), 발란 채널톡 등 |
| 금융 | | 콜센터 또는 매장 방문을 통해서 처리되던 상담 및 계좌 관련 업무를 챗봇으로 처리 | KB국민은행(비비), 신한은행(오로라), 하나은행(HAI), 우리은행(위비봇), NH농협은행(올원상담봇), 카카오페이(페이봇), 현대카드(Henry), 흥국화재(흥미봇), Bank of American(Erica) 등 |
| 의료 | | 직접적인 의료수단이 아닌 간단한 문진과 상담에 활용 | 하나로 의료재단(하나로 하이봇), Tess(정신/심리 상담) |
| 법률 | | 법률전문가와 상담하듯이 챗봇을 통해 법률 상담을 제공 | 법무부(버비), 헌법재판소(헌재톡), 익산시(지방세 상담 챗봇), Do Not Pay(미국, 캐나다, 영국 등에서 난민 신청을 준비하는 난민에게 무료 법률 서비스) |
| 엔터테인먼트 | | 음악 등의 문화예술 콘텐츠를 개인 맞춤형으로 제공 | 카카오멜론 뮤직봇(로니) |
| 교육 | | 챗봇의 대화형 구조를 상호작용과 접목하여 어학 등 분야에서 활용 | Duolingo(외국어학습), eggbun(외국어 학습), Mathway(수학문제 풀이), Jill Watson(미국 조지아공대 온라인 조교) 등 |
| 관광/호텔/외식/항공사 등 | | 호텔, 항공사 전문가와 상담하듯이 챗봇을 통해 예약, 체크인, 취소, 환불, 식당 추천, 고객 불만, 탑승, 항공수하물 분실 등 해결 정보제공 | 워커힐 호텔앤리조트(서울 소재 호텔 최초로 AI 기반한 챗봇 서비스), 메리어트 계열 Aloft호텔(ChatBotlr), Cosmopolitan of Las Vegas(Rose), 스타벅스(Barista), 도미노 피자(도미챗), KLM 항공(블루봇), Southwest Airlines(채용 프로세스 지원 앱), 파주시(관광 안내 챗봇) 등 |

출처 : 한국교육학술정보원(2018), 챗봇(ChatBot)의 활용 사례 및 이러닝 도입 전략, 연구자료 RM 2018-11 : 11. 토대로 보완

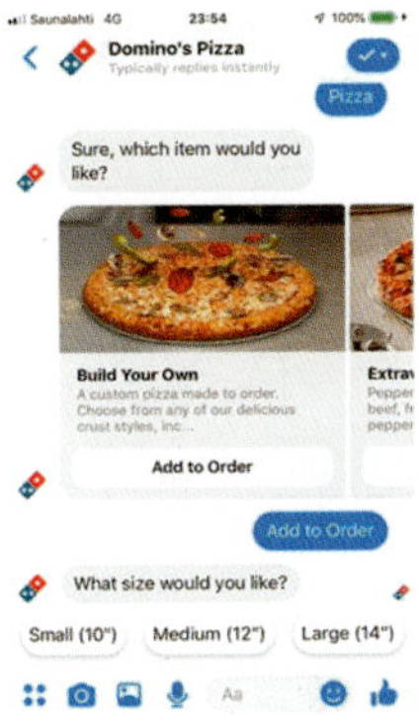


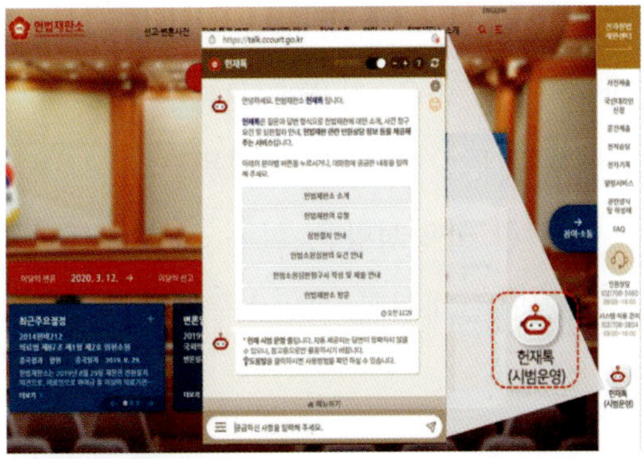


출처 : https://kevit.io(도미노피자 챗봇); www.ccourt.go.kr(헌재톡)

출처 : http://eduvation.ca(Jill Watson: 미국 조지아공대 온라인 조교)

## 제 4 절 | 서비스 접점 종합 모형

### 1. 서비스 만족 거울

만족 거울(satisfaction mirror)은 고객과 직원 만족 사이의 관계를 보여주는 개념으로 Schneider & Bowen(1985)의 논문에 처음 소개되었다. 이들은 1985년 고객과 직원 만족 수준 간의 밀접한 관계를 은행지점들을 예로 연구했으며, 8년 뒤 같은 연구에서도 "직원이 자신의 업무를 지원받는다고 믿는 정도에 따라 고객 만족에 대한 일관된 정보가 촉진된다."는 사실을 보여주었다. 직원 만족도와 고객 만족 연관성을 분석한 Heskett, Sasser, & Schlesinger(1997) 역시 직원 만족이 고객 만족에 반영되는 만족 거울 이론으로 직원 만족이 고객 만족에 반영됨을 보여주고 있다.

고객 만족과 직원 만족은 거울에서 마주보듯 같은 방향으로 이어지고 있다[그림 11-4]. 더 많은 반복구매는 더 많은 고객욕구와 고객충족방법에 대한 더 많은 지식, 서비스 실수에 대한 강한 불평성향은 실수 회복에 대한 더 큰 가능성, 낮은 비용은 높은 생산성, 더 좋은 결과는 개선된 서비스품질과 직접 연결된다.

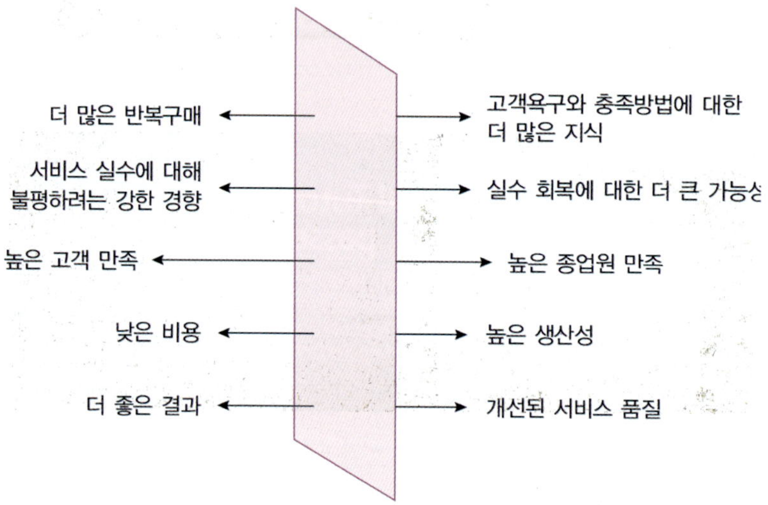


출처 : Heskett, J. L. W., Sasser, E. Jr., & Schlesinger, L. A., 서비스경영연구회 역(2000), 서비스수익모델, p.163.

[그림 11-4] 서비스 만족거울

## 2. 서비스수익체인

서비스수익체인(service profit chain)은 내부 서비스품질, 직원 만족이 서비스가치를 높이고, 궁극적으로 고객만족과 서비스 수익성에 긍정적인 결과를 가져온다는 인과관계를 설명하고 있다[그림 11-5]. 내부 서비스품질은 근무환경에 의해 결정되는데 여기에는 작업장 설계, 업무설계, 권한위임, 선발과 경력개발, 보상, 정보 및 커뮤니케이션, 고객에게 서비스를 제공하기 위한 서비스 도구(서비스에 사용하는 정보, 작업장에서 사용하는 기술 등) 등이 포함된다. 내부 서비스품질이 향상되면 직원만족도가 높아지고, 직원만족도가 높아지면 직원 충성도가 높아지고 이직률이 떨어져 궁극적으로 직원 생산성이 높아지는 결과를 가져온다.

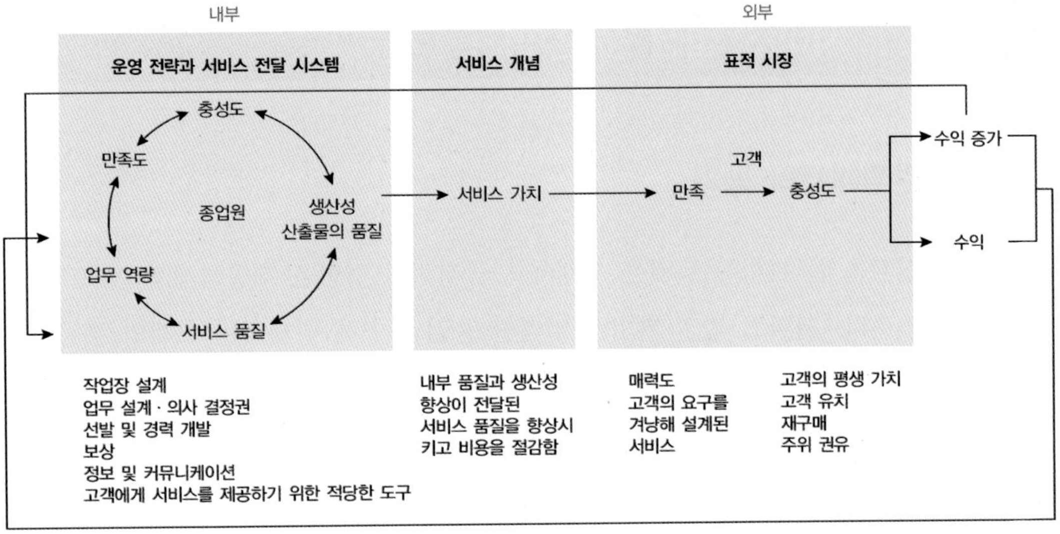


출처 : Heskett, J. L., Jones, T. O., Loveman, G. W., Sasser, J., & Schlesinger, L. A.(1994), Putting the Service-Profit Chain to Work, Harvard Business Review, 72(2) : 166.

[그림 11-5] **서비스수익체인**

서비스 가치는 고객이 서비스를 획득하는 데 투입한 비용과 서비스 결과를 비교해 측정된다. 서비스 가치는 직무에 만족해 열심히 일하며 생산성을 높이는 능력 있는 직원에 의해 향상된다. 향상된 생산성과 서비스품질의 향상은 서비스 개념에서 고객에게 결과 품질과 과정 품질을 높이면서 비용을 절감함으로써 서비스 가치를 높여준다. 이와 같이 향상된 서비스 가치는 외부 고객의 만족을 높여주고, 이어 재구매, 주위 권유, 고객유치, 고객평생가치 등으로 표현되는 고객 충성도를 증가시켜 궁극적으로 매출 증대와 수익성 향상을 가져오게 된다. 고객 충성도의 5% 증가가 기업이익을 25%에서 80%까지 상승시킨다는 연구결과가 이를 뒷받침해준다. 마지막으로 증가된 수익은 또다시 내부의 운영 전략과 서비스 전달 시스템에 투자됨으로써 선순환이 가능해진다.

## 제 5 절 | 서비스 접점 품질 평가

### 1. 고객 관점에서의 평가

서비스 접점을 잘 관리하는 것은 고객에게 긍정적인 경험을 제공하게 되어 고객 만족에 영향을 준다. 서비스 접점 관리는 열악한 품질로 인해 발생하는 고객의 부정적인 인상을 극복하는 데도 도움을 줄 수 있다. 예를 들면, 음식점에서 주문한 따뜻한 음식이 식어서 나올 경우 불만족한 고객에게 새로운 음식과 추가 음식 및 할인쿠폰을 제공하는 등 그 자리에서 고객을 진정으로 만족시키기 위해 직원이 노력한다면 고객은 이 음식점을 재방문하는 것 외에도 다른 사람들에게 해당 음식점을 추천하는 등 긍정적인 구전효과를 기대할 수 있다. 이와 같이 고객접점에서 직원의 고객 대응태도나 행동은 서비스에 대한 고객만족에 큰 영향을 미친다.

서비스 접점에서 고객이 갖는 호의적/비호의적 지각의 원천에는 회복성(recovery), 적응성(adaptability), 자발성(spontaneity), 대응성(cope)이 있다(이유재, 2013).

첫째, 회복성은 서비스 실패 상황에서 직원이 고객 불만에 대응하는 행동으로 직원의 행동과 조치는 고객들에게 만족 또는 불만족을 줄 수 있다. 예를 들면, 호텔에서 초과예약을 받아 도착한 고객이 호텔의 만실로 자신이 예약한 객실을 제공받지 못하는 경우 동일한 가격에 스위트 룸으로 업그레이드해주면 고객은 만족스러운 경험이 되며, 그렇지 않고 어떤 조치나 설명을 제공하지 않을 경우는 불만족스런 경험이 된다.

둘째, 적응성은 고객의 특별한 니즈나 요구에 대해 서비스 전달 시스템이 얼마나 적응적인가를 의미한다. 고객은 자신의 특별 요구에 대해 직원이나 시스템이 유연성을 발휘하여 개별적인 니즈를 충족시켜주면 만족을, 그렇지 않고 직원의 충분한 노력이 보이지 않으면 불만족을 느끼게 된다. 예를 들면, 갑작스러운 알레르기 증상으로 예약 없이 온 환자를 위해 간호사가 일정 조율을 통해 당일 진료를 가능하게 해줄 수도 있고 동일한 상황에서 예약을 해서 다시 오라고 할 수도 있다. 이와 같이 서로 다른 간호사의 응대 태도는 환자에게 만족 혹은 불만족한 경험으로 남을 수 있다.

셋째, 자발성은 고객의 특수한 요청에 의한 것이 아닌 직원이 자발적으로 고객을 배려하고 세심한 서비스를 제공하는 행동이다. 직원은 고객이 말하지 않아도 먼저 관심을 가지고 신경을 써주거나 요구하지 않은 사항에 대해서도 나서서 제안하는 경우와 직원이 고객에게 무례하게 굴고 차별하거나 무시할 경우 고객은 직원에 대해 만족과 불만족의 상반된 경험을 하게 된다. 예를 들면, 호텔 투숙객이 투숙 시 사전에 요청하지 않은 환영 과일 바구니를 제공하는 것은 고객에게 만족스러운 경험을 주지만 레스토랑에서 직원이 동료들과 얘기하는 데 열중해서 막 입장한 고객을 응대하지 않으면 고객은 불만족스러운 경험을 하게 된다.

넷째, 대응성은 서비스 제공에서 고객의 문제나 불만을 해결하기 위해 직원이 대처하는 것을 의미하는데 보통은 고객 자신이 문제의 원인이지만 이를 잘 모르거나 인정하지 않는 경우에 해당된다. 문제 고객들은 일반적인 규범과 원칙에 어긋난 행동을 하거나 직원 및 다른 고객들과 비협조적이거나 다툼을 하게 되는데 이러한 상황에서 직원의 문제해결을 위한 행동은 고객의 만족 내지는 불만족에 영향을 주게 된다. 예를 들면, 기내에서 고객이 술에 취해 난동을 부릴 때 승무원이 고객에게 착륙 후 피곤한 상태에서 운전을 해야 하는지 차분하게 질문하며 자연스럽게 커피를 권할 수도 있고, 때로는 술에 취한 고객의 난동을 제압하기 위해 문제 고객을 무력으로 자리에 앉힐 수도 있다. 이와 같이 서로 다른 승무원의 문제 고객에 대한 응대 태도는 만족 혹은 불만족한 경험으로 남을 수 있다.

이에 비해 Bitner, Booms, & Tetreault(1990)는 중요사건기법(Critical Incident Technique)을 사용하여 항공사, 레스토랑, 호텔을 대상으로 서비스 전달과정에 있어 서비스 상호작용에 따른 만족과 불만족의 원인을 고객 관점에서 분석하였다. 분석 결과, 서비스 과정에서의 만족/불만족 사례는 서비스 전달체계의 실패, 고객의 요구사항, 직원의 예기치 못한 행동, 문제 있는 다른 고객의 행동의 네 가지 요인으로 분류되었다〈표 11-13〉.

〈표 11-13〉 서비스 접점의 만족과 불만족 결정요인

| 만족/불만족 유형 | 하위 내용 |
|---|---|
| 서비스 전달체계의 실패 | 전달되지 못한 서비스, 늦은 서비스, 부가적인 서비스의 실패 |
| 고객의 요구사항 | 고객의 특별한 요구, 고객의 기호사항, 가능한 고객의 실수, 방해가 되는 고객의 관리 문제 |
| 직원의 예기치 못한 행동 | 고객에 대한 배려, 직원의 어이없는 행동, 전체적인 평가, 사회적 규범에 대한 직원의 행동, 열악한 상황 속에서 정성적 서비스 수행 |
| 문제 있는 다른 고객의 행동 | 술 취한 고객, 불쾌한 언행, 기업의 기본 규칙사항을 어김, 비협조적인 고객 |

출처 : 최정일 · 김연성 · 유한주 · 장정빈 · 황조혜(2017), 서비스경영 4.0, 문우사, p.130.

한편, 서비스 사이클 내에서 각각의 MOT는 분리된 접점으로 고객이 서비스품질을 평가할 수 있는 기회가 된다. 고객은 각 MOT에 대해 기대를 가지게 되며, 여기에는 표준적 기대, 경험을 강화시키는 요소(+MOT), 경험을 손상시키는 요소(-MOT)가 있다〈표 11-14〉. 따라서 기업은 고객이 MOT에서 갖는 기대가 어떤 것인지, 고객의 기대를 넘어설 수 있는 요소 혹은 고객의 기대를 손상시키는 요소에는 어떤 것들이 있는지 결정적 순간의 영향을 평가(Moment of Truth Impact Assessment : MOTIA)해서 고객 접점에서 최선의 서비스를 제공해야 한다.

첫째, 표준적 기대는 고객이 MOT에서 가지는 최소한의 기대치를 말한다. 고객의 표준적 기대는 제공받을 것이라고 기대되는 구체적인 행동에서부터 경험에서 얻어지는 감정까지 매우 다양하다. 예를 들면, 고객은 기업 콜센터에 전화 문의를 할 때 담당자와 바로 연결되기를 기대한다.

둘째, 경험을 손상시키는 요소(-MOT)는 고객 접점에서 MOT를 실망스럽고 짜증나게 하는 경험을 가지게 하는 특정 경험을 말한다. 예를 들면, 고객은 기업에 문의 전화 시 계속 통화 중이거나 여러 부서로 뺑뺑 돌려 연결되는 불만족스런 경험을 갖게 된다.

셋째, 경험을 강화시키는 요소(+MOT)는 고객 접점에서 훌륭한 경험을 하게 되는 특정 경험을 말한다. 예를 들면, 고객이 기업에 전화 문의 시 항상 업무담당자와 쉽게 연결되는 것이다.

〈표 11-14〉 전화 문의상 MOTIA

| −MOT | 표준적 기대 | +MOT |
|---|---|---|
| • 계속 통화 중임<br>• 여러 번 돌려서 담당자와 연결 | • 담당자와 바로 연결 | • 항상 업무담당자와 쉽게 연결 |
| • 돌릴 때마다 용건을 말함<br>• 잠깐 기다리라고 해놓고 한참 동안 대답이 없음<br>• 용건을 다 말하기도 전에 전화를 끊거나 다른 부서로 돌려버림 | • 친절하고 상냥한 응대 | • 인사와 함께 자기 소속과 이름을 밝힘<br>• 용건을 한 번만 말하고도 담당자와 연결<br>• 용건을 다 마치고도 더 문의할 내용이 없느냐고 물어봄 |
| • 간단한 질문에도 확실한 대답을 못함<br>• 아마 그럴 것 같다는 식으로 즉답을 회피함 | • 정확한 답변 | • 전체 절차를 상세히 설명<br>• 고객이 잘 이해했는지 재확인해봄 |

출처 : 이유재(2013), 서비스마케팅, 제5판, 학현사, p.157.

## 2. 서비스 제공자 관점에서의 평가

서비스 제공자는 서비스 접점 상황에서 자신의 만족보다는 직무의 일부로서 고객과의 상호작용에 참여하기 때문에 서비스 제공과 판매가 서비스 접점에서의 중요한 요소가 된다. 서비스 제공자는 고객이 양질의 서비스를 받고 싶어 하는 것을 알지만 회사의 규정, 절차, 관심 부족으로 양질의 서비스를 고객에게 제공하지 못하게 될 때 좌절감을 느낀다. 서비스 제공자는 자신이 속한 조직의 이익과 고객의 이익 사이에서 갈등을 겪게 되는 것이다.

강명순(2014)은 고객과 서비스 제공자 간에 발생하는 부정적 상황요인을 서비스 제공자 관점에서 네 가지 차원으로 제시하였다〈표 11-15〉. 네 가지 부정적 차원은 부정적 고객요인, 부정적 환경요인, 부정적 직원요인, 부정적 직무요인이다. 부정적 고객요인은 고객이 특이한 요구나 무례한 감정표현이나 행동을 하는 것이다. 부정적 환경요인은 쾌적하지 못한 온도, 조명, 음악 혹은 서비스 접점에서의 복잡한 환경 등이다. 부정적 직원요인은 서비스 제공자 스스로가 부정적 심리상태이거나 업무에 대하 과도한 스트레스 상황 등이다. 마지막으로 부정적 직무요인은 과도한 업무량, 불합리한 근무편성, 조직의 물질적 · 심리적 지원 부족, 업무자율성 부족 등이다.

〈표 11-15〉 부정적 서비스 접점 유발요인

| 발생요인 | 내용 |
|---|---|
| 부정적 고객요인 | 고객의 부정적 욕구 및 태도, 무례한 감정표현 및 부정적 행동 |
| 부정적 환경요인 | 쾌적하지 못한 물리적 환경(온도, 조명, 음악 등), 서비스 접점에서의 복잡한 환경 |
| 부정적 직원요인 | 육제적 · 정신적 피로, 불안정한 심리상태, 직무 스트레스, 직급 스트레스 |
| 부정적 직무요인 | 과도한 업무량, 불합리한 근무편성, 회사의 지원 부족, 직무 자율성 부족 |

출처 : 최정일 · 김연성 · 유한주 · 장정빈 · 황조혜(2017), 서비스경영 4.0, 문우사, p.132.
김병용(2021), 관광 서비스 경영론, 백산출판사, p.262.

## [ 주요 용어 ]

- 기술 도움형 서비스 접점(technology-facilitated service encounter): 대면 접점에서 고객과 서비스 제공자 모두 같은 기술에 접촉이 가능한 접점
- 기술생성형 서비스 접점(technology-generated service encounter): 서비스를 제공하는 현장직원의 업무가 고객의 셀프서비스 기술로 대체되는 접점
- 기술연결형 서비스 접점(technology-mediated service encounter): 고객과 서비스 제공자 간의 직접 접촉 대신 전화나 온라인과 같은 기술을 통해 서비스를 진행하는 접점
- 기술지원형 서비스 접점(technology-assisted service encounter): 고객과의 접점 서비스의 질을 향상하기 위해 서비스 제공자만 기술을 사용하는 접점
- 디커플링(decoupling): 고객과의 직접 접촉이 필요 없는 업무들을 일선부서의 전방업무에서 분리하여 지원부서의 후방업무로 이관하는 것
- 무기술(인적) 서비스 접점(technology-free service encounter): 서비스 제공자와 고객 사이에 물리적으로 긴밀한 접촉과 상호작용이 있는 접점
- 생산라인 접근법(producton-line approach): 엄격한 통제, 낮은 기술 수준의 노동력 사용, 표준화된 서비스 제공과 같은 제조 시스템과 유사하게 서비스를 설계
- 서비스 로봇(service robot): 산업 자동화 응용을 제외한 나머지 분야에서 인간이나 설비를 위해 유용한 일을 수행하는 로봇
- 서비스 만족 거울(service satisfaction mirror): 고객과 직원 만족 사이의 관계를 보여주는 개념으로 직원 만족이 고객 만족에 반영됨을 보여줌
- 서비스 사이클(service cycle): 서비스의 시작에서 끝까지 고객 만족에 영향을 미치는 고객과의 접점을 고객 입장에서 분석해 정리한 그림

- 서비스 접점 삼각구조(service encounter triad): 서비스 조직, 접촉 직원, 고객 사이의 목적이 균형을 이루고 있는 삼각형의 모양
- 서비스 접점(service encouter): 고객과 서비스 제공자 간의 직접적인 상호작용
- 서비스수익체인(service profit chain): 만족한 서비스 직원과 서비스 기업의 경제적 성과의 관계를 보여주는 논리
- 셀프서비스(self-service): ATM, 키오스크, 셀프 세차와 같이 고객의 물리적 존재에 의해서 지배되는 서비스 환경
- 셀프서비스기술(self-service technology): 기술적으로 고객이 스스로 서비스를 수행하도록 하는 서비스 기술
- 일선업무: 서비스 업무 중 고객이 존재해야 하는 업무로 전방부서(front office)에서 행하는 업무
- 지원업무: 서비스 업무 중 고객의 존재가 필요하지 않은 업무로 후방부서(back office)에서 행하는 업무
- 진실의 순간(결정적 순간, moment of truth): 어떤 일에 있어서 가장 중요한 결정적인 순간으로 고객이 직원 혹은 물리적 증거와 접촉할 때 고객의 서비스품질지각에 결정적 영향을 미치는 상황
- 챗봇(chatbot): 채팅(chatting)과 로봇(robot)이 결합된 용어로 문자 또는 음성으로 대화하는 기능이 있는 컴퓨터 프로그램 또는 인공 지능

## 토론 주제

- 진실의 순간(결정적 순간)의 개념과 서비스 접점에서의 중요성에 대해 설명하시오.
- 서비스 접점 삼각구조에 있는 기업, 직원, 고객의 접점 지배 이해관계에 대해 토의하시오.
- 기술혁신에 따른 서비스 접점은 어떤 방향으로 변화해 가는지를 토의하시오.
- Fröehle & Roth의 기술을 활용한 서비스 접점 유형을 예를 들어 비교 설명하시오.
- 셀프서비스의 장단점을 고객과 서비스 제공자 측면에서 비교 설명하시오.
- 자신이 직장동료로서 서비스로봇을 받아들일 수 있는지 혹은 없는지 여부와 그 이유를 토의하시오.

# CHAPTER 12

| | | | |
|---|---|---|---|
| PART 01 서비스와 고객의 이해 | Chapter 01 서비스 | 제1절 서비스 개요<br>제2절 서비스의 특성 | 제3절 서비스의 분류<br>제4절 서비스 경제 |
| | Chapter 02 고객 | 제1절 고객의 개요<br>제2절 고객 욕구와 고객가치 | 제3절 고객 기대 |
| PART 02 서비스 전략과 자원관리 | Chapter 03 서비스 전략 | 제1절 서비스 전략의 개요<br>제2절 서비스 기업의 본원적 경쟁전략 | 제3절 전략 분석 모형<br>제4절 전략적 서비스 비전 |
| | Chapter 04 서비스 사람관리 | 제1절 서비스 리더십<br>제2절 내부마케팅 | 제3절 감정노동 |
| | Chapter 05 서비스마케팅 | 제1절 서비스마케팅의 개요<br>제2절 서비스마케팅 믹스 | 제3절 관계마케팅 |
| PART 03 서비스 운영 | Chapter 06 고객경험관리 | 제1절 고객경험관리의 개요<br>제2절 고객경험 설계 | 제3절 고객경험관리 실행 프로세스<br>제4절 고객 참여행동 |
| | Chapter 07 서비스 수요 & 공급 관리 | 제1절 서비스 수요 & 공급의 개요<br>제2절 서비스 수요관리 | 제3절 서비스 공급관리<br>제4절 수율관리 |
| | Chapter 08 서비스의 물리적 증거관리 | 제1절 물리적 증거의 개요<br>제2절 물리적 환경의 역할 및 유형<br>제3절 서비스스케이프 모형 | 제4절 확장된 서비스스케이프와 가상 서비스스케이프<br>제5절 서비스스케이프 개발 전략 |
| | Chapter 09 서비스 프로세스 설계 | 제1절 서비스 프로세스<br>제2절 서비스 프로세스 모형<br>제3절 서비스 프로세스 설계 방식 | 제4절 서비스 프로세스 실행 방법<br>제5절 서비스 프로세스 재설계<br>제6절 서비스 프로세스 개선 기법 |
| | Chapter 10 서비스 대기관리 | 제1절 고객 기다림의 심리<br>제2절 대기행렬<br>제3절 고객 대기 기대관리 | 제4절 온라인 대기 이론<br>제5절 서비스 기술을 활용한 대기관리 |
| | Chapter 11 서비스 접점관리 | 제1절 서비스 접점의 개요<br>제2절 서비스 접점의 구성과 유형<br>제3절 서비스 기술을 활용한 접점관리 | 제4절 서비스 접점 종합 모형<br>제5절 서비스 접점 품질 평가 |
| | **Chapter 12 서비스와 기술** | 제1절 서비스에서 기술의 역할 및 기술활용의 문제점<br>제2절 4차 산업혁명 | 제3절 4차 산업혁명과 스마트 서비스 기술 |
| PART 04 서비스 성과 및 평가 | Chapter 13 서비스품질 관리 | 제1절 서비스품질의 개요<br>제2절 서비스품질 측정 모형 | 제3절 서비스품질 관리<br>제4절 서비스품질 평가제도 |
| | Chapter 14 서비스 실패 및 회복 관리 | 제1절 고객의 소리<br>제2절 서비스 실패 | 제3절 서비스 회복<br>제4절 서비스 보증 |

Chapter

# 12 서비스와 기술

## 학습목표

이번 장에서는 다음 내용의 이해를 목표로 한다.

① 서비스에서 기술의 역할
② 서비스에서 기술 활용의 문제점
③ 4차 산업혁명의 개념과 특징
④ 인공지능의 개념, 분류 및 활용사례
⑤ 빅데이터의 개념, 스몰데이터와의 차이점, 빅데이터 활용사례
⑥ 사물인터넷의 개념, 발전 방향 및 활용사례
⑦ 가상현실, 증강현실, 혼합현실, 확장현실의 개념과 활용사례

## 도입사례

### "미래의 남편, AI 통해 만난다"… 결혼 · 채용도 '알고리즘 매칭'

제4차 산업혁명의 핵심기술 중 하나인 인공지능(AI, Artificial Intelligence)은 인간이 하던 작업을 대체하고 있다. 예를 들어, 테슬라(Tesla)는 자율주행 차량을 개발하고 있으며, GM, Volkswagen, Ford 등의 회사는 자율주행 차량 시장에 진입하였다. AI가 인간의 일자리를 전부 대체할지는 아무도 정확히 알 수 없으나 AI 기술 사용은 어느 정도 인간의 일을 대체하며 삶의 질을 향상시키고 있다.

그렇다면 우리의 삶 속에서 인공지능(AI, Artificial Intelligence)은 어떻게 활용되고 있을까?

## AI와 인간이 협력해 '커플' 만든다

인간의 최대 행사라 할 수 있는 결혼이 과거 사람의 소개로 배우자를 만나던 방식에서 AI와 인간이 협력해 '커플'을 만드는 시대로 변화해가고 있다. AI 알고리즘이 본인조차 정확히 인지하지 못했던 선호도를 자세히 파악해 상대방을 골라주는 '알만추'(알고리즘에 의한 만남 추구) 서비스가 늘어나고 있는 것이다. 4년차 스타트업인 결혼정보 플랫폼 모두의지인은 직업, 외모, 자산 등을 기준으로 사람 등급을 나눠 커플 매니저가 '감'으로 매칭해 주던 결혼정보회사와 달리 100여 항목을 기반으로 한 AI 맞춤형 모델을 개발했다.

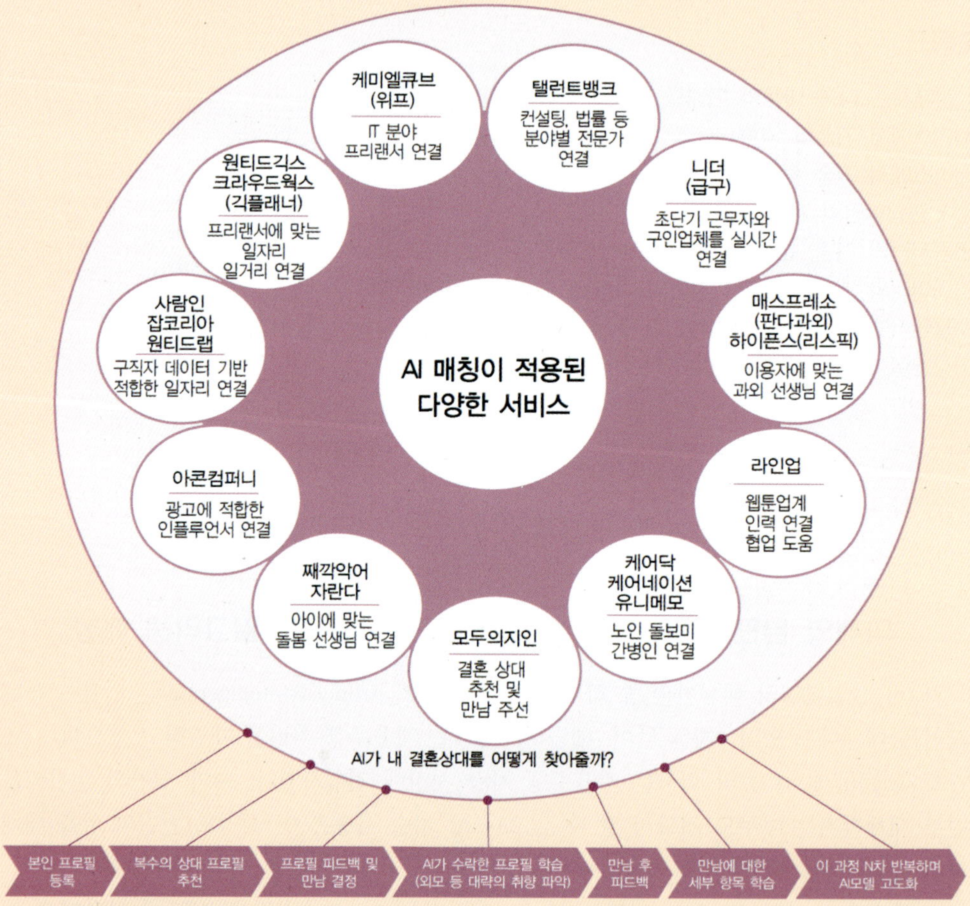


출처 : 한국경제(2022.12.29), "미래의 남편, AI 통해 만난다"… 결혼 · 채용도 '알고리즘 매칭'. 토대로 요약 작성.

이용방식은 이용자가 본인의 프로필을 등록하면 데이터를 분석해 몇 개의 상대 프로필을 제안하며, 이용자는 상대방과의 만남 여부를 결정하고 이후 대면 만남을 하게 된다. AI는 만남 과정에서 매칭 만족도, 추가 만남 성사율 등을 포함한 이용자의 세부적 피드백을 데이터화해가면서 지속적으로 학습한다. 이러한 과정을 세 번 이상 반복하면서 AI는 이용자의 이상형에 가까운 사람을 찾아주게 된다. 모두의지인 회원들이 6개월 안에 제안받은 상대방과 교제를 시작하는 비율은 62% 이상이며, 평균 성혼까지 걸리는 기간은 10개월 정도가 소요된다고 한다.

## ● 진화하는 '인력 매칭'

국내 채용 시장 최초로 AI 매칭 기술을 도입한 사례는 원티드랩이다. 원티드랩은 단순 매칭을 넘어 자기소개서 수정 보완, 직무에 맞는 이력서 작성법, 고도화된 면접 연습 서비스 등 구직자에게 다양한 조언까지 제공하고 있다.

1세대 채용 플랫폼 사람인도 2022년 10월 'AI 매칭 리포트'를 시작했다. 사람인은 채용공고와 이력서의 주요 키워드 일치 여부, 구직자의 보유기술과 채용공고 요구 조건의 부합여부 등을 따져 적절한 기업을 추천해 준다.

긱(gig · 임시직) 근로자가 늘면서 관련 분야에서도 AI 매칭 기술이 활용되고 있다. 전문가 연결 플랫폼 탤런트뱅크는 경영전략 · 신사업 · 인사 · 재무 · 정보기술(IT) · 디자인 등 영역별 역량을 갖춘 15,000여 명의 전문가를 기업과 개인들의 요구에 따라 매칭해 주고 있다. 이외에도 AI 학습 데이터 플랫폼 크라우드웍스의 사내벤처 긱플래너는 회원들이 선호하는 일거리를 설정해두면 맞춤형 알림을 제공해주는 앱을 선보였다. 아르바이트 플랫폼 업체 니더(급구)도 69만 명의 이용자 데이터를 기반으로 AI 매칭을 하고 있다. 케이엘큐브가 운영하는 위프는 IT 업종에 특화한 프리랜서 인력을 매칭해준다.

## ● 돌봄 선생님도 AI로 찾는다

육아 매칭 스타트업인 째깍악어와 자란다는 AI를 기반으로 아이 성향에 맞는 돌봄 선생님을 연결해주고 있다. 째깍악어는 2020년 AI 매칭 기술로 특허를 등록한 이후 고객 데이터와 돌봄 데이터를 지속적으로 확보해가면서 매칭 서비스 수준을 높여가고 있다. 선생님이 방문해 아이를 돌보는 자란다는 돌봄 선생님 방문 일지를 데이터로 축적해가면서 매칭 기술을 고도화하고 있다.

케어닥, 좋은케어(유니메오), 케어네이션 등과 같은 시니어 돌봄회사들도 AI 매칭으로 간병인과 이용자를 적절히 이어주고 있다. 매칭 방식은 먼저 경증 환자를 잘 다루는 사람, 암 환자 돌봄 경력이 있는 사람 등 간병인을 경력에 따라 분류한 후 돌봄이 필요한 분의 나이, 신장, 체중, 질환, 성별 등의 정보를 바탕으로 적절한 매칭을 한다.

사교육 시장에서도 AI매칭 서비스가 활발하게 적용되고 있다. 매스프레소가 운영하는 '콴다과외'는 학생의 성적, 목표 등에 맞춰 선생님을 연결해주고 있다. 맞춤형 외국어 화상회화 플랫폼 리스픽 또한 자체 개발한 매칭 알고리즘을 활용해 학생 수준에 맞는 적합한 선생님을 실시간으로 추천하고 있다.

최근엔 특정 분야에서 동업자를 찾아주는 매칭 서비스도 나타나고 있다. 라인업은 웹소설, 게임 등과 잘 어울리는 그림 작가를 연결해주는 AI 모델을 개발 중이다. 회사가 보유한 약 23만 명의 그림작가를 장르, 취향 코드, 그림체 등으로 분류해 사용자가 원하는 결과를 도출할 수 있는 서비스를 선보일 계획이다. 마콘컴퍼니는 AI와 빅데이터를 기반으로 한 인플루언서 매칭 시스템을 내놓았으며, 유튜브 영상 분석을 통해 다양한 인플루언서를 매칭해주고 있다.

## 제 1 절 | 서비스에서 기술의 역할 및 기술활용의 문제점

전통적인 서비스 방식은 서비스 전달 프로세스의 핵심인 접점에서 현장 직원과 고객이 상호작용하는 인간 주도 형태였다. 그러나 기술의 발달로 점차 이러한 전통적인 서비스 방식에서, 접점에서 직원 대신 기술과 고객이 상호작용하는 기술 지도 형태로 진화하고 있다. Rust & Huang(2014)은 정보기술이 서비스 혁명을 일으켜 서비스 부문의 확장과 경제의 모든 범주에서 서비스의 중요성을 증가시키고 있다고 주장한다. 따라서 기업이 고객 서비스 향상을 위해 서비스에서 기술의 역할을 이해하고 활용하는 것은 매우 중요하다. 아래에서는 서비스에서의 기술 역할 및 기술 활용에 따른 문제점(김진한, 2021; Zeithaml, Bitner, & Gremler, 2018)을 살펴보기로 하자.

## 1. 서비스에서 기술의 역할

### 1) 새로운 서비스 제공물

날마다 새롭게 나타나는 많은 기술은 새로운 서비스 제품이 과거에는 상상할 수 없는 큰 잠재력을 갖도록 해주고 있다. 신기술은 기본 서비스의 기능을 훨씬 뛰어넘어 서비스의 본질을 크게 변화시키고 있다. 예를 들면, 자동차는 기본적으로 인간이 운전하는 방식이지만 커넥티드 자동차(connected car)는 운전자가 직접 운전하는 대신 운행 시간 동안 차 안에서 다른 활동을 할 수 있게 해준다. 즉 커넥티드 자동차는 차량과 주변의 연결에 초점을 맞춘 개념으로 주변 차량 및 IT 기반 시스템과 통신을 통해 교통 흐름 및 사고 상황을 파악하고, 스마트폰 등 외부기기와의 연결을 통한 통합 인포테인먼트 서비스(근처 식당 추천 및 호텔 예약, 쇼핑 추천, 온도 제공 등)를 제공하며, 주변 차량 또는 중앙 통제센터 등에서 제공받은 정보를 기반으로 운행 중인 차량을 제어하기도 한다. 또 다른 예로 과거에는 개인이 사진 촬영 후 필름을 현상소에 갖다주고 인화해서 친구들과 사진을 나눠 가졌으나 지금은 스마트폰을 이용해 필름 없이 원하는 만큼 사진을 찍고, 프린트하거나 온라인에서 친구들과 공유하고 있다.

### 2) 새로운 서비스 제공방식

기술은 고객과 직원이 상호작용하는 동안 더욱 쉽고, 편리한, 생산적인 방식으로 기존의 서비스를 제공할 수 있게 해준다.

첫째, 기술은 대금 지불, 계좌기록 추적, 주문 상품 추적 등의 기본적 고객 서비스 기능, 소매 혹은 기업 간 온·오프라인의 거래, 원격 교육과 온라인 헬스케어 등의 학습과 정보 탐색 등을 촉진시킨다. 예를 들면, 대면 서비스는 전화 기반 서비스, 상호작용적 음성 반응 서비스, 인터넷 서비스, 무선 서비스로 변화하였고, 배민 등의 플랫폼을 이용한 서비스, 24시간 무인카페, 서비스 로봇이나 드론을 이용한 배달 서비스 등이 새로이 나타났다.

둘째, 기술은 구매를 위한 직접적 수단을 제공하여 거래를 촉발시키고 비즈니스를 활성화한다. 예를 들면, 사람들은 최근 통장 거래보다는 온라인 거래를 더 많이 하고 있다. 과거 특정 은행에서 자신의 계좌 내용만 활용하던 방식에서 지금은 모든 은행에 있는 자신의 거래계좌와 카드지출 내역을 즉석에서 확인할 수 있으며, 자금 관리나 청구서 알림 서비스 등도 제공받고 있다.

셋째, 기술은 고객에게 학습하고 정보를 찾고 서로 협력할 수 있는 기회를 제공한다. 예를 들면, 다양한 웹사이트를 통해 사람들은 건강 혹은 의학 관련 정보를 제공받고 있으며, 실시간으로 고객과 고객을 연결하는 기술의 발전은 Airbnb와 Uber와 같은 공유경제의 발전을 가져오고 있다.

### 3) 고객과 직원의 역량 제고

기술을 통해 고객과 직원 모두 서비스를 보다 효과적으로 제공받을 수 있다. 고객은 온라인 뱅킹, 온라인 쇼핑, 스마트폰, 소셜미디어 등 셀프서비스 기술을 사용하여 보다 효과적으로 자신들의 욕구를 충족시키고 있다. 예를 들면, 고객은 은행직원의 도움 없이 온라인 뱅킹을 통해 자신의 계정에 접속, 잔고확인, 대출 신청, 다른 계좌로 돈 이체 등 필요한 은행 업무를 처리하고 있다.

기술은 서비스 접점에서 직원을 지원하고 보완하는 역할을 한다. 결과적으로 직원은 단순하고 반복적인 업무 시간을 줄여 고객에게 전문적 지식을 제공하는 데 더 많은 시간을 할애할 수 있게 된다. 예를 들면, 스마트 글라스(glass) CRM(고객관계관리) 시스템은 직원이 투명 디스플레이가 장착된 안경을 착용함으로써 고객의 프로파일을 실시간으로 검토해 고객을 서비스할 수 있어 고객에게 교차판매(cross-selling)나 상향판매(up-selling) 혹은 실제 구매율을 높이도록 도와준다. 또한 Lowe가 도입한 자율적 서비스 로봇은 고객이 제품을 발견하도록 돕고 간단한 질문에 답변해주며, 식당의 로봇은 고객 안내, 커피 제조, 음식 배달 등을 대신해줌으로써 직원의 업무를 축소시켜주고 있다.

### 4) 전 세계로 서비스 확장

기술이 서비스에 도입됨으로써 과거에는 불가능하게 여겨졌던 전 세계의 고객들을 대상으로 서비스를 제공할 수 있게 되었다. 기술은 식당 점포나 은행 지점 등과 같은 고정된 시스템에서 전달하던 서비스를 가상공간으로 확장시켜 주었다. 따라서 기술은 글로벌기업 직원들이 손쉽게 정보공유, 질문요청 및 가상 팀에서 일하는 것을 가능하게 한다. 예를 들면, 인터넷 기술로 전국 꽃 배달 서비스, 글로벌 택배 서비스, 글로벌 해외 주식투자, 인터넷을 통한 행정 서비스 제공 등이 가능해졌고, 대규모 콜센터를 해당 언어에 능통한 나라로 이전하여 24시간 운영을 하고 있다.

### 5) 인터넷 자체가 서비스

기술의 영향 중 재미있는 사실은 인터넷이 하나의 큰 서비스라는 점을 인식하는 것이다. 인터넷으로 운영되는 모든 비즈니스와 조직들은 기본적으로 정보제공, 기본적인 고객서비스, 거래 촉진 등의 서비스를 제공하고 있다. 모바일이나 사물인터넷 역시 그 핵심은 이러한 기업들이 제공하는 서비스이다. 비록 기술과 인터넷이 사람들의 비즈니스방식과 제공물을 근본적으로 변화시켰지만 고객들이 진정으로 원하는 것은 기본적인 서비스이다. 다시 말해 고객은 서비스 실패 시 신뢰할 수 있는 처리와 결과, 쉬운 접근, 신속한 대응시스템, 융통성, 진정 어린 사과와 보상 등을 원한다.

### 6) 다면 플랫폼 확장

다면 플랫폼(multi-sided platform)이란 2개 이상의 고객 집단 혹은 참가자 집단 간의 직접적인 상호작용을 장려해 가치를 창출하는 기술이나 제품, 서비스를 의미한다. 플랫폼을 매개로 수요자와 공급자, 그 외 참여자가 연결되어 다양한 상호작용이 일어나는 양면(다면) 시장의 구조는 간접, 직접 네트워크를 만들어내는 원동력이 되고 있다. 예를 들면, eBay는 구매자와 판매자를, Airbnb는 여행객과 집주인을, Uber는 승객과 전문적인 운전자를, Google 안드로이드 운영체제는 사용자와 휴대전화 제조업체/앱 개발자를,

Ticketmaster는 소비자와 행사가 열리는 장소를, LinkedIn은 채용기업(담당자), 유저(구직자), 광고주를 연결해준다.

### 7) 서비스 분야에서 규모 및 범위의 경제와 탈규모의 경제를 가능하게 해줌

서비스는 생산과 소비의 동시성이라는 특성으로 인해 규모와 범위의 경제가 쉽지 않다. 하지만 합리화와 중심화를 목표로 하는 기술에 대한 투자는 규모의 경제 달성을 위한 플랫폼 구축을 지원해 규모의 경제를 추구할 수 있다. 예를 들면, 배달 앱 서비스나 호텔 예약 서비스의 경우 플랫폼을 구축함으로써 배달 네트워크의 규모가 커져 더 많은 수익 창출이 가능하다. 또한 기존 기술을 바탕으로 추가 서비스를 제공한다면 범위의 경제도 가능해져 비용 절감과 차별화 우위를 창출할 수 있다. 예를 들면, 은행에서 보험서비스를 제공하거나 여행사에서 차량 렌트, 숙소 예약, 여행 보험 가입을 제공할 경우 간접비 공유를 통해 한계비용 절감효과를 가져올 수 있다.

한편, 플랫폼, 인공지능, 유전체학, 로봇공학, 3D 프린트 등 기술의 시대가 열리면서 과거 산업경제 시대 규모의 경제 대신 탈규모의 경제(economics of unscale)로 성장의 주축이 이동하고 있다. 탈규모의 경제는 필요에 따라 대여할 수 있는 플랫폼과 기술이 서로 보완관계에 있으면서 시장을 움직이는 두 가지 힘이 나타나면서 시작됐다. 즉 플랫폼과 기술 발달로 인해 규모의 경제를 규정하는 고정비와 생산량의 강한 반비례 관계가 악화된 것이다. 이제는 소규모의 회사들이 대량생산, 대량 유통, 매스마케팅을 위해 수십 년간 지속적으로 막대한 투자를 해 자기 혁신을 저해하는 몸짓에 짓눌린 대기업에 성공적으로 도전할 수 있게 되었다. 작고 민첩한 기업들은 인공지능과 디지털 기술을 활용해서 소비자의 기호 변화를 빠르게 찾아내 완벽한 틈새시장을 창출해 낼 수 있다.

모바일과 소셜, 클라우드 컴퓨팅 기술, 인공지능(AI) 등은 대량 맞춤화(mass customization)된 시장을 점점 더 세분화해줘 소규모 기업이라도 고객의 니즈에 딱 맞게 디자인된 제품이나 서비스를 제공할 수 있게 해주는 것이다. 예를 들면, 온라인 안경 브랜드 'Warby Parker'는 클라우드 서비스 업체를 통해 온라인 쇼핑 서비스를 제공하고, 인스타그램 같은 소셜네트워크서비스로 고객 접점을 만들며, 외부 생산업체와 협업해 안경을 제조하는 등 생산 · 마케팅 · 판매 구조를 사내에 완벽하게 갖추지 않고도 소비자의 니즈에 발 빠르게 대응하는 서비스를 제공하고 있다. 이외에도 인벤토리 관리, 배송, 마케팅, 데이터 분석 등 온라인 쇼핑 사이트 운영 전반에 필요한 서비스를 구독 형식으로 지원하는 Shopify, 기업들의 영업 및 마케팅 활동을 돕는 세계 최고의 고객관계관리(CRM) 플랫폼인 Salesforce 등 클라우드를 기반으로 하는 서비스의 예가 있다.

### 8) 조직의 의사결정 지원

정보통신기술은 서비스 기업이 의사결정을 실시간으로 신속하고 효율적으로 수행할 수 있도록 도와준다. 예를 들면, Walmart는 공급자가 유통업체의 매장 재고를 관리해 효율성을 높이는 VMI(Vendor Managed Inventory) 시스템을 통해 매장의 POS(Point Of Sales) 정보를 전자데이터교환(Electronic Data Interchange) 시스템을 통해 시간의 유예 없이 제조업체에 전송하고, 제조업체는 이 정보를 이용하여 수요예측 프로그램과 보충 프로그램을 가동해 매장에 재고 보충을 실시한다. 이것에 따라 제조업체는 채찍 효과에 의한 왜곡 현상을 제거하고 수요예측과 판매계획, 생산계획의 조정이 가능하게 되었다.

또한 기업의 기술 전략과 전사적 자원관리(Enterprise Resource Planning: ERP)에 기반한 생산 시스템은 계속해서 변화하는 기업환경에 발맞추어 실시간으로 의사결정의 조정 및 적응을 가능하게 한다. 여기서 ERP란 재무, 인사, 제조, 공급망, 서비스, 구매조달 등의 프로세스를 포함한 비즈니스 전반을 효율적으로 운영할 수 있도록 하는 소프트웨어 시스템을 의미한다. 예를 들면, CJmall은 오프라인 채널 테스트 차원에서 매출 및 재고관리 시스템이 필요해 ERP 시스템을 도입하여 상품 업로드, 영업 및 매출관리, 재고관리 등에서 사용한 결과 업무 효율성을 높일 수 있었다.

## 2. 서비스에서 기술 활용의 문제점

기술이 고객 서비스 향상에 많은 도움을 주지만 기술이 서비스 분야에서 항상 환영받지는 않는다. 서비스 분야에서 고객서비스 향상이라는 목적을 위해 사용하는 기술이 부작용이나 예상과 달리 반대되는 결과를 발생시키는 기술 패러독스(technology paradox)가 발생할 수 있다. 기술 패러독스가 발생하는 원인을 고객, 직원, 기업 측면에서 각각 살펴보자.

## 1) 고객 측면

### (1) 고객의 기술에 대한 태도

고객은 기술을 사용함에 따른 편익이라는 효과를 누릴 수 있지만 기술을 사용하면서 혼돈, 스트레스, 고립, 예속 등과 같은 부정적 측면을 수반하는 경험을 하게 된다. 그래서 어떤 사람은 서비스 제공 시 기술이 더 필요하다고 느끼고, 어떤 사람은 기술이 사람을 통제한다고 생각해 기술을 싫어하는 양면성을 가지게 된다. 이러한 기술에 대한 사람의 양면성은 서비스 기업에 엄청난 효율성과 생산성을 높여주고 SNS를 이용하여 사람 사이에 참여와 활동을 촉진시켜 주는 동시에 기술에 대한 시간과 노력의 낭비를 초래할 수도 있다. 특히 인터넷 서비스를 사용하는 고객은 자신의 개인정보 보호와 비밀 유지에 대한 걱정을 하게 된다. 의료건강 분야에서 원격의료와 같은 기술적용은 이러한 문제로 시행에 걸림돌이 되고 있다.

또한 고객은 새로운 기술이 등장할 때 이에 대한 개인의 수용 준비 정도를 의미하는 기술 준비도(technology readiness)에 따라 기술에 대한 수용 정도를 달리하게 된다. 기술 준비도는 낙관성(optimism), 혁신성(innovation), 불편감(discomfort), 불안감(insecurity) 등의 네 가지 관점이 있을 수 있다(Parasuraman, 2000). 긍정적 요인인 낙관성과 혁신성이 높을수록, 부정적 요인인 불편성과 불안감이 낮을수록 신기술을 더 잘 수용하는 경향이 있으며, 신기술을 받아들이는 정도는 개인의 신뢰와 신념 등의 성향에 따라 달라진다.

첫째, 낙관성은 기술이 소비자에게 통제감, 생활의 유연성, 편의성 및 효율성을 제공한다고 느끼는 긍정적인 태도이다. 기술에 대해 낙관적인 소비자는 신기술을 습득 · 사용하고, 기술을 통한 통제감과 자유, 심리적 자극을 누리며, 효율적인 업무 수행을 위해 신기술을 적극 활용한다. 이에 비해 기술에 대해 비관적인 소비자는 기술 제품을 구매하기 전에 기술의 혜택에 대해 의구심을 갖고, 기술의 효용성을 실제보다 과장되게 인식하며, 기계보다는 인간과의 의사소통을 선호한다.

둘째, 혁신성은 소비자가 신기술 사용을 즐거워하는 성향으로 스스로 기술적인 선구자가 되려는 경향을 의미한다. 기술에 대해 혁신적 성향이 강한 소비자는 신기술의 습득을 즐기고 다른 사람의 도움 없이도 쉽게 신기술을 이해하며 타인에게 조언하는 역할도 한다. 이에 비해 기술에 대해 혁신적인 성향이 약한 소비자는 신기술에 크게 관심이 없고, 습득 의지도 낮을뿐더러 시간을 내서 신기술을 학습하려 하지 않는다.

셋째, 불편감은 소비자가 신기술을 활용할 때 기술 사용능력이 부족하다는 인식과 신기술에 압도될 때 느끼는 감정이다. 기술에 대해 불편감을 느끼는 소비자는 기술시스템이 일반 소비자를 위해 설계되지 않았다고 생각해 신기술을 사용할 때 좌절감이나 기술의 복잡성으로 인해 기술 사용에 어려움을 느낀다. 이런 경우 소비자는 전문가에게 문의하는 것이 불편감을 해소하는 방법 중 하나라고 생각한다. 이에 비해 불편감이 없는 소비자는 기술을 잘 통제하고 다른 사람에 비해 기술로 인한 문제가 적게 발생한다.

마지막으로 불안감은 기술에 대한 불신과 기술이 정상적 작동이나 적절한 업무 수행을 가능하게 해준다는 믿음이 부족한 데서 나타나는 회의감이다. 기술에 대해 불안감을 가지는 소비자는 전자상거래시스템이라는 기술이 온라인을 통해 자신의 신용카드 번호 등의 개인 프라이버시나 정보를 타인에게 노출시킬 수 있고, 온라인 전송 과정이 안전하지 않다고 생각한다. 이에 비해 기술을 신뢰하는 소비자는 사람이 하는 것보다 기계에 의한 업무 수행이 더 효과적이라고 생각한다.

### (2) 기술 패러독스의 8가지 유형

Mick & Fournier(1998)는 기술사용과 관련한 사용자의 관점, 의미, 경험을 기반으로 한 임상과 사회심리학 문헌을 근거로 기술 패러독스 관련 8가지의 유형을 제시했다.

첫째, 조절(control)/혼돈(chaos)으로 조절은 기술적으로 사용자 스스로 기술 작동을 조절할 수 있다고 보는 반면 혼돈은 기술 숙지 미비, 실수했을 경우 이를 만회할 수 있는 방안의 부재나 불충분의 사유로 혼란한 상태를 의미한다. 예를 들면, 증권시세표의 입력 오류는 주식매매에서 즉각적인 재정적 손실을 초래할 수 있다.

둘째, 자유(freedom)/속박(enslavement)으로 사용자가 서비스 직원과 접촉 없이 기술을 독립적으로 이용할 수 있는지 아니면 제한적 혹은 의존적으로 이용이 가능한지 여부를 의미한다. 소비자들은 강요된 구매나 이용보다는 자유롭게 선택할 수 있을 때 기술을 보다 긍정적으로 평가하게 된다.

셋째, 신형(new)/구형(obsolete)으로 신기술은 고객 서비스에 최신의 편익을 가져다 주지만 일정 시간이 지나면 구식이 되어 한순간에 고객에게 진부함을 줄 수 있다. 예를 들면, 공중전화 박스와 호출기는 휴대폰의 등장으로, 오버 헤드 프로젝트는 최신 프로젝션 기술과 컴퓨터에 의해 진부해졌다.

넷째, 능력(competence)/무능력(incompetence)으로 기술을 잘 사용하는 사람은 자신의 능력을 확인하는 계기가 되나 기술의 복잡성과 난해함으로 인해 잘 사용하지 못하게 되면 자신의 무능함을 느끼고 기술에 대한 오해를 갖게 된다. 예를 들면, 온라인뱅킹 서비스 중 계좌개설의 경우 여러 번 개설 절차를 거쳐야 하는 경우 이를 잘 따라가지 못하면 고객은 무력감을 느낄 수 있다.

다섯째, 효율(efficiency)/비효율(inefficiency)로 기술을 활용한 업무 수행이 시간과 노력을 감소시킬 수 있는지 여부와 관련된다. 예를 들면, 식당에서 키오스크를 통한 음식 주문 시 기술 수용도가 빠른 젊은 사람들에 비해 기술 수용도가 떨어지는 장년층 고객들은 여러 번 주문 실패를 경험함으로써 직원을 통한 주문을 대체하는 키오스크를 통한 주문방식의 신기술을 비효율적이라고 인식할 수 있다.

여섯째, 충족(fulfill needs)/필요(create needs)로 기술은 사용자의 욕구와 욕망을 충족시키지만 동시에 기존에 인식하지 못했던 새로운 욕구들을 인식함으로써 서비스 활용에 대한 부가적 구매를 유발해 예상하지 않았던 비용 상승을 가져올 수 있다. 예를 들면, 온라인 뱅킹과 투자 서비스 고객들은 분석소프트웨어와 금융자료서비스가 필요한데 이를 구매해야 한다면 기대하지 않은 비용 증가를 가져올 수 있다.

일곱째, 통합(assimilation)/고립(isolation)으로 기술의 발전과 사용이 인간관계에 있어 교류를 촉진시키거나 직원과 접촉하지 않고 자신의 능력으로 서비스 욕구를 충족시키는 고립을 가져올 수 있다는 것이다. 예를 들면, 텔레비전에서의 프로야구 올스타전

시청은 사람들과 음식을 같이 먹으면서 볼 수 있는 일종의 사람들과의 사회화과정인 통합파티가 되기도 하지만 핸드폰으로 혼자 올스타전을 따로 본다면 이는 통합 대신에 고립을 가져올 수 있다.

여덟째, 개입(engaging)/불개입(disengaging)으로 기술은 사람들의 관여도를 높이거나 활동을 용이하게 하지만 인간의 동기, 관심, 재능은 소멸되어 단절이나 수동적인 삶을 초래할 수 있다. 예를 들면, 노래방 기계는 사람들이 노래 가사를 기억하지 않아도 되고 음정과 박자를 맞추는 데 도움을 주지만 정작 이러한 기계의 도움이 없으면 사람들은 노래 가사도 스스로 기억하지 못해 과거 노래방 기계가 없었을 때 스스로 가사를 외워서 노래 부르던 시절에 비해 점점 기계에 의존하는 수동성이 높아지고 있다.

### 2) 직원 측면

직원은 고객 서비스 향상에 신기술이 도입될 때 그러한 변화에 저항 내지는 거부할 수 있다. 직원은 기존에 해오던 자신만의 서비스 방식에 익숙해져 신기술 학습 노력을 하지 않을 수 있다. 또한 직원은 기술이 인간 노동을 대체해 자신의 일자리를 빼앗을 수 있다고 인식할 수 있다. 테크프로 리서치(Tech Pro Research)의 인공지능 및 IT에 관한 인식 조사 보고서에 의하면 응답자에 6.3%는 인공지능이 비즈니스에 도움이 될 것으로 기대하는 반면 34%는 관련 기술로 인해 일자리를 잃게 될 것이라는 우려를 나타냈다. 하지만 최근 호텔의 경우 직원들은 로봇이 무거운 기물을 대신 운반해주고 있어 기존의 단순반복적인 업무 대신 세심하게 고객을 응대하는 등 더 가치있는 일에 집중할 수 있어 점차 로봇을 서비스 동료로 인식하는 현상도 나타나고 있다.

### 3) 기업 측면

4차 산업혁명으로 서비스업에서 고객 서비스 향상을 위한 신기술 도입의 중요성은 아무리 강조해도 지나치지 않다. 하지만 기업은 신기술 개발이나 투자에 막대한 비용이 들어가고 기술투자비 회수가 불확실하게 되면 신기술 활용에 주저하게 된다. 예를 들면, 호텔은 인공지능을 장착한 서비스 로봇 등의 기술투자에 따른 업무 효율성과 같은 생산성이나 고객만족도 향상이 상당 시간 걸리고 경우에 따라서는 투자 대비 성과가 나타나지 않을 수도 있어 기술투자를 망설일 수 있다.

잠깐 쉬어가기

### 세계 최초의 로봇호텔인 일본 헨나 호텔의 로봇 해고

일본 헨나 호텔은 기네스에 등록된 세계 최초의 로봇 호텔이다. 헨나 호텔은 2015년 사세보시 하우스텐보스에 처음으로 오픈한 이후 도쿄 등 일본 다른 지역으로 확대되고 있으며, 로봇 호텔로 유명세를 끌었으나 2019년 4년 만에 전체 243대 로봇 중 절반을 해고했다.

로봇 해고의 배경 일화는 다음과 같다. 헨나 호텔 투숙객인 요시다 이시가와씨는 객실에 있는 인형 모양의 AI 로봇이 몇 시간에 한번씩 자신을 깨우는 바람에 잠을 설쳤다. 심한 코고는 소리를 로봇이 사람의 말로 해석해 오작동을 했으며, 잠에서 깬 그에게 로봇은 "죄송합니다. 무슨 말인지 이해를 못했습니다. 다시 한번 말씀해주십시오"라고 엉뚱한 대답을 했다는 것이다.

또한 로비에 춤추는 로봇애완견, 피아노 치는 로봇 등 새로운 로봇도 도입했지만 로봇의 작동이 자주 중지되었다. 객실의 '추리(Churi)'라는 개인 컨시어지 로봇 도우미 역시 투숙객들의 근처 테마파크의 개장 시간에 대한 명확한 답을 제시하지 못했다. 호텔은 투숙객들의 요구 사항을 추리가 다 해결해줄 거라 확신해서 처음부터 객실에 전화를 놓지 않았다. 그래서 한 투숙객은 자신의 스마트폰으로 프런트에 전화해 궁금한 내용을 해결해야 했다.

이외에도 해외 관광객이 호텔 체크인을 위해 체크인 카운터에 있는 공룡 로봇 근처의 단말기를 이용해 여권을 스캐닝했으나 제대로 인식하지 못해 호텔 직원의 도움을 얻어 체크인하는 일도 발생했다. 투숙객의 짐을 옮겨주는 배달 로봇 두 대는 100개가 넘는 호텔의 객실 중 약 24개까지만 큰 소음으로 느린 속도로 갈 수 있었고, 일부 로봇은 복도에서 충돌사고를 내기도 했으며, 비나 눈이 오면 제대로 작동하지 않았다. 이 때문에 호텔 측은 로봇을 수리하거나 관리하는 인력을 더 많이 투입해야 하는 결과를 가져왔다.

이처럼 로봇 직원에 대한 고객의 불만이 높아지고 관리비용이 커지자 헨나 호텔은 로봇 절반을 철수시켰다. 호텔 직원들은 로봇의 숫자를 크게 줄이면서 고객 항의도 크게 줄어져 한결 편해졌다고 말했다. 헨나 호텔은 향후 신중하게 로봇을 도입하고 새로운 로봇 도입 대신 출입문 얼굴인식시스템 등 투숙객들에게 실질적으로 도움을 줄 수 있는 시스템을 도입하는 방안을 고려하고 있다.

출처 : 로봇신문(2019.1.15), '이상한 호텔'은 왜 로봇을 절반으로 줄였나. 토대로 작성

# 제 2 절 | 4차 산업혁명

## 1. 4차 산업혁명의 개요

19세기 중반 프리드리히 엥겔스(Friedrich Engels)가 처음 사용한 산업혁명이란 용어는 이후 영국의 역사학자인 아놀드 토인비(Arnold Joseph Toynbee)가 '영국의 18세기 산업혁명 강의'에서 이를 보다 구체화하면서 널리 사용하게 되었다. 산업혁명은 기술혁신과 새로운 제조공정으로의 전환 및 이로 인한 사회, 경제 등의 큰 변화라고 정의할 수 있다.

산업혁명의 전개 과정은 사회와 경제에서 큰 변화의 바람을 불러일으키게 한 핵심 발명품의 등장 시기를 기준으로 구분되며, 현재까지 총 4차례의 산업혁명이 발생하였다. 1차 산업혁명은 증기기관을 기반으로 한 기계화 혁명, 2차 산업혁명은 전기를 기반으로 한 대량생산 혁명, 3차 산업혁명은 컴퓨터와 인터넷을 기반으로 한 지식정보 혁명, 4차 산업혁명은 사물인터넷, 인공지능, 빅데이터 기반의 초연결 혁명을 뜻한다. 1차 산업혁명부터 3차 산업혁명까지는 약 200여 년의 시간이 흘렀지만 3차 혁명에서 4차 혁명까진 30년도 채 걸리지 않았다.

## 2. 산업혁명의 단계별 특징

### 1) 1차 산업혁명

1차 산업혁명은 유럽, 특히 영국을 중심으로 약 1760년에서 1820년 사이에 일어난 증기기관 기반의 기계화 혁명을 의미한다. 증기기관은 생산방식을 인간의 손에서 기계로 넘기는 결정적인 계기를 제공했고, 노동생산성을 이전에 비해 2~3배 이상 급증시켰다. 공업화를 통한 생산력 향상으로 소비자는 더 좋은 물건을 저렴한 가격에 구입할 수 있는 혜택을 누릴 수 있게 되었다. 하지만 기계가 인간을 대체하게 되면서 생산력에서 기계와의 경쟁에서 뒤진 노동자들은 1811년~1817년 영국 중북부의 직물 공업 지대에서 '러다이트(Luddite) 운동'이라는 기계파괴 운동을 일으키기도 했다.

### 2) 2차 산업혁명

2차 산업혁명은 제1차 세계 대전 직전인 1870년에서 1914년 사이에 일어난 전기를 활용한 대량생산이 이루어진 혁명을 의미한다. 2차 산업혁명의 가장 큰 특징은 전기와 이를 기반으로 한 통신기술의 발달이다. 이 기간 동안 주요 기술 진보로는 전기를 사용한 모터, 전화, 전구, 축음기 및 내연 기관 등이 있다. 또한 1914년 헨리 포드가 자동차 공장에 컨베이어 시스템을 도입하여 대량 생산을 통한 원가 절감을 실현시켰으며, 이로 인해 과거 특권층만이 탈 수 있던 자동차를 일반 시민들도 탈 수 있게 되어 '마이 카' 시대의 지평이 열렸다.

### 3) 3차 산업혁명

Elvin Toffler가 '제3의 물결'이라고 명명한 3차 산업혁명은 컴퓨터와 인터넷 기반의 디지털 혁명을 의미한다. 3차 산업혁명은 1969년 반도체 소자를 이용해 프로그램 제어가 가능한 '프로그램 로직 컨트롤러(Program logic controller)'로 시작되었다. 2차 산업혁명이 하드웨어가 중심이었다면 3차 산업혁명은 소프트웨어가 중심이다. 전자공학과 정보기술(IT)의 등장으로 텔레비전, 냉장고, 세탁기 등 전자제품 전성시대를 열었고, 1992년 www로 시작하는 인터넷의 등장으로 IT 혁명이 일어났으며, SNS, 스마트폰이 정보소통의 창이 되었다.

### 4) 4차 산업혁명

4차 산업혁명은 2016년 1월 스위스 다보스에서 열린 세계경제포럼(WEF)에서 처음 언급한 개념으로 인공지능, 빅데이터 등 디지털 기술로 촉발되는 초연결 기반의 지능화 혁명을 의미한다. 4차 산업혁명은 3차 산업혁명을 기반으로 디지털, 바이오, 물리학 등 기존 영역의 경계가 융합하는 기술혁명이다. 디지털 기술에는 사물인터넷(IoT), 인공지능(AI), 빅데이터, 공유플랫폼 등이, 바이오 기술에는 유전공학, 합성 생물학, 바이오 프린팅 등이, 물리학 기술에는 무인 운송수단, 3D프린팅, 로봇공학, 나노신소재, 대체에너지 등이 있다. 이러한 4차 산업혁명은 초연결성, 초지능화, 융합화에 기반해 모든 것이 연결되고, 보다 지능화된 사회로 변화하는 특징과 생산자에 의한 공급중심의 산업구조인 전통적인 산업구조와 달리 데이터를 수집 · 분석해서 맞춤형으로 공급이 이루어지는 수요 중심의 산업구조로의 재편이라는 특징을 가지고 있다.

이상의 1-4차 산업혁명을 정리해보면 〈표 12-1〉과 같다.

**〈표 12-1〉 산업혁명의 단계별 변화와 특징**

<table>
<tr><th colspan="2">구분</th><th>1차 산업혁명</th><th>2차 산업혁명</th><th>3차 산업혁명</th><th>4차 산업혁명</th></tr>
<tr><td colspan="2">시기</td><td>18세기 후반</td><td>19~20세기 초</td><td>20세기 후반</td><td>2000년대 이후</td></tr>
<tr><td colspan="2">연결성</td><td>국가 내부 연결성 강화</td><td>기업-국가 간 연결성 강화</td><td>사람, 환경, 기계의 연결성 강화</td><td>자동화, 연결성의 극대화</td></tr>
<tr><td colspan="2">최초 사례</td><td>방적기(1784)</td><td>신시내티 도축장(1870)</td><td>PLC: Modicon 084(1969)</td><td>-</td></tr>
<tr><td colspan="2" rowspan="2">혁신 동인</td><td>증기기관</td><td>전기에너지</td><td>컴퓨터, 인터넷</td><td>사물인터넷, 빅데이터. 인공지능 기반 초연결</td></tr>
<tr><td colspan="2">동력원의 변화(유형 자산 기반)</td><td colspan="2">정보처리 방식의 변화(무형 자산 기반)</td></tr>
<tr><td rowspan="3">특징</td><td>원인</td><td>기계화</td><td>전기화</td><td>정보화</td><td>지능화</td></tr>
<tr><td rowspan="2">결과</td><td>증기기관 기반의 "기계화 혁명"</td><td>전기에너지 기반의 "대량생산 혁명"-</td><td>컴퓨터와 인터넷 기반의 "디지털 혁명"</td><td>사물인터넷, 인공지능, 빅데이터 기반의 "만물 초지능 혁명"</td></tr>
<tr><td>산업화</td><td>대량생산</td><td>자동화/기계, SW가 데이터를 생산</td><td>자율화/데이터가 기계, SW를 제어</td></tr>
<tr><td colspan="2" rowspan="2">현상 및 영향</td><td>수공업 시대에서 증기기관을 활용한 기계화 시대로 변화</td><td>전기와 생산조합 라인의 대량생산 체계 구축</td><td>정보의 생성, 가공, 공유를 가능케 하는 정보기술시대의 개막</td><td>사람, 사물, 공간을 연결하고 자동화, 지능화되어 디지털, 물리학, 생물학, 영역의 경계가 사라지면서 기술이 융합되는 시대</td></tr>
<tr><td>영국 공업의 거대 산업화</td><td>컨베이어 벨트를 활용 기반 대량생산 달성한 미국으로 패권 이동</td><td>인터넷 기반의 디지털 혁명, 미국의 글로벌 IT 기업 부상</td><td>사람, 사물, 공간의 초연결, 초지능화를 통한 산업구조 개편</td></tr>
</table>

출처 : 김규찬 · 이성민 · 김현주 · 윤주(2017), 4차 산업혁명과 문화 · 관광 산업 정책방향, 한국문화관광연구원, 기초연구 2017.01, p.5,
김상훈(2017), 4차 산업혁명 - 주요 개념과 사례, KIET 산업경제, 5월, 산업경제분석, p69. 토대로 작성

## 제 3 절 | 4차 산업혁명과 스마트 서비스 기술

### 1. 인공지능

#### 1) 인공지능의 개요

인공지능(Artificial Intelligence: AI)은 인간과 같이 사고하고 학습하며 판단하는 논리적인 방식을 사용하는 컴퓨터 프로그램으로 인간의 지적 능력을 기계로 구현하는 과학기술을 의미한다. AI는 1950년대 앨런 튜링(Alan Mathison Turing)이 기계가 인간처럼 생각할 수 있는가를 시험하는 튜링 테스트(Turing test)를 하면서 시작되었다.

출처 : https://cxtoday.com(Watson); https://standford.edu(Deep Blue); https://embeddedcomputing.com(Siri); https://theguardian.com(AlphaGo)

AI는 이후 IBM이 만든 체스 특화 AI 컴퓨터인 Deep Blue, IBM이 만든 AI가 탑재된 컴퓨터 시스템인 Watson, 애플의 개인 단말 응용 소프트웨어로 질문에 답변 등을 하는 AI 개인 비서 응용 프로그램인 Siri 등으로 나타났다. 2016년 인간과 AI의 대결을 가능하게 한 AI 바둑 프로그램인 구글의 딥마인드가 개발한 AlphaGo의 등장은 우리가 본격적으로 AI에 관심을 가지게 된 계기가 되었다. 글로벌 시장조사 업체인 마켓앤마켓에 따르면 AI 시장 규모가 2022년부터 2027년까지 연평균 36.2%의 성장률을 기록, 869억 달러에서 4,070억 달러로 성장하며, 업종별로는 의료 및 생명과학 부문이 가장 높은 성장세를 보일 것으로 전망했다.

## 2) 인공지능의 분류

인공지능은 진화 수준에 따라 약한 인공지능(weak AI or Artificial Narrow Intelligence), 강한 인공지능(strong AI or Artificial General Intelligence), 초인공지능(super AI or Artificial Super Intelligence) 세 가지로 구분할 수 있다.

### (1) 약한 인공지능

약한 인공지능은 스스로 사고하며 문제를 해결할 수 있는 능력이 없는 컴퓨터 기반의 AI로 미리 정의된 규칙 모임을 이용해 지능을 흉내 내는 컴퓨터 프로그램이다. 현재 바둑, 체스, 자율주행차, 의료 진단 분야에서 실용화되고 있다. 예로는 바둑에 특화된 구글의 AlphaGo, 암을 진단하는 IBM의 Wastson, Amazon의 Alexa 및 Apple Siri와 같은 개인 비서, 사진 검색 서비스, 기계 자동번역기, 스팸메일 필터링, 자율주행 자동차 및 TensorFlow, facebook의 자동 얼굴인식, Microsoft의 Cortana, Softbank의 Pepper, nVIDIA의 무인 자율주행 자동차, SK㈜ C&C의 Aibril 등이 있다.

### (2) 강한 인공지능

강한 인공지능은 스스로 사고하며 문제를 해결할 수 있는 컴퓨터 기반의 AI로 범용 인공지능이라고도 한다. 이 AI는 지각력이 있고, 스스로를 인식하며 독립성을 가져 정신과 자유의지를 가지고 진화를 거듭할 수 있다. 예로는 SF 영화 속에서 스스로 알아서 생각하고 알아서 행동하는 인공지능 로봇, 영화 〈아이언맨〉의 인공지능 비서 자비스, 영화 〈인터스텔라, 2014〉의 타스, 〈빅히어로, 2014〉의 베이맥스 〈Her, 2013〉에 등장하는 사만다 등이 있다.

### (3) 초인공지능

초인공지능은 강한 인공지능이 진화한 형태로 인간보다 1,000배 이상 뛰어난 지능을 가진 AI로 일컬어지고 있다. 이 AI는 효율, 자기보존, 자원획득, 창의성 등의 원초적 욕구를 기반으로 끊임없이 자가 발전한다는 게 특징이다. 초인공지능의 능력의 한계는 인간의 상상을 초월하고 있다. 예로는 영화 〈터미네이터〉에 등장하는 스카이넷이나 가상 인물인 터미네이터가 있다.

## 3) 인공지능의 활용사례

미국의 IT 전문지 '아이티프로포털(ITProPortal)'은 2022년 4월 '일상생활 속 AI 12가지 사례'를 제시한 바 있다. 여기에는 자율주행 차량, 스마트 디지털 도우미(Siri, Google Assistant, Alexa 등), 마이크로소프트(MS)의 '프로젝트 이너아이(InnerEye)'(다양한 신경학적 질병을 진단하고 치료 등), 표절 적발, 콘텐츠 추천 기능(넷플릭스, 유튜브, 스포티파이 등), 은행(스마트폰을 통해 수표 입금 옵션을 제공), 신용 사기 방지(은행의 대출이나 신용카드 신청 시), 챗봇, 스팸으로부터 보호, 비디오 요약(웹사이트의 많은 썸네일과 특정 스트리밍 앱이 짧은 동영상으로 대체되는 Netflix 등), 레시피 및 요리 추천, 얼굴인식(사회관계망 서비스(SNS)인 snapchat, facebook, Apple의 'Face ID') 등이 있다.

외국 인공지능 활용사례로 미국 최대 전자상거래 업체인 아마존의 AI로봇 KIVA가 있다. 2014년에 물품의 배송과 선별 작업에 투입된 키바는 오늘날 가장 첨단화된 로봇 가운데 하나로 평가받는다. 이유는 키바가 물류창고 바닥의 바코드를 따라 이동하므로 다른 사람이나 사물과 충돌할 염려가 전혀 없기 때문이다. 키바의 업무는 단순하다. 먼저 필요한 물건을 선반 아래로 이동한 후 폭 4피트(약 1.22미터), 최대 하중 750파운드(약 340.2킬로그램)인 선반 프레임을 통째로 들어올리게 된다. 키바는 바코드를 통해 선반에 놓인 해당 물건을 찾아내며, 주문 접수 후 주문과 일치하는 선반을 들어 올려 화물선별 담당자 앞으로 운반한다. Amazon은 키바 덕분에 주문 처리 소요 시간 감소 및 몇 시간 만에 작업을 완료할 수도 있게 되었다.

국내 인공지능 활용의 예로 인천국제공항공사는 2023년 7월부터 생체인증 기술에 기반한 '스마트패스' 시스템을 운영할 계획이다. 스마트패스는 승객이 여권과 탑승권이 없어도 모바일로 등록해 둔 본인의 얼굴정보(생체인식) 등을 통해 탑승수속이 가능한 서비스이다. 스마트패스의 핵심기술인 생체인식(안면인식) 기술은 인공지능(AI) 기반의 딥러닝에 기반을 두고 있으며, 인식률은 99.9%에 달해 휴먼 에러를 최소화하고, 이용객들의 신원을 정확하게 확인할 수 있다. 스마트패스는 프로세스 간소화와 자동화 구현을 통해 출국 소요시간 단축과 터미널 혼잡 완화를 가져올 것으로 기대된다. 국제항공운송협회(IATA)에 따르면 스마트패스 도입 시 체크인 시간은 기존 대비 10%, 그 외 탑승수속 시간은 40%까지 단축이 가능한 것으로 나타났다.

이외에도 인공지능은 교육, 농업, 자동차, 헬스케어 등 다양한 산업에서 활용되고 있다. 인공지능 서비스 활용의 세부적인 내용은 〈표 12-2〉와 같다.

출처 : www.engineering.com

출처 : http://news.airportal.go.kr(스마트패스)

**〈표 12-2〉 인공지능 활용사례**

| 분야/업무 | 내용/예 |
|---|---|
| 관광 | Dorchester Collection Hotel chain(Metis AI 플랫폼: 설문조사, 온라인 리뷰 등을 통해 수집된 데이터 분류), Hilton Hotel(Connie, 대면고객서비스), 노보텔 앰배서더 서울 동대문(객실 온도 및 조명 제어, 음악감상, TV 조절 및 호텔 내 편의시설 정보 검색 등), Starbucks(챗봇 MyStarbucks Barista), 여다(개인 맞춤형 여행 일정 추천) 등 |
| 교육 | 에듀테크(뤼이드의 산타토익, 교원의 레드펜 수학AI 등), 표절 적발 등 |
| 국방 | 방위 및 보안, 감시 및 무기 개발, 사이버 범죄 예방 등 |
| 금융 | 투자 및 트레이딩(로보어드바이저, 신용평가 및 심사, 개인 금융비서, 신용 사기 방지, 보험 · 인슈어테크, 신용 대출 심사 |

| 분야/업무 | 내용/예 |
|---|---|
| 농업 | 스마트 온실 정밀 환경 제어, 자동화 · 무인화, 원격 센싱, 예측 분석, 예지 보전 등 |
| 에너지 | 기계 고장 전 예측, 자동화를 위한 비용 절감, 작업자의 안전 보장 등 |
| 엔터테인먼트 | 고객 최적화, 자막생성, 추천콘텐츠, 최적화 콘텐츠 제공, 비디오 게임에 VR · AR 적용, Netflix의 음악/영상 추천시스템, 카카오아이(Kakao I) 등 |
| 유통, 물류 | AI 가상쇼핑(Nike FIT), Amazon Go |
| 의료 및 헬스케어 | 환자 데이터 분석, 서비스 제공의 우선순위 판단, 조기 진단 및 처방(IBM의 Watson, 서울아산병원의 Dr. Anser), 의료 시장 분석과 마케팅, 의료 챗봇 등 |
| 자동차, 교통 | 자율주행 차량(청와대 자율주행버스), 커넥티비티 기반 지능형 교통 서비스 등 |
| 운영 | 로보틱 프로세스 자동화, 프로세스 마이닝, 예측 모델을 통한 유지보수, 수요예측을 통한 재고량 · 공급망 최적화, 자동 셀프 구매(Amazon Go), 자동 인보이스 발행 등 |
| 마케팅 | 마케팅분석, 개인화 마케팅, 콘텍스트 맞춤형 마케팅 등 |
| 영업 | 판매 여부 또는 판매량 예측, 유효 리드(잠재고객) 식별, 판매 데이터 자동 입력 및 분석, 영업 챗봇, 에이전트 코칭, 영업 성과에 대한 보상 등 |
| 서비스 | 고객 대응, 지능형 통화 라우팅(routing), 음성 인증, 고객 서비스 챗봇, 설문조사 후 분석 등 |
| 데이터 | 데이터 시각화, 데이터 관리 및 전처리, 합성 데이터 등 |
| 인사 | 채용(SK하이닉스의 인공지능 Aibril), 성과관리, HR, 인공지능 비서 등 |

## 2. 빅데이터

### 1) 빅데이터의 개요

Amazon, LEGO, Apple, Disneyland가 시장에서 확실한 입지를 굳히고 성공할 수 있었던 전략의 핵심에는 데이터가 있다. 디지털 세대를 넘어 정보통신기술 융합이 이뤄지는 4차 산업시대에서 기업이 변화 속도를 따라잡기 위해서는 데이터 기술을 적극적으로 활용할 필요가 있다. 빅데이터(big data)는 시대와 정의하는 사람에 따라 다르게 정의된다. 일반적으로 빅데이터는 기존 데이터베이스 관리 도구의 능력을 넘어서는 엄청난 양의 데이터 집합 그 자체를 의미하기도 하지만 산업 영역에서는 데이터로부터 가치를 추출하고 결과를 분석하는 기술까지 포함해 부르는 총칭으로 쓰인다. 빅데이터의 특성으로는 3V[규모(Volume), 다양성(Variety), 속도(Velocity)], 3V에다가 정확성(Veracity)을 가미한 4V 혹은 4V에 가치(Value)를 추가한 5V로 나타난다.

## 2) 빅데이터와 스몰데이터

2017년 브랜드 미래학자인 Martin Lindström은 빅데이터가 찾지 못하는 고객행동의 단서를 발견할 수 있는 것으로 스몰데이터(small data)를 소개했다. 이후 스몰데이터는 빅데이터의 보완재로 인식되고 있다. 빅데이터는 디지털화를 통해 원하지 않아도 자연적으로 생산되는 데이터로 스마트폰, 스마트TV, 인터넷, AI 등에 쌓이는 기록 로그, 인터넷이나 앱 등에 남는 개개인의 흔적이라 할 수 있다. 반면, 스몰데이터는 서베이, 초점집단면접(FGI), 인터뷰, 관찰조사 등 전통적 조사방법으로 추출되는 데이터로 개인의 취향과 생활 방식 등 사소한 행동 등에서 나오는 개인화된 데이터이다〈표 12-3〉. 빅데이터분석에서 도출되는 키워드가 기업 마케팅의 방향을 제시하는 역할을 한다면 스몰데이터는 키워드 안에 담긴 의미를 파악하고 그 다음 단계를 예측하고 전략을 세우기 위해 적절히 활용될 수 있다.

**〈표 12-3〉 빅데이터와 스몰데이터의 비교**

| 빅데이터 | 스몰데이터 |
|---|---|
| 상관관계 분석 | 인과관계 파악 |
| 경쟁자 분석 | 고객 분석 |
| 매스 트렌드: 과거와 현재 | 마이크로 트렌드: 현재와 미래 |
| 감성을 배제한 분석 선호 | 감성적 접근 |
| 데이터 덩어리 | 개인화 데이터 |
| 트렌드 분석 | 초개인화 마케팅 |
| 외부데이터 활용 | 개별 내부데이터 활용 |
| 특정 집단의 공통된 특징 구분 | 개인의 차별화된 특성 |
| 기존 관계 파악 | 변화의 발견 |
| 개개인의 데이터 분석을 통해 특정 타깃층 생성 | 이용자 개개인의 취향, 소비 성향, 기호 등을 세부적으로 파악 |

출처 : 노아윤(2021), 나노단위로 조각난 고객 니즈, 빅데이터와 스몰데이터로 마케팅 정공법 찾다 – ① 호텔&레스토랑, 2월호 : 76.

출처 : https://tdwi.org

출처 : https://braavery.com

스몰데이터의 사례로 삼성전자는 2012년 설문조사를 통해 소비자들의 하루 평균 냉장실 사용 빈도가 18.1%인 데 비해 냉동실 사용 빈도는 19%라는 결과를 알아냈다. 또한 한국 여성의 평균 허리 높이가 85cm라는 사실도 파악했다. 이 두 가지를 가지고 삼성전자는 소비자들의 사용패턴에 맞춘 '와이드 상냉장-서랍식 하냉동' 구조로 T타입 '지펠 T9000'을 출시해 한 달 만에 1만 대를 판매하였으며, 이후에도 월평균 1만 대씩 판매되는 성과를 보였다.

또 다른 스몰데이터 사례로 글래드호텔앤리조트 마케팅팀은 2018년 12월 '2019년 신년맞이 호캉스 서베이'를 시작으로 지속적으로 서베이와 트렌드 리포트를 발간하고 있다. 글래드 트렌드 리포트로는 호캉스편, 혼족편, 먹방편, 파티족편, 스마트한 여행 즐기기편, HMR 구독서비스편이 있으며, 이러한 자료는 내부 마케팅 데이터로 활용될 뿐만 아니라 시장을 선도하는 트렌드를 제시하여 라이프스타일 큐레이터로서 브랜드 이미지를 구축하는 데 적절하게 활용되고 있다.

**잠깐 쉬어가기**

**덴마크 블록장난감회사 LEGO가 부활하는 계기를 제공한 '낡은 운동화 한 켤레'**

스몰데이터의 대표적인 사례는 덴마크 블록장난감회사 레고사의 프로젝트이다. 1990년대 후반부터 레고사는 비디오 게임 유행과 중국산 저가 장난감의 득세로 실적이 악화되자 빅데이터 분석을 하였다. 분석 결과, 1990년 이후 태어난 디지털 네이티브 세대가 인내심이 부족하고 충동적이며 즉각적인 만족감을 원한다는 사실, 즉 미래 세대가 레고에 흥미를 잃을 것이라는 결론을 내리고 2003년 블록을 더 크게 만들기로 결정했다. 실제 레고사가 수행한 모든 빅데이터 연구 결과에서도 미래 세대는 레고에 흥미를 잃게 될 것이라는 결론을 도출했다.

기존 레고보다 큰 블록의 신제품 출시는 예상과 달리 30% 판매 급감이라는 결과를 보였고, 회사는 곧 문을 닫을 지경에 이르렀다. 2004년 최고경영자(CEO)로 영입된 조르겐 빅 크누드스톱은 장난감에 대한 세계 각국 고객의 생각을 조사할 것을 지시했다. 레고사는 컨설턴트 마틴 린드스트롬으로 하여금 '무엇이 정말로 레고를 돋보이게 하는가'라는 과제로 스몰데이터 연구를 진행하도록 했다. 그는 데이터를 수집하는 과정에서 레고 광이자 열정적인 스케이트 보더인 11살 독일 소년과의 인터뷰에서 레고의 새로운 면을 고찰하게 된다.

'가장 자랑스럽고 소중한 물건이 무엇이냐'는 마틴 린드스트롬의 질문에 소년은 한쪽 면이 울퉁불퉁하게 닳은 운동화를 가리키며 "내가 우리 동네에서 가장 스케이트보드를 잘 탄다는 것을 입증하는 우승컵이자 금메달"이라고 답했다. 레고는 이 스몰데이터에서 레고만이 가진 특성과 스토리텔링의 중요성을 깨달았다. 즉 소년이 낡은 운동화 속에서 바라는 것은 거듭된 실패를 반복하더라도 최고의 기술을 통달해 얻는 사회적 인정이라는 점이고, 그 기술이 유용하고 가치가 있는 것이라면 시간을 두고 끈질기게 매달려야 한다는 사실이었다. 이후 레고는 빅데이터 분석과는 반대로 블록의 크기를 더 작게, 조립 설명서는 더 상세하게 제작했고, 영화 '해리포터' '스타워즈' 등과 제휴한 '레고무비'로 장난감에 스토리텔링을 입혔다. 레고는 극적으로 파산 위기를 넘겼고, 2014년 매출이 사상 최초로 세계 최대 완구제조사인 마텔을 넘어서는 결과를 가져왔다.

출처 : Lindström, M., 최원식 역(2017), 스몰데이터: 빅데이터도 말하지 못하는 고객행동에 관한 놀라운 진실, 로드북.

### 3) 빅데이터 활용사례

빅데이터 활용사례로는 Amazon의 예측 배송 시스템이 있다[그림 12-1]. 이 시스템은 Amazon이 기존 주문 검색 내역, 찜한 내역, 장바구니 내역, 반품 내역, 마우스 커서가 머무른 시간 등에 대한 빅데이터를 분석해 개발하고 특허를 낸 것이다. 일단 고객이 어떤 상품에 관심을 보이는 것이 확인되면 고객이 주문 · 결제를 하기도 전에 드론으로 배송하고, 고객에게 '원치 않으면 반송하세요'라는 메시지를 같이 보낸다. 고객이 반품신청을 하지 않으면 등록된 계좌에서 자동 결제되는 방식으로 거래가 성립된다. 아마존은 거주지, 과거 구매 이력 등을 기반으로 고객의 관심을 바탕으로 고객의 구매가능성을 예측하는데 이와 같은 사업이 성공하려면 고객의 90~95%가 반송을 하지 않아야 하는 조건이 있다.

아마존의 미래의 주문 가능한 상품을 예측하는 알고리즘은 다음과 같이 작동한다. 소비자가 아마존을 통해 특정 제품을 탐색하여 머무는 시간이 평균 시간을 넘어가면 이 제품을 살지 말지 고민하는 상태가 되어 데이터가 1차로 생성된다. 그러면 바로 그 소비자의 과거 구매 내역, 반품 내역 등을 살펴보고 여기서 2차, 3차 데이터가 생성된다. 앞서 언급한 데이터를 병렬화해 이전에 샀던 제품 가격이 소비자가 머물던 상품 가격과 비슷하다면 고객이 그 제품을 무조건 살 것으로 예측하고 고객 주소지 근처 물류창고로 배송하는 것이다.

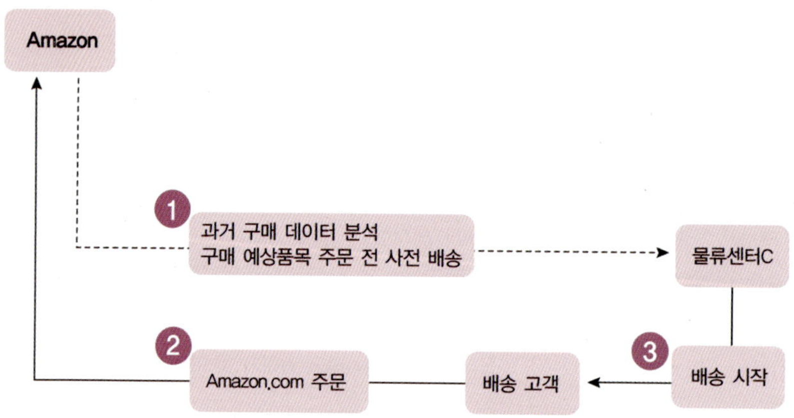


[그림 12-1] 아마존 예측 배송 경로 개념도

또 다른 빅데이터 활용 성공사례로 국내에서 빅데이터 시스템을 선구적으로 갖추고 성과를 낸 워커힐 호텔앤리조트를 들 수 있다. 워커힐은 2001년부터 자체 CRM 환경 구축 노력을 시작했다. 한국 HP사와 같이 호텔의 핵심기능을 무형 자산화하고, 지식 경영을 통한 경영능력 고도화를 오랫동안 추진해왔다. 또한 모기업인 SK네트워크사의 체계적인 시스템 아래 데이터 분석 업무를 진행하였으며, CRM 시스템 및 데이터웨어하우스 구축 프로젝트를 수행하였다. 이후 워커힐은 지속적으로 고객 데이터베이스 확보 노력을 배가하여 CMS(Campaign Management System)를 구축하였으며, 현장 중심의 캠페인 활동을 통해 영업장별 프로모션, 단골 고객 관리, 호텔 VIP 관리와 신규 고객 창출 노력을 해오고 있다.

워커힐의 빅데이터 활용 성공사례는 2007년 워키힐 디브랜딩(쉐라톤, W) 당시, 고객조사를 통해 디브랜딩 이후 워커힐이 나아갈 방향성에 관한 가설을 검증하는 뉴브랜딩 프로젝트에 관한 마케팅이다. 이때 핵심 고객 선정과 고객 세분화를 성공적으로 마쳐

'Urban Destination Resort'라는 워커힐의 콘셉트를 강화하였으며, 그 결과 해외 벤치마킹의 대상이 되어 '2018년 상해 워커힐 데이'를 개최하는 쾌거를 이루었다.

출처 : https://tripadvisor.com(더글라스 하우스)

2018년 리브랜딩한 워커힐 더글라스 하우스(Walkerhill Duglas House) 역시 빅데이터의 활용 성공 사례이다. 워커힐 호텔의 고객들은 더글라스 하우스를 찾는 이유로 도심 속에서 한적한 휴식을 원한다는 점을 찾아냈다. 이에 고객 라이프스타일을 바탕으로 리브랜딩하여 호텔의 곳곳에서 혼자만의 시간을 즐기는 고객정서를 따라 본관과 다소 떨어져 있는 별채에 노키즈존(no kids zone)을 구성하고, 나의 코티지(cottage, 작은 집) 콘셉트의 사유의 공간인 라이브러리를 마련하고, 개인 프라이버시를 존중한 미니멀한 서비스 등을 제공하여 더글라스 하우스를 사유와 재충전의 공간으로 만들었다.

이외에도 다양한 서비스 분야에서 빅데이터가 많이 활용되고 있으며, 그 예는 〈표 12-4〉와 같다.

**〈표 12-4〉 빅데이터 활용사례**

| 구분 | | 내용/예 |
|---|---|---|
| 건설업 | 대우 건설 | 주택 하자 분석 시스템 ARDA를 활용하여 수주, 설계, 시공 관리까지 건설 전 과정을 관리 |
| | 포스코 건설 | 철근, 철스크랩, 레미콘 등 주요 소재의 가격 변동을 예측하는 AI기반 시스템 |
| 공공 | 미국 보스턴시 | 보스턴시는 파손된 도로를 직접 돌아다니며 찾는 대신 미국의 벤처기업 애터빗타와 '스트리트범프(Street Bump)'앱을 개발해 운전자가 스마트폰을 이용해 도로노면이 파인 곳을 자동으로 감지하고, 그 위치를 보스턴시 도로 관리국에 데이터를 전송하도록 함으로써 도로 파손이 발생한 지도를 만들어 복구 작업을 함으로써 도로 파손으로 인한 비용을 획기적으로 줄임 |
| | 서울시 | 늦은 시간에 귀가할 때 사람들이 집이나 주변 지인들에 전화를 거는 습관이 있다는 것에 착안하여 서울시는 KT와 합작하여 자정부터 오전 5시까지 서울 시내에서 발생한 통신 데이터를 분석할 결과, 가장 많은 통신 데이터가 기록된 지역들을 선별하여 최적화된 심야버스인 올빼미 버스 노선을 최소의 비용으로 서울 시내 전역을 돌아다닐 수 있도록 구축함 |
| 교육 | 교원 | 개인 맞춤형 학습진단 관리 솔루션(AI튜터)을 통해 학습자에게 최적화된 수업 진행과 학습관리 등 AI 기반의 학습 솔루션을 제공하고 학습자의 공부 패턴을 분석해 학습 몰입도를 높임 |

| 구분 | | 내용/예 |
|---|---|---|
| | 웅진 씽크빅 | 2016년부터 AI머신러닝 분석을 시행하였으며, 전 과목 학습 플랫폼인 '웅진스마트올'의 AI 특허 기술을 통해 학생들의 학습 습관, 이해도, 학습 성과에 따라 맞춤 진도 학습을 제공 |
| 금융 | 신한카드 | 고객 맞춤형 서비스를 위한 빅데이터 센터 |
| | 하나카드 (2015) | 감정분석시스템을 활용 – 기존에 축적된 고객상담 빅데이터를 이용해 "특정 목소리 톤이나 단어가 들어가면 고객의 불만이 높아진다"는 상관관계를 추출해낸 후 이를 활용하여 불만이 많은 고객을 선별해 추가상담을 실시 |
| 농축산 · 광업 | 네덜란드 스파크드사 | 무선인터넷 감지기로 소의 움직임과 건강 등의 정보를 수집 · 분석한 뒤 소에게 잘 맞는 사육환경 정보 제공 |
| | Deep Carbon Observatory | 전 세계 광물 표본 데이터베이스를 탐색하는 네트워크 분석을 통해 새로운 광물 및 매장 위치 확인 |
| 물류 | Target | '임신 예측 모델'을 개발해 여성 고객에 대한 고객 맞춤형 프로모션 수행 |
| | 신세계 | 데이터웨어하우스와 CRM을 구축하는 C.S.I. 프로젝트 진행 |
| 관광 · 숙박 · 음식업 · 여행 · 항공 · 테마파크 | 제주특별자치도 | 카드데이터 활용 관광정책개발 사업을 통해 관광 트렌드 변화와 소비패턴을 체계적으로 분석해 제주관광정책을 개발함 |
| | 에어비앤비 | 빅데이터 시각화 솔루션 '태블로'와 협업 툴 '슬랙' 등을 활용해 직원들이 이용자 정보를 한번에 파악하고 필요한 데이터를 쉽게 사용하고 공유하도록 지원 |
| | 테이블매니저 | 국내 프랜차이즈 기업 및 음식점 2,000여 곳에 전화, 네이버, 카카오톡 등으로 들어오는 데이터를 활용해 일주일 전에 예약 건수를 미리 예측하고, 빈 좌석을 미리 할인 판매할 수 있게 해줌. 음식점 예약 건수를 기존 데이터 기반으로 예측해 빈 좌석 할인 판매 |
| | Trip Advisor | 호텔이나 휴가지에 대한 전 세계 실제 여행자들의 꾸밈없는 리뷰를 통해 추천 정보를 다양한 기준치, 가격, 특징 등으로 순위를 매겨 제공 |
| | Southwest Airlines/ Delta 항공/ United Airline | 항공기 승무원과 게이트 직원들에게 고객 데이터를 제공해 맞춤형 서비스 제공(예: 자신의 생일을 잊은 승객에게 생일을 축하하고 와인 서비스 제공) |
| | 에버랜드 & 롯데월드 | 날씨를 활용한 빅데이터 분석을 통해 눈과 비가 올 경우에 고객유치를 위한 이벤트 등의 마케팅 활용 |
| 유통 · 서비스 | 쿠팡(2015) | 주문 후 '2시간 배송' 서비스에 적용 – 일산지역에 국한해 2시간 내 배송을 목표로 함(기존 24시간 내 배송서비스인 '로켓배송'의 업그레이드판으로서 빅데이터 분석을 통해 빠른 배송이 필요한 상품들을 미리 포장해 두고 배송함) |
| | SSG닷컴 | 자사 물류센터 '네오'에 머신러닝 AI를 적용해 2014년부터 축적된 이용자들의 소비 빅데이터를 접목해 상품 수요 예측 |
| 의료 | 아산병원 | 각 과별 병실 배정에 대한 최적화 알고리즘 개발 – 환자입원 및 진료 데이터, 입퇴원 데이터, 보험청구 데이터를 복합분석 |
| | 유유제약(2012) | 빅데이터 분석을 통한 베노클러스겔 마케팅 |
| 제조 | 메타빌드 (2015) | 자동차 부품기업 제조분야 – 사물인터넷과 빅데이터의 결합을 통한 자동차 부품기업의 제조분야(특히 품질관리)로의 활용 |

| 구분 | | 내용/예 |
| --- | --- | --- |
| 통신·미디어 | Legendary Entertainment | 제작을 마친 신작 영화 '블랙 코드'의 흥행 여부를 대중들의 SNS를 텍스트마이닝기법으로 분석해 실패할 것을 예상해 블랙 코드의 마케팅 예산을 최소화 |
| | Netflix | 이용자의 영화 대영 목록에 기초해 새로운 영화를 추천해주는 시네매치(Cinematch) 시스템 개발, 평론가에게는 0점을 받은 아담 샌들러 단독 주연의 영화를 넷플릭스 사용자는 열심히 시청한다는 사실을 알아내어 2014년 아담 샌들러와 2억 5천만 달러에 영화 네 편을 계약했으며, 전 세계에서 25억 달러의 매출을 올림 |

## 3. 사물인터넷

### 1) 사물인터넷의 개요

사물인터넷(Internet of Things : IoT)은 인터넷을 기반으로 각종 기기에 센서와 통신을 사용하여 데이터를 수집, 저장, 분석하는 기술. 즉, 무선 통신을 통해 각종 사물을 연결하는 기술을 의미한다. 'IoT'라는 용어는 MIT의 Auto-ID Center 창립자 중 한 명인 기업가 Kevin Ashton이 1999년 처음 사용하였다.

IoT는 최근 센싱 기술, 유무선 통신 및 네트워크 인프라 기술, IoT 서비스 인터페이스 기술 등 핵심기술로 개인 맞춤 서비스를 제공할 수 있어 미래 사회 현안을 해결하는 주요 수단으로 인식되고 있다. 오늘날 우리는 사람보다 IoT 연결 디바이스가 더 많이 존재하는 세상에 살고 있다. 이러한 IoT 연결 디바이스와 기계는 스마트 워치와 같은 웨어러블 기기부터 RFID 재고 추적 칩에 이르기까지 다양하다. IoT는 건강과 안전, 비즈니스 운영, 산업 성과, 세계 환경 및 인도적 문제에 있어 여러 가지 긍정적인 변화를 가져오고 있다.

IoT의 특징은 크게 네 가지로 볼 수 있다(홍상연 등, 2021). 첫째, IoT는 디바이스뿐만 아니라 네트워크와 서비스를 포괄하는 데이터의 수집, 저장, 가공, 활용을 합친 과정 전체이다. 둘째, IoT는 네트워크 통신을 통한 객체 간의 연결성을 핵심기술로 하고 있다. 셋째, IoT는 인간의 개입 없이 일정한 업무를 처리하는 기술이다. 넷째, IoT는 분야와 상관없이 적용 가능한 기반 기술이다.

## 2) 사물인터넷의 기술 발전 방향

IoT는 AI 기술과의 결합을 통해 점차 지능화되어 '자율 사물'로 나아갈 것으로 예측된다. 또한 전문가들은 IoT 기술이 크게 세 가지 방향으로 발전할 것으로 전망하고 있다(홍상연 등, 2021)[그림 12-2].

첫째, IoT는 지능화 내지는 자율화될 것이다. IoT는 초기 연결형(connectivity)에서 지능형(Intelligence), 자율형(Autonomy)으로 단계적으로 발전할 것으로 예상된다. 먼저 연결형은 사물이 인터넷에 연결되어 주변 환경을 센싱하고 생산된 데이터를 전송하는 단계이다. 이후 IoT는 센싱된 데이터가 지능형 플랫폼을 통해 클라우드에서 분석 및 의사결정되는 단계로 발전하게 된다. 최종적으로 IoT가 자율형 단계로 돌입하는데 여기서는 IoT 스스로 지능적 판단을 통해 인간의 개입 없이도 실시간으로 물리 세계에 조작을 가하는 이른바 '엣지 컴퓨팅' 기술이 장착된 자율적인 수준으로 발전하게 된다(한국능률협회컨설팅, 2021).

둘째, IoT의 수집 데이터 자체가 고도화됨에 따라 IoT로 처리 가능한 데이터의 양과 질이 비약적으로 증대될 것으로 전망된다. 초고속, 초저지연 통신기술 등의 발전과 맞물려 5G 등의 차세대 통신기술은 IoT의 외연 자체를 확장시키는 기술로 기능하고 있다. 기존에 IoT가 저용량 데이터를 생산하는 저전력 센서에 국한된 반면, 최근 통신기술 및 센서 기술의 발전은 해상도와 용량이 높은 데이터를 처리하는 디바이스까지 IoT로 만들고 있다. 예를 들면, 기존에 운영하던 CCTV는 단순한 녹화나 기록을 넘어서 AI 기술과의 결합을 통해 특정 사건을 검지하기 위해 활용된다. 이때 특수한 영상 데이터를 생산하게 된다면 이게 IoT가 되는 것이다.

셋째, IoT가 생산해낸 데이터 사이의 상호운용성(interoperability)이 증대될 것으로 예상된다. 상호운용성이란 기기 및 데이터들 사이에 이루어지는 일종의 상호작용인 상호운용성은 표준화(standardization)를 통한 데이터 및 기기 간 호환성 확보를 통해 가능해지게 된다.

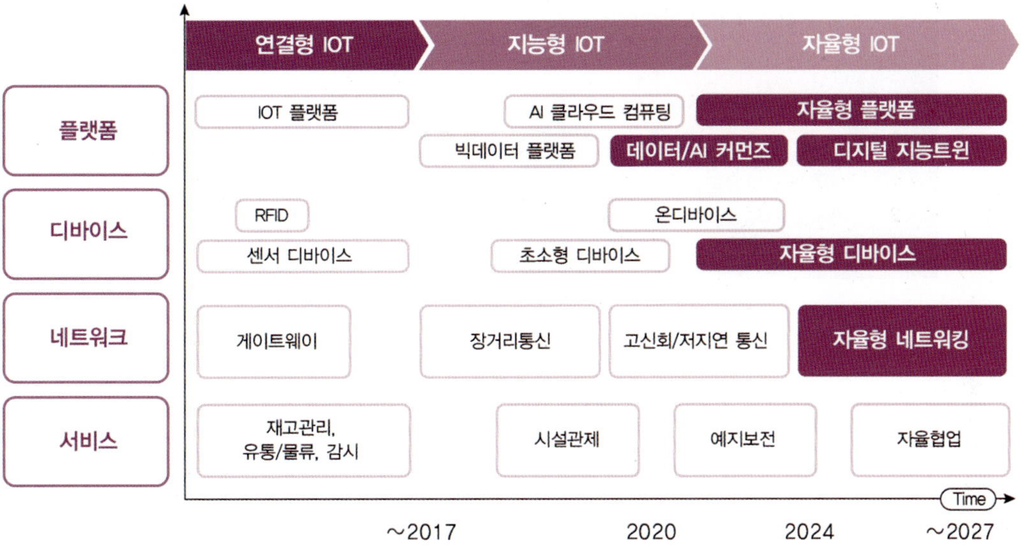


출처 : 한국능률협회컨설팅(2021), 서울특별시 스마트도시 및 정보화 기본계획 용역보고서, 서울특별시, p.125.

[그림 12-2] 사물인터넷 기술 발전

### 3) 사물인터넷 활용사례

IoT 활용사례로는 네덜란드 가전사 Philips가 내놓은 LED 전구 'Hue'가 있다. 휴는 소비자의 감성을 자극하는 방식으로 성공하였다. 다시 말해 사용자의 기분을 알아채 그에 맞는 조명색으로 바꿔주는 것이다. 예를 들면, 비가 오면 실내조명을 파랗게 바꿔준다. 또한 사용자의 메일주소를 등록해 놓으면 메일이 왔을 때 전등이 깜빡거리기도 하고, 페이스북에 사용자가 태깅됐을때도 깜빡거리게 된다. 이외에도 문자로 '#hue'를 보내면 조명색을 랜덤하게 바꿔준다.

Kiwiset의 도어락 Kevo는 디지털 도어락의 IoT를 한 단계 업그레이드한 사례이다. 케보는 스마트폰을 기반으로 사용자가 비밀번호를 누를 필요가 없이 터치만으로 문을 열 수 있는 기본 기능 외에도 전자키(ekey) 생성기능을 추가로 가지고 있다. 이 기능은 손님이나 가족이 집 방문 때 주인이 없으면 도어락 비밀번호를 알려줄 필요없이 손님의 휴대폰으로 1회용 혹은 특정 기간 동안만 유효한 전자키를 발송해 도어락을 열게 하는 것이다. 주인은 전자키의 사용내역을 앱으로 조회해서 누가 집에 들어가고 나왔는지 확인할 수 있다.

출처 : https://signify.com(Hue)

출처 : www.toptenreviews.com(Kevo)

스타트업인 리틀원(LittleOne)은 힘든 육아에 사물인터넷(IoT)을 적용한 제품으로 돕고자 창업하여 성공한 사례이다. 리틀원은 금융사에서 근무하던 고등학교 남자 동창들이 낯설고 두려운 '수유'라는 공통점을 찾게 되며 창업한 실전 육아팀이다. 이들은 연속으로 수유량을 측정할 수 있기를 원해 영유아 개인별 특성을 고려해 권장 수유량을 도출하고, 도달량을 확인해 수유 시간을 교정 내지는 수유량을 조절할 방법을 연구하기 시작했다. 이러한 노력의 결과는 IoT 기술을 적용한 '스마트 젖병(Smart Bottle)'로 나타났다. 하부에 센서가 들어 있는 스마트 젖병은 분유 온도의 측정과 최적 온도 보온이 가능하며, 수유 각도도 확인할 수 있다. 온도가 너무 높을 때나 수유 각도가 부적절해 공기 흡입 가능성이 있을 때는 진동으로 위험을 경고해준다. 언제든지 최적 온도로 수유하거나 수유 자세도 교정할 수 있다. 스마트 젖병의 자동 수유 기록 기능은 스마트폰과 연동해 아이의 수유 시간과 패턴 등 상세 데이터를 사용자로 하여금 파악하게 해준다. 그리하여 스마트 젖병은 IoT 기술과 결합해 다양한 정보 수집 세부 수유 정보 분석을 통한 개인화된 수유 코칭뿐만 아니라 분유의 추천과 영양분석까지 가능하게 해줬다.

IoT 기술이 빛을 발하는 분야 중 하나는 호텔업이다. 호텔에서 IoT 기술 사용은 고객들에게 맞춤화된 객실을 제공해 편안함을 높여주어 고객경험을 최적화할 수 있고, 조명을 자동으로 조절하면 에너지를 절약하는 등 비용을 절감할 수 있기 때문이다. 비스타 워커힐 서울은 AI 서비스 '누구(NUGU)'를 적용한 IoT 객실을 운영하고 있다. 고객의 음성 명령을 통해 객실 조명, 커튼 개폐, 내부 온도를 설정할 수 있으며, 'ASMR' 서비스로 바다, 숲, 새 등 자연의 소리를 들을 수 있다. ASMR은 자율 감각 쾌락 반응(Autonomous Sensory Meridian Response)의 줄임말로 두피에서 시작해 온몸으로 퍼져나가는 안정감을 뜻하며, 뇌 마사지라고도 불린다. 방해금지, 청소 요청 신청, 객실 체크아웃시간/조식시간/부대시설 및 셔틀버스 탑승장 위치 등 답변 청취도 가능하다.

출처 : www.amazon.sg(스마트 젖병); www.walkerhillstory.com(NUGU); www.sknetworks.co.kr/(ASMR)

미국 텍사스주 포트워스시 더 싱클레어 호텔 오토그래프 콜렉션(The Sinclair, autograph Collection)은 세계 최초의 완전한 디지털 호텔로 알려져 있다. 빌딩 운영에서 전 객실, 객실 내 숙박객에 이르기까지 모든 것을 디지털화한 것이다. 즉 호텔 건물 및 객실 센서, IoT 게이트웨이, 대시 보드 및 식당 싱크대와 기기 등을 활용해 완전 디지털화하였다. 호텔 직원은 모바일 장치를 사용해 어디서나 예약 및 자산 관리 소프트웨어와 연결해 업무를 수행할 수 있고, 호텔 고객은 디지털 화면을 몇 번 클릭하면 온도, 조명 등 자신이 원하는 환경을 완성할 수 있다.

출처 : www.realcomm.com(싱클레어호텔)

이외에도 IoT는 헬스케어, 금융, 교육, 농림축산, 자동차, 물류 등 다양한 산업에서 활용되고 있다. IoT 서비스 활용의 세부적인 내용은 〈표 12-5〉와 같다.

**〈표 12-5〉 사물인터넷 서비스 활용사례**

| 구분 | | 내용 |
|---|---|---|
| 헬스 케어/ 의료/ 복지 | 헬스케어 | 운동량 관리 서비스, 수면관리 서비스 등 |
| | 의료 | 의약품 및 의료기기 관리 서비스, 환자 상태 모니터링 서비스, 원격 검진 서비스 등 |
| | 복지 | 취약계층(독거 · 치매노인, 여성, 장애인 등) 서비스, 사회복지시설(요양원 등) 서비스, 미아방지 서비스, 여성 안심 서비스 등 |
| 에너지 | 에너지 관리 | 에너지 모니터링 서비스, 건물 에너지 관리 서비스, 전력/전원 모니터링 및 제어 서비스, 신재생 에너지(태양광 등) 관리 서비스 등 |
| | 검침 | 전기 · 가스 · 수도 등 원격 검침 서비스, 실시간 과금 서비스 등 |
| 제조 | | 생산 공정관리 서비스, 기계진단 서비스, 공장 자동화서비스, 제조설비 실시간 모니터링 서비스 등 |
| 스마트 홈 | | 가전 · 기기 원격제어 서비스, 홈 CCTV 서비스, 스마트 도어락 서비스, 인공지능 서비스(음성인식 비서) 등 |
| 금융 | | IoT 기반 동산 담보 관리 서비스, 비콘 기반 금융 상품 안내 및 고객 서비스 |
| 교육 | | 스마트 스쿨(출결 관리, 교육 기자재 관리 등) 서비스, 스마트 도서관 서비스 등 |
| 국방 | | 훈련병 · 예비군 관리 서비스, 전장감시 및 부대방호 서비스, 총기 및 탄약 관리 서비스, 테러 감지 서비스, 광섬유 군복 등 |
| 농림 축산/ 수산 | 농림축산 | 재배환경 모니터링 및 관리 서비스, 사육관리 서비스, 사료 자동 급이 서비스, 농산물 유통관리 서비스, 생산 이력 관리 서비스, 가축 이력 추적 서비스, 가축 전염병(구제역 등) 관리 서비스 등 |
| | 수산 | 양식장 환경 정보 수집 서비스, 수산물 이력 관리 서비스 등 |
| 자동차/ 교통/ 항공/ 우주/ 조선 | 자동차 | 차량 진단서비스(DTG, OBD), 커넥티드 카, 무인 자율주행 서비스 등 |
| | 교통/ 인프라 | 지능형교통체계(ITS), 대중교통 운영정보 관리(버스사령관제 등) 서비스, 스마트 파킹 서비스, 주차 위치 제공 서비스, 주변 주차장 안내 서비스, 아파트 차량 출입통제 및 주차 관리 서비스, 철도시설 관리 서비스 등 |
| | 항공/우주 | 비행기 내부 모니터링 서비스, 실시간 항공기 원격점검 서비스 등 |
| | 조선/선박 | 선박 위치 모니터링, 선박 내부 모니터링, 선박 원격점검 서비스 등 |
| 관광/ 스포츠 | 관광 | 관광지 위치 정보 서비스, 관광/문화행사 정보 수집/제공 서비스, IoT 기반 문화유산 관광 안내 서비스 등 |
| | 스포츠/ 레저/오락 | 운동선수 관리(운동량 체크 등) 서비스, 스포츠 장비 관리 서비스, 경기장 내 위치정보 서비스 등 |
| 소매/ 물류 | 소매 | 지능형 쇼핑고객 관리 서비스, 실시간 재고관리 서비스, 운송추적 서비스, 비콘 기반 O2O 서비스 등 |
| | 물류/유통 | 상품 위치 정보 모니터링 서비스, 물류창고 관리 서비스, 조달관리 서비스, 물류 추적 서비스 등 |

<table>
<tr><th colspan="2">구분</th><th>내용</th></tr>
<tr><td rowspan="3">건설/<br>시설물/<br>안전/<br>환경</td><td>건설/시설물<br>관리</td><td>구조물 안전관리 서비스, 공공시설물 제어 서비스, 빌딩 관리서비스, 출입 통제서비스, 시설물 감시서비스, 도로/교량 상태 모니터링 서비스 등<br>※ 건물 및 빌딩의 에너지 관리 서비스는 "에너지 분야"의 에너지 관리 서비스에 포함<br>※ 건물 내 주차장 관리 및 주차관리 서비스는 "자동차/교통/항공/우주 분야"의 교통인프라 서비스에 포함</td></tr>
<tr><td>산업 안전</td><td>유해 화학물 관리, 재해 모니터링, 위험물 감지 · 경보 서비스 등</td></tr>
<tr><td>환경/재난/<br>재해</td><td>수질 관리, 기상정보 수집/제공, 음식물쓰레기 관리, 스마트 환경정보 제공, 재난재해 감시(홍수, 지진 등) 서비스</td></tr>
</table>

출처 : 정보통신산업진흥원(2021), 2021 사물인터넷 산업 실태조사.

## 4. 가상현실(Virtual Reality: VR) / 증강현실(Augmented Reality: AR) 혼합현실(Mixed Reality: MR) / 확장현실(eXpanded Reality: XR)

### 1) 가상현실, 증강현실, 혼합현실, 확장현실의 개요

가상현실(VR)은 이미지, 주변 배경, 객체 모두를 가상의 이미지로 만들어 보여주는 세계로 물리적인 공간이 아닌 컴퓨터로 만들어낸 공간이다. VR에서는 제공된 콘텐츠가 모두 현실이 아닌 가상의 이미지로 현실과 단절된 가상세계에서의 몰입과 상호작용을 강조한다. VR은 과거에는 주로 실습, 탱크, 항공기의 조정법 훈련에 사용되었으나 최근에는 게임, 영화, 의료, 가상 여행, 전문 스포츠, 범죄 조사 등에 이르기까지 다양하게 활용되고 있다.

증강현실(AR)은 현실 세계에 디지털 콘텐츠를 더한 세계로 현실의 이미지나 배경에 3차원 가상 이미지를 겹쳐서 하나의 영상으로 보여준다. AR은 과거 원격의료진단, 방송, 건축설계, 제조공정관리 등에 사용되었으나 최근 스마트폰의 발달로 게임과 미디어 콘텐츠 등으로 범위가 확장되고 있다. 2016년 선풍적 인기를 끈 포켓몬 고(Pokemon Go), 3D 기술 홀로 그래픽, 인터넷 지도검색 등이 AR의 사례이다.

혼합현실(MR)은 토론토대학의 스티브 만(Steve Mann) 교수가 처음으로 제안한 개념으로 가상현실의 장점인 몰입도와 증강현실의 현실감을 결합한 형태로 나타난다. 웨어러블 기기를 통해 오감 중 시각, 청각, 촉각을 주로 사용하며, 엔터테인먼트, 의료, 교육, 항공우주 등 산업 분야에 활용된다. 예를 들면, 미국 케이브 웨스턴 리저브 대학교의 의학전문대학원은 컴퓨터 단층촬영(CT), 자기공명영상(MRI), 인체 내부 구조 등 눈으로 확인이 불가능한 영역을 MR로 구현한 예가 있다. 또 다른 예로 미국 항공우주국(NASA)은 우주인 교육 프로젝트인 '프로젝트 사이드킥'에 우주비행사가 MR 디바이스를 착용하고 보는 공간에 설명서나 다음에 해야 할 임무 등을 표시하게 하는 등 실제 우주인 교육에 활용하였다.

확장현실(XR)은 VR, AR, MR이 연계된 현실로 복합융합기술로도 불린다. 실제 사용자는 가상현실이나 증강현실 기술을 활용하거나 혼합해 자유롭게 선택할 수 있다. 예를 들면, Microsoft사가 개발한 홀로렌즈(holoLens)의 경우 안경 형태로 현실 공간과 사물 정보를 파악해 3차원을 표시해 확장 현실을 보여준다. XR은 게임과 엔터테인먼트 분야를 넘어, 제조, 유통, 교육, 헬스 케어 등 다양한 분야에서 활용되고 있다. 예를 들면, 유통분야의 경우 매장방문, 테스트 및 착용, 제품정보 시각화, 맞춤형 추천 등에 사용될 수 있다. 미국 소셜 미디어 회사인 Snap은 2021년 명품 브랜드의 상품을 AR로 착용해 볼 수 있는 'AR Try-on' 기능을 선보였다.

출처 : https://herewego.link(통영 VR체험촌); https://pokemongolive.com(포켓몬고)
https://thenextweb.com(프로젝트 사이트킥); https://breakingdefense.com(HoloLens)

## 2) 가상현실, 증강현실, 혼합현실, 확장현실의 활용사례

가상현실, 증강현실, 혼합현실, 확장현실 기술을 활용한 다양한 분야의 사례는 〈표 12-6〉과 같다.

〈표 12-6〉 VR, AR, MR, XR을 활용한 서비스 사례

| 구분 | 사례 기업 | 활용 내용 |
|---|---|---|
| 가상현실(VR) | Farmers Insurance Group | 훈련에 활용하기 위해 손해 차량 및 주택의 가상 모형 제작 |
| | Ford | 2015년 VR을 사용해 자율주행 차량을 비롯한 새로운 차량 설계 작업 |
| | Google | Google Earth VR(VR 여행) |
| | Volvo | 2014년 XC90 SUV의 'VolvoReality' 테스트 드라이브 |
| | 경남 통영시 | 전국 최초로 테마파크인 '통영 VR존(zone)'을 개설 |
| | SK텔레콤 | 옥수수 소셜 VR 서비스(2018) – 최대 8명이 영화, 스포츠를 여러 사람과 공유하는 가상공간 |
| | 의료분야 | 메디컬 리얼리티 같은 가상현실 앱을 통해 전 세계에서 실시간으로 수술 장면을 360도로 봄 |
| | 아시아나항공 | 2016년 로마 취항 1주년을 기념해 '오즈(OZ) 로마를 보여줘' 캠페인 |
| | MBC | 2021년 VR 휴먼다큐멘터리 '너를 만났다' 시즌 2 |
| 증강현실(AR) | Amazon | 무인 편의점 Amazon Go, 헤어숍 Amzaon Salon |
| | BMW | 2010년 MINI의 'Gateway Stockholm' 디지털 마케팅 캠페인(포켓몬과 유사) |
| | Gucci | 휴대폰 카메라로 사용자의 발을 인식해 매장 방문 없이 원하는 신발을 가상으로 신어볼 수 있음 |
| | Harley Davidson | 관심이 있는 오토바이를 보고 AR 앱을 사용해 원하는 색상과 기능을 봄 |
| | DHL | 스마트 AR 안경을 사용해 창고에서 배송 품목을 찾기 위한 최단 경로를 보여줌 |
| | University of Wisconsin–Madison | 'Dow Day'로 불리는 상황 다큐멘터리를 만들어 현재 사용자가 실제로 위치한 장소에서 발생한 역사적인 사건들을 재현 |
| | 경기도 | VR 기술을 활용하여 장애인과 노약자 등이 도내 관광지나 숙박시설을 방문하기 전 현장을 미리 확인할 수 있는 온라인 가상현실 콘텐츠 서비스 '무장애 경기관광' 홈페이지 제공 |
| | 나이앤틱 | 모바일 AR 게임 '포켓몬GO' : 2016년 가상의 포켓몬터 사냥 게임을 통해 속초에 게이미피케이션 열풍 만듦 |
| | 문화재청 | 창덕궁에 AR 가이드 앱 '창덕 아리랑' 도입 |
| | 서울시 | 디지털 트윈, VR · AR 기술로 'VR 도보여행'(창덕궁과 북촌한옥마을), '한양도성 타임머신'(광화문과 경복궁 일대 옛 모습 구현) 서비스 시작 |

| 구분 | 사례 기업 | 활용 내용 |
|---|---|---|
| | 쏘카 | AR 게임 '퍼퓸 오브 더 시티, 목포'를 통해 목포 주요 관광지를 둘러보며 20여 개 미션 수행 게임 |
| | 통일부<br>남북통합문화센터 | 서울 마곡동센터에 북한 VR 자동차 여행 체험존 조성 |
| 혼합<br>현실<br>(MR) | Alibaba | MR기술을 활용해 만든 '미래 쇼핑 거리'에서 소비자에게 새로운 쇼핑경험 제공 |
| | Martine Jarlggard<br>(여성패션 브랜드) | 세계 4대 패션쇼 중 하나인 런던 패션 위크에서의 MR기술을 활용한 새로운 형태의 패션쇼 |
| | NASA<br>(미항공우주국) | Microsoft사와 '목적지 화성(Destinatioin Mars)' 체험공간<br>(일반인들이 우주공간 걷는 체험) |
| | Volvo | 세계 최초로 자동차 개발에 혼합현실(MR) 기술 도입 |
| | – | incredible 7D hologram(농구장에 고래) |
| | – | 평창올림픽 때 강릉역 ICT 스퀘어에서의 MR |
| 확장<br>현실<br>(XR) | Ford | Microsoft사의 LoloLens를 도입해 자동차 설계 |
| | Boeing | VR을 사용해 차세대 항공기를 설계 |
| | Johnson Hopkins<br>Hospital | AR 기반 척추 수술 지원 시스템인 엑스비전(Xvision)을 사용해 척추 수술 수행 |
| | Modley<br>(언어학습 플랫폼) | AR로 구현된 가상 교사 아바타와 대화하거나 VR 가상 상황 대화 시나리오 체험 |
| | Walmart | VR 기반으로 가상점포를 구현해 상품 진열 방법, 픽업 기계 활용법 등 교육 |
| | Disney | SF 드라마 만달로리안-프로젝션 기반 VR 기술을 이용해 디지털 스튜디오를 만들어 영상 촬영 |
| | 대우조선해양 | 도장 교육에 VR기기 활용 |
| | 서지컬마인드<br>(Sergical Mind) | VR의료훈련 솔루션(백내장 수술, 의료용 인젝션 등 VR 기반 의료훈련 솔루션) |
| | KT | XR 미디어서비스(XR 기반 공연, 영화, 게임 등) |

## [ 주요 용어 ]

- 가상 현실(virtual reality): 이미지, 주변 배경, 객체 모두를 가상의 이미지로 만들어 보여주는 세계로 물리적인 공간이 아닌 컴퓨터로 만들어낸 세상
- 기술 준비도(technology readiness): 새로운 기술이 등장할 때 이에 대한 개인의 수용 준비 정도
- 기술 패러독스(technology paradox): 어떠한 목적을 위해 사용하는 기술이 예상하지 못했던 반대되는 결과를 발생시키는 것
- 다면 플랫폼(multi-sided platform): 2개 이상의 고객 집단 혹은 참가자 집단 간의 직접적인 상호작용을 장려해 가치를 창출하는 기술이나 제품, 서비스
- 빅데이터(big data): 정형 · 반정형 · 비정형 데이터세트의 집적물, 그리고 이로부터 경제적 가치를 추출 및 분석할 수 있는 기술
- 사물인터넷(Internet of Things: IoT): 인터넷을 기반으로 모든 사물을 연결하여 정보를 상호 소통하는 지능형 기술 및 서비스
- 스몰데이터(small data): 개인의 취향과 생활 방식 등 사소한 행동 등에서 나오는 개인화된 데이터
- 인공지능(Artificial Intelligence): 인간의 학습능력과 추론능력, 지각능력, 자연언어의 이해능력 등을 컴퓨터 프로그램으로 실현한 기술
- 증강현실(augmented reality): 현실 세계에 디지털 콘텐츠를 더한 세계로 현실의 이미지나 배경에 3차원 가상 이미지를 겹쳐서 하나의 영상으로 보여줌
- 혼합현실(mixed reality): 현실 세계에 가상 현실(VR)이 접목되어 현실의 물리적 객체와 가상 객체가 상호작용할 수 있는 환경
- 확장현실(eXpanded reality): 가상현실, 증강현실, 혼합현실 등을 아우르는 개념으로, 가상과 현실이 밀접하게 연결된 환경
- 4차 산업혁명: 정보통신기술(ICT)의 융합으로 이뤄지는 차세대 산업혁명으로, '초연결', '초지능', '초융합'으로 대표됨

## 토론 주제

- 서비스에서 기술의 다양한 역할을 예를 들어 토의하시오.
- 자신이 느끼는 새로운 기술에 대한 준비도 내지는 수용 정도를 낙관성, 혁신성, 불편감, 불안감에서 어느 정도인지를 토의하시오.
- 기술 패러독스로 인해 나타날 수 있는 직원의 반응을 설명하고, 활발한 기술 활용 시 직원의 새로운 역할을 토의하시오.
- 기업이 인공지능 로봇을 직원으로 대체해야 하는 정당성을 업무 특성, 서비스의 특성, 전략적 초점 측면에서 설명하시오.
- 빅데이터와 스몰데이터의 특성을 비교 설명하고, 빅데이터와 스몰데이터를 언제 사용하면 좋은지를 토의하시오.
- 학교 수업에서 활용될 수 있는 가상현실, 증강현실, 혼합현실, 확장현실 기술의 예를 토의하시오.

04
PART

# 서비스 성과 및 평가

# CHAPTER 13

Chapter

# 13 서비스품질 관리

## 학습목표

이번 장에서는 다음 내용의 이해를 목표로 한다.

① 서비스품질의 개념과 특성
② 서비스품질 측정 모형
③ 서비스품질 갭 모형
④ 국내외 서비스품질 평가제도

## 도입사례

### DB생명, '2022 한국의 경영대상' 고객만족경영부문 명예의 전당 헌액

DB생명이 한국능률협회컨설팅(KMAC) 주관 '2022 한국의 경영대상' 고객만족경영부문에서 명예의 전당에 올랐다고 6일 밝혔다. DB생명은 지난 2016년 고객만족경영을 선포하고, '고객이 신뢰하는 경영효율 1등 보험사'를 추구하면서 전사의 전략 · 조직 · 시스템을 고객 중심으로 운영하고 있다. 소비자중심경영 내재화를 위해 영업현장 소비자보호지수 평가 확대와 함께 본점 부서도 소비자중심경영 전략과제를 수행 중이며, 11대 소비자보호지표 모니터링을 통해 소비자보호에 대한 통합관리도 마련했다.

▲ 제9기 소비자 패널들이 기념 촬영을 하고 있다. [사진=DB생명]

DB생명은 지난해 금융소비자보호 내부통제기준을 정하고, 최고경영자(CEO)가 직접 주관하는 금융소비자보호 내부통제위원회를 수립하여 소비자보호 경영방향에 대한 의사결정을 내릴 뿐만 아니라, 실행력을 높이기 위해 격월로 금융소비자보호 총괄책임자(CCO)가 주재하는 소비자보호 실무협의회를 실시하면서 소비자보호 관련 제도개선 사항을 점검하고 있다.

또한 소비자중심경영의 전사적 확산을 위해 사내 뉴스에 '소비자중심경영속으로' 코너를 신설하여 주요 내용을 공유하며, '소비자Day'를 통해 매월 고객의 소리(VOC) 및 민원사례 등을 전파하면서 내재화를 실천하고 있다. 이외에도 인스타그램, 유튜브, 네이버 포스트 등 외부 고객과의 소통 채널도 마련했다.

고령 금융소비자보호를 위한 시니어 고객 전용 콜센터도 신설했으며, 지정대리청구제도를 활성화하는 등 금융취약계층 맞춤 안내 및 서비스 개선을 통한 계약관리 편의성 제고를 위해 노력 중이다. 업계 최초로 금융소비자보호 대리점(GA) 간담회를 운영하여 GA별 방문으로 금융소비자보호 책임자를 만나 의견을 청취하고, 금융소비자보호 임원, 부서장 등을 초청해 '금융소비자보호 GA 동행 간담회'를 개최하여 현장의 금융소비자보호법 및 내부통제 이행여부 점검 강화와 금융취약계층 보호 방안을 논의하기도 했다. 이어 영업관리자의 민원 인식 전환을 위한 사업단 컨설팅을 지속적으로 실시하여 민원 감축을 위한 본점과 지점 간의 유기적 협력을 키우고 있으며, 올해 4월 금융감독원이 발표한 2021년 민원현황에서 생보사 민원건수 감소율 1위를 차지했다.

이 밖에도 DB생명은 2015년부터 소비자 패널을 운영하여 고객들이 보험상품 및 서비스를 직접 체험하여 문제점을 지적하고 개선사항을 이야기하는 시스템을 운영 중이다. 이는 CEO가 직접 주관하기 때문에 문제점과 개선사항의 실행력이 매우 높다. 또한 기존 소비자 패널 참여자들을 대상으로 온라인 패널도 병행하고 있다. 온라인 패널은 오픈 채팅방을 활용하여 관련 이슈에 대한 빠르고 신속한 고객들의 의견을 확인할 수 있다. 현재 소비자 패널과 온라인 패널을 통해 보험약관 전면 개정, 콜센터 보이는 ARS 도입 등 소비자들의 요구사항에 맞춘 상품과 서비스를 꾸준히 개발 및 제공하고 있다.

DB생명 관계자는 "소비자중심경영을 실천한 결과 금융위원회가 주관하고 보험개발원이 평가하는 보험약관 등 이해도 평가에서 보험사 최다 11회 우수 등급으로 선정됐고, 한국능률협회컨설팅 주관 고객감동 콜센터 최초 및 한국의 우수 콜센터를 7년 연속 달성했다"며 "대외적으로 소비자중심경영을 실천하는 대표 기업으로 인정받아 뿌듯하고, 앞으로도 소비자들이 더욱 만족할 수 있도록 노력해 나가겠다"고 전했다.

출처 : 아주경제(2022.12.6), DB생명, '2022 한국의 경영대상' 고객만족경영부문 명예의 전당 헌액.

# 제 1 절 | 서비스품질의 개요

## 1. 서비스품질의 개념

서비스품질이란 용어는 학자와 실무자 사이에서 널리 사용되고 있지만 학자나 학문 영역에 따라 서로 다르게 정의되고 있다. 이는 서비스품질이 절대적인 개념이 아니라 상대적인 개념이며, 고객의 가치나 품질의 다양성이라는 관점에서 볼 때 명확한 개념 정립이 쉽지 않기 때문이다. 이러한 차이에 대해 Garvin(1984)은 품질을 선험적 접근, 제품 중심적 접근, 사용자 중심적 접근, 제조 중심적 접근, 가치 중심적 접근 등 5가지 관점으로 나누어 정의하였다.

### 1) 선험적 접근(transcendent approach)

품질은 정신도 물질도 아닌 독립적인 제3의 실체로 타고난 선천적 우월성(innate excellence)을 의미하며, 시각예술에 적용될 수 있다. 사람들은 반복된 노출을 통해 품질을 인식하며 경험을 통해서만 알 수 있는 분석 불가능한 개념이다.

### 2) 제품 중심적 접근(product-based approach)

품질을 정밀하고 측정 가능한 변수로 보는 관점으로 품질의 차이는 제품의 내용물이나 속성의 차이 때문이라고 본다. 이 관점은 완전히 객관적이기 때문에 고객의 개인적인 취향, 욕구, 선호를 잘 설명하지 못하며, 제품은 제품 자체가 지닌 특성의 총합에 의해 평가되므로 품질에 대한 수직적 측면에서의 정의로 볼 수 있다.

### 3) 사용자 중심적 접근(user-based approach)

품질은 보는 사람의 눈에 따라 달라진다는 가정에 기반을 둔 이 관점은 품질은 개인에 따라 다른 주관적인 개념으로 본다. 이러한 주관적이고 수요자 지향적인 관점은 고객의 다양한 욕구를 반영하며, 품질을 최대한의 고객만족과 동일시한다. 마케팅 측면에서 볼 때 이 관점은 특정 고객에게 최대의 만족을 제공하는 상품특성의 최적 결합인 이상점의 개념을 도출해볼 수 있다.

#### 4) 제조 중심적 접근(manufacturing-based approach)

제조 중심적 접근은 사용자 중심적 접근과 반대로 공급자 지향적이고 공학적인 방법이나 제조방법과 관계가 있는 것으로 보고 품질을 요구에 대한 합치(conformance to requirement)로 정의한다. 제품의 설계와 규격이 정해지면 이러한 기준으로부터 벗어나는 것은 품질의 저하를 의미한다. 이 접근법은 품질에 대한 고객의 관점을 인정하지만 주요 초점이 공급자 내부적인 것, 즉 단순히 생산과 제조 시에 통제하는 것에 맞춰져 있다는 한계점이 있다.

#### 5) 가치 중심적 접근(value-based approach)

품질을 가치와 가격으로 정의하는 접근법으로 양질의 제품은 만족스러운 가격에 적합성을 제공하는 것으로 본다.

위 5가지 품질에 대한 5가지 접근법은 서비스경영에 중요한 시사점을 주고 있다. 하지만 이 중 서비스경영에서는 사용자 중심적 접근이 서비스품질을 정의하는 데 가장 일반적인 방법으로 인식되고 있다.

한편, 서비스품질에 대한 학자별 정의는 〈표 13-1〉과 같이 정리할 수 있다.

〈표 13-1〉 서비스품질의 정의

| 학자 | 정의 |
|---|---|
| Juran(1974) | 서비스품질을 수용자에 대한 효과 및 영향에 대한 측면에서 다섯 가지로 분류: 고객에게 보이지 않는 내부적 품질, 고객의 눈에 보이는 하드웨어 품질, 수요자의 눈에 보이는 소프트웨어 품질, 시간의 정확성/신속성, 심리적 품질 |
| Crosby(1979) | 제품 품질의 정의와 유사한 요구조건에 대한 일치 |

| 학자 | 정의 |
|---|---|
| Lehtinen & Lehtinen(1982) | 고객이 서비스품질을 결정한 요인으로 고객과 서비스조직 요소들 간의 상호작용에 따라 세 가지 차원으로 분류: 물리적 품질, 기업 품질, 상호작용 품질 |
| Lewis & Boom(1983) | 고객의 기대에 부합하도록 서비스를 제공하는 것 |
| Grönroos(1984) | 서비스 고유의 특성으로 강한 주관성을 갖고 고객별로 다양하게 인식하는 성격을 반영하여 세 가지 차원으로 분류: 기술적 품질, 기능적 품질, 기업 이미지 |
| Dodds & Monroe(1985) | 객관적 품질과 주관적 품질이라는 두 가지 접근법에 따라 달라질 수 있음 |
| Holbrook & Corfman(1985) | 기계적 품질과 인간적 품질이라는 두 가지 접근법에 따라 정의 |
| Parasuraman, Zeithaml, & Berry(1985) | 고객에 의한 주관적이고 포괄적인 평가로 서비스에 관련하여 갖는 전반적인 판단이나 태도 |
| Bitner(1990) | 서비스 제공자와 고객 간의 상호작용으로 상대적 · 지속적인 정서적 방향을 의미하는 전반적 태도 |
| Cronin & Taylor(1992) | 고객만족의 선행변수로 고객에게 있어서 지각된 서비스품질은 특정 서비스에 대한 고객의 장기적 · 전체적 평가 |
| Fitzsimmons (2008) | 서비스를 받았을 때의 인식과 서비스를 바랄 때의 기대를 비교함으로써 정의를 내릴 수 있음 |

출처 : 최정일 · 김연성 · 유한주 · 장정빈 · 황조혜(2017), 서비스경영 4.0, 문우사, p.203.

## 2. 서비스품질의 특성

### 1) 서비스품질은 제품의 품질보다 측정이 더 어렵다

고객이 제품을 구입할 때는 품질을 평가할 수 있는 많은 유형적 단서인 스타일, 색상, 포장 등을 참고할 수 있으나 서비스를 구입할 때는 품질을 평가할 수 있는 유형적 단서가 거의 없어 고객은 어떤 다른 단서에 의존해야만 한다. 대부분의 서비스는 무형성을 띠고 실체라기보다는 수행이므로 품질을 획일화 혹은 표준화할 수 있는 정밀한 제조명세서가 불가능하며, 사전에 테스트해보거나 측정을 할 수 없다. 이러한 서비스의 무형성으로 인해 서비스관리자는 고객이 어떻게 서비스를 지각하고 서비스품질을 평가내지는 인지하는지 측정하기가 힘들다.

### 2) 서비스품질 수준은 기대와 실제와의 비교를 통해 이루어진다

고객이 인식한 서비스품질의 수준은 일반적으로 서비스 기업이 제공해야 한다고 느끼는 고객의 기대와 서비스를 제공한 기업의 성과에 대한 고객의 인식 비교를 통해 나온다. 따라서 서비스품질은 서비스 기대와 서비스 성과를 비교함으로써 인식되는데 이는 고객의 기대와 성과 사이에 있는 불일치의 정도와 방향이라고 볼 수 있다. 또한 서비스품질의 평가는 서비스의 산출 결과뿐만 아니라 서비스 전달과정도 중요하다. 서비스품질은 고객이 기업과의 상호작용에서 받는 결과품질과 서비스가 전달되는 과정품질로 이루어진다. 따라서 서비스 제공자는 고객에게 높은 수준의 결과품질과 과정품질을 제공함으로써 고객의 기대와 성과 차이를 최소화할 수 있다.

### 3) 핵심 서비스보다 보조 서비스가 서비스품질에 더 영향을 미친다

서비스의 수행결과 특정 호텔 고객이 경험한 핵심 서비스인 편안한 숙박경험이 경쟁 호텔과 비슷한 수준일 경우, 예약처리, 최신시설, 직원의 태도 등과 같은 부가서비스의 기능이 어떻게 전달되는가가 최종적으로 고객이 느끼는 서비스품질에 대한 만족 또는 불만족에 더욱 중요하게 영향을 미치게 된다.

## 제 2 절 | 서비스품질 측정 모형

### 1. 서비스품질 모형의 개요

서비스품질 측정모형은 1980년대 중반부터 시작되었다. 소비자는 서비스품질을 평가할 때 1차원적으로 지각하지 않고 상황과 관련된 여러 요소를 고려하여 다양한 차원을 평가한다. 서비스품질의 다양한 차원을 측정한 주요 모형으로는 2차원을 제시한 Grönroos 모형(Grönroos, 1984), 5차원을 제시한 SERVQUAL 모형(Parasuraman, Zeithaml, & Berry, 1988)/SERVPERF 모형(Cronin & Talyor, 1992), 3차원을 제시한 3차원 모형

(Brady & Cronin, 2001)이 있다. 이들 모형에 들어 있는 차원들의 서비스품질속성은 고객만족과의 영향 관계에서 고객기대에 미치면 만족, 그렇지 못하면 불만족으로 판단하는 대칭연구로 Oliver(1980)의 기대불일치 이론을 바탕으로 하고 있다. 즉 개별 서비스품질 속성의 실행을 높이면 고객 만족도가 선형으로 상승되고, 이와 반대이면 고객 만족도가 떨어져 불만족이 일어난다는 것이 기본적인 전제이다.

하지만 위 모형의 어떤 속성은 고객에게 잘 전달되었으나 고객만족을 가져오지 못하고, 어떤 속성은 고객에게 잘 전달되지 못했으나 고객 불만족을 야기하지 않는 현상에 대해 설명하지 못하는 한계점을 보여주었다. 즉 서비스품질 속성의 실행이 고객의 전반적 만족에 선형으로 영향을 미친다는 대칭성에 대한 비판이 제기되었다. 다시 말해 서비스품질 속성이 전반적 만족도에 미치는 영향은 대칭적 혹은 비대칭적으로 영향을 미칠 수 있다는 것이다(김홍빈 · 차석빈, 2017). 이러한 관점을 가진 대표적인 서비스품질모형은 Kano, Seraku, Takahash, & Tsuji(1984)의 모형(이하 Kano 모형)과 Matzler & Sauerwein(2002)의 세 요인 고객만족 모형(three-factor model of customer satisfaction)이 있다.

아래에서는 이들 모형과 온라인상에서의 서비스품질을 측정하는 모형을 살펴보도록 한다.

## 2. Grönroos의 2차원 모형

스웨덴 학자 Grönroos(1984)는 기술적 품질(technical quality)과 기능적 품질(functional quality)의 2차원으로 구성된 서비스품질 모형을 제시하였다. 기술적 품질은 '결과품질'로서 고객은 기업이 제공한 서비스로부터 최종적으로 얻는 것의 품질, 즉 '무엇(what)'에 해당하는 품질이며, 기능적 품질은 '과정품질'로 고객이 서비스받는 전달과정상의 품질, 즉 '어떻게(how)'에 해당하는 품질이다. 기능적 품질은 고객과 직접 접촉하는 직원의 태도 및 행동, 고객지향적인 물리적 · 기술적 지원, 지속적 고객 접점 능력, 기업의 내부관계 등의 구성요소를 포함한다. Grönroos는 지각된 서비스품질(perceived service quality)은 기대 품질(expected service)과 체험 품질(perceived service) 간의 차이에서 인식된다고 주장했다. 여기서 체험 품질은 기술적 품질과 기능적 품질 두 차원이 서비스 제공자 혹은 서비스 기업의 이미지라는 필터 과정을 거쳐 형성되는 것으로 보고 있다.

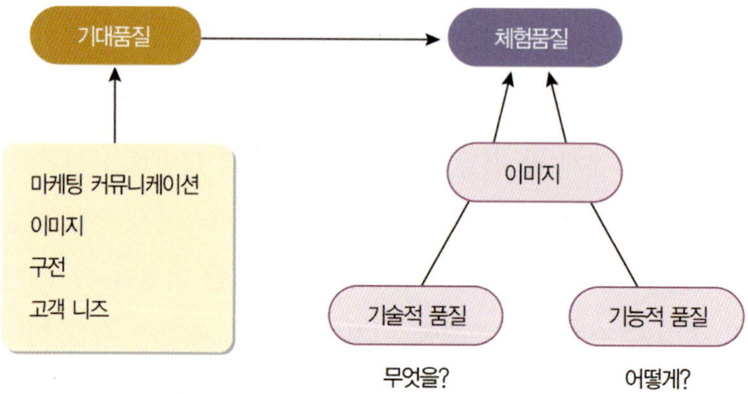


출처 : Grönroos, C.(1984), A service quality model and its marketing implications, European Journal of Marketing, 18(4) : 40.

[그림 13-1] Grönroos의 2차원 품질 모형

## 3. SERVQUAL/SERVPERF 5차원 모형

### 1) SERVQUAL

서비스품질 차원 연구의 선구자인 Parasuraman, Zeithaml, & Berry(이하 PZB, 1985)는 서비스품질은 고객이 사전에 가진 서비스 기대(expected service)와 현장에서 받은 지각된 서비스(perceived service)의 차이를 비교해 측정 가능하다고 보았다. 이들은 1985년 표적 집단 인터뷰(focus group interview)를 사용하여 고객이 서비스품질을 평가할 때 서비스업종과 관계없이 적용할 수 있는 기본적으로 유사한 10가지 범주를 제시하였다. 즉 유형성(tangibility), 신뢰성(reliability), 응답성(responsiveness), 능력(competence), 예절(courtesy), 신용도(credibility), 안전성(security), 접근 가능성(access), 커뮤니케이션(communication), 고객의 이해(understanding the customer)가 그것들이다.

이러한 10가지 범주는 신용도 및 안전성과 같이 서로 중복되는 측면이 있어 PZB(1988)는 은행, 보험, 가전제품 수리 및 보수, 증권업, 장거리 전화 서비스, 자동차 수리 서비스업 등을 대상으로 22개 항목으로 정량적 실증조사를 하여 유형성(tangibility), 신뢰성(reliability), 응답성(responsiveness), 확신성(assurance), 공감성(empathy)이라는 5개 서비스품질 차원을 수정 제시하였으며, 이를 이용해 평가하는 서비스품질 모형을 'SERVQUAL'이라고 명명하였다〈표 13-2〉. 기존의 10가지 범주 중 능력, 예절, 신용도, 안전성이 확신성으로 통합되고, 접근성, 커뮤니케이션, 고객의 이해는 공감성으로 통합되었다.

**〈표 13-2〉 PZB의 서비스품질 차원**

| PZB(1985)<br>10차원 | PZB(1988)<br>5차원 | 정의 |
|---|---|---|
| 유형성<br>(tangibles) | 유형성 | 서비스 평가를 위한 외형적인 단서<br>예) 물적 시설, 장비, 직원 외모, 서비스 시설 내의 다른 고객, 의사소통 도구의 외형 |
| 신뢰성<br>(reliability) | 신뢰성 | 약속된 서비스를 정확하게 수행하는 능력<br>예) 철저한 서비스 수행, 청구서의 정확도, 정확한 기록, 약속 시간 엄수, 서비스 수행시간의 일관성 |
| 응답성<br>(responsiveness) | 응답성 | 고객을 돕고 즉각적인 서비스를 제공하려는 의지<br>예) 서비스의 적시성, 고객 문의나 요구에 즉시 응답, 신속한 서비스 제공 |
| 능력<br>(competence) | 확신성 | 서비스를 수행하는 데 필요한 기술과 지식의 소유<br>예) 외국은행 직원의 외국어 구사능력, 조직의 연구개발력, 담당직원과 지원인력의 지식과 기술 |
| 예절<br>(courtesy) | | 고객과 접촉하는 직원의 친절과 배려 및 공손함<br>예) 고객 특성 배려, 노인과 어린이를 특별히 돕는 행동, 직원의 정중한 태도 |
| 신용도<br>(credibility) | | 서비스 제공자의 진실성, 정직성<br>예) 기업 평판, 기업명, 직원의 정직성, 강매의 정도 |
| 안전성<br>(security) | | 위험과 의심으로부터의 자유<br>예) 물리적 안전, 금전적 안전, 비밀보장 |
| 접근성<br>(access) | 공감성 | 접근 가능성과 접근 용이성<br>예) 전화예약, 대기시간, 서비스 제공시간 및 장소의 편리성 |
| 커뮤니케이션<br>(communication) | | 고객의 말에 귀 기울이고 고객에게 쉬운 말로 알림<br>예) 서비스에 대한 설명, 서비스비용의 설명, 문제해결 보증 |
| 고객의 이해<br>(understanding the customer) | | 고객과 고객의 욕구를 알려는 노력<br>예) 고객의 구체적 요구사항 학습, 개별적 관심 제공, 정규고객인지 및 파악 |

출처 : Parasuraman, et al., A conceptual model of service quality and its implications for future research, Journal of Marketing, 49(4): 41-50.
Parasuraman et al.(1988), SERVQUAL : A multi-item scale for measuring consumer perceptions of service quality, Journal of Retailing, 64(1): 12-40.

### (1) 신뢰성(reliability)

신뢰성은 약속한 서비스를 정확히 제공하는 서비스 제공자의 능력으로 서비스품질 다섯 가지 차원 중 일반적으로 가장 중요한 차원으로 나타난다. FedEX의 "반드시 더 빨리 목적지에 도착해야 한다."라는 슬로건은 이 회사의 신뢰 메시지를 잘 반영한 예라 볼 수 있다.

### (2) 응답성(responsiveness)

응답성은 즉각적인 서비스를 제공할 수 있는 서비스 제공자의 능력이다. 응답성 차원은 고객의 요구, 질문, 불만, 문제 등을 처리하는 주의(attentiveness)와 신속성(promptness)을 강조한다. 예를 들면, 비행 지연에 대한 보상으로 음료나 간단한 식사를 제공하는 것이다.

### (3) 확신성(assurance)

확신성은 회사와 직원의 지식과 예절, 고객에게 신뢰와 자신감을 심어줄 수 있는 서비스 제공자의 능력이다. 이 차원은 고객에게 위험이 높다고 지각되는 서비스나 은행, 보험, 의료, 법률 등의 서비스와 같이 결과를 평가할 능력에 대해 자신이 없을 경우 더욱 중요하다. 은행의 PB(private banker) 서비스는 이러한 확신성 차원의 예라 할 수 있다.

### (4) 공감성(empathy)

공감성은 기업이 고객 개개인에게 제공하는 관심과 배려로 고객의 독특하고 특별한 욕구를 이해해주는 것이다. 예를 들면, 고객의 잘못으로 비행기를 갈아타지 못했을 때 직원이 다시 제대로 탈 수 있도록 고객을 도와주고 해결해줄 수 있도록 하는 자세와 능력이다.

### (5) 유형성(tangibles)

유형성은 물리적 시설, 장비, 인력, 각종 커뮤니케이션 물품 등의 외양으로 호텔, 레스토랑 등과 같이 고객이 서비스를 받기 위해 시설을 찾아오는 업종에서 강조된다. 이러한 유형성은 새로운 고객이 품질을 평가하는 데 사용되는 서비스의 물리적 표현과 이미지를 제공한다. 예를 들면, 어떤 식당의 화장실이 더럽다면 고객은 그 식당의 주방에 들어가 보지도 않고도 주방의 위생 상태에 문제가 있으리라고 확대해석하여 더이상 방문하지 않을 것이고, 주변에도 이런 사실을 알릴 것이다. 이때 변기에 붙어 있는 '소독필'이라는 표식은 이러한 고객의 불만을 해소시켜줄 수 있는 유형성의 증거이다.

다양한 서비스 상황에 따른 고객이 서비스품질의 다섯 가지 차원을 판단하는 예는 〈표 13-3〉과 같고, 지금까지 다양한 산업에서 연구된 서비스품질 차원은 〈표 13-4〉와 같다.

〈표 13-3〉 고객이 서비스품질의 다섯 가지 차원을 판단하는 예

| | 신뢰성 | 응답성 | 확신성 | 공감성 | 유형성 |
|---|---|---|---|---|---|
| 자동차 수리 (소비자 고객) | 문제를 처음에 수정, 약속시간에 준비 | 이용 용이, 무대기, 요구에 대한 반응 | 지식이 많은 수리공 | 고객의 이름을 알고, 이전의 문제 및 선호를 기억 | 수선시설, 대기장소, 유니폼, 장비 |
| 호텔 | 예약 및 주문에 대한 이행 | 요구 사항에 대한 신속한 응대 | 안전한 객실, 맛있는 음식 | 고객의 특별한 요구에 대한 이해 | 호텔 외관, 실내 인테리어, 유니폼 및 용모, 기물 |
| 항공사 (소비자 고객) | 일정에 따라 목적지로 출발 및 도착 | 발매, 탑승, 수하물 처리에 대한 신속하고 빠른 대응 | 신인도, 탁월한 안전기록, 유능한 승무원 | 고객의 특별한 요구에 대한 이해, 고객 욕구의 예측 | 항공기, 발매소, 수하물 지역, 유니폼 |
| 의료 (소비자 고객) | 일정에 따른 약속 준수, 정확한 진찰 | 이용 용이, 무대기, 자진 경청 | 지식, 기술, 신뢰, 평판 | 한 개인으로서 환자를 이해, 이전의 문제를 기억, 올바른 경청, 안내 | 대기실, 검사실, 의료장비, 문서자료 |
| 백화점 | 상품의 품질 | 신속, 정확한 판매 | 교환 및 환불 | 고객의 특별한 요구에 대한 이해 | 실내외 인테리어, 상품의 진열, 종업원의 용모 |

| | 신뢰성 | 응답성 | 확신성 | 공감성 | 유형성 |
|---|---|---|---|---|---|
| 건축가 (사업자 고객) | 약속된 때 예산 내의 설계도 전달 | 전화 응답, 변화 수용 | 신뢰, 평판, 사회에서의 명성, 지식과 기술 | 고객의 산업을 이해, 고객의 특성 요구 및 이해를 인정 및 적응, 고객에 대한 이해 노력 | 사무실 공간, 보고서, 스스로의 계획, 청구서 작성, 직원의 복장 |
| 정보처리 (내부 고객) | 요청할 때 필요한 정보 제공 | 요청에 대해 신속한 대응, 관료적이 아님, 신속한 문제 처리 | 통찰력 있는 스태프, 숙련, 신임 | 내부고객을 이해, 부서나 개인의 이해 | 내부보고서, 사무실 공간, 직원의 복장 |
| 인터넷증권업 (소비자 고객, 사업자 고객) | 정확한 정보의 제공, 고객의 요구를 정확히 이행 | 이용 용이와 휴지(休止) 시간이 없는 빠른 웹사이트 | 사이트 내 신뢰할 만한 정보 원천, 브랜드 인지, 사이트의 명백한 신임 | 필요할 때 사람이 응답 | 웹사이트의 외관 |

출처 : Zeithaml et al., 배일현 등 공역(2022), 서비스 마케팅, 7판, 교문사, p.122.

### 〈표 13-4〉 주요 산업별 서비스품질 차원

| 서비스산업 | 품질 차원 |
|---|---|
| 숙박산업 | • 신뢰성, 보장, 대응성, 유형성 감정이입 |
| 돌봄 서비스 | • 친절, 유형성, 신의 |
| 헬스케어 | • 유형성, 의료 대응성, 보장, 간호 인력, 개인적 신념과 가치 |
| 레스토랑 | • 유형성, 신뢰성, 대응성, 보장, 감정이입 |
| 소매 | • 물리적 측면, 신뢰성, 개인적 상호작용, 문제해결, 정책 |
| 여행 대리점 | • 대응성과 보장, 신뢰성, 감정이입, 자원과 기업 이미지, 유형성 |
| 물류 서비스 | • 정보 품질, 주문절차, 주문 발주량, 적시성, 주문 정확성, 주문 품질, 주문 조건, 주문 불일치 취급, 직원 접촉 품질 |
| 대학 경력센터 | • 유형성, 신뢰성, 대응성, 보장, 감정이입 |
| 유적지 관광서비스 | • 대응성, 유형성, 커뮤니케이션, 감정이입, 기념품 |
| 도서관 | • 서비스, 장소, 장소에 대한 접근, 신뢰성 |
| 병원 | • 돌봄과 관심, 효과성과 연속성, 적절성, 정보, 효율성, 음식, 첫인상, 직원 다양성 |
| 은행 | • 서비스 시스템 품질, 형태적 서비스품질, 기계 서비스품질, 서비스 거래 정확성 |
| 인터넷 소매서비스 | • 성과, 접근성, 보안, 감각, 정보 |
| 컨설팅 서비스 | • 보장, 대응성, 신뢰성, 감정이입, 프로세스, 교육 |
| 대학 | • 신뢰성, 학생, 감정이입, 보장, 이러닝, 대응성, 유형성 |

출처 : 김진한(2021), 서비스 운영 관리, 박영사, pp.512-513.

잠깐 쉬어가기

### 서비스 유형성의 중요성 – 깨진 유리창의 법칙

'깨진 유리창의 법칙'이란 범죄학자인 윌슨(Wilson)과 켈링(Kelling)이 1982년 『월간 애틀랜틱』에 〈깨진 유리창〉이라는 글을 발표하면서 범죄학뿐만 아니라 경영학 분야에서도 큰 호응을 얻은 이론이다. 이 법칙의 요지는 건물에 깨진 유리창이 있으면 그 건물에 절도 등 강력범죄가 발생한다는 것이다. 즉 주인이 건물을 관리하지 않고, 방치한 것으로 간주하여 범죄자가 쉽게 범죄행위를 저지른다는 것이다. 이처럼 사소한 부주의는 엄청난 결과를 초래한다는 것으로 '하나를 보면 열을 안다'라는 속담이 적용되는 것이다.

서비스 마케팅 차원에서 깨진 유리창의 법칙을 예를 들면, 어떤 식당의 화장실이 더럽다면 고객은 그 식당의 주방에 들어가 보지도 않고도 주방의 위생 상태에 문제가 있으리라고 확대해석하여 더이상 방문하지 않을 것이고, 주변에도 이런 사실을 알릴 것이다. 따라서 서비스 유형성은 깨지기 쉬운 유리창과 같은 것으로 철저한 품질관리가 요망된다.

출처 : 이정학(2018), 서비스 마케팅, 제2판, 대왕사, p.272.

## 2) SERVPERF 모형

Cronin & Talyor(1992)는 '서비스품질 = 성과'라고 보고 사전 기대치와 실제 이루어진 지각된 성과치를 2번 측정하는 것보다 지각된 성과만을 측정한 'SERVPERF' 5차원 모형을 제시하였다. 이들은 SERVQUAL 모형이 만족과 태도를 혼동하고 있어 서비스품질 측정 방법으로 부적합하다고 비판하고 있다. 이들은 은행, 해충방역, 드라이클리닝, 패스트푸드점의 4개 서비스산업을 대상으로 PZB의 5개 차원과 22개 항목을 그대로 사용하여 SERVQUAL모형과 비교해 성과만으로 측정하는 것이 서비스품질을 측정하는 것보다 타당하다는 것을 밝혔다. 하지만 이 모형 역시 서비스 기업에 따른 변수들 간의 상대적 중요도가 SERVQUAL과 마찬가지로 산출되지 않는다는 점과 고객의 서비스품질에 대한 기대문항이 없어 고객들이 평가하는 데 있어 기준점을 혼동할 수 있다는 문제점이 제시되고 있다.

SERVQUAL 모형과 SERVPERF 모형의 비교는 〈표 13-5〉와 같다.

〈표 13-5〉 SERVQUAL 모형과 SERVPERF 모형 비교

| 구분 | SERVQUAL 모형 | SERVPERF 모형 |
|---|---|---|
| 연구자(연도) | PZB(1988) | Cronin & Taylor(1992) |
| 모형의 구성 | 기대 수준 - 성과 수준 | 성과 |
| 기대의 정의 | 규범적 기대(제공해야 할 수준) | 기대 수준은 측정하지 않음 |
| 측정 차원 | 5개 차원, 22개 항목<br>(기대 22문항 + 성과 22문항 = 44문항) | 5개 차원, 22개 항목<br>(성과 22문항) |

## 4. Brady & Cronin의 3차원 품질 모형

Grönroos 2차원 모형은 개념적으로 제시된 모형으로 인해, SERVQUAL 5차원 모형은 주로 과정품질 위주로 성과 품질이 빠져 있다든지 혹은 서비스 가격이나 비용에 대한 부분이 빠져 있다든지 등의 여러 비판으로 인해 수정된 품질 모형이 제시되었다. Brady & Cronin(2001)은 Rust & Oliver(1994)가 제시한 상품 품질, 전달 품질, 환경품질의 3차원 모형과 Dabholkar, Thoprpe, & Rentz(1996)의 서비스품질 위계 구조모형을 바탕으로 3차원 서비스품질 위계구조모형을 개발하였다[그림 13-2]. 이 3개 차원은 상호작용 품질(interaction quality), 결과 품질(outcome quality), 물리적 환경품질(physical environment quality)로 각각 명명되었다. 레스토랑의 예를 들어보면, 상호작용 품질차원은 직원과

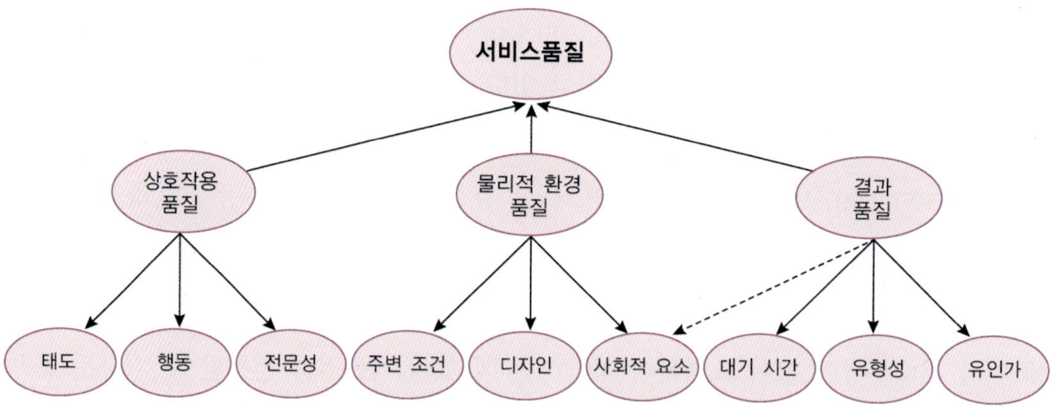


출처 : Brady, M. K., & Cronin, J. Jr.(2001), Some new thoughts on conceptualizing perceived service quality: A hierarchical approach, Journal of Marketing, 65(3) : 37.

[그림 13-2] Brady & Cronin의 3차원 품질 모형

고객과의 상호작용과정에서 발생하는 직원의 친절성, 신뢰성 및 신속성이, 결과품질차원은 서비스결과인 산출요소로 음식의 맛 및 메뉴 구성이, 물리적 환경 품질차원은 서비스업체의 유형적 요소, 즉 건물외관, 인테리어, 쾌적성 및 청결성이 될 수 있다.

## 5. Kano 모형

Kano et al.(1984)이 제시한 모형은 비대칭연구에서 가장 많이 이용되고 있는 연구이다. Kano는 고객만족을 가져오는 품질 속성과 불만족을 초래하는 품질 속성이 서로 다르게 존재한다고 보고 있다. 이 모형의 핵심은 기업의 전략적 선택과 집중에 있다. 예를 들면, 기업은 고객 서비스 개선을 위해 제시된 10가지 품질요소를 모두 동일한 비중으로 투입하기보다는 여러 품질차원들의 특성과 역할 등을 고려해 현재 자사에 필요한 전략적 관점에서 선택과 집중을 할 수 있다.

Kano는 고객 요구사항의 충족 정도를 X축에, 고객의 만족 정도를 Y축에 배치하여 매력적 품질요소(attractive quality element), 일원적 품질요소(one-dimensional quality element), 당연적 품질요소(must-be quality element), 무관심 품질요소(indifferent quality element), 역품질요소(reverse quality element) 등 5가지 서비스 속성을 제시하였다[그림 13-3].

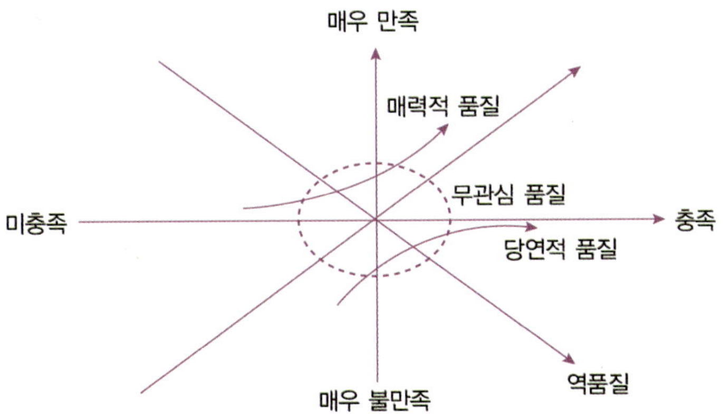


출처 : Kano, N., Seraku, N., Takahashi, F., & Tsuji, S.(1984), Attractive quality and must-be quality, The Japanese Society for Quality Control, 14(2) : 39-48.

[그림 13-3] Kano 모형

### 1) 매력적 품질요소

매력적 품질요소는 품질에 대해 충족하면 만족하지만 충족하지 않더라도 불만을 일으키지 않는 요소로 고객이 미처 기대하지 않았거나 기대 이상의 만족을 주는 요소로 고객감동의 원천이 되며, 경쟁사와의 차별화 요인이 된다. 예를 들면, 호텔 투숙객에게 환영 과일 바구니나 인사편지 제공, 레스토랑에서 생일을 맞은 고객에게 직원들의 이벤트 제공, 항공사 기내 메뉴 선택의 다양성 등이 있다.

### 2) 일원적 품질요소

일원적 품질요소는 품질에 대해 충족되면 만족하지만 충족되지 않으면 불만을 초래하는 요소로 가장 일반적인 요소이며, 기존의 대칭적 연구에서 파악된 요소와 동일한 개념이다. 예를 들면, 호텔의 체크인과 체크아웃, 레스토랑 음식의 질과 짧은 대기시간, 항공사 승무원의 응대태도 등이 있다.

### 3) 당연적 품질요소

당연적 품질요소는 최소한 당연히 제공될 것으로 생각되는 요소로 충족되더라도 만족도가 향상되지 않지만 미충족되면 불만족을 초래하는 요소이다. 예를 들면, 호텔 객실의 깨끗한 타월과 냉온수 시설, 레스토랑 화장실의 청결성, 항공사 승무원의 업무숙련도나 지식 등이 있다.

### 4) 무관심 품질요소

무관심 품질요소는 고객이 무관심해 충족되든 충족되지 않든 불만을 초래하지 않는 요소이다. 예를 들면, 호텔 직원의 학위수준, 레스토랑의 물잔 모양, 기업 웹사이트의 커뮤니티 제공, 항공사 승무원의 다양한 언어 능력 등이 있다.

### 5) 역품질 요소

역품질 요소는 충족되었는데도 불만을 일으키거나 미충족되었는데도 만족을 야기하는 요소이다. 예를 들면, 호텔의 필요 이상의 모닝콜 서비스, 레스토랑의 질 낮은 기념품 제공, 여행사 가이드의 지나친 안내와 설명, 기업의 지나친 광고 등이 있다.

## 6. Matzler & Sauerwein의 세 요인 고객만족 모형

Kano와 같이 Matzler & Sauerwein(2002)은 서비스품질 속성이 전반적인 고객만족에 대칭적 혹은 비대칭적으로 영향을 미칠 수 있다고 주장하며 세 요인 고객만족 모형(Three-Factor Model of Customer Satisfaction)을 제시하였다. 이 모형에 따르면 각 서비스품질 속성은 기본요인(basic factor, dissatisfiers), 실행요인(performance factor, hybrid), 감동요인(excitement factor, satisfiers)으로 구별될 수 있다. 기업으로서는 경쟁에서 생존하기 위해 기본요인과 실행요인을 우선적으로 개선해야 할 것이며, 경쟁자와의 차별화를 위해서는 감동요인을 추가적으로 고려해야 한다.

### 1) 기본요인

기본요인은 고객의 요구에 대한 서비스가 잘 이행되면 만족을 가져오지는 않지만 제대로 이행되지 않을 경우에는 불만족을 일으키는 요인이다. Kano 모형에서의 일원적 품질과 같은 개념으로 레스토랑의 청결성이 예가 될 수 있다.

### 2) 실행요인

실행요인은 고객의 요구에 대한 서비스가 잘 이행되면 만족을, 잘 이행되지 않으면 불만족을 일으키는 요인이다. Kano 모형에서의 당연적 품질요소로 직원의 서비스태도가 예가 될 수 있다.

### 3) 감동요인

감동요인은 고객들이 전혀 기대하지 않아 서비스가 제공되었을 경우 고객의 만족도를 높이지만 서비스가 제공되지 않더라도 불만족을 초래하지 않는 요인이다. Kano 모형의 매력적 품질요소로 레스토랑에서의 생일파티와 같은 깜짝 이벤트를 예로 들 수 있다.

## 7. 온라인 서비스품질 모형

온라인 서비스의 성장에 따라 기업은 고객들이 인터넷, 모바일 등 인터넷상에서의 서비스를 어떻게 평가할지에 대한 기준에 관심이 많아졌다. Parasuraman, Zeithaml, & Mahotra(2005)는 웹사이트에서 얼마나 효율적으로 쇼핑, 구매, 전달이 이루어지는가에 대한 범위를 정의하는 E-S-QUAL이라는 모형을 개발하였다. 이 모형은 핵심 서비스평가 차원인 효율성, 실행성, 시스템 이용 가능성, 보안성의 4개 차원과 서비스 회복평가 차원인 응답성, 배상, 접촉의 3개 차원 등 총 7개 차원을 제안하였다.

핵심서비스평가를 위한 다음 4가지 차원은 고객이 의문 사항이나 불만 없이 온라인 서비스를 얼마나 잘 이용할 수 있는가를 평가하기 위해 사용된다.

- 효율성(efficiency) : 웹사이트 접속과 이용의 편리함 및 속도를 의미한다. 예를 들면, 이용이 쉬운지, 거래가 빠르게 처리되는지, 웹사이트가 빠르게 로딩되는지 등이 있다.
- 실행성(fulfillment) : 서비스 약속이행의 정확함을 의미한다. 예를 들면, 약속시간에 맞추어 상품을 배달하는지, 고객이 원하는 상품을 항상 보유하고 있는지 등이 있다.
- 시스템 이용 가능성(system availability) : 웹사이트의 정확한 기술적 기능으로 예를 들면, 웹사이트가 이용가능한지, 결함 없이 즉시 안정적으로 이용가능한지 등이 있다.
- 보안성(privacy) : 웹사이트의 거래 안정성과 고객 정보를 보호하는 정도를 말한다.

문제점이나 의문점이 있는 경우 고객이 서비스 회복을 판단할 때 사용하는 3개 차원은 다음과 같다.

- 응답성(responsiveness) : 웹사이트를 통한 효과적인 문제해결과 반품의 신속한 처리
- 배상(compensation) : 문제 발생 시 웹사이트가 고객에게 배상하는 정도
- 접촉(contact) : 전화나 온라인을 통한 도움의 이용 가능성

다양한 학자들의 온라인 서비스품질 측정 척도는 〈표 13-6〉과 같다.

**〈표 13-6〉 온라인 서비스품질 측정 척도**

| 연구자 | 온라인 서비스품질 측정 척도 |
|---|---|
| Kaynama(2000) | SERVQUAL을 바탕으로 한 7개 차원 제시 : 콘텐츠, 접근성, 탐색, 디자인, 반응성, 상호작용성, 평판과 보안 |
| Zeithaml, Parasuraman, & Mahotra(2000) | 접근성, 탐색의 용이성, 효율성, 유연성, 신뢰성, 개인화, 보안성, 반응성, 확실성(믿음성), 사이트 디자인, 가격정보 |
| Zhilin Yang(2001) | 9개 차원의 e-서비스품질 척도 개발 : 신뢰성, 반응성, 능력, 접근성 및 편의성, 개인화, 이용의 용이성, 서비스 포트폴리오, 보안성 |
| Jun & Ca(2001) | 3개 차원의 e-뱅킹 서비스품질측정 척도 제시 : 고객 서비스품질, 온라인 시스템품질, 은행상품품질 |
| Parikh & Verma(2002) | e-Learning 서비스품질 척도로 4개 차원 제시 : 내용의 순응성 및 유용성, 기술의 적시성 및 정확성, 인터페이스의 용이성, 기능상 편리성 |
| Madu & Madu(2002) | 성과, 특징, 구조, 심미성, 신뢰성, 저장능력, 서비스 능력, 시스템 통합, 신용성, 반응성, 차별성, 웹 운영 정책, 평판, 보증성, 공감성 |
| Wamington(2002) | 11개 차원의 척도 제시 : 효율성, 신뢰성, 심미성, 접근성, 유연성, 개인화, 내비게이션, 반응성, 보안성, 보증성, 가격정보 |
| 이문규(2002) | e-SERVQUAL 척도로 5개 차원 제시 : 정보, 거래, 디자인, 의사소통, 안정성 |
| 김혜영(2007) | ISSES(인터넷 서비스 접점 만족도) 개념적 모형을 이준엽(2004)의 연구를 토대로 신뢰성, 정당성, 편리성, 접근성(browsing), 즐거움(flow)으로 측정 |

출처 : 한장희 · 한동철 · 김혜영(2015), 서비스마케팅, 이프레스, p.346.
이문규 · 안광호(2011), 서비스 마케팅 & 매니지먼트, 집현재, p.414.

# 제 3 절 | 서비스품질 관리

## 1. 서비스품질 갭 모형의 개요

서비스품질에 대한 평가와 관리는 서비스의 고유한 특성으로 인해 쉽지 않다. 이와 더불어 고객은 특정 서비스에 대한 기대 수준과 실제 서비스 체험에서 인식한 성과 지각 사이에서 갭(gap)을 느낄 수 있다. 고객의 기대는 서비스 경험에서 오는 기준 또는 준거점인 반면, 고객지각은 실제 서비스 경험의 주관적인 평가이다. 예를 들면, 고객이 5성급 호텔에 갈 때 높은 수준의 서비스를 기대하며, 이러한 기대는 3성급 호텔에서 기대하는 것보다 훨씬 높은 차원의 기대일 것이다. 따라서 기업은 좋은 품질의 서비스를 제공하고 고객만족을 제고하기 위해서 고객이 기대하는 것과 그들의 실제 서비스 경험에서 인식하는 것 사이의 갭을 줄이기 위한 지속적인 노력이 필요하다.

고객의 기대와 지각의 차이를 최소화하는 것은 서비스품질 관리의 목표이며, 이러한 것이 갭 모델의 기본이다. 서비스품질 관리모형인 갭 모형은 PZB(1985)에 의해 제시되었다[그림 13-4]. 이 모형은 서비스관리자들에게 서비스품질을 개선할 구체적 방안을 제시해준다. 모형의 윗부분은 고객과 관련된 현상을 다루며 고객의 갭이며, 아랫부분은 서비스 제공자와 관련된 현상을 다루는 서비스 제공자 갭이다.

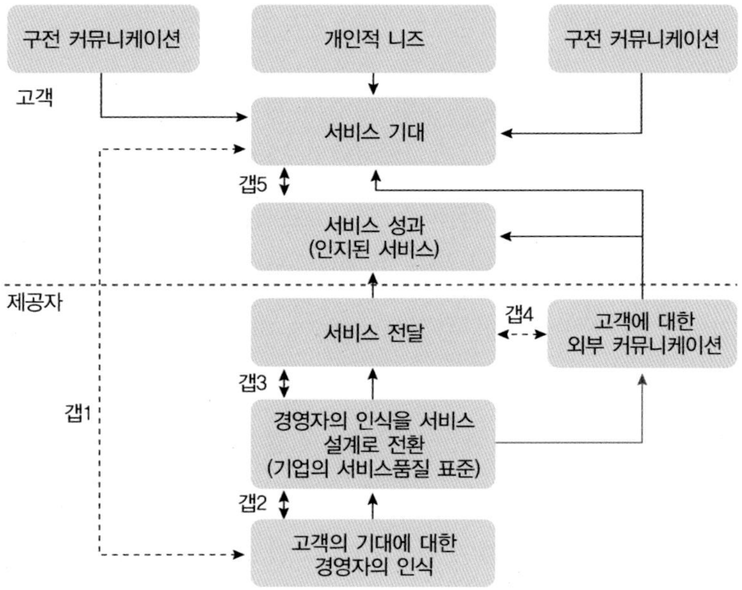


출처 : Parasuraman, A., Zeithaml, V. A., & Berry, L. L.(1985), A conceptual model of service quality and its implications for future research, Journal of Marketing, 49(4): 44.

**[그림 13-4] 서비스품질 갭 모형**

고객의 서비스품질 인식은 고객의 기대와 서비스 성과의 차이에 근거한다. 그리고 이러한 기대와 성과 간의 차이인 Gap 5는 다음과 같은 4가지 갭으로 인해 발생한다.

Gap 1 : 고객의 기대를 경영자가 정확하게 알지 못할 때(경청 갭)

Gap 2 : 서비스 기준이 고객의 기대와 다를 때(서비스 설계와 표준 갭)

Gap 3 : 서비스 성과가 서비스 기준과 다를 때(서비스 성과 갭)

Gap 4 : 서비스 성과가 고객과의 약속과 다를 때(의사소통 갭)

Gap 5 : 고객의 기대와 고객의 서비스 성과 차이 = f(Gap 1, Gap 2, Gap 3, Gap 4)

| 원인 | 해결방안 |
|---|---|
| • Gap 1, Gap 2, Gap 3, Gap 4 | • Gap 1, Gap 2, Gap 3, Gap 4를 줄여야 함 |

## 2. Gap 1 : 고객 기대 – 경영자 인식 간 갭(경청 갭)

Gap 1은 서비스에 대한 고객의 기대와 기업의 경영진이 그 기대를 정확히 인식하지 못할 때 발생하며 '경청 갭'이라 부른다. 경영진은 고객과 직접적으로 접촉하지 않기 때문에 고객의 기대에 대해 관심이 적을 수 있고, 고객을 설득할 준비가 되어 있지 않을 수 있다. 따라서 경영진은 서비스의 어떤 특성이 고객에게 중요한지, 고객 욕구를 만족시키기 위해 기업의 서비스는 어떤 특성을 지녀야 하는지, 그러한 서비스의 특성을 어느 수준까지 제공해야 고객이 만족하는지를 잘 알지 못할 수 있다. 예를 들면, 롯데호텔과 같은 5성급 특급호텔이 운영하는 비즈니스호텔인 롯데시티호텔의 경우 일반 고객들은 특급호텔의 명성에 걸맞은 높은 수준의 서비스를 기대할 수 있지만 실제 비즈니스호텔의 경영진은 이를 잘 파악하지 못할 수 있다. 만일 McDonald's 고객이 가장 중요하게 생각하는 요소 중 하나가 신속한 서비스라고 가정할 때 경영자가 이를 제대로 파악하지 못하고 다른 서비스에 집중하는 경우가 또 다른 예가 될 수 있다.

Gap 1의 주요 원인과 해결방안은 〈표 13-7〉과 같다.

**〈표 13-7〉 Gap 1의 원인과 해결방안**

| 원인 | 해결방안 |
|---|---|
| – 마케팅조사의 중요성에 대한 이해 부족<br>• 불충분한 마케팅조사<br>• 서비스품질에 초점을 맞추지 않은 조사<br>• 마케팅조사 결과의 부적절한 사용<br>– 상향 커뮤니케이션의 부족<br>• 기업과 고객 간의 상호작용 부족<br>• 접점직원과 매니저 간의 커뮤니케이션 부재<br>• 접점직원과 최고경영자 간에 너무 많은 계층이 존재<br>– '관계'에 초점을 맞추지 못함<br>• 시장세분화 부족<br>• 관계보다는 거래에 초점<br>• 단골고객보다는 신규고객에 초점<br>– 불충분한 서비스 회복<br>• 고객 불평 경청을 장려하는 것의 부족<br>• 잘못되었을 때 배상하지 못함<br>• 서비스 실패에 대한 적절한 회복 메커니즘의 부재 | – 정확한 마케팅조사 시행<br>• 고객의 불평을 전략적으로 이용<br>• 고객이 유사 업종에서 원하는 것을 연구, 조사<br>• 고객 패널을 이용한 조사<br>예) NH농협생명의 고객패널단 운영<br>• 거래를 근거로 고객 조사<br>• 직원으로 하여금 고객과 상호작용<br>예) 고객을 모니터 요원이나 기업의 1일 경영자로 초청, 피자헛 고객의 고객 불만 작성 및 친절 직원 추천 엽서<br>– 상향적 커뮤니케이션의 활성화<br>예) MBWA(Management By Wandering Around : 현장순회경영), 서면 커뮤니케이션보다 대면 커뮤니케이션<br>– 조직의 관리계층 축소<br>예) 팀장제도 |

출처 : Zeithaml et al., 배일현 등 역(2022), 서비스마케팅, 7판, 교문사, p.59. 토대로 수정 보완

잠깐 쉬어가기

### SR '고객서비스 사전검토제' 도입 … SRT 고객만족도 제고

SRT 운영사 SR이 고객만족도 향상에 속도를 낸다. 대표이사 직속 '고객서비스부' 중심으로 '미리 깊게 매일'하는 서비스 모니터링을 통해 서비스품질 관리를 강화할 계획이라고 28일 밝혔다.

SR은 5월부터 새로운 서비스를 선보이거나 개선하기에 앞서 고객 입장에서 미리 검토하고 자문하는 '고객서비스 사전검토제'를 도입한다. 고객의 소리(VOC) 발생 이력을 분석하고, 고객대표 자문을 받는 등 SR의 모든 서비스를 고객 관점에서 사전 검토해 고객의 잠재 불만요인을 최소화하고 만족도는 높일 방침이다.

또 6월부터는 '서비스 대진단'을 추진한다. 승차권 예약 · 발권, 상담 채널 이용, 교통약자 이동 편의 등 고객이 경험하는 모든 순간을 고객서비스부가 직접 겪으며 불편 요인을 세밀하게 도출하고 개선하는 프로젝트다. 매월 집중 진단분야를 선정해 고객관점에서 이용해보며 도출한 결과를 신속하게 반영해 더 나은 고객경험을 제공할 예정이다.

이와 함께 6월 중에는 고객 소통을 강화하기 위해 '상시 고객만족도 조사'도 새롭게 도입한다. 기존 고객만족도는 최근 1년간 SRT를 이용한 고객을 대상으로 조사해 기억에 의존해야 하는 한계가 있었다.

하지만 6월부터는 고객이 열차 이용 직후 SRT 앱에서 만족도를 바로 평가할 수 있도록 해 고객들의 생생한 서비스 평가를 365일 모니터링하는 시스템을 구축할 계획이다.

한편, SR은 지난 2월 고객서비스부를 대표이사 직속 고객홍보실로 개편해 고객과 경영진의 커뮤니케이션 거리를 좁히기 위한 강한 의지를 드러냈다.

출처 : 데일리안(2022.4.28), SR '고객서비스 사전검토제' 도입 … SRT 고객만족도 제고.

## 3. Gap 2 : 경영자 인식 – 서비스 기준 간 갭(서비스 설계와 표준 갭)

Gap 2는 서비스 기준이 경영자의 인식과 일치하지 않을 때 발생하며 '서비스 설계와 표준 갭(service standard gap)'이라 부른다. 이러한 갭은 흔히 단기이익 지향성, 시장 상황, 경영자의 무관심 등과 같은 여러 제약조건으로 인해 발생한다. 예를 들면, 고객들이 반나절 4시간 내 빠른 배송을 기대해도 경영진이 자사의 자원 부족, 시장 환경 등의 이유로 고객의 기대를 충족시키기 어렵다고 판단한다면 내부적인 품질기준은 고객 기대보다 낮게 설정될 수밖에 없다. 또 다른 예로 McDonald's 고객의 요구사항이 신속한 서비스임을 정확히 파악했으나 신속한 서비스가 어느 정도 빠른 서비스인지 서비스표준을 정확히 알지 못해 신속한 서비스가 제공되는 프로세스를 설계하지 못하는 경우이다.

Gap 2의 주요 원인과 해결방안은 〈표 13-8〉과 같다.

〈표 13-8〉 Gap 2의 원인과 해결방안

| 원인 | 해결방안 |
|---|---|
| **– 어설픈 서비스 설계**<br>• 체계적이지 못한 새로운 서비스개발 과정<br>• 애매하고 정의되지 않은 서비스 설계<br>• 서비스 설계를 서비스 포지셔닝에 연결시키지 못함<br>**– 고객 중심적 표준의 부재**<br>• 고객 중심적 서비스표준의 부재<br>• 고객 요구에 초점을 맞춘 프로세스관리 부재<br>• 서비스품질 설정을 위한 공식과정의 부재<br>**– 부적합한 물리적 증거와 서비스스케이프**<br>• 고객기대에 부응하는 유형화된 단서 개발 실패<br>• 고객과 직원의 욕구에 부합하지 않는 서비스스케이프 설계<br>• 부적절한 서비스스케이프의 유지와 갱신 | **– 경영자의 헌신**<br>**– 고객 기대수준에 따른 서비스 상품 차별화 및 상응하는 서비스품질 마련(서비스품질목표 수립)**<br>예) 선병원은 환자가 원하면 모든 것을 바꾼다는 정신으로 직원들이 현장의 요구사항을 수시로 기록 · 관리하며, 매뉴얼화해서 활용<br>**– 업무의 표준화**<br>**– 고객 기대의 실행가능성 인식**<br>예) '지구상에 상상력이 존재하는 한 디즈니랜드는 영원히 완결되지 못할 것이다'(월트디즈니)<br>**– 적절한 물리적 증거와 서비스스케이프** |

출처 : Zeithaml et al., 배일현 등 역(2022), 서비스마케팅, 7판, 교문사, p.62. 토대로 보완

## 4. Gap 3 : 서비스 기준 – 서비스 성과 간 갭(서비스 성과 갭)

Gap 3은 제공되는 서비스 성과와 서비스 기준의 차이를 말하며, '서비스 성과 갭(service performance gap)'이라 부른다. 이 갭은 명세화된 서비스를 직원이 제대로 수행하지 못함으로써 발생한다. 예를 들면, 패스트푸드점은 매장청소, 햄버거 제조 등 여러 업무에서 표준화된 서비스 기준을 가지고 있지만 제대로 교육받지 못한 직원이라면 서비스 기준대로 고객서비스를 제공하지 못할 수도 있다. McDonald's의 신속한 서비스 개념대로 3분 내에 음식이 서비스되도록 조리 서비스 매뉴얼을 구축했으나 직원의 실수로 서비스가 3분 내에 전달되지 못하는 경우이다.

Gap 3의 주요 원인과 해결방안은 〈표 13-9〉와 같다.

〈표 13-9〉 Gap 3의 원인과 해결방안

| 원인 | 해결방안 |
|---|---|
| **- 인사정책 문제**<br>효과적이지 못한 채용<br>역할모호성과 역할갈등<br>직원의 업무지식 부족<br>부적절한 평가 및 보상시스템<br>권한위임, 지각된 통제 및 팀워크의 부족 | **- 효과적인 인사정책**<br>역할갈등 해소<br>역할모호성 해소<br>교육, 피드백, 커뮤니케이션 제공<br>팀워크의 향상<br>직원–직무 간 적합성 보장<br>기술–직무 간 적합성 보장<br>직원에게 권한위임 |
| **- 역할을 제대로 수행하지 못하는 고객**<br>고객이 그들의 역할과 책임에 대해 잘 모름<br>서로 부정적으로 충돌하는 고객 | |
| **- 서비스중간상의 문제**<br>목표와 성과에 대한 경로갈등<br>품질과 일관성 통제의 어려움<br>권한위임과 통제 간의 긴장 | **- 경영 통제시스템**<br>**- 프랜차이즈 본부 가맹점 등의 서비스 중간상에 대한 통제 및 관리** |
| **- 수요와 공급의 조화 실패**<br>성수기와 비수기 사이의 조절 실패<br>조화롭지 못한 고객 믹스<br>수요를 평탄화하기 위해 가격에 지나치게 의존 | **- 수요와 공급의 연결** |

출처 : Zeithaml et al., 배일현 등 역(2022), 서비스마케팅, 7판, 교문사, p.64. 토대로 보완

## 5. Gap 4: 서비스 성과 – 외부 커뮤니케이션 간 갭(의사소통 갭)

Gap 4는 고객이 인식하는 서비스 성과와 외부 커뮤니케이션 간 차이를 말하며, '의사소통 갭(the communication gap)'이라 부른다. 이 갭은 기업의 고객에게 기업이 과대 약속하는 원인뿐만 아니라 고객이 서비스에 대해 정보를 갖지 못할 때도 발생한다. 예를 들면, 항공사의 경우 언제나 최신의 기종, 정시운행, 친절한 직원서비스를 강조하지만 실제 서비스 전달은 이를 제대로 반영하지 못할 수도 있다. 패스트푸드점이 고객들에게 1분 안에 음식 서비스가 제공된다고 공고를 했는데 실제 서비스 시간과의 차이가 발생하는 경우이다.

Gap 4의 주요 원인과 해결방안은 〈표 13-10〉과 같다.

〈표 13-10〉 Gap 4의 원인과 해결방안

| 원인 | 해결방안 |
|---|---|
| – 통합 서비스 마케팅커뮤니케이션의 부족<br>• 각각의 외부커뮤니케이션을 독립적으로 보는 성향<br>• 커뮤니케이션 계획에서 상호작용마케팅이 빠짐<br>• 강력한 내부마케팅의 부재<br>– 고객기대를 효과적으로 관리하지 못함<br>• 여러 커뮤니케이션 방식으로 고객기대를 관리하는 데 실패<br>• 충분한 고객교육의 부재<br>– 과잉약속<br>• 광고로 과잉약속<br>• 인적 판매로 과잉약속<br>• 물리적 증거로 과잉약속<br>– 수평적 커뮤니케이션의 부족<br>• 영업부서와 운영부서 간의 불충분한 커뮤니케이션<br>• 광고부서와 운영부서 간의 불충분한 커뮤니케이션<br>• 지점들 간의 절차나 정책의 차이 | – 수평적 커뮤니케이션 증대<br>예) 배달의민족의 '관계는 수평적으로, 일은 수직적으로'라는 기업문화와 매주 수요일 11:00시~11:30 봉타임(대표 김봉진 만나는 시간)<br>– 광고와 인적 판매에서의 정확한 약속<br>– 고객기대의 효과적인 관리<br>• 과대약속의 유혹 거절 |

출처 : Zeithaml et al., 배일현 등 역(2022), 서비스마케팅, 7판, 교문사, p.68. 토대로 수정 보완

## 6. Gap 5 : 고객 기대와 서비스 성과 간 갭

Gap 5는 고객이 기대하는 서비스품질과 서비스 성과(지각) 간의 차이이다. 즉 Gap 5는 Gap 1, 2, 3, 4의 크기와 방향에 의해 결정된다.

잠깐 쉬어가기

### 서비스품질 갭 모형 평가표(service quality gap audit)

| 각각의 갭에 대한 다음 요인들에 대한 질문은 그 요인에 대해 조직이 잘하고 있는지를 나타낸다. 1=나쁨, 10=매우 탁월함으로 10점 척도를 사용하고 있다. | |
|---|---|
| 고객 갭<br>기업이 서비스품질에 대한 고객의 기대를 얼마나 잘 이해하는가?<br>기업이 서비스에 대한 고객지각을 얼마나 잘 이해하는가? | 1=나쁨,<br>10=매우<br>탁월함 |
| 제공자 갭 1: 경청 갭 | 1=나쁨, |

| | |
|---|---|
| 1. 시장조사 지향성<br>• 시장조사의 정도와 유형이 서비스에 대한 고객기대를 이해하는 데 적절한가?<br>• 기업이 서비스규정을 결정하는 데 이러한 정보를 사용하는가?<br>2. 상향 커뮤니케이션<br>• 고객이 기대하는 것을 알기 위해 경영자와 고객이 충분히 상호작용하는가?<br>• 고객이 접촉하는 접점직원이 경영자에게 고객기대를 이야기하는가?<br>3. 관계에 초점<br>• 기업이 각기 다른 고객 세분시장에서의 기대를 이해하는 정도는 어떠한가?<br>• 기업이 거래보다 고객과의 관계에 초점을 맞추는 정도는 어떠한가?<br>4. 서비스회복<br>• 기업의 서비스 회복 노력은 얼마나 효과적인가?<br>• 기업은 서비스 실패에 대해 잘 대비하고 있는가?<br>제공자 갭 1의 점수 | 10=매우<br>탁월함 |
| 제공자 갭 2 : 서비스설계와 표준 갭<br>5. 체계적인 서비스설계<br>• 기업의 서비스 개발과정은 얼마나 효과적인가?<br>• 새로운 서비스는 고객과 직원을 위해 분명히 정의되고 있는가?<br>6. 고객정의 표준의 존재<br>• 기업의 서비스표준은 얼마나 효과적인가?<br>• 서비스표준이 고객기대에 부응하여 정의되는가?<br>• 서비스품질 목표를 설정하고 추적하는 과정이 얼마나 효과적인가?<br>7. 적절한 물리적 증거단서와 서비스스케이프<br>• 기업의 물리적 설비, 장치, 그리고 다른 유형의 자산들은 얼마나 적절하고, 매력적이며 효과적인가?<br>제공자 갭 2의 점수 | 1=나쁨,<br>10=매우<br>탁월함 |
| 제공자 갭 3: 서비스성과 갭<br>8. 효과적인 인적 자원정책<br>• 기업의 직원 채용, 고용, 훈련, 보상, 그리고 권한위임은 얼마나 효과적으로 행해지고 있는가?<br>• 서비스 제공의 일관성은 직원, 팀들, 부서들, 그리고 지점들 모두에서 지켜지고 있는가?<br>9. 고객의 효과적인 역할 수행<br>• 고객은 그들의 역할과 책임들을 이해하고 있는가?<br>• 기업은 고객이 그들의 역할을 수행하도록 잘 관리하고 있는가?<br>특히 고객 간에 부합되지 않는 고객을 잘 관리하는가?<br>10. 서비스 중간상과의 효과적인 연결<br>• 서비스 중간상과 기업은 잘 연결되고 있는가?<br>• 목표, 성과, 비용, 그리고 보상에 대해 갈등이 있는가?<br>• 모든 소매점에서 서비스품질이 일관성 있게 제공되고 있는가?<br>11. 수요와 공급의 연결<br>• 기업은 수요와 공급의 변동을 얼마나 잘 조화시킬 수 있는가?<br>제공자 갭 3의 점수 | 1=나쁨,<br>10=매우<br>탁월함 |
| 제공자 갭 4 : 의사소통 갭<br>12. 통합 서비스마케팅 커뮤니케이션<br>• 접점직원과 고객 간의 상호작용을 포함하여 기업의 모든 커뮤니케이션은 동일한 메시 | 1=나쁨,<br>10=매우<br>탁월함 |

| | |
|---|---|
| 지의 서비스품질을 잘 표현하고 있는가?<br>• 기업이 고객으로부터 자신들이 받게 될 것에 대해 잘 소통하고 있는가?<br>• 기업은 과장된 약속과 과도한 판매를 피하고 있는가?<br>• 서비스품질이 약속한 것에 부합되도록 조직 내 여러 부서 간에 서로 잘 커뮤니케이션하고 있는가?<br>13. 가격책정<br>• 기업은 가격이 너무 높아서 고객의 기대가 상승하는 것에 대하여 조심하고 있는가?<br>• 기업은 소비자가 인식하고 있는 가치와 일관된 가격을 유지하고 있는가?<br>제공자 갭 4의 점수 | |

출처 : Zeithaml et al., 배일현 등 역(2022), 서비스마케팅, 7판, 교문사, pp.71-72.

## 제 4 절 | 서비스품질 평가제도

전 세계적으로 서비스품질이 중요한 이슈가 되면서 다양한 서비스품질지수가 개발되어 기업 운영평가를 비롯한 다양한 목적으로 활용되고 있다. 여기에는 미국 말콤볼드리지상, 유럽품질상, 일본 품질경영상, 국내 각종 다양한 서비스품질 평가지수가 있다. 아래에서는 국내외 대표적인 서비스품질 평가지수에 대해 알아보도록 하자.

### 1. 외국의 평가제도

#### 1) 미국 말콤 볼드리지상(Malcolm Baldridge National Quality Award)

1980년대 일본기업의 제품경쟁력에 미국 기업의 경쟁력이 약화되자 미국 상무성 장관인 말콤 볼드리지는 미국 기업의 품질경쟁력 향상을 위해 국가 품질상을 제안하였으며, 말콤 볼드리지의 이름을 따서 1987년 8월에 제정되었다. 이 상은 미국 상무부 국가표준기술원(National Institute of Standards and Technology)에서 주관하며, 리더십, 전략, 고객, 측정 · 분석 · 지식경영, 인적 자원, 운영(프로세스), 성과의 7가지 항목을 평가

한다. 시상부문은 제조 비즈니스, 서비스 비즈니스, 소기업 비즈니스, 교육조직, 보건조직, 비영리조직 6개 분야이다.

### 2) 유럽품질상(The European Quality Award)

1988년 유럽의 대표적인 다국적기업 14개 업체가 모여 비영리조직인 유럽품질경영재단(The European Foundation for Quality Management)을 설립하였으며, EFQM에서 유럽품질협회(European Organization for Quality)와 유럽위원회(European Commission)의 후원을 받아 1992년 유럽품질상(European Quality Award)을 제정 · 운영하고 있다. 심사기준은 리더십, 정책과 전략, 직원 관리, 자원, 프로세스, 고객만족, 직원만족, 사회적 책임, 사업결과 등이며, 시상부문은 일반기업, 사업부, 공공기관, 중소기업의 네 분야이다.

### 3) 일본 품질경영상(데밍상 : The Deming Prize)

1951년 일본과학기술연맹(The Union of Japanese Scientist and Engineers)이 일본에 통계적 품질관리기법을 전파시킨 Deming 박사의 공적을 기리기 위해 데밍상을 제정하였다. 데밍상은 조직(기업, 사업부 등)에 주는 상과 개인에게 주는 상의 두 범주가 있다. 조직에 대해 주는 상은 매해 선정하는 데밍상(The Deming Prize)과 첫 해 데밍상을 수상 후 3년 이상의 종합품질관리(Total Quality Management : TQM) 향상을 한 조직을 선정하는 데밍상(The Deming Grand Prize)으로 나뉘며, 개인에게 주는 상은 일본에서 TQM 향상 노력을 한 사람에게 주는 상과, 해외에서 향상 노력을 한 사람에게 주는 상으로 나뉜다.

## 2. 국내의 평가제도

### 1) 한국산업의 고객만족도

한국산업의 고객만족도(Korean Customer Satisfaction Index: KCSI)는 한국산업의 각

산업별 상품, 서비스에 대한 고객들의 만족 정도를 나타내는 지수로서 한국능률협회컨설팅(KMAC)이 1992년 한국산업의 특성을 감안하여 개발되었다. KCSI는 조사대상 산업이 전체 GDP의 약 74%를 차지할 만큼 국내 산업의 대표적인 고객만족도 조사제도로 국내에서 가장 오랜 역사와 공신력을 인정받고 있다. KCSI는 1992년 제조업 7개와 서비스업 5개의 12개 산업으로 조사를 시작하여 2022년 기준 제조업 50개와 서비스업 68개의 118개로 확대되었다[그림 13-5].

KCSI는 고객만족도 수준을 측정하여 각 산업 및 기업의 시장에서의 자사 경쟁력 파악은 물론 고객의 불만을 초래하는 상품이나 서비스의 문제점들을 개선함으로써 향후 관련 산업 및 기업의 경쟁력 향상을 위한 기초자료로 활용되고 있다. KCSI로 시작된 고객만족 문화는 공공분야에까지 전파되었고, KCSI 시행 경험을 토대로 한 PCSI 모델이 공공분야 평가 모델로 채택되어 국내 300여 공공기관이 매년 국민들로부터 고객만족도 평가를 받고 있다.

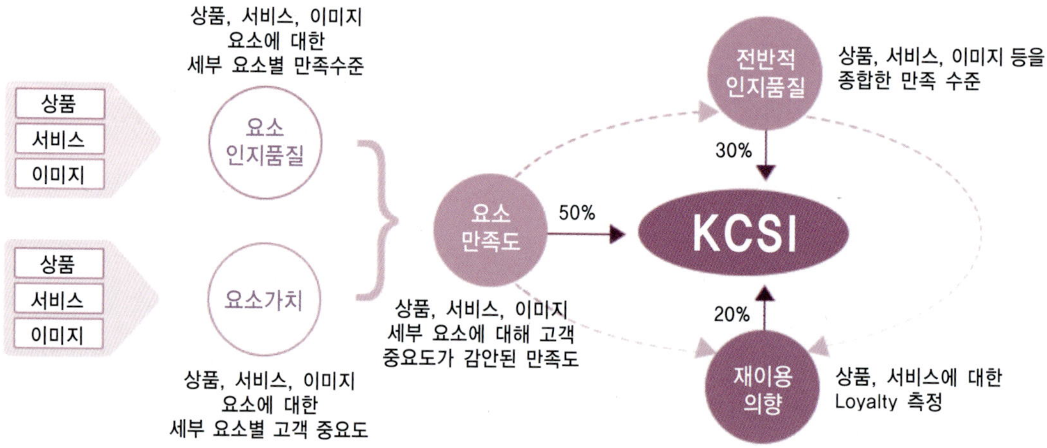


출처 : https://kmac.co.kr

[그림 13-5] KCSI 모형

## 2) 국가고객만족도지수

국가고객만족지수(National Customer Satisfaction Index : NCSI)는 기업, 산업, 국가의 품질경쟁력 향상과 국민 삶의 질 향상을 목적으로 한국생산성본부가 1998년 미국 미시간대학과 함께 개발한 고객만족 측정 지표이다. NCSI는 미국고객만족지수(American Customer Satisfaction Index : ACSI)를 국내에 도입하여 성공시킨 사례로 유럽 및 싱가포르, 일본 등에서도 널리 활용되고 있다. NCSI는 특정 제품과 브랜드에 대한 만족도를 측정하기보다는 기업이 생산, 판매하는 전 제품과 서비스에 대한 기업 차원의 만족도를 측정한다. NCSI 모델은 총 6가지의 잠재변수로 구성되며, 고객기대수준, 고객인지품질, 고객인지가치가 고객만족도에 영향을 미치는 선행변수이며, 고객 불평률과 고객 충성도는 고객만족 수준에 의해 결정되는 성과변수이다[그림 13-6].

NCSI는 1인 1업종 설문으로 직접 대면조사를 하고 있으며, NCSI의 조사 규모는 단일 대면조사로서는 세계 최대 규모이다. 2022년 기준 83개 업종, 345개 기업, 94,608개의 표본으로 조사가 확대실시되고 있다. NCSI는 글로벌 지수로서 국내 기업에게 세계 유수기업과 동등한 잣대로써 경쟁할 수 있는 기준을 제공하여 국가와 업종, 기업 간 비교 가능 모델이다. 전 세계 30여 개국의 1,000개 이상의 기업 간 비교가 가능하다.

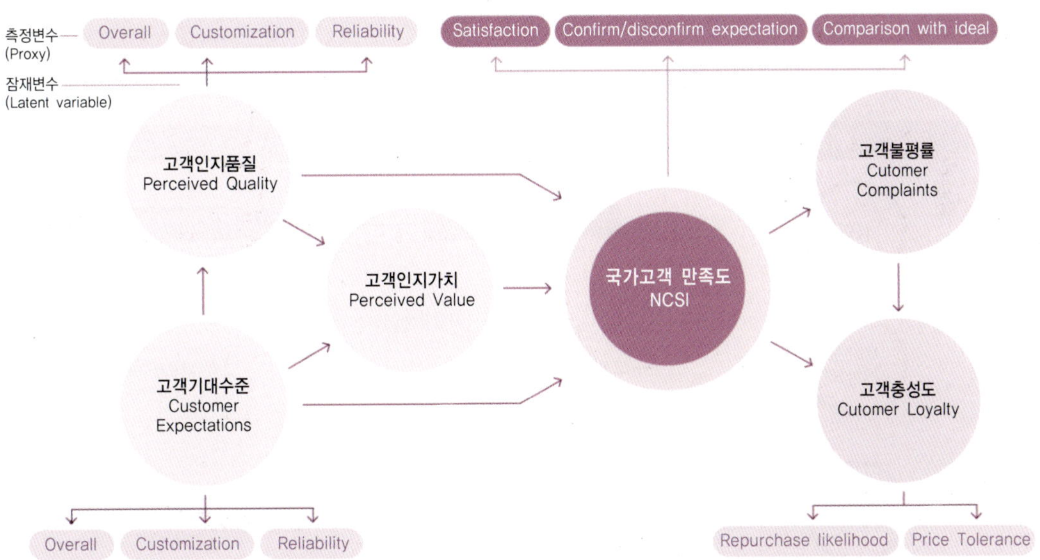


출처 : https://ncsi.or.kr

[그림 13-6] NCSI 모형

### 3) 한국서비스품질지수

한국서비스품질지수(Korean Standard Service Quality Index: KS-SQI)는 한국표준협회(KSA)와 서울대학교 경영연구소가 2000년 대한민국 서비스산업과 소비자의 특성을 반영해 공동 개발한 국내 첫 서비스품질 평가지수이다. KS-SQI는 한국 내 구매 가능한 모든 서비스의 품질에 관한 국가 및 전 산업의 통일된 지표로 동종 산업은 물론 관련 이종 산업 벤치마킹 자료로 활용가능하다. 또한 KS-SQI는 서비스품질의 선행 지표와 결과 지표 간의 인과관계 프로세스를 반영하는 계량모형 적용으로 기업 서비스품질 진단 및 개선 전략 수립을 위해 활용 가능한 포괄적 모형이다[그림 13-7].

KS-SQI는 2019년에 KS-SQI 3.0(사람을 위한 서비스를 지향하여 제조-서비스업을 포괄하여 적용 가능한 서비스 평가모형), KS-SQI-e(4차 산업혁명 시대에 업계를 선도할 수 있는 온라인 기반 서비스 평가모형)로 새로이 개편되었다. KS-SQI는 고객에게 전달되는 서비스 성과 차원 2개(본원적 서비스, 예상외 부가서비스)와 서비스 제공과정에서 고객이 경험하는 과정 차원 5개(신뢰성, 친절성, 적극 지원성, 접근 용이성, 물리적 환경)로 분류하고 있다.

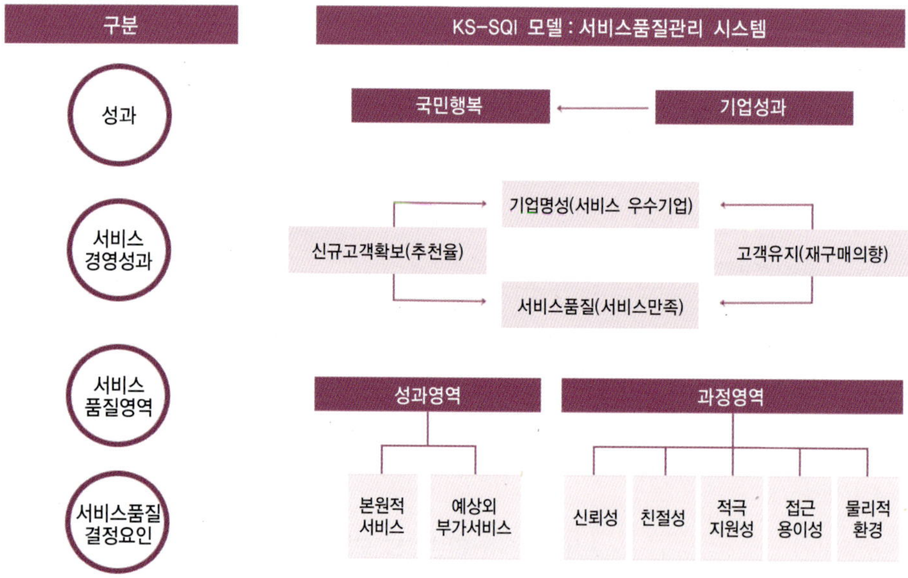


출처 : https://ks-sqi.ksa.or.kr

[그림 13-7] KS-SQI 모형

잠깐 쉬어가기

## 롯데호텔, 글로벌 서비스품질체계 구축으로 차별화된 고객 만족 제공

**+ 한국서비스품질지수(KS-SQI)**

출처 : www.lottehotel.com

국내 최대 규모의 호텔 기업 롯데호텔(대표이사 김현식)이 3일 롯데호텔 서울에서 개최된 '2021년 KS-SQI 인증 수여식'에서 'KS-SQI(한국서비스품질지수 : Korean Standard-Service Quality Index)' 호텔 부문 1위, 비즈니스호텔 부문 1위를 동시에 석권했다. 롯데호텔은 호텔 부문 9년 연속 1위, 롯데시티호텔 역시 비즈니스호텔 부문 5년 연속 1위에 선정되는 영예를 안았다.

지속적인 서비스품질관리로 고객경험 개선에 힘써온 것이 9년 연속 1위를 차지할 수 있었던 비결로 분석된다. 올해 롯데호텔은 미래지향적인 서비스를 발굴해 업계 표준을 제시하는 것을 주요 골자로 하는 서비스 연구개발(R&D)팀을 신설했다. 해당 조직은 '글로벌 서비스품질 체계'를 구축해 위생 안전, 정보 보호, 환경 등 고객 만족에 영향을 주는 서비스 항목 전반을 관리하고 있다.

차별화된 고객경험을 제공하겠다는 메시지를 담은 서비스 비전 또한 새롭게 수립했다. 이에 따라 고도화된 자체 CS 플랫폼 'LCSI(LOTTE HOTEL CS Index)' 시스템 운영이 돋보인다. 호텔 평점, 고객의 소리 등 피드백은 실시간으로 데이터화된다. 이를 바탕으로 개선안을 도출하는 CS 메이트(Mate)를 운영하고 있다. 해당 직원들은 고객 접점 부서원으로 500명 이상에 달한다. 개선안은 총지배인의 승인을 받도록 구조화해 체인호텔별 서비스품질을 집중적으로 관리하고 있다. LCSI를 통해 우수한 평가를 받은 직원은 매월 'CS 스타'로 선정하고 포상하는 등 우수 서비스 인력에 대한 지원도 아끼지 않는다.

서비스 인재를 양성하기 위한 노력도 돋보인다. 객실, 식음, 조리 실습장 등 호텔 시설을 구현해 낸 강의장에서 서비스 전문인력의 강의를 제공하는 서비스 아카데미를 운영 중이다. 호텔 업계에서는 서비스 사관학교라고 불릴 정도로 특화된 교육 프로그램을 갖춰 직원과 조직의 상호 발전을 도모하고 있다.

전례 없는 팬데믹으로 새로워진 일상에 맞춰 차별화된 서비스를 제시한 점도 만족도가 높은 것으로 조사됐다. 지난해 코로나19 사태 발생 당시 국내외 전 체인호텔에 대응 체계를 구축해 신속하게 대응한 바 있다. 이어 지난해 12월 국내 호텔 브랜드 최초로 모든 5성급 호텔(시그니엘 서울 · 부산, 롯데호텔 서울 · 월드 · 제주 · 울산)이 세계청결산업협회(ISSA) 주관 'GBAC STAR 인증'을 획득했다. 해당 인증을 획득한 시설은 병원에서 행하는 것에 준하는 소독과 청소를 주기적으로 시행하고 있다는 의미다. 세계적인 기준에 맞춰 위생방역을 철저히 관리하며 고객의 신뢰를 얻었다는 평가다. 더불어 장기 생활 상품 '원스 인 어 라이프(Once in a Life)', 국내 최초 무착륙 관광 비행 상품 '트래블 어게인(Travel Again)' 등 달라진 라이프스타일을 반영한 상품 출시로 고객 요구를 충족시켰다.

김현식 롯데호텔 대표는 "지난 40여 년간 쌓아온 서비스 노하우를 바탕으로 서비스품질 개선에 대한 끊임없는 시도를 한 결과 KS-SQI 1위에 선정되는 영예를 안았다"며 "앞으로도 풍부한 업력과 차별화된 서비스 역량으로 호텔 서비스의 새로운 표준을 만들고 고객 가치 혁신을 지속할 것"이라고 말했다.

한편 롯데호텔은 다양한 고객층 취향을 만족시킬 수 있는 멀티 브랜드 포트폴리오를 갖추고 호텔과 리조트 32개(국내 20개, 해외 12개)를 운영 중인 대한민국 최대 규모의 호텔 기업이다. 프리미엄 랜드마크 호텔 브랜드인 시그니엘, 클래식 어퍼 업스케일 호텔 브랜드인 롯데호텔, 라이프스타일 호텔 브랜드인 L7 호텔, 비즈니스 호텔 브랜드인 롯데시티호텔을 운영하며 대한민국을 대표하는 글로벌 호텔 브랜드로 자리매김했다.

출처 : 매일경제(2021.11.3), 롯데호텔, 글로벌 서비스품질체계 구축으로 차별화된 고객만족 제공.

### 4) 공공기관 고객만족도지수

정부는 정부 및 공공기관의 효율적 운영과 생산성을 높이기 위해 2004년 공기업 및 정부산하기관관리기본법을 제정하고 고객만족도 조사를 전격 도입해 실시하였다. 2004년 한국능률협회컨설팅(KMAC)과 서울대학교가 공동연구를 진행하여 기존의 고객만족지수모형인 NCSI, KCSI, KS-SQI 모형, SSI(Seoul Satisfaction Index) 등을 분석하여 공공기관이 가지는 특수성을 반영한 공공기관 고객만족지수(Public-service Customer Satisfaction Index: PCSI) 모형을 개발하였다. PCSI 모형은 '서비스품질 → 고객만족 → 성과'에 이르는 인과모형으로 이 중 서비스품질은 Brady & Cronin(2001)의 3가지 차원(과정품질, 결과품질, 환경품질)에 공공성을 감안한 사회품질을 추가하여 4개의 품질 차원을 포함하였다.

PCSI 모형은 2007년부터 공기업, 준정부기관, 기타 공공기관을 대상으로 매년 1회 기획재정부 주관으로 실시되고 있다. PCSI 평가는 대국민 서비스 개선을 통해 공공기관의 고객지향적 마인드 형성에 기여함과 동시에 관료주의를 개선하는 데 상당한 역할을 하였다. 하지만 지속적인 고객만족도 점수의 절대점수 상향화로 인한 신뢰도 저하, 이에 따른 서비스 개선이라는 본질적 가치보다는 경영평가라는 절대적 목표 달성을 위해 적용되는 점, 업무와 조직의 크기 등 기관별 특수성 미반영 등의 문제점이 제기되어 2015년에는 기존 조사모형을 보완한 PCSI 2.0 모델이 개발되어 적용되고 있다. PCSI 2.0에서는 측정 항목의 정교화(기존 품질, 만족, 성과의 3개 지수에서 사회적 책임, 서비스비교평가도입을 추가한 5개 지수로 확대 및 7점 척도에서 11점 척도로 바뀐 응답 척도), 조사방법 변화(방문조사원 측에서 전화, 온라인 가능으로 변경), 개인과 법인고객의 구별한 맞춤형 설문, 고객 정의 확대 및 모집단 검증 확대로 조사 방식을 개선하였다. 현재 PCSI 2.0은 [그림 13-8]의 개인고객유형과 [그림 13-9]의 법인고객유형으로 측정되고 있다.

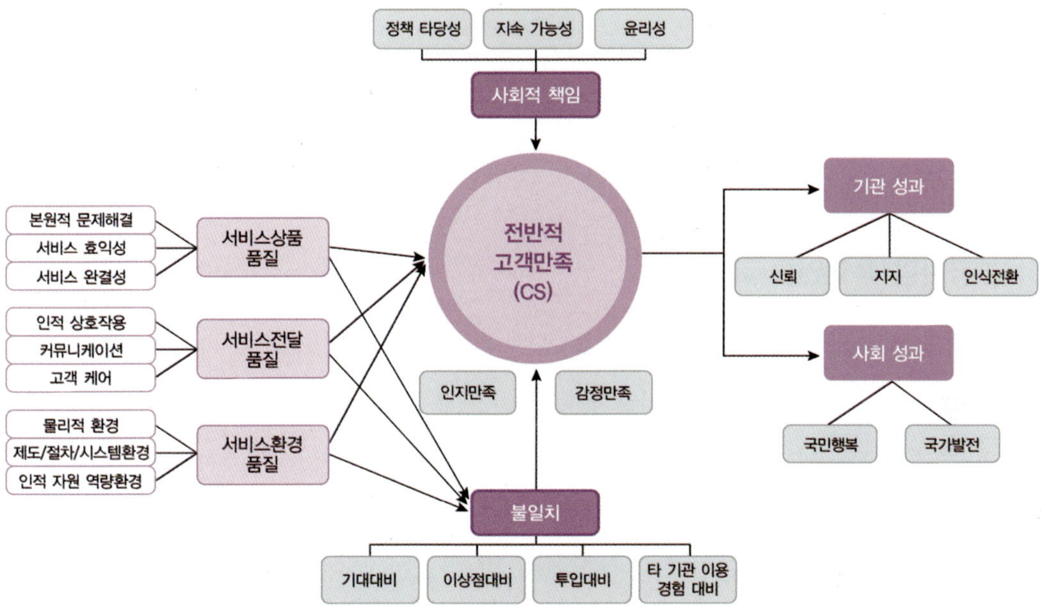


출처 : www.moef.go.kr(기획재정부)

[그림 13-8] PCSI 2.0 모형(개인고객 유형)

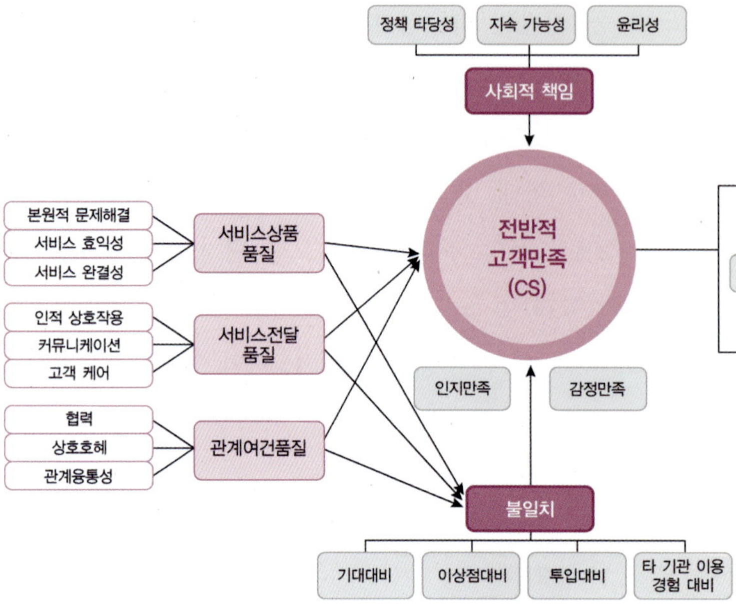


출처 : www.moef.go.kr(기획재정부)

[그림 13-9] PCSI 2.0 모형(법인고객 유형)

## 5) 한국관광 품질인증제도

문화체육관광부(이하 문체부)는 한국관광이 주변 경쟁국 대비 국가관광경쟁력 열위를 극복하고, 84개 이상의 개별인증제 중복인증에 따른 혼란 가중에 따라 한국관광을 대표하는 단일 인증브랜드를 만들기 위해 2018년 해외 주요 선진국처럼 국가 단일 인증제도를 개발하였다. 한국관광 품질인증제도는 숙박, 쇼핑 등 관광접점 대상 품질기준을 마련하여 국가적으로 단일화된 품질인증 및 마크를 부여하는 제도이다[그림 13-10].

한국관광 품질인증 평가범주는 시설/서비스, 인력 전문성, 안전관리로 구성되며, 서류 평가 및 1차, 2차 현장평가로 이루어진다. 2022년 현재 인증대상 업종은 숙박업, 한옥체험업, 외국인관광도시민박업, 외국인관광객면세판매점, 일반음식업 등 5개이다. 인증 분야는 일반숙박업, 생활숙박업, 한옥체험업, 외국인관광도시민박업 G형(게스트하우스형), 외국인관광도시민박업 H형(홈스테이형), 외국인관광객면세판매장, 일반음식점업 등 7개이다. 인증업소에게는 인증 홍보물(인증패, 인증서, 인증 스티커) 제공, 관광진흥개발기금 이용 금리우대(2022년 하반기 기준 기준금리 대비 0.75%p~1.25%p 우대), 홍보마케팅(한국관광공사 홈페이지, SNS, KTRX 매거진이나 여행자의 방 등 매체홍보,

OTA 연계 인증업소 프로모션 실시), 인증업소 역량강화 지원(소방, 위생 컨설팅, 온라인 서비스 교육 등), 소비자 모니터링 결과 분석 자료 제공 등의 지원이 이루어진다. 한국관광 품질인증 유효기간은 3년이다.

**[국내외 품질평가모형]**

출처 : https://koreaquality.visitkorea.or.kr

[그림 13-10] 한국관광 품질인증제도

### 6) 소비자중심경영(CCM)

소비자중심경영(Consumer Centered Management: CCM)은 기업이 수행하는 모든 활동을 소비자 관점에서 소비자 중심으로 구성하고, 관련 경영활동을 지속적으로 개선하고 있는지를 평가하여 인증하는 제도로 한국소비자원이 평가하고 공정거래위원회가 인증하고 있다. CCM은 2005년 공정거래위원회 '소비자피해 자율관리위원회' 조직을 시작으로 당해 9월에 '소비자불만 자율관리 프로그램(Consumer Complaints Management System : CCMS)'을 공표하고, 2007년부터 CCMS 평가를 시작하였다. 이후 2011년 운영기관이 한국소비자원으로 변경되었으며, 당해 9월에는 소비자중심경영(CCM)으로 명칭을 변경 · 운영하고 있다[그림 13-11].

CCM 인증제도는 기업 및 기관의 소비자지향적 경영문화 확산과 소비자권익 증진노력을 통한 경쟁력 강화 및 소비자 후생증대에 기여함을 목적으로 한다. CCM 인증 평가 범주는 리더십, CCM체계, CCM운영, 성과관리로 구성되며, 서류 평가와 현장심사로 이루어진다. 2022년 7월 기준으로 식품, 공공서비스, 유통, 금융, 전자, 생활용품, 여행, 에너지, 제약, 의류, 화장품, 물류, 기타 분야에서 대기업 103개, 중소기업 66개, 공공기관 41개 등 총 210개 기업 및 기관이 인증을 받았다. 인증받은 기업에게는 인증 마크, 우수기업 포상, 중소벤처기업부 소관 중소기업 정책자금 융자 한도 상향, 공정거래협약 이행평가 시 가점 부여(하도급 분야, 유통 분야, 가맹 분야), 공표 명령을 받은 경우 제재 수준의 경감, 보세판매장(면세점) 특허 및 갱신 평가 시 가점 부여, 서울시 일반 용역 적격심사 및 협상에 의한 계약 시 가점 부여 등의 인센티브가 부여된다. CCM 인증 유효기간은 2년이다.

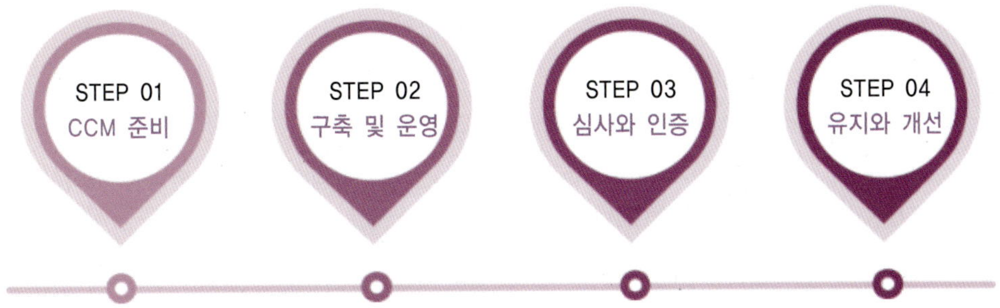


- 의무교육 이수
- 대내외 CCM 실천 의지 표명
- CCM 추진 TFT 구성

- 소비자중심경영 체계 구축
- 구축한 체계에 따른 운영
- 임직원에 대한 체계적인 교육

- CCM 심사 실시 : 한국소비자원
- CCM 인증 : 공정거래위원회
- 인증유효기간 : 2년

- 지속적인 개선활동
- 운영 성과관리
- CCM 인증기간의 연장

출처 : www.kca.or.kr

[그림 13-11] CCM 모형

## [ 주요 용어 ]

- 경청 갭: 고객 기대와 경영자 인식 간 갭
- 공감성(empathy): 기업이 고객 개개인에게 제공하는 관심과 배려로 고객의 독특하고 특별한 욕구를 이해해주는 것
- 기능적 품질(functional quality): 기능적 품질은 '과정품질'로 고객이 서비스받는 전달과정상의 품질
- 기대 불일치(disconfirmed expectations): 고객 기대가 고객 지각(실제 경험치)과 불일치하는 것
- 기술적 품질(technical quality): '결과품질'로서 고객이 기업이 제공한 서비스로부터 최종적으로 얻는 것의 품질
- 당연적 품질요소(must-be quality element): 최소한 당연히 제공될 것으로 생각되는 요소로 충족되더라도 만족도가 향상되지 않지만 미충족되면 불만족을 초래하는 요소
- 매력적 품질요소(attractive quality element): 품질에 대해 충족되면 만족하지만 충족되지 않더라도 불만을 일으키지 않는 요소
- 무관심 품질요소(indifferent quality element): 고객이 무관심해 충족되든 충족되지 않든 불만을 초래하지 않는 요소
- 서비스 설계와 표준 갭: 경영자 인식과 서비스 기준 간의 갭
- 서비스 성과 갭: 서비스 기준과 서비스 성과 간의 갭

- 서비스품질(service quality): 기업의 서비스업무 수행에 대한 전반적인 평가와 정기적으로 형성되는 하나의 태도
- 서비스품질 갭(gap) 모형: 서비스품질의 문제가 되는 원인을 분석하는 모형
- 소비자중심경영(customer-centered management): 기업이 수행하는 모든 활동을 소비자 중심으로 구성하여 관련 경영 활동을 지속적으로 개선하는 일
- 신뢰성(reliability): 신뢰성은 약속한 서비스를 정확히 제공하는 서비스 제공자의 능력
- 역품질요소(reverse quality element): 충족되었는데도 불만을 일으키거나 미충족되었는데도 만족을 야기하는 요소
- 유형성(tangibles): 물리적 시설, 장비, 인력, 각종 커뮤니케이션 물품 등의 외양
- 응답성(responsiveness): 즉각적인 서비스를 제공할 수 있는 서비스 제공자의 능력
- 의사소통 갭: 서비스 성과와 외부 커뮤니케이션 간의 갭
- 일원적 품질요소(one-dimensional quality element): 품질에 대해 충족되면 만족하지만 충족되지 않으면 불만을 초래하는 요소
- 카노(Kano) 모형: 고객 요구 사항 충족도와 고객 만족 정도를 관련지어 고객만족을 가져오는 품질속성과 불만족을 초래하는 품질 속성을 측정하는 서비스품질 모형
- 확신성(assurance): 회사와 직원의 지식 및 예절, 고객에게 신뢰와 자신감을 심어줄 수 있는 서비스 제공자의 능력
- SERVPERF: '서비스품질 = 성과'라고 보고 사전 기대치와 실제 이루어진 지각된 성과치를 2번 측정하는 것보다 지각된 성과만을 측정하는 서비스품질 모형
- SERVQUAL: 고객의 서비스 사전 기대치와 실제 이루어진 지각된 성과치를 비교 측정하는 서비스품질 모형

## 토론 주제

- 서비스품질을 측정하기 어려운 이유를 설명하시오.
- SERVQUAL 모형의 5개 서비스품질 차원이 여행사, 병원 등의 환경에서 의미하는 바를 토의하시오.
- 자신이 서비스 소비자로서 최근 서비스 기대와 서비스 성과 사이에서 가장 큰 갭을 경험했던 서비스품질 차원은 무엇인지를 말해보시오. 왜 그렇게 생각하는지와 자신이 경영자라면 품질향상을 위해 어떤 조치를 취할 것인지를 말해보시오.
- 카노의 서비스품질 모형이 SERVQUAl 모형과 어떻게 다른지, 세부적인 품질차원을 예로 들어 설명하시오.
- 롯데호텔, 대한항공, 이디야커피 혹은 자신이 관심을 가진 서비스 기업의 홈페이지를 방문하여 이들 기업은 4가지 갭 중 어떤 서비스 제공자 갭을 잘 메우고 있는지를 살펴보고 의견을 제시하시오.
- 만일 자신이 서비스 기업의 경영자라면 갭 모형을 적용하여 서비스를 향상시킨다면 어떤 갭부터 시작할 것인지, 그 이유와 갭을 메워나가기 위해 지시할 사항은 무엇인지 말해보시오.

# CHAPTER 14

| | | | |
|---|---|---|---|
| PART 01 서비스와 고객의 이해 | Chapter 01 서비스 | 제1절 서비스 개요<br>제2절 서비스의 특성 | 제3절 서비스의 분류<br>제4절 서비스 경제 |
| | Chapter 02 고객 | 제1절 고객의 개요<br>제2절 고객 욕구와 고객가치 | 제3절 고객 기대 |
| PART 02 서비스 전략과 자원관리 | Chapter 03 서비스 전략 | 제1절 서비스 전략의 개요<br>제2절 서비스 기업의 본원적 경쟁전략 | 제3절 전략 분석 모형<br>제4절 전략적 서비스 비전 |
| | Chapter 04 서비스 사람관리 | 제1절 서비스 리더십<br>제2절 내부마케팅 | 제3절 감정노동 |
| | Chapter 05 서비스마케팅 | 제1절 서비스마케팅의 개요<br>제2절 서비스마케팅 믹스 | 제3절 관계마케팅 |
| PART 03 서비스 운영 | Chapter 06 고객경험관리 | 제1절 고객경험관리의 개요<br>제2절 고객경험 설계 | 제3절 고객경험관리 실행 프로세스<br>제4절 고객 참여행동 |
| | Chapter 07 서비스 수요 & 공급 관리 | 제1절 서비스 수요 & 공급의 개요<br>제2절 서비스 수요관리 | 제3절 서비스 공급관리<br>제4절 수율관리 |
| | Chapter 08 서비스의 물리적 증거관리 | 제1절 물리적 증거의 개요<br>제2절 물리적 환경의 역할 및 유형<br>제3절 서비스스케이프 모형 | 제4절 확장된 서비스스케이프와 가상 서비스스케이프<br>제5절 서비스스케이프 개발 전략 |
| | Chapter 09 서비스 프로세스 설계 | 제1절 서비스 프로세스<br>제2절 서비스 프로세스 모형<br>제3절 서비스 프로세스 설계 방식 | 제4절 서비스 프로세스 실행 방법<br>제5절 서비스 프로세스 재설계<br>제6절 서비스 프로세스 개선 기법 |
| | Chapter 10 서비스 대기관리 | 제1절 고객 기다림의 심리<br>제2절 대기행렬<br>제3절 고객 대기 기대관리 | 제4절 온라인 대기 이론<br>제5절 서비스 기술을 활용한 대기관리 |
| | Chapter 11 서비스 접점관리 | 제1절 서비스 접점의 개요<br>제2절 서비스 접점의 구성과 유형<br>제3절 서비스 기술을 활용한 접점관리 | 제4절 서비스 접점 종합 모형<br>제5절 서비스 접점 품질 평가 |
| | Chapter 12 서비스와 기술 | 제1절 서비스에서 기술의 역할 및 기술활용의 문제점<br>제2절 4차 산업혁명 | 제3절 4차 산업혁명과 스마트 서비스 기술 |
| PART 04 서비스 성과 및 평가 | Chapter 13 서비스품질 관리 | 제1절 서비스품질의 개요<br>제2절 서비스품질 측정 모형 | 제3절 서비스품질 관리<br>제4절 서비스품질 평가제도 |
| | **Chapter 14 서비스 실패 및 회복 관리** | 제1절 고객의 소리<br>제2절 서비스 실패 | 제3절 서비스 회복<br>제4절 서비스 보증 |

Chapter

# 14 서비스 실패 및 회복 관리

## 학습목표

이번 장에서는 다음 내용의 이해를 목표로 한다.

① 고객의 소리의 개념과 유형
② 고객의 소리 발전단계 및 업무 흐름
③ 서비스 실패의 개념과 고객불평 행동
④ 고객불평 이유와 불평고객 유형
⑤ 서비스 회복의 개념과 유형
⑥ 서비스 회복의 역설 및 서비스 회복 접근법
⑦ 서비스 회복 시스템
⑧ 서비스 회복 공정성
⑨ 불량고객 관리방안
⑩ 서비스 보증의 개념과 효과
⑪ 서비스 보증의 유형과 효과적인 서비스 보증의 특징

## 도 입 사 례

**반얀트리 클럽 앤 스파 서울 호텔, 객실 내 천장서 물벼락 … 여친에 프로포즈 계획했는데.**

국내 5성급 특급호텔 '반얀트리 클럽 앤 스파 서울'에서 객실 내 천장 누수 현상 발생으로 당일 투숙 예정이었던 소비자의 피해와 호텔 측 대응 관련해 논란이 일고 있다. 19일 온라인 커뮤니티 게시판에는 '반얀트리 서울 호텔에서 물벼락 맞은 사건'이라는 제목의 소비자 A씨의 불만 글이 올라왔다.

지난 15~16일 소비자 A씨는 연인과의 기념일을 맞아 1박 2일간 반얀트리 호텔 12층 객실 숙박을 예약했다. 낮 3시경 체크인을 하고 저녁 7시까지 파티룸 콘셉트로 객실을 꾸민 후 호텔 최상단의 문바(Moon Bar)에서 7시 예약 시간에 맞춰 저녁 식사 및 와인을 즐긴 후 9시 30분경 객실로 복귀했다. A씨의 연인은 호텔 로맨틱 에디션 옵션을 추가해 여자 친구를 위한 프로포즈를 계획했다.

사진 : 인터넷 커뮤니티

### ● 객실에 들어서자 연인의 이벤트를 감상할 시간적 여유도 없이 물줄기가 쏟아져

그런데 객실에 들어서자마자 준비된 연인의 이벤트를 감상할 시간적 여유도 없이 객실 입구에서 수도꼭지 틀어놓은 소리가 들렸다. 내부 단속을 하고 외출을 했던 A씨는 이를 이상히 여겨 객실 내부로 들어가 보니 천장에서 물이 떨어지는 것을 목격했다. "한두 방울이 아닌 수도꼭지를 틀어놓은 것마냥 콸콸콸 쏟아졌다"고 당시 상황을 설명했다. 천장에서 누수된 물은 객실 내 TV와 바닥, 연인의 소지품을 뒤덮었다는 것.

사태의 심각성을 느낀 A씨는 호텔 직원에게 이를 알렸고, 객실 수리시간 1시간 소요를 이유로 같은 급의 잔여 객실이 없는 관계로 낮은 그레이드의 객실을 권유했다. 그러나 대기 후 1시간 반이 경과했지만 일의 진행사항 관련 어떠한 전달도 없어 A씨는 객실로 직접 내려가 상황을 확인했고, 객실은 여전히 수리 중에 있었다.

지배인은 호텔 누수의 원인은 "15층 객실 손님이 물을 틀어놓고 외출해서 발생한 문제"라고 설명했지만, A씨는 15층에서 홍수가 나더라도 12층까지 물이 떨어져서는 안 되는 것 아니냐며 토로했다. A씨는 평생 동안 기억될 프로포즈를 위한 기념일을 호텔 측의 부주의와 서비스로 망쳐버린 것에 대해 충분한 보상을 원했다. 그러나 호텔 측은 객실 비용 전액 반환과 부가적으로 해당 호텔 이용 서비스를 제안했다고 전했다.

A씨는 최고급 호텔에서 어떻게 이런 일이 발생할 수 있는지 의문이 들었고 상시 점검이 이뤄지고 있는 것이 맞냐고 물었으나, 호텔 측은 "자주 있는 일이 아닌 간헐적으로 발생하는 일"이라는 말을 남겼다는 것.

사연을 접한 누리꾼들은 국내 특급호텔에서 발생한 일이라고 믿기 어렵다는 반응을 보였다. 호텔이 아닌 모텔 여관에서나 있을 수 있는 일이며, 고객 대응 서비스 또한 문제이며, 지금껏 반야트리에서 유사 사태 발생 시 어떻게 대응을 했는지도 알겠다며 반얀트리 호텔 전반적인 고객 서비스에 대한 우려를 드러냈다.

**● 호텔 객실 내 풀(pool) 서비스 제공으로 인한 배관 연결상 문제로 확인**

관련해, 반얀트리 호텔 관계자는 "해당 사안은 호텔 객실 내 풀(pool) 서비스가 제공됨으로 인해 배관 연결상 발생한 문제로 확인됐으며, 호텔에서는 시설팀에서 정기적 시설 점검을 하고 있다고 말했다. 또 객실 내부 시설 문제로 발생한 고객피해 보상 정책은 기본적으로 객실 비용 환불 및 호텔 서비스 이용권 제공을 1차안으로 제안하며, 원치 않는 고객에 대해서는 사안에 따라 내부적으로 논의해 보상한다"고 밝혔다.

출처 : 뉴스워커(2022.2.20), 반얀트리 클럽 앤 스파 서울 호텔, 객실 내 천장서 물벼락… 여친에 프로포즈 계획했는데.

## 제 1 절 | 고객의 소리

### 1. 고객의 소리 개요

최근 기업 환경은 '뷰카(VUCA)'의 시대, 즉, 변동성(Volatility), 불확실성(Uncertainty), 복잡성(Complexity), 모호성(Ambiguity)이 큰 시대로 표현된다. 기업은 심화된 경쟁 시장과 높아진 소비자의 기대치와 요구수준을 만족시키기 위해 소비자중심경영 활동을 실행하고 있다. 기업이 소비자중심경영을 하는 데는 고객의 소리(Voice of Customer : VOC)가 중요한 역할을 한다. Levitt 교수는 성공한 기업의 공통된 특징으로 고객의 소리 경청과 신속한 대응을 제시했으며, Ritz-Carlton 호텔의 Hurst Schultz 사장은 "고객은 항상 변하고 있으니 고객의 소리에 끊임없이 귀를 기울일 것"을 강조하였다.

고객의 소리를 의미하는 VOC는 1995년 Berry에 의해 처음 나온 용어로 고객이 전화, 팩스, 이메일, 홈페이지, SNS, 구전, 언론매체 등 다양한 채널을 이용해 기업 경영활동에 대해 들려주는 모든 종류의 피드백을 의미한다. VOC라 하면 고객 불만과 동일시하는 경향이 있다. 하지만 광의의 VOC는 문의, 불만, 만족, 제안 등 고객 의견 모두를 포괄하며, 고객이 직접 기업에 제시하는 의견뿐만 아니라 기업이 주도적으로 조사해 수집하는 고객 관련 모든 정보를 포함한다.

다양한 채널을 통해 수집되는 VOC는 다양한 목적으로 활용될 수 있다. 즉 VOC는 고객만족도의 파악, 고객 니즈와 기대를 반영한 서비스 개발, 고객 제안을 반영한 서비스 개선, 고객과의 유대감 강화, 고객충성도 강화 등에 도움이 된다. 또한 VOC를 해결하기 위해서는 다양한 부서의 협조가 필요하며, 해결 과정에서 부서 간의 협조체계 구축과 부서 간 이해도를 높일 수 있다.

기업 입장에서의 VOC의 중요성은 다음의 세 가지로 나눠볼 수 있다. 첫째, VOC를 통해 고객이 제품이나 서비스에 대해 인지하는 것이 구체적으로 무엇인지 알 수 있어 고객의 선호와 니즈에 대해 고객요구사항을 명확하게 규정할 수 있다. 둘째, VOC는 고객이 가장 중요하게 생각하는 제품 속성이나 개선이 요구되는 속성이 무엇인지를 알려준다. 셋째, VOC는 기업이 내부적으로 공유되는 언어로 VOC를 통해 기업의 서비스 지향성 발전방향을 알 수 있다.

과거 기업은 VOC에 귀 기울임으로써 불만의 확산을 막고 부정적 입소문과 잠재적 법적 분쟁을 예방하려는 방어적 차원으로 여겼지만 이제는 고객의 소리를 듣는 것이 경쟁사와 차별되는 기업의 경쟁력으로 인식하고 있다. 기업은 고객의 소리를 어쩔 수 없이 관리하는 게 아니라 고객이 주는 매우 소중한 선물이라는 인식을 가져야 한다.

## 2. 고객의 소리 유형

### 1) 고객의 제기 내용에 따른 유형

VOC는 고객 관점에서 제기되는 내용에 따라 문의형, 제안형, 불만형, 칭찬형으로 분류할 수 있다. 문의형은 말 그대로 고객이 제품의 성능이나 고객 서비스, 서비스 절차 등에 대해 질문을 하는 경우이며, 제안형은 위의 사항들에 대해 불평이나 불만을 전달하기보다는 개선의 목적을 더 우선시하는 경우이다. 불만형은 제품이나 서비스 실패에 대해 고객이 개선을 토로하는 경우이며, 칭찬형은 서비스 및 상품의 우수성에 대한 고객의 찬사인 경우이다.

### 2) 고객의 소리 범위에 따른 유형

VOC 범위에 따라 유형을 살펴보면 다음과 같이 세 종류가 있다(VOC 경영연구회(2020)[그림 14-1]. 첫째, 기록하는 VOC로 고객이 "내가 원하는 것은 이런 것과 저런 것"이라고 직접 말하는 VOC이다. 둘째, 너무나 기본적이어서 고객이 미처 언급하지 않는 VOC로 일명 Under the VOC이다. 정상적인 VOC 아래 잠재해 있는 VOC로 꼬치꼬치 말해주지 않아도 당연히 있어야 하는 것이지만 이것이 만족스럽지 못하면 고객은 불만을 갖게 된다. 셋째, 고객이 미처 알지 못하는 요구사항으로 정상적인 VOC 위에 존재하는 Over the VOC이다. 창의적인 영역이기에 눈으로는 쉽게 드러나지 않지만 그것을 달성하면 고객에게 감동을 주는 것이다.

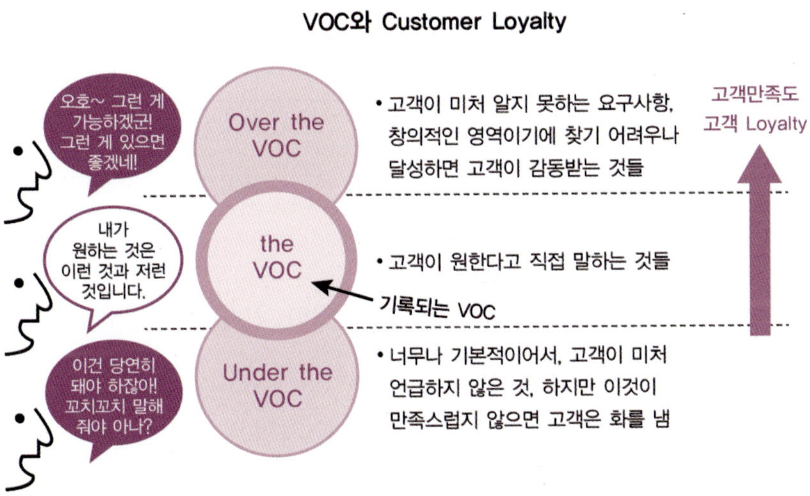


출처 : VOC경영연구회(2020), VOC 4.0, KMAC, p.48.

[그림 14-1] VOC와 고객 충성도

## 3. 고객의 소리 경영체계의 발전 단계

1990년대 초반 국내 몇몇 대기업을 중심으로 '고객만족경영'이 도입되면서부터 기업은 경영의 새로운 경영 트렌드로 고객에게 관심을 갖기 시작했다. 고객만족경영이 도입되면서 고객의 소리(VOC)라는 용어가 사용되었으며, 기업은 VOC 경영체계를 지속적으로 구축하고 있다. 아래에서는 VOC 경영체계의 발전 단계를 VOC 1.0~VOC 4.0 등 4단계로 나누어 살펴본다(VOC경영연구회, 2020)〈표 14-1〉.

**〈표 14-1〉 VOC 경영체계의 발전 단계**

| 구분 | VOC 1.0 | VOC 2.0 | VOC 3.0 | VOC 4.0 |
|---|---|---|---|---|
| VOC Essential | 고객불만 해결 | + CS개선 | + 고객 Insight 발굴/활용 | + 고객 Insight 발굴/활용 |
| 관리 목적 | 현안과제 대응 중심(불만처리, 문의 대응) | 신속/정확한 문제해결 및 개선 | 신상품/서비스 개발 등 활용 | 선제적/예방적 대응 |
| 운영 방식 | 발생-처리 | 발생-저장-분석-처리 | 수집-배분-처리-분석/활용 | 수집-분석-처리-활용 |
| Enabler | VOC 통합/유형화<br>VOC Governance<br>경영진 리더십 | 빅데이터 플랫폼<br>데이터 리터리시<br>역량 | 기술/역량 고도화<br>Open Innovation | |

출처 : VOC경영연구회(2020), VOC 4.0, KMAC, p.185.

## 1) VOC 1.0(고객의 이야기에 귀 기울기)

VOC 1.0은 VOC 관리의 필요성과 중요성을 인식한 초기 단계로 1990년대 기업의 최대 관심사였던 '고객만족경영' 도입 시기와 같이 시작되었다. 이때는 인터넷의 등장으로 고객이 과거보다 쉽게 불만을 제기할 수 있었으며, 기업은 이러한 고객 불만을 빠르게 해결해주는 것을 주된 목표로 삼았다. 즉, 기업은 고객의 이야기에 귀 기울이기 시작하였으며, 고객만족경영의 시작과 더불어 고객의 소리 수집과 현안 과제 대응 중심 관리 목적으로 고객 불만을 빨리 처리하는 데 관심을 두었다.

이를 위해 기업은 단편적인 IT 기술을 활용해 홈페이지, 상담센터 등 고객 불만 접수 채널을 정비하고 불만 처리 프로세스 정립 및 전담부서를 마련했다. 비록 고객 불만을 완벽하게 해결해주진 못해도 고객의 소리에 귀를 기울인 것만으로도 기업은 높아진 고객만족도를 확인할 수 있었다. 삼성카드 본사 벽면에 붙어 있던 "불만을 말씀하십니다. 만족시켜드릴 기회입니다."라는 포스터 문구가 이 시대를 잘 반영해주고 있다.

### 2) VOC 2.0(근본적인 원인 해결하기)

VOC 2.0은 VOC 1.0에 비해 VOC 근본 원인을 찾아 문제를 완전히 해결하고 기업의 중요한 경영 자산으로 삼는 경영체계를 갖추게 되었다. VOC 1.0 시대에 VOC 시스템을 도입한 기업은 단기간에 고객 불만을 크게 낮추었으며, 많은 고객 불만요소를 해결했다. 하지만 여전히 비슷한 불만이 계속 나타나 문제의 근본을 파고들어 해결하려는 시도가 이루어졌다. 즉 VOC 2.0은 VOC 1.0과 같이 'VOC=불만'이라는 관점에는 큰 변화가 없었지만 '불만 접수(발생)-처리'라는 단편적인 프로세스에 '원인 탐색(분석)과 개선'이라는 활동이 추가되었다.

이를 위해 기업은 고객 불만 유형을 분류하고, 각 유형별 근본 원인을 파악해 제거하는 등 고객만족(CS) 개선과제 발굴과 실행이 CS 담당 부서의 주요 핵심활동으로 자리 잡았다. 또한 기업은 IT 분석시스템 구축, 반복 불만의 개선, VOC의 경영 자산화, VOC의 제품개발 반영을 시도하였다. 문제의 근본적인 해결과 상품 및 서비스 측면에서 수집된 정보를 활용하는 데 중요한 관심을 갖기 시작했다.

VOC의 경영 자산화 예로 LG전자는 고객서비스 홈페이지와 콜센터, 오프라인 서비스센터 등 다양한 서비스 채널을 통해 수집된 9천 건의 해결 방법을 '간단 해결' 형태의 메뉴로 만들어 홈페이지에 올렸으며, 제품별 기본지식을 갖춘 전문 고객 상담사를 체계적으로 육성해서 최고의 콜센터 서비스를 제공하기 위해 노력했다. 신제품 개발이 소스 역할을 한 예로 미국 자동차 포드사는 2015년 3.5리터급 신규 엔진 도입과 연료 효율 향상, 크롬 하이라이트, 자신감 넘쳐 보이는 그릴 디자인, 22인치 휠 사용 등 고객의 니즈를 반영해 '포드 익스페디션(Ford Expedition)'을 개발하였다.

### 3) VOC 3.0(말하지 않는 불만까지 찾아내기)

VOC 3.0은 더이상 VOC를 고객 불만으로만 인식하지는 않는다. VOC 3.0은 고객이 제기하는 불만을 해결해주는 수동적 VOC가 아니라 말하지 않는 것까지 찾아 알아서 해결해주는 능동적 VOC와 고객이 불만을 느끼고 제기한 문제를 해결해주는 사후 처리형 VOC가 아니라 고객이 다양한 외부 채널을 통해 표현한 불만까지 수집해 해결해주는 선제적 VOC를 강조하고 있다. VOC 2.0 시대는 기업 내부에 구축된 내부 VOC 시스템에서는 효과를 볼 수 있었지만 최근 SNS 등 다양한 디지털 채널이 등장하면서 기업 외부의 VOC에 대응하는 데는 한계가 있다. 이를 위해 기업은 다양한 고객 데이터를 확보하기 위한 대내외 VOC 수집 채널의 다양화, 방대한 양의 고객 데이터를 통합·분석하기 위해 디지털 기술 등에 투자, 분석 전문가 및 전담 조직을 확충해 고객에 대한 통찰력을 바탕으로 제품 및 서비스의 선제적 제공 노력을 하고 있다.

VOC 3.0은 말하지 않는 불만까지 찾아내려는 시기로 외부 VOC 수집, 인터넷 공간의 불편/불만 소리 소통, 빅데이터 분석을 통한 고객 니즈 이해를 강조했다. 이를 통해 신상품과 서비스 개발 등에 활용하는 등 고객 인사이트(insight)를 발굴하고 활용하는 데 관심이 주어졌다. 빅데이터를 활용해 새로운 서비스를 개발한 예로 서울시의 올빼미 버스라 불리는 심야버스 운행을 들 수 있다. 서울시 교통 데이터와 KT의 요일별/시간대별 유동인구 빅데이터를 활용해 최적의 노선과 배차 간격을 찾아냈을 뿐만 아니라 KT의 통화량 데이터를 바탕으로 실수요를 예측해 일부 구간을 조정하여 2013년부터 올빼미 버스를 운영하고 있다. 올빼미 버스는 2013년 운행 개시 이후 연간 310만 명, 누적 2,800만 명이 이용할 정도로 대표적인 심야 대중교통으로 자리 잡고 있다. 서울시는 2022년 올빼미 버스의 운행규모를 기존 9개 노선, 72대를 14개 노선, 100대로 대폭 늘렸다.

또 다른 VOC 3.0 사례의 예로 비행기가 연착해서 스케줄이 엉망이 되고 짐까지 잃어버려 멘붕이 된 Southwest Airlines 고객이 스마트폰으로 자신의 트위터 계정에 그 당황스러운 상황을 짧은 단문으로 올린 사건이 있었다. 그런데 사건 다음 날 항공사 관계자가 트위터 계정으로 "'사우스웨스트=정말 대단하군!'이라는 것을 보여드릴 수 있도록 두 번째 기회를 주십시오."라는 답변 메시지를 보내 고객을 놀라게 하였다. 고객은 항공사에게 공식적인 불만을 한마디도 하지 않았는데 회사에서 고객에게 고객 불만을 개선하겠다는 의지를 보낸 것이다.

### 4) VOC 4.0(생각지도 못한 고객 니즈 읽기)

VOC 4.0은 산업 간, 기업 간 네트워크 및 한층 고도화된 기술적 지원으로 고객행동

데이터를 분석해서 고객이 생각지도 못한 니즈를 읽기 시작하였다. 일부 선도 기업은 VOC 경영체계(수집-처리-분석-활용)를 고도화해 고객 트렌드를 선제적으로 파악하고 고객의 라이프스타일을 기반으로 시장에 파급효과가 큰 신상품과 서비스 개념 방향을 이끌어내거나 고객의 불만경고를 조기에 감지해 대응하고 있다. 또한 서비스 산업의 이상점인 일대일 개인화 서비스, 초개인화 서비스와 AI 기반 고객 상담을 해주고 있다.

VOC 4.0의 예로 KT는 최근 시즌(Seezn)이라는 OTT(Over The Top) 서비스를 선보였다. 시즌은 개인별 사용 이력, 요일, 시간대, 날씨뿐만 아니라 '내 감정을 읽는 스캐너 검색'을 통해 사용자의 얼굴표정을 분석해 기쁨, 슬픔, 화남 등 기분에 맞는 최적의 콘텐츠를 추천하는 초개인화된 서비스를 제공하고 있다.

신한카드 역시 빅데이터 분석과 AI 알고리즘을 통해 2만 5천 개의 소비 패턴을 정립하고, 고객이 원하는 알림과 이벤트를 원하는 시간, 메시지, 채널로 초개인화된 서비스를 자동 전달하고 있다. 또한 신한카드는 고객센터에 들어오는 음성 데이터를 음성 자체로 분석할 뿐만 아니라 음성을 텍스트로 실시간 변환해 그 텍스트에 담긴 키워드를 분석 후 상담 고객이 무엇을 원하는지까지 파악해 응대하고 있다. 즉 상담 중 나오는 주요 키워드를 통해 고객이 현금 서비스를 받고 싶어 하는지, 장기대출을 받고 싶어 하는지, 아니면 파산 직전 사람인지 등을 파악해서 관련 부서에 빨리 연결해 새로운 기회를 만들거나 빠른 시간 내에 문제를 해결하도록 하고 있다.

## 4. 고객의 소리 업무 흐름

고객의 소리(VOC)는 일반적으로 수집, 분류/등록, 처리(축적/통합/분석), 활용 및 공유 순으로 처리된다[그림 14-2].

### 1) 수집단계

첫 번째 단계는 수집단계로 기업은 방문, 전화(담당 부서나 콜센터 등), 고객 불만

엽서, 고객간담회 등 오프라인과 홈페이지, 모바일, SNS 등 온라인의 다양한 채널을 통해 고객의 소리를 수집한다. 예를 들면, 스타벅스 코리아는 웹, 앱, 전화, 신세계 핫라인, 대표메일, 대외기관 등을 통해, 롯데면세점은 전화, 홈페이지, 매장 제안함, 해외사무소, 인도장 등의 수집 경로를 통해 VOC를 수집하고 있다.

### 2) 분류/등록 단계

두 번째 단계는 분류/등록 단계로 접수된 VOC는 VOC 담당자가 내용을 확인하고 칭찬, 불만, 문의, 제안 등의 VOC 유형 또는 기업에 미치는 중요도/심각성을 기준으로 분류한 후 VOC 시스템에 등록하게 된다. 예를 들면, 스타벅스 코리아는 VOC를 일반 VOC와 고급 VOC(강성불만, 한국소비자원 등의 대외기관을 통한 민원 등)로 나누어 처리하고 있다. 롯데면세점은 경로별로 수집된 VOC를 일반 문의, 불만 VOC, 중대 · 긴급 VOC로 분류하고 있으며, 상담 유형별로 수집된 VOC는 대분류(회원등급/멤버스, 면세점 이용, 지불/결제, 출국정보/상품인도, 상품, 서비스, 오류, 행사/제후, 해외점, 내수판매 등의 대분류)와 중분류로 보다 세분화해 분류하고 있다.

### 3) 처리 단계

세 번째 단계는 처리 단계로 등록된 VOC는 통합적으로 처리된다. 여기에서는 VOC 고객 프로파일 등록/조회, 상담내역 등록/조회, 상담이력 조회, 상담내역 분석/조회, VOC 처리내역 조회 등이 처리된다. 기업은 VOC 처리와 관련된 여러 지표들을 관리하고 있다. 또한 처리된 VOC는 현황 리포트화하여 상시적으로 모니터링하고 있으며, VOC 유형별 처리기한을 설정하여 처리된 결과를 고객에게 회신한다. 예를 들면, 스타벅스 코리아는 웹/앱 채널 지표와 call 채널 지표를 관리하고 있으며, 신속하고 정확한 답변 제공을 위해 영업일 기준으로 24시간 내 처리를 원칙으로 하고 있다. 롯데면세점은 VOC 일일 현황 리포트를 상시적으로 모니터링하며, 문의는 영업일 기준으로 당일~24시간, 칭찬과 불만은 24시간 내에 처리하고 있다.

#### 4) 활용/공유단계

네 번째 단계는 활용/공유 단계로 고객 관련 총괄부서에서 책자나 기업 내 인트라넷 등을 통해 우수 사례 확산 및 고객만족 개선과제 도출, 서비스 개선, 시스템 개발, VOC 재발 방지를 위한 전사적인 공유가 이루어진다. 예를 들면, 스타벅스 코리아는 포털 시스템 내 VOC 시스템을 통해 월간 VOC 실적에 대한 리포트를 전사적으로 공유하고 있다. 롯데면세점은 월간 VOC 현황 보고 자료를 최고고객책임자(Chief Customer Officer)와 최고경영자에게 수시 보고하고 있으며, 서비스 매거진, VOC 이슈 브리핑, VOC 카드 뉴스 형태로 사내 인트라넷을 활용해 전 직원과 공유하고 있다.

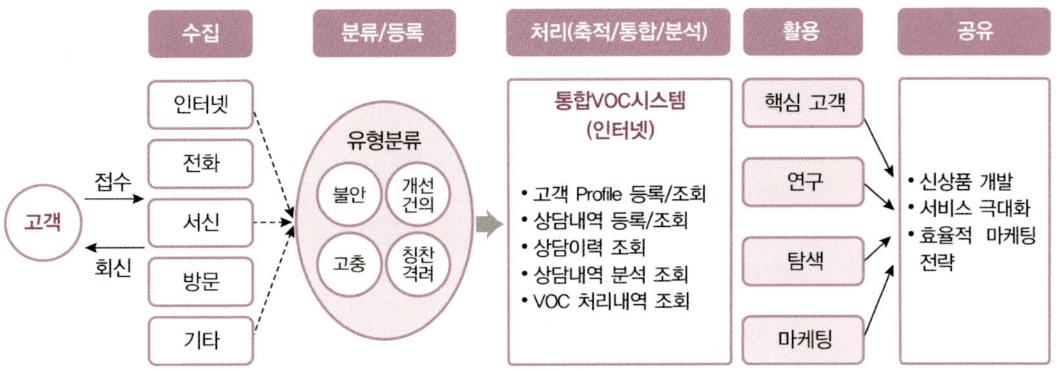


출처 : 안연식(2018), 서비스경영, 창명, p.232.

[그림 14-2] VOC 처리 프로세스

## 제 2 절 | 서비스 실패

### 1. 서비스 실패의 개념

서비스품질관리 중 가장 중요한 점은 '옳은 일을 가장 먼저 하는 것(Do it right the first time.)'이다. 하지만 어떤 기업도 특정 시점에서 모든 고객을 100% 만족시키기는 쉽지 않다. 서비스 실패는 기업이 통제할 수 없는 원인으로 인해 고객이 받은 서비스 일부분에 대해 만족하지 않을 가능성이 항시 존재하기 때문이다. 예를 들면, 호텔 서비스의 경우 초과예약과 관련된 문제 발생, 객실의 난방온도나 청소상태 등 서비스 접점에서 서비스 실패가 발생할 수 있다. 서비스 실패는 서비스 접점에서 고객의 불만족을 야기하는 좋지 않은 고객의 서비스 경험으로 고객이 지불한 대가에 비해 고객이 받은 서비스의 품질이 기대에 못 미칠 때 발생되는 불쾌한 감정이다. 이러한 서비스 실패는 고객의 불만족을 가져오며 궁극적으로는 기업에 부정적인 영향을 미칠 수 있다.

서비스 실패에 대한 몇몇 학자들의 정의는 〈표 14-2〉와 같다.

**〈표 14-2〉 서비스 실패의 정의**

| 연구자 | 정의 |
|---|---|
| Bell & Zemke(1987) | 고객이 기대 이하로 심각하게 떨어지는 서비스 결과를 경험하는 것 |
| Heskette, Sasser, & Hart(1990) | 서비스 과정이나 결과에 대하여 서비스를 경험한 고객이 좋지 못한 감정을 갖는 것 |
| Berry & Parasuraman (1991) | 책임이 불분명한 대상의 과실로 인하여 초래된 서비스 과정이나 결과에 대한 과실. 단, 불가항력적인 천재지변으로 인한 것은 서비스 실패가 아님 |
| Johnsonton(1995) | 서비스 과정이나 결과에 있어서 무엇인가가 잘못된 것 - 책임소재와 관계없이 서비스 제공자의 책임 |
| Hoffman & Bateson(1997) | 고객이 기대하는 서비스 수준에 못 미치는 서비스의 수행 |
| Wagner(2018) | 서비스 프로세스의 품질에 대한 고객 인식의 붕괴 |

## 2. 서비스 실패에 따른 고객의 행동

서비스 실패가 발생할 시 고객은 서비스 실패에 대한 보상이나 요구와 관련한 불평을 하게 된다. 고객은 서비스 실패에 따른 불만족을 공적 행동(public action), 사적 행동(private action), 무반응(no action)으로 표출할 수 있다[그림 14-3]. 이러한 고객 반응은 하나 또는 여러 조합으로 구성된 복합 행동으로 나타날 수 있다.

서비스 실패로 인한 고객 불평행동은 다음과 같은 형태로 나타날 수 있다.

- 공적 행동 : 해당 기업, 소비자보호센터, 관련 단체와 같은 제3자에게 불평하는 행위, 민사 또는 형사소송 등을 포함

- 사적 행동 : 다른 상표로 전환하거나 주위 사람에게 부정적 구전 활동을 함
- 무반응 : 아무런 행동도 취하지 않음

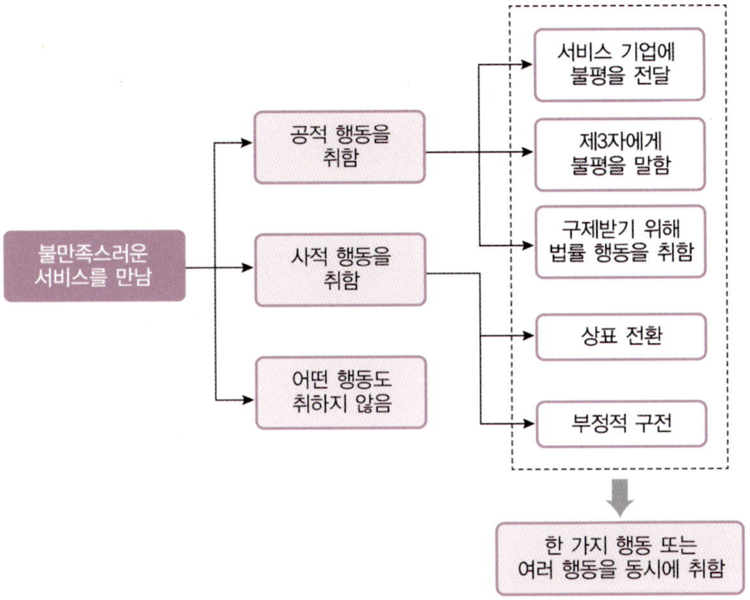


출처 : Lovelock, C. et al., 김재욱외 역(2011), 서비스마케팅, 시그마프레스, p.344.

**[그림 14-3] 서비스 실패에 대한 고객 반응 범주**

## 3. 고객 불평의 이해

### 1) 고객 불평/미불평의 이유

#### (1) 고객 불평의 이유

고객은 일반적으로 보상 획득, 분노 표출, 서비스 개선, 다른 고객을 위한 배려 등의 이유로 불만을 제기한다(Lovelock & Wirtz, 2004)

① 보상 획득

기대된 서비스의 실패로 고객은 환불, 교환 등과 같은 경제적 손실을 회복하거나 해당 서비스를 다시 제공받기 위해서 불평한다.

② 분노 표출

고객은 자존심을 회복하거나 자신의 분노와 좌절감을 표출하기 위해 불평한다. 너무 경직된 서비스 절차나 무례한 직원은 고객의 자존심에 상처를 입힌다.

③ 서비스 개선

고객이 대학, 동창회 혹은 중요 금융거래처 등 특정 서비스에 깊게 관여할 경우 서비스 개선을 위해 자발적으로 불만사항을 제시한다.

④ 다른 고객을 위한 배려

고객은 다른 고객을 위해 자신의 불만을 제기한다. 그들은 자신이 경험했던 서비스 문제를 다른 고객이 경험하지 않기 바라며, 자신의 제안을 통해 서비스가 개선되기를 희망한다.

### (2) 고객 미불평의 이유

고객은 불평을 제기하여 얻을 수 있는 혜택과 비용을 비교하여 혜택이 비용보다 클 때 불평을 제기하지만 그렇지 않으면 불평을 제기하지 않는다.

① 시간과 노력의 낭비를 원치 않음

불만족한 고객은 불만제기를 위해 불편엽서를 작성하거나 이메일을 보내는 시간과 노력의 낭비를 원치 않는다. 특히 불만족한 서비스가 어떤 노력을 기울일 정도로 중요하지 않은 경우에는 더욱 그러하다.

② 불만기업의 적극적인 해결 의지에 대한 미기대

고객은 누구도 자신의 문제에 대해 관심을 갖거나 문제해결을 적극적으로 행동할 것이라고 생각하지 않는다.

③ 불평 소통채널을 알지 못함

④ 불평호소에 따른 스트레스

많은 고객들은 불평을 전달하는 것이 유쾌하지 않은 일이라 생각하고 그러한 스트레스를 피하고자 한다.

⑤ 불평하지 않는 고객은 자신의 부정적 경험을 자기 비난, 부정, 사회적 지원 추구

등이 포함된 '감정에 치우친 대처'로 해소하기도 한다. 이들은 서비스 실패를 자신의 실수로 보고 보상받을 만한 일이 아니라고 생각한다.

### 2) 불평고객의 특징

불만족한 고객이 모두 불평을 표출하는 것은 아니다. 불만의 표출은 고객의 입장에서도 노력과 비용이 수반되기 때문이다. TARP(Technical Assistance Research Program)의 연구에 따르면 서비스 실패를 경험한 고객의 45%만이 직원에게 불만을 표현하며, 이 중 1~5%만이 관리자 또는 기업 본사에 전달하는 것으로 나타났다. 이는 '고객 불만의 빙산(customer complaint iceberg)'을 보여주는 예로 관리자들이 실패를 경험했지만 불평하지 않는 100명의 고객 중 20명 정도의 불만을 고객의 모든 불평으로 알고 있다는 점을 시사해주고 있다[그림 14-4]. 따라서 기업에서는 대다수의 고객이 불만이 있더라도 표출하지 않기 때문에 잠재적인 불만사항을 파악하기 어려워 이들 고객의 불만을 무시하고 지나칠 수도 있다.

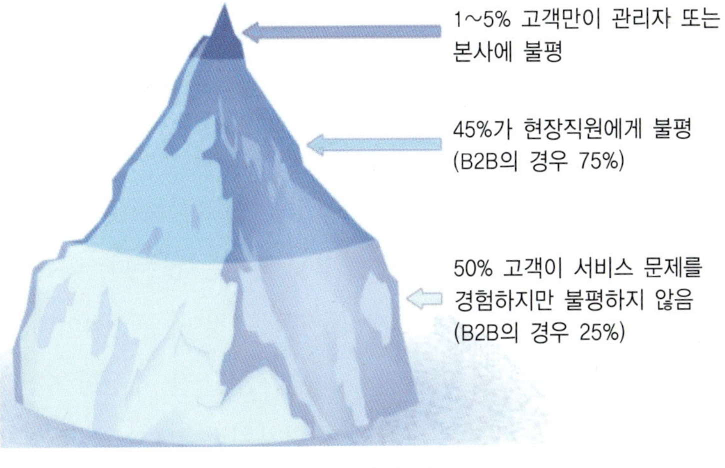


출처 : Data from TARP Worldwide Inc.(2007).

**[그림 14-4] 불평고객(빙산의 일각)**

고객 불평은 일반적으로 사회경제적 수준이 높은 사람들이 그렇지 않은 사람들보다 더 많이 하는 것으로 알려져 있다. 교육 수준이 높고, 소득이 많고, 사회적 참여도가 높은 사람은 문제에 직면했을 때 문제가 되는 제품이나 서비스에 대해 더 많은 지식과 정보를 갖는 경우가 많을뿐더러 문제를 제기할 자신감, 지식, 동기부여의 수준이 높기 때문이다.

## 4. 불평고객의 유형

식료품점, 자동차 수리서비스, 의료서비스 및 금융서비스를 대상으로 연구한 결과에 따르면 불평하는 사람은 수동적 불평자(passives), 표현 불평자(voicers), 분노표출 불평자(irates), 행동지향적 불평자(activists)로 나뉜다(Singh, 1990).

### 1) 수동적 불평자(소극적으로 불평하는 사람)

이 유형은 자신의 불만족에 대해 어떤 조치를 취할 가능성이 가장 적은 소극적 불평자이다. 이들은 불평해봤자 시간과 노력에 대한 보상이 없을 것으로 생각해서 다른 사람이나 제3자에게 불평하지 않는다. 이 유형은 분노표출 불평자나 행동지향적 불평자보다 불평을 체험한 해당기업을 떠날 가능성이 낮다.

### 2) 표현 불평자(불평을 표현하는 사람)

이 유형은 서비스 제공자에게 적극적으로 불평을 토로하는 유형이지만 부정적 구전을 퍼뜨리거나 기업을 떠나거나 제3자에게 불평을 하지는 않는다. 이들은 구전이나 제3자에게 불평하기보다는 서비스 제공자에게 불평하는 것이 긍정적이며 사회적 편익을 제공한다고 믿는 경향이 있어 기업 입장에서 보면 서비스를 개선할 수 있는 기회를 제공하는 고마운 고객들이다. 이 유형은 수동적 불평자처럼 분노표출 불평자나 행동 불평자보다 기업을 떠날 가능성이 낮다.

### 3) 분노표출 불평자(화내면서 불평하는 사람)

이 유형은 친구나 친척들에게 부정적 구전을 하고 불만을 가진 기업을 떠나 다른 기업으로 갈 가능성이 높은 고객이다. 이들은 제3자에게 불평을 하려 하지는 않지만 불평해봐야 들어주지도 않는다는 소외의식을 가진다. 이들은 서비스 제공자에게 두 번째 기회를 주지 않으며, 서비스 제공자에게 불평하는 수준은 평균 수준이다. 이 유형은 다른 유형보다 더 인터넷상에서 자신의 서비스 실패 경험을 다른 사람과 공유하기 위해 블로그를 만들어 불만을 표현하기도 한다.

### 4) 행동지향적 불평자(행동으로 불평하는 사람)

이 유형은 서비스 제공자에게 평균 이상의 불평성향을 가지며, 서비스 제공자, 다른 사람, 제3자에게도 불평을 하는 고객이다. 극단적일 경우에는 테러리스트가 될 가능성도 있다. 이들은 표현 불평자와 마찬가지로 다른 유형의 사람들보다 더 높은 소외의식을 가지며, 모든 유형의 불평 결과가 긍정적인 의미를 갖는 것으로 여긴다.

# 제 3 절 | 서비스 회복

## 1. 서비스 회복의 개요

### 1) 서비스 회복의 개념

고객의 서비스 기대는 자신의 과거 경험 등 여러 요인으로 인해 지속적으로 높아지는 경향이 있다. 따라서 서비스 과정에서 고객 불만은 항상 존재하게 된다. 서비스 회복(service recovery)은 기업이 서비스 실패를 수정하기 위해 취하는 체계적인 노력이다. 즉 고객 불만을 수정하거나 회복하기 위한 일련의 활동으로 볼 수 있다. Zeithaml, Berry, & Parasuraman(1993)은 서비스 회복을 최초의 서비스 제공에 대한 고객지각이 고객의 인내영역 이하로 하락한 결과에 대해 서비스 제공자가 취하는 행위로 정의하고 있다. Zemke & Bell(1990)은 서비스 회복을 제품이나 서비스가 고객의 기대에 부응하지 못하여 불만족한 고객을 만족한 상태로 되돌리려는 일련의 과정으로 정의하고 있다.

### 2) 서비스 회복의 중요성 및 유형

서비스 회복은 고객이 종종 서비스 실패를 다루는 기업의 노력과 방법을 근거로 평가한다는 점에서 매우 중요하다. 구체적으로 서비스 회복활동이 중요한 것은 첫째, 불만고객의 이탈과 서비스에 대한 부정적 구전을 막고 원래의 충성도를 회복하는 서비스 과정이며, 둘째, 서비스 실패를 통해 나타난 서비스요소를 개선하고 효과적으로 관리할 수 있는 계기이며, 셋째, 서비스 회복과정을 통해 고객과 소통함으로써 시장의 니즈와 욕구를 파악할 수 있기 때문이다.

서비스 실패에 따른 고객의 기대를 실패 이전의 수준으로 되돌리는 서비스 회복 활동 방법에는 심리적 회복과 물질적 회복이 있다. 첫째, 심리적 회복은 고객의 니즈에 관심을 보이면서 사과나 공감을 통해 심리적으로 불만을 해소하는 노력을 말한다. 여기서는 정직함이 최선이며, 의례적인 "죄송합니다."와 같은 말은 고객으로 하여금 배신감과 부정적인 경험을 증가시키므로 주의해야 한다. 둘째, 물질적 회복은 서비스 실패로 인한 고객의 불편함과 비용에 대해 심적 · 물적 피해를 물질적으로 보상하는 유형적 노력이다. 적당하게 보상받은 대부분의 고객은 서비스 제공자에게 지속적인 충성도를 보이는 경향이 있다.

### 3) 서비스 회복의 역설

서비스 회복의 역설(service recovery paradox)은 기업이 고객의 불만족을 해결하였을 때 고객은 자신의 본래 기대수준으로 회복하는 것을 말한다. 고객은 성공적인 서비스 회복으로 인해 자신의 불만이 해소되었을 때 서비스 실패가 없었을 때보다도 오히려 더 높은 긍정적인 감정을 가지게 되고 기업에 대한 충성도가 높아진다. 이러한 논리적 부조화 현상을 서비스 회복의 역설이라 한다[그림 14-5]. 서비스 기업이 고객이탈을 단

5%만 줄이더라도 약 25%의 수익 증가를 가져온다는 연구나 불평고객의 41%가 만족스런 해결을 가져오면 동일 서비스 제공자에게 재구매할 의사가 있다는 고객분노연구(customer range study) 결과는 서비스 회복 역설의 중요성을 보여준다.

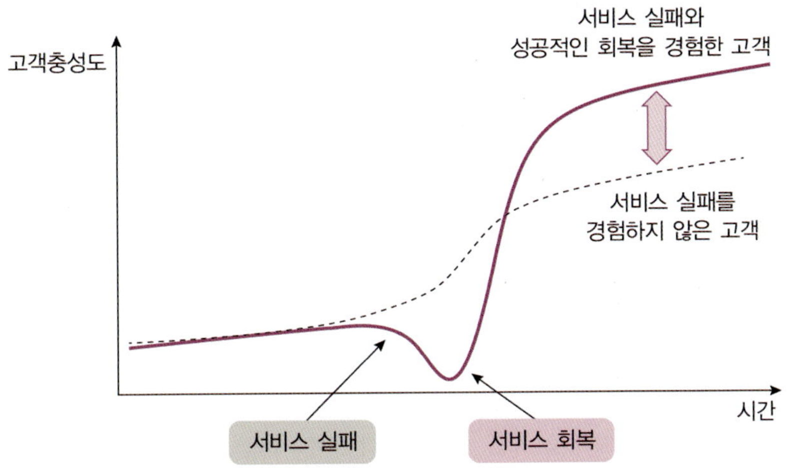


출처 : 2015 Customer range study, conducted by Customer Care Measurement and Consulting and the Center for Services at Arizona State University.

[그림 14-5] 서비스 회복의 역설

하지만 서비스 회복노력이 서툴러 실제 고객의 마음에 다시 한번 서비스 실패를 가져오는 상황도 발생할 수 있다. 이러한 현상을 이중일탈효과(double-deviation effect)라고 하며 본질적으로 고객의 불만족을 확대시키는 결과를 초래한다. 서비스 실패에 관한 한 연구결과에 따르면 대다수의 고객이 불만을 갖게 되는 것은 처음에 발생한 서비스 실패라기보다는 그 실패에 대한 직원의 반응에 있음을 밝혔다. 또 다른 연구에서도 전체 응답자의 절반 이상이 서비스 제공자에 대한 부정적인 반응이 심화되었다고 밝히고 있다. 따라서 서비스 회복 활동은 한번에 고객의 마음을 서비스 실패의 이전 상태로 돌아갈 수 있도록 효율적으로 관리할 필요가 있다.

잠깐 쉬어가기

**서비스 회복의 사례**

**+ 실패한 서비스를 기회로 바꾸는 '만족 보증'제도**

**"고객님의 숙박료는 무료입니다"**

미국의 유명 쿠키 체인인 미세스 필즈의 사장 데비 필즈는 언젠가 Promise Hotel Chain 중 하나인 Hampton Inn & Suites에 숙박한 적이 있다. 그녀는 체크아웃을 하면서 호텔 객실에 처음 들어갔을 때 비누와 수건이 없다고 프런트 데스크 직원에게 말했다. 그 말을 들은 프런트 데스크 직원은 그 자리에서 청구서를 찢으면서 숙박요금이 무료라고 말하며 받지 않았다. 이에 깊은 감명을 받은 데비 필즈는 Hampton Inn을 회사 지정 호텔로 정했으며, 몇 년이 지난 후에는 Promise Hotel의 사외이사가 되었다. 이 사례의 핵심은 Promise Hotel Chain이 실패한 서비스를 기회로 바꾸어 고객을 호텔의 열렬한 지원자로 만들었다는 것이다.

이러한 배경에는 Hampton Inn의 100% 고객만족보증제도(100% Guarantee Program)가 있어 호텔 직원이면 누구나 만족 보증 방침에 따라 무료 서비스를 집행할 수 있는 권한위임제도가 있었기 때문이다. 고객은 복잡한 절차를 거칠 필요도 없으며, 불만스러운 서비스를 한 직원에게 불만을 표시하기만 하면 된다. 무료 숙박에 대한 의사 결정이 바로 그 자리에서 이루어진다.

출처 : 여행신문(2009.11.30), 실패한 서비스를 기회로 바꾸는 '만족 보증'제도. 토대로 재구성

## 4) 서비스 회복 접근법

서비스 회복 접근법에는 사례별(case-by-case) 접근법, 체계적 대응(systematic response), 조기 예방(early intervention), 대체 서비스로 서비스 회복조치(substitute service recovery) 등이 있다(Bordoloi, Fitzsimmons, & Fitzsimmons, 2018).

### (1) 사례별(case-by-case) 접근법

고객불평을 서비스별로 개별적으로 처리하는 접근법으로 비용이 적게 들며 수행하기 쉽지만 체계적이지 못해 고객에게 공평하지 못하다는 인식을 줄 수 있다. 예를 들면, 심하게 불평하는 고객은 만족스러운 대접을 받지만 불평하지 않는 고객은 그러한 대접을 받지 못할 수도 있다.

### (2) 체계적 대응(systematic response)

사전에 정해진 처리 절차에 의해 고객불평을 처리하는 접근법으로 실패 가능성이 높은 요소들을 미리 파악해 사전에 결정된 적절한 회복 기준에 의거 계획된 대응을 추구하므로 사례별 접근법에 비해 신뢰성이 높다. 이 접근법은 회복지침들이 지속적으로 갱신된다면 서비스 일관성 유지와 시의적절한 대응을 가능하게 해줄 수 있어 매우 유용하다.

### (3) 조기 예방(early intervention)

체계적 대응 접근법을 따르되 고객에게 부정적인 영향을 주기 전에 서비스 프로세스 상의 문제에 개입해 이를 해결하는 것을 추가하는 접근법이다. 예를 들면, 만일 화주가 트럭 고장으로 선적이 중단되었음을 알았다면 이러한 사실을 고객에게 즉시 알려 필요한 계획을 충분히 세울 수 있도록 할 수 있다.

### (4) 대체 서비스로 서비스 회복조치(substitute service recovery)

경쟁기업의 서비스 실패 상황에서 대체 서비스를 제공함으로써 경쟁기업의 고객을 자신의 기업으로 끌어오는 데 이용할 수 있는 접근법으로 때때로 경쟁기업의 지원을 받기도 한다. 예를 들면, 호텔의 초과예약으로 인해 프런트 직원은 고객을 경쟁호텔에 숙박하게 하는 턴 어웨이 서비스(turnaway service)를 제공할 수 있다. 고객을 받은 경쟁호텔은 시의적절한 고품질 서비스를 제공하여 고객을 자신의 고객으로 만듦으로써 경쟁자의 실패에서 이익을 취할 수 있다. 하지만 경쟁사의 서비스 실패에 대한 정보는 대체로 유출되지 않도록 보호되고 있어 이 접근법을 구현하기는 생각보다 쉽지 않다.

## 2. 서비스 회복 시스템

### 1) 서비스 회복 시스템의 개요

서비스 회복 시스템은 크게 서비스 회복 사전 단계, 서비스 회복 단계, 서비스 회복 확인 단계 등의 세 가지 단계로 구분할 수 있다(Miller, Craighead, & Karwan, 2000)[그림 14-6]. 서비스 실패 발생 시 고객은 서비스 회복에 대한 기대수준을 서비스 실패의 심각성, 서비스 보증의 정도, 고객 충성도 등에 의해 형성하게 된다. 그래서 서비스 실패의 심각성이 높을수록, 서비스 보증의 정도가 낮을수록 고객의 서비스 실패에 대한 회복 결과에 대한 기대는 커지게 된다. 기업은 서비스 회복을 사과와 보상의 물리적 조치와 처리속도 및 직원태도 등의 서비스 회복 방법으로 수행한다. 이러한 기업의 서비스 회복에 대한 고객 평가는 회복노력이 공정한지 여부에 따라 평가하게 된다.

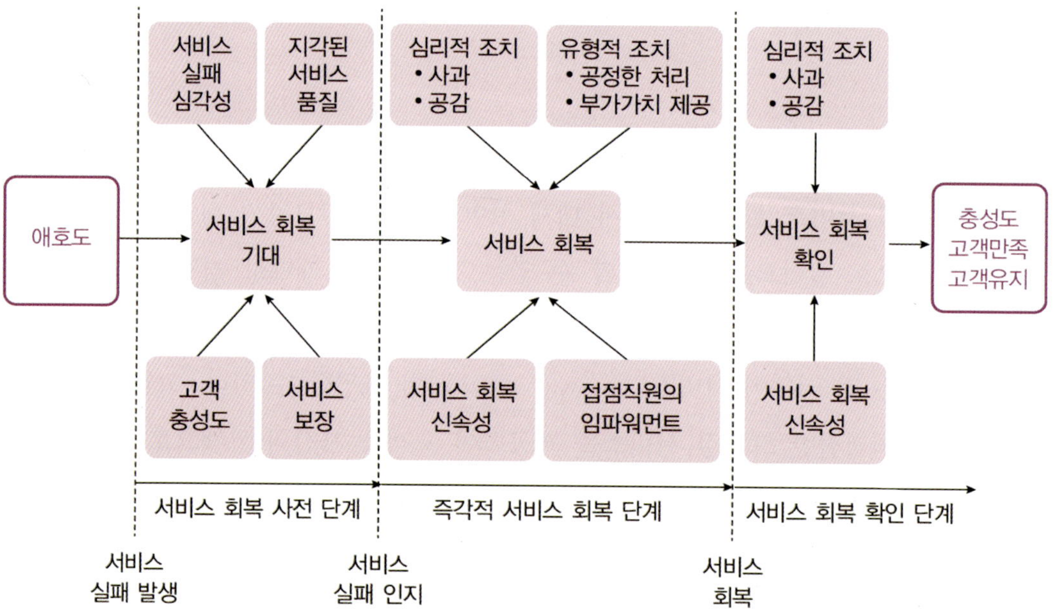


출처 : Miller J., Craighead, C., & Karwan, K.(2000), Service recovery: A framework and empirical investigation, Journal of Operations Management, 18(4) : 388.

[그림 14-6] 서비스 회복 시스템

## 2) 효과적인 서비스 회복 원칙

효과적인 서비스 회복을 위한 원칙으로는 고객이 피드백하기 쉽게 하기, 효과적인 서비스 회복을 위한 시스템 구축하기, 적정한 보상 수준 결정하기 등이 있다. 이를 각각 살펴보면 다음과 같다.

### (1) 고객이 피드백하기 쉽게 하기

고객은 서비스 실패에 대한 불평을 토로하기를 꺼리는 경향이 있다. 기업은 고객이 불평을 쉽게 하도록 배려해야 하며, 이를 통해 고객이 왜 불평하지 않는지를 파악해야 한다. 〈표 14-3〉은 고객 불평 전달에 대한 장애요인과 이에 대한 전략 내용이다. 많은 기업들은 고객센터 전화, 홈페이지나 모바일 등의 웹사이트 연결, 고객의 제안 카드 등을 통해 고객 불만을 포함한 다양한 고객의 소리(VOC)를 수집한다.

〈표 14-3〉 고객 불평 토로의 장애요인 및 장애를 줄이는 전략

| 불평 토로 장애요인 | 장애요인을 줄이는 전략 |
|---|---|
| • 불편함<br>- 적절한 불평 수단을 찾기 어려움<br>- 불평 시 편지를 작성하고 발송하는 추가적인 노력이 필요 | • 피드백을 하기 쉽고 편리하게 하기<br>- 직통전화(핫라인), 이메일과 웹사이트, 우편번호와 주소, 기타 커뮤니케이션 수단을 공지 |
| • 의심스러운 효과<br>- 기업이 고객 불만 내용을 검토할지에 대한 불확실함 | • 피드백을 진지하게 받아들이고 효과적일 것이라는 확신 심어주기<br>- 적절한 곳에서 서비스 회복절차를 명확하게 고객에게 알려줌<br>- 고객 피드백을 통한 서비스 개선점을 부각시킴 |
| • 불쾌함<br>- 무시당하는 것에 대한 두려움<br>- 귀찮게 하여 말다툼이 있을 수도 있다는 두려움<br>- 당혹스러울지 모른다는 두려움 | • 피드백 경험을 긍정적으로 만들기<br>- 고객의 피드백에 감사하기<br>- 직원교육을 통해 고객 불만에 진지하게 대하도록 하기<br>- 고객 불만 토로 시 익명성을 허용하기 |

출처 : Lovelock, C., Patterson, P. G., Wirtz, J.(2011), Serivces Marketing: Asia Pacific and Administration Perspective, Sydney: Pearson.

### (2) 효과적인 서비스 회복을 위한 시스템 구축하기

서비스 실패에 대한 효과적인 서비스 회복을 위해서는 적극성, 계획, 명확한 가이드라인이 필요하다. 세부적으로 효과적인 서비스 회복은 선제적이며(proactive), 계획적이며(planned), 훈련되고(trained), 권한위임이 이루어져야(empowered) 한다(Lovelock, Wirtz, & Chew, 2009).

#### ① 서비스 회복은 선제적이어야 한다

서비스 회복은 현장에서 즉시 이루어지고 고객이 불평하기 전에 이루어지는 것이 가장 이상적이다. 기업의 서비스 실패를 즉시 해결한 경우 고객의 만족도가 높아지는 것으로 나타나고 있다. 고객 불평에 대한 조치가 소요되는 시간과 고객만족도의 비율을 조사한 2015년 고객 분노연구(Customer rage study) 조사결과에 따르면 고객불평이 즉시 해결되었을 때는 고객의 13%가 만족, 24시간 이내인 경우는 18%, 1주일 이내는 42%, 1주일 이상인 경우는 27%로 각각 만족한 것으로 나타났다. 불행하게도 많은 기업들은 고객이 문제해결을 위해 여러 직원을 거치도록 하고 있다. 고객은 문제해결을 위해 여러 담당부서를 몇 번이나 왔다 갔다 하는 핑퐁현상(ping-pong)을 거쳐야 한다. 2015년 고객분노연구에 따르면 고객은 문제해결을 위해 평균 4.2회의 직원접촉이 필요한 것으로 나타났다.

고객 불평이 이루어지기 전에 직원은 고객의 불만족 신호를 느낄 수 있어야 하며, 고객이 문제를 겪고 있는지 물어봐야 한다. 예를 들면, 웨이터는 저녁 식사를 절반밖에 하지 않은 고객에게 "식사에 어떤 문제가 있습니까?"라고 물어볼 수 있다. 고객은 "오늘 스테이크는 좀 덜 익은 것 같네요."라고 응답할 수 있다. 두 번째 대답은 고객이 불만족한 상태이며, 다시는 그 식당을 찾지 않을 것임을 암시해준다. 직원은 두 번째 대답을 들었을 때 서비스 회복의 기회로 여겨 고객에게 불편함에 대해 사과하고 식사비용을 할인해 주는 등의 선제적이고 적극적인 노력을 해야 할 것이다.

② 서비스 회복은 계획되어야 한다

서비스 실패에 대한 서비스 회복계획은 미리 개발되어야 하며, 특히 정기적으로 발생하고 시스템의 재설계가 불필요한 서비스 실패에 대해서는 더욱 그러하다. 예를 들면, 호텔산업에서는 수익관리를 하기 위해 종종 초과예약을 받게 되는데 초과예약으로 인해 예약을 하고 온 고객이 객실을 배정받지 못하게 되는 결과를 초래할 수 있다. 기업은 초과예약과 같이 자주 발생하는 서비스 문제를 파악하고 이에 대한 지침이나 해결책을 사전에 마련해 두어야 한다.

③ 서비스 회복 기술을 교육해야 한다

예상되지 않은 서비스 실패가 발생할 경우 고객과 직원은 당황하게 된다. 일상적인 실패든 비일상적인 실패든 사전에 직원교육이 이루어진다면 현장 직원은 확신을 갖고 서비스 실패를 처리할 수 있게 되며, 이들의 근로의욕을 향상시킬 수 있다. 기업들은 감정노동을 하는 서비스 직원을 위해 악성 고객 대응 매뉴얼을 만들어 상황별로 교육시킬 수 있다. Burger King은 고객 접점에 있는 카운터 직원의 실수로 일어나는 고객불만을 개선하기 위해 'Complaint Zero' 목표를 수립하고 연간/월간 고객불만 건수 목표를 설정, 목표대비 실적관리를 통해 고객불만 수를 줄이고 있다. 이를 위해 매월 고객불만 과다 10개 매장을 선정해서 철저한 교육을 실시하고 고객불만 실적을 매장과 직원 평가에 반영하였다.

④ 서비스 회복은 권한위임이 필요하다

고객 불평을 원만하게 해결하려면 현장 직원이 신속하게 문제를 해결할 수 있는 재량권이 있어야 한다. 특히 비일상적으로 나타나는 서비스 실패의 경우는 더욱 그러하다. 직원에의 권한위임은 신속한 불만처리와 핑퐁현상을 줄일 뿐만 아니라 불만족한 고객을 진정시키는 데도 효과적이다. Ritz-Carlton호텔은 고객의 만족도 향상을 위해 고객으로부터 불평을 접한 첫 번째 직원이 문제가 해결될 때까지 그 문제에 대한 책임을 지며, 필요하다면 누구든지 관리자에게 사전 보고 없이 직원 1인당 최대 2,000달러까지 쓸 수 있게 해주고 있다. 직원들로 하여금 자신의 업무범위에 신경 쓰지 않고 고객을 위해 뭘 할 수 있는지 고민하게 하기 위해서다. 이디야커피 역시 고객지원파트 근무자가 고객불만 해결을 위해 재량으로 모바일 음료 쿠폰 및 금액권 10만 원까지 사용하는 선해결 후보고 처리하는 제도를 운영하고 있다.

### (3) 적정한 보상 수준 결정하기

서비스 실패가 발생할 경우 고객에게 어느 정도의 보상을 해야 하는가? 다음의 질문에 대한 답이 이에 대한 보상 수준을 찾는 데 도움이 된다(김재욱 등, 2011).

#### ① 기업의 포지셔닝은 무엇인가?

만일 서비스가 우수하고 차별화된 서비스품질을 제공하는 기업이라면 고객은 서비스 실패를 거의 예상하지 못할 것이다. 이런 경우 기업은 서비스 실패를 회복하기 위해 상당한 노력과 충분한 보상이 제공될 수 있도록 준비해야 한다. 그렇지만 기업 간 서비스품질 차이가 별로 없는 시장의 경우에는 고객들에게 사과의 말, 무료 커피나 디저트 정도의 보상과 서비스의 재수행으로 가능할 수 있다.

#### ② 서비스 실패가 얼마나 심각한가?

일반적인 원칙은 "처벌은 범죄에 맞게 하라(Let the punishment fit the crime.)"이다. 고객은 불편함 초래 등의 작은 서비스 실패에 대해서는 큰 보상을 기대하지 않지만 자신의 시간, 노력, 성가심, 불안 등을 유발하는 심각한 서비스 실패에 대해서는 큰 보상을 기대한다.

#### ③ 영향력 있는 고객은 누구인가?

장기간 관계를 맺고 서비스 구매를 위해 많은 돈을 지출한 고객은 많은 보상을 기대하지만 일회성 거래 고객과 기업에게 수익 공헌도가 낮은 고객은 큰 보상을 기대하지 않을 것이다. 그래서 기업은 수익 공헌도가 큰 고객에게는 보상을 크게, 수익 공헌도가 낮은 고객에게는 적게 보상해도 되지만 보상은 누구에게나 공정해야 한다.

서비스 실패에 대한 일반적인 보상 지침은 잘 처방된 관대함(well-dosed generosity)이다. 지나치게 관대한 보상은 기업 입장에서 비용이 많이 들고, 고객들이 이를 악용할 소지도 있다. 관대한 보상이 공정한 보상보다 반복구매의 가능성을 높이지는 못한다. 지나친 보상은 정직하지 못한 고객으로 하여금 서비스 실패를 부추기는 촉진제가 될 위험성도 존재한다.

## 3. 서비스 회복 공정성

서비스 실패가 발생하면 고객은 자신의 불평이 공정하게 처리되기를 기대한다. 공정성은 일반적으로 분배 공정성(distributive justice), 절차 공정성(procedural justice), 상호작용 공정성(interactional justice)으로 나뉜다(Tax & Brown, 1998). 최근에는 추가로 정보 공정성(informational justice)도 제시되고 있다.

### 1) 분배 공정성

결과 공정성(outcome justice)라고도 하는 분배 공정성은 서비스 실패로 고객이 받게 되는 손실과 불편의 결과에 대해 기업으로부터 받은 보상 등의 결과물 자체에 대해 지각하는 공정성을 말한다. 예를 들면, Club Med에서 여행서비스 제공에 실패할 경우, 고객은 공항에서 준비된 스낵 및 음료를 제공받고, 리조트까지 승용차로 안내받고, 뷔페식사를 제공받고, 밤새 파티를 즐기는 등 처음에는 패키지에 포함되어 있지 않았던 서비스를 제공받는 경우이다. 분배 공정성에는 금전적 보상, 사과, 차후의 무료서비스 제공, 가격할인, 수리 및 교환의 형태가 있다. 고객은 기업의 실수에 대해 최소한 고객이 고생한 정도만큼 받고 싶은 공평성(equity), 동일한 유형의 서비스 실패를 경험한 다른 고객만큼 보상받기를 바라는 형평성(equality), 기업이 보상에 대한 선택권(예, 환불 혹은 무료로 더 나은 패키지 제공 등)을 고객에게 줄 것을 원한다.

문화에 따른 서비스 회복의 분배 공정성의 인식에도 차이가 있다(Martila & Patterson, 2004). 미국 등의 서양 고객이 태국이나 말레이시아 등의 동양 고객보다 서비스 실패가 발생했을 때 가격할인과 같은 유형적인 보상을 받는 데 관심이 많고 더 많은 기대를 한다고 한다. 일반적으로 불확성 회피가 높은 경향이 있는 동양 문화권 고객은 서비스 실패가 발생했을 때 다른 유형의 구제책을 선호한다. 동양 문화권의 경우 개인의 이익보다는 손실을 회피하는 데 초점을 맞추는 경향이 있으며, 동아시아 고객들은 타인들과의 갈등 및 대립을 피하려 한다고 강조한다.

### 2) 절차 공정성

절차 공정성은 서비스 회복과정에서 서비스 문제를 해결하거나 불평을 관리하는 데 있어 거치게 되는 정당하고 합리적인 정책과 규칙을 말한다. 절차적으로 공정하기 위해서는 시스템이 융통성이 있어야 하며, 서비스 회복절차에 고객의 참여를 고려해야 한다. 절차적 공정성은 명확성, 신속성, 다툼 부재의 특징이 있다. 예를 들면, 위에서 예를 든 Club Med의 경우 승객이 목적지에 도착하자마자 서비스 회복이 빠르게 이루어지고, 항공기 지연이 클럽 메드의 잘못이 아님에도 고객들에게 즉시 보상을 하기 위해 그들의 방식대로 행동하는 경우이다. 고객들이 일단 지상에 도착하면 휴가객들의 다툼은 더이상 일어나지 않는다. 절차 공정성 실패의 예는 고객이 호텔 레스토랑에서 음식을 주문했는데 제공 시간이 지연되어 고객이 불평할 때 현장 직원이 즉각 그 자리에서 무료 와인 등의 적절한 보상책을 마련해주지 않는다든지, 와인의 비용을 생각한다든지, 여러 단계의 상사 결재를 기다린다든지 하여 고객의 마음이 기업으로부터 완전히 돌아서는 경우이다.

문화에 따른 서비스 회복의 절차 공정성의 인식에도 차이가 있다(Martila & Patterson, 2004). 절차 공정성도 문화맥락에 따라 다르게 나타날 수 있다. 미국 고객의 경우 보상이 일반적으로 공정성 인식의 주요 동인이지만 실패회복과정의 속도와 편의성도 중요하다. 이에 비해 동양 문화권에서는 고객과 접촉하는 직원보다 관리자의 진정한 사과가 더 바람직하다. 이러한 절차를 통해 고객은 가족과 친구에게 체면을 되찾을 수 있게 된다. 동양 고객들은 통제력을 갖고 싶어 하기 때문에 경영진이 상황을 바로잡기 위해 무엇을 하고 있는지 지속적으로 알려주는 것도 매력적일 수 있다.

### 3) 상호작용적 공정성

상호작용적 공정성은 서비스 회복과정에서 직원과 고객 사이에 어느 정도의 공감과 소통이 이루어지는 정도로 서비스 회복을 하고자 하는 직원의 즉각적인 반응성이 중요하다. 직원은 서비스 실패에 대해 충분히 설명하고 문제 해결을 위해 노력해야 하며, 진지하고 사려 깊고 예의바르게 행동해야 한다. 위에서 예를 든 Club Med의 경우, 직원은 오랜 기다림에 지친 승객들을 만났을 때 친절하고 사려 깊게 행동하며 반갑게 맞이한다. 그들은 한밤중에도 공항에서 승객들을 맞이한다. 상호작용적 공정성의 실패의 예는 호텔 레스토랑에서 고객이 커피 리필 요청을 했는데 즉각 서비스가 이루어지지 않아 고객이 다시 요청하게 될 때 이번에도 직원이 즉각 응대하지 않으면 고객은 더이상 회복의 시간을 기업에 주지 않을 것이다.

문화 맥락에서 서구 문화권에서는 고객에게 서비스 실패에 대한 설명을 하게 되면 서비스 제공자가 무능하거나 무관심하고 게으르다는 생각에서 고객의 초점이 멀어질 수 있다(Martila & Patterson, 2004). 이러한 설명은 서구 고객으로 하여금 실패의 원인으로 상황을 더 주목하게 만드는 경향이 있다. 반면에 동양 문화권 고객은 상황적 제약을 인식하고 사회적 조화를 유지하며 체면을 잃지 않으려고 할 가능성이 더 높아 이들에게 상호작용적 공정성은 특히 두드러진다. 따라서 기분이 상한 동양 고객에게 정중하고 격식을 갖춰 공감하는 태도로 설명하고 대우하는 것이 유형적 제공의 보상보다 더 중요하고 효과적일 수 있다.

### 4) 정보 공정성

정보 공정성은 서비스 회복과정에서 특정 절차의 사용 혹은 분배를 결정함에 있어 기업이 고객을 대상으로 관련 정보를 설명할 때 어떤 유형의 정보가 전달되느냐에 따라서 달라지는 공정성을 의미한다. 다시 말해 고객은 자신에게 일어나는 일과 관련해서 제대로 된 정보를 정확하게 받기를 바란다. 정보 공정성은 고객이 독자적으로 인지하는 공정성이 아니라 다른 공정성 차원과 같이 고려된다.

이상의 서비스 회복 공정성의 유형 및 원칙을 정리해보면 〈표 14-4〉와 같다.

〈표 14-4〉 공정성의 유형 및 원칙

| 공정성 유형 | | 원칙 |
|---|---|---|
| 분배 공정성 | 공평성 | 기업 실수로 고객이 고생한 만큼 보상을 받음 |
| | 형평성 | 서비스 실패를 경험한 다른 고객만큼 동등한 보상을 받음 |
| | 보상 선택권 제공 | 고객에게 보상에 대한 선택권을 줌 |
| 절차 공정성 | 명확성 | 의사소통과정에 일관성과 명확성을 가지고 대응함 |
| | 신속성 | 고객 불만을 최대한 신속히 처리함 |
| | 다툼 부재 | 고객이 잘못되었다는 것을 증명하거나 논쟁하는 등의 다툼 없이 불만을 처리함 |
| 상호작용 공정성 | 즉각적 반응성 | 서비스 직원과 고객의 상호작용 시 즉각적 반응을 보여야 함 |
| | 공손 | 서비스 직원과 고객의 상호작용 시 공손함이 바탕이 됨 |
| | 정직 | 서비스 직원과 고객의 상호작용 시 정직함이 바탕이 됨 |
| | 예의 | 서비스 직원과 고객의 상호작용 시 예의가 바탕이 됨 |
| 정보 공정성 | - | 고객에게 제대로 된 정보를 제공함 |

## 4. 불량고객 관리

### 1) 불량고객의 유형과 대처방안

고객이 제기하는 불평이 모두 정당한 것은 아니다. 일부 고객은 거짓으로 행동하거나 상황을 악용하여 기업, 직원, 다른 고객에게 문제를 야기한다. 이러한 일부 고객을 불량고객(jaycustomer)이라 부르나 실제로 불량고객을 한마디로 정의 내리기는 쉽지 않다. 아래에서는 일반적으로 서비스 직원이 대응해야 하는 일곱 가지의 불량고객 유형(Lovelock, 1994)에 대해 살펴보고, 이들에 대한 효과적인 대처방안을 알아보기로 한다.

#### (1) 도둑형(Thief)

도둑형 고객은 제품이나 서비스에 대한 대가를 지불하지 않거나 훔치는 고객 혹은 원래 정해진 가격을 다 지불하지 않으려는 고객이다. 예를 들면, 호텔 객실 내 미니바

이용 후 물을 담아놓는 고객 혹은 객실 내 타월을 가져가는 고객, 가게에서 물건을 훔치는 좀도둑(shoplifter), 남의 주민등록증을 이용해서 핸드폰을 개설하는 사람, 전기계량기를 통하지 않고 전기를 사용하는 사람, 공공교통수단에 무료로 승차하는 사람, 영화관에 몰래 들어가는 사람, 식당에서 돈을 내지 않고 음식을 먹는 사람 등이 있다.

이들에 대한 대처방안으로는 돈을 지불하고 사용할 것을 공지함은 기본이며, 이러한 사람들이 서비스를 훔치는 것을 발견하는 것이 도난을 예방하거나 도둑을 잡는 첫 단계이며, 경우에 따라 필요하면 법정에 고발할 수도 있다. 그러나 일부 정직한 고객 중에 돈 내는 것을 깜박하는 경우도 있으니 유의해야 한다.

### (2) 사기꾼형(Cheat)

사기꾼형 고객은 기업의 서비스 보증 등을 악용하여 보상을 받거나 보험사고를 위장해 보험금을 타가는 고객이다. 예를 들면, 호텔이용 불만족 시 100% 환불정책을 이용하여 고의로 민원을 제기하는 고객, 자동차 사고로 위장하여 보험금을 수령하는 사람, 친구들과의 파티참석을 위해 고급 턱시도를 빌려서 사용한 후 다시 환불하는 사람, 보험내용을 과장하거나 속이는 사람 등이 있다.

이들에 대한 대처방안으로는 첫째, 반복적으로 서비스 보증을 제기하거나 보상을 요구하는 사람들의 과거이력 추적 둘째, 고객의 사기를 효과적으로 찾아내기 위해 보상지급금, 서비스 회복, 반환된 상품, 특별한 경우에 고객에게 제공된 혜택 등과 같은 자료를 관리하는 데이터웨어하우스(data warehouse) 활용 셋째, 비정상적인 고객을 찾기 위해 각 부서별, 각 경로별 고객 데이터베이스를 통합하는 시스템 구축 등을 고려해볼 수 있다.

공항 VIP 라운지에서 300번 넘게 공짜 밥을 먹은 어느 항공고객의 사례와 기업 대응사례를 살펴보면 다음과 같다(최정일 · 김연성 · 유한주 · 장정빈 · 황조혜, 2017). 어느 중국 사람이 자국 항공사에서 1등석 티켓을 예매했다고 한다. 그런데 중국 항공사의 경우 1등석을 예약하면 비행기 타기 전에 공항 VIP 라운지에서 식사할 수 있는 것을 악용해 티켓을 끊은 뒤 라운지에서 밥 먹고 난 후 다음 날로 항공권의 날짜를 변경하고 다시 밥 먹고 다음 날로 연기하는 등의 방법을 통해 무려 1년간이나 그렇게 밥을 먹은 뒤 환불한 고객이 있어 화제가 되었다. 티켓 환불기간이 1년 동안인 점을 악용한 것인데 그 후 해당 항공사는 규정을 바꿨다고 한다.

### (3) 호전형(Belligerent)

호전형 고객은 상점, 호텔, 식당 등 어느 곳에서든 얼굴을 붉히면서 고함을 질러대고 욕을 하고 삿대짓을 하는 등 적대적 행동을 하는 고객이다. 예를 들면, 직원 복장의 사소한 문제를 지적하며 시비를 걸어 회사에 민원을 제기하겠다는 항공사 고객, 술에 취해 식당에서 난동을 부리는 사람, 콜센터 상담원에게 소리를 지르는 사람, 증권사 객장에서 고함을 지르는 사람 등이 있다.

이들에 대한 대처방안으로는 첫째, 호전형 고객을 다른 고객으로부터 격리하기 둘째, 올바른 직원의 채용과 화난 고객을 대응하는 적절한 교육 셋째, 현장 직원의 문제해결이 어려우면 현장 관리자가 고객과 직원의 문제 해결 넷째, 고객이 직원에게 물리력을 행사하려는 경우 경찰이나 보안요원 호출 다섯째, 전화를 걸어 무례하게 대하는 경우 생각을 정리하거나 감정을 진정시킬 잠시 동안의 시간을 드림("제가 몇 분 뒤에 다시 전화를 드리겠습니다. 그동안 관련 사항을 좀 살펴보셨으면 합니다.") 등이 있다.

### (4) 규칙 위반형(Rule breaker)

규칙 위반형 고객은 기업에서 정해놓은 규칙이나 규정을 무시하는 고객이다. 예를 들면, 티케팅 확인 후 비행 당일에는 자주 나타나지 않아 다른 고객에게 항공권을 판매할 수 없도록 하는 사람, 횡단보도에서 무단 횡단하는 사람, 내부자 거래, 시세 조정 행위 등 불공정 거래 행위로 증시에 대한 신뢰를 실추시키는 사람, 수영장에서 수영 모자를 착용하지 않는 사람, 스키 로프에서 부주의하고 위험하게 스키를 타는 사람 등이 있다. 이들에 대한 대처방안으로는 고객에게 규칙에 대한 사전 교육과 규칙 위반에 따른 위험에 대한 상기 내지는 경고이다. 또한 너무 많은 규정보다는 중요한 규정을 명확히 하는 것을 고려해볼 수 있다.

### (5) 파괴형(Vandal)

파괴형 고객은 기업의 시설이나 장비를 훼손하거나 더럽히는 고객이다. 예를 들면, 호텔 집기를 부수거나 천을 찢는 사람, 버스 의자 시트를 칼로 긋는 사람, 공중전화기 은행 건물 벽에 낙서를 하는 사람, 콘도의 주방기구를 파손하는 사람, 은행의 현금인출기에 커피를 쏟는 사람 등이 있다. 이들에 대한 대처방안으로는 첫째, 보완 강화 등의 예방책 마련(CCTV 설치, 밝은 조명 등) 둘째, 공공장소를 개방적으로 설계하거나 밝은 조명 설치 셋째, 시설을 적절히 사용하도록 고객 교육하기 넷째, 손상되는 시설의 경우 조심해서 다루라는 경고문 부착 다섯째, 예치금(deposit)이나 합의문을 통해 고객이 파손한 비용을 고객에게 배상시키기 등이 있다.

### (6) 내분형(Family feuder)

내분형 고객은 화난 고객들 중에서 다른 고객과 싸우는 고객이다. 예를 들면, 레스토랑에서 뛰어다니는 아이 때문에 고객끼리 말다툼을 하는 것, 부인이 예약한 콘도가 마음에 들지 않는다고 콘도 내에서 윽박지르는 남편 고객, 옆 테이블 고객과 싸우는 사람, 내기 골프에서 지고 심하게 다투는 사람, 야구장에서 자기 팀을 응원하려고 상대편 팀 관람객과 싸우는 사람 등이 있다. 이들에 대한 대처방안으로는 첫째, 다른 고객에게 폐가 되지 않도록 일단 싸움을 벌이는 고객들을 다른 장소로 이동시키기 둘째, 고객을 이해하려고 노력하기 셋째, 신중히 생각하고 행동에 옮기기 등이 있다.

### (7) 신용불량형(Deadbeat)

신용불량형 고객은 기업에게서 제공받은 제품이나 서비스에 대한 값을 지불하지 않으려고 하는 고객이다. 예를 들면, 술집에서 마지막에 술값이 없다고 배짱을 부리는 사람, 음식 값을 외상으로 하고 갚지 않는 사람, 사용한 전화비를 계속해서 납부하지 않는 사람, 보험료를 연체하는 고객, 악성 연체자이면서 연체 독촉 방법이 무례하다고 화를 내는 고객 등이 있다. 이들에 대한 대처방안으로는 주문 시 신용카드 번호를 요구하거나 서비스가 끝나면 즉시 요금청구서 제시하기 등이 있다.

## 2) 불량고객 관리의 원칙

기업이 불량고객을 관리하기 위한 몇 가지 원칙을 살펴보면 다음과 같다(이유재, 2002; 이유재 · 허태학, 2007).

### (1) 신중하게 고객을 선별하기

기업이 불량고객의 특성을 파악해 신규 고객을 유치할 때 불량고객의 특성을 가진 고객을 신규 고객으로 맞이하지 않는다. 이를 위해 기업은 신규 회원 자격 요건을 명시하고 신규 고객의 신용을 평가하는 시스템을 갖출 수 있다. 예를 들면, 금융회사들은 각자 데이터화된 고객의 신용정보를 공유해 고객 유치 시 활용하고 있다.

### (2) 고객에게 올바른 제품이나 서비스 사용법을 알려주기

### (3) 고객과 접하는 직원에게 불량고객 대처방안 교육하기

### (4) 회사 내부 규정이나 규칙을 다시 살펴보기

경우에 따라 불합리한 규칙에 근거해서 선량한 고객을 불량고객으로 몰지는 않는지, 올바른 규정 전달이 고객에게 잘못된 행동을 유발할 수 있는지 등에 대한 주기적인 점검이 필요하다.

### (5) 고객정보시스템 정비

어떤 고객이 불량고객인지, 각 불량고객별로 어떠한 대처방안이 최선인지를 기업 모든 구성원에게 공유하여 각 불량고객별로 개별화된 대응을 할 수 있는 시스템을 구축 · 활용한다.

### (6) 대부분의 고객은 옳다는 것을 명심

불량고객을 미리 발견해 대처하는 것은 현명한 일이다. 그러나 대부분의 고객은 기업과 가치를 공유하는 매우 소중한 자산이다. 따라서 선량한 고객들을 불량고객처럼 대우하는 느낌을 주지 않도록 유의해야 한다.

### (7) 고객이 의심되는 점을 고객의 눈에서 고객에게 유리하게 해석하기

고객과의 관계에서 중요한 것은 무엇보다도 신뢰이다. 고객이 의심되더라도 혹시라도 고객입장에서 그럴 수밖에 없는 상황은 아닌지 한 번 더 생각해보도록 한다.

### (8) 불량고객과의 청산은 프로페셔널하게 하기

British Airways는 콜센터에 지나친 서비스를 요구하거나 무례한 행동을 하는 고객에겐 가급적 예약이 어렵다는 이유로 정중히 거절하는 방법으로 불량고객과 이별을 통보한다. 고객과의 관계를 끝내기 전에 고객에게 미리 충분한 시간을 주고, 다른 기업을 소개해주고, 인수 · 인계가 순조롭게 되도록 도와준다.

**잠깐 쉬어가기**

**속임수를 쓰는 고객을 추적하기**

보증추적 시스템의 일환으로 햄프턴인(Hampton Inn)은 속이고자 하는 고객을 파악하는 방법을 개발했다. 보증제도를 자주 악용하는 고객들에 대해서 개인적 관심과 고객지원팀(Guest Assurance Team)의 사후 조치가 이루어진다. 시니어 매니저가 전화를 하여 최근의 체류 내용에 대해 질문을 한다. 이루어지는 대화는 다음과 같다.

"안녕하세요? 존스씨! 저는 햄프턴인의 고객지원 관리자입니다. 제가 알기로 귀하께서는 지난 4번의 체류에서 약간의 문제가 있는 것으로 나타나고 있습니다. 우리는 보증제도를 매우 신중하게 시행하고 있기 때문에 고객님께 전화를 드렸고, 문제가 무엇인지를 파악하고자 합니다."

이렇게 되면 대부분의 고객은 침묵으로 일관한다. 간혹 침묵이 이어진 후 어떻게 본사가 자기가 겪은 문제를 알 수 있냐는 질문을 한다. 간혹 유머스러운 장면이 연출되기도 한다. 미국 내에서 보증제도를 17번이나 이용한 한 고객에게 질문을 했다.

"손님께서는 여행하고자 할 때 어느 곳에서 묵고자 합니까?"
"햄프턴인."
"그러나 우리 기록에 의하면 손님은 과거에 17번 우리 숙소에 묵으신 적이 있습니다. 그리고 100% 품질보증제도를 이용하셨구요."
"그래서 내가 햄프턴인을 좋아하는 거요."

나중에 밝혀진 바에 의하면 이 사람은 장거리 트럭 운전자로서 숙박비용을 한푼이라도 줄이기 위해 이를 악용한 것이었다.

출처 : 정용길(2016). 서비스 마케팅. 이프레스. p.554.

# 제 4 절 | 서비스 보증

## 1. 서비스 보증의 개요

서비스는 제품과 달리 무형성과 소멸성의 특성을 가져서 교환해주거나 수리해주기가 어렵다. 따라서 서비스 보증(service guarantee)은 제조업에서 불만족 고객에게 제품을 수리해주거나 교환해주는 제품보증과 달리 서비스품질에 문제를 제기한 불만고객에게 환불, 할인, 무료 서비스를 제공하는 것을 말한다.

서비스 보증은 경쟁사와 한 차원 다른 경쟁우위를 제공할 수 있다. 서비스 보증제도를 운영함으로써 보증에 따른 기업의 비용이 증가할 수 있다. 하지만 서비스 보증은 불량 서비스를 개선함으로써 고객에게 서비스의 무형성에 대한 위험을 줄이게 하고, 품질의 우수성을 강조하는 마케팅 도구로서 시장에서 차별화 수단으로 활용할 수 있다. 결과적으로 서비스 보증은 서비스품질관리와 고객만족 서비스 차원에서 효과적인 제도라 할 수 있다.

## 2. 서비스 보증의 효과

서비스 보증은 일반적으로 서비스 가격이 높을 때, 해당 산업에 전반적으로 품질에 대한 나쁜 이미지가 형성되어 있을 때, 서비스 실패에 대한 고객의 저항이 심할 때, 서비스에 대한 고객의 전문지식이 낮을 때, 고객의 반복구매가 중요할 때 유용하다. 하지만 서비스 우월성으로 인해 이미 강력한 명성을 가진 기업, 현재 서비스가 부실한 기업, 날씨 등 통제할 수 없는 요인들에 의해 품질이 결정되는 기업, 서비스 구매와 이용에 대해 경제적, 개인적, 심리적 위험을 거쳐 거의 지각하지 않는 고객에게는 서비스 보증이 부적합하다(Ostrom & Hart, 2000).

서비스 보증을 통해 기업이 얻을 수 있는 이익은 다음과 같다(Ostrom & Hart, 2000).

첫째, 서비스 보증은 기업이 서비스 각 요소에 대해 고객이 원하는 기대를 정확히 파악할 수 있게 해준다. 예를 들면, British Airways는 고객들이 서비스를 판단하는 네 가지 차원이 배려 및 관심, 선도적인 조치, 문제 해결, 잘못된 서비스의 회복임을 알아냈다.

둘째, 서비스 보증은 조직에 명확한 기준을 제시한다. 이 기준은 기업이 표방하는 바를 고객과 직원에게 전달한다. 예를 들면, Pizza Hut은 "만약 고객께서 우리의 피자에 만족하지 못한다면 우리에게 알려주십시오. 우리는 문제를 해결해드리거나 환불해드릴 것입니다."라고 하고 있다. FedEx의 서비스 보증은 모든 관련 직원의 책임과 서비스 기준을 구체적으로 정의해준다.

셋째, 서비스 보증의 실행은 의미 있는 고객이 피드백과 그러한 피드백에 근거한 행동이 이루어지도록 시스템이 개발되는 데 도움이 된다. 비정규직 인력공급회사인 Manpower Inc.는 고객만족에 대한 피드백을 받기 위해 인력파견 첫날부터 고객에게 전화해서 그들의 적극적인 피드백을 받아 서비스 개선에 활용한다.

넷째, 보증이 필요할 때가 바로 서비스 회복 기회임을 파악한다. 만일 고객이 서비스 실패 후 즉시 해결되는 경험을 했다면 불만족은 조절될 수 있으며 더 커지지는 않는다. 빠른 서비스 회복은 고객만족과 고객 충성도를 유지하게 해준다.

다섯째, 서비스 보증은 서비스 기업이 왜 실패하는지에 대해 알게 하고 잠재적인 실패 요소를 구분할 수 있도록 유도한다. BBBK(Bugs Burger Bug Killers)는 고객이 문과 창의 틈을 철저하게 밀봉하여 벌레가 들어오지 못하도록 하는 등 스스로 시설 개선 노력을 성실하게 지킬 때만 방재 작업을 시작하고 서비스를 보증한다.

여섯째, 서비스 보증은 구매 결정에 대한 위험을 감소시키고, 조직에 대한 신뢰를 구축한다. 서비스는 무형이어서 서비스 보증과 같은 단서는 구매 전 서비스에 대한 긍정적 평가를 가져오며, 장기적인 고객 충성도를 구축함으로써 기업의 마케팅 능력을 키워준다.

## 3. 서비스 보증의 유형

서비스 보증에는 하나의 구체적 속성에 대한 보증(single-attribute specific guarantee), 다양한 구체적 속성에 대한 보증(multi-attribute specific guarantee), 완전만족 보증(full satisfaction guarantee), 결합 보증(combined guarantee)의 네 가지 유형이 있다(Wirtz & Kum, 2001).

### 1) 하나의 구체적 속성에 대한 보증

이 유형은 서비스 보증에 의해 한 가지 핵심적 서비스 속성을 보장해주는 형태이다. 예를 들면, Domino Pizza는 "피자 주문에 대해 30분 이내에 배달을 보증하며, 만일 늦으면 피자는 무료입니다."라고 보증하였다.

### 2) 다양한 구체적 속성에 대한 보증

이 유형은 서비스 보증에 의해 몇 가지 중요한 서비스 속성을 보장해주는 형태이다. 예를 들면, Minneapolis Marriott는 "고객에 대한 우리의 품질 약속은 친절하고 효율적인 체크인, 청결하고 편안한 객실, 친절하고 효율적인 체크아웃입니다. 만일 귀하의 생각에 우리가 이러한 약속을 지키지 못했다면 고객에게 현찰로 20달러를 드릴 겁니다. 어떤 질문도 하지 않을 것이며, 당신의 해석에 맡기겠습니다."

### 3) 완전한 만족 보증

이 유형은 서비스의 모든 면을 보장하며 예외가 없음을 강조하는 형태이다. 예를 들면, Lands' End는 "만일 귀하께서 우리에게서 구입한 물품을 이용하는 도중 언제라도 완전히 만족하지 않으면 구입한 가격에 환불해드리겠습니다. 무엇이나 언제나 항상 약속을 지킬 것입니다. 우리는 그것의 모든 단어를 의미합니다. 무엇이든, 언제든지, 언제나, 그러나 이것이 완벽하게 명확하도록 하기 위해 우리는 더 단순화하기로 결정했습니다. GUARANTEED.Period."라고 보증을 하였다.

### 4) 결합된 보증

이 유형은 서비스의 모든 측면에서의 완전 만족을 보장하되 불확실성을 줄이기 위해 보증에 중요한 속성에 대해서는 최소의 성과 기준을 표시해서 보장해주는 형태이다. 예를 들면, Datapro Information Service는 "정시에 우수한 품질의 상품을 제안서에 명시한 대로 만일 보증에 미달되는 경우, 또는 우리 업무에 대해 불만족하는 경우에는 귀하께서 공정하다고 생각하는 금액을 최종 금액에서 차감할 수 있습니다."라고 보증을 하고 있다.

여행사의 서비스 보증 유형별 예시를 살펴보면 〈표 14-5〉와 같다.

**〈표 14-5〉 여행사의 서비스 보증 유형**

| 유형 | 예시 |
|---|---|
| 하나의 구체적 속성에 대한 보증 | 저희 회사는 국제적 규격을 충족시키며 쇼핑지역이 도보로 5분 이내에 있고 도심에 위치한 최고급 호텔을 추천합니다. 만일 그렇지 못한 경우에는 여러분에게 12시간 이내에 다른 여행코스로의 변경 및 여행경비의 20%를 할인해드립니다. |
| 네 개의 구체적 속성에 대한 보증 | 여러분이 문의만 하시면 저희는 다음 사항들을 보증합니다.<br>1. 국제적 규격을 충족시키며 도심에 위치한 최고급 호텔 – 쇼핑지역이 도보로 5분 이내에 있고 도심에 위치<br>2. 중국식부터 현지식까지 다양한 맛있는 음식 – 최고급 요리사가 신선한 재료를 가지고 준비한 다양한 음식<br>3. 현대식이고 넓으며 에어컨이 빵빵 나오는 투어버스 – 모든 투어버스는 3년이 안 된 최신식이며, 창밖을 즐길 수 있는 대형 유리, 등받이를 조절할 수 있는 고급 의자, VCR과 사운드 시스템, 충분한 좌석 공간, 화장실을 갖춤 |

| 유형 | 예시 |
| --- | --- |
| | 4. 적어도 3년 이상 경력이 있는 잘 훈련된 여행가이드 - 전문적이고 친절한 서비스를 제공하기 위해 집중훈련을 받아 업계에서 선발된 우수 가이드<br>만일 저희가 이러한 약속을 지키지 못하면 여러분에게 12시간 이내에 다른 여행코스로의 변경 및 여행경비의 20%를 할인해드립니다. |
| 완전한 만족 보증 | 저희는 완벽한 고객만족을 보증합니다. 여러분의 만족스런 서비스를 보증하는 것이 저희의 책임입니다. 만일 저희가 제공하는 서비스 중 어떤 것이라도 마음에 들지 않는 점이 있으면 연락주십시오. 여러분에게 12시간 이내에 다른 여행코스로의 변경 및 여행경비의 20%를 할인해드립니다. |
| 결합된 보증 | 우리는 완벽한 고객만족을 보증합니다. 여러분의 만족스런 서비스를 보증하는 것이 저희의 책임입니다. 만일 저희가 제공하는 서비스 중 어떤 것이라도 마음에 들지 않는 점이 있으면 연락주십시오. 여러분에게 12시간 이내에 다른 여행코스로의 변경 및 여행경비의 20%를 할인해드립니다.<br>예를 들어, 다음과 같은 조건이 충족되지 못하면 보증의 대상이 됩니다.<br>1. 국제적 규격을 충족시키며 도심에 위치한 최고급 호텔 - 쇼핑지역이 도보로 5분 이내에 있고 도심에 위치<br>2. 중국식부터 현지식까지 다양한 맛있는 음식 - 최고급 요리사가 신선한 재료를 가지고 준비한 다양한 음식<br>3. 현대식이고 넓으며 에어컨이 빵빵 나오는 투어버스 - 모든 투어버스는 3년이 안 된 최신식이며, 창밖을 즐길 수 있는 대형 유리, 등받이를 조절할 수 있는 고급 의자, VCR과 사운드 시스템, 충분한 좌석 공간, 화장실을 갖춤<br>4. 적어도 3년 이상 경력이 있는 잘 훈련된 여행가이드 - 전문적이고 친절한 서비스를 제공하기 위해 집중훈련을 받아 업계에서 선발된 우수 가이드 |

출처 : Wirtz, J., & Kum. D.(2001), Designing service guarantee - is full satisfaction the best you can guarantee? Journal of Services Marketing, 15(4): 296-297.

## 4. 효과적인 서비스 보증의 특징

성공적인 고객만족 서비스 보증제도는 다음과 같은 다섯 가지의 특징을 가진다(Hart, 1988).

### 1) 제한된 한도 및 예외사항이 없어야 한다(unconditional)

최상의 서비스 보증은 고객만족을 예외 없이 무조건적으로 약속해야 한다. 서비스 보증은 회사가 통제할 수 있는 모든 서비스 요소를 총망라해야 하며, 그렇지 못하다면 회사가 통제할 수 있는 요소만이라도 무조건 보증해야만 한다. 예를 들면, 우편주문 회사인 L. L. Bean은 모든 반품을 즉시 접수하고, 교체해주거나 환불해주며, Hampton

Inn 호텔의 보증은 어떠한 조건도 달지 않는다.

잠깐 쉬어가기

**의류 브랜드(L. L. Bean)의 보증**

우리는 우리의 모든 제품을 지지하며 설계된 대로 작동할 것이라고 확신합니다. 당사 제품 중 어느 하나라도 100% 만족하지 않는 경우 구매 후 1년 이내에 반품하여 환불받을 수 있습니다. 1년 후에도 우리는 재료나 장인 정신으로 인해 결함이 있는 반품을 위해 모든 품목을 고려할 것입니다. 자세한 내용은 반품 정책을 참조하십시오.

OUR GUARANTEE

We stand behind all our products and are confident that they will perform as designed. If you are not 100% satisfied with one of our products, you may return it within one year of purchase for a refund. After one year, we will consider any items for return that are defective due to materials or craftsmanship.

For details, please refer to our Return Policy.

출처 : https://global.llbean.com/guarantee.html

### 2) 고객이 이해하고 의사소통하기 쉬워야 한다(easy to understand and communicate)

서비스 보증의 약속이 고객에게는 그들의 무엇을 기대할 수 있는지를, 직원에게는 그들이 할 일을 단순명료하게 말해주어야 한다. 서비스 보증이 고객에게 기억될 수 있다면 더욱 효과적일 것이다. 예를 들면, 베니건스는 15분 이내에 식사가 나오지 않으면 점심을 무료로 제공한다고 약속한 바 있다.

### 3) 고객에게 의미가 있어야 한다(meaningful)

이것은 명백한 것이나 당연한 것을 보증하는 것이 아니라 문제가 발생했을 때 의미가 있어야 함을 뜻한다. '의미 있다'는 의미는 두 가지로 생각해 볼 수 있다. 첫째, 서비스 보증은 고객에게 중요한 서비스 측면을 보증해야 한다. 베니건스 레스토랑의 경우 바쁜 점심시간에는 15분 내 서비스를 약속하고, 약속을 못 지키면 무료로 식사를 제공한다. 하지만 빠른 서비스가 최우선 사항이 아닌 저녁 시간에는 이러한 서비스 보증을 실시하지 않는다는 것을 의미한다. 둘째, 약속이 지켜지지 않을 때에는 전액 또는 부분적 환불, 할인 등 다양한 형태로 충분하고 적절한 보상이 주어져야 한다. Domino Pizza의 30분 내 배달이 이루어지지 않을 시 3달러 할인해주는 제도가 한 예이다.

### 4) 고객이 청구하기 쉬워야 한다(easy to invoke)

서비스 불만이 있을 경우 고객이 서비스 보증의 보상을 제기하기가 쉬워야 한다. 불만족한 고객을 관리자에게 보낸다든지 혹은 지정 양식을 작성하게 하는 것은 오히려 고객을 더욱더 화나게 할 수 있어 서비스 보증의 접수나 절차는 원스톱으로 이루어지는 것이 바람직하다. Cititravel은 최저 항공료를 보증하고 그 차액을 환불해주는데, 고객은 수신자부담전화 한 통화로 더 낮은 항공료를 확인하고 환불받을 수 있다.

### 5) 보상받기 쉬워야 한다(easy and quick to collect)

서비스 보증 보상절차는 간단 · 신속해야 한다. 고객이 서비스 보증을 받기 위해 편지를 쓰거나 서비스 실패를 입증할 만한 문서를 제시해야 한다면 서비스 보증을 가치 없게 만드는 함정이다. 특히 서비스의 금액이 상대적으로 적은 경우에는 더욱 그러하다. 예를 들면, Domino Pizz와 베니건스는 현장에서 바로 보상을 받을 수 있다.

잠깐 쉬어가기

### "맛 없으면 무조건 환불"… '100% 맛보장' 제도의 비밀

최근 식품 · 유통업계가 대형마트를 중심으로 신선식품에 대한 공격적 마케팅을 전개하고 있다. 특히 이전부터 맛과 품질을 앞세워 일부 상품에 적용되던 '100%' 교환 · 환불 제도가 여름 시즌을 맞아 더욱 확대되고 있다.

롯데마트는 지난달 29일 신선식품에 '100% 맛보장' 제도를 도입한다고 밝혔다. 이는 과일과 채소를 구매한 고객이 맛에 대해 만족하지 않을 경우 교환, 환불을 받을 수 있는 품질보장제도를 말한다. 롯데마트에서 판매하는 모든 과일과 채소를 구매한 소비자는 구입 후 불만족 시 7일 이내 영수증을 가지고 롯데마트 각 지점의 '도와드리겠습니다' 코너를 방문해 교환 또는 환불을 받을 수 있다.

홈플러스는 신선 카테고리 3000여 개 전 품목에 대해 '신선AS를 시행하고 있는데, 맛, 색, 당도, 식감 등 품질에 만족하지 못할 경우 7일 이내 영수증과 상품 실물 등을 지참하면 1회당 10만 원, 월 10회까지 교환 또는 환불을 받을 수 있는 체계적 시스템을 마련했다.

이마트는 과일, 채소, 축산, 수산 상품의 품질에 만족하지 못하는 경우 100% 교환 또는 환불을 진행하며, 구매 후 일주일 안에 고객만족센터에서 영수증을 제시하면 섭취하고 남은 상품을 매장으로 가져올 필요없이 영수증만 지참하면 된다.

업계는 이렇게 실제 환불되는 건수는 0.01% 정도로 추산하고 있다. 맛보장 서비스는 최고의 맛과 품질의 상품을 제공하겠다는 마트 측의 자신감을 표출함으로써 소비자에게 신뢰를 주며 동시에 고객들의 소비를 유도해 상품에 대한 냉정한 평가를 받고 이를 개선하는 과정을 통해 상품력을 강화하는 선순환이 이뤄지게 한다. 또, 설령 단기적 손해를 보게 되더라도 마트를 찾는 고객에게는 혜택을 제공해 신뢰를 쌓고 장기적인 성장의 발판을 마련하겠다는 의지도 담겨있다는 게 업계 관계자의 설명이다.

출처 : 업다운뉴스(2021.7.1), "맛 없으면 무조건 환불"… '100% 맛보장' 제도의 비밀.

## [ 주요 용어 ]

- 고객의 소리(vocie of customer): 좁은 의미로는 어떤 서비스에 대한 고객의 불만이나 만족을 표현하는 고객의 피드백이며, 넓은 의미로는 문의, 불만, 만족, 제안 등 고객 의견 모두를 포괄함
- 무조건 보증(unconditional guarantee): 최상의 보증으로 예외 없이 무조건으로 보상하며, 전액 환불 또는 무료 문제 해결을 약속하는 보증
- 분배공정성(distributive justice): 조직으로부터 받은 보상 등의 결과물 자체에 대해 지각된 공정성
- 상호작용 공정성(interactional justice): 서비스 회복과정 중 서비스 직원이 보여주는 인간적 내용(예: 공감, 친근함)을 나타내는 지각된 공정성의 요소
- 서비스 보증(service guarantee): 고객에게 기업이 서비스품질에 대한 보장을 하는 것
- 서비스 실패(service failure): 서비스 전달의 고장, 고객의 기대치를 충족시키지 못하는 서비스
- 서비스 회복(service recovery): 서비스가 제대로 수행되지 못한 경우 이를 원상태로 회복하려는 사후적 노력
- 서비스 회복의 역설(service recovery paradox): 처음부터 계속 만족한 고객보다 불만을 느끼던 고객이 사후 처리 과정에서 만족할 경우 전체적인 만족도가 더 높게 나타나는 경향
- 이중일탈 효과(double-deviation effect): 고객 불평 시 서비스 회복노력이 서툴러 실제 고객의 마음에 다시 한 번 서비스 실패를 가져오는 것
- 절차 공정성(procedural justice): 절차 공정성은 서비스 회복과정에서 서비스 문제를 해결하거나 불평을 관리하는 데 있어 거치게 되는 정당하고 합리적인 정책과 규칙
- 정보 공정성(informational justice): 서비스 회복과정에서 특정 절차의 사용 혹은 분배를 결정함에 있어 기업이 고객을 대상으로 관련 정보를 설명할 때 어떤 유형의 정보가 전달되느냐에 따라서 달라지는 공정성
- OTT 서비스(over-the-top media service): 인터넷을 통해 방송 프로그램 · 영화 · 교육 등 각종 미디어 콘텐츠를 제공하는 서비스

## 토론 주제

- 고객의 소리(VOC) 1.0 ~ 4.0의 특징을 예와 같이 토의하시오.
- 특정 기업의 VOC 업무흐름(수집–분류/등록–처리–활용)을 찾아 토의하시오.
- 서비스 회복의 역설에 대해 설명하고, 이것이 서비스 기업의 경영자에게 주는 시사점은 무엇인지 논의하시오.
- 불량고객의 유형과 각 유형에 대한 대처방안을 기업의 예를 들어 토의하시오.
- 나라/문화별 서비스 회복 공정성(분배 공정성, 절차 공정성, 상호작용 공정성, 정보 공정성)의 중점이 어떻게 다른지를 토의하시오.
- 서비스 보증을 제시하는 기업과 이 기업의 서비스 보증 유형을 설명하시오.

## 참 / 고 / 문 / 헌

### 국내


강명순(2014). 서비스 접점에서 부정적 상황요인이 판매원의 감정 부조화와 고객 지향적 행동에 미치는 영향. 제주대학교 경영대학원 석사학위논문.

경향신문(2018.4.24). "일보다 고객이 힘들어요"… 심신(心身) 멍드는 감정노동자.

공선영(2020). 감정노동, 개념부터 해결방안까지. 비정규 노동(월간). 141: 48-54.

국방K신문(2019.9.18). 돈 자랑이 어떤 것인지 보여주는 중동 항공사들의 1등석 혜택.

국토교통부(2022.6.10). 인천공항 스마트통합관제플랫폼으로 더 똑똑해진다.

김규찬 · 이성민 · 김현주 · 윤주(2017). 4차 산업혁명과 문화 · 관광 산업 정책방향. 한국문화관광연구원, 기초연구 2017_01.

김남영(2008). 서비스경영. 한경사.

김병용(2021). 관광서비스경영론. 백산출판사.

김상훈(2017). 4차 산업혁명 - 주요 개념과 사례. KIET 산업경제. 5월. 산업경제분석, pp.67-80.

김연성(2009). "정곡 콕 찌르는 신사업 비결". 동아비즈니스리뷰. 43호(10월 issue2).

김종훈(2019). 고객가치. 클라우드나인.

김준호(2007). 고객만족경영. 무역경영사.

김진한(2021). 서비스 운영관리. 박영사.

김학선 · 김태호 · 이승후 · 반현정(2022). 글로벌 시대의 서비스 경영론. 백산출판사.

김홍빈 · 차석빈(2017). 커피전문점 서비스품질 속성이 전반적 만족도에 미치는 대칭 및 비대칭 분석: 스타벅스와 이디야 비교 분석. 관광학연구. 41(4): 95-113.

노아윤(2021). 나노단위로 조각난 고객 니즈, 빅데이터와 스몰데이터로 마케팅 정공법 찾다 - ①. 호텔 & 레스토랑. 2월호: 74-83.

노형봉(2020). 서비스경영. 제2판. 한경사.

뉴스와이어(2007.4.17). 'CEO REPORT-가치 창출, 고객경험에서 찾아라. LG주간경제.

뉴스워커(2022.2.20). 반얀트리 클럽 앤 스파 서울 호텔, 객실 내 천장서 물벼락 … 여친에 프로포즈 계획했는데.

대한경제(2022.10.14). [K백화점의 진화] "쇼핑 이상의 경험"… 틀 · 공식 깨는 백화점들.

대한산업안전협회(2019). 안전교육교안 감정노동의 이해와 건강관리. KSA—보건-25.

데일리안(2022.4.28). SR '고객서비스 사전검토제' 도입 … SRT 고객만족도 제고.

동아비즈니스리뷰(2015). 1~2시간 줄서야 하는 中식3당, '기다림'을 '서비스'로 바꿔 감동 제공. 174호(4월, Issue 1).

로봇신문(2019.1.15). '이상한 호텔'은 왜 로봇을 절반으로 줄였나.

매경이코노미(2019.2.25). 에미레이트항공 퍼스트클래스 타보니-하늘 위 특급호텔 서비스… 럭셔리 끝판왕.
매일경제(2021.11.3). 롯데호텔, 글로벌 서비스품질체계 구축으로 차별화된 고객만족 제공.
________(2022.7.27). "달라도 뭔가 다르다"… 구독경제 뉴 트렌드5.
머니투데이(2022.6.4). "큰손 고객 발목 잡아라" … 백화점 넘어 편의점 · 마트도 'VIP 마케팅'.
_________(2022.7.11). 알바 자리 차지한 셀프계산대… 무인점포.
박광태(2012). 서비스 공학. 개정2판. 생능출판사.
박장현(2006.11.15). 고객경험관리(CEM)에 주목하라. LG주간경제, pp.16-20.
백기복 · 신제구 · 김정훈(2009). 리더십의 이해. 창민출판사.
사례뉴스(2022.8.10). 교보문고, 러쉬가 성공할 수 있었던 이유? 비법은 '오감 마케팅'.
삼성에버랜드 서비스아카데미(2001). 에버랜드 서비스 리더십. 21세기북스.
서울경제(2022.3.26). 구찌에서 왜 버거가 나와?… 먹고 마시는 명품.
소비자평가(2022.4.6). 온몸으로 브랜드를 기억하게 하는 방법, '오감 마케팅',
아주경제(2022.12.6). DB생명, '2022 한국의경영대상' 고객만족경영부문 명예의 전당 헌액.
안연식(2018). 서비스경영. 창명.
업다운뉴스(2021.7.1). "맛 없으면 무조건 환불" … '100% 맛보장' 제도의 비밀.
여행신문(2009.11.30). 실패한 서비스를 기회로 바꾸는 '만족 보증'제도.
예경희 · 안예지 · 김화영(2023). NCS 고객만족 서비스경영. Cengage.
우경식 · 차석빈(2019). 관광마케팅. 새로미.
이문규 · 안광호(2011). 서비스마케팅 & 매니지먼트. 집현재.
이상식(2015). 스마트한 서비스경영. 유원북스.
이유재(2002). 불량고객의 유형과 전략적 관리. 경영논총. 36(4): 115-139.
______(2013). 서비스마케팅. 제5판. 학현사.
______(2019). 서비스마케팅. 제6판. 학현사.
이유재 · 허태학(2007). 고객가치를 경영하라: 고객만족을 넘어. 21세기북스.
이정학(2018). 서비스 마케팅. 제2판. 대왕사.
이투데이(2022.6.22). 억눌렸던 여행 수요 폭발… 세계 공항, 몰려드는 여행객에 '몸살'.
정보통신산업진흥원(2021). 2021 사물인터넷 산업 실태조사.
정승환 · 김연성 · 이돈희 · 김서영 · 손윤병(2019). 비즈니스 트랜스포메이션스(BTS)와 서비스 품질 경영(SQM). 한경사.
정용길(2016). 서비스 마케팅. 이프레스.
조선일보(2015.12.17). 일등석 · 비즈니스석 예약 부도율, 이코노미석보다 두 배 이상 높아.
________(2021.12.31). "신입사원님, 제발 떠나지 마소서" 회사가 자세를 낮췄다.

________(2022.3.12). 일에 집중하세요, 집안 행사는 회사가 챙겨드릴게.

중앙일보(2022.8.21). 반려동물 장례휴가, 비혼직원에 축하금… '복지 끝판왕' 이 회사.

채신석 · 김재호(2021). 고객 감동시대의 서비스경영. 백산출판사.

최정일 · 김연성 · 유한주 · 장정빈 · 황조혜(2017). 서비스경영 4.0. 문우사.

파이낸셜뉴스(2022.6.4). "금요일엔 오전만 일해요"… 사내 복지 변화 선도하는 MZ세대.

패션포스트(2022.1.1). '다이소'의 고급화 전략, 먹힐까?

한국경제(2020.3.31). 1시간에 100명씩 가입하는 스타벅스 '사이레 오더'의 비결은.

________(2022.2.15). 도심 속 스타벅스는 잊어라 리버뷰 맛집 '더북한강R점'.

________(2022.2.20). 신선한 재료, 메뉴는 딱 3개… 햄버거 연매출 1조 찍다.

________(2022.9.21). '제품이 아닌 경험을 판다' MZ고객 겨냥 공간마케팅 활발.

________(2022.11.23). "결국 빈손으로 카페 나왔다" … '키오스크'에 막힌 외국인들.

________(2022.12.21). 인천공항, 얼굴로 여행자 여권 인식해 수속… 내년 스마트공항 '변신'.

________(2022.12.29). "미래의 남편, AI 통해 만난다" … 결혼 · 채용도 '알고리즘 매칭'.

한국교육학술정보원(2018). 챗봇(ChatBot)의 활용 사례 및 이러닝 도입 전략. 연구자료

한국능률협회컨설팅(2021). 서울특별시 스마트도시 및 정보화 기본계획 용역보고서, 서울특별시.

한국산업안전보건공단(2018). 감정노동자 건강보호 우수사례 전파 보도자료. 8월 1일.

한국정보화진흥원(2018). 인공지능 기반 챗봇 서비스의 국내외 동향분석 및 발전 전망.

한장희 · 한동철 · 김혜영(2015). 서비스마케팅. 이프레스.

허희영(2021). 서비스경영. 북넷.

홍관수(2015). 서비스경영. 경문사.

홍상연 · 이석민 · 임희지 · 김상일 · 박희석 · 황민섭 · 주재욱 · 황인창 · 한영준 · 양재환 · 한지혜 · 윤서연 · 기현균 · 이철주(2021). 서울시 사물인터넷 활용방안. 서울연구원 정책과제 연구보고서. pp.1-124.

황혜정(2007.4.18). 가치창출, 고객경험에서 찾아라. LG주간경제, pp.8-14.

Bordloi, S., Fitzsimmons, J. A., & Fitzsimmons, M. J. 최병돈 · 김선민 · 김연성 · 박광태 · 이돈희 · 임호순 · 주상호 역(2019). 서비스경영. 맥그로힐에듀케이션코리아.

Heskett, J. L. W., Sasser, E. Jr., & Schlesinger, L. A. 서비스경영연구회 역(2000). 서비스수익모델. 삼성경제연구소.

Hoffman, K. D., & Bateson, J. E. G. 이용기 · 김호석 · 설상철 · 이새미 · 이재한 · 이정원 · 정연구 · 한상호 · 홍재원 역(2018). 서비스마케팅. 한경사.

Lindström, M. 최원식 역(2017). 스몰데이터: 빅데이터도 말하지 못하는 고객행동에 관한 놀라운 진실. 로드북.

Lovelock, C., Wirtz, J., & Chew, P. 김재욱 · 김종근 · 김준환 · 이서구 · 이성근 · 이종호 · 최지

호 · 한계숙 역(2011). 서비스마케팅. 시그마프레스.
VOC경영위원회(2020). VOC 4.0. KMAC.
UPI뉴스(2022.1.7). “스벅DT 따라가자”… 식음료 업계, ‘드라이빙 오더’ 확산.
Zeithaml, V. A., Bitner, J. M., & Gremler, D. D. 배일현 · 김원겸 · 윤호정 역(2022). 서비스마케팅. 7판. 교문사.

## 국외

Albrecht, K., & Zemke, R.(1985). Service America: Doing business in the new economy. New York: Dow Jones-Irwin.
Ansoff, H. I.(1969). Business strategy: Selected readings. Harmondsworth: Penguin Books.
Ashforth, B. E., & Humprey, R. H.(1993). Emotional labor in service roles: The influence of identity. Academy of Management Review. 18(1): 88-115.
Berry, L. L., & Lamp, S. K.(2000). Teaching an old service new tricks-the promise of service redesign. Journal of Service Research. 2(3): 265-275.
Bitner, M. J.(1992). Servicescapes: The impact of physical surroundings on customers and employees. Journal of Marketing. 56(2): 57-71.
Bitner, M. J., Booms, B. H., & Tetreault, M. S.(1990). The service encounter: Diagnosing favorable and unfavorable incidents. Journal of Marketing. 54(1): 71-84.
Blois, K. J.(1974). The marketing of service: An approach. European Journal of Marketing. 8(2): 137-145.
Booms, B. H., & Bitner, M. J.(1981). Marketing strategies and organization structures for service firms. In Marketing of services. Chicago: American Marketing Association, pp.47-51.
Bordoloi, S., Fitzsimmons, J. A., & Fitzsimmons, M. J.(2018). Service management: Operations, strategy, information technology, 9th eds. New York: McGraw-Hill.
Boven, L. V., & Gilovich, T.(2003). To do or to have? That is the question. Journal of Personality and Social Psychology. 85(6): 1193-1202.
Brady, M. K., & Cronin, J. J.(2001). Some new thoughts on conceptualizing perceived service quality: A hierarchical approach. Journal of Marketing. 65(3): 34-49.
Chandler, A. D.(1998). Strategy and structure: Chapters in The history of the American industrial enterprises. Cambridge: MIT Press.
Chase, R.(1978). Where does the customer fit in a service operation? Harvard Business Review. 56: 137-142.

Chase, R.(1981). The customer contact approach to service: Theoretical bases and practical extensions. Operations Research. 29(4): 698-705.

Cronin, J. J., & Taylor, S. A.(1992). Measuring service quality: A reexamination and extension. Journal of Marketing. 56(3): 55-68.

Customer Measurement and Consulting and the Center for Services(2015). 2015 customer range study. Arizona State University.

Dabholkar, P.(1990). How to improve perceived service quality by improving customer participation. In Development in marketing science. Dunlap, B. J., eds. Cullowhee, NC: Academy of Marketing Science, pp.483-487.

Elaine, K. H.(2014). Customer service: A practical approach. 6th eds. London: Pearson Higher Education.

Fitzsimmons, J. A., & Fitzsimmons, M. J.(2008). Service management: Operations, strategy, information technology. New York: McGraw-Hill.

Fröehle, C. M., & Roth, A. V.(2004). New measurement scales for evaluating perceptions of the technology-mediated customer service experience. Journal of Operations Management. 22(1): 1-21.

Garvin, S., & D. A.(1984). What does 'product quality' really mean? Sloan Management Review. 26(1): 25-48.

Grönroos, C.(1984). A service quality model and its marketing implications. European Journal of Marketing. 18(4): 36-44.

Gupta, S., & Vajic, M.(2000). The contextual and dialectical nature of experiences. In Fitzsimmon, J., & Fitzsimmons, M.(eds.). New service development. Thousand Oaks, CA: Sage Publications, pp.33-51.

Hart, C. W. L.(1988). The power of unconditional service guarantees. Harvard Business Review. 66(4): 54-62.

Heskett, J. L.(1986). Managing in the service economy. Boston: Harvard Business School Press.

Heskett, J. L., Jones, T. O., Loveman, G. W., Sasser, J., & Schlesinger, L. A.(1994). Putting the service-profit chain to work. Harvard Business Review. 72(2): 164-170.

Heskett, J. L., Sasser, W. E., & Schlesinger, L. A.(1997). The service profit chain. New York: The Free Press.

Hochschild, A. R.(1983). The managed heart: Commercialization of human feeling, Berkeley: University of California Press.

Holbrook, M. B., & Hirschman, E. C.(1982). The experiential aspects of consumption: Consumer fantasies, feelings, and fun. Journal of Consumer Research. 9(2): 132-140.

Hosany, S., & Witham, M.(2009). Dimensions of cruisers' experience, satisfaction and intention to recommend. Journal of Travel Research. 20(1): 1-14.

Jeon, M., & Jeong, M.(2009). A conceptual framework to measure e-servicescape on a B&B website. Internal CHRIE Conference-Refereed Track 14.

Judd, R. C.(1964). The case for redefining services. Journal of Marketing. 28(1): 58-59.

Jurowski, C.(2009). An examination of the four realms of tourism experience theory. International CHRIE Conference Refereed Track 23.

Kandampully, J., Mok, C., & Sparks, B.(2001). Service quality management in hospitality, tourism and leisure. New York: The Haworth Press.

Kano, N., Seraku, N., Takahashi, F., & Tsuji, S.(1984). Attractive quality and must-be quality. The Japanese Society for Quality Control. 14(2): 39-48.

Kotler, P.(1974). Atmospherics as a marketing tool. Journal of Retailing. 49(4): 48-64.

Levitt, T.(1972). Production-line approach to service. Harvard Business Review. 50(5): 41-52.

Lewison, D. M.(1991). Retailing. 4th eds. New York: MacMillan.

Lovelock. C. H.(1983). Classifying service to gain strategic marketing insights. Journal of Marketing. 47(3): 9-20.

Lovelock, C. H.(1994). Product plus: How product and service equals competitive advantage. New York: McGraw-Hill.

Lovelock, C., & Wirtz, J.(2004). Service marketing – people, technology, strategy. New Jersey: Pearson Prentice-Hall, Upper Saddle River.

Lovelock, C., Patterson, P. G., Wirtz, J.(2011). Services Marketing: Asia pacific and administration perspective. Sydney: Pearson.

Lovelock, C., Wirtz, J. W., & Chew, P.(2009). Essentials of services marketing. New York: Pearson Education.

Maister, D. H.(1985). The psychology of waiting line. In The service encounter: Managing employee/customer interaction in service business. eds. by Czepiel, J. A., Solomon, M. A., & Suprenant, C.(1985). Lexington, MA: D. C. Heath and Company, Lexington Press, pp.113-125.

Martila, A. S., & Patterson, P. G.(2004). Service recovery and fairness perception in collectivist and individualist contexts. Journal of Service Research. 6(4): 336-346.

Martin, W. B.(2003). Providing quality service: What every hospitality service providers needs to know. London: Pearson Education, Inc.

Maslow, A.(1954). Motivation and personality. New York: Harper & Row Publishers.

Matzler, K., & Sauerwein, E.(2002). The factor structure of customer satisfaction: An empirical test of the importance grid and the penalty-reward-contrast analysis. International Journal of Service Industry Management. 13(4): 314-332.

Meuter, M. L., Ostrom, A. L., Roundtree, R. I., & Bitner, M. J.(2000). Self-service technologies: Understanding customer satisfaction with technology-based service encounters. Journal of Marketing. 64(3): 50-64.

Mick, D. G., & Fournier, S.(1998). Paradoxes of technology: Customer cognizance, emotions and coping strategies. Journal of Consumer Research. 25(2): 123-143.

Miller J., Craighead, C., & Karwan, K.(2000). Service recovery: A framework and empirical investigation. Journal of Operations Management. 18(4): 387-400.

Morris, J. A., & Feldman, D. C.(1996). The dimensions, antecedents, and consequences of emotional labor. The Academy of Management Review. 21(4): 986-1010.

Morrison, A.(1996). Hospitality and travel marketing. New York: Delmar Publishers.

Nickson, D., Warhurst, C., and Dutton, E.(2005). The importance of attitude and appearance in the service encounter in retail and hospitality. Managing Service Quarterly. 15(2): 195-208.

Ojasalo, J.(2001). Managing customer expectations in professional services. Managing Service Quarterly. 11(3): 200-212.

Oliver, R. L.(1980). A cognitive model of the antecedents and consequences of satisfaction decisions. Journal of Marketing Research. 17(4): 460-469.

Ostrom, A. L., & Hart C. W. L.(2000). Service guarantee: Research and practice. In Handbook of Services Marketing Management. Schwartz, T., & Lacobucci, D. eds. Thousands Oaks: Sage Publication, pp.299-316.

Parasuraman, A.(2000). Technology readiness index(TRI): A multiple-item scale to measure readiness to embrace new technologies. Journal of Service Research. 2(4): 307-320.

Parasuraman, A., Berry, L. L., & Zeithaml, V. A.(1991). Understanding customer expectations of service. Sloan Management Review. 32(3): 39-48.

Parasuraman, A., Zeithaml, V. A., & Berry, L. L.(1985). A conceptual model of service quality and its implications for future research. Journal of Marketing. 49(4): 41-50.

Parasuraman, A., Zeithaml, V. A., & Berry, L. L.(1988). SERVQUAL: A multi-item scale for measuring consumer perceptions of service quality. Journal of Retailing. 64(1): 12-40.

Parasuraman, A., Zeithaml, V. A., & Mahotra, A.(2005). E-S-QUAL: A multiple-Item scale for assessing electronic service quality. Journal of Service Research. 7(3): 213-233.

Parkington, J. J., & Schneider, B.(1979). Some correlates of experienced job stress: A boundary role study. Academy of Management Journal. 22(2): 270-281.

Pine, B. J., & Gilmore, J. H.(1998). Welcome to the experience economy. Harvard Business Review. 76(4): 97-105.

Porter, M. E.(1980). Competitive strategies: Techniques for analyzing industries and competitors. New York: The Free Press.

Rathmell, M. J.(1966). What is meant by services? Journal of Marketing. 30(4): 32-36.

Rodie, A. R., & Kleine, S. S.(2000). Customer participation in service production and delivery. In Handbook of service marketing and management. Swartz, T. A., and Lacobucci, D.(eds.). Thousand Oaks, CA: Sage Publications, pp.111-125.

Rosenbaum, M. S., & Massiah, C.(2011). An expanded servicescape perspective. Journal of Service Management. 22(4): 471-490.

Rosenbaum, M. S., & Montoya, D. Y.(2007). Am I welcome here? Exploring how ethnic consumers assess their place identity. Journal of Business Research. 60(3): 206-214.

Rust, R. T., & Huang, M. H.(2014). The service revolution and the transformation of marketing science. Marketing Science. 33(2): 206-221.

Rust, R. T., & Oliver, R. L.(1994). Service quality: Insights and managerial implications from the frontier. Thousand Oaks, CA: Sage Publications.

Say, J. B.(1803). A treatise on political economy: or The production, distribution, and consumption of wealth. Ontario: Batoche Books.

Schmenner, R. W.(1986). How can service business survive and prosper? Sloan Management Review. 27(3): 21-32.

Schneider, B., & Bowen, D. E.(1985). Employee and customer perceptions of service in banks: Replication and extension. Journal of Applied Psychology. 70(3): 423-433.

Shostack, G. L.(1977). Breaking free from product marketing. Journal of Marketing. 41(2): 73-80.

Shostack, G. L.(1984). Designing services that deliver. Harvard Business Review. 62(1): 133–139.

Shostack, G. L.(1985). 'Planning the Service Encounter', in The Service Encounter, J. A. Czepiel, M. R. Solomon, and C. F. Surprenant(eds.). Lexington, MA: Lexington Books, pp.243-254.

Singh, T.(1990). A typology of consumer dissatisfaction response styles. Journal of Retailing. 66(1): 57-99.

Smith, A.(1776). The wealth of nations. London: Strahan and Cadell.

Tax, S. S., & Brown, S. W.(1998). Recovering and learning from service failure. Sloan Management Review. 49(1): 75-88.

Tombs, A., & McColl-Kennedy, J. R.(2003). Social-servicescape conceptual model. Marketing Theory. 3(4): 447-475.

Tuli, K. R., Kohli, A. K., & Bharadwaj, S. G.(2007). Rethinking customer solutions: From product bundles to relational processes. Journal of Marketing, 71(3): 1-17.

Vargo, S. L., & Lusch, R. F.(2004). Evolving to a new dominant logic for marketing. Journal of Marketing. 68(1): 1-17.

Wirtz, J., & Kum. D.(2001). Designing service guarantee – is full satisfaction the best you can guarantee? Journal of Services Marketing. 15(4): 282-299.

Wirtz, J., Patterson, P. G., Kunz, W. H., Gruber, T., Lu, V. N., Paluch, S., & Martins, A.(2018). Brave new world: Service robots in the frontline. Journal of Service Management. 29(5): 907-931.

Zeithaml, V. A., Berry, L. L., & Parasuraman, A.(1993). The nature and determinants of customer expectations of service. Journal of the Academy of Marketing Science. 21(1): 1-12.

Zeithaml, V. A., Berry, L. L., & Parasuraman, A.(1996). The behavioral consequences of service quality. Journal of Marketing. 60(2): 31-46.

Zeithaml, V. A., Bitner, J., & Gremler, D. D.(2018). Services marketing: Integrating customer focus across the firm. 7th eds. New York: McGraw-Hill.

Zemke, R., & Bell, C.(1990). Service recovery: Doing it right the second time. Training. pp.42-48.

## 웹사이트

https://braavery.com
https://breakingdefense.com
https://brunch.co.kr
https://cxtoday.com
https://eduvation.ca
https://embeddedcomputing.com
https://global.llbean.com/guarantee.html
https://herewego.link
https://kca.or.kr(한국소비자원)
https://kevit.io
https://kmac.co.kr(한국능률협회컨설팅)
https://koreaquality.visitkorea.or.kr(한국관광품질인증)
https://ks-sqi.ksa.or.kr(한국표준협회)
https://ncsi.or.kr(한국생산성본부)
https://news.airportal.go.kr
https://pokemongolive.com
https://seoul.myeongdong.hennnahotel.com
https://signify.com
https://standford.edu
https://tdwi.org
https://techxlplore.com
https://theguardian.com
https://thenextweb.com
https://time.com
https://tripadvisor.com
www.510families.com
www.amazon.sg
www.ccourt.go.kr
www.emirates.com
www.engineering.com
www.gscaltexmediahub.com
www.hotel-icon.com

www.kssc.kostat.go.kr(통계청)
www.kyushuandtokyo.org
www.lottehotel.com
www.moef.go.kr(기획재정부)
www.pcmag.com
www.realcomm.com
www.rmupdate.com
www.skenergy.tistory.com
www.sknetworks.co.kr
www.toptenreviews.com
www.walkerhillstory.com

# 찾 / 아 / 보 / 기

## ㄱ



## ㄴ



## ㄷ

ㅇ



ㅈ



ㅊ

저자
**약력**

## 차석빈

현재 순천향대학교 관광경영학과 교수로 재직 중이다. 고려대학교 영어영문학과, 경희대학교 관광경영학과를 거쳐 미국 Virginia Tech에서 호텔 · 관광경영학을 전공하여 박사학위를 취득하였다. 주요 저서로는 『다변량분석의 이해와 실제』, 『펼치면 매너가 보인다』 등이 있으며, 「Journal of Travel Research」, 「Journal of Hospitality & Leisure Marketing」, 「관광학연구」 등 국내외 학술지에 많은 논문을 발표하였다. (사)한국관광학회 호텔외식경영분과학회장, 한국의 경영대상(한국능률협회컨설팅), 소비자중심경영(한국소비자원), 한국관광품질인증(한국관광공사), 호텔업등급(한국관광협회중앙회) 심사위원 등 산학에서 서비스경영 활동을 활발히 하며, 2006년 이후 Marquis Who's Who In the World 등 세계 3대 인명사전에 등재되었다.


## 서비스경영

2023년 3월 25일 초판 1쇄 인쇄
2023년 3월 31일 초판 1쇄 발행

**지은이** 차석빈
**펴낸이** 진욱상
**펴낸곳** (주)백산출판사
**교　정** 성인숙
**본문디자인** 구효숙
**표지디자인** 오정은

저자와의 합의하에 인지첩부 생략

**등　록** 2017년 5월 29일 제406-2017-000058호
**주　소** 경기도 파주시 회동길 370(백산빌딩 3층)
**전　화** 02-914-1621(代)
**팩　스** 031-955-9911
**이메일** edit@ibaeksan.kr
**홈페이지** www.ibaeksan.kr

ISBN 979-11-6567-614-8　93320
**값 33,000원**



- 파본은 구입하신 서점에서 교환해 드립니다.
- 저작권법에 의해 보호를 받는 저작물이므로 무단전재와 복제를 금합니다.
이를 위반시 5년 이하의 징역 또는 5천만원 이하의 벌금에 처하거나 이를 병과할 수 있습니다.